Word, E[illegible], Access, PowerPoint 2007

POUR LES NULS

Dan Gookin, Greg Harvey,
Laurie Ulrich Fuller, Ken Cook,
John Kaufeld, Doug Lowe

FIRST
Interactive

Word, Excel, Access, PowerPoint 2007 pour les Nuls

Cet ouvrage comporte des extraits des ouvrages : Word 2007 Pour les Nuls, Excel 2007 Pour les Nuls, Access 2007 Pour les Nuls, PowerPoint 2007 Pour les Nuls.

Publié par Wiley Publishing, Inc.
111 River Street
Hoboken, NJ 07030-5774
USA

Edition française publiée en accord avec Wiley Publishing, Inc.
© 2007 Éditions First
27, rue Cassette
75006 Paris - France
Tél. 01 45 49 60 00
Fax 01 45 49 60 01
E-mail : firstinfo@efirst.com
Web : www.efirst.com
ISBN : 978-2-7568-0410-7
Dépôt légal : 2er trimestre 2007

Collection dirigée par Jean-Pierre Cano
Edition : Pierre Chauvot
Maquette et mise en page : Edouard Chauvot

Imprimé en France

Sommaire

Introduction

Ce livre s'adresse aux utilisateurs d'Office qui désirent aller au cœur des logiciels sans perdre de temps. Ne cherchez pas dans ces pages comment les différentes applications fonctionnent, mais plutôt comment travailler mieux et plus rapidement avec.

Vous découvrirez ici tout ce qu'il faut savoir pour exploiter efficacement les applications d'Office 2007. Quel que soit votre niveau actuel, ce livre fera de vous un utilisateur d'Office plus sûr de lui et plus compétent.

Qu'y a-t-il dans ce livre ?

Ce livre est bourré d'astuces, de conseils, de raccourcis et de tours de main pour tirer le meilleur d'Office. Voici un bref aperçu du contenu des 4 livrets qui le composent :

- **Livret I Word :** Explique les nombreuses fonctions du traitement de texte d'Office, y compris la création de documents, de la simple lettre au gros rapport.
- **Livret II Excel :** Vous apprend à mouliner les chiffres avec ce qui n'est finalement qu'un boulier très perfectionné.
- **Livret III Access :** Montre comment créer une base de données exploitable, et aussi comment soumettre une requête à cette base de données et en extraire des rapports.
- **Livret IV PowerPoint :** Décrit comment créer une présentation efficace qui en jette !

En quoi ce livre est-il différent ?

Vous tenez entre vos mains un ouvrage d'informatique qui vous dévoile les secrets des applications d'Office aussi agréablement et confortablement que possible. Outre le fait qu'il est d'un abord facile, il est aussi très différent des autres livres consacrés à Office. Vous n'allez pas tarder à savoir pourquoi.

Un accès facile à l'information

Ce livre est un ouvrage de référence, c'est-à-dire qu'il permet au lecteur de trouver directement les instructions dont il a besoin. A cette fin, j'ai pris grand soin d'en organiser le contenu. Les paragraphes à puces et les étapes numérotées vous faciliteront la tâche. De plus, des tableaux aident à la compréhension des options.

Vous devez aussi pouvoir trouver l'information qui vous intéresse en un rien de temps. La table des matières est faite pour ça.

Une approche "orientée tâche"

La plupart des ouvrages d'informatique vous expliquent ce qu'est le logiciel. Celui-ci vous montre comment mener une tâche à bien : imprimer une circulaire, créer une feuille de calcul, envoyer une requête vers une base de données, créer un site Web...

Des illustrations claires

Les figures de ce livre ne montrent que la partie de l'écran qui illustre ce dont il est question dans le texte. Lorsque des explications renvoient à un endroit de l'écran, c'est celui-ci que vous trouverez dans ces pages.

Les conventions utilisées dans ce livre

Par commodité, les successions de commandes à choisir sont séparées par une barre oblique (/). Par exemple, Fichier/Enregistrer signifie "choisissez le menu Fichier, puis sélectionnez l'option Enregistrer".

Les raccourcis clavier (combinaisons de touches) permettent de travailler plus vite. Par exemple, appuyer sur la touche Ctrl puis, tout en maintenant cette touche enfoncée, appuyer sur la touche S est un autre moyen d'enregistrer un fichier. Dans le texte, ce raccourci apparaît sous la forme Ctrl+S.

Des commandes peuvent aussi être exécutées en cliquant sur un bouton de la barre d'outils. Une petite représentation de ce bouton apparaît dans la marge. Ici, c'est celui qui sert à enregistrer un fichier.

Les chiffres ou les lettres en gras sont des saisies que vous devez effectuer. Par exemple, "Entrez **25** dans le champ Pourcentage", signifie que vous devez taper le chiffre 25.

Les icônes

Pour vous permettre de tirer le meilleur de ce livre, je l'ai truffé d'icônes. En voici la signification :

Cette icône signale des conseils ou des raccourcis utiles.

Cette icône est là pour vous rappeler de faire quelque chose.

Cette icône est là pour vous rappeler de ne pas faire quelque chose.

Cette icône signale une information ou un commentaire excessivement technique sur le sujet en cours. Il n'est pas indispensable de la lire, mais elle peut parfaire votre réputation si vous la répétez dans des cocktails.

Livret I
Word

Première partie
Bien le bonjour mister Word !

"J'ai écrit mon livre de cuisine dans Word car avec les autres programmes, les recettes ne marchaient pas"

Dans cette partie...

Un jour, le poète Homère raconta *L'Iliade* à des Grecs très attentifs. L'un d'eux fut tellement pris par cette histoire qu'il s'écrira : "Ce récit est génial ! Si seulement nous pouvions le garder en mémoire !"

Irrité par cette interruption, Homère répliqua : "Pourquoi ne pas l'écrire ?"

Les Grecs furent estomaqués.

Homère expliqua : "Je suis aveugle. Je dois donc tout mémoriser. Vous, vous voyez. Vous pouvez donc écrire ce que vous entendez. Bien entendu, ce serait super si je possédais un traitement de texte qui facilite la saisie des mots, leur mise en forme, et l'impression des pages. Mais cela ne sera inventé que dans quelques milliers d'années. Voici mon conseil : commencez par inventer un alphabet. Mieux encore, vous les Grecs, volez-en un."

Et la longue quête commença. De l'alphabet grec aux tables de marbre en passant par le crayon, puis la machine à écrire, nous possédons désormais un outil exceptionnel : le logiciel de traitement de texte que je vous présente dans les chapitres de cette première partie.

Chapitre 1

Vue panoramique

Dans ce chapitre :

- Lancer Word.
- Lire l'écran de Word.
- Obtenir de l'aide.
- Quitter Word.

Ce chapitre est une introduction à Word 2007. Je vais entrebâiller la porte pour que vous jetiez un coup d'œil et que vous voyiez où vous mettez les pieds. Il n'y a rien d'effrayant ni de dangereux. En tout cas, rien de très dangereux. Peut-être simplement des choses qui vous sont un peu étrangères. Ce chapitre a pour but de vous les rendre familières.

Comment entrer dans Word ? Laissez-moi vous dévoiler ses portes d'accès

Il y a probablement une bonne dizaine de manières différentes d'entrer dans Word. Je ne les présenterai pas toutes, seulement celles qui me semblent les meilleures et les plus évidentes, en terminant par celles que je préfère. Dans tous les cas, il faut commencer par les étapes préliminaires suivantes :

1. **Assurez-vous que votre ordinateur est en marche et prêt à fonctionner.**

   Si ce n'est pas le cas, vous vous en apercevrez très vite, mais ça ne peut pas faire de mal de vérifier.

2. **Préparez-vous physiquement.**

3. **Préparez-vous mentalement.**

   Imaginez-vous dans une eau bleue et calme. Souvenez-vous que c'est vous qui commandez. Concentrez-vous sur cette pensée : *C'est moi qui commande...*

TRUC

Si vous avez besoin d'aide pour faire démarrer votre ordinateur, reportez-vous à mon livre *Le PC pour les Nuls* (Éditions First) pour y trouver des instructions pratiques et rapides.

Méthode classique pour lancer Word

La manière la plus fiable de lancer Word est encore d'utiliser le bon vieux bouton Démarrer de Windows. Suivez ces étapes :

1. **Cliquez sur le bouton Démarrer.**

   À l'aide de la souris, cliquez sur ce bouton situé dans le coin inférieur gauche de l'interface de Windows.

2. **Sélectionnez Tous les programmes/Microsoft Office/ Microsoft Word 2007.**

Pour le moment, ne vous préoccupez pas de l'aspect de Word. Je parlerai de ce que vous pouvez voir dans la section Word à l'écran, ultérieurement dans ce chapitre.

La meilleure manière de lancer Word

Que vous mettiez une icône de raccourci vers Word sur le bureau ou dans la palette de lancement rapide, la première étape est la même : créer l'icône du raccourci. Cette opération peut être un peu technique, suivez avec soin ces étapes :

1. **Localisez l'icône de Word dans Tous les programmes ou le dossier Microsoft Office.**

   Ne lancez pas Word maintenant ! Placez simplement le pointeur de la souris sur l'icône de Word.

2. **Cliquez du bouton droit de la souris sur ladite icône.**

   Un sous-menu apparaît.

3. **Cliquez sur Envoyer vers/Bureau (créer un raccourci).**

Et voilà ! Un raccourci de Word est maintenant sur le bureau.

4. **Cliquez sur le bureau avec la souris.**

   Un clic sur le bureau fait disparaître le menu Démarrer.

5. **Localisez l'icône du raccourci.**

   Elle représente un gros W bleu avec en légende Microsoft Office Word 2007.

Vous pouvez maintenant utiliser cette icône pour lancer Word sans avoir à passer par le menu Démarrer.

Le meilleur moyen de démarrer Word consiste à lancer son icône dans la *barre de lancement rapide*.

Si vous préférez avoir Word dans la barre de lancement rapide, faites glisser avec la souris l'icône Word de raccourci du bureau et déposez-la dans la palette de lancement rapide, puis relâchez le bouton de la souris pour y déposer l'icône, comme représenté sur la Figure 1.1 (il vous faudra peut-être redimensionner la barre de lancement rapide pour que l'icône de Word soit visible). Vous n'êtes plus maintenant qu'à un clic de votre traitement de texte.

Figure 1.1 : Mettre Word dans la barre de lancement rapide.

Démarrer Word en ouvrant un document

Tout document Word est un fichier stocké sur le disque dur de votre ordinateur. Comme tout fichier, il est identifié par une icône. Chaque fois que vous double-cliquez sur cette icône, le document correspondant s'ouvre directement dans Word. Voici comment procéder :

1. **Double-cliquez sur le dossier Mes documents.**

   Le dossier Mes documents est l'emplacement de stockage par défaut de vos fichiers Word.

2. **Localisez un document Word.**

   Il s'identifie par l'icône d'une feuille cornée sur laquelle est imprimé un W bleu.

3. **Double-cliquez sur l'icône du document Word.**

   Cette action démarre Word dans lequel s'affiche le document. Au travail !

En suivant les précédentes étapes, vous pouvez ouvrir n'importe quel document Word. Ces documents peuvent se situer su le bureau, dans le dossier Mes documents, ou tout autre dossier de vos disques durs.

- Le nom du document apparaît sous l'icône ou à sa droite. Ce nom permet d'identifier rapidement le contenu du fichier Word.
- Si vous ouvrez quotidiennement le même document, placez-en un raccourci sur le bureau. Pour cela, effectuez un clic droit sur l'icône du fichier, et dans le menu contextuel choisissez Envoyer vers/Bureau (créer un raccourci).

Word à l'écran

Comme n'importe quel autre programme, Word apparaît à l'écran dans sa propre fenêtre totalement relookée. Regardez la Figure 1.2 : Word a subi un lifting généreux qui révolutionne notre approche ancestrale du traitement de texte.

- Pas de contestation possible. Word 2007 marque une avancée majeure dans le domaine du traitement de texte. Fini les menus et les barres d'outils qui dominent le monde informatique depuis des décennies. Désormais vous voyagez dans des onglets au sein d'une interface évolutive en fonction de vos différents besoins. Intimidante de prime abord, vous aurez tôt fait d'en maîtriser tous les aspects.
- La première fois que vous entrez dans Word, quelques questions peuvent vous être posées : votre nom, vos initiales, la configuration de la sécurité de Word et des options de mise à jour de Microsoft. Je recommande ces fameux *updates*.

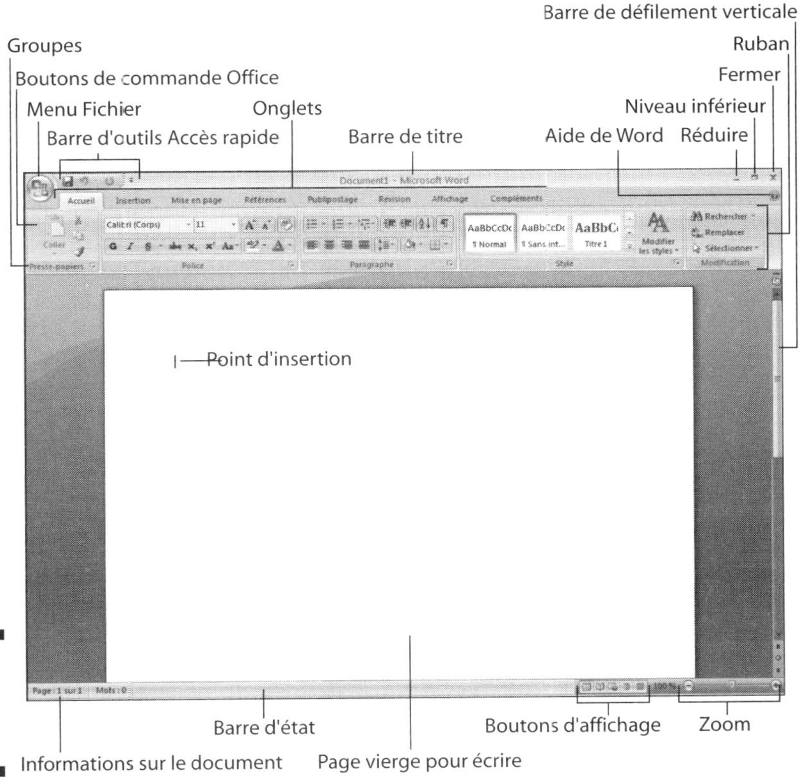

Figure 1.2 : Attaquer Word de front.

Agrandir la fenêtre de Word

Juste après avoir lancé Word, je choisis d'agrandir la fenêtre afin qu'elle occupe tout l'écran.

Pour que la fenêtre de Word occupe tout l'écran, cliquez sur le bouton Agrandir dans le coin supérieur droit de la fenêtre (celui du milieu). Si la fenêtre a déjà la taille maximale, ce bouton contient deux carrés superposés. Dans ce cas, il est inutile de cliquer dessus.

Gadgets etc.

Autour de la zone d'affichage du texte, vous pouvez voir toutes sortes de boutons, listes déroulantes et menus, dont certains, je vous l'accorde, seraient plus attirants s'ils étaient comestibles. Un des avantages avec Word et que vous avez la possibilité de personnaliser tout cela (mieux vaut savoir de quoi il s'agit avant d'envisager de changer quoi que ce soit) :

- **La barre de titre** est l'endroit où apparaît `Document 1 - Microsoft Word` jusqu'à ce que vous ayez enregistré votre document sur le disque (voir le Chapitre 9).
- **Le bouton Office** remplace le traditionnel menu Fichier de la plupart des programmes Windows. Cliquez sur ce bouton pour accéder à une liste de commandes qui gèrent vos documents.
- **Les onglets** regroupent les différentes commandes et fonctions de Word. Ils apparaissent et disparaissent selon le travail effectué dans le programme.
- **Groupes et boutons de commande** aident à conserver l'organisation des commandes des divers onglets. Chaque groupe contient des boutons de commande qui exécutent des tâches spécifiques sur votre texte.
- **La règle** permet de définir les marges et les tabulations. Elle peut être ou non visible.

Au-dessous de la zone d'affichage du texte, figurent trois éléments :

- **Les informations sur le document** répertorient des données spécifiques mais facultatives à propos de votre document.
- **Les boutons d'affichage**, situés à gauche de la barre de défilement horizontal, permettent de contrôler l'affichage de votre document.
- **Le zoom** détermine la taille d'affichage du document à l'écran sans incidence sur sa taille d'impression bien évidemment.

Ne vous inquiétez pas ! Pour le moment, il vous suffit de connaître le nom de chaque chose pour ne pas risquer d'être perdu par la suite.

- Une autre section de la fenêtre qui n'est pas illustrée sur la Figure 1.2 est le *volet office*. Il affiche des informations, des commandes, et des options.
- Un volet de récupération du document peut apparaître au démarrage de Word. Il indique que le programme a réalisé

l'enregistrement d'un document juste au moment où votre ordinateur s'est bloqué, ou suite à une panne d'électricité.

- La barre des tâches de Windows, en bas de l'écran, fait partie de Windows lui-même et non de Word. Toutefois, si vous ouvrez des documents dans Word, un bouton apparaît pour chacun d'eux dans la barre des tâches de Windows.

La page blanche sur laquelle vous écrivez

Une fois que Word est lancé, vous êtes en face de la version électronique de la page blanche, celle-là même qui a causé de terribles angoisses à d'innombrables générations d'écrivains.

Pour écrire dans Word, le point de départ est le point d'insertion clignotant. C'est ce I clignotant dans votre texte qui montre à quel endroit apparaîtra à l'écran ce que vous allez taper avec le clavier.

- **Page :** cliquez sur ce bouton pour afficher la page tel qu'elle s'imprimera. Les images, les graphiques, et toute autre sorte d'éléments sont visibles. Vous voyez les bords de la page et un espace vide entre chaque page.

- **Brouillon :** cliquez sur ce bouton pour afficher la page dans le mode préféré des rédacteurs. Vous n'êtes embarrassé par rien d'autre que le texte. Dans ce mode, vous voyez le texte mais pas les graphiques fantaisistes, les colonnes, les en-têtes, les pieds de page, c'est-à-dire toutes ces choses qui apparaissent en mode Page.
- Lorsque c'est nécessaire, Word bascule automatiquement en mode Page ou Brouillon. Donc, lorsque vous travaillez en affichage Brouillon et que vous désirez éditer un en-tête ou insérer une image, le mode Page s'active. Vous devez manuellement revenir au mode Brouillon.
- En mode Brouillon, chaque séparation de page est identifiée par une ligne horizontale. Ce n'est pas le cas en mode Page où les pages sont séparées par un espace vide. En mode Brouillon, sous le point d'insertion vous observez la présence d'un épais trait noir. Il désigne la fin du document.
- Le mode Brouillon se nommait *Normal* dans les précédentes versions de Word.

- Écrire (ou saisir) est traité au Chapitre 2.
- Tous les signes curieux que vous pouvez voir à l'écran (par exemple le signe ¶) sont les symboles secrets de Word. Le Chapitre 2 vous dira pourquoi il peut être utile de les afficher et comment les masquer s'ils vous perturbent.

Le pointeur de la souris dans Word

Le traitement de texte est affaire de clavier. Cependant, dans certaines circonstances, la souris est d'une grande aide. Dans Word, vous utiliserez le pointeur de la souris pour choisir des commandes et vous déplacer dans le texte à modifier.

Le pointeur change d'aspect selon la tâche effectuée dans le programme :

- Pour saisir ou modifier du texte, il prend la forme d'un I majuscule appelé point d'insertion.

- Pour choisir des éléments, le pointeur standard est utilisé.

- Pour sélectionner des lignes de texte, un autre pointeur standard est affiché.

En mode Page, le pointeur peut prendre la forme du *cliquer-taper*. Des lignes apparaissent à gauche et à droite, et sous le curseur.

Il n'est pas essentiel de mémoriser ces aspects du pointeur. Gardez juste à l'esprit que le pointeur peut changer d'aspect pendant l'utilisation de Word.

TRUC

- Vous pouvez utiliser le pointeur de la souris pour connaître la fonction d'un bouton : placez le pointeur sur ce dernier, en quelques secondes une info-bulle apparaît sous le pointeur indiquant la fonction de l'élément désigné.

Demandez à Word de vous aider

Il y a de nombreux moyens d'obtenir de l'aide dans Word, dont le plus simple est d'appuyer sur la touche F1. Vous accédez à une aide générale ou à une aide contextuelle, c'est-à-dire en fonction de ce que vous réalisez dans Word.

Dans tous les cas de figure, vous accédez à une fenêtre de programme séparée appelée Word-Aide, (voir la Figure 1.3). Vous tapez un sujet, un nom de commande, ou une question dans le champ Rechercher, ou bien consulter la table des matières de l'aide.

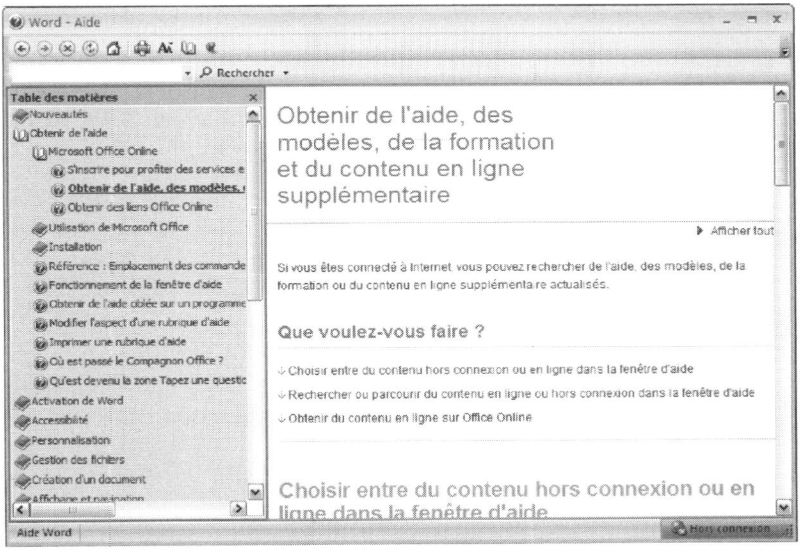

Figure 1.3 : Word cherche à vous aider.

- Vous pouvez également cliquer sur le point d'interrogation situé dans le coin supérieur droit de la fenêtre de Word.
- L'aide de Word est plus efficace si vous êtes connecté à Internet. Il est recommandé de disposer d'une connexion permanente de type ADSL ou câble.
- Si vous disposiez d'une ancienne version de Word, vous constatez la disparition du Compagnon Office.
- Finalement, est-ce que ce livre n'est pas la meilleure aide que vous puissiez obtenir sur Word ? Mais face à un programme aussi complet il est difficile de donner une solution à tout. Nous irons donc à l'essentiel…

Lorsque vous avez fini

L'un des aspects importants du savoir-vivre est de trouver à quel moment prendre congé. Parfois il est même préférable de ne pas se montrer. Mais Word se fiche complètement de ces considérations. Une fois que vous avez saisi ce que vous aviez à écrire, le moment est venu de quitter Word.

Quitter Word

1. **Cliquez sur le bouton Office, et choisissez Quitter Word.**
2. **Enregistrez tout fichier encore ouvert, si Word vous propose de le faire.**

   Avant de se fermer, Word vous prévient toujours : si vous avez un fichier ouvert non enregistré depuis les dernières modifications, il vous propose de l'enregistrer. Vous voyez apparaître un avertissement sur l'écran, semblable à celui de la Figure 1.4.

Figure 1.4 : Il est préférable de cliquer sur Oui.

   Pour enregistrer votre fichier, cliquez sur Oui. Si vous ne l'avez pas déjà fait, il vous sera demandé de lui donner un nom (le Chapitre 3 vous dit comment procéder).

   Si vous ne voulez pas conserver ce que vous venez de taper, cliquez sur Non.

   Si vous changez d'avis, vous pouvez cliquer sur Annuler pour abandonner la commande Quitter, et retourner dans Word.

Si vous choisissez de quitter, Word disparaît de l'écran, et vous revenez au bureau de Windows, dans lequel vous pouvez toujours vous occuper avec l'un de ses jeux.

- Inutile de quitter Word pour modifier un autre document (reportez-vous pour cela à la prochaine section).
- Ne quittez jamais Word en réinitialisant ou en éteignant votre ordinateur ! C'est la pire des choses que vous puissiez faire.

Chapitre 2

Le clavier, mon ami

Dans ce chapitre :

- Identifier le clavier d'un PC.
- Conseils pour taper.
- Utiliser la touche Entrée.
- Utiliser la barre d'espace.
- Retour arrière et Suppression.
- Observer la barre d'état.

Malgré la souris, Word est avant tout un programme qui requiert le clavier. Pour profiter au maximum de Word, vous devez bien le maîtriser. Cela signifie que vous devez non seulement savoir où se trouvent les touches, mais aussi comment les utiliser et/ou les associer pour obtenir l'action désirée. Ce chapitre livre tous ces secrets.

Un coup d'œil à votre clavier

La Figure 2.1 présente le clavier type d'un PC, tel qu'il est utilisé au début du troisième millénaire.

Remarquez que le clavier est divisé en zones distinctes, chacune ayant une fonction particulière. Dans Word, vous pouvez utiliser chaque touche de ces différents groupes, soit seule, soit en combinaison avec d'autres touches :

- **Les touches de fonction :** ces touches, de F1 à F12, sont situées dans la rangée supérieure du clavier. Elles peuvent être utilisées seules ou en combinaison avec les touches Ctrl, Alt et Maj.

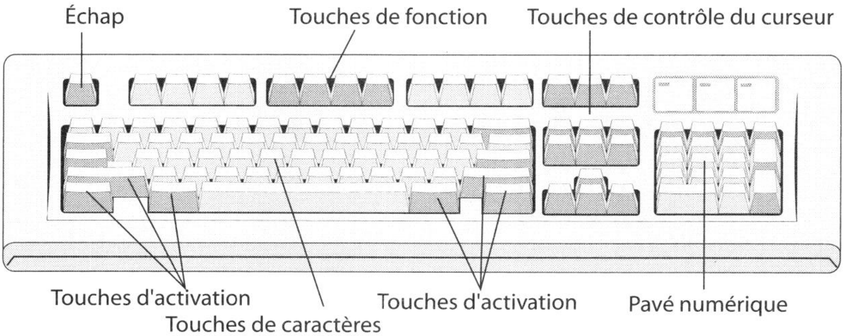

Figure 2.1 : Les célèbres atouts du clavier du PC.

- **Les touches de machine à écrire :** ce sont les touches alphanumériques standard que l'on trouve sur toutes les machines à écrire. De A à Z et de 0 à 9, plus les symboles et autres caractères "exotiques".
- **Les touches directionnelles :** ces touches permettent de déplacer le curseur en forme de I sur l'écran. On trouve également les touches Début, Fin, PgPr (Page précédente), PgSv (Page suivante), Insertion et Suppression, sans oublier les touches Plus et Moins du pavé numérique.
- **Pavé numérique :** la double fonction de chaque touche est évidente, puisqu'on y voit apparaître un chiffre et un symbole. Ainsi, en fonction du verrouillage ou non du pavé numérique, soit vous saisissez des chiffres, soit vous déplacez le point d'insertion, les touches devenant alors des flèches directionnelles. Le voyant lumineux associé à la touche Verrouillage numérique indique que le pavé numérique est actif (il permet de saisir des chiffres). Si le voyant n'est pas allumé, ce sont les touches directionnelles qui sont actives.
- **Les touches d'activation :** ces touches, Maj, Ctrl et Alt, utilisées seules ne font rien de spécial, il faut les combiner avec d'autres touches.

Voici quelques touches élémentaires :

- **Entrée :** indiquée par le mot Entrée et parfois identifiée par une flèche coudée pointant vers la gauche (↵), cette touche permet d'ajouter un paragraphe dans votre texte.
- **Echap :** la touche "échappe" n'exécute pas vraiment une action dans Word. Toutefois, lorsqu'une boîte de dialogue

apparaît, il suffit d'appuyer sur cette touche pour la fermer sans exécuter la moindre commande. Cela revient à cliquer sur le bouton Annuler de ladite boîte.

- **Barre d'espace :** c'est la seule touche sur laquelle n'apparaît aucun symbole. Elle permet d'insérer des espaces dans le texte.
- **Tab :** insère un caractère de tabulation, qui aligne le texte auquel il s'applique sur le repère de tabulation suivant. C'est une touche de mise en forme intéressante et d'usage parfois délicat (mais très précisément décrite au Chapitre 13).
- **Retour arrière :** c'est votre touche de retour en arrière et d'effacement. Très pratique.
- **Suppression :** souvent nommée Suppr, elle efface le caractère qui se trouve juste après le curseur, et ne fait donc pas revenir en arrière celui-ci. Nous en dirons plus à son sujet au Chapitre 5.

Chaque touche que vous pressez génère un caractère à l'écran.

- La touche Maj est utilisée pour créer des majuscules, exactement comme sur une bonne vieille machine à écrire.
- Ctrl se prononce "contrôle".
- La touche de verrouillage des majuscules fonctionne aussi comme celle des anciennes machines à écrire. Dès que cette touche est enfoncée, la diode *Caps Lock* du clavier est allumée, et tout ce que vous saisissez apparaît en MAJUSCULE.

Taper sur le clavier

Oubliez tous les gadgets et les trucs amusants. La majeure partie du temps que vous allez passer dans Word va être consacrée à taper.

Popopoc, popopoc, popopoc.

Allez-y, tapez ! Laissez vos doigts danser sur les touches ! Tout ce que vous frappez apparaît sur l'écran, caractère par caractère, même si cela consiste à dire du mal de votre ordinateur (votre PC s'en moque, mais n'en concluez pas que Word manque de sensibilité).

Faut-il apprendre à taper ?

Il n'est absolument pas nécessaire d'apprendre à taper à la machine pour utiliser un traitement de texte, mais si vous le faites, vous en tirerez un avantage. Il existe des logiciels qui vous l'enseignent et je vous conseille de vous en procurer un.

Savoir taper à la machine rend l'initiation à Word beaucoup plus agréable.

Suivez le curseur qui clignote

La clé d'une bonne saisie dans Word est de ne pas perdre des yeux le point d'insertion. Il a l'aspect d'une barre verticale qui clignote :

|

Le texte que vous tapez vient s'insérer juste avant le curseur clignotant. Vous pouvez par exemple taper ceci :

```
L'agriculture est le plus vieux métier du monde.
```

Pour modifier cette phrase, placez le point d'insertion juste après "le". Tapez une espace, puis le texte suivant :

```
second
```

Le nouveau texte est inséré au fur et à mesure que vous le saisissez, et tout ce qui se trouve après lui est décalé en conséquence vers la droite (et éventuellement sur la ligne suivante) pour faire de la place.

Nous obtenons donc la nouvelle phrase :

```
L'agriculture est le second plus vieux métier du monde.
```

Le Chapitre 4 traite en détail du déplacement du point d'insertion.

Quand appuyer sur la touche Entrée ?

N'appuyez sur la touche Entrée que lorsque vous avez atteint la fin d'un paragraphe.

Contrairement à la saisie totale d'un texte sur une machine à écrire, un programme de traitement de texte concerne les mots et les paragraphes. Il est essentiel d'indiquer à Word la fin d'un paragraphe. Et la ligne de texte ? Pas de problème ! Word la crée automatiquement quand il arrive en fin de ligne. En d'autres termes, saisissez au kilomètre, car Word créera autant de lignes qu'en nécessite votre texte. En revanche, appuyez sur la touche Entrée pour créer un nouveau paragraphe.

À titre d'exemple, tapez le texte suivant (tapez-le d'un bout à l'autre, sans jamais appuyer sur la touche Entrée) :

```
Dans le but de trouver les meilleurs virtuoses du clavier de la galaxie,
la Fédération vient d'embaucher l'instructeur de première classe Maxime
Kornhieser. Dans ses recherches à travers la galaxie, M. Kornhieser a
presque trouvé les candidats parfaits : avec leurs douze doubles doigts à
chaque main, les Doublezons de Plantax 9 sont capables de taper à une
vitesse vertigineuse. Hélas, ils sont dépourvus de toute colonne verté
brale, et M. Kornhieser les a disqualifiés pour position non réglementaire.
```

Avez-vous remarqué comment le texte *passe à la ligne suivante* ? Ce qui dépasse la fin d'une ligne passe automatiquement à la ligne. Pas de "ding !", et pas la peine d'appuyer sur Entrée à la fin de chaque ligne. N'appuyez sur Entrée qu'à la fin d'un paragraphe.

Quand appuyer sur la barre d'espace ?

La *barre d'espace* sert à insérer des espaces entre les mots ou les phrases. Sanselleletexteseraitdifficileàlire.

La seule chose exaspérante avec la barre d'espace est que beaucoup trop de gens s'en servent pour essayer d'aligner des colonnes ou pour mettre du texte en retrait. Non ! Vous ne devez appuyer sur la barre d'espace qu'une seule fois entre chaque mot !

- Pour insérer des espaces entre les mots et les phrases, utilisez la barre d'espace.
- Il est inutile de mettre plus d'une espace entre deux phrases. Chaque fois que vous pensez avoir besoin de plus d'une espace, par exemple pour disposer du texte dans des colonnes ou pour aligner du texte, utilisez plutôt la touche Tab (voyez le Chapitre 13).

Les touches Retour arrière et Suppression

Si vous faites une faute de frappe ou toute autre erreur typographique, appuyez sur la touche Retour arrière du clavier. Elle permet de supprimer le ou les caractères situés à gauche du point d'insertion. Pour supprimer ceux situés à sa droite, appuyez sur la touche Suppr.

- Pour plus d'informations sur l'effacement du texte avec les touches Retour arrière et Suppr, consultez le Chapitre 5.
- La touche Retour arrière se nomme ainsi car elle agit sur les caractères situés derrière le point d'insertion. Cette touche est bien plus puissante que sur une machine à écrire car elle revient en arrière tout en effaçant les caractères.

Faites correctement vos 1 et vos 0, vos L et vos O

N'OUBLIEZ PAS

Si vous vous êtes formé à la machine à écrire c'est que vous avez une quarantaine d'années ! Passer au traitement de texte n'est pas un défi, c'est une adaptation très facile à faire. Voici quelques conseils :

- N'utilisez pas le L minuscule ou le I majuscule pour vos chiffres. Appuyez sur le 1.
- N'utilisez pas le O (lettre) pour vos zéros. Appuyez sur la touche 0 (zéro).

Je sais qu'il est difficile de perdre ses habitudes. Cependant, en informatique, l'exactitude est de mise !

Choses à remarquer pendant que vous tapez

Il se passe beaucoup de choses intéressantes pendant que vous saisissez du texte, dont certaines peuvent vous intriguer, d'autres vous agacer, et d'autres encore vous consterner.

Le côté gauche de la barre d'état

On l'appelle *barre d'état* car elle donne des informations sur l'état d'avancement de votre document au fur et à mesure que vous tapez, comme représenté sur la Figure 2.2.

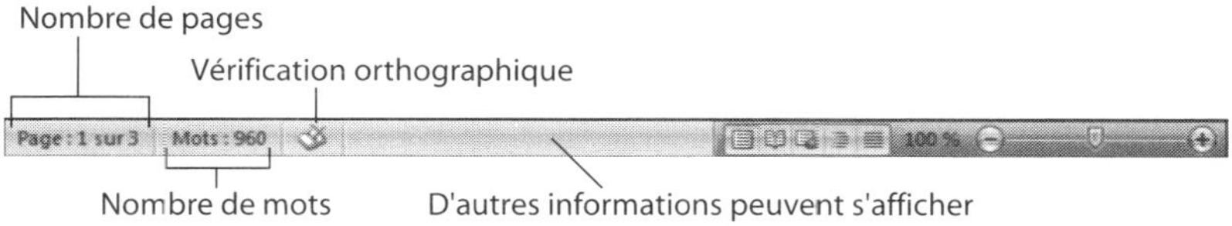

Figure 2.2 : Les éléments de la barre d'état qui évoluent.

Le type d'informations affichées dépend de la configuration de Word. Vous.

- La barre d'état affiche des informations lorsque vous ouvrez un document, comme son nom et le nombre de caractères. Cette information disparaît d'ailleurs très rapidement.
- Lorsqu'un document est en cours d'enregistrement, la barre d'état en montre la progression. Souvent, l'enregistrement est si rapide que vous n'avez pas le temps de la voir.

La vie secrète des pages

Pour vous permettre de savoir où commence la page suivante, Word vous offre deux indices visuels selon l'*affichage* en cours.

En mode Page (qui montre la présentation véritable de la page telle qu'elle sera imprimée), les contours des pages apparaissent à l'écran. La Figure 2.3 illustre cette séparation entre deux pages. Les pages sont blanches, et l'espace qui les sépare est gris-bleu.

En mode Brouillon, que j'utilise volontiers moi-même, chaque saut de page apparaît comme une colonne de fourmis traversant l'écran. *Ne leur faites pas de mal !*

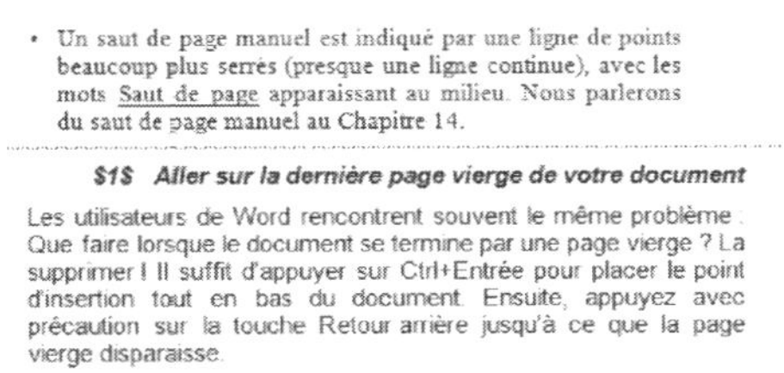

- Un saut de page manuel est indiqué par une ligne de points beaucoup plus serrés (presque une ligne continue), avec les mots Saut de page apparaissant au milieu. Nous parlerons du saut de page manuel au Chapitre 14.

1 Aller sur la dernière page vierge de votre document

Les utilisateurs de Word rencontrent souvent le même problème : Que faire lorsque le document se termine par une page vierge ? La supprimer ! Il suffit d'appuyer sur Ctrl+Entrée pour placer le point d'insertion tout en bas du document. Ensuite, appuyez avec précaution sur la touche Retour arrière jusqu'à ce que la page vierge disparaisse.

Voilà comment se présente un saut de page en mode Brouillon. Le texte que vous voyez au-dessus des fourmis (les points) est dans la page précédente, et le texte que vous voyez au-dessous est dans la page suivante.

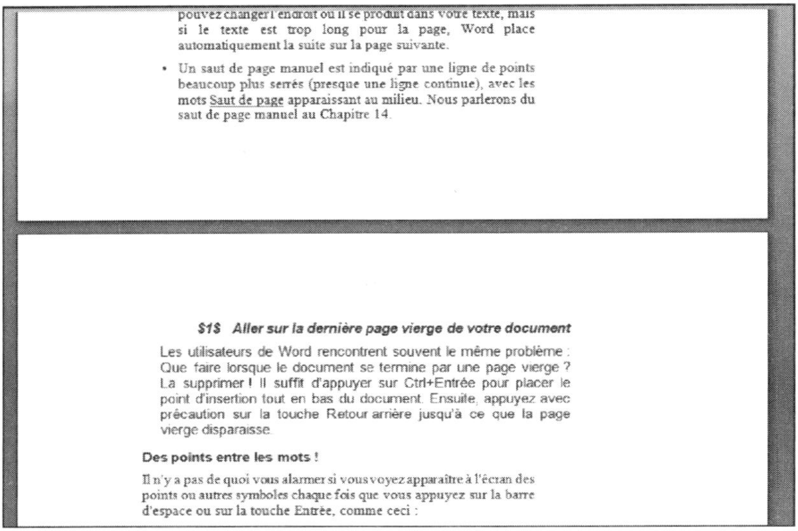
pouvez changer l'endroit où il se produit dans votre texte, mais si le texte est trop long pour la page, Word place automatiquement la suite sur la page suivante.

- Un saut de page manuel est indiqué par une ligne de points beaucoup plus serrés (presque une ligne continue), avec les mots Saut de page apparaissant au milieu. Nous parlerons du saut de page manuel au Chapitre 14.

1 Aller sur la dernière page vierge de votre document

Les utilisateurs de Word rencontrent souvent le même problème : Que faire lorsque le document se termine par une page vierge ? La supprimer ! Il suffit d'appuyer sur Ctrl+Entrée pour placer le point d'insertion tout en bas du document. Ensuite, appuyez avec précaution sur la touche Retour arrière jusqu'à ce que la page vierge disparaisse.

Des points entre les mots !

Il n'y a pas de quoi vous alarmer si vous voyez apparaître à l'écran des points ou autres symboles chaque fois que vous appuyez sur la barre d'espace ou sur la touche Entrée, comme ceci :

Figure 2.3 : La séparation entre deux pages en mode Page.

- Pour connaître la différence entre les modes Page et Brouillon, reportez-vous au Chapitre 1.

- On ne peut pas supprimer un saut de page automatique. Vous pouvez changer l'endroit où il se produit dans votre texte, mais si le texte est trop long pour la page, Word place automatiquement la suite sur la page suivante.

- Un saut de page manuel est indiqué par une ligne de points beaucoup plus serrés (presque une ligne continue), et les mots `Saut de page` apparaissent au milieu. Nous parlerons du saut de page manuel au Chapitre 14.

- En mode Page vous pouvez ajuster l'espace entre les pages. Il suffit de placer le pointeur de la souris sur l'espace. Quand il prend la forme ci-contre, double-cliquez. L'espace est réduit au maximum, comme si les pages se suivaient sans interruption.

- Regardez le décompte des pages dans le coin inférieur gauche de la barre d'état pour savoir sur quelle page vous êtes en train d'écrire. Notez que le numéro de page change quand vous passez d'une page à une autre.

Des points entre les mots !

Il n'y a pas de quoi vous alarmer si vous voyez apparaître à l'écran des points ou autres symboles chaque fois que vous appuyez sur la barre d'espace ou sur la touche Entrée, comme ceci :

```
Ceci·peut·être·très·agaçant.
```

Ce qui se produit est simplement que Word affiche les caractères *non-imprimables*. Word utilise différents symboles pour représenter les choses que vous ne voyez pas en temps normal : les espaces, les tabulations et la touche Entrée.

À quoi ça sert ? En affichant les caractères non-imprimables, vous pouvez facilement identifier des choses qui perturbent votre mise en forme, mais qui seraient difficiles à voir autrement. Par exemple, deux taquets de tabulation sur une même ligne peuvent désorganiser votre texte. La seule manière de savoir qu'il y a deux tabulations sur une ligne est d'afficher les caractères non-imprimables.

- Pour masquer les caractères non-imprimables, appuyez sur la combinaison de touches Ctrl+Maj+8 (pour les faire réapparaître, effectuez cette même combinaison). Utilisez le 8 du clavier principal et non celui du pavé numérique.

- Vous pouvez aussi cliquer sur le bouton illustré ci-contre pour afficher ou masquer les caractères non-imprimables.
- Ces symboles apparaissent à l'écran mais pas dans le document imprimé.

Soulignements et ondulations

Il est simple comme bonjour de souligner du texte dans Word. Le Chapitre 11 vous dit tout à ce sujet. Il arrive aussi que Word souligne lui-même certaines choses, en rouge, en vert ou en violet, avec des ondulations ou des pointillés. Ces soulignements servent à vous avertir de certaines particularités du texte concerné.

Ondulations rouges : les fautes d'orthographe sont signalées par un soulignement ondulé rouge, quand la vérification d'orthographe au cours de la frappe est en action. Reportez-vous au Chapitre 8.

Ondulations vertes : les fautes de grammaire sont signalées par un soulignement ondulé vert. Ces indications sont parfois intempestives. Consultez le Chapitre 8.

Ondulations bleues : souligne une importante erreur grammaticale. Ici encore voir le Chapitre 8.

Points violets : la fonction balises actives utilise des pointillés violets pour mettre en évidence des informations comme les noms, les dates, les lieux, et des données similaires qui peuvent être partagées par d'autres programmes Microsoft Office.

Soulignements bleus : Word souligne en bleu les adresses de pages Web. Pour accéder à la page, appuyez sur Ctrl et cliquez sur le *lien*.

Textes et soulignements en couleurs : lorsque votre texte s'affiche en couleur et souligné, ou bien barré, je présume que vous n'avez pas configuré les options de mise en forme, ou que vous les avez modifiées sans vous en rendre compte. Je suppose également que, sans le savoir, vous avez activé la fonction de *Suivi des modifications*.

En règle générale, ne vous préoccupez pas de ces soulignements en cours de saisie, puisque vous exécuterez une vérification orthographique et grammaticale de tout le texte une fois le document terminé.

Word propose du texte à votre place !

Parfois, en écrivant, un texte apparaît en surimpression. Il vous invite à appuyer sur la touche Entrée pour terminer la saisie automatiquement comme illustré par la Figure 2.4.

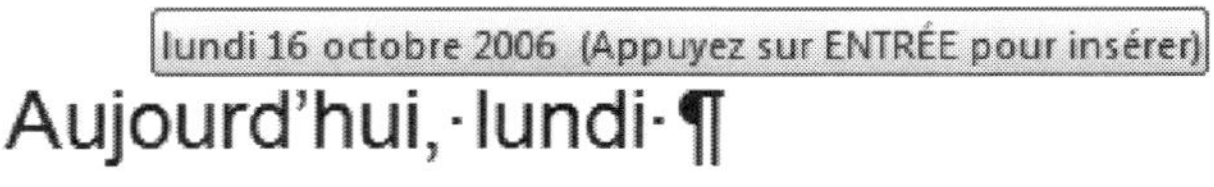

Figure 2.4 : Word suppose que vous voulez saisir ce qu'il affiche au-dessus de vos mots.

Pour accepter la proposition de Word, appuyez sur Entrée. Si la supposition de Word est erronée, ignorez-la en continuant votre saisie.

Chapitre 3

Aperçu de Word (pour les impatients)

Dans ce chapitre :

- Comprendre le concept de traitement de texte.
- Créer un nouveau document dans Word.
- Conseils de saisie.
- Mise en forme.
- Enregistrer votre document sur le disque dur.
- Vérification, aperçu, et impression.
- Fermer votre document.

Il est bien connu que les utilisateurs de logiciels se contentent du minimum vital. De ce fait, ils n'utilisent un programme qu'à environ 10 % de ses capacités. L'objectif de ce chapitre est de vous montrer rapidement tout ce que peut faire un logiciel de traitement de texte de manière à ce que vous connaissiez son potentiel, et que vous cherchiez à votre tour à mieux l'exploiter.

Vue d'ensemble

En bref, voici comment se décompose une utilisation de base du traitement de texte dans Word :

1. **Ouvrir un nouveau document dans Word.**
2. **Saisir le texte.**
3. **Mettre en forme.**

4. **Enregistrer.**
5. **Afficher l'aperçu (facultatif).**
6. **Imprimer.**
7. **Enregistrer et fermer.**

Commencer un nouveau document

Si vous avez besoin de créer un nouveau document, procédez comme suit :

1. **Cliquez sur le bouton Office, et choisissez Nouveau.**

   La fenêtre Nouveau document s'ouvre. Elle propose plusieurs options de création d'un nouveau document, comme vous pouvez le voir à la Figure 3.1.

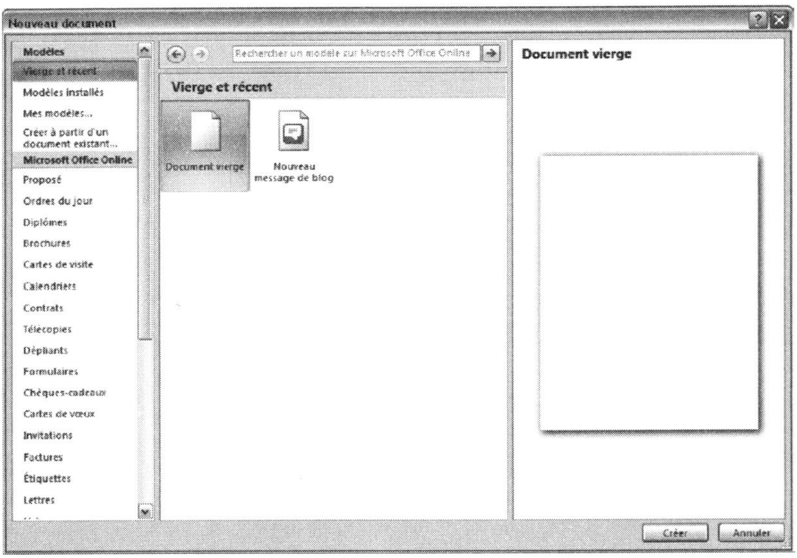

Figure 3.1 : Les options de création d'un nouveau document.

2. **Cliquez sur le bouton Créer pour commencer un document vierge.**

   L'option Document vierge est sélectionnée par défaut. Donc, cliquez sur Créer ou appuyez sur Entrée. Vous voici prêt à saisir du texte.

Répétez ces étapes aussi souvent que vous avez besoin de créer un nouveau document. Word permet de travailler avec plusieurs documents ouverts simultanément.

TRUC

- Pour créer rapidement un nouveau document vierge, appuyez sur Ctrl+N.
- Une autre manière de commencer à travailler consiste à ouvrir un document stocké sur le disque (voir le Chapitre 9). Pour cela, choisissez Ouvrir dans le bouton Office.
- La boîte de dialogue Nouveau document contient de nombreux *modèles*, soit installés sur votre disque dur, soit disponibles sur le site Microsoft Online. Les modèles sont des documents dont la mise en forme est prédéfinie. Ils contiennent parfois du texte. Pour plus de détails sur les modèles, reportez-vous au Chapitre 17.

Saisir le texte

De toutes les choses insolites que vous pouvez faire avec un ordinateur, " taper" est sans doute la plus sensée (c'est-à-dire qu'il est très facile de taper sur un ordinateur récalcitrant car l'informatique nous fait très vite perdre notre *self control*). Non, plus sérieusement, rappelez-vous que le texte que vous saisissez dans Word s'affiche sur l'écran de votre ordinateur. Il ne s'imprime pas directement, caractère par caractère sur une feuille insérée dans votre imprimante.

- Pour des conseils et des suggestions de saisie, reportez-vous au Chapitre 2.
- Saisir dans Word nécessite souvent le déplacement du curseur dans diverses parties de votre document. Bien que beaucoup d'utilisateurs maîtrisent rapidement le point d'insertion, je conseille de lire le Chapitre 4 pour bien en comprendre le comportement.

Mettre en forme votre document

La mise en forme est ce qui donne une présentation professionnelle à votre document. Il y a différentes choses que l'on peut mettre en forme dans un document :

- les caractères ;
- les paragraphes ;
- les tabulations ;
- les pages ;
- les colonnes ;
- les en-têtes et les pieds de page ;
- tout le document.

Votre premier travail de traitement de texte est la saisie du texte. À partir de là, vous pouvez y revenir pour le mettre en forme, ajuster les marges ou changer le style. Tout cela est décrit dans la deuxième partie.

Enregistrez votre travail !

Un ordinateur est simplet. Il a mauvaise mémoire et il perd toutes sortes de choses. Pour que votre ordinateur se souvienne de ce que vous avez fait, vous devez lui demander de l'enregistrer. Tout ce que vous créez dans Word doit être enregistré sur le disque et stocké en tant que document.

Il existe deux phases d'enregistrement :

- La première fois que vous enregistrez votre document, vous devez lui donner un nom, ou plutôt *un nom de fichier*. C'est ce nom qui va permettre d'identifier le document quand vous verrez son icône dans Windows. Le nom doit vous aider à identifier le contenu du document.
- Après le premier enregistrement d'un document, vous n'allez sans doute pas arrêter de le mettre à jour. Comment ? Eh bien en saisissant du texte supplémentaire. Dans ce cas, vous allez de nouveau enregistrer très régulièrement le document. Comme vous lui avez déjà donné un nom, il est inutile de lui en donner un nouveau. Word va tout simplement "écraser" l'ancienne version de votre fichier par la nouvelle, et ainsi actualiser le contenu de ce fichier à chaque enregistrement.

Pour effectuer un premier enregistrement, cliquez sur le bouton Office, et choisissez Enregistrer. Une boîte de dialogue éponyme apparaît. Elle ressemble à celle de la Figure 3.2 sous Windows Vista et à celle de la Figure 3.3 sous Windows XP. Dans le champ Nom de fichier, saisissez le nom de votre document. Ici j'écris un texte sur les forêts, alors je nomme tout simplement le document La forêt. Dans la liste Enregistrer dans, choisissez le dossier et/ou le disque dur dans lequel vous désirez enregistrer ce document. Enfin cliquez sur le bouton Enregistrer.

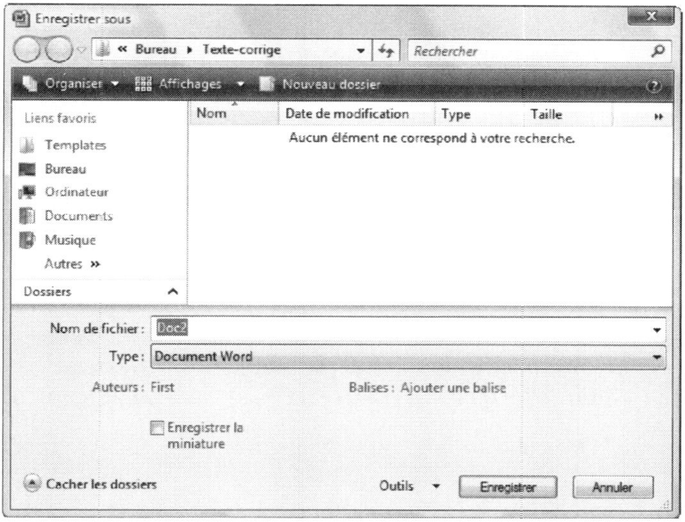

Figure 3.2 : La boîte de dialogue Enregistrer sous proposé par Windows Vista.

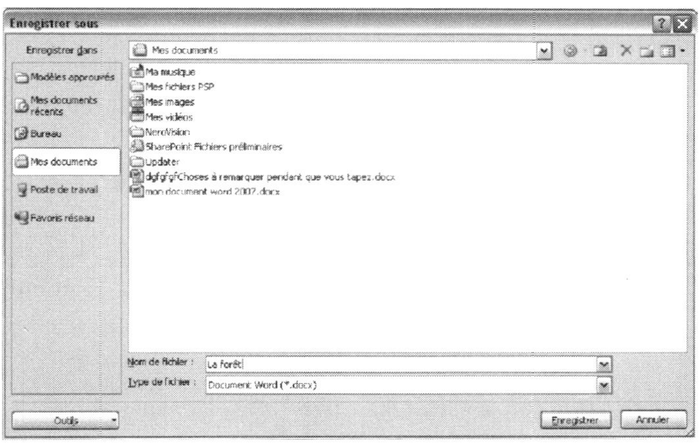

Figure 3.3 : La boîte de dialogue Enregistrer sous proposé par Windows XP.

Pour enregistrer un document sur lequel vous travaillez, et qui a déjà été enregistré au moins une fois, choisissez Enregistrer dans le bouton Office, ou appuyez sur Ctrl+S. Word actualise alors le contenu du fichier en sauvegardant sa nouvelle version, c'est-à-dire le document en cours avec vos rajouts.

- Le Chapitre 9 vous donne des informations plus détaillées pour enregistrer votre document.
- Le nom de fichier vous permettra d'identifier votre fichier par la suite, lorsque vous voudrez le modifier ou l'imprimer à nouveau. Il est important de choisir un nom pertinent, qui permette d' identifier aisément le fichier recherché.

TRUC

- Une fois un fichier enregistré, la manière la plus rapide de l'enregistrer à nouveau consiste à utiliser le clavier. La séquence de touches correspondant à la commande Enregistrer est Ctrl+S. Tout en maintenant enfoncée la touche Ctrl, appuyez sur la touche S (vous pouvez aussi utiliser Maj+F12).
- Lorsque vous enregistrez un document, surveillez la barre d'état : elle affiche temporairement un message vous signalant que Word est en train d'enregistrer votre document.

N'OUBLIEZ PAS

- Une fois le document enregistré, son nom est affiché dans la barre de titre de la fenêtre de Word, ceci indique que le fichier a été correctement enregistré sur le disque.

Terminer un document

La dernière chose que vous ayez à faire est de terminer votre travail. La phase ultime est souvent l'impression. En effet, aujourd'hui encore les textes rédigés sous traitement de texte sont imprimés. Mais avant d'en arriver là, je conseille le respect de ces trois étapes :

- Vérification.
- Aperçu.
- Impression.

Vérifier le travail

Ce n'est pas parce que vous utilisez un logiciel de traitement de texte qui offre une belle mise en page, et des graphiques soigneusement agencés que votre travail est parfait. Non ! Il faut impérativement vérifier votre document avant de l'imprimer.

Vérifier signifie *relire*. La vérification inclut aussi celle de l'orthographe et de la grammaire que nous abordons au Chapitre 8.

Aperçu avant impression

Pour voir à quoi votre document va ressembler à la sortie de l'imprimante et afin de ne pas gaspiller de papier, utilisez la commande Aperçu avant impression. Dans le bouton Office, cliquez sur Imprimer/Aperçu avant impression (Figure 3.4). Votre document est affiché exactement comme il sera imprimé, y compris les images, les en-têtes et les pieds de page, ou tout autres éléments qui peuvent ne pas être affichés correctement dans les autres modes. Vous pouvez effectuer un zoom avant ou arrière, et même procéder à des modifications, même si cela est déconseillé.

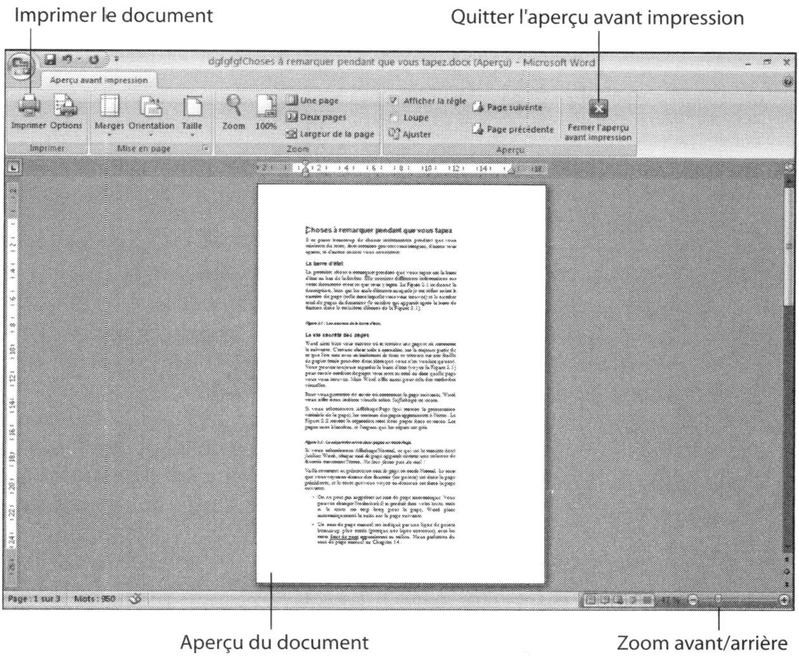

Figure 3.4 : Le mode Aperçu avant impression.

Pour quitter l'aperçu, cliquez sur le bouton Fermer l'aperçu avant impression. Vous retournez dans votre document pour y faire quelques ajustements. Si votre document semble parfait, cliquez sur le bouton Imprimer du groupe Imprimer (Figure 3.4).

Imprimer un document

Pour imprimer votre document dans Word :

1. **Assurez-vous que votre imprimante est en marche et prête à imprimer.**
2. **Cliquez sur le bouton Office puis sur Imprimer/Imprimer, ou bien sur le bouton Imprimer de l'aperçu avant impression.**

   La boîte de dialogue Imprimer s'affiche. C'est là qu'apparaissent tous les paramètres qui permettent de contrôler l'impression.

3. **Cliquez sur le bouton OK.**

   Le document sort de l'imprimante.

Fermez-moi ça !

Pour fermer un document une fois votre travail terminé, cliquez sur le bouton Office, puis sur Fermer, ou bien exécutez le raccourci clavier Ctrl+W.

Si vous n'avez pas enregistré votre document depuis ses dernières modifications, Word vous invite à le faire. Dans la boîte de dialogue qui apparaît, je conseille vivement de cliquer sur Oui pour ne pas perdre tout le bénéfice de votre dur labeur. (Pour plus de détails sur l'enregistrement, consultez le Chapitre 9.)

Lorsque le document est fermé, il n'est plus affiché à l'écran, c'est-à-dire dans l'interface de Word. À partir de cet instant, vous pouvez quitter Word, créer un nouveau document, ouvrir un document existant, ou fermer Word et commencer une partie de solitaire.

- Reportez-vous au Chapitre 1 pour connaître les options de fermeture.
- Vous n'êtes pas obligé de choisir la commande Fermer. Vous pouvez tout bonnement quitter Word avec la commande éponyme. Dans ce cas, Word se comporte comme si vous

fermiez le document, c'est-à-dire qu'il affiche un message d'enregistrement si vous n'avez pas sauvegardé vos dernières modifications.

- Si vous n'avez qu'un seul document ouvert dans Word et que vous le fermez, Word change d'aspect : la fenêtre du document (avec ses barres de défilement) est remplacée par un fond bleu et les commandes et les onglets sont désactivés. Ne vous inquiétez pas, c'est simplement que Word n'a plus grand-chose à faire en l'absence de tout document. Il ne fait qu'attendre patiemment votre prochaine commande.

Deuxième partie

Les bases du traitement de texte

Dans cette partie...

Le traitement de texte fut sans doute le premier cheval de bataille de l'informatique de gestion et grand-public. Il fallait se débarrasser de la machine à écrire qui imposait une attention de tous les instants et qui gâchait des parties entières de la forêt amazonienne car chaque faute de frappe envoyait une feuille à la poubelle.

Dès qu'ils le purent, les ordinateurs furent spécialisés en *traitement de texte*. Leurs fonctions étaient rudimentaires et se limitaient au remplacement du texte, à l'insertion, au copier, au couper, et au coller.

Très rapidement, l'ordinateur fut de mieux en mieux maîtrisé. Tout naturellement, le traitement de texte qui était la seule chose que l'on pouvait faire de vraiment abordable sur un PC donna lieu à une concurrence effrénée entre les éditeurs de logiciels. Une des premières fonctions qui apporta un intérêt significatif au traitement de texte fut la mise en forme des paragraphes, la numérotation des pages, et le vérificateur d'orthographe.

Au début des années 1990, on peut dire que tout ce qu'il y a aujourd'hui (désormais en mieux), dans un logiciel de traitement de texte avait déjà fait son apparition. Ses fonctions purement basiques vous sont détaillées tout au long de cette partie captivante.

Chapitre 4

Les mouvements de base

Dans ce chapitre :

- Utiliser les barres de défilement.
- Déplacer le point d'insertion.
- Se déplacer avec des raccourcis clavier.
- Naviguer avec les boutons de navigation.
- Retrouver son chemin.

Écrire signifie souvent *réécrire*, ce qui veut dire que bien des fois on ne fait que relire son document pour le modifier. S'il vous faut une métaphore, imaginez une machine à écrire dans laquelle ne serait insérée qu'une seule longue feuille de papier. Pour relire votre document, il vous faudrait tourner le rouleau en arrière pour trouver l'endroit précis où commence la partie du texte qui vous intéresse. Cela n'a rien d'enthousiasmant. Heureusement, Word dispose de commandes de base des mouvements du curseur qui vous permettent de faire défiler votre texte, de le relire ou de le modifier, beaucoup plus facilement qu'en faisant tourner un rouleau. Voilà de l'action, du mouvement et du sport !

Faire défiler un document

L'écran d'un ordinateur et la fenêtre de Word ne sont pas assez grands pour exposer la totalité de vos documents. Donc, pour parcourir leur contenu, vous devez utiliser la souris et *la barre de défilement verticale*.

La barre de défilement verticale

Sur le côté droit de votre document vous apercevez la barre de défilement verticale (Figure 4.1). Elle fonctionne comme n'importe quelle autre barre de ce type d'un programme Windows :

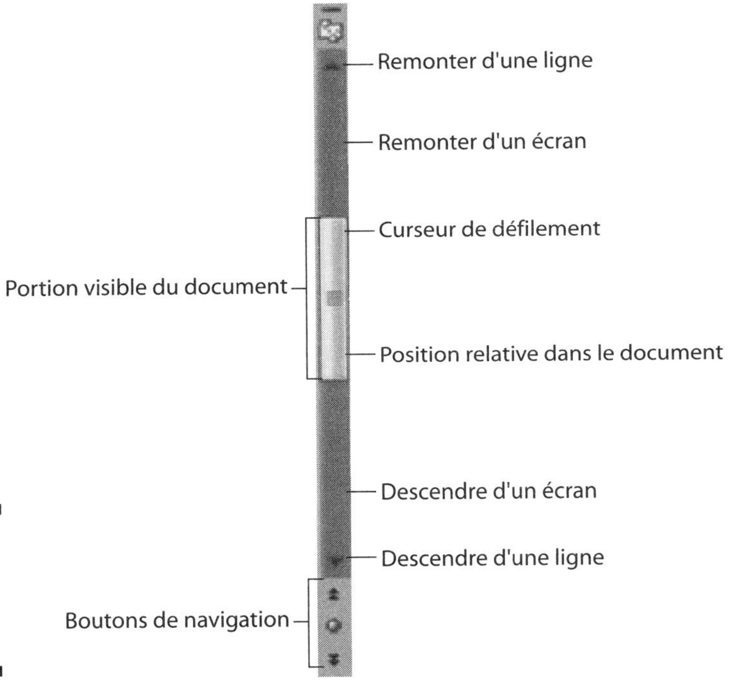

Figure 4.1 : Décrypter la barre de défilement verticale.

- Cliquez sur les deux boutons situés en haut et en bas de la barre de défilement pour faire défiler le contenu de votre document vers le haut ou le bas. Le document défile à la cadence d'une ligne de texte par clic.
- Un *curseur de défilement* apparaît sur la barre. Cliquez dessus et, sans relâcher le bouton de la souris, faites-le monter ou descendre pour parcourir le document.
- Vous pouvez cliquer au-dessus ou en-dessous du curseur de défilement pour parcourir le document à la cadence d'un écran par clic.

Lorsque vous faites glisser le curseur de défilement certaines informations s'affichent. Ainsi, sur la Figure 4.2, le numéro de la page visible ainsi que le titre de la section (qui se situe au niveau du curseur de défilement) s'affichent.

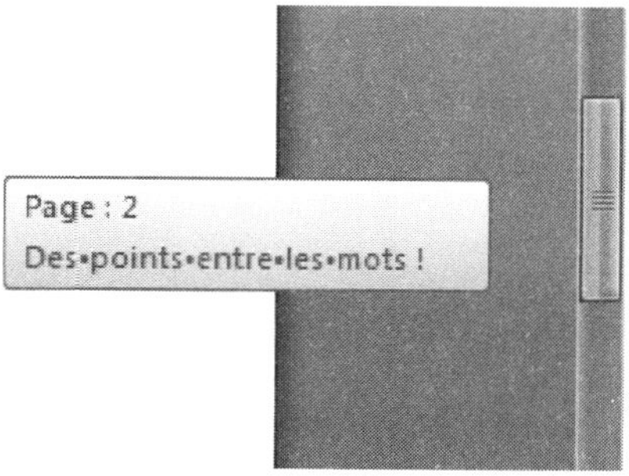

Figure 4.2 : Des informations sur le numéro de la page et le titre en cours.

Parcourir ainsi le document ne déplace pas le point d'insertion. Si vous commencez à taper ne soyez pas surpris d'atteindre instantanément l'emplacement actuel du point d'insertion.

N'OUBLIEZ PAS

- Faire défiler le contenu d'un document ne déplace pas le point d'insertion.
- Reportez-vous à la section Utiliser les boutons de navigation, plus loin dans ce chapitre, pour obtenir des informations complémentaires sur ces boutons localisés sous la barre de défilement verticale.

La barre de défilement horizontale

La barre de défilement horizontale apparaît juste au-dessus de la barre d'état c'est-à-dire dans la partie inférieure de la fenêtre de Word. Elle ne s'affiche que si le document est trop large pour occuper toute la fenêtre. Grâce à elle, vous naviguez sur la largeur du document.

TRUC

Lorsque la largeur du document est trop importante, nécessitant de jouer avec la barre de défilement horizontale pour afficher toutes les portions du texte, pensez à utiliser l'outil Zoom.

Utiliser la souris pour vous déplacer

La souris permet de déplacer le curseur facilement et rapidement : pour commencer, identifiez le nouvel endroit où vous souhaitez placer le curseur sur l'écran, puis placez le pointeur de la souris à l'endroit voulu, et cliquez. Le curseur se place instantanément à l'endroit désigné. On appelle cette action *pointer-cliquer.*

Si votre PC est équipé d'une souris à molette, comme la souris IntelliMouse de Microsoft, vous pouvez faire défiler votre document en l'utilisant :

- Pour faire défiler votre document vers le haut ou vers le bas, faites tourner la molette dans l'une ou l'autre direction. La vitesse de défilement (le nombre de lignes par "pas" de la molette) peut être définie dans le Panneau de configuration de Windows en double-cliquant sur l'icône Souris.
- Utilisée comme un bouton, la molette de votre souris vous donne un contrôle du défilement de votre document : si vous cliquez avec la molette comme avec un bouton (il est inutile de la maintenir enfoncée), vous pouvez régler la vitesse de défilement en déplaçant votre souris plus ou moins vers le haut, vers le bas, vers la gauche ou vers la droite par rapport à l'endroit où vous avez cliqué.
- Pour mettre fin à cet effet, cliquez en un endroit quelconque avec le bouton gauche de la souris.

Déplacer le point d'insertion

Quand vous écrivez sur une feuille de papier, il est difficile de vous perdre. Et au bon vieux temps des machines à écrire, ce sur quoi on écrivait ne pouvait dépasser la taille d'une feuille de papier standard. Mais avec Word, vos documents peuvent devenir véritablement énormes. Malheureusement, ce n'est qu'une petite partie de cet imposant document qui apparaît sur l'écran. Pour aller d'un endroit à un autre, il ne suffit pas d'appuyer sur une touche du curseur. Il vous faut donc en savoir un peu plus sur les touches de navigation et autres commandes spéciales de Word.

Commander le point d'insertion à la souris

Le moyen le plus simple pour placer le point d'insertion exactement où vous le souhaitez et de cliquer sur le texte. Pointez, cliquez, et voilà ! Le point d'insertion est en place.

Petits déplacements (les touches directionnelles)

La manière la plus courante de vous déplacer dans votre document consiste à utiliser les touches du pavé directionnel (celles qui portent une flèche), que l'on appelle aussi *touches de contrôle du curseur* parce qu'elles permettent de contrôler les déplacements de ce dernier sur l'écran.

Les quatre touches de base déplacent le curseur vers le haut, vers le bas, vers la droite et vers la gauche :

Touche	Effet
↑	Déplace le curseur d'une ligne vers le haut.
↓	Déplace le curseur d'une ligne vers le bas.
→	Déplace le curseur d'un caractère vers la droite.
←	Déplace le curseur d'un caractère vers la gauche.

Déplacer le point d'insertion n'efface pas les caractères. Le Chapitre 5 explique comment supprimer des informations.

Si vous maintenez enfoncée la touche Ctrl en appuyant sur une touche du curseur, vous passez en mode accéléré. Le curseur survitaminé bondit à une vitesse folle dans les quatre directions :

Touches	Effet
Ctrl+↑	Place le curseur au début du paragraphe précédent.
Ctrl+↓	Place le curseur au début du paragraphe suivant.
Ctrl+←	Place le curseur au début du mot précédent (juste avant la première lettre).
Ctrl+→	Place le curseur au début du mot suivant (juste avant la première lettre).

Si vous utilisez les touches du curseur du pavé numérique, assurez-vous que le voyant Verr num (ou *Num Lock*) est éteint. S'il est allumé, appuyez sur la touche Verr num pour l'éteindre. Sans cette vérification, vous verrez apparaître des chiffres dans votre texte au lieu de voir se déplacer le curseur, co444mme ceci.

Le début et la fin

Il arrive que l'on ait simplement besoin d'aller directement au début ou à la fin d'une ligne de texte ou de tout un document. Voici les touches qui permettent de le faire :

Touche(s)	Effet
Fin	Envoie le curseur à la fin de la ligne de texte dans laquelle il se trouve.
Début	Envoie le curseur au début de la ligne de texte dans laquelle il se trouve.
Ctrl+Fin	Envoie le curseur tout à fait à la fin de votre document (juste après le dernier caractère).
Ctrl+Début	Envoie le curseur tout à fait au début de votre document (juste avant le premier caractère).

Le cas très particulier des touches PgPr et PgSv

En langage "clavier", PgSv signifie Page suivante et PgPr Page précédente. Un clavier standard de 102 touches dispose de deux emplacements pour ces touches PgSv et PgPr : soit sur le pavé numérique, soit sur la zone du curseur (à gauche du pavé numérique). Certains imaginent que la touche PgSv déplace le document vers le haut de la page suivante et la touche PgPr vers le haut de la page précédente. Eh bien non ! Ces touches vous permettent de vous déplacer dans le document de l'équivalent d'un écran (et non d'une page) vers le bas ou vers le haut, d'où leur appellation (Page précédente et Page suivante).

Touche	Effet
PgPr	La touche PgPr déplace le curseur vers le haut d'un écran (la hauteur du texte affiché dans la fenêtre). Si vous êtes en haut de votre document, cette touche place le curseur tout en haut de l'écran.

Touche	Effet
PgSv	La touche PgSv déplace le curseur d'un écran vers le bas du document. Si vous êtes en bas du document, elle place le curseur tout en bas de l'écran.

Si vous voulez seulement placer le curseur en haut ou en bas de l'écran (le texte affiché dans la fenêtre du document), utilisez ces combinaisons de touches :

Touches	Effet
Ctrl+Alt+PgPr	Place le curseur en haut de la portion de texte affichée dans la fenêtre.
Ctrl+Alt+PgSv	Place le curseur en bas de la portion de texte affichée dans la fenêtre.

Ctrl+PgPr et Ctrl+PgSv sont utilisées par Word, mais ne donnent pas du tout l'effet que vous espérez. Lisez la prochaine section pour plus de détails.

Utiliser les boutons de navigation

Regardez en bas de la barre de défilement verticale. Vous voyez trois boutons illustrés dans la marge des paragraphes suivants. Ces boutons facilitent la navigation dans vos documents.

Le bouton du haut, avec deux chevrons, nommé *Page précédente,* équivaut au raccourci clavier Ctrl+PgPr.

Le bouton du bas, avec deux chevrons, nommé *Page suivante,* équivaut au raccourci clavier Ctrl+PgSv.

Le bouton du centre est un peu la réponse à la question : "Mais qu'est-ce que je cherche après tout ?" Son raccourci clavier est Ctrl+Alt+Origine.

Lorsque vous cliquez sur ce bouton central, vous ouvrez la palette représentée à la Figure 4.3. Placez le pointeur de la souris sur n'importe quel élément et vous en verrez la description dans la partie inférieure de la palette.

Chaque fois que vous choisissez une option dans cette palette de navigation, son bouton change de couleur. Quand il est noir, vous

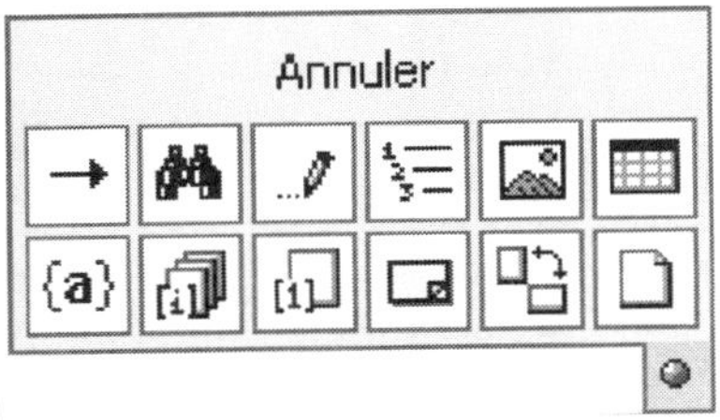

Figure 4.3 : Plusieurs méthodes de navigation.

effectuez une navigation par page. Quand il est bleu, vous effectuez un autre type de navigation.

Retrouver son chemin

En principe, une fois qu'on est engagé, on ne peut pas revenir en arrière. *En principe*, c'est-à-dire à moins de faire campagne pour une élection ou d'utiliser Word. Si vous vous retrouvez par erreur à un endroit où vous ne vouliez pas aller, appuyez sur Maj+F5 : Word vous ramène aussitôt d'où vous venez.

Appuyer sur Maj+F5 vous fait revenir au point où vous étiez juste avant la dernière commande que vous avez appliquée. Appuyer encore une fois sur cette même combinaison vous fait revenir encore une étape en arrière, et ainsi de suite. Ce raccourci clavier peut être répété trois fois.

Le raccourci clavier Maj+F5 ne fonctionne que dans Word. N'essayez pas de l'utiliser ailleurs.

Chapitre 5

Modifier le texte

Dans ce chapitre :

- Effacer du texte avec les touches Retour arrière et Suppression.
- Effacer des lignes, des phrases et des paragraphes.
- Scinder et réunir des paragraphes.
- Annuler vos erreurs.
- Utiliser la commande Répéter (annuler votre annulation !).

Modifier le texte : voilà un programme intéressant ! Au premier abord, c'est beau et c'est facile, mais la vérité est beaucoup moins rose. Modifier, ça commence par détruire.

Effacer du texte

J'ai connu un écrivain qui était terriblement angoissé à l'idée d'*effacer* quoi que ce soit. Plutôt que d'effacer un paragraphe qu'il voulait enlever ou modifier, il le copiait en tant que bloc et le plaçait à la fin du document "pour le mettre en lieu sûr". Si jamais il devient aussi célèbre que Cervantes, ses fonds de tiroirs donneront du grain à moudre à d'innombrables universitaires pour des siècles et des siècles. Il y en a qui ont de la chance.

L'avènement des logiciels de traitement de texte a rendu encore plus populaire les possibilités de suppression diverses et variées. Aujourd'hui, l'effacement fait partie du processus de création car il permet de mieux reconstruire. Écrire. Effacer. Réécrire. Réeffacer. Ainsi va la vie de l'utilisateur d'un traitement de texte.

Vos touches d'effacement de base : Retour arrière et Suppression

La création et la destruction du texte passent par l'utilisation des touches du clavier. La grande majorité de ces touches sert à créer, à composer du texte. Seules deux touches servent à le détruire : Retour arrière et Suppr (Suppression). Le fonctionnement de ces touches dépend de la manière dont vous les utilisez (quel scoop !).

Effacer un seul caractère

Pour effacer du texte caractère par caractère, vous pouvez utiliser deux touches de votre clavier :

- **La touche Retour arrière :** Elle efface le caractère situé à gauche du curseur.
- **La touche Suppression :** Elle efface le caractère situé à droite du curseur.

Dans l'exemple ci-après, le curseur "clignote" (je veux dire qu'il clignoterait s'il était sur un écran) entre le *n* et le *i* d'*Annie*. En appuyant sur la touche Retour arrière, vous effacez le *n*. En appuyant sur la touche Suppression, vous effacez le *i*.

```
Le réfrigérateur d'Ann|ie était rempli d'échantillons.
```

- Après l'effacement d'un caractère, tout le texte qui se trouve à droite ou au-dessous de celui-ci se déplace d'un cran pour remplir l'espace laissé libre.
- La touche Retour arrière ne fonctionne pas comme sur une machine à écrire. La différence est que, dans Word, non seulement le curseur revient en arrière, mais il efface les caractères sur lesquels il passe (l'équivalent de la touche Retour arrière d'une machine à écrire est, dans Word, la touche de déplacement vers la gauche du curseur).

Effacer un mot

Pour effacer un mot complet, Word dispose de deux commandes :

Touche(s)	Effet
Ctrl+Retour arrière	Efface le mot qui se trouve juste avant le curseur (à sa gauche).
Ctrl+Suppression	Efface le mot qui se trouve juste après le curseur (à sa droite).

Ces raccourcis clavier fonctionnent très bien quand le point d'insertion se trouve au début ou à la fin d'un mot (Ceci étant dit, quand il est à la fin d'un mot, il n'est pas loin d'être au début d'un autre). Lorsque vous êtes au milieu d'un mot, ces commandes suppriment respectivement les caractères situés à gauche ou à droite du point d'insertion.

Pour effacer un mot en utilisant Ctrl+Retour arrière, placez le curseur juste après la dernière lettre de ce mot. Appuyez sur Ctrl+Retour arrière : le mot disparaît. Le curseur se trouve alors juste après le dernier caractère du mot précédent ou au début de la ligne (dans le cas où vous avez effacé le premier mot d'un paragraphe).

Pour effacer un mot en utilisant Ctrl+Suppression, placez le curseur juste avant la première lettre de ce mot. Appuyez sur Ctrl+Suppression : le mot disparaît. Le curseur se trouve alors juste avant le premier caractère du mot suivant ou à la fin de la ligne (si vous avez effacé le dernier mot d'un paragraphe).

Effacer des lignes, des phrases et des paragraphes

Dans Word, il y a une différence entre une ligne de texte, une phrase et un paragraphe. Ne perdez pas de vue ces définitions :

- Une **ligne de texte** n'est rien d'autre qu'une ligne sur la page (ce n'est pas une entité grammaticale).
- Une **phrase** est de nature grammaticale : elle commence par une majuscule et se termine par un point, un point d'interrogation ou un point d'exclamation. Je suppose que vous avez appris cela à l'école.
- Un **paragraphe** est une portion de texte commençant juste après un *retour chariot* et se terminant par un autre retour

chariot. Un paragraphe peut donc être composé d'une simple ligne, d'une phrase ou de plusieurs phrases.

- Une **page** est tout le texte compris entre le début et la fin de la page.

Word sait aussi effacer des *blocs* de texte. Vous en saurez davantage à ce sujet en consultant le Chapitre 7.

Effacer une ligne de texte

La méthode la plus simple pour effacer une ligne de texte consiste à utiliser la souris :

1. **Placez le pointeur de la souris dans la marge gauche de votre document.**

   Le pointeur prend la forme d'une flèche pointant vers le haut et vers la droite.

2. **Placez le pointeur devant la ligne de texte que vous voulez supprimer.**

3. **Cliquez sur le bouton gauche de la souris.**

   La ligne de texte est sélectionnée et apparaît en surbrillance.

4. **Appuyez sur la touche Suppression ou sur la touche Retour arrière pour supprimer la ligne sélectionnée.**

Effacer une phrase

Effacer une phrase est un jeu d'enfant :

1. **Placez le curseur dans la phrase à supprimer.**

2. **Appuyez sur Ctrl et cliquez sur le bouton de la souris.**

   La phrase est sélectionnée.

3. **Appuyez sur la touche Suppression.**

   La phrase disparaît.

Effacer un paragraphe

La méthode la plus rapide pour effacer un paragraphe :

1. **Placez le pointeur de la souris sur le paragraphe.**
2. **Cliquez trois fois sur le bouton gauche de la souris.**

   Le paragraphe est sélectionné.

3. **Appuyez sur la touche Suppression.**

   Le paragraphe disparaît.

Si cliquer trois fois vous pose problème, placez le pointeur de la souris dans la marge gauche du paragraphe à supprimer. Quand le pointeur prend la forme d'une flèche pointant vers le haut et vers la droite, cliquez deux fois. Le paragraphe est sélectionné. Appuyez sur Suppr pour l'effacer.

Effacer une page

La page n'est pas traitée avec désinvolture par Word. En réalité, une page correspond à une feuille imprimée. Virtuelles dans Word, les pages n'en demeurent pas moins des éléments que vous pouvez supprimer :

1. **Placez-vous en haut de la page que vous désirez effacer.**

   Pour plus d'informations sur la commande Atteindre, reportez-vous au Chapitre 4. Dans la boîte de dialogue Atteindre, indiquez le numéro de la page à effacer.

2. **Appuyez sur la touche F8.**

   Cette touche est utilisée pour entrer dans un mode de sélection spécial qui est étudié au Chapitre 7.

3. **Appuyez sur Ctrl+PgSv.**

   Le point d'insertion va en bas de la page.

4. **Appuyez sur Suppr.**

   La page disparaît.

Pour effacer l'espace vide laissé en bas de votre document, consultez le Chapitre 10.

Séparer et grouper

L'édition d'un texte conduit à la séparation d'un paragraphe en plusieurs autres, ou au regroupement de plusieurs paragraphes en un seul.

Créer deux paragraphes à partir d'un seul

Pour diviser un paragraphe en deux paragraphes distincts, localisez le point où vous désirez créer cette séparation. En générale, il se situe entre deux phrases, c'est-à-dire au début de l'une et à la fin de l'autre. Ensuite, appuyez sur la touche Entrée. Vous disposez ainsi de deux paragraphes.

En fonction de la position du point d'insertion, vous devrez peut-être effacer une espace vide qui apparaît au début du second paragraphe ou à la fin du premier.

Créer un paragraphe à partir de deux

Pour regrouper deux paragraphes, vous devez supprimer la marque de paragraphe qui les sépare. Pour cela, placez le point d'insertion au début du second paragraphe et appuyez sur la touche Retour arrière. Voilà ! Les deux paragraphes n'en forment plus qu'un.

Séparer des lignes avec un retour à la... ligne

Ce retour à la ligne est principalement utilisé pour les titres et les en-têtes. Par exemple, lorsque vous avez un long titre que vous souhaitez présenter sur deux lignes, appuyez sur Maj+Entrée. Par exemple, saisissez cette ligne :

```
Filbert & Hazel
```

Appuyez sur Maj+Entrée. Vous commencez une nouvelle ligne. Saisissez :

```
Un couple d'imbéciles
```

Le retour à la ligne conserve le texte de ce titre regroupé (dans le même paragraphe), mais sur des lignes séparées.

Annuler vos erreurs

Il ne faut jamais avoir peur de faire quelque chose dans Word. Jamais ! Pourquoi ? Parce que Word dispose d'une commande Annulation. Celle-ci se souvient de tout ce que vous venez de faire, d'ajouter ou de supprimer, et peut facilement démêler vos erreurs. De plus, il existe également une commande Répéter, qui permet l'annulation de la dernière annulation.

La magie de la commande Annuler

Si vous venez d'effacer accidentellement du texte, formater un paragraphe de manière hasardeuse, ou saisir des mots que vous regrettez, faites l'une des opérations ci-après pour le faire réapparaître :

- Appuyez sur Ctrl+Z.
- Cliquez sur le bouton Annuler dans la barre d'outils Accès rapide.

Personnellement, je préfère le raccourci Ctrl+Z. Toutefois, le bouton Annuler déroule une liste qui permet de choisir l'annulation simultanée de plusieurs commandes.

- La commande Annuler est pratique mais elle ne doit pas vous laisser aller à une certaine négligence lors de la saisie de votre texte.
- Si vous cliquez sur la flèche pointant vers le bas à côté du bouton Annuler de la barre d'outils Accès rapide, vous voyez apparaître la liste des dernières actions que vous avez effectuées dans Word. Vous pouvez y sélectionner l'action que vous voulez où l'ensemble de la liste (en faisant glisser la souris sur la liste) pour annuler d'un clic ce que vous désirez.
- Parfois la commande Annuler ne fonctionne pas. Avant que cela n'arrive, Word vous lance un message du type "Mémoire insuffisante pour annuler cette opération, voulez-vous continuer ?" Poursuivez à vos risques et périls.

- Pour annuler une annulation, sélectionnez Répéter. Voyez la section suivante.

Voudriez-vous répéter, s'il vous plaît ?

Si vous annulez quelque chose pour vous apercevoir que ce n'était pas ce que vous vouliez faire, vous devez utiliser la commande Répéter pour remettre tout d'aplomb. Pour faire revenir du texte que vous venez de faire disparaître en utilisant accidentellement la commande Annuler, effectuez l'une des opérations suivantes :

- Appuyez sur Ctrl+Y.
- Cliquez sur le bouton Répéter dans la barre d'outils Accès rapide (s'il est disponible).

Quand répéter change de sens

Et s'il n'y a rien à rétablir (parce que vous ne venez pas d'annuler quelque chose) ? Alors la commande Répéter devient la commande Répéter... ah !

Par exemple, si vous tapez les lignes suivantes :

```
Toc, toc.
Qui est là ?
Knock.
Knock qui ?
```

Maintenant, appuyez sur Ctrl+Y ou cliquez sur le bouton Répéter de la barre Accès rapide. Word répète la dernière chose saisie. Si vous avez effectué une action, comme une suppression, Ctrl+Y la répète.

- La commande Répéter peut également appliquer le même formatage. Lorsque vous travaillez dans un document et que vous changez de style sur plusieurs sections de texte, utilisez la touche Répéter pour gagner du temps.
- Sachez que la touche F4 fonctionne comme Ctrl+Y.

Chapitre 6

Chercher et remplacer

Dans ce chapitre :

- Rechercher du texte dans votre document.
- Utiliser les différentes options de la commande Rechercher.
- Rechercher des caractères spéciaux.
- Rechercher des codes de mise en forme.
- Utiliser la commande Remplacer.

Chercher et remplacer est une fonction basique des traitements de texte. Dans Word, cette fonction permet deux choses : de chercher du texte vers le haut ou le bas du document, et de remplacer ce texte par un autre.

Le plaisir de la recherche

Word peut localiser rapidement toute portion de texte où qu'elle soit dans votre document, du discours le plus grandiloquent au plus petit caractère. La commande utilisée à cette fin s'appelle Rechercher, et vous l'exécutez depuis le ruban de Word 2007 (Figure 6.1).

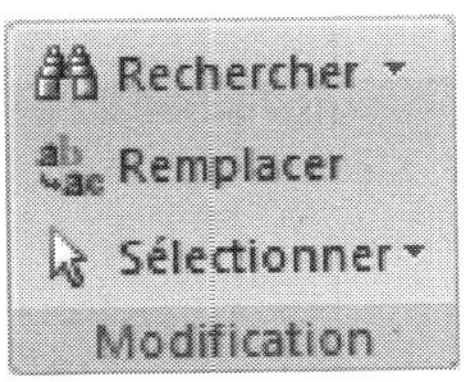

Figure 6.1 : Le groupe de commandes Modification.

Mais où te caches-tu ?

Localiser du texte dans un document est une tâche très simple à réaliser :

1. **Dans l'onglet Accueil, cliquez sur le bouton Rechercher.**

   Reportez-vous à la Figure 6.1. Parfois vous devrez cliquer sur Modification pour afficher ce bouton. Si vous n'y parvenez pas, appuyez simplement sur Ctrl+F.

   Cliquer sur le bouton Rechercher permet d'ouvrir la boîte de dialogue Rechercher et remplacer illustrée par la Figure 6.2.

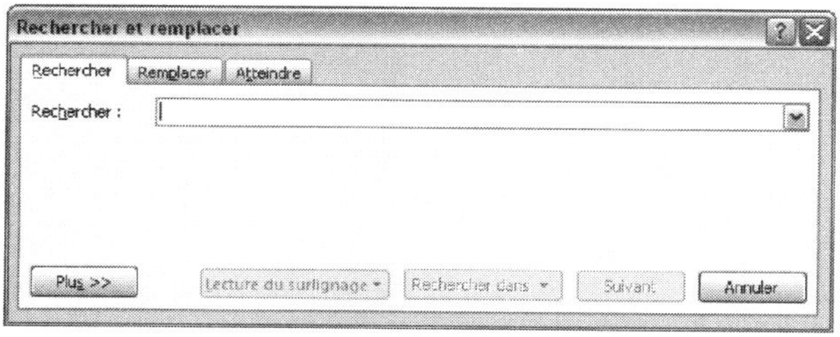

Figure 6.2 : La boîte de dialogue Rechercher et remplacer.

2. **Dans le champ Rechercher, saisissez le texte à rechercher.**

   Par exemple : plomb. Tapez-le exactement sous la forme voulue.

3. **Pour commencer la recherche, cliquez sur le bouton Suivant.**

   Vous pouvez également appuyer simplement sur Entrée.

Si Word trouve du texte correspondant à votre demande, celui-ci apparaît en surbrillance à l'écran, c'est-à-dire sélectionné. La boîte de dialogue Rechercher et remplacer reste affichée à l'écran aussi longtemps que vous ne cliquez pas sur le bouton Annuler ou que vous n'appuyez pas sur la touche Échap (elle reste ouverte afin que vous continuiez à rechercher du texte si vous le souhaitez).

Rechercher avec plus de précision

Pour faire apparaître les options supplémentaires de la boîte de dialogue Rechercher et remplacer, commencez par la faire apparaître en appuyant sur Ctrl+F, puis cliquez sur le bouton Plus. La boîte de dialogue s'agrandit vers le bas, faisant apparaître un certain nombre d'options et de boutons supplémentaires (Figure 6.3).

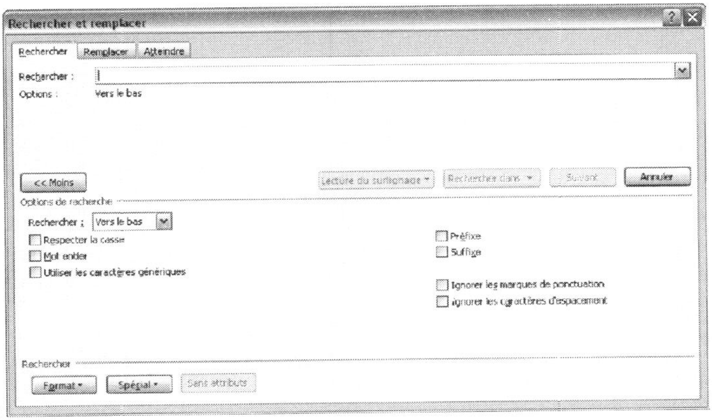

Figure 6.3 : La boîte de dialogue Rechercher et remplacer, avec ses options supplémentaires.

Les sections suivantes détaillent ces options.

Chercher un fragment de texte

Il y a une différence entre *Sylvestre* et *sylvestre*. Le premier est un prénom, le second un adjectif. Pour trouver l'un et pas l'autre en utilisant la commande Rechercher, cochez la case Respecter la casse dans la zone Options de la boîte de dialogue. Ainsi, si vous avez tapé *Sylvestre* dans le champ Rechercher, cette recherche ne trouvera que les occurrences du mot *Sylvestre* commençant par une majuscule, le reste du mot étant en minuscules.

Rechercher un mot entier

L'option Mot entier permet de rechercher des mots comme *droit* ou *sur*, en évitant de vous arrêter inutilement sur des mots comme *endroit* ou *surprise*.

Rechercher du texte dont vous ne savez pas tout (avec des caractères génériques)

Les deux caractères génériques de base sont ? et * : le premier représente une lettre quelconque, le second un groupe quelconque de lettres. Ainsi, supposons que vous ayez tapé ceci dans le champ Rechercher :

```
?ur
```

Si vous avez sélectionné l'option Utiliser les caractères génériques, Word va rechercher tout mot de trois lettres commençant par une lettre quelconque et se terminant par *ur : sur*, *mur*, *dur* ou *pur*, par exemple.

Comme l'astérisque représente un groupe de caractères quelconque, le texte suivant dans le champ Rechercher permettra de trouver tous les mots commençant par *a* et se terminant par *n* (il y en a beaucoup) :

```
a*n
```

Rechercher vers le haut, vers le bas ou les deux

Janus était, pour les Romains, le dieu des commencements et des fins. Il était doté de deux visages regardant dans deux directions opposées, ce qui est très pratique pour regarder un match de tennis ou pour retrouver vos clés quand vous ne savez plus ce que vous en avez fait. La commande Rechercher est comme Janus car elle recherche toutes les occurrences d'un élément dans tout le texte, sauf si vous lui indiquez d'effectuer une recherche dans une direction spécifique. Pour cela, cliquez sur le bouton Plus, puis déroulez la liste Sens. Vous accédez aux options suivantes :

- **Tous.** Avec cette option, la recherche s'effectue dans tout le document quelle que soit la position du point d'insertion.
- **Vers le bas.** La recherche part de la position du point d'insertion et s'arrête à la fin du document.
- **Vers le haut.** La recherche part de la position du point d'insertion et s'arrête au début du document.

N'OUBLIEZ PAS

Vous pouvez utiliser les boutons de navigation pour répéter la commande Rechercher vers le haut ou le bas, selon que vous cliquez sur Précédent/Atteindre ou Suivant/Atteindre.

Rechercher des caractères que vous ne pouvez pas taper

Il y a des caractères que l'on ne peut pas taper avec le clavier dans le champ Rechercher. Ce sont des caractères spéciaux, non imprimables. C'est le cas par exemple du Tab. Essayez d'appuyer sur la touche Tab après avoir cliqué dans le champ Rechercher : il ne se passe rien. Pour rechercher un caractère de tabulation, ainsi que quelques autres, il faut l'indiquer à la fonction Rechercher au moyen d'un code spécial.

Pour insérer le code correspondant à l'un de ces caractères spéciaux, cliquez sur le bouton Plus pour faire apparaître le volet des options supplémentaires de la boîte de dialogue Rechercher et remplacer, puis cliquez sur le bouton Spécial (Figure 6.4).

Voici quelques-uns des caractères spéciaux les plus utiles que vous trouverez dans la liste du bouton Spécial de la boîte de dialogue Rechercher et remplacer :

- **Tout caractère, Tout chiffre** et **Toute lettre :** Permettent de représenter à peu près n'importe quoi. Ce sont des caractères génériques qui permettent de trouver toutes sortes de choses.
- **Signe ^ :** Permet de rechercher le symbole (^), autrement dit l'accent circonflexe quand il n'est pas sur une lettre, qui est un caractère spécial. Si vous tapez le signe ^ lui-même dans le champ Rechercher, il sera interprété par Word comme indiquant un autre caractère spécial.
- **Marque de paragraphe (¶) :** Permet de rechercher dans votre document le caractère qui indique la fin de chaque paragraphe.
- **Tabulation :** Permet de rechercher le caractère Tab.
- **Espace :** Il ne s'agit pas nécessairement d'une espace obtenu en appuyant sur la barre d'espace du clavier, mais de tout caractère se traduisant par un espace blanc sur l'écran (par exemple, un Tab).

Choisissez un des éléments dans la liste. Dès que c'est fait, une suite de symboles étranges apparaît dans le champ Rechercher comme ^t

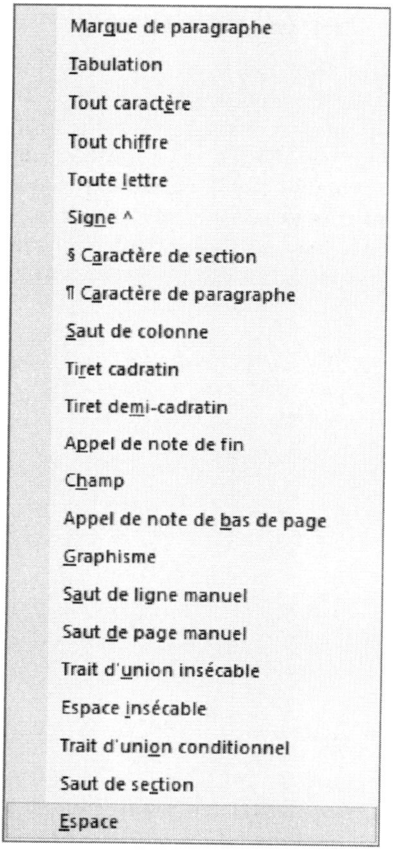

Figure 6.4 : Rechercher des caractères que vous ne pouvez pas taper.

si vous cherchez des tabulations. Cliquez sur Suivant pour trouver ce symbole dans votre document.

N'OUBLIEZ PAS

- Si vous recherchez le caractère spécial ¶, cliquez sur Spécial et sélectionnez Caractère de paragraphe, car l'option Marque de paragraphe renvoie à toutes les marques de paragraphe créées quand vous appuyez sur Entrée.

- Vous pouvez combiner ces caractères spéciaux entre eux et avec tous ceux que vous désirez. Si vous voulez trouver un Tab suivi par le mot *Chasseur*, utilisez le bouton Spécial pour insérer le code du Tab (^t), puis tapez Chasseur dans le champ Rechercher en utilisant le clavier. Vous verrez donc :

```
^tChasseur
```

- Si vous avez mémorisé le code du caractère spécial que vous voulez, vous n'avez pas besoin de passer par la liste du bouton Spécial. Vous pouvez utiliser le clavier pour saisir le code dans le champ Rechercher. C'est ce que je fais en général. Comme je sais que ^p est le code correspondant à la touche Entrée (le caractère de fin de paragraphe), je n'ai pas besoin de cliquer sur le bouton Plus et sur le bouton Spécial. Au cas où vous voudriez faire de même, voici la liste des codes des caractères spéciaux les plus utilisés :

Marque de paragraphe	^p
Tab	^t
Tout caractère	^?
Tout chiffre	^#
Toute lettre	^$
Signe ^	^^
Tiret cadratin	^+
Tiret demi-cadratin	^=
Saut de ligne manuel	^1
Saut de page manuel	^m
Espace	^w

Rechercher une mise en forme

Ce que la commande Rechercher peut faire de plus impressionnant pour vous, c'est de rechercher des codes de mise en forme dans votre document. Par exemple, si vous ne recherchez que les instances du mot **baratin** qui sont en gras, Word peut le faire pour vous.

Pour rechercher une mise en forme dans un document, utilisez la zone des options supplémentaires de la boîte de dialogue Rechercher et remplacer. Cliquez sur le bouton Format pour faire apparaître la liste des options de mise en forme que vous pouvez rechercher (Figure 6.5). La sélection de chacun des éléments de cette liste affiche la boîte de dialogue de mise en forme correspondante de Word. Dans cette boîte de dialogue, vous pouvez sélectionner les attributs de mise en forme que vous désirez rechercher.

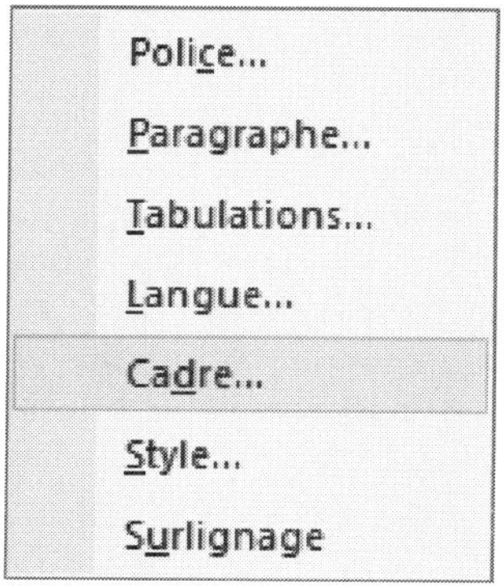

Figure 6.5 : Diverses mises en forme que vous pouvez rechercher.

Revenons à notre **baratin** en gras, vous désirez le trouver dans votre document. Suivez ces étapes :

1. **Faites apparaître la boîte de dialogue Rechercher et remplacer.**

   Appuyer sur Ctrl+F est la manière la plus directe de procéder.

2. **Dans le champ Rechercher, saisissez le mot baratin.**

   Vous souhaitez trouver les occurrences de ce mot écrites en gras. Vous devez préciser cette information à Word.

3. **Cliquez sur le bouton Plus pour afficher la partie inférieure de la boîte de dialogue Rechercher et remplacer.**

4. **Si le bouton Sans attributs est actif, cliquez dessus.**

   Ce bouton permet d'annuler tous les formats d'une recherche antérieure.

5. **Cliquez sur le bouton Format.**

6. **Dans la liste, sélectionnez Police.**

   La boîte de dialogue Police apparaît. Vous y contrôlez les divers aspects de la police des caractères d'un document.

7. **Dans la liste Style de police, sélectionnez Gras.**

8. **Cliquez sur OK.**

La boîte de dialogue Police se ferme, et vous revenez dans la boîte de dialogue Rechercher et remplacer.

Vous constatez que sous le champ Rechercher est indiqué `Mise en forme : Police : Gras.`

9. **Cliquez sur le bouton Suivant.**

Word trouve la prochaine occurrence du texte désigné, avec la mise en forme spécifiée.

Pour ne chercher que le format, c'est-à-dire sans mot particulier, ne remplissez pas le champ Rechercher. Cela permet d'effectuer une recherche sur un texte spécifique auquel sont appliqués des styles particuliers.

- Vous pouvez utiliser cette technique pour rechercher des occurrences particulières d'une police, par exemple Courier ou Times New Roman, en la sélectionnant dans la liste Police de la boîte de dialogue Rechercher la police.
- Vous pouvez rechercher une taille de police particulière (par exemple 24 points) en la sélectionnant dans la liste Taille.
- Les autres options de la liste Format sont un peu plus obscures, mais si vous devenez un habitué de Word, sachez qu'elles vous offrent des possibilités supplémentaires de recherche de mise en forme.
- TRUC : La recherche sur les formats impose une connaissance sur la manière dont Word formate du texte, les caractères et les documents. Consultez la deuxième partie de ce livre pour vous familiariser avec les formats.
- ATTENTION ! Word mémorise vos options de mise en forme ! Pour effectuer une recherche en excluant toute mise en forme, cliquez sur le bouton Sans attributs.

Rechercher et remplacer

Imaginons maintenant que vous vouliez remplacer le mot *cochon* par le mot *porc*. Ils ont le même sens, mais selon le contexte on peut préférer utiliser l'un plutôt que l'autre.

1. **Dans l'onglet Accueil, cliquez sur la commande Remplacer du groupe Modification.**

   La boîte de dialogue Rechercher et remplacer apparaît (Figure 6.6). Elle s'ouvre sur l'onglet Remplacer.

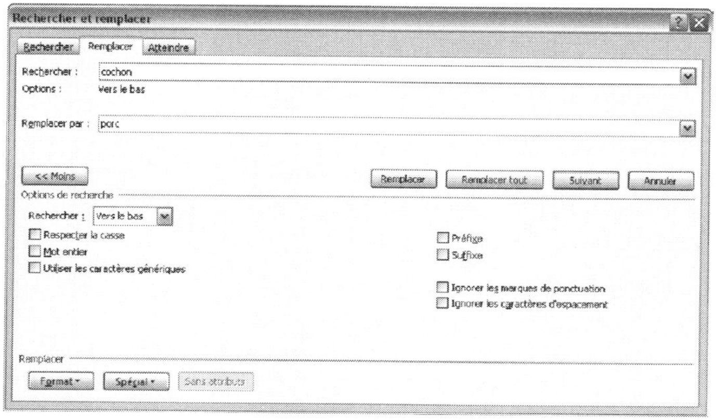

Figure 6.6 : L'onglet Remplacer de la boîte de dialogue Rechercher et remplacer.

2. **Dans le champ Rechercher, saisissez le texte à rechercher.**

   C'est le texte que vous voulez remplacer par autre chose, par exemple *cochon*.

   Après avoir tapé le texte voulu, appuyez sur Tab.

3. **Dans le champ Remplacer par, tapez le texte que vous voulez substituer au texte recherché.**

   Dans notre exemple, tapez le mot *porc*.

4. **Cliquez sur Suivant.**

   Word s'arrête à chaque occurrence du mot *cochon*. Dès que le texte est trouvé, passez à l'étape 5.

5. **Cliquez sur le bouton Remplacer.**

   Word remplace le mot *cochon* par le mot *porc*, et s'arrête à l'occurrence suivante. Répétez cette étape pour remplacer chaque occurrence, ou uniquement certaines d'entre-elles. Dans ce cas, cliquez sur Suivant au lieu de Remplacer.

6. **Lisez le résumé.**

Une fois les remplacements terminés, Word affiche des statistiques sur son travail indiquant le nombre de mots remplacés par rapport à ceux qui ont été trouvés.

7. **Cliquez sur le bouton de fermeture de la boîte de dialogue (la croix – X).**

Vous avez fini !

- Toutes les restrictions, options, et règles appliquées à la commande Rechercher valent pour la commande Remplacer.
- À propos du raccourci Ctrl+H un perspicace lecteur nommé Robin R. m'a fait remarquer que le H se trouve juste après les lettres F et G sur le clavier. Nous avons donc Ctrl+F pour Rechercher (Find) ; Ctrl+G pour Atteindre (Go To) ; et Ctrl+H pour Remplacer, parce que H est juste après F et G sur le clavier... Très astucieux.
- La commande Remplacer dispose aussi d'un bouton Plus qui peut être utilisé comme celui de la commande Rechercher (voir plus haut dans ce chapitre).
- Il peut arriver que Word trouve votre texte, par exemple *mer*, dans un autre mot comme *arrimer*. Pour éviter cela, cliquez sur le bouton Plus et cochez la case Mots entiers.
- Attention ! N'oubliez pas de taper quelque chose dans le champ Remplacer par. Si ce champ reste vide, la commande Remplacer ne se transforme pas pour autant en commande Rechercher. Au contraire, Word suppose que vous voulez remplacer par *rien* le texte recherché, autrement dit le supprimer. Comme c'est plutôt dangereux, soyez prudent lorsque vous utilisez la commande Remplacer, et utilisez dans la mesure du possible le bouton Suivant, pour avancer pas à pas, plutôt que le bouton Remplacer tout.
- Si vous faites une erreur lors de votre opération de remplacement, la commande Annuler restaure votre document dans son état antérieur.

Le miraculeux bouton Remplacer tout

Les étapes de la précédente section fonctionnent très bien. Cependant, il peut s'avérer fastidieux de cliquer des dizaines de fois sur le bouton Remplacer. Pour cette raison, la boîte de dialogue Rechercher et remplacer propose le bouton Remplacer tout.

Ce bouton exécute exactement ce que l'on suppose de sa fonction. Il va remplacer toutes les occurrences du texte par le nouveau. Donc, lorsque vous êtes certain de vouloir remplacer un mot par un autre dans tout le document, cliquez sur Remplacer tout au lieu de Remplacer.

Chapitre 7

Travailler avec des blocs de texte

Dans ce chapitre :

- Comprendre la notion de bloc de texte.
- Sélectionner du texte au clavier.
- Sélectionner du texte avec la souris.
- Sélectionner du texte avec la touche F8.
- Désélectionner un bloc de texte.
- Copier et déplacer des blocs de texte.
- Les différentes manières de coller du texte.
- Travailler avec le Presse-papiers.

Comment pourrait-on écrire sans *blocs* ? Je ne parle pas de blocs de papier, ni du vertige de la page blanche, ni de la crampe de l'écrivain. Je parle de *blocs de texte*.

Cette notion est apparue avec le traitement de texte. Ainsi, dès l'apparition de mots sur des écrans d'ordinateurs, mots que l'on pouvait manipuler de multiples manières, tout ou presque est devenu bloc de texte : un mot, une phrase, un paragraphe ou plusieurs combinaisons de ces éléments. Grâce aux blocs, vous pouvez faire des manipulations de texte incroyables que je vous propose de découvrir tout au long de ce chapitre. Oui, croyez-moi, l'heure est venue de travailler avec des blocs.

Qu'est-ce qu'un bloc de texte ?

Pour Word, un *bloc* est une portion de texte : mots, phrases, paragraphes ou tout le document. Les blocs ont un commencement et une fin et tout ce qui se trouve entre ce début et cette fin constitue ce ledit bloc de texte.

Vous créez des blocs par *sélection* du texte. La sélection est une opération qui se fait au clavier ou à la souris. Les techniques de sélection du texte sont traitées dans ce chapitre.

À l'écran, un bloc de texte sélectionné apparaît en surbrillance (Figure 7.1).

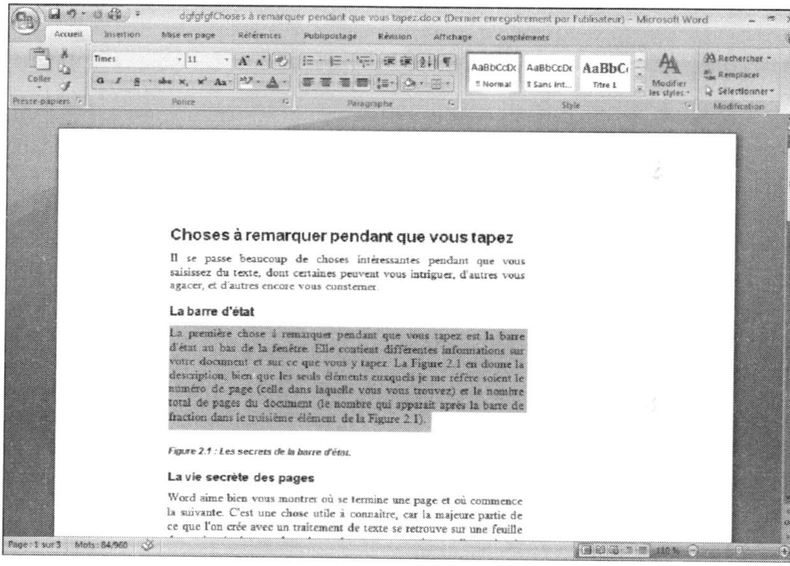

Figure 7.1 : Un bloc de texte sélectionné.

Sélectionner des blocs de texte

Un écrivain très connu m'a un jour conseillé de tout taper en triple interligne sur du papier très épais, et de toujours avoir sous la main des ciseaux et de la colle pour tout recomposer. En définitive, disait-il, couper et coller valent mieux que tout retaper. Sa technique était peut-être judicieuse en 1978, mais aujourd'hui elle est devenue désuète.

Word vous permet de faire toutes sortes de manipulations avec des blocs de texte. Et vous n'avez pas à vous préoccuper de triple interligne, de taper sur du papier très épais, et encore moins de vous ruiner en colle à papier. Il vous faut plutôt savoir comment sélectionner un bloc, et, comme d'habitude, Word vous offre de nombreux moyens de le faire. Je vais en décrire quelques-uns, plus ou moins appropriés selon la taille du bloc.

Sélectionner du texte au clavier

Pour sélectionner rapidement une petite quantité de texte (un mot, une ligne ou un paragraphe), vous pouvez utiliser la touche Maj en combinaison avec l'une ou l'autre des touches du pavé directionnel (les touches de contrôle du curseur). C'est la technique recommandée pour sélectionner une petite portion de texte, entièrement visible à l'écran. Laissez-vous guider par le Tableau 7.1.

Tableau 7.1 : Sélectionner avec la touche Maj.

Touche(s)	Effet
Maj+→	Sélectionne caractère par caractère vers la droite du point d'insertion.
Maj+←	Sélectionne caractère par caractère vers la gauche du point d'insertion.
Maj+Fin	Sélectionne le texte compris entre le point d'insertion et la fin de la ligne.
Maj+Début	Sélectionne le texte compris entre le point d'insertion et le début de la ligne.
Maj+↑	Sélectionne le texte compris entre le point d'insertion et la même position du point d'insertion dans la ligne du dessus .
Maj+↓	Sélectionne le texte compris entre le point d'insertion et la même position du point d'insertion dans la ligne du dessous.

Vous pouvez utiliser n'importe quelle commande de déplacement du point d'insertion (voir le Chapitre 4), mais je conseille la méthode impliquant la touche Maj lorsque vous devez sélectionner peu de texte.

N'importe quelle touche Maj fera l'affaire. Toutefois, je préconise l'emploi de la touche Maj de gauche de manière à manipuler avec la main droite les touches du pavé directionnel.

Marquer un bloc avec la souris

Mickey est peut-être venu au monde pour gouverner un empire, mais votre souris est venue au monde pour sélectionner du texte.

Plus sérieusement, en dehors de ses capacités graphiques, la souris est une virtuose de la sélection de texte.

Faire glisser pour sélectionner

Pour sélectionner un bloc de texte avec votre souris, suivez ces étapes :

1. **Placez le pointeur à l'endroit où vous voulez commencer la sélection.**
2. **Tout en maintenant enfoncé le bouton gauche de la souris, faites glisser le pointeur sur votre texte.**

   Au fur et à mesure que vous faites glisser le pointeur, le texte est mis en surbrillance (sélectionné), comme l'illustre la Figure 7.1. Faites glisser le pointeur du début à la fin du bloc de texte que vous désirez sélectionner.
3. **Quand le pointeur est à la fin du bloc à sélectionner, relâchez le bouton de la souris.**

La souris vous permet de sélectionner un bloc de texte de taille quelconque.

- Je vous conseille toutefois de ne vous en servir que pour des blocs assez petits pour être affichés en un seul morceau à l'écran. Si vous essayez de sélectionner du texte au-delà de ce que vous voyez à l'écran, il vous faudra faire défiler pour arriver au bout, ce qui peut être très incommode. La souris fait défiler le texte vers le haut et vers le bas assez vite, et ce dont vous avez besoin peut se retrouver hors de vue en un clin d'œil.
- Si vous ne parvenez pas à sélectionner tout ou partie d'un mot, lisez l'encadré Souhaitez-vous sélectionner le texte lettre par lettre ou mot par mot ?, plus loin dans ce chapitre.

Techniques de sélection rapide par clic

Le Tableau 7.2 explique comment tirer le meilleur parti de votre robot-rongeur pour sélectionner tel ou tel type de bloc de texte.

Tableau 7.2 : Sélection de texte par clic.

Pour	Faites comme ceci
Sélectionner un mot	Placez le pointeur sur le mot et double-cliquez.
Sélectionner une ligne	Placez le pointeur dans la marge gauche, devant la ligne à sélectionner. Le pointeur prend la forme d'une flèche pointant vers le haut et vers la droite. Cliquez pour sélectionner la ligne, ou faites glisser en maintenant enfoncé le bouton gauche de la souris pour sélectionner plusieurs lignes.
Sélectionner une phrase	Placez le pointeur sur la phrase, et faites Ctrl+clic (maintenez enfoncée la touche Ctrl et cliquez). La phrase est sélectionnée.
Sélectionner un paragraphe	Placez le pointeur sur le paragraphe et faites un triple clic.

Sélectionner un bloc par Maj+clic

TRUC

La technique la plus radicale que j'utilise pour sélectionner un bloc de texte est ce que j'appelle le "zyeuter-cliquer" :

1. **Commencez par placer le pointeur au début du bloc de texte à sélectionner.**

2. **Faites défiler votre document en utilisant la barre de défilement.**

   Utilisez bien la barre de défilement et non les touches de contrôle du point d'insertion. Si vous utilisiez celles-ci, le point d'insertion sera déplacé par la même occasion, et ce n'est pas ce que nous voulons.

3. **Pour marquer la fin du bloc, maintenez enfoncée la touche Maj et cliquez avec la souris à l'endroit précis où se termine le bloc à sélectionner.**

   Le bloc de texte compris entre la position initiale du point d'insertion et l'endroit où vous avez cliqué en maintenant enfoncée la touche Maj est sélectionné.

Sélectionner un bloc en utilisant la talentueuse touche F8

Je me demande quel genre de personnage a bien pu avoir l'idée saugrenue d'assigner la touche F8 à la sélection de texte. Probablement la même bande d'énergumènes de Microsoft, ivre de *stock-options*, qui inventa jadis l'utilisation de la touche F12. Vous souvenez-vous de F12 ? C'est la touche affectée à la commande Enregistrer sous, d'où il résulte avec la plus grande logique que la touche F8 doit être affectée à la sélection de texte. Ne cherchez pas plus loin.

Quoi qu'il en soit, si vous trouvez dans votre cerveau assez de place pour vous souvenir de la touche F8, vous pouvez en faire bon usage. F8 sélectionne du texte par blocs de différents types, ce qu'aucune autre commande ne permet d'obtenir. Ce qui suit n'est qu'un modeste échantillon de ce qu'elle peut faire :

1. **Placez le point d'insertion au début du bloc de texte.**

2. **Appuyez sur F8.**

   La touche F8 dépose un point d'ancrage et des marques à une extrémité du bloc.

3. **Utilisez les touches du pavé directionnel pour sélectionner le bloc de texte.**

   Ces touches sont étudiées au Chapitre 4.

   TRUC

   Vous pouvez appuyer sur la touche d'une lettre. Par exemple, si vous appuyez sur N, vous sélectionnez tout le texte compris entre le point d'insertion et la première lettre N rencontrée.

   Word place en surbrillance le texte depuis le point d'ancrage défini par la touche F8 jusqu'au nouvel emplacement du point d'insertion.

4. **Manipulez le bloc de texte sélectionné.**

   Word reste en mode de sélection étendue jusqu'à ce que vous utilisiez le bloc sélectionné.

Manipuler un bloc de texte est étudié dans la seconde partie de ce chapitre.

Pour annuler la sélection étendue, appuyez sur la touche Échap. Le bloc de texte reste sélectionné (voir aussi la section Désélectionner un bloc).

- Vous pouvez utiliser la souris et la touche F8. Placez le point d'insertion au début ou à la fin du bloc que vous souhaitez sélectionner, et appuyez sur F8. Ensuite, placez le point d'insertion à l'autre extrémité du bloc, et appuyez sur le bouton gauche de la souris. Tout ce qui est compris entre ces deux points est sélectionné.
- Après avoir appuyé sur la touche F8, vous pouvez invoquer la commande Rechercher pour localiser un morceau spécifique de texte. Word va alors sélectionner tout le texte situé entre le texte où vous avez appuyé sur F8, et celui trouvé par la commande Rechercher.
- Appuyer deux fois de suite sur la touche F8 sélectionne le mot dans lequel se trouve le curseur. C'est l'équivalent avec la souris de double-cliquer sur le mot pour le sélectionner.
- Pour sélectionner la phrase dans laquelle se trouve le point d'insertion, appuyez trois fois de suite sur F8.
- Placez le point d'insertion dans le paragraphe, et appuyez quatre fois de suite sur F8 pour le sélectionner en entier.
- Appuyer cinq fois de suite sur F8 sélectionne tout le document.
- Quel que soit le nombre de fois où vous appuyez sur la touche F8, sachez qu'elle place un point d'ancrage. Donc, appuyer sur F8 une ou cinq fois signifie que vous restez en mode de sélection étendue. Pour sortir de ce mode, manipulez le bloc ou appuyez sur Échap.

Sélectionner tout le document

Pour sélectionner tout votre document, choisissez Édition/Sélectionner tout. Le raccourci clavier correspondant est Ctrl+A. Dans Word, vous pouvez aussi utiliser l'obscur raccourci Ctrl+5 (le 5 du pavé numérique), ou appuyer cinq fois de suite sur la touche F8. Il est également possible de cliquer sur Sélectionner/Sélectionner tout dans le groupe Modification de l'onglet Accueil.

Honnêtement, le plus efficace est d'appuyer sur Ctrl+A.

Désélectionner un bloc

Maintenant que votre bloc est sélectionné, qu' allez-vous en faire ? Et comment allez-vous désélectionner votre bloc pour pouvoir recommencer à taper quelque chose ?

Voici quelques moyens pratiques de désélectionner votre bloc :

- **Appuyer sur la touche ←.** Cette action désélectionne le bloc et ramène le point d'insertion au début de celui-ci, ou au début de votre document si vous l'aviez sélectionné en entier. Cette technique fonctionne si vous avez utilisé la souris ou la touche Maj pour la sélection.
- **Cliquer avec la souris.** Cette action désélectionne le bloc et place le point d'insertion à l'endroit où vous avez cliqué. Cette technique fonctionne si vous avez utilisé la souris ou la touche Maj pour la sélection.
- **Appuyer sur la touche Échap, puis sur la touche ←.** Cette méthode est à utiliser lorsque vous êtes encore en mode de sélection étendue, pour en sortir (vous vous souvenez ? La touche F8 ou le bouton EXT dans la barre d'état).
- **N'oubliez pas la commande Maj+F5 !** Non seulement ce raccourci clavier désélectionne le bloc (que vous l'ayez sélectionné avec la souris, la touche Maj ou la touche F8), mais il vous ramène aussi à l'endroit où vous étiez avant la sélection. Admirable !

Vous avez sélectionné un bloc, et puis après ?

Si vous sélectionnez un bloc c'est pour atteindre un objectif particulier. En règle générale, un bloc de texte est sélectionné pour le copier ou le déplacer. C'est un des atouts majeurs du traitement de texte.

Cette section traite de la copie, du déplacement, et de la duplication des blocs de texte. Si vous savez copier, couper, et coller dans Windows, vous n'aurez aucun mal à le faire dans Word. Voici ce qu'il est possible de faire avec un bloc de texte :

- Le supprimer en appuyant sur Retour arrière ou Suppr.
- Utiliser les commandes Rechercher et Remplacer pour limiter votre action au bloc sélectionné (Chapitre 6).
- Vérifier l'orthographe et la grammaire du bloc (Chapitre 8).
- L'imprimer(Chapitre 10).
- Le mettre en forme. Les diverses commandes de mise en forme sont traitées dans la troisième partie de ce livre.

La commande que vous utilisez affecte uniquement le bloc de texte.

Copier un bloc

Une fois un bloc sélectionné, vous pouvez le copier pour le coller à n'importe quel autre endroit de votre document. Le bloc original n'est pas altéré par cette opération. Suivez ces étapes :

1. **Sélectionnez le bloc.**

   La première partie de ce chapitre contient des instructions détaillées pour accomplir cette tâche.

2. **Dans le groupe Presse-papiers de l'onglet Accueil, cliquez sur l'outil Copier.**

   Il ne se passe rien de visible à l'écran car la copie laisse l'élément à sa place.

3. **Placez le point d'insertion où vous désirez coller le bloc à copier.**

4. **Cliquez sur le bouton Coller du groupe Presse-papiers.**

   Le bloc apparaît au point d'insertion (voir la section Options de collage du texte plus loin dans ce chapitre pour comprendre les diverses commandes du bouton Coller).

- Dans Word (et plus généralement dans Windows), le raccourci clavier de la commande Copier est Ctrl+C.
- Le raccourci clavier de la commande Coller est Ctrl+V.
- Après avoir copier un bloc, vous pouvez le coller dans votre document une seconde fois. Chaque fois qu'un texte est copié

ou coupé, Word le garde bien au chaud dans le Presse-papiers. Il est donc réutilisable par simple collage via Ctrl+V ou clic sur le bouton Coller.

- Vous pouvez coller un bloc de texte dans un autre document.
- Pour en savoir plus sur le Presse-Papiers, reportez-vous à la section Le miracle du Presse-papiers à la fin de ce chapitre.

Déplacer un bloc

Le déplacement d'un bloc de texte est une opération identique à la copie d'un bloc de texte, à ceci près que l'on utilise la commande Ctrl+X (ou Édition/Coller) au lieu de Ctrl+C, et que le bloc de texte disparaît (en fait, il est placé dans le Presse-Papiers). À partir de là, vous pouvez coller ce bloc de texte où vous voulez dans votre document.

- Ne soyez pas alarmé en voyant disparaître le bloc. Souvenez-vous : il s'agit d'une opération de déplacement. Le bloc original est placé ailleurs (ce que nous allons expliquer dans la section suivante).

- La commande Annuler (Ctrl+Z) permet d'annuler le déplacement d'un bloc.

Options de collage du texte

Lorsque vous collez du texte dans Word, l'icône Options de collage (voir ci-contre) apparaît à la fin du texte que vous venez de coller. Elle vous permet de sélectionner la mise en forme que vous souhaitez appliquer au texte collé, car sa mise en forme initiale ne correspond plus forcément à ce que vous désirez pour cet endroit choisi.

L'utilisation de l'icône Options de collage n'est en rien obligatoire. En fait, il vous suffit de continuer à utiliser Word comme si de rien n'était pour qu'elle disparaisse instantanément. Mais si vous voulez modifier la mise en forme du texte collé, suivez ces étapes :

1. **Placez la souris sur l'icône Options de collage.**

   Une flèche pointant vers le bas apparaît à droite de l'icône.

2. **Cliquez sur la flèche pointant vers le bas.**

Un menu apparaît dans lequel vous pouvez sélectionner différentes options de mise en forme (Figure 7.2).

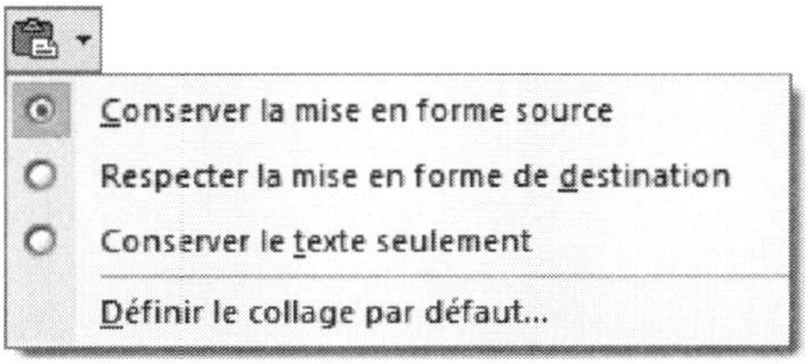

Figure 7.2 : Les options de mise en forme du texte collé.

Voici un bref résumé des options disponibles :

- **Conserver la mise en forme source** : Ne fait rien car la mise en forme vous convient.
- **Respecter la mise en forme de destination** : Applique au bloc la mise en forme du texte dans lequel il a été collé.
- **Conserver le texte seulement** : Ne colle que le texte, en éliminant les mises en forme particulières qu'il pouvait contenir.
- **Définir le collage par défaut** : Ouvre une boîte de dialogue où vous définissez les options de collage de Word.

Sélectionnez l'option qui correspond à ce que vous voulez faire.

Collage spécial !

Lorsque Word colle du texte dans votre document, il le fait en conservant les mises en forme particulières qu'il contient. L'icône Options de collage vous permet de faire un autre choix de mise en forme pour le texte collé. Vous pouvez également indiquer à Word comment coller votre texte avant la manipulation, en utilisant la commande Collage spécial du bouton Coller du groupe Presse-papiers, comme illustré par la Figure 7.3.

Si vous sélectionnez Collage spécial, la boîte de dialogue correspondante apparaît, contenant une liste d'options pour coller le texte préalablement copié ou coupé : Document Microsoft Office Word Objet ; Texte mis en forme ; Texte sans mise en forme ; Image ; etc. Chacune de ces options indique à Word la manière de coller l'élément concerné. Pour savoir ce que fait chacune d'elles, cliquez

Figure 7.3 : Utiliser la commande Collage spécial.

dessus dans la liste et lisez la description qui apparaît dans la zone Résultats de la boîte de dialogue.

Par exemple, lorsque je veux coller du texte provenant d'une page Web, mais sans la mise en forme HTML qui l'accompagne, j'utilise la commande Collage spécial, avec l'option Texte sans mise en forme. Puis je clique sur OK, et le texte est collé dans Word en tant que texte, sans le charabia HTML.

Copier ou déplacer un bloc avec la souris

Si vous voulez déplacer un bloc sur une courte distance, vous pouvez utiliser la souris pour une opération glisser-déplacer ou glisser-copier. Cette fonction est très pratique, mais il vaut mieux ne l'utiliser que pour déplacer ou copier entre deux emplacements assez proches pour être simultanément visibles à l'écran. Dans le cas contraire, si vous essayez de faire défiler votre document avec la souris, vous vous exposez à de lourdes contrariétés.

Pour déplacer avec la souris n'importe quel bloc de texte sélectionné, placez le pointeur dessus, appuyez sur le bouton gauche de la souris et maintenez-le enfoncé, déplacez le pointeur jusqu'à l'endroit où vous souhaitez placer le bloc, puis relâchez le bouton de la souris. Vous venez d'effectuer une opération glisser-déplacer.

Copier un bloc avec la souris fonctionne de la même manière que pour le déplacer, avec pour seule différence qu'il faut maintenir enfoncée la touche Ctrl tout en faisant glisser. Un signe + apparaît alors à côté du pointeur (voir ci-contre). Il indique que le bloc sera copié et non déplacé.

- L'icône Options de collage apparaît une fois que vous avez déposé le bloc de texte. Pour en savoir plus sur cette icône, reportez-vous à la section précédente.
- Lorsque vous faites glisser un bloc de texte avec la souris, celui-ci n'est pas collé dans le Presse-Papiers. Vous ne pouvez pas utiliser la commande Coller (Ctrl+V) pour le coller à nouveau.

Le miracle du Presse-papiers

L'une des fonctions les plus sympathiques de Word, qui fait défaut dans de nombreuses applications Windows, est la possibilité de stocker plusieurs éléments copiés ou HTML collés dans le Presse-Papiers. Vous pouvez ainsi couper ou copier différentes choses à la suite, puis choisir parmi les objets stockés dans le Presse-Papiers celui que vous voulez coller à tel ou tel endroit. Je peux vraiment affirmer que cette fonction est la bienvenue, mais elle nécessite quelques explications.

Un coup d'œil au Presse-papiers

Vous pouvez à tout moment voir ce que contient le Presse-papiers spécial de Word. Il suffit pour cela de cliquer sur la toute petite flèche située dans le coin inférieur droit du groupe Presse-papiers. Un volet apparaît alors sur la gauche de l'interface de Word, semblable à celui de la Figure 7.4.

La liste du volet Presse-papiers est celle des différents éléments que vous avez copiés ou coupés non seulement dans Word, mais dans n'importe quelle autre application.

Nous parlerons dans la section suivante de la manière de coller des éléments du Presse-papiers.

Coller à partir du Presse-papiers

Pour coller un bloc de texte placé dans le Presse-papiers, cliquez dessus dans le volet Presse-papiers. Il est aussitôt inséré à l'endroit où se trouve le point d'insertion dans votre document.

Figure 7.4 : Le volet Presse-papiers.

Chaque fois que vous collez un élément, l'icône Options de collage apparaît à la fin du texte que vous venez de coller. Pour savoir ce que vous pouvez en faire, reportez-vous à la section Coller un bloc, plus haut dans ce chapitre.

- Pour coller d'un coup tous les éléments contenus dans le Presse-papiers, cliquez sur le bouton Coller tout.
- Cliquez une seule fois ! Si vous double-cliquez, vous insérez deux copies du texte.

Vider le Presse-Papiers

Pour faire disparaître d'un coup tous les éléments stockés dans le Presse-papiers, cliquez sur le bouton Effacer tout en haut du volet Presse-papiers. C'est ce que je fais quand je veux collecter plusieurs éléments pour les coller ensuite tous ensemble. Par exemple, je commence par cliquer sur Effacer tout, puis je vais copier individuellement tous les éléments souhaités. Je place ensuite le curseur à l'endroit où je veux coller le tout, et je clique enfin sur le bouton Coller tout. Et le tour est joué !

Notez que vous ne pouvez pas annuler une opération de suppression de quoi que ce soit dans le Presse-papiers. Soyez prudent.

Chapitre 8

Vérifier votre document : orthographe et grammaire

Dans ce chapitre :

- Comprendre la vérification d'orthographe au cours de la frappe.
- Gérer les erreurs de frappe.
- Ajouter ou ignorer des mots inconnus.
- Laisser Word corriger automatiquement l'orthographe.
- Laisser Word taper pour vous avec la fonction Texte automatique.
- Corriger vos fautes grammaticales.
- Vérifier rapidement votre document.
- Consulter le dictionnaire des synonymes.

Inutile d'expliquer longuement pourquoi : l'orthographe du français n'est pas une mince affaire, même si on ne fait pas de zèle. Règles, exceptions, traits d'union déconcertants, doubles consonnes contradictoires avec la prononciation, sans parler des mots d'origine étrangère à la transcription incertaine. Presque à chaque pas que vous faites, un piège s'ouvre devant vous.

Ce chapitre traite des incroyables outils de vérification de Word. Il s'agit des vérificateurs orthographiques et grammaticaux, ainsi que d'outils et de fonctions qui aident à trouver le mot juste (et pas juste un mot), à l'utiliser, et à le corriger correctement.

Cachez cette coquille que je ne saurais voir !

N'OUBLIEZ PAS

C'est bien connu, voilà quelques années que les traitements de texte sont capables de vous signaler les mots mal orthographiés ou simplement suspects. Même votre programme de courrier électronique sait le faire (si ce n'est pas le cas, c'est que vous ne l'avez pas mis à jour depuis un bon moment). Le vérificateur d'orthographe de Word vous fait savoir instantanément s'il reconnaît ou non un mot, mais il ne vous dit pas si ce mot est correctement utilisé. Ce n'est pas parce qu'un document ne contient pas de mots mal orthographiés qu'il ne contient pas de fautes.

Vérifiez votre orthographe

Le correcteur orthographique intégré de Word entre en action dès que vous saisissez des mots.

Vérifier signifie corriger de deux manières. Tout d'abord, Word souligne en ondulations rouges tout mot qu'il ne connaît pas. Ensuite et enfin, Word sait corriger automatiquement les erreurs. Cette fonction de correction automatique est traitée un peu plus loin dans ce chapitre.

La crainte du soulignement ondulé rouge

Word possède une bibliothèque interne composée de dizaine de milliers de mots, tous correctement orthographiés. Dès que vous saisissez un mot qui ne se trouve pas dans cette bibliothèque, Word le suspecte d'être mal orthographié. Par conséquent, il le souligne avec des ondulations rouges, comme à la Figure 8.1.

La barre d'état

La premiere chose à remarquer pendan que vous tapez est la barre d'état au bas de la fenêtre. Elle contient différentes informations sur votre document et sur ce que vous y tapez. La Figure 2.1 en donne la description, bien que les seuls éléments auxquels je me réfère soient le numéro de page (celle dans laquelle vous vous trouvez) et le nombre total de pages du document (le nombre qui apparaît après la barre de fraction dans le troisième élément de la Figure 2.1).

Figure 8.1 : Les mots "premiere" et "pendan" sont indiqués comme des fautes d'orthographe.

Mon conseil : continuez à saisir le texte. Ne vous laissez pas perturber par les ondulations rouges. Il est plus important de penser à ce que vous écrivez que de corriger instantanément les inévitables fautes de frappe.

Une fois que vous avez l'esprit disponible, vous pouvez revenir en arrière et corriger vos erreurs. Je fais cela en général tous les deux ou trois paragraphes.

1. **Cherchez un mot mal orthographié.**

   Ils sont reconnaissables au soulignement rouge ondulé.

2. **Cliquez du bouton droit de la souris sur le mot mal orthographié.**

   Un menu déroulant apparaît, semblable à celui de la Figure 8.2.

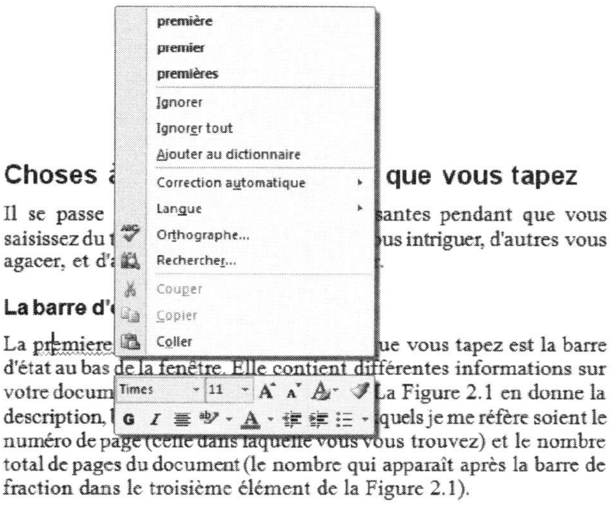

Figure 8.2 : Sélectionnez dans la liste le mot correct.

3. **Choisissez dans la liste le mot que vous vouliez écrire.**

   Dans la Figure 8.2, c'est le mot *première*. Cliquez dessus : il se substitue automatiquement dans votre document au mot erroné.

Si le mot que vous aviez voulu taper n'est pas dans la liste, ne soyez pas surpris. Word ne connaît pas tous les mots de la création. Il vous faudra peut-être utiliser un dictionnaire plus complet pour vérifier ce terme, ou faire une nouvelle tentative avec une autre orthographe pour vous voir proposer d'autres corrections possibles.

Que faire quand le vérificateur se trompe ?

Le vérificateur orthographique ne doit pas être pris au mot. (Ah ! Quel humour !) En d'autres termes, il peut se tromper. En effet, le programme ne repère que les mots qui sont répertoriés dans son dictionnaire. Par conséquent, si vous écrivez un mot particulier, non-inscrit dans le dictionnaire de Word, le programme le considère comme mal orthographié. Cliquez dessus avec le bouton droit de la souris et, dans la boîte de dialogue du vérificateur, vous constaterez la présence des options Ignorer tout et Ajouter au dictionnaire :

Ignorer tout. Ignore un mot absent du dictionnaire dans le document en cours, et seulement dans celui-ci. Si vous voulez que le mot ne soit jamais considéré comme une faute dans aucun document, sélectionnez Ajouter au dictionnaire dans le menu de correction.

Ajouter au dictionnaire. Cette commande ajoute au dictionnaire les mots qui n'y sont pas stockés. À partir de cet ajout, le programme connaît le mot. Il ne le considère plus comme mal orthographié, voire inconnu.

- Si le mot semble correctement orthographié mais est quand même souligné en rouge, c'est peut-être qu'il est répété, car les occurrences sont indiquées de la même manière que les fautes d'orthographe. Vous pouvez supprimer l'un des deux ou l'ignorer si vous estimez que ce n'est pas une faute.
- Word ignore certains types de mots. Il s'agit en général de mots contenant des chiffres ou des termes écrits en majuscules et qui sont souvent des abréviations.

- Vous pouvez paramétrer la vérification orthographique de Word comme expliqué dans la section Personnaliser les options de vérification, plus loin dans ce chapitre.

Annuler la commande Ignorer tout

Lorsque vous choisissez d'exécuter la commande Ignorer tout, vous indiquez à Word que le mot souligné est correct dans tout le document en cours. Pour Word, il s'agit d'une vérité absolue que vous validez en enregistrant le document. Quand vous le rouvrirez, la faute ne sera plus mentionnée. Mais si c'est vous qui vous êtes trompé ! Voici ce que vous devez faire :

1. **Dans le bouton Office, cliquez sur Options Word.**

   La boîte de dialogue éponyme apparaît.

2. **Dans le volet gauche, cliquez sur Vérification.**

3. **Si nécessaire, faites défiler le contenu de cette fenêtre jusqu'à ce que vous voyiez le bouton Revérifier le document. Cliquez dessus.**

   Un message vous signale que la liste des mots ignorés va être détruite.

4. **Cliquez sur Oui.**

5. **Cliquez sur Ok pour revenir au document.**

Ces étapes demandent en fait à Word d'ignorer ce qu'il a ignoré. Ceci concerne également la grammaire. Vous ne pouvez pas annuler une *revérification* de l'orthographe.

Ces étapes n'affectent que le document actuel. La commande Ignorer tout ne concerne que le document en cours d'édition.

Retirer des mots du dictionnaire

Si vous ajoutez accidentellement des mots, il vous faut accéder au dictionnaire personnel pour les supprimer. Voici comment faire :

1. **Cliquez sur le bouton Office et choisissez Options Word.**

2. **Dans le volet gauche, choisissez Vérification.**

3. **Cliquez sur le bouton Dictionnaires personnels.**

   La boîte de dialogue Dictionnaires personnels apparaît, contenant la liste de tous vos dictionnaires personnels. Selon toute vraisemblance, vous n'en avez qu'un : PERSO.DIC.

4. **Sélectionnez le fichier PERSO.DIC.**

   C'est probablement le seul élément de la liste.

5. **Cliquez sur le bouton Modifier la liste des mots.**

   Vous voyez une liste de mots que vous avez volontairement ou accidentellement ajoutés à ce dictionnaire.

6. **Localisez le mot à retirer de ce dictionnaire.**

7. **Cliquez sur le bouton Supprimer.**

8. **Répétez les étapes 6 et 7 pour supprimer du dictionnaire tout autre mot indésirable.**

9. **Cliquez sur OK pour terminer la modification du dictionnaire.**

Correction instantanée avec la Correction automatique

Un atout de la correction automatique est que vous pouvez ajouter vos propres corrections automatiques à la liste standard de Word. Par exemple, s'il vous arrive souvent de taper *ecxuse* au lieu d'*excuse*, vous pouvez demander à Word de le remplacer automatiquement pour vous. Les sections suivantes vont vous dire comment procéder.

Créez vos propres entrées de correction automatique

Pour en arriver à ce qui est expliqué précédemment, vous devez enrichir vous-mêmes la fonction de correction automatique de Word. Par exemple, si vous savez que vous écrivez systématiquement *cauchemard* au lieu de *cauchemar*, voici ce que vous devez faire pour que Word corrige automatiquement cette faute :

1. **Effectuez un clic-droit sur le mot mal orthographié.**

2. **Dans le menu contextuel, choisissez Correction automatique.**

3. **Dans le sous menu, sélectionnez le mot correctement orthographié, comme à la Figure 8.3.**

À partir de cet instant, dès que vous écrirez le mot avec cette même faute, Word le corrigera tout seul comme un grand dès que vous appuierez sur la touche espace.

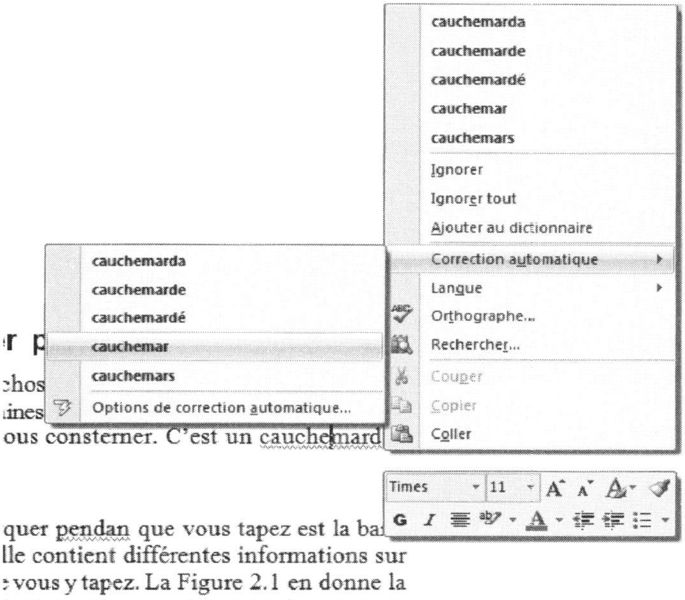

Figure 8.3 : Correction automatique d'une faute systématique.

Ajoutez de préférence les mots commençant par une minuscule. Ainsi, Word saura corriger automatiquement ces mots même quand ils commencent par une majuscule.

Annuler une correction automatique

Lorsque vous placez le curseur dans un mot corrigé automatiquement, vous voyez apparaître au-dessous un petit rectangle bleu. Placez le pointeur sur ce rectangle, et vous verrez surgir l'icône Options de correction automatique. Si vous cliquez sur la flèche pointant vers le bas, un menu vous propose différentes options (Figure 8.4), car Word se demande pourquoi vous voulez modifier la correction automatique.

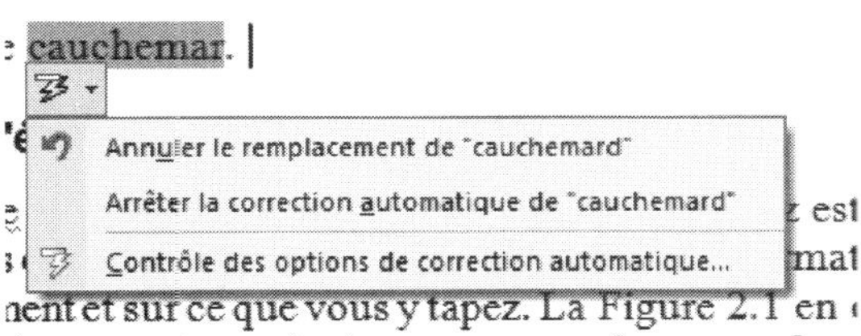

Figure 8.4 : Modifier une correction automatique.

- **Annuler le remplacement de <votre mot> :** Vous pouvez annuler le remplacement automatique en sélectionnant la première option du menu, Annuler le remplacement de [mot].
- **Arrêter la correction automatique de <votre mot> :** La sélection de cette deuxième option du menu supprime le mot de la liste des corrections automatiques.
- **Contrôle des options de correction automatique :** La dernière option du menu affiche la boîte de dialogue Correction automatique, dont nous allons parler plus tard dans ce chapitre.

Vous n'êtes pas obligé d'utiliser les Options de correction automatique. Dans ce cas, appuyez sur Ctrl+Z ou sur la touche Retour arrière.

Que ma grammaire soit immaculée !

Quelle que soit mon opinion à ce sujet, Word dispose d'une fonction de vérification grammaticale, qui identifie par un soulignement vert ondulé ce qui lui paraît douteux dans votre texte. C'est le signe que vous avez offensé la sensibilité grammaticale de Word.

Comme pour l'orthographe, cliquez sur le terme souligné avec le bouton droit de la souris. Un menu contextuel peut vous proposer une ou plusieurs corrections, ou vous dire simplement que votre phrase est trop longue et vous propose d'assez médiocres propositions, voire aucune. Si une correction proposée vous convient, cliquez dessus, et Word remplace la phrase dans votre document. Dans le cas contraire (s'il y a vraiment une faute), il ne vous reste plus qu'à trouver vous-même une correction satisfaisante.

- Le vérificateur grammatical semble parfois détecter des fautes qui n'en sont pas. Ne concluez pas trop vite et examinez soigneusement votre phrase. La faute n'est pas forcément dans le mot souligné.
- Il est possible de personnaliser ou de désactiver la vérification grammaticale comme expliqué à la section Personnaliser les options de vérification, plus loin dans ce chapitre.

Vérifier tout le document en une seule opération

Avant l'instauration de cette fonction de vérification et de correction automatique, la vérification s'effectuait une fois le document entièrement écrit. Word parcourait la totalité du texte et s'arrêtait sur tout ce qui lui semblait incorrect. Vous pouvez toujours procéder de la sorte. Voici comment faire :

1. **Cliquez sur l'onglet Révision.**

2. **Dans le groupe Vérification, cliquez sur le bouton Grammaire & orthographe.**

   La boîte de dialogue éponyme apparaît (Figure 8.5). Elle affiche une section du texte dans laquelle une erreur a été identifiée par Word.

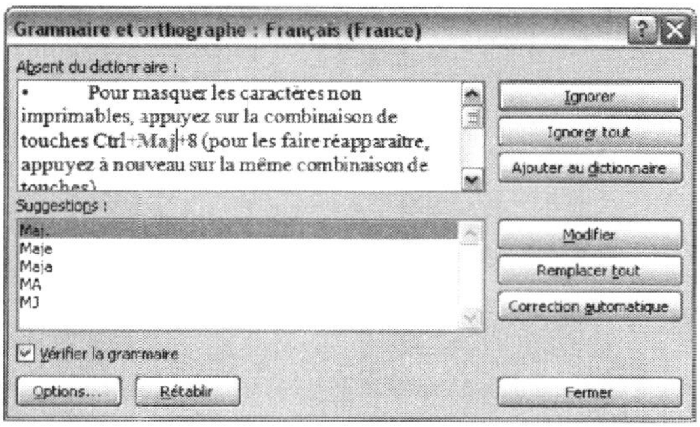

Figure 8.5 : Vérifier un document faute par faute.

Voici ce que vous pouvez faire :

- Pour corriger l'erreur, saisissez le texte directement dans la zone de texte de la boîte de dialogue.

- Cliquez sur le bouton Ignorer pour passer sur cette erreur, ou bien cliquer sur le bouton Phrase suivante (quand il est présent) pour continuer la vérification du document.

- Choisir le mot correctement orthographié dans la liste Suggestions.

3. Continuez à vérifier le document jusqu'à ce que Word vous en indique la fin.

Vous trouverez peut-être qu'il est plus simple et moins perturbant de procéder à la vérification entière du document. Dans ce cas, vous voudrez désactiver la vérification automatique de l'orthographe et de la grammaire, comme cela est expliqué dans la prochaine section.

N'OUBLIEZ PAS

- N'oubliez pas le bouton Annuler ! Il permet de revenir en arrière, et de modifier des éléments auxquels vous n'aviez pas fait attention.

- La méthode la plus simple pour vérifier tout le document consiste à cliquer sur l'icône ci-contre de la barre d'état. À chaque clic sur ce bouton, Word s'arrête sur la faute repérée et affiche une liste de propositions.

Chapitre 9

Documents et fichiers

Dans ce chapitre :

- Comprendre la notion de fichiers.
- Créer un document.
- Utiliser des modèles.
- Enregistrer votre document sur le disque dur.
- Utiliser un nom de fichier pertinent.
- Enregistrer un document sous un nouveau nom.
- Ouvrir un document enregistré sur le disque dur.
- Insérer un document dans un autre.

Dès que vous avez commencé à saisir du texte, vous devez enregistrer votre document. Là, sur le disque, votre document devient un *fichier*, c'est-à-dire un enregistrement permanent que vous pouvez ouvrir à nouveau pour le modifier, l'imprimer ou tout simplement le relire. chapitre explique dans un premier temps comment enregistrer un document, puis comment ouvrir un document déjà enregistré sur le disque. Je vais également vous apprendre à insérer un document dans un autre.

Tous sur les fichiers

Pour comprendre ce qu'est un document, vous devez connaître et reconnaître l'importance des *fichiers*. C'est un concept vital en informatique. Le maîtriser apporte un soulagement comparable à celui de passer une nuit paisible une fois le nouveau-né repu.

Sur le disque dur de votre ordinateur, les informations existent sous forme de fichiers. Chaque fichier contient donc lesdites informations.

Elles sont de nature électronique. De facto, un fichier peut être une image, une chanson, une vidéo, etc.

Sous Windows, les fichiers apparaissent sous la forme graphique d'une icône. Pour en faciliter l'identification, chaque type de fichier possède sa propre icône. Elle est attribuée par le programme qui a créé le fichier, ou par celui qui sait en lire le contenu par défaut. Donc, un fichier, ici un document Word, se distingue par une icône spécifique représentée dans la marge.

Envisagez cette relation de la manière suivante : un pianiste utilise une partition pour jouer un morceau. Cette partition ne fait pas partie du piano lui-même. Le pianiste stocke et/ou envoie des partitions qu'il jouera avec son piano. Un ordinateur fait la même chose. Il stocke des éléments que l'on appelle des fichiers, et qu'un logiciel va savoir jouer. On dira (mais ne le dites jamais comme ça) que Word sait jouer des fichiers de traitement de texte, et plus particulièrement ceux qu'il a créé.

Créer un document

Un document est une sorte de feuille blanche. La grande différence avec celles qui sortent de votre imprimante est que celle-ci est virtuelle. Sa nature est électronique, impalpable. Elle est créée dans Word. Avant d'en arriver là, vous devez savoir quelques petites choses sur les documents Word :

- Les documents Word ne sont pas limités en taille. Cependant, le texte est l'élément informatique qui occupe le moins de place sur un disque dur. À titre d'exemple, si l'on réunissait toutes les œuvres de William Shakespeare dans un seul document Word, il ne pèserait pas plus de 5 Mo. Cela vous laisse une sacré marge de création par document !
- La moyenne pour un document Word est de 50 Ko. La moyenne d'une photo numérique est de 2 Mo, et celle d'un fichier musical MP3 de 4 Mo.
- Ko ? Mo ? Go ? Ok ! Lisez *Le PC pour les nuls !*

- Pour une question évidente de rapidité, je conseille de créer de petits documents. Ainsi, lorsque vous écrivez un livre, enregistrez chaque chapitre sous la forme d'un seul document.

- Lorsque vous écrivez de longs documents, c'est-à-dire de plus de 100 pages, Word a la fâcheuse tendance à désactiver la fonction de vérification automatique de l'orthographe et de la grammaire, l'aperçu des images, et d'autres choses dont je vous laisse la surprise car elles peuvent être complètement aléatoires.

Vite ! Une feuille blanche !

L'avantage d'un logiciel de traitement de texte est que vous n'avez pas besoin de courir acheter des feuilles chez votre libraire pour commencer à travailler :

1. **Dans le bouton Office, cliquez sur Nouveau.**

   La boîte de dialogue Nouveau document apparaît. Elle est débordante de possibilités.

2. **Dans le volet central, vérifiez que Document vierge est bien sélectionné.**

3. **Cliquez sur Créer.**

Et voilà ! Une feuille blanche s'affiche dans Word.

- Une méthode plus rapide pour créer un document ? Appuyez sur Ctrl+N.
- Lorsque vous désirez créer un document, inutile de quitter Word. Cliquez sur Nouveau, ou appuyez sur Ctrl+N.

Utiliser un modèle

Un modèle est un type de document spécial. Il contient des informations prédéfinies et surtout des styles, c'est-à-dire une mise en forme des caractères et des paragraphes. Par exemple, un modèle peut inclure l'en-tête de votre société.

Utiliser un modèle pour créer un document est certainement la méthode la plus simple pour obtenir un texte parfaitement bien mis en page. Vous trouverez des modèles dans la boîte de dialogue Nouveau document. Voici ce qu'elle permet :

- Pour réutiliser un modèle récemment employé, cliquez dessus dans la section Modèles récemment utilisés. Ensuite, cliquez sur le bouton Créer. Le document est alors reproduit à partir de ce modèle.
- Pour afficher tous les modèles que vous avez créés, cliquez sur Mes modèles dans le volet gauche de la boîte de dialogue. Ensuite, dans la boîte de dialogue Nouveau, choisissez le modèle qui vous intéresse, et cliquez sur OK.
- Vous pouvez sélectionner un modèle sur le site Microsoft Online. Il suffit de cliquer sur une catégorie affichée sous Microsoft Office Online. Ensuite, dans la section centrale, choisissez le modèle qui vous intéresse, et cliquez sur Télécharger.

Enregistrer un document

La chose la plus importante pour un document est de l'enregistrer. Vous créez une copie permanente de ce que vous avez sous les yeux. Sinon, à la fermeture de Word ou à l'extinction de votre ordinateur, tout ce qui aura été écrit sera à tout jamais perdu. Tout document enregistré sur un disque dur peut être réutilisé. Vous en ferez aussi des copies sur CD-R, l'enverrez par e-mail, ou le garderez pour de pures raisons sentimentales. Dans tous les cas, le mot d'ordre est : Enregistrer !

Premier enregistrement d'un document

Pour enregistrer sur le disque un document qui ne l'a pas encore été, suivez ces étapes :

1. **Dans le bouton Office, cliquez sur Enregistrer.**

   La boîte de dialogue Enregistrer sous de Windows XP apparaît (Figure 9.1). Sous Vista, cette boîte de dialogue a une autre allure.

   Si elle ne s'affiche pas, c'est que votre document a déjà été enregistré. Cette fois, vous n'avez fait que l'enregistrer à nouveau. C'est très bien.

2. **Dans le champ Nom de fichier, saisissez un nom pour votre document.**

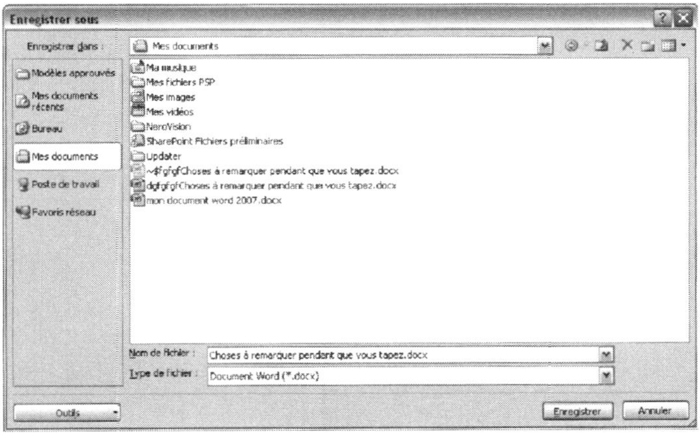

Figure 9.1 : La boîte de dialogue Enregistrer sous.

3. **Vous pouvez, mais rien ne vous y oblige, sélectionner un disque dur et un dossier dans la liste Enregistrer dans.**

   Par défaut, Word suppose que vous centralisez tous vos fichiers Word dans le dossier Mes documents. Si vous vous êtes organisé autrement, par exemple en créant un dossier Bureautique sur un autre disque dur, rien ne vous empêche de le choisir.

4. **Cliquez sur le bouton Enregistrer.**

   Si tout se passe normalement, après quelques secondes, le fichier est enregistré et son nom apparaît dans la barre de titre de la fenêtre de Word.

À compter de cet instant, vous pouvez continuer votre travail. N'hésitez pas à enregistrer régulièrement toutes vos modifications, c'est-à-dire saisie d'un nouveau texte, ou suppression d'un ancien.

Problèmes avec l'enregistrement d'un document sur disque

Bien enregistrer un document impose une parfaite connaissance de Word et de Windows. Voici les situations auxquelles vous devrez parfois faire face :

`Le fichier existe déjà`

Trois choix se présentent à vous :

- **Remplacer le fichier existant :** Non !
- **Enregistrer les modifications sous un autre nom :** Oui !
- **Fusionner les modifications dans le fichier existant :** Non !

Dès que vous avez activé la deuxième option, saisissez un nom de fichier différent dans la boîte de dialogue Enregistrer sous.

Un autre problème communément rencontré est celui du message :

```
Le nom du fichier, son type ou son emplacement <nom du fichier> n'est
pas valide...
```

Cela signifie que vous avez assigné un nom farfelu aux caractères refusés par Word. Pour bien comprendre de quoi il retourne, lisez l'encadré ci-après. Cliquez sur OK, et attribuez un nouveau nom.

Enregistrer un document qui a déjà été enregistré

Pour enregistrer un document qui a déjà été enregistré (ce que nous avons décrit dans la section précédente), cliquez sur le bouton Office, puis sur Enregistrer. Pendant un court instant, la barre d'état prend une allure différente, indiquant que le document est en cours d'enregistrement. Cette fois, la boîte de dialogue Enregistrer sous n'apparaît pas.

- La méthode la plus rapide pour enregistrer un document est d'appuyer sur Ctrl+S.

- Vous pouvez cliquer sur l'icône Enregistrer de la barre d'outils Accès rapide.
- La commande d'enregistrement la plus étrange est Maj+F12.

Enregistrer quand vous avez terminé

Votre travail s'achève. Vos doigts se crispent sur le clavier, vos yeux sont fatigués, vous avez bien mérité un peu de repos. Vous quittez Word, mais un message surgit (Figure 9.2) :

Figure 9.2 : Dernière chance de sauvegarde.

Oui : Enregistre le document. Toutes les modifications apportées depuis votre dernière sauvegarde sont enregistrées.

Non : Le document n'est pas enregistré. Toute modification apportée depuis la dernière sauvegarde est perdue.

Annuler : Vous décidez de ne pas quitter Word. Vous revenez à votre document.

Choisissez, mais choisissez en toute connaissance de cause. Je conseille l'option *Oui*.

- Pour fermer le document sans quitter Word, appuyez sur Ctrl+W, ou cliquez sur le bouton Office, puis sur Fermer.
- Il n'y a aucune raison de quitter Word et de le relancer pour commencer à travailler dans un nouveau fichier ou dans un fichier existant.

Ouvrir un document

Enregistrer un document sur le disque signifie stocker un fichier Word facile à retrouver afin d'y poursuivre son travail. Il existe plusieurs manières d'ouvrir un document. Cette section les présente.

Utiliser la commande Ouvrir traditionnel

Pour ouvrir un document enregistré sur le disque, on utilise la commande Ouvrir. Celle-ci ouvre le document dans une fenêtre qui vous permet de travailler avec toutes les commandes de Word.

Suivez ces étapes :

1. **Cliquez sur le bouton Office, puis sur Ouvrir.**

   La boîte de dialogue Ouvrir apparaît (Figure 9.3). Ici vous voyez l'aspect qu'elle revêt sous Windows XP.

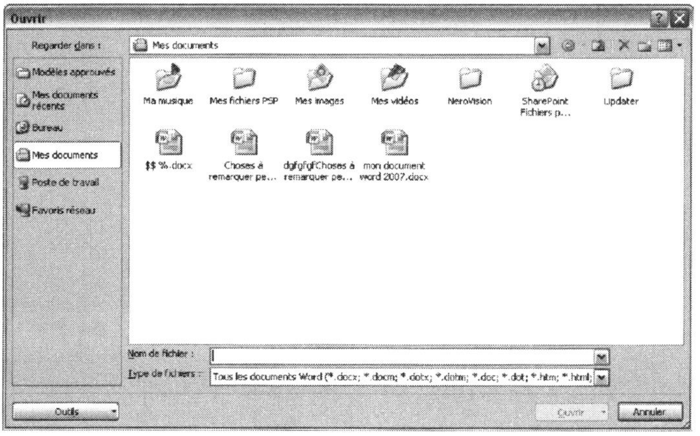

Figure 9.3 : La boîte de dialogue Ouvrir.

2. **Cliquez sur le nom du document.**

   La boîte de dialogue Ouvrir affiche une liste de documents déjà enregistrés sur le disque, comme le montre la Figure 9.3. Vous devez y trouver celui que vous désirez ouvrir.

   Si vous avez créé un dossier pour y classer vos documents, il vous faudra peut-être naviguer jusqu'à lui pour y accéder. L'utilisation de la boîte de dialogue Ouvrir varie entre Windows XP et Windows Vista. Reportez-vous à la documentation de votre système d'exploitation pour savoir comment procéder.

3. **Cliquez sur le bouton Ouvrir.**

   - Word ouvre le fichier dans une fenêtre de document.
   - Ouvrir un document ne l'efface pas du disque dur.
   - Ouvrir un document est l'une des premières choses que vous avez à faire en commençant une journée de travail avec Word.
   - Quand vous ouvrez un document, enregistrez-le par la commande Enregistrer ou par Ctrl+S. Inutile de recourir à la boîte de dialogue Enregistrer sous.
   - Le raccourci pour ouvrir un document est Ctrl+O.

- Vous pouvez ouvrir un document en double-cliquant sur son icône dans l'Explorateur Windows.

Une fois qu'un document est ouvert, vous pouvez le modifier, le lire, l'imprimer ou même méditer à son sujet.

Une manière pratique d'ouvrir un fichier récent

TRUC

Word se souvient des derniers fichiers sur lesquels vous avez travaillé. Il en affiche même la liste dans le bouton Office. Comme il y a de fortes chances que celui que vous voulez ouvrir soit l'un d'entre eux, le sélectionner dans ce bouton est un moyen pratique pour l'ouvrir rapidement.

Vous notez la présence d'épingles à droite du nom du fichier. Si vous cliquez dessus elles deviennent vertes. Cela indique que le fichier restera en permanence dans le bouton Office. Pour annuler cet affichage permanent, cliquez de nouveau sur l'épingle.

Ouvrir un document dans un autre

Imaginez que vous êtes en train d'écrire un rapport et que vous avez besoin de combiner plusieurs documents créés par d'autres personnes pour en faire un seul document complet. Ou alors, vous avez un texte d'usage général que vous avez enregistré sur le disque, et que vous avez besoin d'insérer dans d'autres documents. Naturellement, vous pouvez ouvrir ces différents documents, puis copier celui que vous voulez insérer pour le coller dans le document de destination. Mais Word a une meilleure méthode.

Pour insérer le contenu d'un document dans un autre, suivez ces étapes :

1. **Placez le curseur à l'endroit où vous voulez insérer le document.**

   Cette étape fonctionne de la même manière que pour coller à l'emplacement du curseur un bloc précédemment copié. Le texte inséré va apparaître à l'endroit où vous voyez clignoter le curseur.

2. **Cliquez sur l'onglet Insertion.**

3. **Dans le groupe Texte, cliquez sur Objet/Texte d'un fichier.**

   Une boîte de dialogue semblable à la boîte de dialogue Ouvrir apparaît (voir la Figure 9.3).

4. **Sélectionnez l'icône du document à insérer.**

5. **Cliquez sur le bouton Insérer.**

Le document ainsi inséré devient partie intégrante du document de destination, comme si vous aviez tapé le texte au clavier.

- Les deux documents combinés portent alors le même nom, c'est-à-dire celui du document de destination.
- Vous pouvez sélectionner plusieurs documents à insérer en une seule opération.
- Vous pouvez ainsi préparer, sous forme de documents, des bribes de texte que vous insérez régulièrement dans vos fichiers.

Une manière pratique d'ouvrir un fichier récent

TRUC

Word se souvient des derniers fichiers sur lesquels vous avez travaillé. Il en affiche même la liste dans le bouton Office (Figure 9.4).

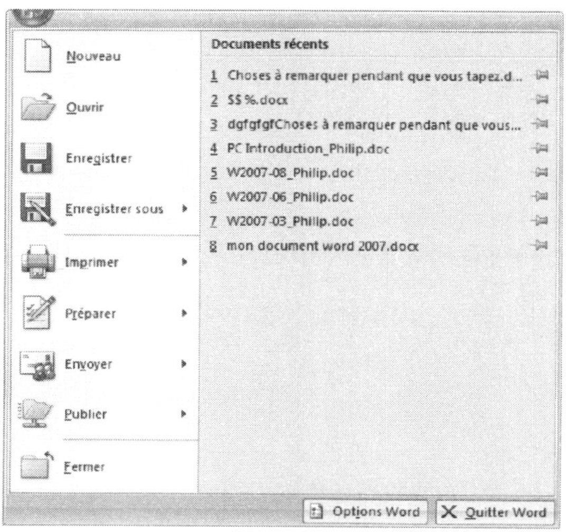

Figure 9.4 : Les documents récemment ouverts du bouton Office.

Comme il y a de bonnes chances que celui que vous voulez ouvrir soit l'un d'entre eux, le sélectionner dans ce bouton est un moyen pratique de l'ouvrir rapidement.

Chapitre 10

Imprimer vos documents sur papier

Dans ce chapitre :

- Que l'imprimante soit prête à imprimer !
- Voir l'aperçu avant impression.
- Utiliser une autre imprimante.
- Imprimer une partie spécifique d'un document.
- Imprimer un document en plusieurs exemplaires.

Ce chapitre concerne l'étape finale à laquelle vous aboutirez nécessairement après avoir créé votre chef-d'œuvre. Ne vous emballez pas, il ne s'agit pas encore de publier ! Avant d'envoyer votre manuscrit à un éditeur, est-ce qu'il ne vous reste pas encore quelque chose à faire ?

Préparer l'imprimante

Avant d'imprimer, vous devez vous assurer que votre imprimante est prête à fonctionner. Vérifiez les quelques points suivants :

1. **Assurez-vous que votre imprimante est branchée sur le secteur et correctement connectée à votre ordinateur.**

   L'imprimante est reliée à l'ordinateur par un câble. Celui-ci doit être correctement connecté aux deux extrémités (il n'est nécessaire de le vérifier que si vous rencontrez des problèmes d'impression). Si vous avez des doutes, lisez l'ouvrage *Le PC pour les nuls*.

2. **Assurez-vous que votre imprimante dispose de suffisamment de toner ou d'encre, ou d'un ruban en bon état.**

3. **Vérifiez que l'imprimante contient du papier.**

   L'alimentation en papier peut se faire par l'arrière, par un bac à papier, ou manuellement une feuille à la fois. Quel que soit le mode d'alimentation de votre imprimante, assurez-vous qu'elle dispose d'assez de papier avant de lancer l'impression.

4. **Avant d'imprimer quoi que ce soit, votre imprimante doit être *en ligne* (*online*) ou *sélectionnée*.**

Dès que vous êtes certain que l'imprimante est prête, vous pouvez lancer la procédure d'impression depuis Word.

Voir l'aperçu avant impression

Word reproduit à l'écran l'aspect exacte de votre document. Si vous affichez l'aperçu avant impression, vous voyez votre document exactement comme il sera imprimé : en-têtes, pieds de page, images, sauts de page, etc. Même de cette façon, ce n'est pas toujours assez précis. Certains préfèrent toujours imprimer une première fois à titre d'essai, rien que pour voir si le résultat leur convient, indifférents à l'énorme gaspillage de papier, donc d'arbres, qui en résulte.

Grâce à cet aperçu, vous gagnez beaucoup de temps car il évite d'imprimer un contenu qui, au final, ne rend pas l'effet souhaité sur papier.

Pour afficher l'aperçu avant impression de votre document, cliquez sur le bouton Office, puis sur Imprimer/Aperçu avant impression. Votre document apparaît dans une présentation un peu différente, comme l'illustre la Figure 10.1.

Examinez la manière dont se présente le texte sur la page. Regardez les marges. Si vous utilisez des en-têtes, des pieds de page ou des notes de bas de page, voyez comment ils se présentent. Le principe est ici d'identifier ce qui ne va pas, pour y remédier *avant* d'imprimer.

Une fois votre inspection terminée, cliquez sur le bouton Fermer pour revenir à l'affichage précédent.

Ou alors, si tout vous paraît parfait, cliquez sur le bouton Imprimer pour imprimer aussitôt votre document.

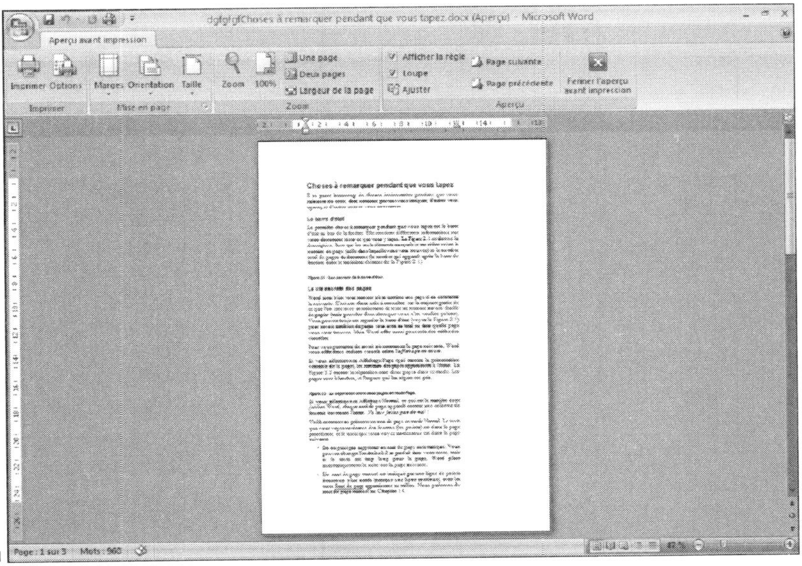

Figure 10.1 : Un document en mode Aperçu avant impression.

- Voyez comment le groupe Mise en page est visible en mode Aperçu avant impression. Il permet d'accéder aux outils qui vont corriger les problèmes les plus simples : les marges, l'espacement des paragraphes, l'orientation du document, etc. (reportez-vous au Chapitre 14 de ce livre).
- Pour voir d'autres pages de votre document, utilisez les barres de défilement.
- Si vous avez une souris à molette, comme la souris IntelliMouse de Microsoft, tournez la molette pour faire défiler votre document vers le haut ou vers le bas.
- Si vous n'avez pas de molette, vous pouvez utiliser les touches PgPr est PgSv pour examiner les différentes pages de votre document.
- Pour agrandir votre document sur l'écran, cliquez dessus avec la souris. Pour revenir à la taille précédente, cliquez à nouveau. Si cela ne fonctionne pas, cliquez sur le bouton Loupe dans la barre d'outils, et essayez à nouveau.
- L'outil Zoom de la barre d'état peut également être utilisé pour grossir ou réduire l'affichage de l'aperçu.

N'OUBLIEZ PAS

- L'impression des encadrés, la taille des feuilles, et d'autres éléments relatifs au document sont paramétrés lors de la mise en page du texte. Il s'agit de fonctions de Word qui n'ont rien à voir avec les options d'impression. Consultez le Chapitre 14.

Imprimer la totalité d'un document

L'auteur d'une peinture rupestre n'avait pas droit à plusieurs brouillons. Nous autres, hommes et femmes du XXIe siècle, disposons du luxe d'écrire, de réécrire et de mettre en forme autant de fois que nous le désirons sur l'écran. Une fois que vous êtes prêt à peindre sur la pierre (à imprimer), suivez ces étapes :

1. **Assurez-vous que l'imprimante est en ligne et prête à imprimer.**

   Voyez la première section Préparer l'imprimante de ce chapitre, (commencez par là !).

2. **Enregistrez votre document.**

3. **Dans le bouton Office, cliquez sur Imprimer.**

   Vous accédez à la boîte de dialogue Imprimer (Figure 10.2) dont les sections principales sont étudiées plus loin dans ce chapitre.

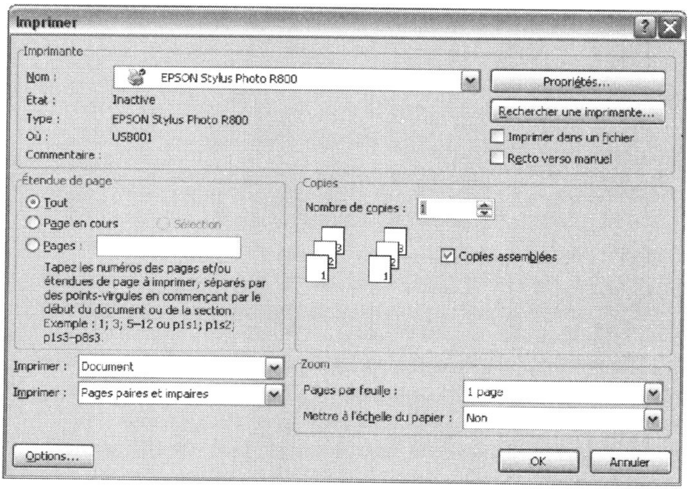

Figure 10.2 : La boîte de dialogue Imprimer.

4. **Cliquez sur le bouton OK.**

   Le document commence à sortir page par page de votre imprimante.

Supprimer la page blanche à la fin du document

Parfois, vous pouvez être surpris de voir sortir une page blanche à la fin de l'impression.

Pour éviter ce désagrément, appuyez sur Ctrl+Fin. Le point d'insertion apparaît en toute fin de votre document. Maintenez la touche d'espacement enfoncée jusqu'à ce que la page vierge disparaisse. Comment être certain de sa disparition ? Regardez le total des pages dans la barre d'état, il devrait être réduit d'une unité.

Imprimer en ordre inverse

Imprimer les pages dans l'ordre où elles se présentent, c'est-à-dire de la première à la dernière, vous oblige à les réorganiser. En effet, la première page se retrouve tout en bas de la pile des pages imprimées. Pour éviter ce travail fastidieux, procédez comme suit :

1. **Ouvrez la boîte de dialogue Imprimer.**

   Il suffit de cliquer sur la commande du même nom dans le bouton Office.

2. **Cliquez sur le bouton Propriétés.**

   Vous accédez à la boîte de dialogue éponyme de votre imprimante, ce que l'on appelle le *pilote d'impression.*

3. **Cochez l'option Ordre inverse.**

4. **Cliquez sur OK.**

5. **Cliquez de nouveau sur OK pour imprimer le document.**

   L'impression se fait de la dernière à la première page, c'est-à-dire dans l'ordre inverse de lecture du document, mais qui organise vos pages dans le bon ordre.

Imprimer rapidement un document

Pour imprimer un document sans passer par la boîte de dialogue Imprimer, cliquez sur le bouton Office, puis sur Imprimer/Impression rapide.

Rapide est très relatif. L'appellation Impression rapide ne veut pas dire que la vitesse d'impression augmente. Non ! Cela signifie simplement que la procédure amenant à l'impression est plus rapide.

Sélectionner une autre imprimante

Plusieurs imprimantes peuvent être connectées à votre ordinateur. Dans certaines entreprises, même modestes, les ordinateurs sont en réseau et partagent la même imprimante. Vous devez passer par la boîte de dialogue Imprimer pour choisir l'imprimante à utiliser, c'est-à-dire une imprimante qui n'est pas définie comme imprimante par défaut.

Dans la boîte de dialogue Imprimer, déroulez la liste Nom de la section Imprimante, et sélectionnez celle que vous désirez utiliser pour imprimer votre document (Figure 10.3).

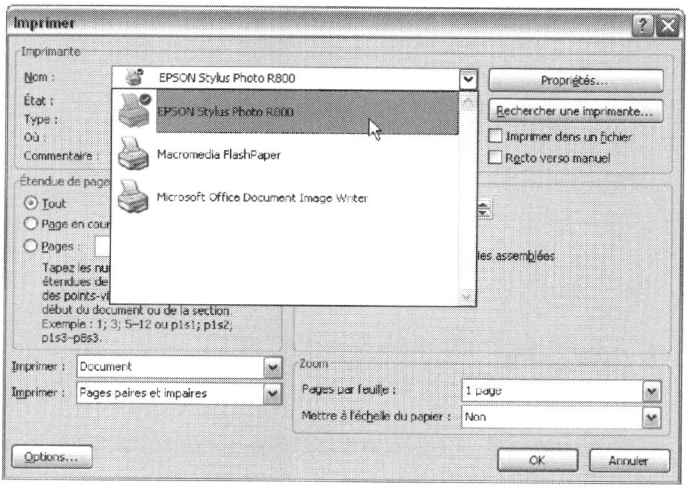

Figure 10.3 : Choisir une autre imprimante.

Choisissez une imprimante dans la liste. Cliquez sur le bouton OK.

N'OUBLIEZ PAS

- Vous devez vérifier que l'imprimante choisie est allumée, alimentée en papier, et prête pour l'impression.
- L'installation et la configuration d'une imprimante s'effectue sous Windows et non dans Word.
- La télécopie fonctionne comme l'impression. La différence majeure est qu'au lieu d'envoyer le document vers l'imprimante, Word l'envoi vers son application de télécopie. Donc, si vous avez un programme de télécopie installé sur votre ordinateur, son icône apparaît dans la liste des imprimantes.
- Pour plus d'informations sur l'impression et la télécopie, je recommande la lecture du *PC pour les nuls* publié aux éditions First.

Imprimer des parties du document de tailles diverses

Rien ne vous oblige à imprimer la totalité de votre document chaque fois que vous voulez en imprimer une partie. Word vous permet d'imprimer une page, une plage de pages ou un bloc de texte sélectionné. Tout cela se définit dans la zone curieusement nommée Plusieurs pages de la boîte de dialogue Imprimer (à gauche, à mi-hauteur).

Les sections suivantes supposent que votre imprimante est allumée et prête à imprimer.

Imprimer une page spécifiée

Pour imprimer seulement une page de votre document, suivez ces étapes :

1. **Placez le curseur à un endroit quelconque dans la page que vous voulez imprimer.**
2. **Cliquez sur le commande Imprimer du bouton Office, ou appuyez sur Ctrl+P.**
3. **Dans la zone Étendue de page de la boîte de dialogue Imprimer, sélectionnez Page en cours.**

4. **Cliquez sur OK.**

   La boîte de dialogue Imprimer se ferme, et la page est imprimée (il peut falloir un peu de temps à Word pour en venir à bout).

Imprimer une plage de pages

Word vous permet d'imprimer une seule page, une plage de pages, ou même une liste quelconque de pages de votre document, sans qu'elles aient besoin de se suivre. Pour imprimer une plage ou un groupe de pages, suivez ces étapes :

1. **Ouvrez la boîte de dialogue Imprimer.**
2. **Dans la zone Étendue de page activez l'option Pages.**
3. **Dans le champ qui suit, tapez les numéros et les plages de numéros de pages à imprimer.**

   Pour imprimer les pages 3 à 5, tapez **3-5**.

   Pour imprimer les pages 1 à 7, tapez **1-7**.

   Pour imprimer les pages 2 et 6, tapez **2;6**.

4. **Cliquez sur OK.**

   Les pages que vous avez spécifiées – et seulement celles-ci – sont imprimées.

Pour imprimer toutes les pages impaires et toutes les pages paires, déroulez la seconde liste Imprimer située dans le coin inférieur gauche de la boîte de dialogue. Là, optez pour Pages impaires ou Pages paires. J'utilise généralement cette option pour imprimer les pages recto-verso. Ainsi, j'imprime d'abord les pages impaires, puis je retourne mon paquet de feuilles que j'insère dans le bac de l'imprimante, et j'imprime les pages paires.

Imprimer un bloc

Après avoir sélectionné un bloc de texte à l'écran, vous pouvez demander à Word d'imprimer ce bloc et lui seul. Voici comment :

1. **Sélectionnez le bloc de texte à imprimer.**

Pour tout savoir sur la sélection d'un bloc de texte, reportez-vous au Chapitre 7.

2. **Sélectionnez Fichier/Imprimer.**

3. **Dans la zone Étendue de page, activez l'option Sélection.**

   L'option Sélection n'est disponible que quand un bloc de texte est sélectionné. Vous indiquez ainsi à Word que vous ne voulez imprimer que ce bloc.

4. **Cliquez sur le bouton OK.**

   Après quelques instants (parfois un peu longs), le résultat sort de votre imprimante.

Le bloc sélectionné est imprimé à la même position sur la page, accompagné du même en-tête et du même pied de page que si vous aviez imprimé tout le document.

Imprimer plusieurs exemplaires d'un document

Pour imprimer plusieurs exemplaires d'un document, suivez ces étapes :

1. **Exécutez la commande Imprimer du bouton Office.**

2. **Dans le champ Nombre de copies, saisissez le nombre d'exemplaires voulus.**

   Si vous voulez trois exemplaires d'un document, tapez 3 dans le champ Nombre de copies.

3. **Cliquez sur OK pour imprimer les exemplaires demandés.**

Dans des circonstances normales, Word imprime chaque exemplaire du document l'un après l'autre. C'est ce que l'on appelle des *copies assemblées*. Toutefois, si vous imprimez sept exemplaires d'un document et que vous voulez que Word imprime sept "page 1", puis sept "page 2", et ainsi de suite, ôtez la coche de la case Copies assemblées en cliquant dedans (en général cette case est cochée par défaut).

Annuler une commande d'impression

Comme tôt ou tard vous aurez probablement besoin d'annuler rapidement une commande d'impression, voici comment procéder :

1. **Double-cliquez sur l'icône de l'imprimante à côté de l'horloge dans la barre des tâches.**

   La fenêtre de l'imprimante s'ouvre (Figure 10.4) et affiche la liste des documents de la file d'attente d'impression.

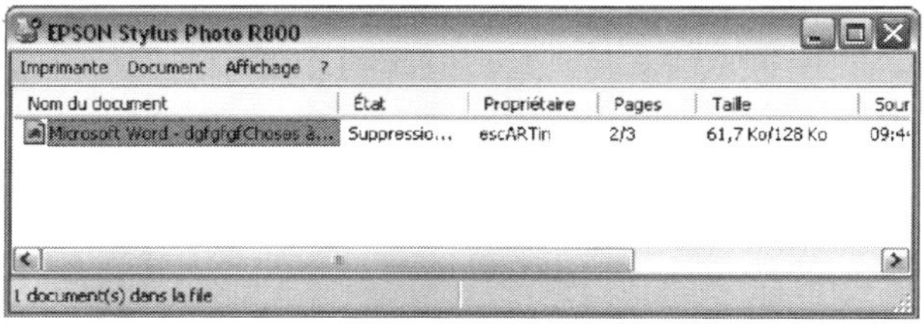

Figure 10.4 : Document dans la file d'attente d'impression.

2. **Dans la liste de la file d'attente, cliquez sur le nom du document dont vous voulez annuler l'impression.**

3. **Dans la fenêtre de l'imprimante, sélectionnez Documents/ Annuler.**

4. **Cliquez sur Oui pour terminer le travail d'impression.**

   Dans certaines versions de Windows, il peut s'agir de la commande OK.

5. **Fermez la fenêtre de l'imprimante une fois que vous avez terminé.**

   Cliquez sur Imprimante/Fermer.

Troisième partie

La mise en forme

"Si seulement je savais aussi bien mettre les formes à ma demande d'augmentation que Word le fait avec les paragraphes !"

Dans cette partie...

La mise en forme est l'aspect le plus artistique du traitement de texte. Elle donne à votre document un caractère résolument professionnel. En appliquant une mise en forme soignée à votre texte, vos phrases, vos paragraphes, et vos pages, vous placez votre document à un niveau supérieur de qualité que vous n'imaginiez même pas.

La mise en forme est la tâche qui consiste à rendre un document plus présentable qu'il ne l'est à l'état brut. Vous y procédez après avoir saisi votre texte au kilomètre. En revanche, si vous maîtrisez les concepts de *styles* et de *modèles*, vous pouvez *formater* lors de la saisie. Les chapitres de cette partie démontrent que la mise en forme permet de faire pratiquement tout ce que vous désirez dans Word.

Chapitre 11

Mettre en forme texte, caractères et polices

Dans ce chapitre :

- Comprendre la notion de mise en forme.
- Choisir la police.
- Appliquer des mises en forme élémentaires.
- Changer la taille du texte.
- Ajouter de la couleur.
- Supprimer une mise en forme.
- Explorer la boîte de dialogue Police.

Un *caractère* est le plus petit élément que l'on puisse mettre en forme dans un document. Ce peut être une lettre, un chiffre ou un symbole.

Un caractère peut être mis en gras ou en italique. Vous pouvez le souligner, en changer la taille, la police ou la couleur. Word vous offre un grand contrôle sur la présentation de votre texte. Ce chapitre explore en détails toutes ces possibilités.

Comment mettre en forme votre texte

Vous avez deux manières de changer la mise en forme de votre texte :

- ✔ Sélectionner une commande de mise en forme, puis taper le texte. Tout le texte que vous tapez apparaît avec la mise en forme préalablement sélectionnée.

- Saisir le texte, puis sélectionner le bloc et lui appliquer la mise en forme voulue. Cette technique est plus indiquée lorsque vous êtes concentré sur une idée. Vous pouvez mettre en forme votre texte après l'avoir saisi.

Vous pouvez utiliser ces deux méthodes pour composer votre texte dans votre document. Il est vrai qu'il est parfois pratique de choisir une commande de mise en forme et de taper le texte dans ce format. Par exemple :

1. **Saisissez le texte suivant :**

```
Nous perdons tous un temps
```

2. **Appuyez sur Ctrl+I pour activer la mise en *italiques*.**

3. **Saisissez :**

```
Horrible.
```

La phrase finale ressemble à ceci :

Nous perdons tous un temps *horrible.*

Pour des mises en forme plus complexes, écrivez d'abord le texte, et appliquez les modifications après.

Mise en forme élémentaire

Word regroupe les commandes de mises en forme standard dans le groupe Police (rien à voir avec Sting !), comme vous le voyez à la Figure 11.1.

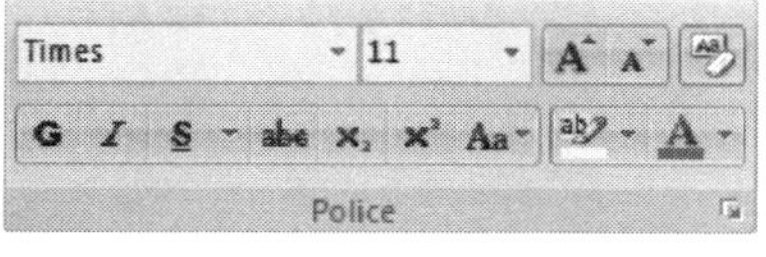

Figure 11.1 : Mises en forme standard via le groupe Police.

- Le texte peut aussi être formaté à l'aide de la minibarre d'outils qui apparaît chaque fois que vous sélectionnez du texte (voir le Chapitre 7).
- Le groupe Police accélère la mise en forme appliquée au texte. Par exemple, vous voyez que le texte où se trouve actuellement le point d'insertion utilise la police Times. Le chiffre 11 en identifie la taille exprimée en points. Si le bouton G était actif, cela signifierait que le texte est en gras (toutes ces mises en forme sont expliquées ci-après).

Changer la police

L'un des côtés amusants de Word est sa capacité à utiliser un grand nombre de polices différentes. Bien sûr, vous pouvez mettre du texte en gras ou en italique, le souligner, en changer la taille, etc., mais la possibilité de choisir la police au gré de votre fantaisie porte votre liberté d'expression à un tout autre niveau. Pour choisir une police, suivez ces étapes :

1. **Dans le groupe Police, cliquez sur la flèche pour afficher toutes les polices disponibles.**

   Une liste apparaît (Figure 11.2).

Figure 11.2 : La liste déroulante Police.

La partie supérieure présente les polices associées au document sous l'appellation *Polices de thème*. La section suivante affiche les dernières polices utilisées. Enfin, tout le reste concerne des polices installées sur votre système d'exploitation Windows.

2. **Faites défiler la liste jusqu'à la police que vous souhaitez.**

   Les polices apparaissent par nom, affiché dans le style de la police correspondante, et elles sont triées par ordre alphabétique.

3. **Cliquez sur une police pour la sélectionner.**

TRUC

Vous pouvez utiliser le menu Police pour prévisualiser l'aspect que pourrait revêtir le texte si vous choisissiez telle ou telle police. Par exemple, sélectionnez un paragraphe. Déroulez la liste des polices. Passez le pointeur de la souris sur les polices qui vous plaisent. Instantanément le texte s'affiche dans le style de la police sur laquelle se trouve le pointeur de la souris.

Mise en forme élémentaire des caractères

Une fois que vous avez choisi une police, les mises en forme les plus élémentaires que vous pouvez appliquer à votre texte sont **Gras**, *Italique* et `Souligné`. Elles sont rendues particulièrement faciles à utiliser par des boutons dans la barre d'outils et des raccourcis clavier.

Pour mettre du texte en **gras**, appuyez sur Ctrl+G ou utilisez le bouton Gras.

Utilisez le **gras** pour le texte que vous voulez faire ressortir sur la page (par exemple pour les titres et les légendes) ou pour mettre en évidence ce qui a une importance particulière.

Pour mettre du texte en *italique*, appuyez sur Ctrl+I ou utilisez le bouton Italique.

L'*italique* est un autre moyen de mettre du texte en évidence, aujourd'hui préféré au soulignement. L'italique est léger, il a quelque chose de poétique et d'aérien.

Pour souligner du texte, appuyez sur Ctrl+U ou utilisez le bouton Souligné. Le texte souligné est un héritage de l'époque des machines à écrire. Dans la plupart des cas, le soulignement peut être avantageusement remplacé par l'italique. On dira ce qu'on voudra, *Crime et Châtiment* c'est mieux que `Crime et Châtiment`.

Barrer un texte se fait par un clic sur le bouton Barré. Ici, il n'y a pas de raccourci clavier.

Mettez le texte en indice en appuyant sur Ctrl+=, ou en cliquant sur le bouton Indice.

L'indice apparaît sous la ligne comme dans H_2O.

Mettez le texte en exposant en appuyant sur Ctrl+Maj++, ou en cliquant sur le bouton Exposant.

L'exposant apparaît au-dessus de la ligne comme dans 10^2.

La plupart des mises en forme de Word, comme les petites majuscules, le contour, et l'ombre sont accessibles via la boîte de dialogue Police. Pour en connaître le fonctionnement, reportez-vous à la setion Utiliser la boîte de dialogue Police, plus loin dans ce chapitre.

- Pour désactiver un attribut de texte, utilisez à nouveau la même commande. Par exemple, pour taper un élément en italique, appuyez sur Ctrl+I. Pour revenir au texte normal, appuyez à nouveau sur Ctrl+I.
- Vous pouvez cliquer sur la flèche du bouton Souligné pour afficher divers types et options de traits. Dès qu'un style de soulignement est sélectionné, il s'applique chaque fois que vous utilisez la commande de soulignement soit par Ctrl+U, soit par un clic sur le bouton approprié.
- Une mise en forme de caractères n'affecte que le texte sélectionné ou celui que vous tapez.
- Il est possible de combiner différentes mises en forme de caractères. Le texte peut être à la fois en gras et souligné, ou en gras et en italique. Vous pouvez avoir à sélectionner plusieurs commandes de mise en forme de caractères avant de taper votre texte, par exemple Ctrl+B, Ctrl+I et Ctrl+U si vous voulez du texte à la fois en gras, en italique et en souligné. Pour revenir à du texte normal, il vous faudra sélectionner à nouveau toutes ces commandes.

Grandes lettres, petites lettres : la taille du texte

Les attributs (gras, italique, soulignement, et ainsi de suite) ne représentent que la moitié des mises en forme de caractères disponibles. L'autre moitié concerne la taille du texte. En utilisant ces mises en forme, vous pouvez rendre votre texte minuscule aussi bien que gigantesque, comme ça vous chante.

Avant d'entrer dans le vif du sujet, vous devez connaître l'unité de mesure typographique officielle pour la taille du texte : c'est le *point*. C'est l'unité qu'utilise Word. Un point vaut 1/72 pouce, soit 0,3528 mm, sachant qu'un pouce vaut 25,4 mm.

- Plus la taille exprimée en points est grande, plus le texte est grand.
- Le texte d'usage courant a généralement une taille de 10 à 12 points.
- Les titres ont généralement une taille de 14 à 24 points.
- La majeure partie des polices peut recevoir une taille allant de 1 à 1 638 points. Les caractères de taille inférieure à 6 points sont généralement trop petits pour qu'une personne d'acuité visuelle normale puisse les lire.
- Une taille de 72 points correspond à des caractères de un pouce de haut (25,4 mm).

Spécifier la taille de votre texte

La taille du texte se définit dans le champ Taille de la police du groupe Police (onglet Accueil). Cliquez sur la flèche pointant vers le bas dans ce champ : une liste de tailles apparaît (Figure 11.3).

Vous pouvez prévisualiser une taille en plaçant le pointeur de la souris sur un chiffre et en observant l'effet obtenu directement sur le mot ou le bloc de texte sélectionné. Dès qu'une taille vous convient, cliquez pour l'appliquer. Sinon, appuyez sur Échap.

Si la taille que vous désirez appliquer n'est pas dans la liste, tapez-la ! Si vous avez besoin d'une taille de 11.5, saisissez 11.5 dans la liste et validez en appuyant sur Entrée.

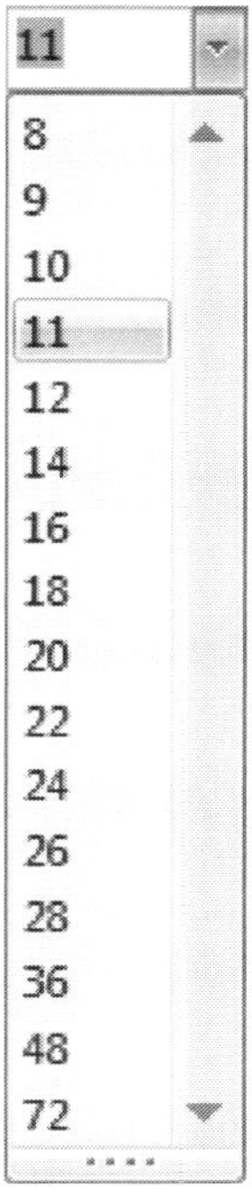

Figure 11.3 : Sélectionnez une taille de police dans cette liste.

Rendre le texte plus grand ou plus petit

La taille du texte peut varier au sein d'un même bloc. Pour vous aider à travailler plus vite, Word met à votre disposition des outils dont deux se situent dans le groupe Police.

Pour augmenter la taille du texte, appuyez sur Ctrl+ Maj+>, ou cliquez sur le bouton Agrandir la police.

Pour réduire la taille du texte, appuyez sur Ctrl+ <, ou cliquez sur le bouton Réduire la police.

La commande Réduire la police passe directement à la taille inférieure à celle utilisée actuellement par le texte. Ainsi, si votre texte a une taille de 14, le réduire le fera passer à 12.

Le monde merveilleux de la couleur

Désormais les imprimantes couleur sont bon marché, profitez pleinement de la couleur dans Word. Elle peut donner un caractère personnel à votre correspondance, donner du dynamisme à votre courrier commercial, ou rendre un document important extrêmement difficile à lire. Donc, choisissez la couleur du texte de manière avisée.

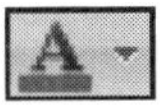

Vous appliquez une couleur au texte en cliquant sur le bouton Couleur de police. Le trait placé sous la lettre A informe de la couleur qui sera utilisée.

Vous pouvez choisir une autre couleur en cliquant sur la flèche associée au bouton A. Vous accédez à un nuancier représenté à la Figure 11.4. Lorsque vous placez le pointeur de la souris sur un carré de couleur, le texte sélectionné s'affiche temporairement dans cette teinte pour vous donner un aperçu de ce que sera le texte. Si elle vous convient, cliquez sur le carré pour appliquer la teinte.

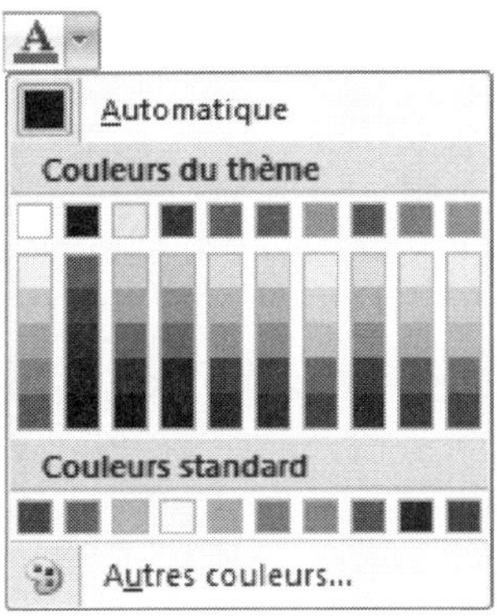

Figure 11.4 : Sélectionner une couleur pour le texte.

Bien entendu, le texte ne s'imprime en couleur que si vous disposez d'assez d'encre dans l'imprimante. Pour en savoir plus à ce sujet, reportez-vous au Chapitre 10.

- Les couleurs du thème sont associées au thème du document. Consultez le Chapitre 17.
- Cliquez sur Autres couleurs pour ouvrir la boîte de dialogue Couleurs où vous définissez de nouvelles teintes.

- Le terme Automatique se réfère à la couleur définie pour le style que vous utilisez. Pour plus d'informations sur les styles, lisez le Chapitre 16.
- La commande Couleur de police n'affecte que le texte. L'arrière-plan reste intact. Pour modifier la couleur de fond, c'est-à-dire de la page, utilisez la commande Trame étudiée au Chapitre 19.

Annuler un ensemble de mises en forme

Il pourra vous arriver d'alourdir votre texte avec tant de commandes de mise en forme que l'annulation de toutes ces commandes l'une après l'autre serait un exercice remarquablement fastidieux. Plutôt que d'effacer votre texte et de tout recommencer, vous pouvez utiliser une commande d'annulation de mise en forme simple et globale. Cette commande s'appelle Effacer la mise en forme, et son raccourci clavier est Ctrl+Barre d'espace.

Ainsi, si une mise en forme vous paraît trop lourde, sélectionnez le texte correspondant et appuyez sur Ctrl+Barre d'espace, ou cliquez sur le bouton Effacer la mise en forme du groupe Police. Toute la mise en forme disparaît d'un coup, et le texte se retrouve dans le style de paragraphe appliqué au départ.

Utiliser la boîte de dialogue Police

Il existe un endroit dans Word où toutes vos mises en forme sont tenues à jour de façon claire et nette. C'est la boîte de dialogue Police (Figure 11.5).

Pour la faire apparaître, cliquez sur le bouton d'affichage de la boîte de dialogue Police du groupe éponyme, ou bien appuyez sur Ctrl+D.

Veuillez noter la très jolie fenêtre d'aperçu en bas de la boîte de dialogue. Elle vous permet de visualiser l'effet sur votre texte de ce que vous sélectionnez. L'un de mes passe-temps est de sélectionner successivement toutes les polices de la liste pour voir dans la fenêtre d'aperçu à quoi elles ressemblent dans la taille sélectionnée.

Une fois défini ce que vous désiriez, cliquez sur OK. Si vous ne faisiez que jeter un coup d'œil, cliquez sur Annuler.

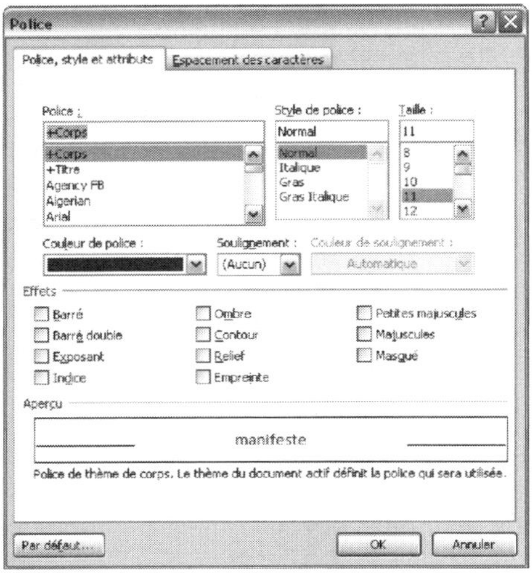

Figure 11.5 : La remarquable organisation de la boîte de dialogue Police.

- Le plus gros avantage de la boîte de dialogue Police est la fenêtre d'aperçu qu'elle contient. Elle vous montre exactement l'effet sur votre texte des attributs que vous sélectionnez.
- Notez que l'attribut de soulignement est à sélectionner dans la liste déroulante Soulignement. Word peut appliquer différents types de soulignement.
- Les noms `+Corps` et `+Titre` se réfèrent aux polices sélectionnées dans le thème du document en cours. Ceci permet d'utiliser les commandes du thème Word pour modifier rapidement la police du corps et des titres dans tout le document.
- Testez les attributs Ombre, Contour, ou Relief sur vos titres et vos en-têtes.
- L'onglet Espacement des caractères contient des options avancées qui permettent de modifier la taille et la position du texte sur une ligne. Ces options peuvent être les bienvenues pour un texte particulier, comme un titre, mais, là aussi, n'en abusez pas.

- Les modifications que vous effectuez dans la boîte de dialogue Police s'appliquent aux blocs de texte sélectionnés à l'écran ou à partir de la position du curseur, dès que vous cliquez sur OK.

- Vous pouvez accéder à la boîte de dialogue Police depuis les boîtes de dialogue Rechercher et Rechercher et remplacer. Ceci vous aide à effectuer des recherches et/ou des remplacements de texte à la mise en forme particulière.
- Vous pouvez sélectionner des textes de mise en forme similaire. Il suffit d'effectuer un clic droit sur un texte, et de choisir Styles/Sélectionner le texte ayant une mise en forme semblable. Ainsi, dans un document, vous changez rapidement tous les blocs de texte affichant la même mise en forme.

Modifier la casse du texte

En langage typographique, on parle de "haut de casse" pour les majuscules et de "bas de casse" pour les minuscules (en anglais *upper case* et *lower case*). Pour mettre en majuscules du texte en minuscules, ou l'inverse, on parle donc de "changer la casse". Bien que ces effets ne soient normalement pas considérés comme faisant partie de la mise en forme, les petits génies de Word chez Microsoft ont trouvé de la place dans leur sac à malices pour un raccourci clavier qui vous permet de changer rapidement la casse de votre texte : Maj+F3

Cette commande s'applique à tout bloc de texte sélectionné ou à partir de la position du curseur.

Bien que je préfère utiliser Maj+F3, il y a aussi le bouton Modifier la casse du groupe police. Cette commande fait apparaître un menu (Figure 11.6) qui vous permet de choisir la combinaison exacte que vous voulez pour votre texte.

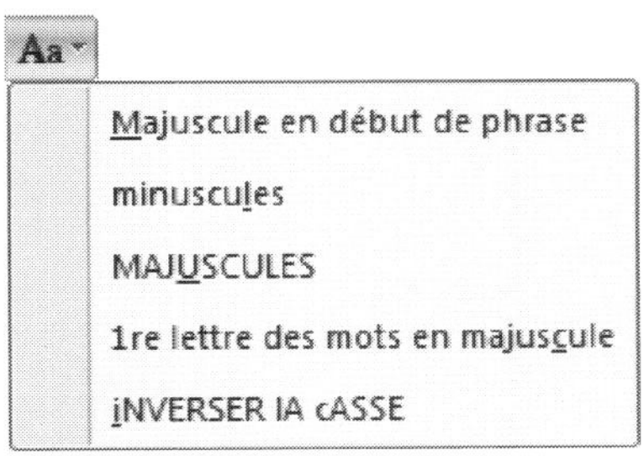

Figure 11.6 : Le menu du bouton Modifier la casse.

Chapitre 12

Mettre en forme des paragraphes

Dans ce chapitre :

- Comprendre la notion de mise en forme des paragraphes.
- Trouver les commandes de formatage des paragraphes.
- Justifier des paragraphes.
- Changer l'interlignage.
- Espacer les paragraphes.
- Mettre un paragraphe en retrait.
- Appliquer un retrait négatif.
- Mettre un paragraphe en retrait à droite et à gauche.
- Utiliser la règle.

Est-ce que vous voulez être vraiment cool ? Alors, au lieu de dire "paragraphe", dites "graphe". On raconte que c'est ce que font les typographes branchés. Apparemment, ils n'ont pas le temps de prononcer les deux premières syllabes du mot. Pensez au temps que ça leur fait gagner ! La mise en forme des caractères est plus élaborée que la mise en forme des paragraphes. Il n'y a pas grand-chose à faire avec un paragraphe : l'aligner à droite ou à gauche, le centrer, ou lui ajuster le retrait et l'interlignage. C'est à peu près tout. Word fait de son mieux pour vous aider à travailler avec les paragraphes aussi facilement que possible. Ce chapitre va vous dévoiler toutes les astuces.

Techniques de mise en forme de paragraphe

Il existe plusieurs manières de mettre en forme un paragraphe dans Word :

- Utiliser une commande de mise en forme de paragraphe, puis taper un nouveau paragraphe dans cette mise en forme.
- Utiliser une commande de mise en forme pour mettre en forme un paragraphe existant (en plaçant le curseur dans le paragraphe avant d'exécuter la commande).
- Utiliser une commande de mise en forme sur un ensemble de paragraphes sélectionnés pour leur appliquer à tous la même mise en forme.

Quelle que soit la méthode que vous choisissez, gardez à l'esprit qu'une commande de mise en forme de paragraphe ne s'applique qu'à des paragraphes, et non à des phrases ou à des mots. Bien sûr, rien ne vous empêche d'avoir un paragraphe qui ne fait qu'une phrase ou un mot.

Voici un exemple :

1. **Saisissez le texte suivant :**

    Ce n'est pas de ritournelles infernales dont il s'agit, mais bel et bien de faire entrer dans la tête de tout un chacun que l'utilisation de Word est aussi simple que celle d'une machine à écrire. Oui, mais voilà, qu'ai-je vraiment à écrire moi qui suis si nul ? Nul au point d'acheter tous les livres de cette collection. Mon père me fixe dans les yeux. Une idée lui vient : "Tu n'as qu'à écrire : *Les mémoires d'un âne* !"

    N'oubliez pas d'appuyer sur la touche Entrée pour terminer le paragraphe.

2. **Placez le point d'insertion au milieu du paragraphe.**
3. **Appuyez sur Ctrl+E.**

    Avec ce raccourci, vous venez de centrer le paragraphe par rapport aux bords gauche et droit de la page.

4. **Appuyez sur Ctrl+Maj+G.**

    Cette fois, le paragraphe est aligné sur la gauche.

5. **Appuyez sur Ctrl+T.**

    Toutes les lignes à l'exception de la première sont mises en retrait.

6. Appuyez sur Maj+Ctrl+T.

Cette fois seule la première ligne est en retrait.

Localisation des commandes de mise en forme

Les commandes essentielles de mise en forme des paragraphes se situent dans le groupe Paragraphe illustré (Figure 12.1). L'organisation des boutons de commandes dépend de la résolution d'affichage de votre écran.

Figure 12.1 : Les commandes de mise en forme des paragraphes de l'onglet Accueil.

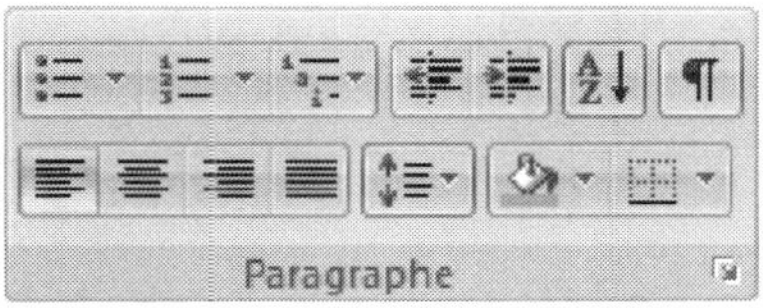

D'autres commandes sont localisées dans le groupe Paragraphe de l'onglet Mise en page, représenté à la Figure 12.2.

Figure 12.2 : Les commandes de mise en forme des paragraphes de l'onglet Mise en page.

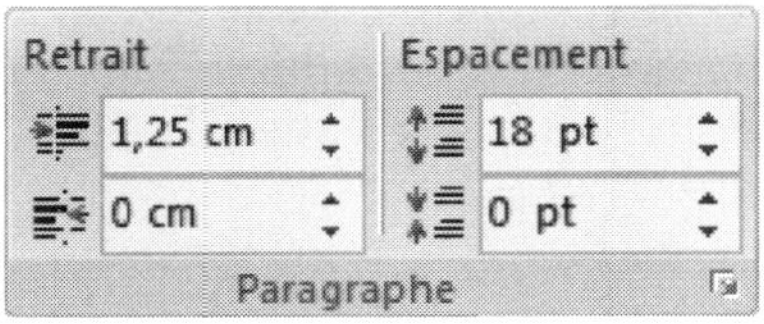

Dans la mesure où de nombreuses commandes de mise en forme exigent d'entrer des valeurs, il existe une boîte de dialogue Paragraphe illustrée (Figure 12.3). Vous y trouverez des contrôles bien plus précis que les boutons des différents onglets de Word.

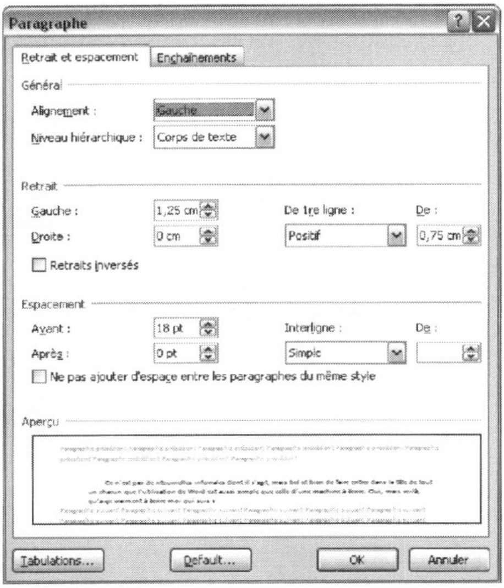

Figure 12.3 : La boîte de dialogue Paragraphe.

Pour afficher cette boîte de dialogue, vous devez cliquer sur le bouton situé à droite du nom du groupe Paragraphe, ou bien appuyer sur Alt+P, C, 2.

Les options et paramètres de la boîte de dialogue Paragraphe sont traités dans ce chapitre.

Cliquez sur le bouton Annuler ou appuyez sur Échap pour quitter cette boîte de dialogue sans appliquer de modification.

La minibarre d'outils qui apparaît au niveau du pointeur de la souris lorsque vous sélectionnez un paragraphe contient également quelques options de mise en forme. Pour plus de détails sur la minibarre d'outils, consultez le Chapitre 7.

Justification et alignement des paragraphes

L'alignement d'un paragraphe n'a rien de politique, et la justification ne consiste pas à justifier de la mise en forme spécifique d'un paragraphe. Ces deux termes envisagent l'aspect d'un paragraphe sur une page. Il y a quatre possibilités : Aligner à gauche, Aligner à droite, Centrer et Justifier.

Aligner à gauche

Dans l'univers de Word, l'alignement à gauche est la nature même d'un texte. C'est une notion qui découle des machines à écrire traditionnelles avec lesquelles les textes étaient systématiquement alignés à gauche.

Pour aligner à gauche un paragraphe, placez le curseur dedans et cliquez sur le bouton Aligner le texte à gauche du groupe Paragraphe (onglet Accueil), ou appuyez sur Ctrl+Maj+G.

TRUC

C'est également le seul moyen d'annuler d'autres alignements.

Tout centrer

Un texte centré apparaît au centre de la page.

Pour centrer un paragraphe, placez le curseur dedans et cliquez sur le bouton Centrer du groupe Paragraphe (onglet Accueil), ou appuyez sur Ctrl+E.

TRUC

Vous pouvez saisir directement un mot au milieu d'une ligne en insérant une tabulation centrale. Reportez-vous au Chapitre 13.

Aligner à droite

Dans un paragraphe aligné à droite, tout le côté droit du paragraphe est proprement aligné sur la marge droite de la page. Le côté gauche du paragraphe est irrégulier. Cette mise en forme peut s'utiliser pour des légendes d'illustrations, pour des citations, parfois pour des titres, ou, d'une façon générale, pour un court paragraphe que l'on veut distinguer du texte courant pour une raison quelconque.

Pour aligner à droite un paragraphe, placez le curseur dedans et cliquez sur le bouton Aligner le texte à droite du groupe Paragraphe (onglet Accueil), ou appuyez sur Ctrl+R.

- Lorsque vous alignez un texte à droite, les caractères s'inscrivent de droite à gauche.
- Vous pouvez justifier à droite un texte sur une seule ligne en plaçant une tabulation droite. Consultez le Chapitre 13 pour de plus amples informations.

Justification totale !

Enfin, il y a la justification, avec laquelle les côtés gauche et droit du paragraphe sont proprement alignés, à une distance constante des marges. C'est la mise en forme habituelle des livres, des journaux et des magazines, qui rend le texte plus agréable à lire. L'alignement de chaque côté est obtenu par l'ajustement dans chaque ligne de la longueur des espaces entre les mots, ce qui permet d'obtenir des lignes de longueur égale.

Pour justifier un paragraphe, placez le pointeur dedans et cliquez sur le bouton Justifier du groupe Paragraphe (onglet Accueil), ou appuyez sur Ctrl+J.

Aérer verticalement votre texte

Vous disposez de deux moyens d'ajouter de l'espace verticalement dans votre texte. Le premier consiste à augmenter l'interlignage dans les paragraphes ; le second à ajouter de l'espace avant ou après chaque paragraphe. Comme pour toute mise en forme de paragraphe, la modification de l'interlignage s'applique au paragraphe en cours (celui dans lequel se trouve le curseur) ou à tous les paragraphes d'un bloc de texte sélectionné.

Modifier l'interlignage

Modifier l'espacement entre les lignes consiste à insérer un espace vierge entre toutes les lignes de texte d'un paragraphe (ou tous les paragraphes d'un bloc).

La commande Interligne affiche une liste de valeurs d'espacement traditionnelles, représentée à la Figure 12.4. Choisissez une valeur qui va modifier l'interligne du paragraphe où se situe actuellement le point d'insertion, ou de tous les paragraphes sélectionnés.

Dans les versions antérieures à Word 2007, l'espacement prédéfini de Word était de 1. Vous constatez sur la Figure 12.4 qu'il est désormais de 1,15. Cette valeur facilite la lisibilité du texte imprimé.

- Un double interligne, c'est-à-dire une valeur d'espacement de 2, signifie qu'une pleine ligne blanche apparaît entre deux lignes d'un paragraphe. Un triple interligne aura tout logiquement une valeur de 3 ce qui équivaut à deux lignes vides.

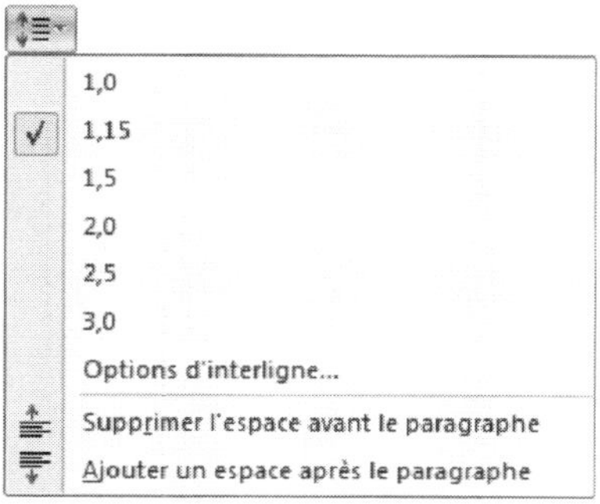

Figure 12.4 : Dans ce menu, choisissez une valeur d'interligne.

- Pour mettre un paragraphe (où tous les paragraphes d'un bloc) en interligne simple, appuyez sur Ctrl+1.
- Pour obtenir un interlignage de 1,5, appuyez sur Ctrl+5, mais le chiffre 5 du clavier et non pas du pavé numérique.

Définir un interlignage spécifique

Pour définir un interligne spécifique, vous devez utiliser la boîte de dialogue Paragraphe de la Figure 12.3.

Dans la section Espacement de cette boîte de dialogue, utilisez la liste Interligne pour choisir : Simple, 1,5, et Double, comme vous le faites avec le bouton Interligne.

Des options supplémentaires permettent de spécifier une valeur dans le champ De :

- **Au moins :** L'espacement est défini sur la valeur spécifiée. Word la considère comme une valeur minimale. Il s'arroge le pouvoir d'ajouter un interligne plus important quand la police utilisée l'exige, notamment dans les paragraphes où vous employez plusieurs polices de caractère.
- **Exactement :** Word utilise l'interligne spécifié. Il n'effectue aucun ajustement quelle que soit la police utilisée.
- **Multiple :** Cette option permet d'entrer des valeurs d'interligne différentes de celles figurant dans la liste déroulante. Par exemple, pour obtenir un interligne de 4, choisissez Multiple dans la liste Interligne, puis saisissez 4 dans le champ De.

Cliquez sur OK pour confirmer vos réglages, puis fermez la boîte de dialogue Paragraphe.

Aérer les paragraphes

Il y a des personnes (c'est mon cas) qui ont l'habitude de faire un double retour chariot, c'est-à-dire d'appuyer deux fois de suite sur la touche Entrée à la fin de chaque paragraphe, alors qu'il suffit d'appuyer une fois. À l'ère du traitement de texte, c'est une mauvaise habitude héritée de l'époque des machines à écrire.

Si vous voulez un peu d'espace entre vos paragraphes, il vous suffit de le demander à Word. Voici comment faire :

1. **Placez le point d'insertion dans le paragraphe concerné, ou sélectionnez un ensemble de paragraphes.**
2. **Vérifiez la taille (en points) du texte.**

   Vous la trouverez dans le groupe Police de l'onglet Accueil.
3. **Cliquez sur l'onglet Mise en page.**
4. **Utilisez le champ Espace après pour ajouter un espace après le paragraphe.**

   Au fur et à mesure que vous ajustez la valeur, vous constatez un éloignement des deux paragraphes qui se suivent.

Modifier le retrait d'un paragraphe

Word vous donne toute liberté pour mettre en retrait vos paragraphes. Peut-être en êtes-vous encore à utiliser la touche Tab pour effectuer ce retrait ? Je ne veux pas vous snober, mais il y a un meilleur moyen : le faire faire automatiquement par Word.

Mettre en retrait automatiquement la première ligne d'un paragraphe

Il n'est pas nécessaire d'appuyer sur la touche Tab au début de chaque paragraphe. Word se charge d'obtenir le même résultat pour vous.

1. **Ouvrez la boîte de dialogue Paragraphe.**

   La méthode est expliquée un peu plus haut dans ce chapitre.

2. **Ouvrez la liste déroulante De 1 re ligne, et choisissez positif.**

3. **Dans le champ De, entrez la valeur du retrait voulu.**

   La valeur de mise en retrait de la première ligne du paragraphe par défaut est de 1,25 cm. Si vous voulez augmenter ou réduire ce retrait, entrez une autre valeur (constatez que l'unité de mesure est ici le centimètre et non le point).

5. **Cliquez sur OK.**

   La première ligne du paragraphe dans lequel se trouve le curseur (ou de tous les paragraphes du bloc de texte sélectionné) est automatiquement mise en retrait de la valeur spécifiée.

Pour supprimer la mise en retrait automatique de la première ligne d'un paragraphe, répétez ces étapes, mais en sélectionnant (Aucun) dans la liste déroulante à l'étape 2, puis cliquez sur le bouton OK.

Définir un retrait négatif

Un retrait négatif est tout simplement l'inverse du retrait positif que nous venons de présenter. C'est un paragraphe dans lequel le début de la première ligne reste à sa place initiale alors que ce sont les lignes suivantes qui sont mises en retrait, comme ceci :

Les Martiens auraient débarqué. Selon M. Duflon, de Vert-le-Grand, informaticien indépendant spécialiste de Word, une vaste flotte d'objets volants présentant toutes les caractéristiques bien connues des soucoupes volantes aurait débarqué hier soir dans le champ qui se trouve derrière sa maison. Les voisins de M. Duflon assurent que son gagne-pain lui donne des hallucinations, mais l'intéressé persiste et signe.

Pour créer un tel animal, quelles que soient les raisons qui vous poussent, appuyez sur Ctrl+T.

Comme vous oublierez très vite ce raccourci clavier, sachez que vous pouvez créer un retrait négatif depuis la boîte de dialogue

Paragraphe. Suivez pour ce type de retrait les mêmes étapes que celles de la section précédente.

- Le retrait négatif consiste simplement à mettre en retrait tout le paragraphe sauf la première ligne.
- Il existe également le raccourci Ctrl+Maj+T qui a pour effet de décaler vers la gauche le début de toutes les lignes d'un paragraphe sauf la première.

Mettre en retrait tout le paragraphe

Mettre en retrait un paragraphe, c'est décaler le début de toutes les premières lignes en alignant le bord gauche sur une tabulation.

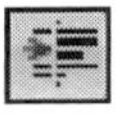

Pour mettre en retrait la totalité d'un paragraphe, placez-y le point d'insertion, et appuyez sur Ctrl+R. Une autre technique consiste à cliquer sur le bouton Augmenter le retrait du groupe Paragraphe de l'onglet Accueil.

Pour réduire le retrait, appuyez sur Ctrl+Maj+M. Vous pouvez aussi cliquer sur le bouton Diminuer le retrait du groupe Paragraphe de l'onglet Accueil.

Chaque fois que vous augmentez le retrait d'un paragraphe, le bord gauche se décale de l'équivalent d'une valeur de tabulation. Pour annuler cela, il suffit de cliquer sur le bouton Diminuer le retrait.

- Vous ne pouvez pas réduire le retrait au-delà de la marge gauche.
- Le retrait n'est pas affecté par l'alignement des paragraphes. Ces commandes n'affectent que la marge gauche du paragraphe.
- Pour appliquer un retrait sur les côtés gauche et droit, passez par la boîte de dialogue Paragraphe, et fixez la même valeur dans les champs Gauche et Droite de la section Retrait.
- Si le raccourci Ctrl+R est facile à retenir, ce n'est pas le cas de Ctrl+Maj+M. Pour ce dernier, vous pouvez penser au mot "marge", puisqu'il décale le bord gauche du paragraphe vers la marge.

Voici comment procéder :

1. **Placez le curseur à un endroit quelconque dans le paragraphe.**

   Vous pouvez faire cela dans un paragraphe existant ou au début d'un nouveau paragraphe. Vous pouvez également utiliser cette commande sur un bloc de texte sélectionné.

2. **Appuyez sur Ctrl+R.**

   Le paragraphe est mis en retrait. Vous pouvez aussi cliquer sur le bouton Augmenter le retrait dans la barre d'outils.

3. **Saisissez le texte de votre paragraphe si vous ne l'avez pas déjà fait.**

   Le bord gauche du paragraphe est calé sur la première tabulation.

   Pour augmenter le retrait jusqu'à la tabulation suivante, appuyez à nouveau sur Ctrl+R.

   Pour réduire le retrait, appuyez sur Ctrl+Maj+M. Vous pouvez aussi cliquer sur le bouton Diminuer le retrait dans la barre d'outils.

   Pour définir ou annuler un retrait, vous pouvez utiliser la boîte de dialogue Paragraphe (Figure 12.2). Dans la zone Retrait, le champ Gauche permet de définir le décalage du bord gauche du paragraphe.

Définir les marges d'un paragraphe

Un paragraphe de texte est contenu entre la marge droite et la marge gauche du document. Ces marges peuvent être réduites ou augmentées uniquement pour le paragraphe en question. Le secret de leur manipulation se trouve dans l'onglet Mise en page, groupe Paragraphe.

1. **Choisissez le paragraphe en y plaçant le point d'insertion.**

2. **Cliquez sur l'onglet Mise en page.**

3. **Dans le champ Retrait à gauche du groupe Paragraphe, saisissez** `,8`**.**

Vous pouvez taper ,8 ou cliquer sur la flèche du bas continuellement jusqu'à ce que cette valeur de 0,8 s'affiche.

4. **Dans le champ Retrait à droite saisissez la même valeur.**

Pour un retrait plus important, entrez une valeur plus élevée. Pour annuler les retraits à gauche et à droite, saisissez 0.

- Pour plus d'informations sur les marges, consultez le Chapitre 14.
- Lorsque vous travaillez sur des pages qui se font face, et qui ont des marges intérieures et extérieures, utilisez la boîte de dialogue Paragraphe. Cochez-y l'option Retraits inversés pour fixer logiquement les marges internes (vers la pliure ou le collage si vous préférez), et externes (vers les bords). Ainsi, Word définit les marges en fonction de la position gauche ou droite de la feuille dans votre document.

À quoi sert la règle ?

Dans Word, le principal survivant de l'ère de la machine à écrire est la règle. C'est la dernière grande source d'informations qui apparaît à l'écran. Elle peut servir à modifier au vol la mise en retrait d'un paragraphe aussi bien qu'à définir des tabulations.

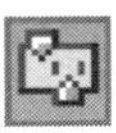

Si vous ne voyez pas la règle, cliquez sur l'icône ci-contre située dans le coin supérieur gauche de la barre de défilement verticale.

La règle apparaît (Figure 12.5). En mode Page, une règle verticale s'affiche sur le côté gauche de la page.

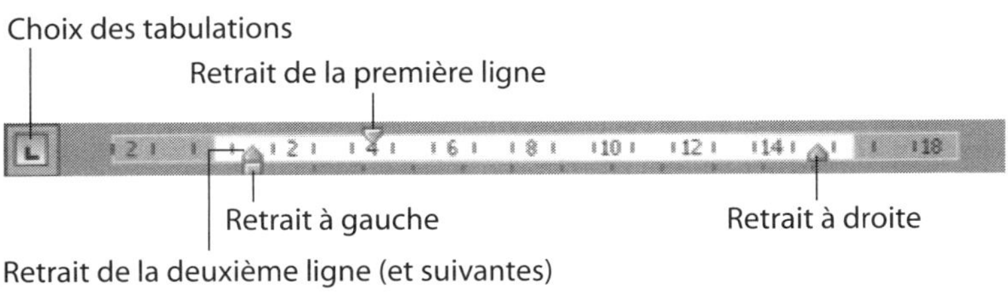

Figure 12.5 : La règle.

La zone gris-bleu située aux extrémités de la règle indique tout ce qui ne sera pas sur la feuille. Donc tout ce qui se trouve à l'intérieur de la règle, c'est-à-dire la zone claire, sera sur la feuille et donc imprimé.

La règle présente quatre éléments qui contrôlent le retrait des paragraphes : un triangle pointant vers le bas, deux triangles pointant vers le haut, et un rectangle. Ces éléments reflètent la mise en forme du paragraphe dans lequel se trouve le point d'insertion. Vous pouvez modifier leur position avec la souris, et ainsi appliquer des changements immédiats. Voici ce que vous contrôlez :

Pour ajuster le retrait du bord droit du paragraphe, faites glisser dans la règle l'index de droite pour le placer où vous voulez.

Pour ajuster le retrait du bord gauche du paragraphe, faites glisser le rectangle gris qui se trouve au-dessous des deux index de gauche. Notez que ce rectangle vous permet de déplacer à la fois les deux index (les deux triangles).

Pour ajuster le retrait du bord gauche sans bouger la première ligne du paragraphe, faites glisser le triangle pointant vers le haut (il est juste au-dessus du rectangle) vers la gauche ou vers la droite pour le placer où vous voulez. Ne cliquez surtout pas sur le carré situé sous ce triangle.

Pour ajuster le retrait de tout le paragraphe, y compris la première ligne, cliquez sur le carré situé sous le triangle pointant vers le haut et faites-le glisser vers la droite ou la gauche pour le placer où vous voulez.

N'OUBLIEZ PAS

La règle mesure à partir de la marge gauche, pas de la gauche de la page.

- La spécification des retraits pour un paragraphe n'est pas la même chose que la spécification des marges. Celle-ci relève de la mise en page du document. Pour savoir comment définir les marges, reportez-vous au Chapitre 14.
- Le bouton Tabulation permet de sélectionner différents types de tabulations. Voyez pour cela le Chapitre 13.
- La règle est très pratique pour définir visuellement des retraits, mais, si vous avez besoin d'être précis, mieux vaut utiliser la boîte de dialogue Paragraphe.

TRUC

Chapitre 13

Définir des tabulations

Dans ce chapitre :

- Le principe des tabulations.
- Définir une tabulation gauche.
- Utiliser les différents types de tabulations.
- Utiliser la boîte de dialogue Tabulations.
- Définir une tabulation à points de suite.
- Corriger les taquets de tabulation par défaut.
- Supprimer des tabulations.

L'échelle des valeurs de Word place les tabulations au niveau de la mise en forme des paragraphes. Toutefois, ces éléments spécifiques peuvent être une source de complexité et de frustration telle que je leur dédie nécessairement un chapitre. Loin de nécessiter l'intervention d'un exorciste, les tabulations n'en exigent pas moins beaucoup d'attention, comme le démontrent les sections à venir.

Histoire des tabulations

Les *tabulations* sont des espaces de longueur inhabituelle. Lorsque vous appuyez sur la touche Tab, Word fait passer le point d'insertion au prochain *taquet de tabulation*. Vous pouvez utiliser les tabulations pour aligner des colonnes, ou pour mettre en retrait des paragraphes ou des lignes de texte. La première chose à retenir est qu'elles sont très pratiques. Ce chapitre vous explique le reste en détail.

Lorsque vous appuyez sur la touche Tab, vous insérez dans votre document un caractère de tabulation. Celui-ci a pour effet de déplacer le curseur jusqu'au prochain taquet de tabulation, à partir duquel le texte que vous taperez apparaîtra.

Les taquets de tabulation

Que cela ne vous embrouille pas : il y a dans Word deux endroits où vous pouvez définir les taquets de tabulation. Le premier est la règle (Figure 13.1) ; le second la boîte de dialogue Tabulations. La plupart des gens utilisent la règle, mais pour certaines choses il vous faudra utiliser la boîte de dialogue Tabulations.

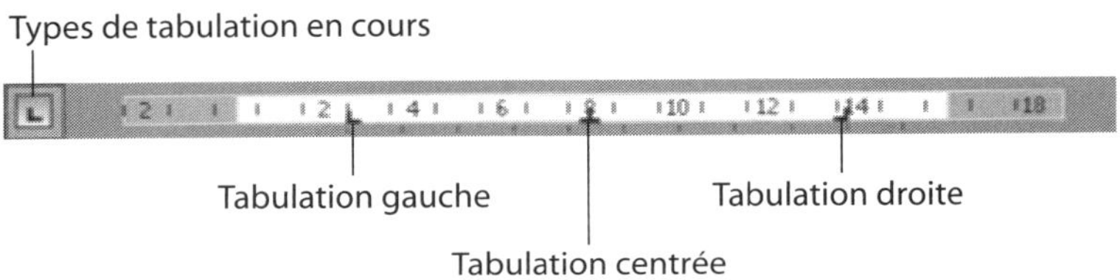

Figure 13.1 : Des taquets de tabulation sur la règle.

Voici les cinq types de tabulations qui existent :

- La plus courante est la tabulation gauche. Le bouton Tabulation ressemble à un L.
- La tabulation centrée a pour effet de centrer le texte sur le taquet de tabulation.
- La tabulation droite place le texte correspondant à gauche du taquet de tabulation.
- La tabulation décimale permet d'aligner les nombres sur la virgule décimale.
- Le rejeton le plus inattendu de la famille est la tabulation barre. Elle ne sert pas souvent, ni à grand-chose.

Définir une tabulation gauche

La *tabulation gauche* est le type de tabulation le plus courant, que tout le monde utilise. Mais de quoi s'agit-il exactement ? La tabulation gauche est ainsi nommée parce que le texte que vous tapez après avoir appuyé sur la touche Tab voit son extrémité gauche alignée sur la position définie par les taquets de tabulation

(Figure 13.2). Vous n'arriverez jamais à cela avec la barre d'espace. Voilà pourquoi les tabulations sont si utiles.

Figure 13.2 : Aligner du texte sur un taquet de tabulation.

Pour créer une liste, suivez ces étapes :

1. **Sur une nouvelle ligne, appuyez sur la touche Tab.**
2. **Tapez le nom de la première colonne.**

   Il est préférable de saisir un nom très court.

3. **Appuyez sur la touche Tab.**
4. **Tapez le nom de la seconde colonne.**

   Il est également préférable de saisir un nom très bref.

5. **Appuyez sur la touche Entrée pour débuter une nouvelle ligne.**

   Oui, la liste est horrible ! Ne vous inquiétez pas. Commencez par saisir les données, vous appliquerez la mise en forme par la suite.

6. **Répétez les étapes 1 à 5 pour chaque élément de la liste.**

   Une fois la liste créée, vous définissez visuellement les taquets de tabulation sur la règle.

7. **Si besoin, affichez la règle.**

   Cliquez si nécessaire sur le bouton Règle au-dessus de la barre de défilement vertical.

8. **Sélectionnez toutes les lignes de texte que vous souhaitez répartir sur deux colonnes.**

   Consultez le Chapitre 7 pour plus d'informations sur la sélection des blocs.

9. **Cliquez sur l'icône de sélection du type de tabulation jusqu'à ce que vous affichiez celle de la tabulation gauche.**

   Normalement, vous n'avez pas à le faire car c'est la tabulation proposée par défaut.

10. **Placez le pointeur de la souris là où vous désirez placer la première tabulation, par exemple à 4 cm comme à la Figure 13.2.**

11. **Placez un second taquet à 11 cm.**

12. **Si besoin ajustez la position des taquets pour que les deux listes soient bien séparées.**

    Faites glisser les taquets vers la droite ou la gauche pour obtenir une liste très propre. Lorsque vous déplacez un taquet, une barre verticale pointillée permet de bien visualiser le nouvel alignement du texte.

Voici quelques considérations à garder à l'esprit :

- Une seule tabulation suffit entre les éléments d'une liste d'une colonne. En effet, c'est le *taquet de tabulation*, par celui du caractère qui aligne le texte.
- Vous devez d'abord taper le texte, le sélectionner, et enfin définir le taquet de tabulation.
- Le taquet de tabulation peut être ajusté pour un bloc de texte entier en utilisant la souris et la règle.
- Pour qu'une liste alignée par des tabulations donne le résultat attendu, vous devez créer un paragraphe pour chaque ligne. Dans ce cas, chaque élément devra se limiter à un mot assez bref. Sinon, recourez à la fonction de création des tableaux de Word.

Création de colonnes avec des tabulations

Il est possible d'utiliser les tabulations pour créer des listes et pour placer un paragraphe de description au niveau de la tabulation la plus à droite. La Figure 13.3 illustre cette procédure. Elle combine l'expérience de la mise en forme des documents à celle des tabulations.

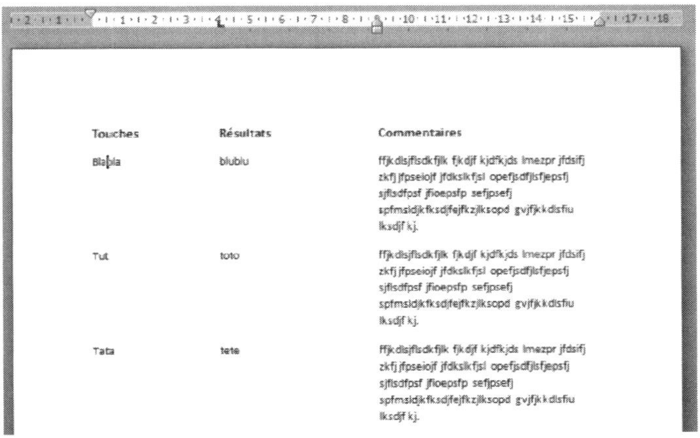

Figure 13.3 : Formatage d'un texte avec les tabulations.

Pour obtenir un résultat similaire, procédez ainsi :

1. **Sur une nouvelle ligne, tapez l'élément de la première colonne.**

   Plus il est court, mieux c'est.

2. **Appuyez sur la touche Tab.**

3. **Tapez l'élément de la deuxième colonne, et appuyez sur Tab.**

4. **Tapez le texte du paragraphe.**

   Libre à vous de saisir autant de lignes que vous le souhaitez.

5. **Appuyez sur Entrée pour commencer une nouvelle ligne.**

   Le texte sera bien plus beau quand les taquets de tabulation seront définis.

6. **Répétez les étapes 1 à 5 pour tous les éléments de la liste.**

Une fois les éléments saisis, vous devrez afficher la règle pour y placer vos taquets.

7. **Si la règle n'est pas visible, affichez-la !**

Cliquez sur le bouton Règle pour l'afficher.

8. **Sélectionnez toutes les lignes de texte à organiser sous forme de liste.**

9. **Faites glisser le triangle de mise en retrait à la position 9.**

Le paragraphe apparaît.

10. **Vérifiez que le type de tabulation sélectionné est Gauche.**

11. **Placez un taquet à environ 4 cm.**

La seconde colonne se met en place.

12. **Si besoin, ajustez le taquet et le triangle de mise en retrait.**

Le texte étant encore sélectionné, vous pouvez faire glisser le taquet de tabulation et le triangle de mise en retrait vers la gauche ou la droite pour ajuster vos colonnes.

Plus vous ajoutez de tabulations, plus les colonnes et leurs paragraphes sont étriqués. Donc, méfiance !

La tabulation centrée

La *tabulation centrée* est un cas un peu spécial. Elle n'est généralement utilisée que pour un mot isolé ou pour un petit groupe de mots qu'elle vous permet de centrer sur une ligne, sans avoir à centrer tout le paragraphe.

La Figure 13.4 représente l'utilisation d'une tabulation centrée. Le texte situé à gauche est au début du paragraphe, c'est-à-dire justifié à gauche, tandis que le suivant est centré sur la ligne.

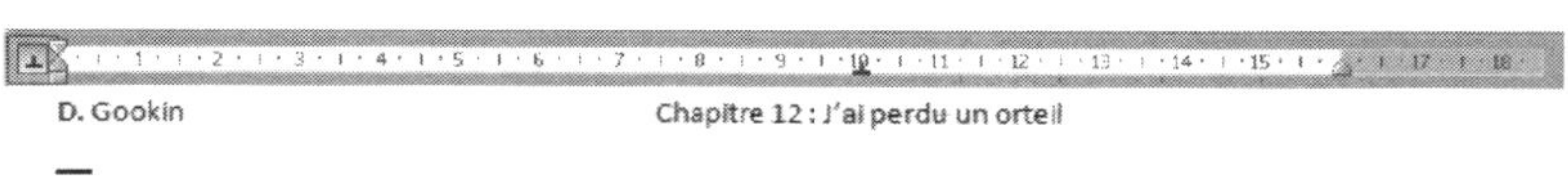

Figure 13.4 : La tabulation centrée en action.

1. **Choisissez ou créez un paragraphe contenant le texte que vous voulez centrer.**
2. **Créez une tabulation centrée.**

   Le symbole de tabulation centrée (voir ci-contre) se présente comme un T à l'envers.
3. **Saisissez le texte qui restera à gauche (ce n'est pas obligatoire).**
4. **Appuyez sur la touche Tab.**

   Le point d'insertion passe à la tabulation centrée.
5. **Saisissez le texte.**

   Miracle! Le texte se centre au fur et à mesure de votre saisie.
6. **Appuyez sur Entrée pour terminer la ligne de texte.**
7. **Cliquez dans la règle à l'endroit où vous désirez placer la tabulation.**

Une tabulation centrée est généralement utilisée pour une seule ligne de texte. Vous pouvez mettre autant de tabulations centrées sur une même ligne que vous le souhaitez, mais dans la pratique on n'en met généralement qu'une.

- La tabulation centrée permet aussi de centrer du texte sur une ligne sans être obligé de centrer toute la ligne.
- La tabulation centrée donne le meilleur d'elle-même sur une seule ligne de texte.

La tabulation droite

La *tabulation droite* aligne le bord droit du texte (et non le bord gauche) sur le taquet de tabulation. Elle permet donc d'obtenir un document avec du texte justifié à gauche et à droite, comme le montrent les Figures 13.5 et 13.6.

Pour définir une tabulation droite, sélectionnez le symbole Tabulation droite dans le bouton Tabulation de la règle. Puis cliquez dans la règle à l'endroit où vous voulez placer la tabulation.

Tabulation droite et tabulation gauche

Voici comment créer deux colonnes centrées avec un taquet de tabulation droite et gauche (Figure 13.5).

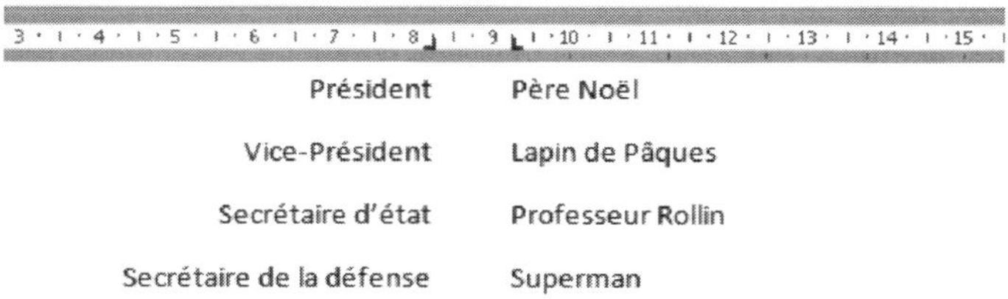

Figure 13.5 : Les taquets de tabulation sont utilisés pour centrer cette liste.

1. **Commencez une ligne vierge, c'est-à-dire la ligne que vous allez mettre en forme avec les tabulations.**
2. **Sélectionnez le type de tabulation droite.**

   Cliquez sur le bouton des tabulations de la règle jusqu'à ce que vous voyiez l'icône ci-contre.
3. **Avec le pointeur de la souris, cliquez à environ 8,5 cm.**
4. **Dans le sélecteur de tabulation de la règle, activez la tabulation gauche.**
5. **Cliquez à environ 9,5 cm.**
6. **Le point d'insertion étant au début de la ligne, appuyez sur Tab pour le placer au niveau de la tabulation droite.**
7. **Saisissez votre texte.**

   Il s'écrit de droite à gauche, le bord droit étant bien aligné sur la tabulation droite.
8. **Appuyez sur la touche Tab.**
9. **Saisissez le texte.**

   Cette fois, le texte est standard. Son bord gauche s'aligne tout naturellement sur la tabulation gauche.

10. **Appuyez sur Entrée pour terminer la ligne de texte.**

11. **Répétez les étapes 6 à 10 pour chaque ligne de texte.**

Pour réaliser quelques ajustements, sélectionnez la liste en tant que bloc de texte (voir le Chapitre 7). Ensuite, faites glisser les taquets de tabulation sur la règle. Une ligne verticale pointillée indique où se trouvera votre texte.

Liste alignée sur la droite

Vous pouvez utiliser la tabulation droite pour créer une liste justifiée sur la droite (Figure 13.6).

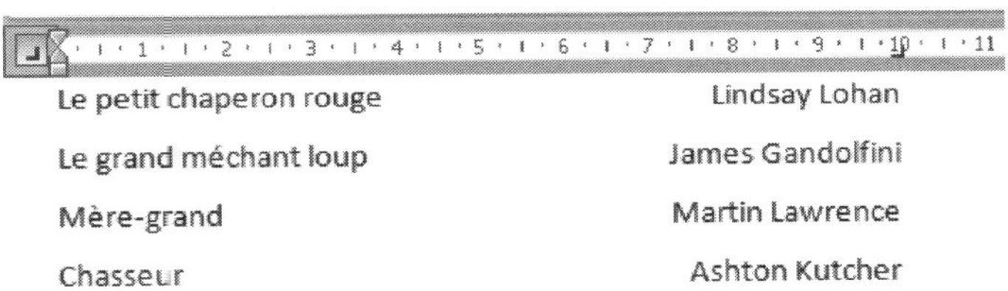

Figure 13.6 : Ici, la tabulation droite crée une liste alignée sur la droite.

Voici comment arriver à ce résultat :

1. **Commencez sur une ligne de texte vide.**

2. **Dans le sélecteur de tabulation, vérifiez que la tabulation droite est bien sélectionnée.**

3. **Sur la règle, cliquez à environ 10 cm.**

4. **Saisissez le texte de la colonne de gauche.**

   Ce texte se situe en réalité au début du document car il s'agit d'un texte normal.

5. **Appuyez sur la touche Tab.**

   Le point d'insertion se positionne au niveau du taquet de tabulation droite.

6. **Saisissez le texte de cette colonne.**

7. **Appuyez sur Entrée pour créer une nouvelle ligne.**
8. **Répétez les étapes 4 à 7 pour chaque ligne de ces deux listes.**

Une fois l'ensemble des listes saisi, vous pouvez sélectionner le texte en tant que bloc, et ajuster la position du taquet à votre guise pour obtenir une belle présentation de vos listes.

- Vous pouvez déplacer le retrait gauche vers la droite pour réduire l'écart entre la première et la seconde liste.
- Pour ajouter des pointillés reliant les deux listes, consultez la section Créer une Tabulation à points de suite, plus loin dans ce chapitre.

L'étonnante tabulation décimale

Je suis fou de la *tabulation décimale* ! Sans elle, on ne parviendrait jamais à aligner une colonne de chiffres. C'est une véritable bénédiction pour tous les gens qui ont besoin d'écrire des rapports financiers (entre autres), comme présenté à la Figure 13.7.

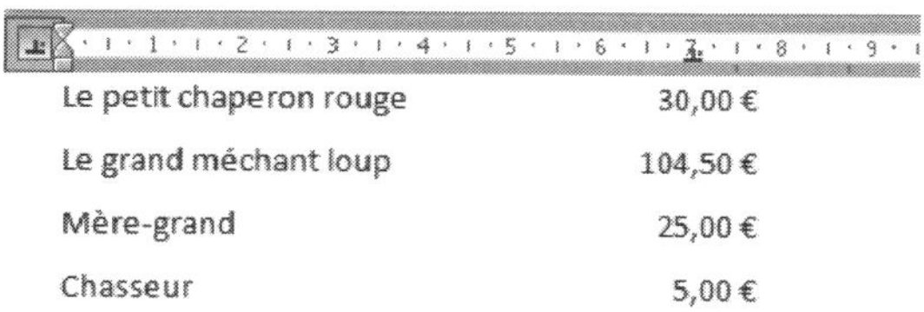

Figure 13.7 : Aligner des chiffres avec la tabulation décimale.

Voici comment opérer :

1. **Commencez une nouvelle ligne de texte vide.**
2. **Dans le sélecteur des tabulations de la règle, choisissez la tabulation Décimal comme à la Figure 13.7.**
3. **Sur la règle, placez la tabulation à 7 cm.**
4. **Tapez le texte de la première colonne.**

   Ce texte va de gauche à droite puisqu'il est standard.
5. **Appuyez sur la touche Tab.**

6. **Tapez vos chiffres.**

   Une tabulation décimale s'utilise comme n'importe quel autre type de tabulation. La différence est que les caractères qui précèdent la virgule viennent se placer à gauche du taquet de tabulation, alors que les caractères qui suivent la virgule viennent se placer à droite de celui-ci (Figure 13.7).

7. **Terminez la ligne en appuyant sur Entrée.**

8. **Répétez les étapes 4 à 7 pour chaque ligne de texte.**

Lorsque vous tapez quelque chose sans point, le texte s'aligne à droite.

N'OUBLIEZ PAS

Si vous avez besoin de réorganiser votre texte (par exemple si les colonnes sont trop proches les unes des autres), sélectionnez toutes les lignes qui contiennent des chiffres. Utilisez votre souris pour faire glisser la tabulation décimale vers la droite ou vers la gauche dans la règle. Vous pouvez ainsi réaligner en même temps tous les chiffres du bloc sélectionné.

La tabulation barre

Une *tabulation barre* place dans votre document une barre verticale, à l'endroit où vous la définissez dans la règle (Figure 13.8). En réalité, la tabulation barre ne définit pas un taquet de tabulation. C'est une chose importante à noter. Il s'agit en fait d'un élément de décoration du texte, d'un trait vertical, mais dont vous pouvez définir la position comme pour un taquet de tabulation.

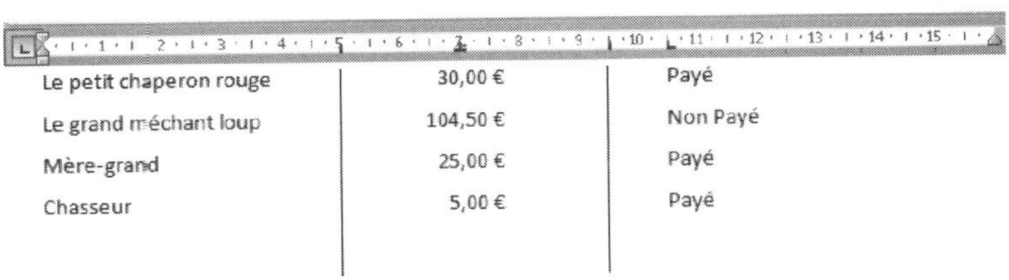

Figure 13.8 : Le mystère de la barre verticale.

Ce type de tabulation se met en place comme n'importe quelle autre. La ligne verticale s'affiche même quand aucun texte ou aucune tabulation n'est placé sur la ligne, comme vous pouvez le voir sous le texte Chasseur de la Figure 13.8.

Utiliser la boîte de dialogue Tabulations

La plupart des utilisateurs trouvent la règle très pratique pour définir les tabulations. Personnellement, je partage ce point de vue, parce que l'on peut visualiser directement l'effet d'une tabulation sur le texte, et le faire glisser pour ajuster le résultat. Les puristes, toutefois, lui préfèrent la boîte de dialogue Tabulations. Pour l'afficher, double-cliquez sur une tabulation, ou cliquez sur le bouton situé dans le coin inférieur droit de l'onglet Paragraphe. Dans la boîte de dialogue qui s'ouvre, cliquez sur le bouton Tabulations. La boîte de dialogue Tabulations apparaît (Figure 13.9).

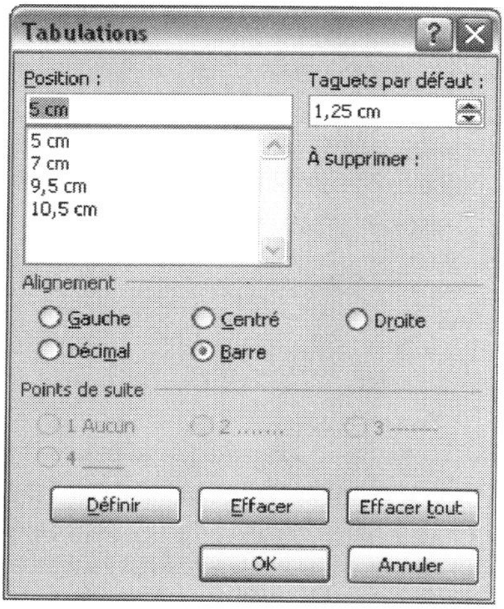

Figure 13.9 : La boîte de dialogue Tabulations.

Créer des tabulations via la boîte de dialogue

Pour définir une tabulation dans la boîte de dialogue Tabulations, suivez ces étapes :

1. **Dans le champ Position, entrez la position exacte d'une tabulation que vous voulez créer.**

   Par exemple, tapez 1,1875 pour définir une tabulation exactement à ce point.

2. **Dans la zone Alignement, sélectionnez le type de tabulation que vous désirez créer.**

   Nous avons décrit les différents types de tabulations plus haut dans ce chapitre.

3. **Cliquez sur le bouton Définir.**

4. **Définissez les autres tabulations dont vous avez besoin.**

   Pour chaque tabulation, répétez les étapes 1 à 3.

5. **Cliquez sur OK.**

   Vous êtes de retour dans votre document, et les nouvelles tabulations sont visibles dans la règle.

Pour définir une tabulation dont vous venez d'entrer la position, cliquez sur le bouton Définir. Si vous cliquez directement sur OK, c'est comme si vous n'aviez rien fait.

Créer une tabulation à points de suite

Vous pouvez créer une *tabulation à points de suite* dans la boîte de dialogue Tabulations, mais pas avec la règle.

Une tabulation à points de suite fait apparaître une suite de points ou de tirets lorsque l'on appuie sur la touche Tab, comme l'on peut le voir dans les tables des matières et parfois les index. Word vous donne le choix entre trois types de tabulations à points de suite :

Pointillé...147

Tiret normal——————————————147

Tiret de soulignement______________________147

Pour définir une tabulation à points de suite, suivez ces étapes :

1. **Placez le point d'insertion dans la ligne où vous voulez mettre la tabulation à points de suite, ou bien sélectionné un bloc de texte.**

2. **Ouvrez la boîte de dialogue Tabulations.**

3. **Dans la liste Position, choisissez une position prédéfinie.**

Sur la Figure 13.9, la position de la tabulation par défaut est 5 cm.

4. **Choisissez un alignement gauche.**

5. **Sélectionnez un type de tabulation à points de suite.**

   Choisissez le type de points de suite que vous voulez : pointillé, tiret normal ou tiret de soulignement.

6. **Cliquez sur Définir.**

   Au début, vous allez avoir tendance à oublier cette étape, et vous vous demanderez pourquoi ça ne marche pas. Ce sera le moment de relire cette page.

7. **Cliquez sur OK.**

TRUC

Les points de suite avec soulignement des caractères sont idéaux pour créer des formulaires vierges. Utilisez la boîte de dialogue Tabulations pour définir un taquet de tabulation gauche à environ 15 cm (marge de droite). Choisissez un point de suite souligné. Cliquez sur Définir, puis sur OK. De retour dans le document, tapez le champ de saisi comme :

```
Votre nom :
```

Il suffit d'appuyer sur la touche Tab. La ligne s'étend alors des deux points jusqu'à la marge de droite.

Taquets de tabulation par défaut

Word crée automatiquement des tabulations lorsque vous commencez un nouveau document. Ces *taquets de tabulation par défaut* sont espacés de 1,25 cm. Vous pouvez changer cette valeur.

Il suffit d'ouvrir la boîte de dialogue Tabulations, et de changer la valeur inscrite dans le champ Taquets par défaut. Par exemple, saisissez 3. Validez par un clic sur OK.

À partir de cet instant, les tabulations par défaut du document se positionneront tous les 3 centimètres.

Supprimer un taquet de tabulation

Pour supprimer un taquet de tabulation, il suffit de cliquer dessus avec la souris et, sans relâcher le bouton, de glisser-déposer le taquet à l'extérieur de la règle.

Vous pouvez également supprimer des taquets via la boîte de dialogue Tabulations. Ouvrez cette boîte de dialogue. Dans la liste Position, sélectionnez la tabulation à supprimer, puis cliquez sur le bouton Effacer. Pour supprimer toutes les tabulations de la règle, cliquez sur Effacer tout. Pour supprimer un caractère de tabulation, utilisez la touche Retour arrière.

Chapitre 14

La mise en page du document

Dans ce chapitre :

- Définir la taille de la page et du papier.
- Sélectionner l'orientation Portrait ou Paysage.
- Définir les marges de votre document.
- Numéroter automatiquement les pages.
- Changer la numérotation des pages.
- Créer une nouvelle page.

La dernière grande étape de notre voyage, qui a commencé par l'exploration de la mise en forme d'un document, est *la mise en page*. Une fois imprimé, un document est fait de pages, qui ont une certaine taille et une certaine orientation, des marges et un numéro. Voilà ce que je m'en vais vous expliquer, clairement et allégrement.

Description d'une feuille de papier

La plupart des documents sont imprimés sur du papier au format standard A4 (21 x 29,7 cm). C'est ce que Word appelle une *page*, pour laquelle vous pouvez définir des marges et autres attributs de mise en page. Mais Word est loin d'être limité à ce seul format. Il vous permet d'utiliser tous les formats que vous voulez, de la plus petite enveloppe aux plus grandes feuilles de papier.

Quelle est la taille de ma page ?

Dans Word 2007, les différentes tailles de papier sont répertoriées dans le groupe Mise en page de l'onglet Mise en page. Cliquez sur le bouton Taille pour afficher une liste des dimensions de page disponibles (Figure 14.1). Choisissez la taille appropriée à vos feuilles.

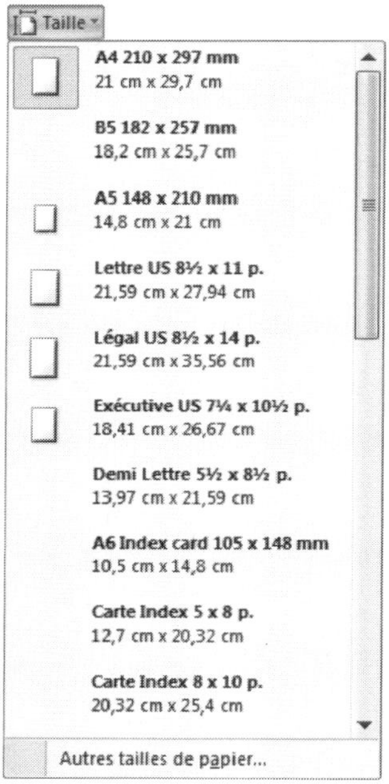

Figure 14.1 : Le menu Taille.

Par exemple, si vous désirez imprimer sur du papier au format A4, cliquez sur A4 210 x 297 mm. Votre document est immédiatement actualisé pour s'adapter à ce type de page.

- Pour sélectionner une taille qui n'est pas présente dans le menu, cliquez sur Autres tailles de papier. Dans la boîte de dialogue Mise en page, effectuez les réglages expliqués à la section La boîte de dialogue Mise en page, plus loin dans ce chapitre.
- La taille de la page affecte la totalité du document, sauf si vous l'avez divisé en sections. Chaque section peut avoir sa propre taille de page comme expliqué au Chapitre 15.
- La majorité des imprimantes PC savent imprimer sur plusieurs tailles de papier. Vérifiez bien celles compatibles avec votre matériel d'impression.

- En France, le format standard est A4, c'est-à-dire une dimension de 21 x 29,7 cm.

  Si vous avez sélectionné un format inhabituel, n'oubliez pas de mettre le papier correspondant dans votre imprimante. Certaines imprimantes sont assez astucieuses et vous indiquent la taille du papier sur lequel elles s'apprêtent à imprimer. La mienne passe son temps à me réclamer du papier de la "bonne" taille.

Portrait ou paysage ?

Les termes techniques correspondants sont *portrait* et *paysage*. L'orientation *Portrait* correspond à la manière habituelle d'utiliser le papier : la hauteur est supérieure à la largeur. L'orientation *Paysage* est ce que l'on obtient en faisant pivoter la feuille de 90 degrés : la largeur est supérieure à la hauteur. Vous choisissez cette orientation dans le groupe Mise en page de l'onglet Mise en page (Figure 14.2).

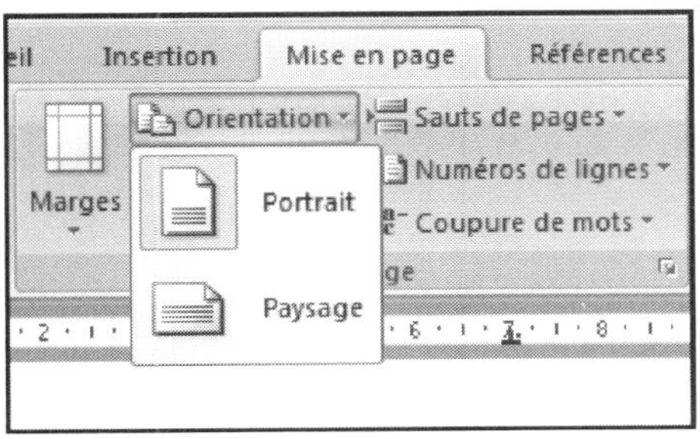

Figure 14.2 : Orientation de la page.

Pour changer l'orientation de la page, cliquez sur le bouton Orientation, puis sur Portrait.

- Lorsque vous passer du mode Portrait au mode Paysage (et réciproquement), vous serez parfois obligé d'ajuster les marges de votre document. Reportez-vous à la prochaine section.
- De même que pour le format du papier, vous pouvez appliquer l'orientation Portrait ou Paysage à tout votre document, à partir d'un certain point ou à une section. Pour en savoir plus, voyez la section précédente.

- Pour des documents ordinaires, il vaut mieux éviter le mode Paysage. D'austères savants qui ont voué leur vie à méditer sur ces questions ont découvert que plus les lignes sont longues, plus les gens lisent lentement. Le mode Paysage doit plutôt être réservé à des choses particulières, telles que des tableaux, des graphiques, des illustrations, ou toutes choses pour lesquelles l'orientation habituelle ne convient pas.

- Pour en savoir plus sur les options et le paramétrage de l'orientation, consultez la section La boîte de dialogue Mise en page, plus loin dans ce chapitre.

Attention à vos marges !

Une page a toujours des marges. Ce sont les quelques centimètres qui séparent le texte du bord de la page et qui permettent au document de respirer. Une page a quatre marges : en haut, en bas, à gauche et à droite.

Dans Word, la valeur par défaut de ces quatre marges est de 2,5 cm, mais vous pouvez l'ajuster à votre guise, pour chacune d'entre elles.

Pour changer la largeur des marges, passez par le bouton Marges du groupe Mise en page de l'onglet Mise en page (Figure 14.3).

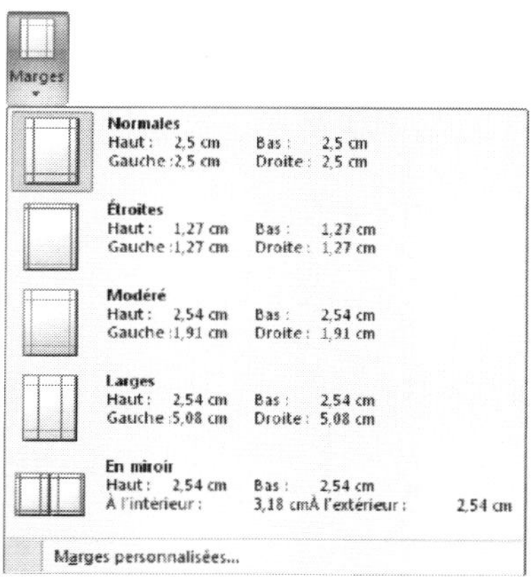

Figure 14.3 : Le menu local Marges.

Pour spécifier des marges particulières, cliquez sur Marges personnalisées. Vous accédez à l'onglet Marges de la boîte de dialogue Mise en page. Vous pouvez y saisir des valeurs précises pour bien définir vos différentes marges. La section suivante vous en dit davantage à ce sujet.

- Pour définir des retraits pour un paragraphe, ce sont les commandes de mise en forme de paragraphe que vous devez utiliser. Reportez-vous au Chapitre 12.
- Les marges prédéfinies du menu local Marges correspondent aux plus utilisées par les documents, ou aux plus souvent utilisées par vous-mêmes.

  Ne perdez pas de vue que la plupart des imprimantes laser ne peuvent pas imprimer trop près du bord du papier (en général, 1,25 cm). Cet espace constitue une marge absolue dans laquelle vous ne pouvez rien imprimer, bien que Word vous permette de définir des marges de largeur nulle. Si vous le faites, le texte correspondant sera coupé par l'imprimante. Il vous faut donc définir des marges au moins égales à cette largeur. Reportez-vous à la documentation de votre imprimante pour la connaître.

  De même, de nombreuses imprimantes à jet d'encre nécessitent une largeur plus importante pour la marge du bas. Si vous essayez d'imprimer dans la zone interdite, une boîte de dialogue apparaît pour vous en prévenir.

La boîte de dialogue Mise en page

Comme pour beaucoup d'autres fonctions dans Word, lorsque vous voulez contrôler la mise en page, le ruban ne suffit plus. Vous devez reprendre les bonnes vieilles habitudes consistant à ouvrir une boîte de dialogue, en l'occurrence Mise en page illustrée à la Figure 14.4.

Pour accéder à cette boîte de dialogue, cliquez sur le bouton situé dans le coin inférieur droit de l'onglet Mise en page, ou appuyez sur Alt+P, F.

La boîte de dialogue en question contient trois onglets : Marges pour paramétrer les marges, Papier pour définir la taille du papier utilisé, et Disposition pour gérer d'autres aspects de la mise en page.

Cliquez sur le bouton OK pour valider vos modifications.

TRUC

- Pour imprimer sur du papier affichant trois trous de reliure dans la marge, utilisez l'onglet Marges de la boîte de dialogue

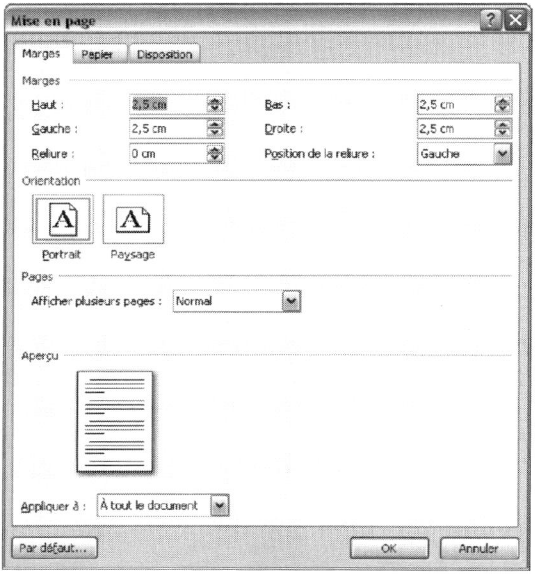

Figure 14.4 : L'onglet Marges de la boîte de dialogue Mise en page.

Mise en page. Fixez une valeur de reliure d'environ 1,25 cm par rapport à la position des trous. Ainsi, dans le champ Position de la reliure, choisissez Gauche. Si les trous de reliure sont en haut de la feuille, choisissez Haut.

- Les modifications apportées au format de la page – sa taille, son orientation, et ses marges – affectent normalement l'intégralité du document. En choisissant une option dans la liste Appliquer à, vous pouvez sélectionner :
  - **À tout le document,** ce qui applique les valeurs spécifiées à tout votre document.
  - **À partir de ce point,** ce qui signifie que les valeurs spécifiées s'appliquent à partir de la page dans laquelle se trouve le curseur.
  - **À cette section,** ce qui signifie que les valeurs spécifiées ne s'appliquent qu'à la section dans laquelle se trouve le curseur (pour en savoir plus sur les sections, reportez-vous au Chapitre 15).

Numéroter les pages

Word peut numéroter pour vous les pages de votre document. Inutile de le faire à la main. Vous pouvez avoir autant de pages que vous le voulez, et en ajouter ou en supprimer à volonté, Word s'y retrouve toujours. Vous n'avez à vous occuper de rien, il vous suffit d'avoir indiqué à Word à quel endroit insérer le numéro sur les pages. Inutile de chercher à numéroter manuellement dans un traitement de texte.

Où mettre le numéro de page ?

La question n'est pas : "Word *peut-il* mettre le numéro sur la page ?" mais : "*Où* faut-il mettre le numéro ?" Si vous suivez ces étapes, vous pouvez demander à Word de mettre le numéro à l'endroit précis où vous désirez le faire apparaître :

1. **Dans l'onglet Insertion, repérez le groupe En-tête et pied de page, et cliquez sur la commande Numéro de page.**

   Une liste apparaît. Elle permet de choisir divers emplacements de numéros de page. Les trois premiers choix sont : Haut de page, Bas de page, et Marges de la page.

2. **Sélectionnez une position pour le numéro de page.**

   En règle générale, nous faisons apparaître le numéro en bas de la page.

3. **Dans la liste déroulante, choisissez un style de numérotation.**

En mode Page, vous pouvez voir les numéros des pages. En mode Brouillon, ils sont masqués. Word numérote chaque page en commençant par le chiffre 1, et en l'incrémentant d'une unité pour chaque nouvelle page.

Vous supprimez une page ? Word actualise la numérotation.

Vous insérez une page ? Word la numérote pour vous.

Chaque fois que vous insérez un numéro de page en suivant les étapes précédentes, Word prend entièrement en charge la numérotation.

- Les en-têtes et les pieds de page peuvent être mis en forme avec toutes sortes de caractéristiques intéressantes, y compris vos propres styles de numéros, ou même en affichant ces numéros aussi bien en haut qu'en bas de la page. Pour cela, consultez le Chapitre 15.
- Pour modifier le format des numéros, choisissez-en un dans le menu local Numéro de page.

Commencer la numérotation à partir d'une valeur spécifiée

Pour faire commencer la numérotation de vos pages à partir d'une valeur spécifiée, suivez les instructions de la section précédente pour afficher les numéros de page, puis suivez ces étapes :

1. **Cliquez sur l'onglet Insertion.**
2. **Dans le groupe En-tête et pied de page, choisissez Numéro de page/Format numéro de page.**

   La boîte de dialogue Format des numéros de page apparaît (Figure 14.5).

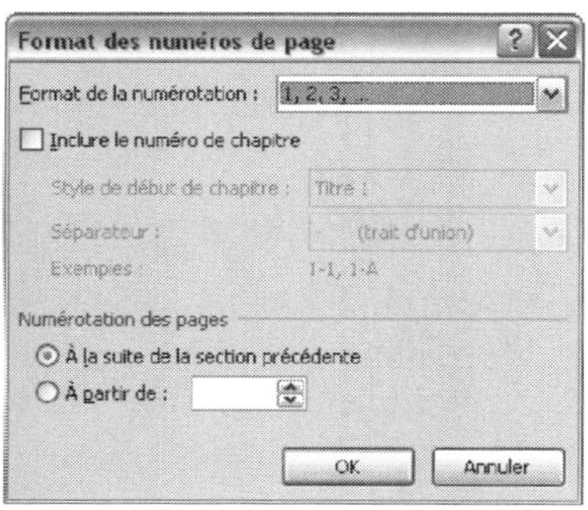

Figure 14.5 : Encore plus de contrôle avec la boîte de dialogue Format des numéros de page.

3. **Dans la zone Numéros de page, sélectionnez À partir de, et saisissez le numéro qui sera attribué à la première page du document.**
4. **Cliquez sur OK pour fermer la boîte de dialogue Format des numéros de page.**

Word commence la numérotation avec le numéro de page spécifié. Si vous saisissez 47 à l'étape 3, la première page du document portera le numéro 47, la suivante le 48, et ainsi de suite.

Lorsque vous désirez que la numérotation change en plein milieu d'un document, par exemple passer de la page 5 à la page 16, ou bien d'une numérotation IV à la page 1, vous devez diviser le document en sections. Chaque section aura alors sa propre numérotation. Vous en saurez davantage à ce sujet au Chapitre 15.

Numéroter avec des chiffres romains

Lorsque vous devez afficher une numérotation en chiffres romains, Word est heureux de pouvoir vous aider. Ouvrez la boîte de dialogue Mise en page (Figure 14.5). Dans la liste Format de la numérotation, choisissez le style de chiffres romains à utiliser.

Supprimer des numéros de page

Pour ôter des numéros insérés dans vos pages, accédez au groupe En-tête et pied de page. Cliquez sur le bouton Numéro de page, puis sur Supprimer les numéros de page.

Seuls les numéros insérés via le menu local Numéro de page sont effacés. De facto, si vous avez inséré manuellement des numéros dans un en-tête ou un pied de page, vous devez les supprimer manuellement (voir le Chapitre 15).

Commencer une nouvelle page

Lorsque vous saisissez un document, Word crée automatiquement une nouvelle page quand vous arrivez à la fin de celle sur laquelle vous étiez en train de saisir votre texte. Ce procédé est classique. Cependant, vous aurez parfois besoin de créer une page avant d'arriver à la fin de la page dans laquelle vous travaillez.

Il y a deux manières de commencer une nouvelle page dans Word. Cette section en explique les tenants et les aboutissants.

Commencer une nouvelle page vierge

Le raccourci Alt+N, B ou Ctrl+Enter (pas Entrée) insère un *saut de page manuel* dans votre document, demandant à Word de commencer une nouvelle page à cet endroit précis. C'est la seule bonne manière de commencer une nouvelle page.

Dans l'affichage Normal (Chapitre 2), un saut de page manuel se présente comme un saut de page ordinaire (automatique), mais avec les mots `Saut de page` qui apparaissent au milieu :

Vous pouvez aussi insérer un saut de page par un clic sur le bouton éponyme du groupe Pages localisé sous l'onglet Insertion.

En mode Page, un saut de page est identifié par la création d'une nouvelle page séparée de la précédente par un espace vide. En mode Brouillon, il est identifié par une ligne pointillée, avec, au centre, l'indication Saut de page.

En utilisant des sauts de page manuels, gardez à l'esprit les points suivants :

- Ne commencez jamais, je dis bien jamais, une nouvelle page en appuyant répétitivement sur la touche Entrée (ou Enter) jusqu'à ce que Word crée la nouvelle page une fois arrivé en bas de la page en cours.
- Ctrl+Enter insère un caractère de saut de page manuel dans votre document. Ce caractère reste là où vous l'avez inséré, faisant apparaître un saut de page, quelles que soient les modifications que vous pouvez apporter au texte des pages précédentes.
- Pour supprimer un saut de page manuel, vous pouvez utiliser les touches Retour arrière ou Suppr. Si vous le faites accidentellement, appuyez à nouveau sur Ctrl+Enter, ou sur Ctrl+Z pour annuler la suppression.
- Si vous insérez des sauts de page manuels, pensez à utiliser l'aperçu avant impression pour vérifier votre document avant de l'imprimer. Il arrive que les modifications apportées au texte depuis l'insertion d'un saut de page manuel rendent ce dernier superflu. Pour en savoir plus sur l'aperçu avant impression, reportez-vous au Chapitre 10.

- Le raccourci de la commande Afficher/Masquer est Ctrl+Maj+8. Vous pouvez aussi cliquer sur le bouton Afficher tout, du groupe Paragraphe de l'onglet Accueil.

Insérer une page vierge

Pour placer une page vide au beau milieu d'un document, vous pouvez activer le bouton Page vierge du groupe Page localisé dans l'onglet Insertion. Avec cette commande, vous insérez deux sauts de page manuels créant ainsi une vraie page vide.

Chapitre 15

Mettre en forme des documents

Dans ce chapitre :

- Diviser votre document en sections.
- Tirer le meilleur parti des sections.
- Insérer une page de couverture dans votre document.
- Ajouter un en-tête ou un pied de page.
- Créer des en-têtes.
- Supprimer l'en-tête de la première page.

Dans Word, la grande affaire, la notion clé qui pèse son poids, c'est le *document*. Ma femme tient à jour sous forme de document dans son ordinateur la liste de tout ce que je dois faire pour elle. Je suppose donc que ce sont des choses qu'elle trouve essentielles.

Tout savoir sur les sections

Un bon nombre des commandes de mise en forme de Word s'appliquent à l'ensemble d'un document. Par exemple, la majeure partie des commandes de mise en forme décrites au Chapitre 14 le concerne : format du papier, orientation, ainsi que les en-têtes et pieds de page (décrits dans ce chapitre).

S'il arrive que vous ayez besoin de changer le format d'un document rien que pour une page ou un groupe de pages, il faut diviser votre document en sections, chacune d'elles possédant sa propre mise en page. Si par exemple vous avez besoin que seule une page soit imprimée en format Paysage, vous devez créer une section pour cette page. Il en va de même si votre document nécessite une numérotation particulière. Par exemple, vous ne souhaitez pas que votre document soit logiquement numéroté de la page 1 à la page 50, mais que chacune des cinq sections qui le compose soit numérotée de 1 à 10.

La notion de sections

Il est facile de créer une section, et les sections peuvent simplifier la plupart des tâches de mise en forme du document.

Ainsi, la Figure 15.1 présente un document bâti en deux sections. La première contient quatre pages numérotées en chiffres romains, et la seconde six pages numérotées en chiffres arabes.

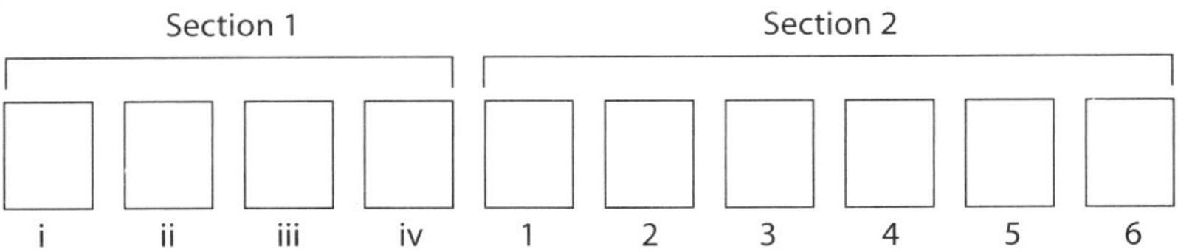

Figure 15.1 : Un document structuré autour de deux sections.

Le document illustré à la Figure 15.2 est constitué de quatre sections. La première se limite à la page de couverture, suivie d'une section de quatre pages numérotées de 1 à 4. La troisième section se compose d'une seule page mais au format Paysage ; enfin, la quatrième section reprend un mode d'affichage tout à fait normal.

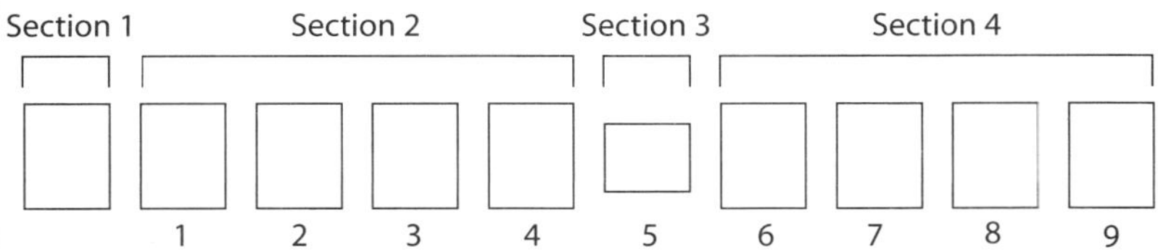

Figure 15.2 : Un document composé de quatre sections.

Lorsque vous créez un document linéaire, c'est-à-dire qui ne varie pas du début à la fin, il est inutile de créer des sections. Dans tous les autres cas, la section est une bénédiction.

- Une section est essentiellement une partie de votre document dont les paramètres de mise en page sont indépendants du reste du document.
- La mise en forme du texte et des paragraphes, aussi bien que les styles que vous pouvez créer, ne sont en rien affectés par les sections.

Créer une section

Diviser un document n'est pas une tâche difficile. Toutes les commandes d'insertion de sauts de Word sont rassemblées sous l'onglet Mise en page. La Figure 15.3 présente le contenu du menu local Saut de page. Vous constatez que le second groupe de commandes contient les sauts de section.

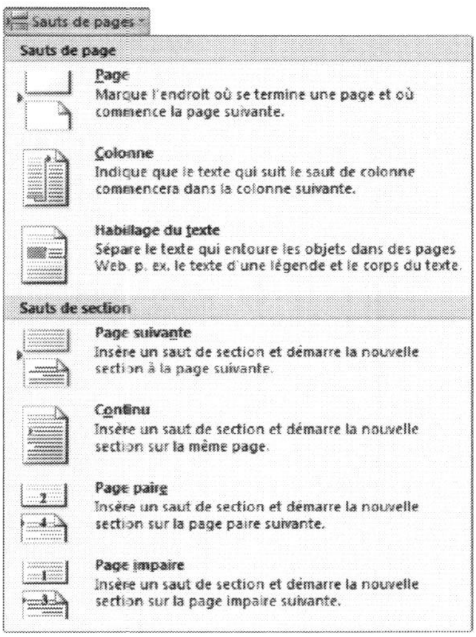

Figure 15.3 : Les sauts de section sont groupés avec les sauts de page.

La méthode la plus simple pour créer une nouvelle section consiste à choisir Page suivante dans le menu local Saut de page. Cette action crée un saut de page et génère une nouvelle page considérée comme une nouvelle section du document.

¶ En mode Page, le saut de section s'affiche comme n'importe quel autre saut de page. Pour mieux en apprécier les conséquences, il est préférable de basculer en mode Brouillon. Ensuite, appuyez sur

Ctrl+Maj+8 ou bien cliquez sur le bouton Afficher tout de l'onglet Accueil pour bien voir la position du saut de section.

L'étape suivante du processus consiste à placer le curseur en haut de la première page (la page de titre dont nous avons parlé dans la section précédente), et à mettre en forme cette page selon vos besoins.

Utiliser une section

Pour appliquer un format de page spécifique à une seule section, utilisez la boîte de dialogue Mise en page. Là, intéressez-vous à la liste Appliquer à, et choisissez À cette section. Ainsi, tout ce que vous modifierez dans la boîte de dialogue Mise en page se limitera à la section en cours.

Pour déterminer dans quelle section vous vous trouvez, effectuez un clic droit sur la barre d'état. Vous ouvrez le menu contextuel Personnaliser la barre d'état. En haut de ce menu, vous notez la présence du terme Section avec un chiffre à sa droite. Il identifie le numéro de la section dans laquelle se situe actuellement le point d'insertion. Pour afficher en permanence cette information dans la barre d'état, cliquez sur Section. Sinon, fermez ce menu contextuel en appuyant sur la touche Échap.

Supprimer un saut de section

Pour supprimer un saut de section, vous pouvez utiliser la touche Retour arrière ou la touche Suppr. Sachez qu'il est plus facile de supprimer une section en mode Brouillon que dans tout autre mode d'affichage du document.

- L'équivalent clavier de la commande Afficher tout est Ctrl+Maj+8.
- Supprimer une section efface toute mise en forme, y compris les en-têtes et les pieds de page qui, je le rappelle, sont propres à cette section.
- Si vous supprimez accidentellement une section, vous perdez toutes les informations de mise en forme que vous lui aviez appliquées. Si cela vous arrive, annulez votre action en appuyant sur Ctrl+Z avant de faire quoi que ce soit d'autre.

Ajouter une page de couverture

L'utilisation la plus courante des sections concerne la création d'une page de couverture pour votre document. En règle générale, cette page ne contient aucun numéro de page, en-tête, pied de page, etc. Elle est faite pour présenter le titre du document et le nom de son auteur. Il est donc nécessaire de créer une seule section pour une seule page, celle de la couverture. Longtemps difficile à maîtriser, Word 2007 introduit enfin la commande Page de garde. En voici le fonctionnement :

1. **Cliquez sur l'onglet Insertion.**

2. **Dans le groupe Pages, cliquez sur Page de garde.**

   Un menu affiche quelques modèles de pages de garde.

3. **Choisissez la mise en page de la page de garde qui vous convient.**

   La page de garde ou page de couverture est immédiatement insérée en tant que première page du document.

4. **Sur cette page sélectionnez le texte entre crochets.**

5. **Remplacez ce texte par le vôtre.**

   Ainsi, dans la zone de réserve qui attend l'intitulé du document, tapez votre titre !

6. **Répétez les étapes 4 et 5 jusqu'à ce que la page de garde ait l'aspect désiré.**

Vous pouvez changer cette page de couverture à n'importe quel moment. Si vous décidez de vous passer de cette page de garde, cliquez sur le bouton éponyme. Dans son menu local, choisissez Supprimer la page de garde actuelle.

- Le menu Page de garde ne crée pas une nouvelle section dans votre document. Si vous utilisez des en-têtes et des pieds de page, ils apparaissent sur la page de garde ainsi insérée. Pour éviter cela, placez le point d'insertion en haut de la page 2 (c'est-à-dire après la page de garde), et dans l'onglet Mise en page, choisissez Saut de page/Continu. Vous pouvez alors modifier l'en-tête et le pied de page comme expliqué dans ce chapitre.

- Ne laissez pas en place les textes entre crochets ! Saisissez toujours vos informations personnelles à la place de ces informations génériques.

Les joies des en-têtes et des pieds de page

Dans une lettre, l'en-tête n'apparaît que sur la première page. Dans un document, il apparaît sur toutes les pages, sauf en général sur la première. Son équivalent en bas de la page est le pied de page. On peut très bien utiliser les deux à la fois.

- Un en-tête contient généralement différentes informations, par exemple votre nom, le nom du document, la date, le numéro de la page, éventuellement un titre ou encore un numéro de téléphone.
- Un en-tête est un style de texte utilisé pour diviser un long document, pour introduire de nouveaux concepts, et pour vous aider à conserver le texte bien organisé. Pour plus d'informations, consultez le Chapitre 16.
- Le pied de page apparaît en bas de la page. Comme l'en-tête, le pied de page possède sa zone d'insertion et contient un texte spécial.
- Les pieds de page peuvent contenir des numéros de page, un titre de chapitre ou de document, ou tout autre chose que vous jugez utile.

Ajouter un en-tête ou un pied de page

Les en-têtes et les pieds de page peuvent faire beaucoup pour embellir un document. Vous n'êtes pas obligé d'utiliser les deux à la fois. De plus, que vous préfériez utiliser l'un ou l'autre (ou les deux), on les définit de la même manière.

Pour ajouter un en-tête ou un pied de page, suivez ces étapes :

1. **Cliquez sur l'onglet Insertion.**
2. **Dans le groupe En-tête et pied de page, cliquez sur le bouton En-tête.**

   Une liste d'en-têtes préformatés s'affiche.

3. **Choisissez le format que vous désirez.**

   L'en-tête est ajouté à votre document, et sauvegardé comme partie intégrante de la mise en forme de la page.

   Si vous êtes en mode Brouillon, vous basculez instantanément en mode Page pour éditer l'en-tête (les en-têtes et les pieds de page n'apparaissent pas en mode Brouillon).

   Lorsque vous modifiez un en-tête, le point d'insertion apparaît dans la zone d'en-tête qui, dans Word 2007, prend la forme d'un onglet directement sur le document.

4. **Sélectionnez tout le texte contenu entre crochets.**

   Sélectionnez aussi les crochets.

5. **Tapez le texte de remplacement.**

   Saisissez, par exemple, le titre de votre document.

6. **Répétez les étapes 4 et 5 pour tous les textes contenus entre crochets.**

7. **Une fois que vous avez terminé, cliquez sur le bouton Fermer l'en-tête et le pied de page du groupe Fermer sous l'onglet Insertion.**

En mode Page, vous voyez les en-têtes et les pieds de page dans une zone de texte grisée. En mode Brouillon, vous ne voyez rien. Pour voir ces deux éléments, vous pouvez également utiliser la commande Aperçu avant impression étudiée au Chapitre 10.

- Vous pouvez quitter la modification d'un en-tête par un double-clic sur l'onglet En-tête.

- Il n'est pas nécessaire de vous placer dans la première page de votre document pour insérer le numéro de page dans l'en-tête. Word est assez astucieux pour mettre le numéro qui convient sur chaque page, quelles que soient les modifications que vous apportez à votre document comme à l'en-tête.

- Les en-têtes et les pieds de page sont idéaux pour diviser votre document en sections. Donc, tant que vous restez dans la même section, vous pouvez en modifier l'en-tête ou le pied de page.

- Les boutons de commande des en-têtes et des pieds de page se situent sous l'onglet Insertion, et non sous l'onglet Mise en page.

Modifier un en-tête

Regardons les choses en face : les en-têtes prédéfinis de Word ne sont pas terribles. Ils ne contiennent pas toutes les informations que vous désirez faire apparaître dans un en-tête. Ce n'est pas problématique. Vous pouvez modifier l'en-tête de la manière suivante :

1. **Cliquez sur l'onglet Insertion.**

2. **Dans le groupe En-tête et pied de page, choisissez En-tête/Modifier l'en-tête.**

   Lorsque vous modifiez l'en-tête, Word bascule dans un mode opératoire particulier. L'en-tête apparaît à l'écran comme élément du document affiché en mode Page. À cela s'ajoute un nouvel onglet Outils des en-têtes et pieds de page illustré à la Figure 15.4.

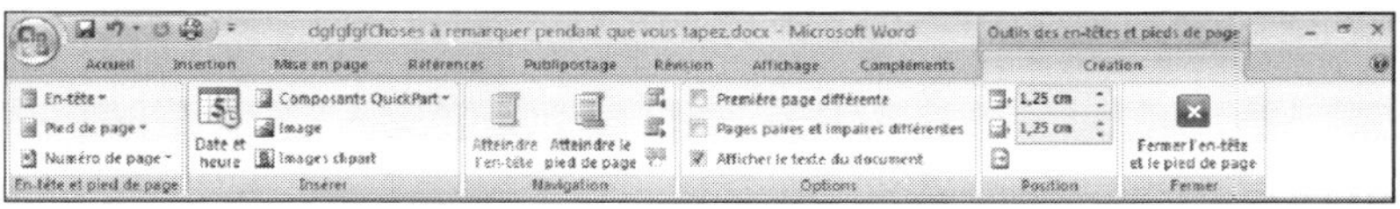

Figure 15.4 : Les outils de modification des en-têtes et des pieds de page.

3. **Utilisez les boutons Atteindre l'en-tête et Atteindre le pied de page pour passer de l'en-tête au pied de page et réciproquement.**

4. **Appliquez des modifications à l'en-tête.**

   L'édition du texte des en-têtes se fait comme celle de n'importe quel texte Word. Vous pouvez ajouter ou modifier du texte, le mettre en forme avec les commandes de formatage des paragraphes, et même ajouter des tabulations.

Word applique automatiquement les tabulations gauche, centrée, et droite. Il vous suffit d'appuyer sur la touche Tab pour positionner comme il se doit le point d'insertion.

5. **Utilisez les boutons de commande du groupe Insérer de l'onglet Outils des en-têtes et pieds de page pour ajouter des éléments spéciaux.**

   Voici quelques éléments spéciaux utiles que vous pouvez insérer dans un en-tête :

   - **Numéro de page :** Cliquez sur Composants QuickPart et choisissez Numéros de page. Le numéro de la page en cours s'affiche dans l'en-tête. Pour le centrer, appuyez sur Tab.
   - **Date & heure :** Cliquez sur le bouton éponyme pour accéder à la boîte de dialogue Date et heure. Sélectionnez le format dans lequel vous désirez faire apparaître ces deux éléments dans l'en-tête. Validez et appliquez par un clic sur OK.
   - **Image :** Le bouton Image ouvre la boîte de dialogue Insérer une image qui permet de parcourir vos divers disques durs à la recherche de l'image à insérer. Vous pouvez aussi utiliser le bouton Images clipart.
   - **Champs :** L'élément le plus polyvalent que vous puissiez insérer dans un en-tête ou un pied de page est un *champ*. Vous sélectionnez cette option par un clic sur le bouton Composants QuickPart. Comme l'utilisation des champs nécessite quelques explications, je vous invite à lire le Chapitre 18.

6. **Une fois vos modifications terminées, cliquez sur le bouton Fermer l'en-tête et le pied de page.**

   Vous revenez au document.

L'en-tête est le même pour chaque page du document. Cependant, Word permet d'appliquer un en-tête particulier à la première page ou à des pages alternatives, ainsi qu'aux différentes sections du document.

En-têtes pairs pour les pages paires, impairs pour les pages impaires

Si vous le désirez, Word vous permet de définir deux jeux d'en-têtes et de pieds de page pour votre document : un pour les pages paires et un pour les pages impaires. Par exemple, c'est de cette façon que ce livre a été mis en forme. L'en-tête des pages paires contient le numéro de page et le titre de partie ; l'en-tête des pages impaires le numéro du chapitre suivi du titre du chapitre et du numéro de page. Vous pouvez en faire autant !

Pour demander à Word de créer deux jeux d'en-têtes et de pieds de page, suivez ces étapes :

1. **Cliquez sur l'onglet Insertion.**

2. **Dans le groupe En-tête et pied page, cliquez sur En-tête/ Modifier.**

   Cette commande affiche l'onglet Outils des en-têtes et pieds de page (Figure 15.4).

3. **Cochez la case Paires et impaires différentes.**

   Cette étape indique à Word de créer deux jeux d'en-têtes : un pour les pages paires, et l'autre pour les pages impaires. L'onglet de l'en-tête permet de les identifier clairement.

   Cet onglet montre que l'on est en présence de l'en-tête des pages impaires.

4. **Créez l'en-tête des pages impaires.**

   Pour savoir comment créer le contenu d'un en-tête ou d'un pied de page, reportez-vous à la section précédente.

5. **Cliquez sur le bouton Section suivante.**

   Word affiche le contenu de l'en-tête de la page paire.

Pour revenir à l'en-tête des pages impaires, cliquez sur le bouton Section précédente.

6. **Pour afficher et modifier les pieds de page paires et impaires, cliquez sur le bouton Atteindre le pied de page.**

   Pour passer d'un pied de page à un autre cliquez sur les boutons Section suivante et Section précédente.

7. **Une fois vos modifications terminées, cliquez sur Fermer l'en-tête et le pied de page.**

Pour supprimer les en-têtes et les pieds de page paires et impaires, il suffit de décocher la case Pages paires et impaires différentes.

Mais je ne veux pas d'en-tête sur la première page !

Pour éviter que l'en-tête ou le pied de page apparaisse sur la première page d'un document :

1. **Cliquez sur l'onglet Insertion.**

2. **Dans le groupe En-tête et pied de page, cliquez sur En-tête/ Modifier l'en-tête.**

3. **Dans le groupe Options, cochez la case Première page différente.**

   L'onglet En-tête page impaire devient Premier en-tête, et le pied de page de cette même page devient Premier pied de page.

Rien ne vous empêche de changer le contenu de ce premier en-tête et pied de page. Il n'affecte que cette première page du document.

Chapitre 16

Utiliser les styles

Dans ce chapitre :

- Trouver votre style.
- Utiliser les styles rapides.
- Découvrir la cachette des styles.
- Passer d'un style à un autre.
- Supprimer des styles.
- Créer un style.
- Modifier un style.
- Assigner un raccourci clavier à un style.

Lorsque vous créez un document, vous pouvez décider de ne rien mettre en forme, ou de tout mettre en forme. La mise en forme peut devenir une véritable obsession.

Sachant cela, Microsoft a développé les styles. Il s'agit de mises en forme prédéfinies qui permettent de donner du cachet à votre document au fur et à mesure que vous le saisissez. En d'autres termes, une fois que vous avez créé des styles, leur application peut devenir automatique en fonction des paragraphes qui se succèdent.

Qu'est-ce qu'un style ?

Un *style* n'est rien d'autre qu'un ensemble de commandes de mise en forme de Word. Par exemple, si vous voulez mettre un paragraphe en police Courier 10 points et en retrait, il vous suffit de lui *appliquer* le style correspondant. Facile !

Types de styles

Word gère cinq types différents de styles :

- **Paragraphe :** Ce style contient tout type de mise en forme : paragraphes, retraits, tabulations, polices, taille du texte, attributs. Le style Paragraphe peut mettre en forme tous les paragraphes et caractères standard, le corps du texte, ou simplement un seul de ces aspects.
- **Caractère :** Ce style limite sa mise en forme aux caractères. Il n'a aucune incidence sur les paragraphes. Tout ce qui est mentionné au Chapitre 11 peut être appliqué à un style de caractère.
- **Lié :** Le style Lié est une combinaison de styles que vous pouvez appliquer à la fois aux paragraphes et aux caractères. Tout dépend du texte que vous avez sélectionné avant l'application du style.
- **Tableau :** S'applique aux tableaux. Il ajoute des lignes et des couleurs au contenu des cellules.
- **Liste :** Ce style personnalise le contenu des listes. Il peut inclure des puces, des chiffres, des niveaux, et d'autres formats propres aux listes.

Styles rapides et personnalisés

Word est livré avec de nombreux styles conçus par des designers professionnels. Sous cette version 2007, ils répondent au nom de *styles rapides*.

Lorsque vous êtes lassé d'un style, rien ne vous empêche de créer le vôtre. Nous verrons cela dans les sections à venir.

Utiliser des styles

La méthode la plus simple d'application d'un style consiste à sélectionner le texte que vous désirez formater. Ensuite, choisissez le style. Il s'applique à tout le texte sélectionné.

Vous pouvez également commencer par sélectionner le nouveau style. Ensuite, vous saisissez votre texte. Ce texte est formaté avec le style choisi.

Le style Paragraphe peut être appliqué en sélectionnant le paragraphe dans sa totalité (ou plusieurs paragraphes), ou en plaçant le point d'insertion dans un paragraphe.

Mise en forme sans effort avec les styles rapides

La fonction *styles rapides* met à votre disposition une grande variété de styles que vous appliquez en un clic de souris. Cette section présente ses nombreuses possibilités.

Lorsque vous utilisez un style rapide, vous ne vous souciez pas de la mise en forme du texte et des paragraphes. Tout est automatique ! Word applique pour vous une police de caractère, une taille, des propriétés, et une mise en forme des paragraphes.

Appliquer un style rapide

La méthode la plus simple pour utiliser un style rapide consiste à passer par la galerie localisée dans le groupe Style de l'onglet Accueil (Figure 16.1). Cliquez sur les flèches pour en parcourir le contenu. Pour détailler ses options, cliquez sur Autres.

Figure 16.1 : Le groupe Style de l'onglet Accueil.

La procédure suivante explique comment appliquer un style au texte que vous avez déjà saisi :

1. **Sélectionnez le texte à formater.**

2. **Dans la galerie des styles rapides, cliquez sur un style.**

Vous pouvez faire défiler le contenu de la galerie pour y trouver le style qui vous intéresse.

Lorsque vous passez le pointeur de la souris sur un style, Word modifie temporairement le texte sélectionné pour que vous ayez un aperçu du paragraphe dans ce style particulier.

Chaque style a un nom qui tente d'indiquer dans quel contexte et pour quel résultat l'utiliser. Le Tableau 16.1 liste les noms des styles rapides les plus communs, et explique comment les utiliser.

- Les styles de titre sont spéciaux. Votre document peut être organisé à partir du style Titre 1 qui formate les titres principaux. Ensuite, les titres des sections du document pourront être mis en forme avec le style Titre 2, puis avec Titre 3, Titre 4, et ainsi de suite. L'organisation d'un document avec hiérarchisation des titres permet de profiter de toutes les fonctions de Word expliquées dans ce livre.
- Les titres ne doivent occuper qu'une seule ligne.
- Vous pouvez scinder un titre en deux en appuyant sur Maj+Entrée, créant ainsi un retour à la ligne.
- Lorsque vous avez fini de saisir un titre mis en forme avec le style Titre 1 ou tout autre style de titre numéroté, appuyez sur Entrée. Vous créez automatiquement un nouveau paragraphe qui utilise le style Normal. Ce style est un style de saisie du texte à la chaîne.
- Le style Titre n'est pas un style de titre.
- Le style Normal s'applique automatiquement au corps du texte lorsqu'aucun autre style n'a été sélectionné.
- Les styles rapides fonctionnent uniquement avec les documents créés sous Word 2007. Pour les appliquer dans les anciens documents Word, vous devez préalablement convertir ces documents au format Word 2007.

Utiliser le volet Styles

La galerie des styles rapides se trouve dans le ruban. Elle n'affiche que les styles dernièrement utilisés. Cela s'avère bien souvent insuffisant. Heureusement, vous pouvez afficher bien plus de styles via le volet Styles illustré à la Figure 16.2.

Tableau 16.1 : Quelques styles rapides.

Nom	Style	Domaine d'utilisation
Titre du livre	Caractère	Mise en forme du titre d'un livre, comme *Guerre et paix*.
Emphase	Caractère	S'applique à un ou deux mots d'un paragraphe pour attirer l'attention du lecteur.
Titre 1	Paragraphe	Créer les titres des sections d'un document.
Titre 2	Paragraphe/Caractère	Créer les sous-titres des sections d'un document.
Emphase intense	Caractère	Degré supérieur de mise en évidence du style Emphase.
Citation intense	Paragraphe/Caractère	Augmenter l'importance d'une citation dans un paragraphe, ou définir la mise en forme de tout un paragraphe.
Référence intense	Caractère	Placer une référence dans un paragraphe à un degré supérieur d'importance.
Paragraphe de liste	Paragraphe	Définir une série de paragraphe sous forme d'éléments d'une liste.
Sans interligne	Paragraphe	Définir des paragraphes qui ne sont pas espacés verticalement.
Normal	Paragraphe	Créer un texte sans mise en forme spécifique.
Citation	Paragraphe/Caractère	Mettre en forme des citations dans un paragraphe ou qui forment elles-mêmes un paragraphe entier.
Élevé	Caractère	Placer le texte en gras.
Sous-titre	Paragraphe/Caractère	Créer une ligne de texte sous un titre.
Titre	Paragraphe/Caractère	Créer des titres de document gros et attrayants, ou transformer radicalement la grosseur d'un texte.

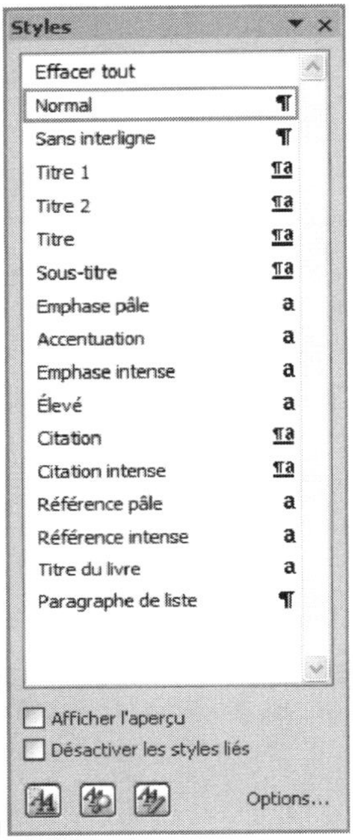

Figure 16.2 : Le volet Styles.

Pour afficher ce volet, cliquez sur le bouton situé dans le coin inférieur droit du groupe Style, ou bien appuyez sur Alt+Ctrl+Maj+S (pas facile).

Le volet Styles fonctionne en fait comme le groupe Style du ruban. Pour sélectionner un style, choisissez-le dans la liste. Contrairement au ruban, vous ne profitez pas d'un aperçu de l'effet du style sur le texte lorsque vous y placez le pointeur de la souris. Vous devez cliquer sur ce dernier pour apprécier son effet sur le texte sélectionné, ou le paragraphe dans lequel se trouve le point d'insertion.

Pour fermer le volet Styles, cliquez sur son bouton X.

Les styles du volet Styles

Le volet Styles peut subir un amaigrissement rapide et spectaculaire qui ferait pâlir tous ceux qui fréquentent les clubs minceurs de notre beau pays. Il prend la forme du volet Appliquer les styles (Figure 16.3).

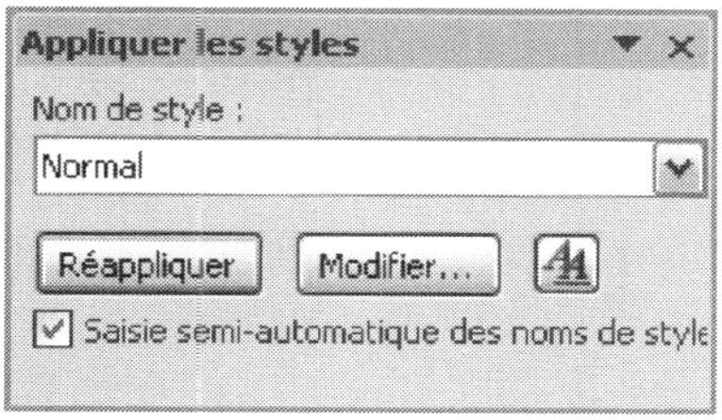

Figure 16.3 : Le volet Appliquer les styles.

Pour l'afficher, il suffit de cliquer sur le bouton Autres du groupe Style, ou d'appuyer sur Ctrl+Maj+S.

Identifier le style utilisé

Il est difficile d'identifier le style d'un texte. Parfois, il est placé en surbrillance dans le groupe Style. Vous pouvez aussi avoir une idée du style des caractères dans le groupe Police de l'onglet Accueil. Mais ces indications sont insuffisantes.

Word

Pour déterminer le style utilisé, affichez l'Inspecteur de style par un clic sur le bouton éponyme du volet Styles (et représenté ci-contre). La boîte de dialogue Inspecteur de style apparaît comme à la Figure 16.4.

Figure 16.4 : L'Inspecteur de style.

Pour fermer l'Inspecteur de style, cliquez sur son bouton X.

Pour connaître en détails la mise en forme du texte, cliquez sur le bouton Révéler la mise en forme du volet Inspecteur de style. Le volet Révéler la mise en forme apparaît sur le côté droit de l'interface de Word. Il explique précisément la mise en forme de la police, du paragraphe, des sections etc. Pour le fermer, cliquez sur son bouton X.

Le raccourci clavier pour ouvrir le volet Révéler la mise en forme est Maj+F1.

Basculez vers un autre jeu de styles

Une raison qui vous fera préférer le style Emphase plutôt que l'application directe des italiques à votre texte via le bouton éponyme du groupe Police, ou le raccourci Ctrl+I, est qu'un style contient bien plus qu'un enrichissement de caractère. Vous pouvez ainsi changer radicalement l'aspect de votre document en choisissant un nouveau jeu de styles.

Pour sélectionner un thème, partez de l'onglet Accueil. Dans le groupe Style, cliquez sur le bouton Modifier les styles. À partir de là, vous pouvez parcourir les jeux, les couleurs, et les polices. Choisissez un style qui vous plait.

- Le jeu de style Par défaut est celui que vous utilisez depuis que vous êtes entré dans Word 2007.
- Reportez-vous également aux thèmes traités par le Chapitre 17.

Remplacer un style

Choisir un nouveau style remplace l'ancien. Si vous changez de style de paragraphe, vous ne modifiez pas le style des caractères. Tout ceci prend un sens dès que vous le pratiquez. Cependant, la plupart du temps vous chercherez à changer totalement de style. Pour y parvenir, vous devez utiliser la fonction Effacer la mise en forme.

Sélectionnez le texte dont vous souhaitez effacer la mise en forme, et cliquez sur le bouton éponyme du groupe Police (onglet Accueil).

- Le raccourci clavier de la commande Effacer la mise en forme est Ctrl+Barre d'espace, ou Alt+D, E.

TRUC

- L'Inspecteur de style est un volet tout à fait adapté à la suppression d'une mise en forme. Il suffit de cliquer sur le bouton Effacer la mise en forme correspondant au style à réinitialiser.
- La commande Effacer la mise en forme supprime tout le formatage du texte, qu'il ait été appliqué via les styles rapides ou manuellement et fait revenir au style Normal.

Créer votre style

Je déteste le style Normal. Je suis profondément révolté par sa banalité, et je ne doute pas un instant que vous le soyez aussi. Dans les sections suivantes, nous verrons comment créer de nouveaux styles pour votre document, ne serait-ce que pour faire un pied-de-nez au triste style Normal.

Créer un style à partir d'un paragraphe que vous avez déjà mis en forme

La manière la plus facile de créer un nouveau style dans un document consiste à utiliser tout ce que vous savez de la mise en forme pour donner à un paragraphe exactement l'aspect que vous désirez. Vous pourrez ensuite créer le nouveau style sur la base de la mise en forme de ce paragraphe. Voici comment :

1. **Tapez et mettez en forme un paragraphe de texte.**

   Sélectionnez les différents attributs de mise en forme des caractères. Choisissez une police et une taille.

2. **Sélectionnez votre paragraphe.**

   Sélectionnez la mise en forme du paragraphe : l'alignement (gauche, droit, centré ou justifié), les retraits, etc. Pour savoir tout ce que vous pouvez faire, voyez le Chapitre 7.

3. **Appuyez sur Alt+Ctrl+Maj+S pour ouvrir le volet Styles.**

   Il se peut que le volet affiche votre style de paragraphe, mais sans le nommer.

4. **Cliquez sur le bouton Nouveau style.**

Vous accédez à la boîte de dialogue Créer un style à partir de la mise en forme illustrée à la Figure 16.5.

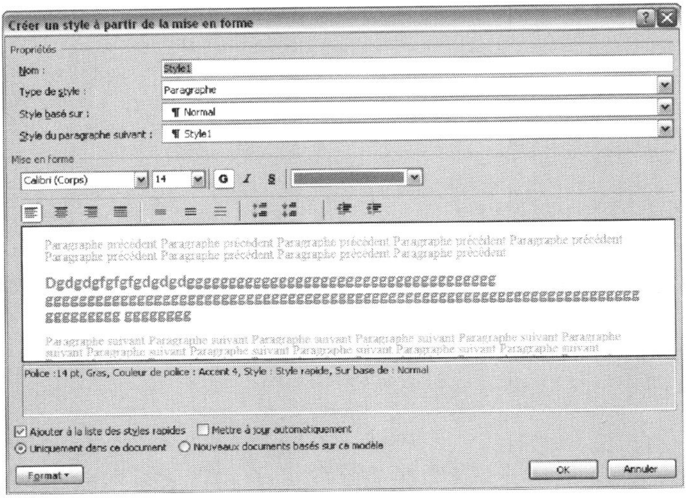

Figure 16.5 : La boîte de dialogue Créer un style à partir de la mise en forme.

5. **Dans le champ Nom, donnez un nom évocateur à votre style.**

   Optez pour un nom bref mais suffisamment descriptif.

6. **Dans la liste Type de style, vérifiez que Paragraphe est sélectionné.**

7. **Si nécessaire, effectuez d'autres modifications.**

   Toutes les options de la boîte de dialogue servent à créer des styles. Notez la présence du bouton Format dans le coin inférieur gauche de la boîte de dialogue. Ce bouton contient une liste d'éléments dont vous pouvez définir la mise en forme.

8. **Cochez l'option Ajouter à la liste des styles rapides si vous désirez placer votre style personnalisé dans cette catégorie.**

9. **Cliquez sur OK pour créer votre style.**

   Le nouveau style est ajouté à la liste des styles de votre document.

Après moi un nouveau style

Lorsque je débute un nouveau chapitre, je commence par le style `Chapitre titre`. Le style suivant est `Chapitre intro`, lequel est suivi par le style `Corps`. Et après un paragraphe `Corps`, il y a un autre paragraphe `Corps`, et ainsi de suite. Quand je passe d'un paragraphe au suivant, il n'y a pas de raison de sélectionner le style correspondant, car Word le fait automatiquement.

Dans la boîte de dialogue Créer un style à partir de la mise en forme, ouvrez la liste déroulante Style du paragraphe suivant. Le style que vous sélectionnez dans cette liste est celui auquel Word passera automatiquement lorsque vous appuierez sur la touche Entrée pour terminer un paragraphe dans le style que vous êtes en train de créer ou de modifier. Si vous conservez l'option par défaut pour cette liste, le style ne sera pas changé en passant au paragraphe suivant, ce qui correspond à ce dont on a besoin la plupart du temps. Mais, dans les situations où vous savez que le style doit changer, vous pouvez demander à Word de le faire automatiquement. Vous pouvez modifier le style `Chapitre titre` pour sélectionner dans cette liste le style `Chapitre intro`. De cette façon, chaque fois que vous appuierez sur la touche Entrée après avoir tapé le titre de votre chapitre dans le style `Chapitre titre`, le paragraphe suivant sera automatiquement en style `Chapitre intro`. C'est extrêmement pratique.

Créer un style de caractère, de liste, et d'autres types de styles

La boîte de dialogue Créer un nouveau style à partir de la mise en forme permet de créer un des cinq styles de Word. Il suffit de choisir celui désiré dans la liste Type de style.

Par exemple, lorsque vous choisissez Caractère, vous n'avez accès qu'aux commandes de mise en forme de ce style.

- Reportez-vous à la section Type de styles plus haut dans ce chapitre.
- L'application d'un style de caractère à une portion de texte sélectionnée n'affecte pas la mise en forme du paragraphe dans lequel elle se trouve.

- Pour appliquer rapidement une mise en forme de caractère, voyez aussi au Chapitre 18 la section sur la reproduction de la mise en forme.

Modifier un style

Il vous arrivera plus d'une fois d'avoir besoin de modifier un style.

Voici comment procéder pour modifier un style :

1. **Ouvrez le volet Styles.**

   Cliquez sur le bouton situé dans le coin inférieur droit du groupe Style, ou appuyez sur Ctrl+Maj+Alt+S.

2. **Placez le pointeur sur le style que vous voulez modifier.**

3. **Cliquez sur la flèche pointant vers le bas qui apparaît à droite du nom du style.**

   Le menu du style s'affiche.

4. **Sélectionnez Modifier.**

   La boîte de dialogue Modifier le style apparaît. C'est en fait la boîte de dialogue Nouveau style qui s'appelle ici Modifier le style, puisqu'il s'agit de transformer un style qui existe déjà.

5. **Effectuez les modifications que vous voulez.**

   Pour modifier votre style, vous êtes libre d'utiliser tous les attributs de mise en forme disponibles. Vous pouvez aussi ajouter les attributs supplémentaires ou attribuer un raccourci clavier à votre style (nous vous dirons comment procéder dans la section suivante).

6. **Une fois terminé, cliquez sur OK.**

Si vous n'en avez plus besoin, vous pouvez fermer le volet.

Attribuer un raccourci clavier à un style

Les styles permettent de mettre en forme rapidement des paragraphes de texte. L'attribution d'un raccourci clavier à un style rend la chose encore plus facile. Il est plus rapide d'appuyer sur Alt+Maj+C pour appliquer le style Corps que d'aller le sélectionner dans la liste Style, surtout si vous avez beaucoup de styles.

Pour attribuer un raccourci clavier à votre style, suivez ces étapes :

1. **Répétez les étapes 1 à 4 de la précédente section.**

   L'objectif ici est d'afficher la boîte de dialogue Modifier le style.

2. **Ouvrez le menu du style auquel vous voulez attribuer un raccourci.**

3. **Cliquez sur le bouton Format.**

4. **Dans le menu, sélectionnez Touche de raccourci.**

   La boîte de dialogue Personnaliser le clavier apparaît.

5. **Appuyez sur le raccourci clavier que vous voulez attribuer au style.**

   Le mieux est d'utiliser une combinaison comme Ctrl+Maj+*lettre* ou Alt+Maj+*lettre* ou Ctrl+Alt+*lettre*, (*lettre* est une lettre quelconque sur le clavier). Par exemple, Ctrl+Alt+C pour le style Corps.

   Remarquez que la combinaison sur laquelle vous venez d'appuyer apparaît dans le champ Nouvelle touche de raccourci. Si vous faites une erreur, appuyez sur la touche Retour arrière pour l'effacer.

6. **Vérifiez que votre raccourci n'est pas déjà utilisé.**

   Si le raccourci que vous tapez ne correspond à aucune commande existante, vous voyez apparaître `[Non attribuée]` à la place du nom de la commande.

7. **Cliquez sur Attribuer.**

8. **Cliquez sur Fermer.**

   La boîte de dialogue Personnaliser le clavier disparaît.

9. **Cliquez sur le bouton OK.**

   La boîte de dialogue Modifier le style disparaît.

Vous disposez maintenant d'un raccourci clavier pour votre style. Félicitations !

Supprimer un style

Vous pouvez supprimer tout style que vous avez créé. Affichez le volet Styles, ouvrez le menu du style que vous voulez supprimer, et sélectionnez Supprimer <nom du style>. Une boîte de dialogue vous demande si vous êtes sûr de vouloir supprimer le style. Cliquez sur Oui et le style est supprimé.

Vous ne pouvez pas supprimer le style Normal, les styles Titre 1, Titre 2, et ainsi de suite, ni tout autre style standard de Word.

Chapitre 17

Travailler avec des modèles

Dans ce chapitre :

- Comprendre la notion de thèmes.
- Formater un document avec un thème.
- Créer vos thèmes.
- Intégrer le principe des modèles.
- Utiliser un modèle.
- Créer un modèle de document.
- Modifier un modèle de document.
- Attacher un modèle à un document.

Word intègre une série de commandes et de techniques qui permettent de structurer, de modéliser, un document entier en un coup de baguette magique. Cette baguette magique prend la forme de deux outils exceptionnels : les thèmes et les modèles.

Mise en forme rapide et sophistiquée avec un thème

Un thème consiste en trois éléments principaux :

- **La couleur :** Un jeu de couleurs défini la couleur du texte et celle de son arrière-plan. Elle s'applique également aux éléments graphiques et aux liens hypertextes du thème sélectionné.

- **Les polices :** Un thème contient deux polices de caractère. La première s'applique aux titres, et la seconde au corps du texte.

- **Les effets graphiques :** Ces effets s'appliquent à n'importe quels graphiques ou éléments de conception du document. Ils peuvent inclure des éléments 3D, un ombrage, des dégradés, des ombres portées, et bien d'autres subtilités esthétiques.

Chacun de ces éléments est organisé dans un thème, nommé, et placé dans le menu Thèmes pour en faciliter l'application au document.

Pour plus d'informations sur l'application des thèmes, consultez la prochaine section.

- Les polices, les couleurs, et les effets des thèmes sont l'œuvre de graphistes professionnels qui cherchent l'harmonie entre les différents éléments qui entrent dans la composition d'un thème.

- Les effets graphiques d'un thème ne s'appliquent qu'aux graphiques du document. Le thème n'insère pas d'image dans le texte.

- Vous pouvez utiliser diverses commandes du menu local Thèmes pour trouver et découvrir encore plus de possibilités de mise en forme d'un document.

- Choisir un thème affecte la totalité du document en une seule opération. Pour affecter des paragraphes ou des morceaux de texte spécifiques, appliquez un style ou formatez-les manuellement comme expliqué au Chapitre 16.

- Un thème n'écrase pas les styles du document. Son objectif est d'accentuer ces derniers ou de les mettre en valeur. Le thème peut contenir des informations de couleurs, appliquer une autre police, ou présenter divers éléments graphiques. En revanche, et j'insiste sur ce point, il ne change pas les styles en place.

- Les thèmes ne fonctionnent qu'avec les documents Word 2007. Pour appliquer un thème à un document créé avec une ancienne version de Word, vous devez préalablement le convertir.

Appliquer un thème

Le choix d'un thème s'effectue dans l'onglet Mise en page, groupe Thèmes. Pour afficher les thèmes prédéfinis, cliquez sur le bouton Thèmes. La Figure 17.1 montre le contenu de ce menu local.

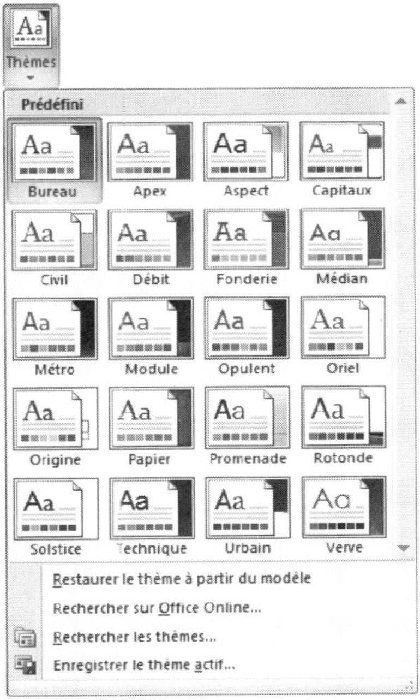

Figure 17.1 : Le menu local Thèmes.

- Chaque thème prédéfini contrôle trois éléments essentiels, modifiant le document en conséquence.
- Placez le pointeur de la souris sur un thème pour obtenir un aperçu direct de son effet sur votre document.
- Cliquez sur le thème que vous souhaitez appliquer.
- Comme un document ne peut être formaté que par un seul thème à la fois, si vous en choisissez un nouveau, il remplace totalement celui qui était en cours d'utilisation.
- Pour annuler l'application d'un thème, choisissez le thème Bureau, ou exécutez la commande Restaurer le thème à partir du modèle (voir la Figure 17.1).

TRUC

- Si vous souhaitez modifier une partie du thème, comme ses polices, utilisez les boutons de commande Couleurs du thème, Polices du thème, et Effets du thème, tous contenus dans le groupe Thèmes.

Modifier ou créer un thème

Vous ne pouvez pas créer un thème sans partir d'un thème existant. Donc, sa création, dans un certain sens, passe par la modification d'un autre thème prédéfini. Pour cela, jouez avec le contenu des boutons Couleurs du thème, Polices du thème, et Effets du thème.

Dès que vous avez transformé les éléments d'un thème existant, exécutez la commande Enregistrer le thème actif. Dans la boîte de dialogue éponyme, nommez votre nouveau thème, et enregistrez-le sur votre disque dur. Ce thème apparaît ensuite dans la zone Personnalisé (créée suite à l'enregistrement d'un thème personnalisé) du menu local Thèmes.

Les modifications réalisables sont relativement nombreuses. Il est possible de créer des couleurs ou des polices personnalisées que vous utiliserez dans des thèmes. Pour cela, cliquez sur le bouton Couleurs du thème ou Polices du thème :

- **Pour créer une couleur de thème personnalisée,** cliquez sur Couleurs du thème/Nouvelles couleurs du thème. Dans la boîte de dialogue Créer de nouvelles couleurs de thème, définissez les couleurs à appliquer au texte et aux divers éléments graphiques de votre document.
- **Pour créer une police de thème personnalisée,** cliquez sur Polices du thème/Nouvelles polices de thème. Dans la boîte de dialogue Créer de nouvelles polices de thème définissez les polices qui s'appliqueront aux titres et au corps du texte.

Dans chacune de ces hypothèses de personnalisation, vous devez attribuer un nom et effectuer un enregistrement sur disque. Ensuite, vous sélectionnerez vos couleurs et polices personnalisées dans la partie éponyme des menus locaux respectifs.

- Pour supprimer un thème personnalisé, effectuez un clic droit sur le thème, et exécutez la commande Supprimer.
- Idem pour les couleurs et les polices. Dans leur menu correspondant, cliquez du bouton droit de la souris sur le thème

personnalisé, et choisissez Supprimer dans le menu contextuel. Dans la boîte de dialogue demandant confirmation de la suppression, cliquez sur Oui.

Similarité des documents grâce aux modèles

Un *modèle* n'est rien d'autre que la description de la forme d'un document. C'est un peu comme un moule dont on sort une forme que l'on peut reproduire autant de fois que l'on veut, et que l'on peut peindre ensuite de différentes couleurs.

Un modèle de document Word permet de donner une allure similaire à plusieurs documents. C'est essentiellement un squelette de document sur lequel vous pouvez ajouter votre texte (ou peindre la forme qui sort du moule, si l'on suit notre exemple). Un modèle contient principalement des styles, mais il peut aussi contenir du texte, des images et même sa propre barre d'outils. C'est ce que nous allons décrire dans ce chapitre (excepté pour la barre d'outils).

Qu'est-ce qu'un modèle ?

Les modèles de document sont extrêmement pratiques. J'en ai un pour écrire des fax, un pour écrire des lettres, et un pour chaque type de livre que j'écris. La collection *Pour les Nuls* a donc son propre modèle qui contient tous les styles utilisés dans ce livre. C'est ce modèle que j'utilise chaque fois que je commence un nouveau chapitre, afin que tous les paragraphes, titres, légendes et autres correspondent à ce que souhaite mon éditeur. Voilà pourquoi j'ai un éditeur heureux (en tout cas, je l'espère).

Utiliser un modèle de document

Word est fourni avec une assez abondante collection de modèles de document, qui peuvent vous aider à vous faire une idée de la manière dont on peut utiliser un modèle, mais que vous pouvez aussi tout simplement utiliser pour créer des documents d'usage courant. Pour utiliser un modèle de document, suivez ces étapes :

1. **Cliquez sur Fichier/Nouveau.**

   Vous affichez le volet Nouveau document.

2. **Recherchez le modèle à utiliser.**

   Dans Word, vous accédez aux modèles par deux supports différents. D'abord, il y a le site Web de Microsoft. Vous y trouvez des modèles sur tous les sujets. Ensuite, il y a Sur mon ordinateur qui centralise tous les modèles livrés avec Word et ceux que vous avez créés.

3. **Sélectionnez un modèle récemment utilisé.**

4. **Cliquez sur le lien Sur mon ordinateur.**

   La boîte de dialogue Modèles apparaît. Elle contient de nombreux onglets qui organisent les modèles par catégorie.

5. **Sélectionnez un modèle.**

   Les modèles sont organisés en catégories, représentées par les onglets dans la boîte de dialogue.

   Les *assistants* sont des programmes qui vous guident à travers les étapes de la création d'un nouveau document.

   Les modèles sont des documents Word d'un type spécial qui contiennent différents styles, ainsi que, éventuellement, du texte et des images, c'est-à-dire de quoi commencer un nouveau document d'un type donné. Par exemple, le modèle Lettre professionnelle de l'onglet Lettres & Télécopies contient différentes zones prédéfinies à remplir, aux endroits correspondant à ceux d'une lettre commerciale habituelle.

   Le modèle Document vide de l'onglet Général (que nous appelons le plus souvent modèle Normal) correspond au fichier NORMAL.DOT. C'est le modèle utilisé par Word lorsque vous créez un nouveau document en cliquant sur le bouton Nouveau dans la barre d'outils.

6. **Cliquez sur OK.**

   Word ouvre le nouveau document, sur la base du modèle sélectionné, avec les styles, mises en forme et autres, tout cela prêt à l'emploi. Vous pouvez donc utiliser aussitôt tous les styles contenus dans le modèle, de même que tout texte ou tout autre élément qui s'y trouve.

Créer un nouveau document sur la base d'un modèle ne modifie pas ce dernier. Le nouveau document ne fait qu'utiliser les styles ou autres éléments que contient le modèle.

Certains des modèles de Word peuvent aussi être utilisés pour créer une page Web. Honnêtement, Word n'est pas un très bon éditeur de page Web. S'il l'était, pourquoi Microsoft aurait-il besoin de développer des logiciels tel que FrontPage ?

Créer un modèle à partir d'un document existant

Créer vos propres modèles est facile et très utile. Dans l'utilisation courante d'un traitement de texte, vous allez sans doute le découvrir (si ce n'est déjà fait), en effet l'on crée beaucoup de documents semblables. Au lieu de redéfinir chaque fois vos mises en forme à partir de zéro, vous pouvez créer un modèle qui servira pour tous les documents que vous allez créer par la suite. Comme tous vos styles sont stockés dans le modèle, il n'est pas nécessaire de les recréer pour chaque nouveau document.

Pour créer un modèle, suivez ces étapes :

1. **Choisissez le document sur lequel vous voulez baser le modèle.**

   Bien que Word vous permette de créer un modèle à partir de zéro, je trouve par expérience qu'il est plus pratique de partir d'un document existant. Vous pouvez donc partir d'un document que vous avez déjà créé ou en créer un nouveau pour les besoins de la cause.

   Si vous utilisez un document existant, commencez par en faire une sauvegarde sur le disque, rien que pour être sûr de ne pas le perdre. Supprimez ensuite tout le texte que vous ne voulez pas mettre dans le modèle. Modifiez si nécessaire l'en-tête et le pied de page de manière à ce qu'ils ne comportent que ce dont vous avez besoin.

   N'OUBLIEZ PAS

   La Figure 17.2 présente un modèle que j'ai créé, avec un peu de texte et des images. Souvenez-vous qu'un modèle ne doit contenir que les styles et le texte que vous désirez retrouver dans tous vos documents. Dans la Figure 17.2, il n'y a que le texte qui revient à l'identique dans tous les documents. Le reste sera ajouté par l'utilisateur après avoir créé un nouveau document sur la base du modèle.

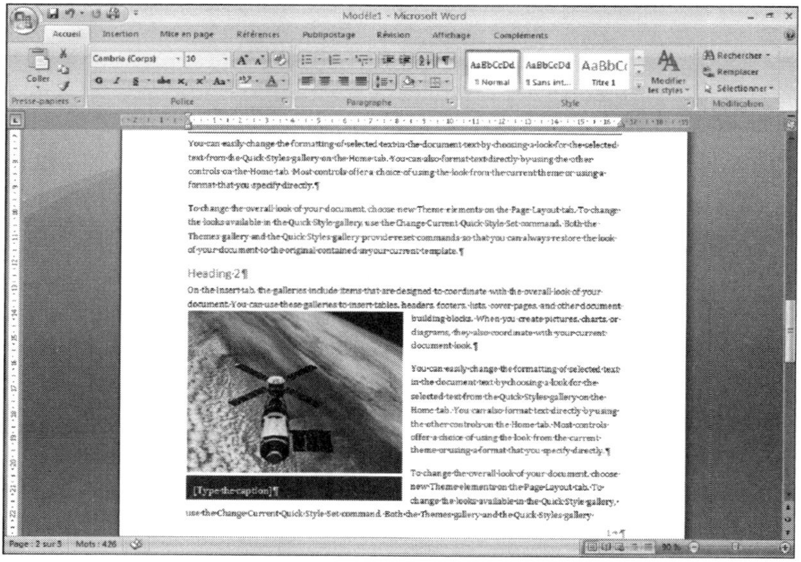

Figure 17.2 : Un exemple de modèle.

2. **Dans le bouton Office, choisissez Enregistrer sous.**

   La boîte de dialogue Enregistrer sous apparaît. C'est la même que pour enregistrer n'importe quel document Word. Si vous avez besoin de vous rafraîchir la mémoire à ce sujet, reportez-vous au Chapitre 9.

3. **Dans le champ Nom du fichier, tapez un nom pour le fichier.**

   Choisissez un nom court et évocateur.

   Il n'est pas nécessaire d'utiliser le mot *modèle* pour nommer le fichier.

4. **Dans la liste déroulante Type de fichier, sélectionnez** `Modèle Word (*.dotx)`.

   C'est là qu'est le secret. Le document doit être enregistré en tant que modèle de document. Sélectionner ce type de fichier dans la liste indique à Word d'enregistrer le document en tant que modèle dans le dossier Modèles de Word.

5. **Cliquez sur le bouton Enregistrer.**

   Votre travail est enregistré sur le disque en tant que modèle de document, à l'endroit où Word conserve tous ses modèles.

6. **Fermez le modèle.**

   Pour fermer la fenêtre du modèle, cliquez sur Fermer dans le bouton Office.

Lorsque vous désirez créer un modèle sans aucune référence à un modèle existant, vous devez parfaitement connaître les commandes de style et de mise en forme de Word.

Souvenez-vous de ce qu'est la finalité d'un modèle : stocker en un endroit unique des styles et des informations souvent utilisés.

Vous pouvez donner à un modèle le nom de fichier que vous voulez, mais si vous choisissez le nom d'un modèle qui existe déjà, Word vous en prévient. C'est la même chose que pour enregistrer n'importe quel fichier : choisissez un autre nom, et poursuivez.

Créer un modèle à partir de rien

La première chose que je fais avant de débuter mes projets est de créer un nouveau modèle. Bien entendu, rien ne vous y oblige, mais je sais qu'un modèle représente un gain de productivité non négligeable. Voici comment créer ce type de modèle :

1. **Dans le bouton Office, choisissez Nouveau.**

   La fenêtre Nouveau document s'affiche.

2. **Dans le volet gauche, cliquez sur Mes modèles.**

3. **Dans la boîte de dialogue Nouveau, sélectionnez Normal.dotm.**

4. **Dans la partie inférieure droite, choisissez Modèle, et cliquez sur OK.**

La barre de titre de Word indique bien que vous travaillez sur un modèle.

5. **Créez votre modèle en ajoutant du texte, une mise en forme, et d'autres éléments.**

6. **Dans le bouton Office, cliquez sur Enregistrer sous/Modèle Word.**

7. **Dans la boîte de dialogue Enregistrer sous, donnez un nom significatif au modèle.**

8. **Cliquez sur Enregistrer.**

Modifier un modèle que vous avez créé

Un modèle Word se modifie de la même manière que n'importe quel document Word. La seule différence est que vous commencez par ouvrir un modèle au lieu d'ouvrir un document. C'est une différence mineure dans le processus, mais elle est cruciale, car un modèle n'est pas vraiment un document. Vous pouvez aussi ouvrir un document, y faire vos modifications puis l'enregistrer sous forme de modèle.

N'OUBLIEZ PAS

Toutes les modifications apportées aux styles d'un modèle de document affectent l'ensemble des documents créés avec ce style. C'est normal puisque vous modifiez un modèle et non pas simplement un document.

Attacher un modèle à un document

Vous pouvez très bien changer le modèle d'un document, c'est-à-dire *attacher* un autre modèle à un document. Voici comment :

1. **Ouvrez un document auquel vous désirez assigner un nouveau modèle.**

2. **Cliquez sur le bouton Office, et choisissez Options Word.**

3. **Dans le volet gauche, choisissez Compléments.**

4. **Dans le volet droit, cliquez sur la liste Gérer, et choisissez Modèles.**

5. **Cliquez sur le bouton Atteindre.**

   La boîte de dialogue Modèles et compléments apparaît. Dans le champ Modèle de document, vous voyez immédiatement sur quel modèle se base le document en cours, comme `Normal`. Le nom du modèle atteste toujours de celui qui est attaché au document.

6. **Cliquez sur le bouton Attacher.**

   La boîte de dialogue Attacher un modèle apparaît. Elle ressemble beaucoup à la boîte de dialogue Ouvrir. La différence est qu'elle s'ouvre directement dans le dossier Modèles (*Templates*), c'est-à-dire là où vous avez sans doute stocké les modèles que vous avez créés.

7. **Sélectionnez le modèle que vous voulez attacher à votre document.**

8. **Cliquez sur le bouton Ouvrir.**

   Le modèle est désormais attaché, mais vous devrez peut-être faire une chose de plus dans la boîte de dialogue Modèles et compléments.

9. **Optionnellement, sélectionnez Mise à jour automatique des styles de document.**

10. **Cliquez sur OK.**

    Les styles (ainsi que les barres d'outils et les macros) du modèle que vous venez d'attacher sont maintenant disponibles dans votre document.

Remarquez qu'attacher un modèle ne fait pas apparaître dans le document le texte et les images qui peuvent y être stockés. Seuls les styles, les barres d'outils et les macros du modèle sont importés dans votre document.

Vous suivrez ces étapes pour rompre l'attachement d'un modèle. Pour cela, il suffit de sélectionner NORMAL.DOTM comme modèle à attacher.

- Le modèle qui est attaché à un document peut se limiter à un nom ou à un *chemin d'accès* qui indique la localisation et le nom du modèle de document sur le disque.

N'OUBLIEZ PAS

- Chaque fois que vous modifiez ou actualisez un modèle, les modifications se reflètent dans tout document créé ou attaché à ce modèle.

Chapitre 18

Petites astuces de mise en forme

Dans ce chapitre :

- La magie de la mise en forme.
- Créer des listes et des bordures automatiques.
- Comprendre la notion de champs.
- Insérer des informations dans le document.
- Centrer un titre.

Les techniques décrites dans les précédents chapitres et attenantes à la mise en forme trouvent un prolongement naturel dans ce dix-huitième chapitre. Il s'agit pour moi de vous exposer quelques trucs qui vont vous transformer en expert de la mise en forme. Donc, bienvenue dans le monde magique du formatage des documents.

Mise en forme automatique

Word propose une fonction appelée Mise en forme automatique qui est au formatage d'un document ce que la Correction automatique est à la saisie du texte (voir le Chapitre 8). La mise en forme automatique corrige immédiatement les faux pas de formatage.

Les plaisirs de la mise en forme automatique du texte

La mise en forme automatique contrôle des aspects mineurs du formatage de votre texte. Pour avoir un aperçu des différentes fonctions, il suffit d'ouvrir un document Word et de taper quelques phrases comme dans les sections suivantes. Sachez qu'il s'agit ici d'une infime partie de ce que la fonction étudiée est capable de réaliser.

Modification automatique des guillemets

Les guillemets que vous saisissez au clavier peuvent prendre plusieurs aspects. Ainsi, vous pouvez demander à convertir les guillemets " " en guillemets « ».

Fractions

Vous pouvez mettre en forme les fractions avec des caractères de fractions. Ainsi, lorsque vous saisissez `1/2`, dès que vous tapez un autre caractère ou appuyez sur la barre d'espace vous obtenez $^{1}/_{2}$.

Liens hypertexte

Word souligne automatiquement les liens hypertextes que vous saisissez dans vos documents comme j'irais à www.enfer.com, et j'en reviendrais. Si vous ne souhaitez pas disposer de liens actifs, il suffit d'en décocher l'option de mise en forme automatique.

Ordinaux

Les ordinaux sont des chiffres écrits en abrégé. Par exemple, au lieu de taper premier, vous saisissez 1er. Le `er` se positionne automatiquement en exposant.

Demi-cadratin

Un *demi-cadratin* est un terme de saisie qui identifie les traits d'union plus long que les autres. Beaucoup de personne tape deux traits d'union pour simuler un demi-cadratin. Word corrige ceci :

La première apparition sur scène de Philip fut un triomphe – sauf pour sa braguette ouverte.

Les deux tirets sont remplacés par un demi-cadratin.

- Le raccourci clavier pour saisir un demi-cadratin est Ctrl+Alt+-, ou Ctrl+8.
- Pour un simple tiret, appuyez sur Ctrl+-.
- N'appuyez pas sur Ctrl+Alt+tiret quand cette touche existe sur votre clavier car vous risquez d'activer des modes cachés de Word qui ne vous apporteront que des soucis. Si c'est le cas, appuyez immédiatement sur Échap.

Astuces de mise en forme de paragraphes

Au niveau du paragraphe, la mise en forme automatique vous aide à régler rapidement des erreurs de formatage. Certains utilisateurs adorent cela, d'autres le détestent. Nous allons en étudier quelques exemples étudier dans les sections suivantes.

Si la mise en forme automatique vous agace, consultez la section Désactiver cette satanée mise en forme automatiquement plus loin dans ce chapitre.

Listes numérotées

Chaque fois que vous commencez un paragraphe par un chiffre, Word présume que vous désirez créer une liste numérotée. En voici la preuve :

À faire aujourd'hui :

1. Acheter la litière du chat.

Dès que vous appuyez sur Entrée pour créer le troisième paragraphe, l'icône des options de correction automatique apparaît. Cliquez sur sa flèche si vous désirez arrêter la création automatique d'une liste numérotée. Sinon, les deux premiers paragraphes se retrouvent en retrait de la première ligne et un chiffre incrémenté d'une unité commence chaque nouvelle ligne. Pour éviter cela, appuyez deux fois de suite sur Entrée.

- Cette correction s'effectue également quand vous saisissez une lettre suivie d'un point (comme pour des chiffres romains).
- Les listes à puces peuvent aussi être créées de cette manière.

- Appuyez deux fois de suite sur Entrée arrête la création automatique des listes et applique le style Normal au paragraphe.

Bordures

Une ligne située au-dessus ou en dessous d'un paragraphe se nomme une *bordure*. La majorité des utilisateurs appelle cela un trait. Pour créer automatiquement un trait, saisissez trois tirets —, et appuyez sur Entrée. Une ligne continue s'étend du bord gauche au bord droit de la marge.

- Pour créer une ligne double, tapez trois fois sur le signe égal, et appuyez sur Entrée.
- Pour créer une ligne épaisse, appuyez trois fois sur le signe de soulignement, puis sur Entrée.

Annuler la mise en forme automatique

Il y a deux manières d'annuler une mise en forme automatique. La première, tout à fait classique, consiste à appuyer sur Ctrl+Z. La seconde consiste à cliquer sur l'icône des options de correction automatique illustrée à la Figure 18.1. Parmi ses commandes, vous trouverez Annuler.

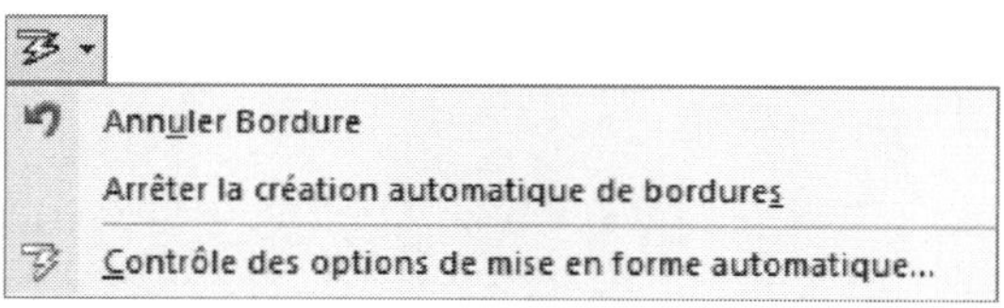

Figure 18.1 : Contrôler les options de mise en forme automatique.

Désactiver cette satanée mise en forme automatique

La mise en forme est très subjective. De ce fait, certains utilisateurs ne supportent pas son automatisme. Comme elle est contrôlée par plusieurs options d'une boîte de dialogue, voici ce que vous pouvez faire pour en limiter, voire en annuler l'action :

1. **Dans le bouton Office, cliquez sur Options Word.**
2. **Dans le volet gauche de la boîte de dialogue Options Word, cliquez sur Vérification.**
3. **Cliquez sur le bouton Options de correction automatique.**
4. **Dans la boîte de dialogue qui apparaît, cliquez sur l'onglet Lors de la frappe.**

   Cette partie de la boîte de dialogue illustrée à la Figure 18.2 contient toutes les options de correction automatique qui s'effectuent au moment où vous saisissez le texte de votre document.

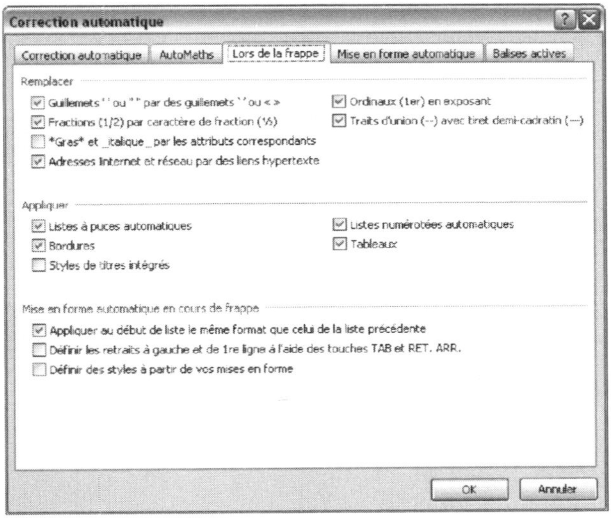

Figure 18.2 : Mise en forme automatique lors de la frappe.

5. **Activez et désactivez les options de mise en forme que vous souhaitez.**
6. **Cliquez sur l'onglet Mise en forme automatique.**
7. **Activez et désactivez les options choisies.**
8. **Cliquez sur OK pour valider vos choix, et fermez la boîte de dialogue Options Word.**

Maîtriser les champs

A priori seul un être humain peut modifier le contenu d'un document Word. En êtes-vous vraiment certain ? Si vous répondez par l'affirmative c'est que vous ne connaissez pas les champs.

Les *champs* sont des éléments qui s'actualisent automatiquement en fonction du type de données qu'ils contiennent comme : la page en cours, la date, votre nom, et bien d'autres choses encore.

Insérer un champ dans un document

Pour bénéficier de la toute puissance des champs, utilisez la boîte de dialogue Champ représentée à la Figure 18.3. Pour cela, accédez au contenu de l'onglet Insertion. Dans le groupe Texte, cliquez sur Composants QuickPart.

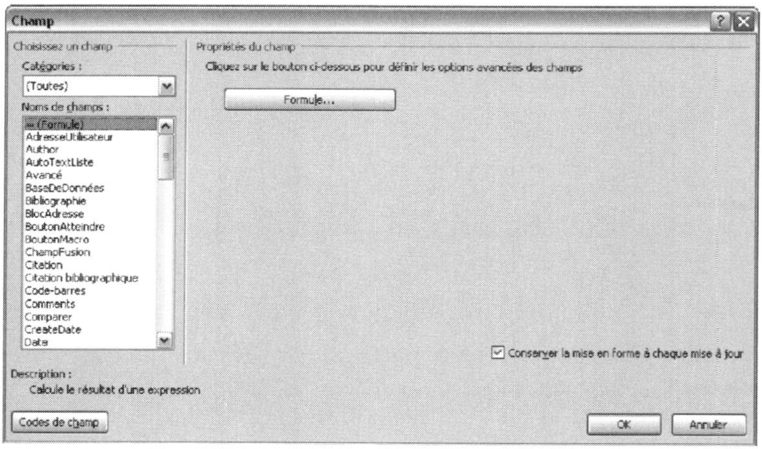

Figure 18.3 : La boîte de dialogue Champ.

Le côté gauche de la boîte de dialogue affiche une liste des différentes catégories et noms des champs. Le contenu de la partie droite change en fonction du type de champ sélectionné à gauche.

Par exemple, si vous cliquez sur *Author* (auteur), la section Propriétés du champ de la boîte de dialogue vous invite à définir la mise en forme du champ qui affichera le nom de l'auteur du document. Choisissez Majuscules, et cliquez sur OK pour insérer ce champ dans le document. Il se peut que votre nom apparaisse immédiatement à l'emplacement du champ.

Bien qu'un champ ressemble à du texte, sachez qu'il n'en est rien. Ce n'est que la partie visible de l'iceberg. Essayez d'appuyer sur la touche Retour arrière pour effacer le contenu du champ. Eh bien, vous ne faites que le sélectionner, preuve qu'il ne s'agit pas d'un texte normal. Appuyez sur la barre d'espace pour effacer le champ.

- Vous ne pouvez pas modifier le texte affiché par un champ. Vous ne pouvez que supprimer le champ : pour cela, sélectionnez-le et appuyez sur Suppr ou Retour arrière.

Ces mystérieuses balises

Lorsque Word crée un en-tête ou un pied de page, notamment pour insérer un numéro de page, vous voyez le contenu spécial formaté différemment d'un champ. Ce contenu ressemble à ceci :

Ce *contrôle du contenu* est un champ spécial qui contient des informations dynamiques liées au document. Ce type de contrôle est généralement inséré par des commandes Word, telles que celles qui créent automatiquement des en-têtes et des pieds de page, ou qui insèrent des numéros de page. Vous pouvez également utiliser le bouton Composants QuickPart/Propriétés pour insérer un contrôle de propriété.

Le contenu de ces contrôles peut être modifié. D'ailleurs, certains d'entre eux sont entièrement destinés à cela. Sachez cependant que le contenu des contrôles identiques à celui que vous modifiez subit exactement le même changement. Par conséquent, soyez très vigilant.

Les contrôles dont l'actualisation du contenu dépend du temps qui s'écoule peuvent être mis à jour en appuyant sur la touche F9.

Certains contrôles comme ceux affichant une date disposent d'un bouton qui, lorsque vous cliquez dessus, affiche un petit calendrier permettant de définir les propriétés de la date.

Pour insérer automatiquement un contrôle de date dans votre document, appuyez sur Alt+Maj+D. Pour insérer un contrôle d'heure, appuyez sur Alt+Maj+H.

- Pour ajuster le champ, effectuez un clic droit dessus, puis choisissez Modification du champ dans le menu contextuel. La boîte de dialogue Champ apparaît.
- Certains contenus des champs peuvent changer. Pour être certain que le champ annonce la dernière valeur qu'il devrait afficher, faites un clic droit dessus. Dans le menu contextuel, choisissez Mettre à jour le champ.

Centrer au centre de la page

Curieux titre, mais vous allez bientôt le comprendre. Sachez qu'il n'y a rien de plus beau qu'un texte, comme un titre, centré verticalement sur la page. C'est-à-dire que cet élément textuel se situe au centre de la page soit à égale distance de la marge supérieure et de la marge inférieure. Voici comment réaliser ce tour de force :

1. **Placez le point d'insertion au début du document.**

   Il suffit d'appuyer sur Ctrl+Origine.

2. **Saisissez et mettez en forme le titre du document.**

   Il peut se limiter à une ligne ou s'étendre sur plusieurs.

   Pour centrer le titre sur la ligne, appuyez sur Ctrl+E.

3. **Appuyez sur Entrée pour passer à la ligne suivante. Ensuite, dans l'onglet Mise en page, cliquez sur Sauts de page/Page suivante.**

4. **Replacez le point d'insertion sur la première page du document.**

5. **Dans l'onglet Mise en page, cliquez sur le bouton situé dans le coin inférieur droit du groupe Mise en page.**

   La boîte de dialogue éponyme apparaît.

6. **Cliquez sur l'onglet Disposition.**

7. **Dans la liste Alignement vertical, choisissez Centré.**

8. **Dans la liste Appliquer à, choisissez À cette section.**

9. **Cliquez sur OK.**

Quatrième partie

Un peu de fantaisie dans vos documents

"Ils ne veulent pas me laisser passer tant que je n'ai pas enlevé toutes les puces de mon document Word !"

Dans cette partie...

Au fil des ans, la notion de traitement de texte a dépassé le cadre de la simple création et mise en forme de documents. Pendant la grande guerre des fonctions de ces logiciels qui dura de 1980 à 1990, la surenchère alla jusqu'à l'implémentation de techniques d'insertion de graphiques, de diagrammes, et de PAO. Comme bon nombre de ces fonctions n'étaient utiles qu'aux professionnels, nous vîmes fleurir pour le grand-public des versions limitées des logiciels de traitement de texte les plus pointus. Personne ne les acheta. Objectivement, tout le monde attendait d'un traitement de texte plus que la simple saisie et mise en forme du document. Dans cette partie, vous allez étudier les outils qui dépassent les fonctions élémentaires de Word.

Chapitre 19

Cadres, bordures et trames

Dans ce chapitre :

- Aborder la notion de traits et de bordures.
- Utiliser la boîte de dialogue Bordure et trame.
- Tracer un cadre autour de votre texte.

Il y a dix ans, tracer un cadre autour de votre texte était consi déré comme une fonction beaucoup trop avancée pour un simple traitement de texte. On se contentait d'utiliser les symboles égal, tiret, ou soulignement pour décorer le texte, affiner la mise en page. Mais Word n'est pas un traitement de texte ordinaire. Ce chapitre va donc expliquer comment tracer des cadres (que l'on appelle *bordures* dans Word) et ajouter une ombre à votre texte.

Le principe des bordures

Pour bien comprendre le fonctionnement des lignes et des traits dans Word, vous devez intégrer quelques petites choses. Dans Word, nous parlons de *bordures*. Une fois ce terme assimilé, vous devez comprendre que les bordures s'appliquent principalement aux paragraphes. Elles apparaissent au-dessus, en dessous, ou sur les côtés. Vous ne pouvez pas "bordurer" un seul mot.

- La bordure s'applique au paragraphe dans lequel se trouve le point d'insertion.
- Pour appliquer une bordure à plusieurs paragraphes, sélectionnez-les avec la souris.

- Les bordures peuvent aussi s'appliquer à une page entière comme cela est expliqué plus loin dans ce chapitre.
- Toutes les lignes affichées dans Word ne sont pas des bordures. Par exemple, une ligne très fine dans la marge gauche est généralement le signe que le document a subi des modifications en mode Révision.

Le bouton de commande des bordures

Ce bouton de commande facilite la création des bordures. Vous le trouverez dans le groupe Paragraphe de l'onglet Accueil. Cliquez sur ce bouton pour dérouler une liste d'options de bordure qui permet aussi bien d'en appliquer que d'en supprimer dans votre document.

Lorsque vous cliquez sur ce bouton qui, pour les ingénieurs de Microsoft se nomme Toutes les bordures, un menu local illustré à la Figure 19.1 apparaît. Choisir un type de bordure l'applique au texte mais modifie également l'aspect du bouton Toutes les bordures.

Figure 19.1 : Le menu Toutes les bordures.

N'OUBLIEZ PAS

Vous ne pouvez appliquer qu'un seul type de bordure à la fois. Choisir un autre style remplace le style en cours. Pour combiner plusieurs types de bordures, vous devez passer par la boîte de dialogue Bordure et trame.

La boîte de dialogue Bordure et trame

Pour disposer d'un contrôle total sur les bordures, vous devez utiliser la boîte de dialogue Bordure et trame illustrée à la Figure 19.2. Pour la faire apparaître, cliquez sur l'option éponyme située tout en bas du menu Toutes les bordures.

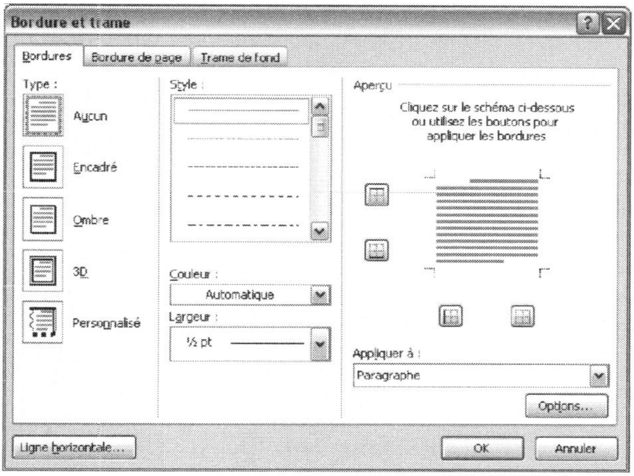

Figure 19.2 : La boîte de dialogue Bordure et trame.

Cette boîte de dialogue propose des options supplémentaires. Notamment, vous pouvez paramétrer le style de trait, son épaisseur, et sa couleur.

Encadrer votre texte

Cette section décrit comment appliquer des bordures au texte. Elle se base principalement sur les options de la boîte de dialogue Bordure et trame.

Tracer des lignes épaisses

Pour diviser un texte, vous utiliserez souvent des lignes (ou traits) plus ou moins épais. Pour cela, il suffit d'exécuter la commande Ligne horizontale du menu Toutes les bordures. Word insère une ligne sur toute la largeur de la page, dans le pur respect des marges.

- Contrairement aux bordures, la ligne horizontale n'est pas attachée à un paragraphe. Donc, elle ne s'insère pas chaque fois que vous tapez un nouveau paragraphe.
- Pour paramétrer la ligne horizontale, sélectionnez-la par un clic de souris. Six poignées apparaissent (une en haut, une en bas, et quatre dans les angles). Faites glisser ces poignées pour modifier la longueur et l'épaisseur de la ligne.
- Si vous double-cliquez sur la ligne, la boîte de dialogue Format de la ligne horizontale apparaît. Faites-y quelques réglages, dont le choix d'une nouvelle couleur par exemple.
- Pour supprimer cette ligne, sélectionner-la. Ensuite, appuyez sur la touche Suppr ou Retour arrière.

Encadrer partiellement des zones

Les bordures n'ont pas besoin d'être reliées entre elles. Par exemple, le titre d'une lettre d'informations peut se situer entre une bordure supérieure et une bordure inférieure. Vous pouvez obtenir cet effet via la boîte de dialogue Bordure et trame :

1. **Placez le point d'insertion dans le paragraphe à encadrer partiellement.**
2. **Accédez à la boîte de dialogue Bordure et trame.**
3. **Sélectionnez un style de ligne, une couleur, et une largeur.**

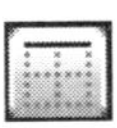

4. **Cliquez sur le bouton Haut.**

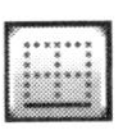

5. **Cliquez sur le bouton Bas.**
6. **Cliquez sur OK.**

Encadrer des paragraphes ou de petites portions de texte

Word vous permet de mettre un cadre autour de n'importe quelle portion de texte dans votre document. Vous pouvez par exemple encadrer un titre ou un paragraphe dont vous voulez faire ce que l'on appelle justement un *encadré*, ou même un simple mot. Peu importe.

Tout se passe dans la boîte de dialogue Bordure et trame.

Pour vous assurer que la bordure est appliquée au texte et pas à la totalité du paragraphe, choisissez À texte dans la liste Appliquer à. Attention car cette option n'est disponible que si un ou plusieurs mots sont sélectionnés dans le document.

Word vous laisse créer des encadrés, par définition des zones de texte graphiques.

Encadrer un titre

En général, il est important de bien présenter le titre d'une lettre ou d'un bulletin d'information, comme à la Figure 19.3. De prime abord, vous paniquez à l'idée d'être incapable de réaliser une telle présentation. Pourtant, sachez qu'il m'a fallu moins de cinq minutes pour la réaliser.

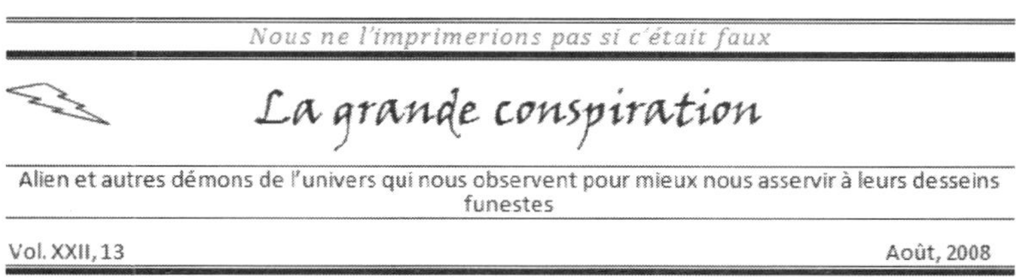
Nous ne l'imprimerions pas si c'était faux

La grande conspiration

Alien et autres démons de l'univers qui nous observent pour mieux nous asservir à leurs desseins funestes

Vol. XXII, 13 Août, 2008

Figure 19.3 : Des bordures placées en haut et en bas des divers paragraphes d'un titre d'une lettre d'information.

La réussite de cette entreprise tient à peu de choses. Vous commencez par saisir et par mettre en forme les divers paragraphes, puis vous ajoutez les bordures au-dessus et en dessous.

La section Aperçu de la boîte de dialogue Bordure et trame permet de voir où seront ajoutées vos bordures.

Chapitre 20

Construire des tableaux

Dans ce chapitre :

- Comprendre les tableaux dans Word.
- Créer des tableaux de toute taille.
- Dessiner un tableau dans votre document.
- Conversion de texte en tableau.
- Créer un tableau à l'aide de la souris.
- Ajouter du texte dans un tableau.
- Modifier un tableau.
- Ajouter ou insérer des lignes et des colonnes.
- Aligner et orienter le texte dans les cellules.
- Supprimer les lignes, les colonnes, et le tableau.

Word ne dispose pas seulement d'une commande Tableau. Il a tout un menu Tableau, rempli de commandes et de paramètres, pour créer tous les tableaux que vous désirez, à volonté, dans tous vos documents. Il n'est pas nécessaire d'être savant, ni de suivre de longues études. Tout est à portée de main, dans le menu Tableau.

Pourquoi utiliser des tableaux ?

Le tableau est l'extension naturelle des tabulations. D'ailleurs, *tableau* et *tabulation* ont la même racine latine. Mais là n'est pas l'essentiel. Les tabulations permettent d'aligner des éléments dans les colonnes d'un tableau.

- ✓ Utilisez un tableau chaque fois que vous avez des informations qui peuvent être organisées en lignes et en colonnes.

- Les lignes d'un tableau vont de gauche à droite.
- Les colonnes d'un tableau vont de haut en bas.
- Chaque élément du tableau s'appelle *cellule*.
- Dans chacune des cellules, Word vous permet de mettre du texte (en quantité voulue) ou des images, ou les deux.
- Les cellules ont leur propre mise en forme de marges, de texte et de paragraphe. Vous pouvez même y mettre des images.
- Contrairement à ce qui se passe avec des tabulations, un tableau peut être réorganisé et redimensionné pour s'adapter aux données que vous y mettez. Autrement dit, si vous avez l'intention de modifier ultérieurement vos données, il vaut mieux utiliser un tableau qu'une simple liste mise en forme avec des tabulations.
- Pour mieux apprécier les tableaux, il est recommandé d'être en mode Page.

Du plaisir de créer des tableaux

Pour insérer un tableau dans un document, il suffit de cliquer sur l'onglet Insertion, et sur le bouton du groupe Tableaux. Vous obtenez le contenu de la Figure 20.1. Les prochaines sections étudient les divers éléments du menu.

Lorsque vous insérez un tableau, deux nouveaux onglets apparaissent dans le ruban : Création et Disposition. Ils apparaissent tous deux sous l'onglet Outils de tableau.

Une fois le tableau rempli d'informations, utilisez les techniques et les conseils de mise en forme décrits dans la première moitié de ce chapitre.

- Soyez aussi fainéants que possible ! Cliquez sur l'option Tableaux rapides du menu Tableau. Choisissez un tableau prédéfini. Le problème est que ces tableaux ne répondent que très rarement à vos besoins réels. Il est donc préférable d'en créer un manuellement comme expliqué dans ce chapitre.
- Si vous avez déjà saisi les données du tableau, ou bien que les données placées dans le tableau ont été mises en forme avec

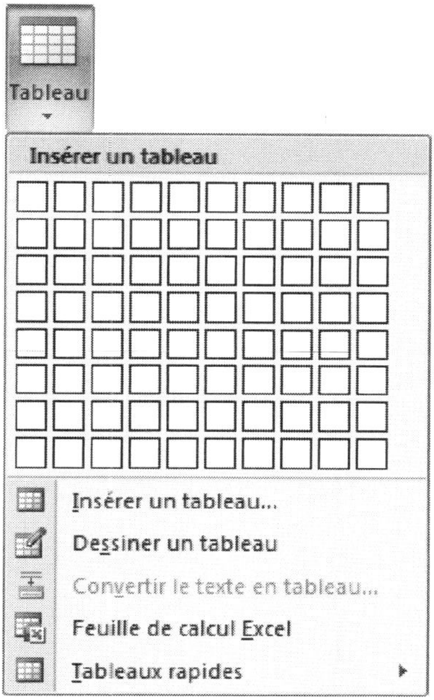

Figure 20.1 : Le menu Tableau.

des tabulations, consultez la section Convertir un texte tabulé en tableau, dans la suite de ce chapitre.

TRUC

- Commencez un tableau sur une ligne vide. Mais, préalablement à cela, je vous recommande de créer une seconde ligne. Elle se situe, si vous l'avez bien compris, sous la ligne où commencera le tableau. Cette ligne facilite la saisie du texte qui ne doit pas figurer dans le tableau.

- Il est préférable que les grands tableaux soient isolés sur leur propre page, c'est-à-dire en dehors de tout autre texte. Si nécessaire, vous réorienterez la page en mode Paysage. Des conseils, trucs et astuces sont donnés au Chapitre 14.

De la création (trop) facile d'un tableau

La Figure 20.2 présente un tableau, composé de quatre colonnes et de trois lignes, créé par simple glissement du pointeur de la souris. Dès que vous cliquez sur le dernier carré (en bas à droite), le tableau s'insère dans le document.

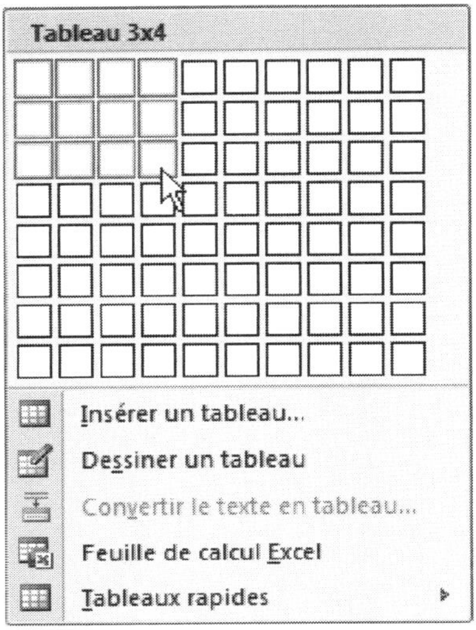

Figure 20.2 : La technique du "c'est pas dur".

- Je le confirme ! Vous pouvez ajouter ou supprimer des lignes et des colonnes dans Word quand bon vous semble.
- Le tableau s'insère dans les limites des marges du paragraphe. Plus vous ajoutez de colonnes et moins elles sont larges.
- La largeur des colonnes peut être ajustée, comme expliqué dans ce chapitre.
- TRUC — Pour créer précisément un tableau, passez par la boîte de dialogue Insérer un tableau. Vous y spécifiez précisément le nombre de colonnes et de lignes désirées.

Dessine-moi un tableau !

Si vous avez l'âme d'un artiste, vous pouvez "dessiner" un tableau dans votre document. Voici comment procéder :

1. **Dans le menu local Tableau, cliquez sur Dessiner un tableau.**

   Le pointeur de la souris prend la forme d'un *crayon*.

2. **Utilisez la souris pour dessiner le cadre de votre tableau dans votre document.**

Commencez par placer le pointeur crayon à l'endroit où vous désirez mettre le coin supérieur gauche de votre tableau, puis cliquez et maintenez enfoncé le bouton gauche de la souris en faisant glisser vers le bas et vers la droite jusqu'à l'endroit où vous souhaitez placer le coin inférieur droit. Tout en faisant glisser, vous voyez apparaître le cadre que vous définissez ainsi (Figure 20.3).

Figure 20.3 : Dessiner un tableau dans un document.

N'OUBLIEZ PAS

Ne vous préoccupez pas de donner exactement la bonne taille au tableau. Vous pourrez le redimensionner par la suite.

Remarquez que le texte qui se trouvait en dessous de l'endroit où vous avez inséré le tableau s'est déplacé vers le bas pour lui faire de la place.

3. **Utilisez le pointeur en forme de crayon pour dessiner les lignes et les colonnes.**

   Aussi longtemps que le pointeur a l'aspect du crayon, vous pouvez vous en servir pour dessiner des lignes et des colonnes dans votre tableau.

   Pour dessiner une ligne, faites glisser le pointeur crayon du bord gauche au bord droit du tableau, à la hauteur voulue.

   Pour dessiner une colonne, faites glisser le pointeur crayon du bord supérieur au bord inférieur du tableau, comme le montre la Figure 20.4.

   Au fur et à mesure que vous faites glisser le pointeur crayon, une ligne en pointillé apparaît, signalant où apparaîtra la séparation de ligne ou de colonne que vous êtes en train de tracer. La Figure 20.4 présente un tableau en train de prendre

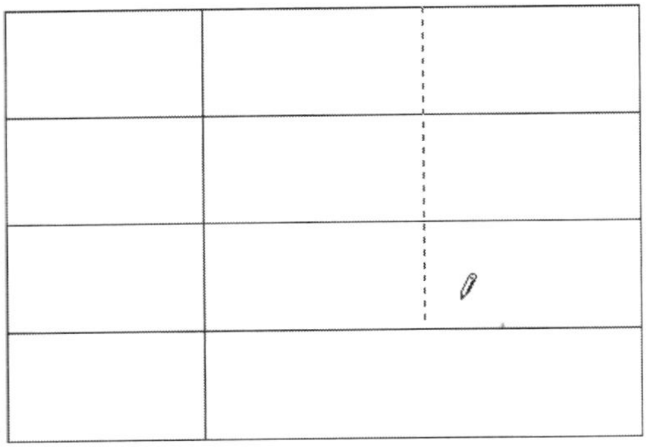

Figure 20.4 : Dessiner une colonne dans un tableau.

forme. Notez aussi que vous pouvez diviser une ligne ou une colonne en plusieurs cellules en faisant simplement glisser dedans le pointeur crayon.

Encore une fois, ne vous inquiétez pas si vous avez trop ou pas assez de lignes ou de colonnes. Ne vous alarmez pas non plus si le tableau n'est pas très régulier. Vous pourrez réorganiser tout cela par la suite.

4. **Une fois votre tableau dessiné, cliquez sur le bouton Dessiner un tableau dans la palette.**

   Cette action désactive l'outil Dessiner un tableau, et vous fait revenir dans le mode d'édition de texte. Vous pouvez maintenant introduire le texte dans votre tableau ou le modifier à votre guise.

Vous pouvez tracer plusieurs lignes dans un tableau en activant le bouton Dessiner un tableau. Sachez qu'il peut être utilisé pour modifier des tableaux qui n'ont pas été créés avec cet outil.

Convertir un texte tabulé en tableau

Pour convertir en tableau du texte déjà existant, suivez ces étapes :

1. **Sélectionnez le texte à convertir en tableau.**

   C'est encore mieux si votre texte est séparé par un caractère de tabulation, formant ainsi des colonnes.

2. **Cliquez sur Tableau/Convertir le texte en tableau.**

La boîte de dialogue éponyme apparaît.

3. **Cliquez sur OK.**

   Le texte devient bel et bien un tableau s'il est parfaitement séparé par des taquets de tabulation. Si votre texte était séparé par des points-virgules ou était un paragraphe, indiquez-le dans la section Séparer le texte au niveau des.

Convertir un tableau en texte

Tout comme la sorcière peut métamorphoser l'affreux crapaud en beau prince charmant, elle a aussi le pouvoir de transformer le beau prince en horrible crapaud. Pour convertir un tableau en texte :

1. **Placez le point d'insertion dans le tableau.**
2. **Cliquez sur l'onglet Disposition.**

   Cet onglet se situe dans l'onglet Outils de tableau.

3. **Dans le groupe Tableau, cliquez sur Sélectionner/Sélectionner le tableau.**
4. **Dans le groupe Données, choisissez Convertir en texte.**

   La boîte de dialogue Convertir le tableau en texte apparaît.

5. **Vérifiez que l'option Tabulations est active.**
6. **Cliquez sur OK.**

   Adieu joli tableau.

TRUC

Quand les cellules d'un tableau contiennent du texte qui s'étend sur plusieurs lignes, choisissez Marques de paragraphe à l'étape 5. Après la conversion, le texte sera bien plus beau.

À vous de configurer le tableau

Le texte remplit un tableau cellule après cellule. Chaque cellule peut bénéficier de son propre format de paragraphe et de son propre jeu de tabulations. Des groupes de cellules, des lignes, des colonnes, et la totalité d'un tableau peuvent être sélectionnés et mis en forme à n'importe quel moment. Les modifications s'appliquent au texte des cellules comme s'il s'agissait d'un texte standard.

- Vous devez éviter les retraits de paragraphe et de première ligne dans les cellules.
- Lorsque vous formatez un tableau, il est conseillé d'afficher les règles comme expliqué au Chapitre 2.

Utiliser la souris dans un tableau

La Figure 20.5 illustre la structure de base d'un tableau. Vous pouvez utiliser la souris pour le manipuler, qu'il soit vide (comme sur l'illustration) ou rempli de texte. Voici ce que vous pouvez faire :

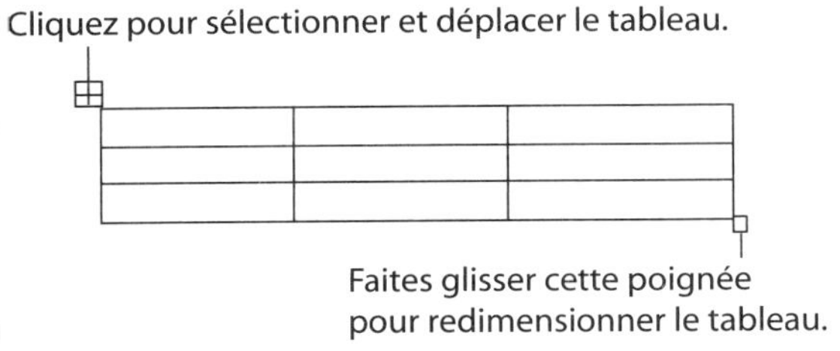

Figure 20.5 : Structure de base d'un tableau.

- Cliquez dans une cellule pour y placer le point d'insertion.
- Cliquez trois fois dans une cellule pour en sélectionner le texte.
- Vous pouvez sélectionner une seule cellule en plaçant le pointeur de la souris dans son angle inférieur gauche. Le pointeur prend la forme d'une flèche pointant vers le haut et vers la droite. Cliquez pour sélectionner la cellule.
- Placez la souris dans la marge de gauche et cliquez pour sélectionner une ligne de cellules.
- Placez le pointeur de la souris au-dessus d'une colonne. Le pointeur prend la forme d'une flèche dirigée vers le bas. Cliquez pour sélectionner cette colonne.
- La sélection du contenu d'un tableau peut se faire via le groupe Tableau de l'onglet Disposition. Dans le menu Sélectionner, choisissez l'élément du tableau à sélectionner (ligne, colonne, cellule, tableau).

- Placer le pointeur de la souris sur un trait vertical du tableau le transforme en une double flèche (voir ci-contre). Elle permet d'ajuster la position de la ligne de droite ou de gauche, redimensionnant de facto les cellules voisines.
- La règle permet également de redimensionner les cellules. Il suffit de placer le pointeur de la souris sur les carrés de la règle, et de les déplacer vers la gauche ou la droite.

- Lorsque vous placez le pointeur sur une ligne horizontale, il prend la forme ci-contre. Vous pouvez alors ajuster la hauteur des cellules.

- Bien que vous puissiez utiliser l'icône du coin supérieur gauche du tableau pour le déplacer dans votre document, il est souvent plus simple de sélectionner la totalité du tableau, puis de le copier (ou de le couper) et de le coller à l'endroit désiré. Les commande Couper et Copier sont décrites au Chapitre 7.

Remplir le tableau

Vous pouvez entrer du texte dans votre tableau comme à n'importe quel endroit de votre document. Voici quelques indications :

- **Tab :** Pour vous déplacer d'une cellule à l'autre dans un tableau, utilisez la touche Tabulation. Lorsque vous appuyez sur Tab alors que vous êtes dans la dernière cellule d'une ligne, vous passez à la première cellule de la ligne suivante.
- **Maj+Tab :** Permet de se déplacer en sens inverse dans un tableau.
- **Touches directionnelles :** Les touches haut, bas, gauche, et droite permettent aussi de vous déplacer dans un tableau dans n'importe quelle direction.
- **Entrée :** La touche Entrée ajoute un nouveau paragraphe à la cellule.
- **Maj+Entrée :** Commence une nouvelle ligne sans créer un nouveau paragraphe.
- **Ctrl+Tab :** Utilise les tabulations ou les retraits dans la cellule.

TRUC

Lorsque vous vous trouvez dans la toute dernière cellule du tableau, le fait d'appuyer sur Tab crée une nouvelle ligne dans le tableau.

Améliorer automatiquement votre tableau

Word contient des quantités d'astuces de mise en forme, dont certaines que vous pouvez utiliser sur un tableau existant pour le rendre vraiment remarquable. Cette astuce de format automatique vous permet de créer un tableau, et d'utiliser ensuite une commande spéciale de Word pour le personnaliser. Vous utiliserez pour cela les onglets Création et Disposition de l'onglet Outils de tableau.

N'OUBLIEZ PAS

Les onglets d'Outils de tableau ne s'affichent que si un tableau est en cours de modification ou est sélectionné.

Formater un tableau

Placez le curseur dans le tableau que vous voulez mettre en forme, de préférence un tableau déjà rempli, et utilisez les outils de l'onglet Création (Figure 20.6).

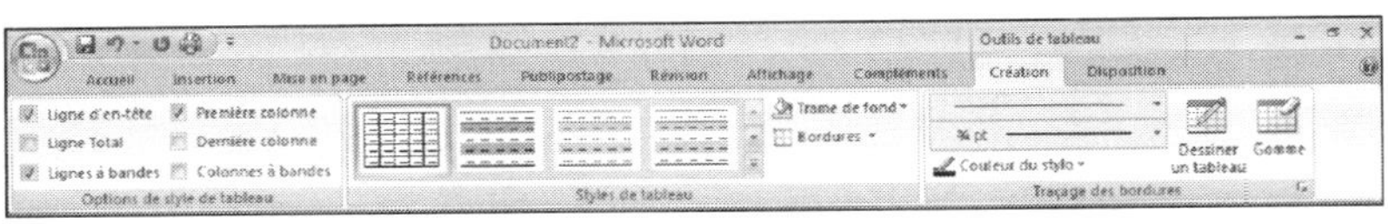

Figure 20.6 : L'onglet Création.

Le groupe Styles de tableau peut rapidement mettre en forme n'importe quel tableau. Choisissez un style ou cliquez sur la flèche pour faire défiler la liste des tableaux prédéfinis. Comme avec les styles rapides, dès que vous placez le pointeur de la souris sur un style de tableau, celui en cours d'édition prend l'aspect choisi.

Les sections suivantes expliquent certains principes sur l'application des styles de tableau.

Définir les styles des lignes

Les lignes d'une grille d'un tableau ont les mêmes bordures que celles appliquées via la commande Toutes les bordures, que nous avons étudiée au Chapitre 19. Le bouton Bordures définit la position de la bordure. Le groupe Traçage des bordures permet de choisir le style de ligne, son épaisseur, et sa couleur.

La bordure change dans toutes les sections sélectionnées du tableau.

Supprimer les lignes d'un tableau

Il peut arriver que vous souhaitiez créer un tableau sans bordures. Par exemple, je crée souvent un tableau sans contour d'une colonne et de deux lignes pour insérer une image et sa légende. Pour ce faire, sélectionnez le tableau, et choisissez Aucune bordure dans le menu local Bordures.

Il est plus difficile de travailler dans un tableau qui n'a pas de bordures. Pour vous faciliter la tâche, affichez le quadrillage non imprimable. Pour cela, cliquez sur Bordures/Afficher le quadrillage.

Fusionner des cellules

Vous pouvez combiner plusieurs cellules d'un tableau en effaçant les lignes qui les séparent. Pour ce faire, cliquez sur le bouton de commande Gomme du groupe Traçage de bordure (onglet Création d'Outils de tableau). Cliquez sur la ligne à supprimer. Elle disparaît !

La suppression d'une telle ligne de séparation "fusionne" le contenu des cellules en combinant leur texte.

Vous ne pouvez pas effacer les lignes définissant le contour du tableau.

Une fois la fusion terminée, désactivez la gomme en cliquant de nouveau sur son icône.

Scinder des cellules

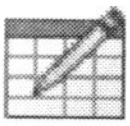

Pour diviser une cellule en deux, il suffit de tracer une ligne horizontale ou verticale. Pour cela, cliquez sur le bouton Dessiner un tableau du groupe Traçage des bordures. Le pointeur de la souris prend l'aspect d'un crayon que vous pouvez utiliser pour tracer des nouvelles lignes dans le tableau.

Pour désactiver cette fonction, cliquez de nouveau sur ce bouton.

Ajuster un tableau

Une fois qu'un tableau est dans votre document, il existe un nombre incalculable de manières de le modifier. Pour cela, affichez le contenu de l'onglet Disposition des Outils de tableau illustré à la Figure 20.7. Ses diverses commandes personnalisent et ajustent votre tableau comme le démontrent les quelques sections suivantes.

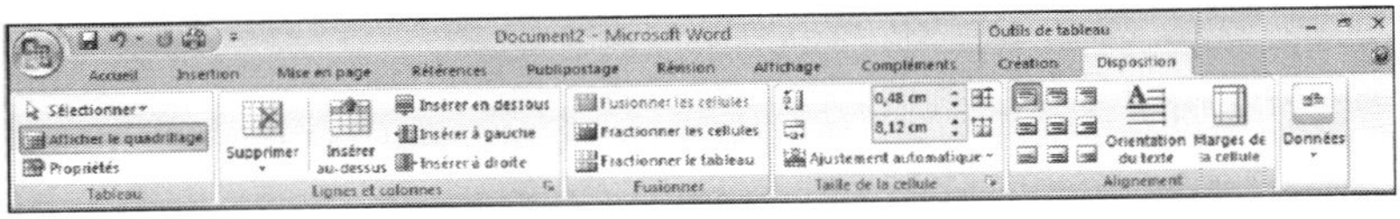

Figure 20.7 : L'onglet Disposition.

Supprimer des cellules, des colonnes, ou des lignes

Pour supprimer tout ou partie d'un tableau, vous devez commencer par placer le point d'insertion dans la zone du tableau que vous souhaitez supprimer. Ensuite, choisissez l'élément à effacer dans le bouton Supprimer.

- Le contenu du tableau est supprimé en même temps que la partie qui le contient.
- La commande Supprimer les cellules affiche une boîte de dialogue demandant comment déplacer les cellules restant en place. En effet, la suppression de cellules rend le tableau asymétrique.

Insérer des colonnes et des lignes

Vous pouvez augmenter la taille d'un tableau en ajoutant des lignes et des colonnes. L'insertion de ces nouveaux éléments se passe dans le groupe Lignes et colonnes : Insérer en dessous, Insérer à gauche, Insérer à droite.

Ajuster la taille des lignes et des colonnes

Les éléments du groupe Taille de la cellule permettent de régler au millimètre la hauteur des lignes ou la largeur des colonnes.

Ces réglages prennent effet dans les lignes et les colonnes où se situe le point d'insertion.

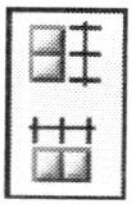

Les commandes Distribuer les lignes et Distribuer les colonnes équilibrent l'espace existant entre les colonnes et les lignes d'un tableau. Une fois le point d'insertion situé dans le tableau, cliquez sur l'un ou l'autre de ces boutons, voire les deux.

Aligner du texte

Le texte contenu dans une cellule peut être aligné comme un paragraphe : à gauche, au centre, à droite. Le texte peut aussi être aligné verticalement : en haut, au centre, en bas. L'ensemble de cette explication vous fait mieux comprendre l'enjeu des boutons du groupe Alignement.

Par exemple, pour que le titre d'une ligne s'aligne en bas et au centre de chaque cellule, commencez par sélectionner la ligne supérieure de votre tableau, puis cliquez sur le bouton Au centre en bas.

Réorienter le texte

Le bouton Orientation du texte du groupe Alignement change le sens de lecture du texte dans une cellule ou un groupe de cellules sélectionnées. Normalement, le texte est orienté de gauche à droite. En cliquant sur le bouton ci-contre, le texte change de sens. Par exemple, il pivote et n'est lisible qu'en penchant la tête pour le lire de haut en bas. Si vous cliquez trois fois de suite sur ce bouton, le texte reprend son orientation initiale.

Malheureusement, ce bouton ne permet pas d'écrire verticalement un texte.

Supprimer un tableau

Pour supprimer sans autre forme de procès le tableau de votre document, accédez au groupe Lignes et colonnes, cliquez sur Supprimer/Supprimer le tableau.

Chapitre 21

Mettre le texte en colonnes

Dans ce chapitre :

- Assimiler la notion de colonnes.
- Disposer votre texte en colonnes.
- Utiliser la boîte de dialogue Colonnes.
- Mettre en forme des colonnes.
- Insérer un saut de colonne.
- Restaurer du texte normal à partir de colonnes.
- Annuler des colonnes.

De nos jours, vous avez la possibilité de en colonnes dans vos documents. Il ne vous faudra aucune colonne de marbre, ni même de pot de peinture. Word le fait sur l'écran, comme les colonnes de texte que vous voyez dans les journaux et les magazines. Ce que des soldats romains ont pu faire, vous pouvez le faire aussi. Préparez-vous à mettre votre texte en colonnes.

Tout sur les colonnes

Dans la version 2007 de Word, la gestion des colonnes passe par l'onglet Mise en page. Il suffit de cliquer sur le bouton Colonnes pour afficher un certain nombre d'options illustrées à la Figure 21.1.

Voici quelques conseils sur l'utilisation des colonnes :

- La mise en forme des paragraphes s'applique aussi aux colonnes. La colonne de gauche et de droite équivalent aux marges des paragraphes.

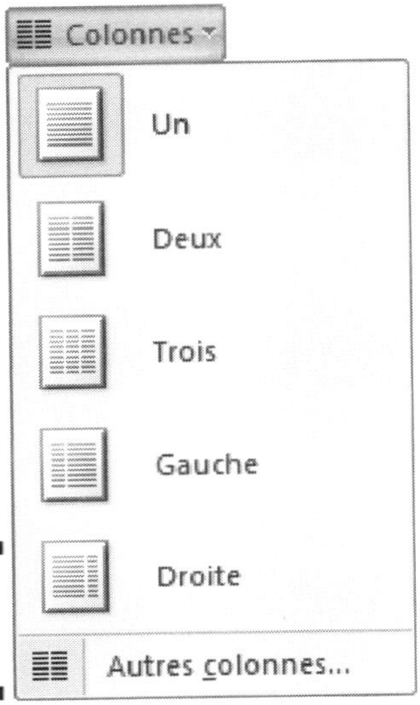

Figure 21.1 : Le menu Colonnes.

- Pour déplacer rapidement le point d'insertion de colonne en colonne, utilisez la souris. Vous voyez bien mieux où il se positionne.
- Il est possible de diviser votre document en différenciant par sections les pages mises en forme normalement et celles contenant des colonnes (voir le Chapitre 15).
- Quand vous travaillez avec des colonnes et que vous observez un ralentissement de Word, sauvegardez votre travail !

Pour la mise en forme avancée rien ne vaut la PAO

Soyons honnête. Word est un excellent programme de traitement de texte, mais il ne saurait rivaliser en matière de mise en forme des documents avec des logiciels de PAO. Ces programmes ne sont pas faits pour saisir du texte au kilomètre, mais pour présenter professionnellement des documents généralement destinés à une impression et une distribution en masse.

Les logiciels de PAO sont généralement assez chers. Dans le haut de gamme, on peut signaler QuarkXpress, une application de niveau professionnel ; dans le milieu de gamme, InDesign d'Adobe ; enfin, parmi les logiciels plus abordables, Publisher de Microsoft, que je vous recommande.

- En utilisant des colonnes, vous pouvez créer vos propres lettres d'information, bulletins, manifestes, et j'en passe.
- Toutefois, utiliser Word pour mettre du texte en colonnes dans un document assez court est tout à fait satisfaisant. À partir d'une dizaine de pages, il vaut mieux utiliser un logiciel de PAO.

Disposer votre texte en colonnes

Pour convertir votre texte standard – qui, si vous y réfléchissez cinq minutes, est présenté en une seule colonne – en plusieurs colonnes, utilisez les options du menu local Colonnes. En un éclair, votre document est composé de colonnes.

N'OUBLIEZ PAS

- Pour bien observer le comportement des colonnes, travaillez en mode Page.
- Deux colonnes suffisent pour impressionner votre entourage. Trop de colonnes rend votre texte difficile à lire.
- Pour que différentes parties de votre document soient mises en forme avec des colonnes, reportez-vous à la section Mélanger des formats de colonnes, plus loin dans ce chapitre.

Créer plus de trois colonnes

Le menu Colonnes contient principalement des mises en forme à deux colonnes auxquelles s'ajoute une mise en forme en trois colonnes. Pour un multicolonnage différent, cliquez sur l'option Autres colonnes. Vous accédez alors à la boîte de dialogue illustrée à la Figure 21.2.

Indiquez le nombre de colonnes dans le champ du même nom. Appuyez-vous sur la section Aperçu pour avoir une idée de l'aspect que revêtira le document une fois les colonnes définies. Cliquez sur OK pour appliquer la mise en forme.

TRUC

- Le texte réparti sur trois colonnes est bien plus élégant et lisible lorsque vous utilisez la page en mode Paysage. Pour en savoir plus sur ce mode, reportez-vous au Chapitre 14.

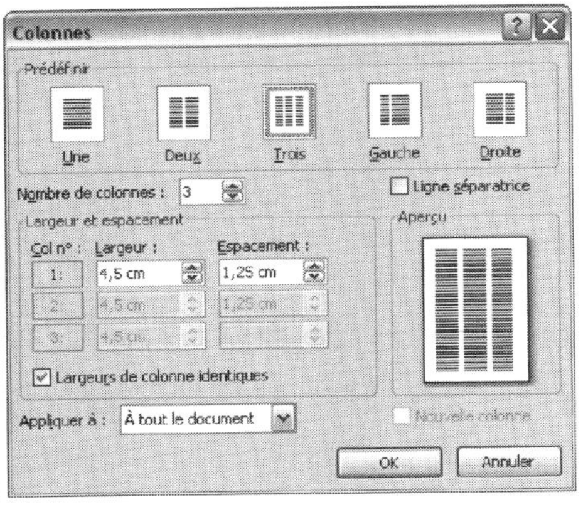

Figure 21.2 : La boîte de dialogue Colonnes.

- Quel est le nombre maximum de colonnes par page ? Tout dépend de la taille de la page en question. Dans Word, la largeur minimale d'une colonne est de 1,27 cm.

Mélanger les formats de colonnes

Un document ne se limite pas à l'application et à la gestion d'un seul format de colonnes. Ainsi, une partie peut être formatée avec une colonne, et une autre avec deux colonnes. Le secret de cette diversité réside dans la boîte de dialogue Colonnes.

Lorsque vous définissez un nouveau format de colonnes, n'oubliez pas de vérifier l'option de la liste Appliquer à. Si vous y voyez À tout le document, cela signifie que le format de colonnes s'applique au document entier. Si vous sélectionnez À partir de ce point, la nouvelle colonne débute à la position du point d'insertion.

Ajuster les colonnes dans la boîte de dialogue Colonnes

Il n'y a rien de mieux que la boîte de dialogue Colonnes pour mettre en forme ces dernières. Voici quelques considérations :

- Vous pouvez effectuer des réglages spécifiques dans les sections Largeur et Espacement de la boîte de dialogue.

- Pour bien délimiter les colonnes, cochez la case Ligne séparatrice.
- La zone Aperçu donne une idée de la mise en forme des colonnes.
- L'espace entre les colonnes se nomme la *gouttière*. Word fixe sa largeur à 1,25 cm. Il s'agit d'un espace qui permet à notre œil de distinguer clairement chaque colonne et son contenu.

La fin de la colonne

Il existe plusieurs manières de terminer une colonne. En voici trois :

- **Créez un saut de colonne.** Lorsque vous désirez continuer à utiliser des colonnes mais que vous souhaitez que votre texte commence au début de la colonne suivante, vous devez insérer un *saut de colonne*. Voici comment procéder :

  1. **Placez le point d'insertion à la fin du texte terminant la colonne.**

     Cela signifie que vous désirez que la suite du texte commence dans la colonne suivante.

  2. **Dans le groupe Mise en page de l'onglet éponyme, cliquez sur Sauts de pages/Colonnes.**

     Le point d'insertion se positionne instantanément sur la première ligne de la colonne suivante.

- **Revenir au mode à une seule colonne.** Si vous souhaitez que la mise en page du document n'inclue plus de colonnes, c'est-à-dire que vous souhaitez revenir au texte standard réparti sur une seule colonne, suivez ces étapes :

  1. **Placez le point d'insertion où vous souhaitez que s'arrête la colonne.**
  2. **Cliquez sur l'onglet Mise en page.**
  3. **Dans le groupe Mise en page, choisissez Colonnes/ Autres colonnes.**
  4. **Dans la zone Prédéfinir de la boîte de dialogue Colonnes, choisissez Une.**

Word

5. **Dans la liste Appliquer à, sélectionnez À partir de ce point.**

6. **Cliquez sur OK.**

   La création des colonnes s'arrête. Toute la suite du texte n'est plus contenue que sur une seule colonne, c'est-à-dire sur toute la largeur de la page.

- **Supprimer les colonnes d'un document.** Pour que votre document ne comporte plus de multicolonnage, répétez les étapes précédentes. À l'étape 5, choisissez À tout le document au lieu de À partir de ce point.

Chapitre 22

Listes, tables des matières, notes et index

Dans ce chapitre :

- Listes à puces et listes numérotées automatiques.
- Numéroter les lignes d'une page.
- Créer une table des matières pour votre document.
- Créer un index.
- Notes de bas de page, notes de fin d'ouvrage et autres beautés académiques.

Word prend en charge les listes de plusieurs manières. Tout d'abord, il vous aide à organiser et à définir vos listes en appliquant des puces ou des numéros. Ensuite, Word permet de créer des listes spéciales basées sur le contenu de votre document, comme une table des matières, une liste de figures, ou un index. Enfin, Word donne la possibilité de créer des notes de bas de page et des notes de fin qui sont très répandues dans les ouvrages universitaires. Ce chapitre vous dévoile tout ce qu'il y a à connaître sur les listes.

Listes à gogo

La liste la plus simple est celle que vous tapez vous-même. Par exemple, une liste de choses à faire ou la liste des étapes de l'assemblage d'un accélérateur de particules. Ces listes-là sont numérotées, mais il y a aussi des listes à puces qui portent des symboles au lieu de numéros.

- Les listes à puces numérotées sont gérées par l'onglet Accueil, groupe Paragraphe.

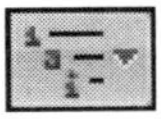

- La commande Liste à plusieurs niveaux s'applique lorsque vous avez besoin de mettre en retrait certains éléments de votre liste. Appuyer sur la touche Tab place la ligne en retrait, utilisant de facto la mise en forme de ce niveau particulier.

Créer une liste à puces

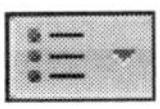

Pour créer une liste à puces de plusieurs paragraphes qui se suivent, sélectionnez ces derniers, puis cliquez sur le bouton Puces du groupe Paragraphe (onglet Accueil).Vous obtenez quelque chose dans ce genre :

- Bang !
- Bang !
- Bang !

- Pour sélectionner l'aspect graphique de vos puces, cliquez sur la flèche du bouton Puces. Dans le menu local, choisissez le type de puce qui vous sied le mieux. Pour créer une puce personnalisée, cliquez sur Définir une puce.
- Les puces ont une mise en forme de type paragraphe. Donc, pour arrêter la création des puces, cliquez sur le bouton Puces.

Liste numérotée

Les numéros d'une liste permettent de mieux repérer les éléments qui la composent. De plus, la numérotation sert très souvent à classer les données par ordre de préférence ou d'importance.

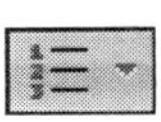

Pour mettre rapidement sous forme de liste numérotée une suite de paragraphes, vous pouvez cliquer sur le bouton Numérotation du groupe Paragraphe de l'onglet Accueil.

- Choisissez un style de numéro en cliquant sur la flèche du bouton correspondant. Si aucun ne vous convient, créez le vôtre par un clic sur l'option Définir un nouveau format de numérotation.
- Pour interrompre la création d'une liste à puces numérotées, cliquez de nouveau sur le bouton Numérotation.

Numéroter des lignes de texte

Word permet de numéroter chaque ligne d'un texte ce qui est très utile dans les professions juridiques ou pour le filage d'une émission de radio ou de télé. Voici comment procéder :

1. **Cliquez sur l'onglet Mise en page.**
2. **Dans le groupe Mise en page, cliquez sur le bouton de commande Numéros de lignes.**

   Vous en affichez le menu illustré à la Figure 22.1.

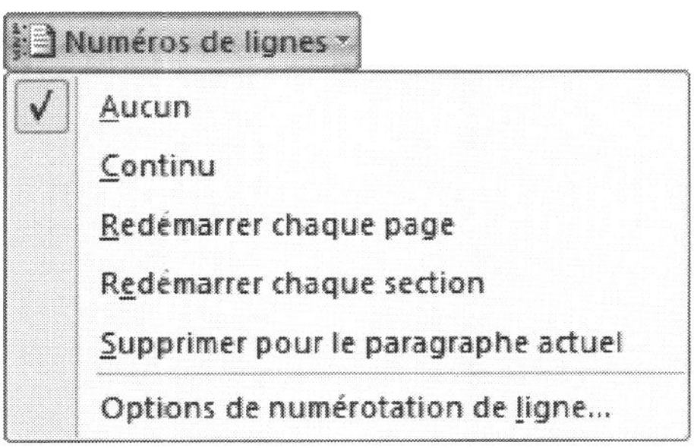

Figure 22.1 : Les options de numérotation des lignes.

3. **Dans ce menu, choisissez la méthode de numérotation.**

   Chaque ligne du document est alors numérotée.

Tables des matières et index

À leur manière, les tables des matières et les index sont aussi des listes (Word peut gérer d'autres types de liste, mais je n'ai pas la place de les évoquer tous). À partir des informations contenues dans votre document, et à condition tout de même que vous ayez fait le nécessaire pour ça, Word est capable de construire ces listes et de les placer à l'endroit que vous lui indiquez, avec les bons numéros de pages, la bonne mise en forme, etc.

Créer une table des matières

Si jamais vous entendez un jour parler de TOC (*Table Of Contents*, prononcez de préférence "toc", c'est plus cool) ou de TDM, c'est simplement une autre manière de dire "table des matières". Une fois que vous aurez maîtrisé ces termes techniques, tous les espoirs vous seront permis.

Pour créer une table des matières dans votre document (si vous avez utilisé les styles de titre de Word pour vos différents niveaux de titre), suivez ces étapes :

1. **Créez une page destinée à accueillir votre table des matières.**

   Word insère la table des matières à la position du point d'insertion. Pour ne pas faire n'importe quoi, je conseille de créer une page réservée exclusivement à cette TDM. Pour créer une nouvelle page, consultez le Chapitre 14.

2. **Placez le point d'insertion au début de cette nouvelle page.**

   En général, une table des matières vient se placer au début ou à la fin d'un document.

3. **Cliquez sur l'onglet Références.**

4. **Dans le groupe Table des matières, cliquez sur le bouton Table des matières.**

5. **Dans ce menu local, choisissez un élément de présentation de la table des matières.**

   Et voilà, vous avez votre TDM !

Vous serez parfois obligé de faire défiler le contenu de la page pour voir la totalité de la TDM.

- Utilisez la boîte de dialogue Table des matières pour mettre en forme votre TDM.
- Word s'appuie sur la mise en forme du document pour trouver des éléments permettant de constituer la TDM.

Si vous utilisez des Titre 1, Titre 2, des sous-titres etc., la table des matières sera organisée sans soucis sur plusieurs niveaux.

Réaliser un index

La création d'un index dans Word se déroule sous l'onglet Références, groupe Index.

- Avant de créer un index, il est préférable pour ne pas dire indispensable que votre document contienne du texte.
- Word permet de modifier le document même quand l'index est créé. Vous devez recréer l'index chaque fois que vous ajoutez ou supprimez des entrées d'index.
- Des études démontrent que les lecteurs consultent davantage l'index que la table des matières. Donc, peaufinez-le !

Sélectionner le texte destiné à l'index

Pour marquer une portion de texte à indexer, suivez ces étapes :

1. **Sélectionnez le texte que vous voulez référencer dans l'index.**

   Il peut s'agir d'un mot ou d'un groupe de mots quelconque.

2. **Cliquez sur le bouton Marquer l'entrée du groupe Index (onglet Références).**

   La boîte de dialogue Marquer les entrées d'index apparaît, comme à la Figure 22.2. Le mot sélectionné s'affiche dans le champ Entrée.

   Vous pouvez, si besoin, saisir une sous-entrée dans le champ éponyme. Elle permet de préciser l'entrée principale.

3. **Cliquez sur le bouton Marquer ou Marquer tout.**

   Si vous cliquez sur le bouton Marquer, seule l'instance du mot (ou du groupe de mots) sélectionnée est marquée pour référence dans l'index. Utilisez ce bouton pour marquer uniquement ce que vous avez sélectionné vous-même.

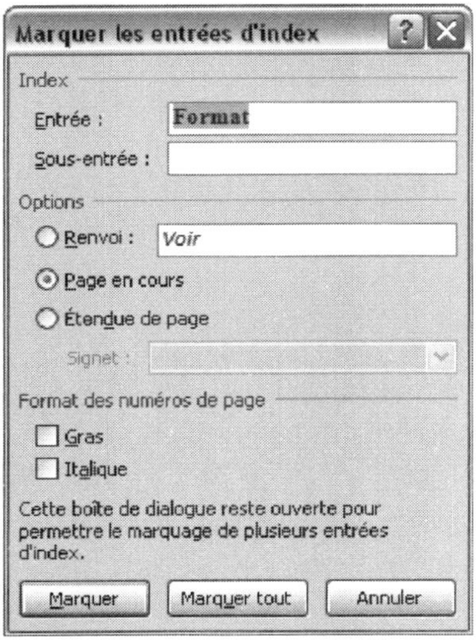

Figure 22.2 : La boîte de dialogue Marquer les entrées d'index.

Le bouton Marquer tout demande à Word de rechercher dans le document toutes les occurrences du texte qui apparaissent dans le champ Entrée de la boîte de dialogue Marquer les entrées d'index, et de les marquer toutes pour référence dans l'index. N'utilisez ce bouton que si vous êtes sûr de vouloir marquer comme entrées d'index toutes les occurrences d'un mot ou d'un groupe de mots.

Vous voyez aussi la clé d'index, que vous venez de définir, apparaître dans le document, entourée par des accolades.

4. **Continuez à avancer dans votre document, à la recherche de ce que vous voulez référencer dans l'index.**

   La boîte de dialogue Marquer les entrées d'index reste ouverte, vous permettant de continuer à définir vos clés d'index. Sélectionnez le texte voulu dans le document, puis cliquez dans la boîte de dialogue Marquer les entrées d'index. Le texte sélectionné apparaît dans le champ Entrée. Cliquez sur le bouton Marquer ou sur le bouton Marquer tout pour marquer chaque entrée ou chaque série d'entrées.

5. **Une fois que vous avez terminé, cliquez sur le bouton X de fermeture de la boîte de dialogue.**

   La boîte de dialogue disparaît.

8. **Cliquez sur Ctrl+Maj+8 pour annuler la commande Afficher tout.**

   Utilisez la touche 8 du clavier standard, et non celle du pavé numérique.

Créer l'index

Maintenant que vous avez entré toutes les clés d'index, l'étape suivante consiste à créer l'index proprement dit :

1. **Placez le curseur à l'endroit où vous voulez insérer l'index.**

   L'index est introduit à la position du point d'insertion. Pour le placer sur une page indépendante, commencez par la créer (voir le Chapitre 14). Je recommande de placer l'index en fin de document.

2. **Dans le groupe Index de l'onglet Références, cliquez sur Insérer l'index.**

   La boîte de dialogue Index apparaît (Figure 22.3).

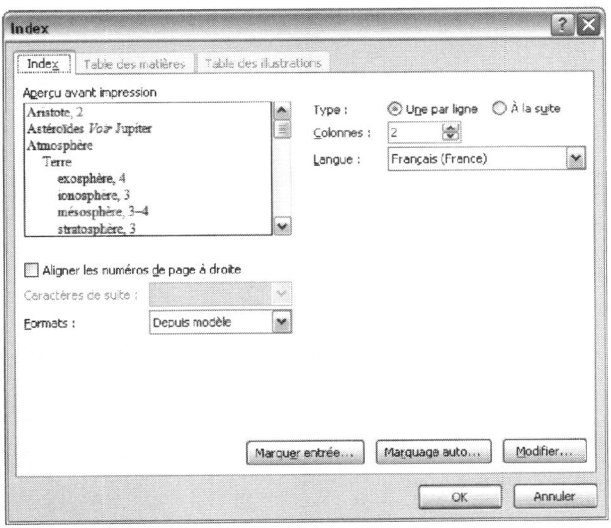

Figure 22.3 : La boîte de dialogue Index.

Voici ce que vous pouvez faire dans cette boîte de dialogue :

- La zone Aperçu avant impression est mensongère. En fait elle présente l'aspect générique et non réel de votre index en fonction du nombre de niveaux.
- Vous pouvez sélectionner un style d'index dans la liste déroulante Formats. Regardez la zone d'aperçu pour vous rendre compte de l'effet produit par votre sélection.
- Dans le champ Colonnes, entrez le nombre de colonnes que vous désirez donner à votre index. Le plus souvent, on réalise un index sur deux colonnes, parfois trois.
- En ce qui concerne la numérotation, je préfère utiliser l'option Aligner les numéros de page à droite.

3. **Cliquez sur OK.**

4. **Parcourez votre index.**

5. **Si la disposition de l'index ne vous convient pas, appuyez sur Ctrl+Z, et recommencez.**

   Si vous trouvez que votre index est bien, vous en avez terminé.

Comme toutes les listes de Word, l'index peut être mis à jour. Consultez pour cela la section suivante.

- Libre à vous d'ajouter un titre puisque Word ne le fait pas à votre place.

Mettre à jour l'index

Word sait qu'il est rare qu'un index soit correct du premier coup. La fonction de mise à jour permet d'actualiser le contenu de votre index suite à l'ajout ou à la suppression d'entrées.

Pour actualiser un index, placez-y le point d'insertion. Ensuite, dans le groupe Index, cliquez sur le bouton Mettre à jour l'index. Les nouvelles entrées sont insérées, et les numéros de pages actualisés.

Notes de pied de page ou notes de fin

Ai-je besoin d'expliquer de quoi il s'agit ? Sans doute pas. Les personnes dont les documents nécessitent de telles notes savent très de quoi il s'agit.

Pour une note de pied de page ou de fin, un chiffre placé en exposant indique au lecteur un renvoi en bas de la page ou en fin de l'ouvrage. Ces deux éléments sont créés de la même manière. Voici comment procéder :

1. **Placez le curseur dans votre document à l'endroit où vous voulez référencer la note de bas de page ou de fin.**

2. **Cliquez sur l'onglet Références.**

3. **Dans le groupe Notes de bas de page, cliquez sur Insérer une note de bas de page ou sur Insérer une note de fin.**

   Un chiffre se place en exposant à la fin du mot, et le point d'insertion apparaît instantanément dans la zone de saisie de la note de bas de page ou de fin.

   Si vous travaillez le document en mode Brouillon, une section spéciale s'ouvre en bas de la fenêtre. Elle affiche les notes de pied de page et les notes de fin.

4. **Saisissez la note.**

   Inutile de taper le numéro de la note puisque Word l'insère automatiquement.

   Les notes de pied de page commencent leur numérotation par 1.

   Les notes de fin commencent leur numérotation par *I*.

5. **Pour quitter le mode de saisie des notes, cliquez sur le bouton Afficher les notes (Ah la logique Microsoft !).**

Voici quelques conseils essentiels (qui ne sont pas à survoler comme des notes de bas de page !) :

- Le raccourci clavier pour insérer une note de bas de page est Alt+Ctrl+B.
- Le raccourci clavier pour insérer une note de fin est Alt+Ctrl+D.
- Les numéros des notes sont automatiquement actualisés. Ainsi, ces notes sont séquentielles dans le document.

- Utilisez le menu du bouton Note de bas de page suivante pour parcourir les diverses notes de votre document.

- Vous pouvez voir le contenu d'une note en positionnant le pointeur de la souris sur son numéro.

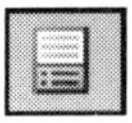

- Utilisez le bouton Afficher les notes pour examiner toutes les notes.
- Pour modifier rapidement une note, double-cliquez sur son numéro. Cliquez sur le bouton Afficher les notes pour revenir au texte.
- Pour supprimer une note de bas de page ou de fin, sélectionnez son numéro dans le texte du document, et appuyez sur la touche Suppr. Word supprime la note sélectionnée et redéfinit en même temps les numéros des autres notes.

Chapitre 23

Illustrez-moi ça !

Dans ce chapitre :

- Insérer une image ou un clipart.
- Créer des dessins avec les Formes.
- Encadrer une image.
- Habiller le texte autour d'une image.
- Déplacer une image.
- Redimensionner une image.
- Rogner une image.
- Organiser plusieurs images.

Une image vaut mille mots… oui, d'accord ; pourtant, en informatique, ce n'est pas tout à fait vrai. En effet, 1 000 mots pèsent environ 1 Ko alors qu'une image pèse en moyenne sept fois plus ! Qu'avez-vous à répondre à cela ?!

Je sais, je joue avec les mots. Il est en effet plus facile et plus parlant d'insérer une image de la tour de Pise plutôt que d'essayer de la décrire en détail. Word permet d'insérer de multiples fichiers graphiques dans vos documents. Toutefois, réservez cette fonction aux documents qui ont vraiment besoin d'être illustrés comme le fonctionnement du moteur à quatre temps, la théorie de la relativité ou d'autres sujets complexes.

ATTENTION !

- Quand vous insérez des images, il est conseillé de travailler en mode Page.
- Plus vous mettez d'images dans votre document, plus Word ralentit. Je vous conseille donc d'insérer les images en dernier, c'est-à-dire après la saisie du texte. Enregistrez souvent votre document !

- Word vous permet d'utiliser des images provenant d'autres applications. Ainsi, fignolez de belles images dans vos programmes graphiques sophistiqués, enregistrez-les sur disque, puis insérez-les dans Word.

Voilà une image !

Bien entendu, dans Word, il y a du texte, et si vous n'y prenez garde, ou bien si vous occultez quelques fonctions essentielles, vous risquez de réduire l'utilisation de ce programme à celui d'une simple machine à écrire. Vos pages auront du texte, encore du texte, toujours du texte. Et si vous les embellissiez d'images ?

Insérer une image stockée sur votre disque dur

La méthode la plus simple pour insérer une image dans un document Word consiste à aller la chercher sur un de vos disques durs. Pour introduire une image dans un document, suivez ces étapes :

1. **Cliquez sur l'onglet Insertion.**

2. **Dans le groupe Illustration, cliquez sur le bouton Image.**

   La boîte de dialogue Insérer une image apparaît. Elle ressemble à la boîte de dialogue Ouvrir que vous avez étudiée au Chapitre 9. La différence est qu'elle est destinée à la sélection et à l'insertion d'images.

   TRUC

   Pour mieux apprécier l'image que vous allez insérer, cliquez sur l'icône Affichages située dans le coin supérieur droit de la boîte de dialogue. Dans son menu local, choisissez Miniatures ou Aperçu.

3. **Utilisez les commandes de cette boîte de dialogue pour parcourir vos disques et vos dossiers afin de localiser l'image à introduire.**

4. **Cliquez sur le fichier image pour le sélectionner.**

5. **Cliquez sur le bouton Insérer.**

   L'image apparaît à l'emplacement du point d'insertion.

L'image aura certainement besoin de quelques ajustements. Ils sont traités dans les sections à venir. Avant tout autre chose, voici quelques points à considérer :

- Vous pouvez déplacer l'image dans votre document comme expliqué plus loin dans ce chapitre.
- Après avoir inséré une image, vous pouvez la modifier, et aussi la redimensionner.
- Word gère de nombreux formats de fichiers graphiques.

- À la fin de vos courriers, il est sympathique d'afficher votre signature, je veux dire une signature manuscrite. Pour cela, il suffit de signer une feuille blanche que vous placez ensuite dans un scanner de bureau. Numérisez l'image et stockez-la sur votre disque dur. Ainsi devenue un fichier graphique, vous pourrez l'insérer à la fin de chaque courrier et l'imprimer tout aussi simplement que le texte du document.

Insérer un clipart

Les *cliparts* sont des images un peu particulières qui se rapprochent plus de l'illustration et du dessin que de la photo par exemple. La procédure d'insertion d'une telle image dans un document rejoint celle d'une image classique. La seule différence est que les cliparts sont stockés dans des collections auxquelles vous accédez sur votre disque dur ou en ligne (sur Internet). Voici comment gérer les cliparts :

1. **Cliquez sur l'onglet Insertion.**

2. **Dans le groupe Illustrations, cliquez sur le bouton Images clipart.**

   Le volet Images clipart apparaît sur la droite. Il est vide. Pour y afficher des images, poursuivez votre lecture.

3. **Dans le champ Rechercher, saisissez un mot ou tapez une description des cliparts que vous souhaitez utiliser.**

   Par exemple, sur la Figure 23.1, vous constatez que j'ai saisi le mot **ordinateur**.

4. **Cliquez sur le bouton OK.**

Figure 23.1 : Le volet Images clipart.

Les cliparts correspondant au mot ou à l'expression saisie apparaissent sous forme de vignettes (Figure 23.1).

Bien entendu, si vous ne trouvez pas l'image qui vous convient, reprenez la recherche à l'étape 3.

5. **Placez le pointeur de la souris sur une image.**

   Une flèche donne accès à un menu local.

6. **Cliquez dessus, et exécutez la commande Insérer.**

   L'image apparaît au point d'insertion.

7. **Pour fermer le volet Images clipart, cliquez sur son bouton X.**

Créer une forme

Word permet de créer des formes, c'est-à-dire des objets graphiques bien plus sophistiqués qu'une simple ligne. En effet, Word est livré avec une collection impressionnante de formes dites automatiques que vous introduisez très facilement dans un document :

1. **Cliquez sur l'onglet Insertion.**
2. **Cliquez sur le bouton Formes pour afficher une multitude de formes géométriques automatiques.**
3. **Cliquez sur la forme que vous désirez utiliser.**
4. **Placez le pointeur de la souris sur la page du document, cliquez et sans relâcher le bouton de la souris étirez la forme.**

La forme se superpose au texte, le rendant illisible. Nous verrons, plus loin dans ce chapitre, comment faire pour que le texte *habille* l'image, c'est-à-dire se positionne afin d'être visible sans pour autant être préjudiciable au clipart, à la forme, ou à l'image.

- Toutes les formes sont tracées avec un contour noir. Bien que la plupart d'entre elles soient opaques, certaines sont transparentes.
- Certaines formes exigent deux ou trois clics de souris afin de correctement tracer un trait ou pour créer une courbe.

Insérer une image ou du texte dans une forme

Certaines formes automatiques peuvent être utilisées pour encadrer des images ou du texte. Voici la marche à suivre.

Encadrer une image avec une forme

Lorsque vous avez tracé une forme dans un document, l'onglet Format apparaît.

1. **Dans l'onglet Format, localisez le groupe Styles de formes. Cliquez sur le bouton Remplissage de forme, et choisissez Image.**

La boîte de dialogue Sélectionner une image apparaît.

2. **Utilisez cette boîte de dialogue pour localiser une image.**

3. **Sélectionnez-la et cliquez sur Insérer.**

   L'image prend place à l'intérieur de la forme.

Encadrer du texte avec une forme

Voici comment placer du texte dans une forme :

1. **Dans le groupe Insérer des formes de l'onglet Format, cliquez sur le bouton Modifier le texte.**

   La forme prend l'aspect d'une zone de saisie de texte et l'onglet Outils de zone de texte fait son apparition.

2. **Tapez et mettez en forme le texte.**

   Attention, seul le texte que vous voyez apparaît dans la zone. Tout texte dépassant ses limites ne sera pas affiché.

Supprimer une image ou un dessin

Pour effacer un élément graphique du document, commencez par le sélectionner d'un simple clic de souris. Ensuite, appuyez sur la touche Suppr.

Mélange de texte et d'images

Il existe trois manières de faire coexister texte et graphique dans une même page et tout au long d'un document.

- **Aligné :** Le texte vient se placer autour de l'image, ce qui correspond à "pas d'habillage". L'image est traitée comme un caractère de très grande taille dans le texte de votre document. Par conséquent, tout le texte environnant se déplace pour laisser de l'espace à l'image.

- **Rapproché :** Le texte vient se placer autour des contours de l'image. Cette option est la plus proche de la véritable PAO.

- **Derrière :** L'image donne l'impression de faire partie du papier, avec le texte imprimé dessus. Vous pouvez placer l'image où vous voulez sur la page. Faites-la simplement glisser avec la souris.

Dans les sections qui suivent, vous allez découvrir la grande souplesse de l'habillage du texte.

Habiller le texte autour de l'image

Le terme *habillage* explique assez bien ce que devient le texte face à une image ou une forme. Il va plus ou moins, et parfois pas du tout, épouser la forme de l'objet graphique.

Pour contrôler l'interaction entre une image et du texte, commencez par sélectionner le graphique. Dès cette manipulation, l'onglet Format apparaît. Vous y découvrez un groupe nommé Organiser. Là, se trouve le bouton Habillage du texte qui, si vous cliquez dessus, déroule un menu dont les commandes contrôlent le comportement du texte par rapport à l'image (Figure 23.2). Voici ce que vous y trouvez :

- **Aligné sur le texte :** Ici, l'image est traitée comme du texte. En d'autres termes, le texte normal, celui que vous avez saisi, s'écarte pour laisser un espace suffisant au graphique. Ce dernier occupe donc une ligne dont la hauteur est égale à la sienne.

Figure 23.2 : Le menu Habillage du texte.

- **Carré :** L'image se place au même plan que le texte, mais cette fois, les mots entourent joliment le graphique en laissant l'espace d'un carré.
- **Rapproché :** Encore mieux que Carré dans la mesure où le texte épouse cette fois la forme de l'objet graphique.
- **Derrière le texte :** L'image flotte derrière le texte. En d'autres termes, le texte est visible par-dessus la forme un peu comme si cette image était incrustée dans le papier.
- **Devant le texte :** Contraire de la précédente option. Si l'image ou la forme est opaque, le texte est masqué.
- **Haut et bas :** Le texte se positionne au-dessus et en dessous de l'image. L'image occupe une ligne à part entière. Donc, une phrase peut se terminer au-dessus du graphique, et se poursuivre en dessous.
- **Au travers :** Cette option est semblable à Rapproché.
- **Modifier les points de l'habillage :** Cette commande permet de contrôler la manière dont le texte va épouser le contour de la forme du graphique. Il suffit d'ajuster la position des poignées qui apparaissent autour de l'objet. C'est, à mon avis, l'option la plus intéressante car son côté créatif est indéniable.
- **Autres options de disposition :** Ouvre la boîte de dialogue Mise en page avancée. Elle contrôle la position de l'image et l'habillage.

Voici quelques astuces pour bien manipuler les poignées qui apparaissent autour de l'objet quand vous choisissez l'option Modifier les points de l'habillage :

- Déplacez les poignées avec le pointeur de la souris.
- Pour supprimer une poignée, appuyez sur Ctrl et cliquez dessus.
- Pour ajouter une poignée, appuyez sur Ctrl et cliquez sur la ligne pointillée rouge.

Déplacer une image sur une page

Pour déplacer une image, faites-la glisser en utilisant la souris. Pour ce faire, commencez par placer le pointeur à l'intérieur de l'image et non sur un bord.

Choisir une position spécifique

La manière la plus rapide de positionner un graphique dans une page consiste à cliquer sur le bouton Position du groupe Organiser situé sous l'onglet Format. Vous accédez à des options de disposition qui, en plus, habillent le texte.

- Avant de tester les commandes du menu Position, effectuez un zoom arrière pour afficher l'intégralité de la page. Sinon, vous ne verrez pas certaines positions de l'image.
- Chaque fois que vous passez le pointeur de la souris sur une option du menu Position, l'image est déplacée en conséquence dans votre document pour vous en donner un aperçu.

Rompre le lien entre image et texte

Lorsque vous désirez que le texte ne s'adapte plus au contour de l'image, voici ce que vous devez faire :

1. **Sélectionnez l'image.**
2. **Dans l'onglet Format, localisez le groupe Organiser, et cliquez sur Habillage du texte/Autres options de disposition.**

   La boîte de dialogue Mise en page avancée apparaît.
3. **Cliquez sur l'onglet Positionnement de l'image.**
4. **Dans la section Horizontal, activez Position absolue.**
5. **Dans la liste À droite de, choisissez Page.**
6. **Dans la section Vertical, activez Position absolue.**
7. **Dans la liste Au-dessous de choisissez Page.**
8. **Cliquez sur OK.**

Cette technique fonctionne bien avec les objets placés derrière votre texte. Ainsi, dès que vous saisissez ou modifiez le texte, la forme ne bouge plus.

Ajuster l'image

À moins que vous ne soyez un pro du graphisme (auquel cas le livre que vous avez acheté n'est probablement pas le bon), vous allez devoir faire quelques ajustements pour pratiquement toutes les images que vous allez insérer dans vos documents. Il arrive que Word fasse des choses assez frustrantes avec les images. Heureusement, il y a toujours une manière plus ou moins clandestine de les résoudre.

Modifier la taille d'une image

Pour redimensionner une image, il suffit de la sélectionner et de faire glisser l'une de ses huit poignées. Faites glisser la poignée d'un côté ou d'un coin pour donner à l'image la taille que vous souhaitez. La Figure 23.3 présente une image agrandie par ce procédé.

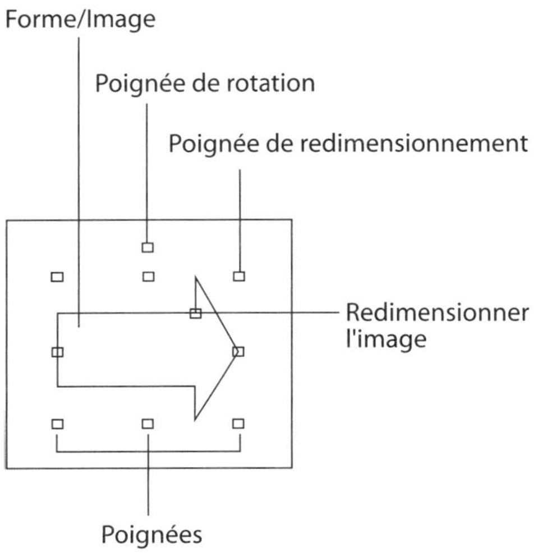

Figure 23.3 : Agrandir une image.

Lorsque vous agissez sur une poignée de redimensionnement tout en appuyant sur la touche Maj, le changement de taille se fait en conservant les proportions du graphique, sans aucune déformation.

- Utilisez n'importe quelle touche Maj du clavier.
- Lorsque le respect des proportions vous importe peu, faites glisser n'importe quelle poignée dans le sens du redimensionnement voulu. Ainsi vous obtenez une image plus ou moins étroite, ou plus ou moins grande.

Rogner une image

Dans le jargon du graphisme, *rogner* signifie couper les bords d'une image plutôt que la redimensionner. Dans le monde physique, c'est ce que l'on fait avec une paire de ciseaux. La Figure 23.4 en illustre un exemple.

Figure 23.4 : Une image rognée.

Pour rogner une image, commencez par la sélectionner. Dans l'onglet Format, cliquez sur l'outil Rogner du groupe Taille. La suite du processus ressemble à la méthode utilisée pour redimensionner une image. Avec le pointeur (qui est maintenant accompagné du symbole ci-contre), faites glisser l'une des poignées de l'image vers l'intérieur de celle-ci, jusqu'à l'endroit où vous désirez couper.

TRUC

En général, j'utilise les poignées des bords pour rogner une image. Je n'arrive jamais à obtenir exactement ce que je veux avec les poignées des coins.

Une fois que vous avez fini de rogner votre image, cliquez à nouveau sur le bouton Rogner pour le désactiver.

Faire pivoter l'image

C'est très simple : cliquez sur l'image pour la sélectionner. Ensuite, dans le groupe Organiser, cliquez sur le bouton Rotation. Dans le menu qui apparaît, choisissez une rotation gauche ou droite de 90°, ou retournement vertical ou horizontal de l'image.

Pour faire pivoter librement une image, faites glisser sa poignée de rotation verte.

Organiser plusieurs images

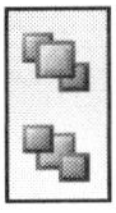

Il arrive que les images que vous insérez s'empilent les unes sur les autres. De ce fait, une image peut facilement en masquer une autre. Pour corriger ce problème, cliquez sur les boutons Mettre au premier plan et Mettre à l'arrière-plan du groupe Organiser.

Pour vous aider à positionner correctement plusieurs images, cliquez sur le menu Aligner du groupe Organiser. Commencez par sélectionner les images à aligner les unes par rapport aux autres. La multisélection se fait avec la touche Maj et des clics de souris. Ensuite, choisissez un type d'alignement proposé par le menu en question.

Pour vous aider à disposer plusieurs images sur une page, affichez la grille : Cliquez sur l'onglet Affichage. Dans le groupe Afficher/Masquer, cochez la case Quadrillage.

Chapitre 24

Insérer des objets

Dans ce chapitre :

- Taper des espaces et des tirets insécables.
- Insérer des caractères sans les taper.
- Jouer avec WordArt.
- Répartir le texte dans des zones.

Grâce à son nouvel onglet Insertion, Word permet de coller des tas de trucs et de machins dans votre texte pour des présentations de document amusantes, sérieuses, loufoques, mais aussi professionnelles.

Des joies et des plaisirs du caractère

Le clavier de votre ordinateur permet de faire mille et une merveilleuses choses avec ses vingt six lettres, ses chiffres, ses symboles, et ses signes de ponctuation. Et voilà que tous ces caractères mis les uns derrière les autres forment des mots, et même des phrases. N'est-ce pas magnifique de tapoter toute la journée n'importe quoi, pour n'importe qui, et en plus d'être payé pour le faire ? Vous baignez dans un univers idyllique jusqu'au jour où : le caractère dont vous avez besoin n'existe pas sur votre clavier ! Alors, pour retrouver l'insouciance d'il y a quelques minutes, lisez cette section.

Espaces et trait d'union insécables

Les caractères cités dans ce titre de sous-section sont susceptibles de renvoyer à la ligne la totalité d'un mot. Dans certaines circonstances, vous ne souhaiterez pas qu'une fin de ligne soit séparée d'un mot. Il faut donc faire en sorte que l'espace créée soit insécable.

- Ainsi, pour éviter qu'un trait d'union ne se retrouve sur la ligne inférieure, appuyez sur Ctrl+8 (du clavier alphanumérique).
- Pour qu'une espace ne sépare pas des caractères par un saut de ligne, comme un "d'" du terme qu'il accompagne, appuyez sur Ctrl+Maj+barre d'espace.

Dans tous les cas, un caractère insécable est inséré dans le texte. Word n'effectue pas de retour à la ligne quand vous utilisez ces caractères spéciaux.

Saisir des caractères comme Ü, Ç, et Ñ

Lorsque vous écrivez en français, les caractères accentués ne vous posent pas de problème puisqu'ils sont présents sur le clavier AZERTY de votre PC. En revanche, dans certains cas, vous serez amené à saisir des caractères particuliers à une langue, ou bien des caractères pour lesquels votre clavier ne prévoit pas la mise en majuscule.

Le Tableau 24.1 présente une liste de raccourci permettant de saisir des caractères inhabituels.

Tableau 24.1 : Saisir des caractères inhabituels.

Touches	Caractères obtenus
Ctrl+' (suivi de la lettre)	á í ó ú
Ctrl+` ou Alt Gr+`(suivi de la lettre)	ì, ò
Alt+Ctrl+0+A	å
Ctrl+~ ou Alt Gr+~ (suivi de la lettre)	ã, õ, ñ
Ctrl+Maj+/ suivi de o	ø

Par exemple, pour introduire un ñ dans votre texte, vous allez appuyer simultanément sur les touches Alt Gr et ~ de votre clavier. Ensuite, relâchez ces deux touches, et appuyez sur N. Voilà, ñ est inséré dans le document. Pour obtenir Ñ, il suffit de suivre la même procédure, mais au lieu d'appuyer sur la touche N, vous appuierez sur Maj+N.

En fonction de la configuration de votre clavier, il se peut que le signe ~ soit inséré sans appuyer sur la touche Alt Gr. Dans ce cas, vous appuierez sur Ctrl+~, puis sur N, pour obtenir ñ.

Bien entendu, vous pouvez accentuer de la sorte toutes les lettres de l'alphabet espagnol (notamment) utilisant le caractère ~ en tant qu'accent.

La fonction de correction automatique de Word connaît certains caractères spéciaux. Elle les remplace donc à votre place.

Ajouter un tiret ou un cadratin

L'homme moderne, et les documents issus des traitements de texte, n'utilisent plus le vieux tiret placé sous le chiffre 6 du clavier. Non ! Il insère désormais un long tiret ou des cadratins voire des semi-cadratins.

- Pour créer un tiret, appuyez sur Ctrl+moins.
- Pour créer un cadratin, appuyez sur Ctrl+Alt+moins.
- Pour créer un semi-cadratin appuyez sur Ctrl+8.
- Lorsque j'écris Ctrl+moins, il faut comprendre le signe "moins" du pavé numérique.

Le semi-cadratin prend à peu près la place d'un N. Le cadratin quant à lui est un peu plus large qu'un M.

Insérer des symboles et des caractères spéciaux

Le menu Symbole se trouve dans le groupe Symboles de l'onglet Insertion. En cliquant dessus vous découvrez les symboles les plus rencontrés en typographie. Si vous en sélectionnez un, il s'insère dans le texte à l'emplacement du point d'insertion.

En revanche, si vous ne trouvez pas le caractère spécial que vous désirez utiliser, cliquez sur Autres symboles. Vous ouvrez la boîte de dialogue Caractères spéciaux illustrée à la Figure 24.1. Dans son onglet Symboles, déroulez la liste Police pour voir les caractères spéciaux correspondant à ladite police. La section inférieure de la boîte de dialogue affiche une rangée de symboles dernièrement utilisés.

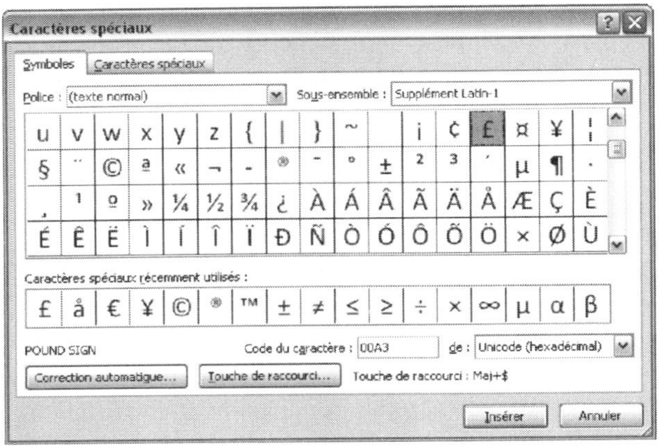

Figure 24.1 : La boîte de dialogue Caractères spéciaux.

Pour insérer un caractère spécial dans un document à partir de la boîte de dialogue éponyme, sélectionnez-en un, et cliquez sur le bouton Insérer.

N'OUBLIEZ PAS

Lorsque vous avez fini d'utiliser la boîte de dialogue Caractères spéciaux, quittez-la par un clic sur Annuler, ou en appuyant sur la touche Échap.

- Pour insérer plusieurs fois de suite un même symbole, sélectionnez-le, et cliquez autant de fois que nécessaire sur le bouton Insérer.
- Vous pouvez insérer un symbole en doucle-cliquant dessus.
- Lorsque vous sélectionnez un caractère spécial, le coin inférieur droit de la boîte de dialogue Caractères spéciaux indique son raccourci clavier.

Dîtes-le avec WordArt !

De tout ce que l'on trouve dans Word, je considère que WordArt est la fonction la plus amusante, la plus utile, et la plus efficace pour perdre son temps. Dès qu'un utilisateur de Word découvre WordArt, il est sous son emprise.

Pour insérer un objet WordArt dans votre document, localisez le bouton ci-contre dans le groupe Texte de l'onglet Insertion.

1. **Cliquez sur le bouton WordArt pour afficher son menu.**

   Il me fait irrésistiblement penser à un présentoir de rouges à lèvres dans un rayon de cosmétiques de grand magasin (voyez la Figure 24.2).

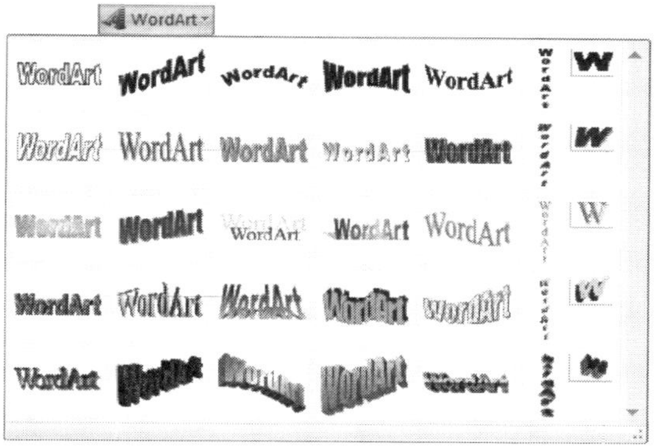

Figure 24.2 : La boîte de dialogue Galerie WordArt.

2. **Dans cette boîte de dialogue, sélectionnez le style de votre objet WordArt.**

   La boîte de dialogue Modification du texte WordArt apparaît.

3. **Tapez le (court) texte que vous voulez "wordartifier".**

4. **Sélectionnez une police, une taille, et mettez-le éventuellement en gras ou en italique.**

5. **Cliquez sur OK.**

Ce texte est devenu une image WordArt dans votre document, avec le style que vous avez choisi.

Pour modifier un texte WordArt, cliquez dessus dans votre document. Cela fait immédiatement apparaître l'onglet Outils WordArt. Vous n'avez plus qu'à cliquer sur l'onglet Format pour accéder à une série d'outils permettant d'agir sur l'objet WordArt sélectionné dans le document. Les techniques de modification, de déplacement, et d'ajustement étudiées au Chapitre 23 s'appliquent sans problème aux objets WordArt.

Épicez votre document avec des zones de texte

Une *zone de texte* est un élément graphique qui contient… suspens… qui contient… du texte ! Il peut servir d'élément décoratif pour mettre en évidence un passage dans une page, ou tout simplement communiquer des informations qui seront développées plus loin dans le texte.

Les zones de texte sont d'une simplicité enfantine :

1. **Cliquez sur l'onglet Insertion.**

2. **Dans le groupe Texte, cliquez sur Zone de texte/Dessiner une zone de texte.**

   Le pointeur de la souris prend la forme d'une croix.

3. **Faites glisser le pointeur de la souris sur la page pour former la zone.**

   Commencez par le coin supérieur gauche de la zone de texte et terminé dans l'angle opposé, c'est-à-dire le coin inférieur droit. En fait, vous exécutez la même action que pour définir des formes comme expliqué au Chapitre 23.

4. **Saisissez le texte dans la zone.**

   Une fois que vous avez terminé, cliquez en dehors de la zone.

   Lorsque vous insérez des objets graphiques, il est recommandé d'afficher le document en mode Page.

   Dans le menu Zone de texte, il est possible de choisir une zone de texte prédéfinie. Dans ce cas, toute la mise en forme est déjà prise en charge par Word.

   Vous pouvez mettre à contribution votre connaissance de la saisie et de la mise en forme. En fait, tout ce qui touche à une zone de texte ne change pas de la saisie du texte au kilomètre que vous réalisez dans Word.

   Pour supprimer une zone de texte, cliquez dessus avec la souris, et appuyez sur la touche Suppr du clavier.

Chapitre 25

Documents, fenêtres et formats multiples

Dans ce chapitre :

- Utiliser plusieurs documents simultanément.
- Comparer deux documents.
- Afficher un document dans deux fenêtres.
- Diviser l'écran.
- Travailler avec des documents d'origine autre que Word.
- Enregistrer un document sous un autre format.

La plupart des personnes que je connais ne travaillent que sur un seul document à la fois. Ceci étant dit, je les comprends car elles n'ont que deux mains, dix doigts, deux yeux, et un seul cerveau. Il faut pourtant savoir que Word permet de travailler avec plusieurs documents. Vous pouvez même afficher différentes parties d'un même document pour y travailler à tour de rôle. Enfin, il est possible de modifier des documents créés avec d'autres logiciels de traitement de texte.

Et pourquoi pas plusieurs documents ?!

Je trouve très frustrant de constater que pour travailler dans un nouveau document beaucoup d'utilisateurs ferment le document en cours. De ce fait, à chaque nouvelle intervention dans un autre document, ces utilisateurs ne cessent de fermer et d'ouvrir des fichiers. Ceci est d'autant plus vexant que Word permet d'ouvrir plusieurs documents simultanément. Par exemple, lors de l'écriture de ce livre j'avais environ six documents différents ouverts, prêt à intervenir dans l'un ou dans l'autre, à copier des éléments de l'un vers l'autre, et à définir mes renvois.

Gérer plusieurs documents

Chaque document Word dispose de sa propre fenêtre indépendante de celle des autres. Donc, ce que vous faites dans un document n'affecte en rien un autre document (sauf cas exceptionnel que vous décidez et qui ne se fait pas à votre insu). Plutôt que de considérer cette possibilité comme pure fantaisie, pensez à en tirer profit.

Basculer d'un document à l'autre

Chaque document est une fenêtre à part entière. La manière la plus commode de passer de l'une à l'autre consiste à cliquer sur l'onglet Affichage. Ensuite, dans le menu Changement de fenêtre, sélectionnez le nom du document à afficher dans l'interface de Word (Figure 25.1).

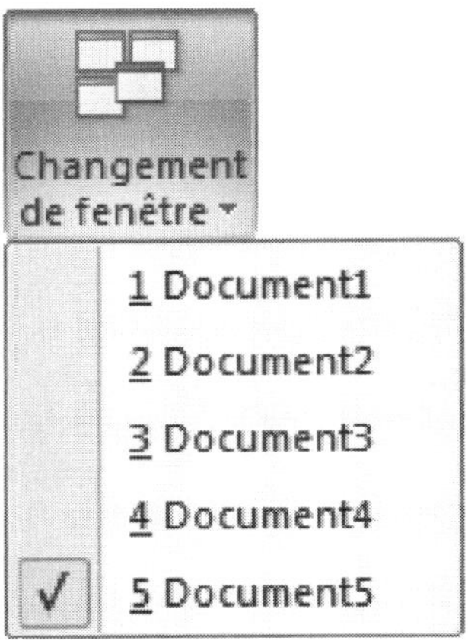

Figure 25.1 : Le menu Changement de fenêtre.

Lorsque plus de neuf documents sont ouverts simultanément, la dernière option de ce menu s'intitule Suite des fenêtres. Elle ouvre la boîte de dialogue Activer où vous cliquez sur le nom du document dans lequel vous souhaitez travailler.

- Pour basculer rapidement d'un document à un autre, appuyez sur Alt+Tab.

- Chaque fenêtre (document) apparaît sous la forme d'un bouton (icône) dans la barre des tâches de Windows. Cliquez sur le nom du document à afficher. Pour apprendre à enregistrer vos documents Word sous un nom particulier, consultez le Chapitre 9.
- Sous Windows Vista, si vous placez le pointeur de la souris sur un bouton de la barre des tâches, une petite fenêtre permet de voir le contenu du document correspondant.

Afficher plusieurs documents en même temps

Pour afficher plusieurs documents simultanément, cliquez sur l'onglet Affichage, puis sur le bouton Réorganiser tout. Word dispose toutes les fenêtres des documents les unes à côtés des autres comme à la Figure 25.2.

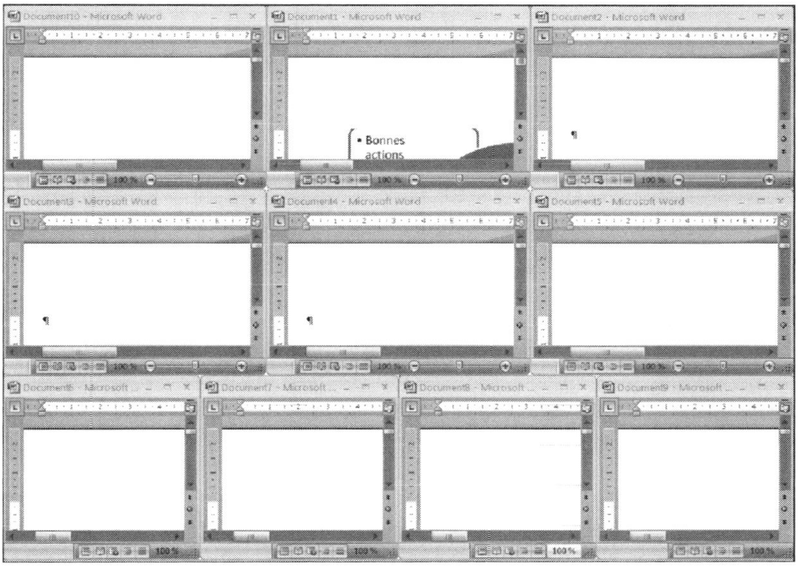

Figure 25.2 : Pour modifier plusieurs documents !

- Dans la mesure où Word ne réorganise pas les fenêtres réduites dans la barre des tâches, si vous ne désirez afficher que deux documents, il suffit de réduire préalablement les autres fenêtres inutiles, puis d'invoquer la commande Réorganiser tout.

- Lorsque les fenêtres des documents sont trop petites, le ruban disparaît.
- Bien que plusieurs documents soient affichés, vous ne pouvez travailler que dans un seul, celui dont la barre de titre est active.
- Une fois les fenêtres organisées, vous pouvez modifier leur taille et leur position avec la souris. C'est une fonction de Windows, et non de Word.

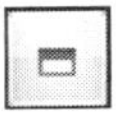

- Pour restaurer la taille d'un document, cliquez sur le bouton Agrandir.

Comparer deux documents côte à côte

La méthode la plus pratique et la plus rapide pour comparer des documents consiste à les placer l'un à côté de l'autre, c'est-à-dire sous la forme de deux fenêtres distinctes et de verrouiller leur fonction de défilement. Voici comment procéder :

1. **Vous devez disposer de deux documents ouverts.**
2. **Cliquez sur l'onglet Affichage.**

3. **Cliquez sur le bouton Afficher côte à côte.**

   Word positionne verticalement et l'un à côté de l'autre les deux documents.

   Lorsque plusieurs documents sont ouverts, une boîte de dialogue vous demande de choisir le second document à comparer.

4. **Faites défiler le contenu de l'un ou de l'autre des documents.**

   Et oui, étonnant ! Les deux documents défilent de conserve. Ce mode est idéal pour apprécier les différences et les points communs.

5. **Lorsque vous avez fini, cliquez de nouveau sur le bouton Afficher côte à côte.**

- Vous pouvez désactiver ce défilement synchronisé par un clic sur le bouton Défilement synchrone.

Afficher le même document dans plusieurs fenêtres

Word est capable d'afficher un même document dans deux fenêtres. J'utilise cette fonction quand je cherche à comparer ou à vérifier des éléments dans de longs documents.

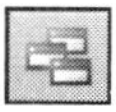

Pour ouvrir une seconde fenêtre d'un même document, cliquez sur l'onglet Affichage, puis sur le bouton Nouvelle fenêtre. Word ne crée pas un nouveau document ! Il ouvre simplement une nouvelle occurrence de votre document. D'ailleurs, vous notez que le titre de chaque fenêtre reprend le nom du document en y ajoutant respectivement `:1` et `:2`.

Bien que deux fenêtres soient ouvertes, vous ne travaillez que dans un seul document. Donc, tout ce que vous effectuez dans une fenêtre du document se répercute inévitablement dans l'autre.

Lorsque vous n'avez plus besoin de la seconde fenêtre, fermez l'une ou l'autre, peu importe ! Vous constatez alors que le document affiche son titre normal, c'est-à-dire sans `:1` et `:2`. Ce document est donc toujours ouvert à des fins de consultation ou de modification.

- Cette fonction est utile pour couper et coller du texte ou des images entre différentes sections d'un même document.
- Vous pouvez même ouvrir une troisième fenêtre en exécutant de nouveau la commande Nouvelle fenêtre.
- Une autre manière de consulter deux parties d'un même document consiste à fractionner sa fenêtre comme expliqué dans la prochaine section.

Utiliser la bonne vieille méthode du fractionnement

Fractionner l'écran permet d'afficher deux parties d'un document dans la même fenêtre. Ainsi, la partie supérieure de la fenêtre dévoile une partie du document, et la partie inférieure une autre comme l'illustre la Figure 25.3. Chaque partie est indépendante de l'autre. Vous pouvez donc voir simultanément deux sections différentes d'un même document.

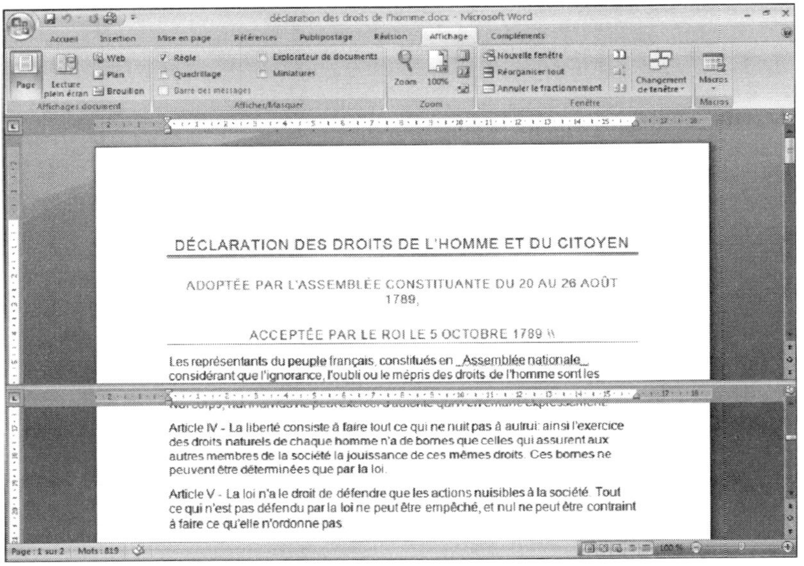

Figure 25.3 : Un document dont l'affichage est fractionné.

Pour fractionner une fenêtre :

1. **Cliquez sur l'onglet Affichage.**

2. **Cliquez sur le bouton Fractionner.**

   Une barre grise mobile permet de choisir à quel endroit va se faire le fractionnement.

3. **À l'aide de la souris, déplacez cette barre grise vers le haut ou le bas.**

4. **Cliquez pour fractionner.**

Les deux vues du document sont consultables individuellement. Ainsi, vous pouvez faire défiler le contenu de l'une sans que cela affecte l'affichage de l'autre. Pour appliquer des modifications, intervenez dans la vue concernée.

Pour annuler le fractionnement et ainsi revenir à l'affichage normal du document, double-cliquez sur le bouton Annuler le fractionnement.

TRUC

- Quand la règle est affichée, chaque vue possède la sienne.
- En affichage normal, par exemple Page, vous constatez qu'au-dessus de l'icône Règle de la barre de défilement verticale, il y

a une petite barre noire. Cliquez dessus et, sans relâcher le bouton de la souris, placez où vous le désirez la barre de fractionnement grise. Dès que vous relâchez le bouton de la souris, le document est fractionné.

Travailler avec d'autres formats de fichier

Croyez-le ou non, Word n'est pas le seul traitement de texte sur cette planète. Ne parlons pas ici de domination du marché, mais il existe d'autres traitements de texte, avec d'autres formats de fichier pour les documents. Un jour où l'autre, vous pourrez avoir affaire à eux. Si cela vous arrive, il vous faudra importer dans Word un fichier d'un tel format pour pouvoir l'utiliser. De même, vous pouvez exporter un document Word pour en faire un fichier d'un autre format. Les sections suivantes vont vous expliquer comment procéder.

Utiliser la liste Type de fichiers

Le format de fichier est vraiment la clé de l'enregistrement et de l'ouverture d'un document. Pour cela, vous utilisez la liste Type de fichier(s). Cette liste contient tous les formats que Word sait gérer. Vous la trouvez dans les boîtes de dialogue Ouvrir et Enregistrer sous.

Dans la boîte de dialogue Ouvrir, la liste des noms de fichiers s'appelle Type de fichiers. Vous constaterez que sous Windows Vista, elle ne porte pas de nom. Lorsque vous choisissez un type de fichier dans la liste, la boîte de dialogue n'affiche plus que les fichiers portant l'extension du type sélectionné. Vous êtes assuré que le fichier s'ouvrira correctement dans Word.

Dans la boîte de dialogue Enregistrer sous, la liste se nomme Type de fichier. Elle propose l'ensemble des formats sous lesquels Word est capable d'enregistrer vos documents.

Charger un fichier d'un format étranger

Imaginez que quelqu'un vous a envoyé un fichier texte ou un document WordPerfect, ou une page web, ou un fichier d'un format étrange qui n'a rien à voir avec les documents Word. Pas de problème ! Word peut les ouvrir sans effort. Suivez ces étapes :

1. **Invoquez la commande Ouvrir.**
2. **Dans la liste déroulante Type de fichiers, sélectionnez le format du fichier à ouvrir.**

   En choisissant un format de fichier, Word réduit considérablement le nombre de fichiers affichés. Le choix est alors bien plus simple à réaliser.

   Si vous ne connaissez pas le format du fichier à ouvrir, laissez Tous les fichiers. Word n'ouvrira alors que ce qu'il sait ouvrir.
3. **Naviguez jusqu'au fichier que vous voulez ouvrir.**

   Utilisez la boîte de dialogue pour arriver au fichier que vous souhaitez. Pour en savoir plus, voyez le Chapitre 9.
4. **Cliquez sur le bouton Ouvrir.**

   Le fichier apparaît à l'écran, comme un document Word.

Enregistrer un fichier dans un format étranger

Word se débrouille très bien pour enregistrer des fichiers sur le disque. Par exemple, lorsque vous demandez l'enregistrement d'un document que vous avez ouvert au format WordPerfect, Word l'enregistre automatiquement au format WordPerfect. C'est la même chose pour tous les autres formats étrangers à Word : Word enregistre le fichier dans son format d'origine.

Pour enregistrer un fichier dans un autre format que celui dans lequel vous l'avez ouvert, utilisez la commande Enregistrer sous et sélectionnez le type voulu dans la liste Type de fichier de la boîte de dialogue Enregistrer sous.

Par exemple, si vous avez besoin d'enregistrer un document en tant que fichier texte, sélectionnez Texte brut dans la liste déroulante Type de fichier, puis cliquez sur le bouton Enregistrer. Idem pour le format HTML, RTF ou tout autre format étranger.

Word vous fera peut-être remarquer que c'est une mauvaise action d'enregistrer un document dans un format étranger. Vous pouvez ignorer ces remontrances. Cliquez sur Oui pour enregistrer le document.

- Vous pouvez enregistrer un document sur le disque dans deux formats différents, par exemple le format Word et un autre. Commencez par enregistrer le fichier en tant que document Word en sélectionnant Documents Word dans la liste Type de fichier. Puis enregistrez à nouveau votre fichier en sélectionnant un autre format, par exemple Texte brut.
- N'oubliez pas que Word se souvient du format. Si vous vous apercevez que vos documents sont enregistrés dans un autre format que celui que vous vouliez, c'est la faute de la boîte de dialogue Enregistrer sous. Lorsque vous l'utilisez, pensez toujours à vérifier le format sélectionné dans la liste Type de fichier.

Livret II

Excel

Première partie

On se jette à l'eau

"J'ai déjà utilisé toutes sortes de tableurs, mais c'est celui-ci le meilleur pour dessiner des patchworks."

Dans cette partie...

Il suffit d'un coup d'œil à la fenêtre d'Excel 2007, avec son nouveau bouton Microsoft Office, sa barre d'outils Accès rapide et son Ruban, pour se rendre compte de la quantité de choses dont on dispose ici. Que cela ne vous fasse pas peur : au Chapitre 1, je décompose le Ruban d'Excel 2007 pour clarifier les nombreux onglets et boutons de commande que vous allez avoir en face de vous jour après jour.

Naturellement, il ne suffit pas de vous asseoir tranquillement pour vous faire expliquer par quelqu'un comme moi tout ce que vous voyez sur l'écran. Pour faire effectivement quelque chose d'Excel, il vous faut commencer par apprendre à utiliser toutes ces merveilles. Pour cela, c'est le Chapitre 2 qui vous explique comment utiliser certains des principaux boutons et des principales commandes de la fenêtre pour entrer vos données dans votre feuille de calcul. A partir de cette humble entrée en matière, le chemin n'est pas très long jusqu'à la maîtrise complète du logiciel.

Chapitre 1

Excel 2007 pour son utilisateur

Dans ce chapitre :

- Se familiariser avec la nouvelle fenêtre d'Excel 2007.
- Sélectionner des commandes à partir du Ruban.
- Personnaliser la barre d'outils Accès rapide.
- Les méthodes pour lancer Excel 2007.
- Surfer dans un classeur et une feuille de calcul Excel 2007.
- Obtenir de l'aide sur Excel 2007.

La nouvelle interface utilisateur d'Excel 2007 fait disparaître la manière dont les précédentes versions dépendaient d'une série de menus déroulants, de volets de tâches et d'une multitude de barres d'outils. Elle utilise à la place une simple bande, appelée *Ruban* (en haut de la fenêtre), conçue pour rassembler les commandes d'Excel les plus utilisées afin de les mettre à votre portée immédiate en permanence. Ajoutez à ce Ruban un seul menu déroulant Office et la seule barre d'outils Accès rapide, auxquels s'ajoutent quelques volets de tâches qui subsistent (Presse-papiers, Images Clipart, et Rechercher), et vous avez la version d'Excel la plus facile à utiliser jamais parue. Enfin, cette nouvelle interface utilisateur comporte toutes sortes d'améliorations graphiques, à commencer par les styles rapides qui vous permettent de voir comment vos tableaux ou graphiques se présenteraient dans une mise en forme particulière, sélectionnée dans une palette de styles rapides, avant de l'avoir effectivement appliquée.

L'interface utilisateur avec son Ruban

À son premier lancement, Excel 2007 s'ouvre en affichant la première des trois feuilles de calcul (Feuil1) d'un nouveau fichier de classeur (Classeur1), dans une fenêtre identique à celle que montre la Figure 1.1.

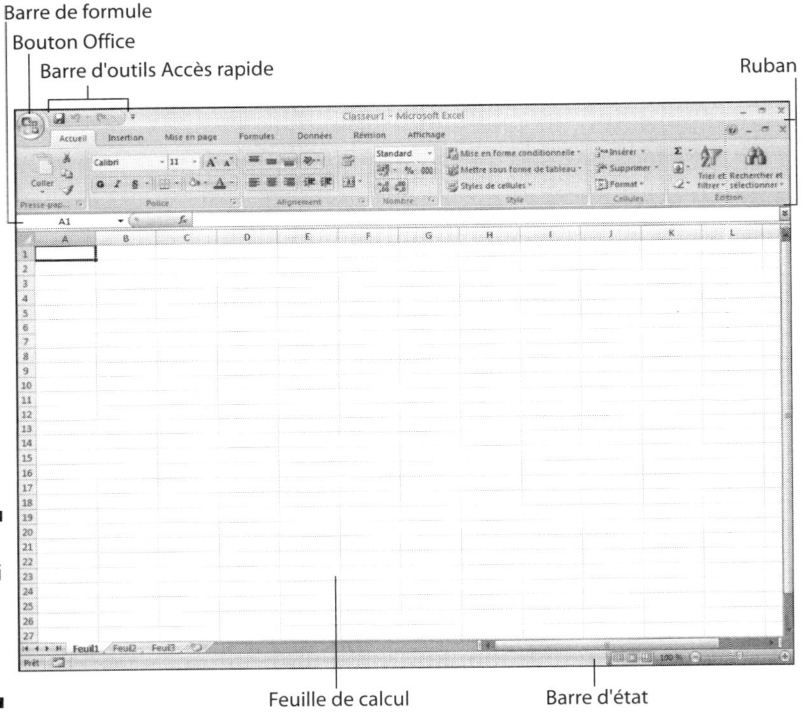

Figure 1.1 : La fenêtre qui apparaît quand on lance Excel 2007.

Cette fenêtre se compose des éléments suivants :

- **Le Bouton Office**, qui ouvre le menu déroulant Office contenant toutes les commandes relatives au fichier, notamment Enregistrer, Ouvrir, Imprimer, et Quitter Excel, ainsi que le bouton Options Excel qui vous permet de modifier les paramètres par défaut d'Excel.

- **La barre d'outils Accès rapide**, qui contient des boutons sur lesquels vous pouvez cliquer pour accomplir des tâches d'usage courant, par exemple enregistrer votre travail ou bien annuler ou répéter une modification, et que vous pouvez personnaliser en y ajoutant des boutons.

- **Le Ruban**, qui contient la majeure partie des commandes d'Excel, réparties dans un certain nombre d'onglets allant d'Accueil à Affichage.
- **La Barre de formule**, qui affiche l'adresse de la cellule sélectionnée ainsi que son contenu.
- **La zone de feuille de calcul**, qui contient toutes les cellules de la feuille de calcul en cours, identifiées par des en-têtes de colonnes au moyen de lettres sur le bord supérieur, et par des en-têtes de lignes utilisant des nombres sur le bord gauche, avec des onglets permettant de sélectionner une autre feuille de calcul du classeur, une barre de défilement horizontal sur le bord inférieur pour se déplacer vers la droite et vers la gauche dans la feuille de calcul, et une barre de défilement vertical sur le bord droit pour se déplacer vers le haut et vers le bas dans la feuille de calcul.
- **La Barre d'état**, qui indique dans quel mode se trouve le programme et quelles touches spéciales sont activées, vous permet de sélectionner une autre feuille de calcul et de faire un zoom avant ou arrière sur la feuille de calcul affichée.

Utiliser le Bouton Office

Dans le coin supérieur gauche de la fenêtre d'Excel 2007, vous pouvez voir le Bouton Office (rond, avec une sorte d'entrelacement en quatre couleurs), immédiatement suivi par la barre d'outils Accès rapide.

Lorsque vous cliquez sur le Bouton Office, un menu déroulant, semblable à celui que montre la Figure 1.2, apparaît. Ce menu Office contient toutes les commandes dont vous avez besoin pour travailler avec les fichiers classeur d'Excel, notamment Enregistrer, Ouvrir, Imprimer et Fermer. Il contient aussi un bouton Options Excel, qui vous permet de modifier les paramètres du programme, et un bouton Quitter Excel, qui vous permet de fermer le programme lorsque vous avez fini de travailler.

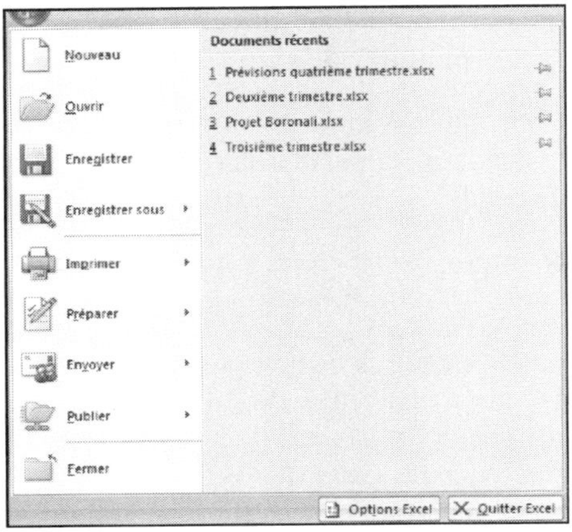

Figure 1.2 : Cliquez sur le Bouton Office pour accéder aux commandes de son menu déroulant, ouvrir un classeur récent ou modifier les options d'Excel.

Visite guidée du Ruban

Le Ruban (Figure 1.3) change radicalement la manière dont vous allez travailler dans Excel avec la version 2007. Au lieu de devoir vous rappeler (ou deviner) dans quel menu déroulant ou dans quelle barre d'outils Microsoft a placé la commande que vous voulez utiliser, les concepteurs d'Excel 2007 ont imaginé ce Ruban qui rend directement accessibles dans des onglets les commandes les plus utilisées pour une certaine catégorie de tâches.

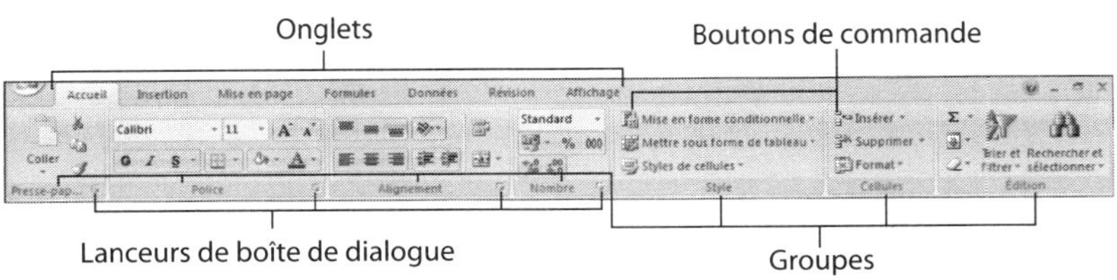

Figure 1.3 : Le Ruban d'Excel se compose d'une série d'onglets contenant des boutons de commande répartis en différents groupes.

Le Ruban est constitué des composants suivants :

- **Des onglets** pour chaque catégorie de tâches d'Excel, rassemblant chacun les commandes les plus utilisées pour cette catégorie de tâches.
- **Des groupes**, rassemblant des boutons de commande par sous-ensemble de ces catégories de tâches.
- **Des boutons de commande** dans chaque groupe, que vous pouvez sélectionner pour accomplir une action ou ouvrir une galerie dans laquelle vous pourrez cliquer sur la miniature de votre choix. Notez que dans certains onglets un certain nombre de ces boutons se présentent comme des mini-barres d'outils donnant accès aux paramètres correspondants.
- **Des lanceurs de boîte de dialogue**, dans le coin inférieur droit de certains groupes, vous permettant d'ouvrir une boîte de dialogue contenant un certain nombre d'options supplémentaires.

Pour afficher une plus grande surface de votre feuille de calcul dans la fenêtre d'Excel, vous pouvez minimiser le Ruban de manière que seuls les onglets apparaissent. Il vous suffit de double-cliquer sur l'un quelconque des onglets ou d'appuyer sur Ctrl+F1 (et de double-cliquer sur un onglet ou d'appuyer sur Ctrl+F1 pour afficher à nouveau le Ruban). Vous pouvez aussi utiliser la commande Réduire le Ruban du menu Personnaliser la barre d'outils Accès rapide (voyez la section Personnaliser la barre d'outils Accès rapide, plus loin dans ce chapitre). Pour sélectionner une commande dans le Ruban minimisé, cliquez d'abord sur l'onglet voulu. Celui-ci apparaît. Mais dès que vous avez sélectionné la commande voulue, le Ruban est à nouveau minimisé.

Les onglets du Ruban

La première fois que vous lancez Excel 2007, son Ruban contient les sept onglets suivants, de la gauche vers la droite :

- **Accueil**, qui contient les boutons de commande normalement utilisés pour créer, mettre en forme et modifier une feuille de calcul, répartis dans les groupes Presse-papiers, Police, Alignement, Nombre, Style, Cellules et Édition.

- **Insertion**, qui contient les boutons de commande normalement utilisés pour ajouter divers éléments (dessins, tableaux, graphiques, liens hypertextes, en-têtes et pieds de pages), répartis dans les groupes Formes, Tableaux, Illustrations, Diagrammes, Liens et Texte.

- **Mise en page**, qui contient les boutons de commande normalement utilisés pour préparer une feuille de calcul pour l'impression ou réorganiser les dessins sur une feuille de calcul, répartis dans les groupes Thèmes, Mise en page, Mise à l'échelle et Options de la feuille de calcul.

- **Formules**, qui contient les boutons de commande normalement utilisés pour ajouter des formules et des fonctions dans une feuille de calcul ou pour rechercher des erreurs dans une formule, répartis dans les groupes Bibliothèque de fonctions, Cellules nommées, Audit de formules et Calcul. Notez que cet onglet contient également un groupe Solutions lorsque vous activez certains programmes "add-in" comme Conditional Sum et Euro Currency Tools.

- **Données**, qui contient les boutons de commande normalement utilisés pour importer, émettre des requêtes, mettre en évidence ou faire un sous-total des données d'une feuille de calcul, répartis dans les groupes Donnés externes, Gérer les connexions, Trier et filtrer, Outils de données et Plan. Notez que cet onglet contient également un groupe Analyse lorsque vous activez certains programmes "add-in" comme Analysis Toolpak and Solver Add-In.

- **Révision**, qui contient les boutons de commande normalement utilisés pour vérifier, protéger et effectuer le suivi des modifications d'une feuille de calcul, répartis dans les groupes Vérification, Commentaires et Modifications.

- **Affichage**, qui contient les boutons de commande normalement utilisés pour modifier l'affichage de la feuille de calcul, répartis dans les groupes Affichages classeur, Afficher/Masquer, Zoom et Fenêtre.

Bien que ces onglets standard soient ceux que vous voyez toujours sur le Ruban lorsqu'il est affiché dans Excel, ils ne sont pas tout ce qui peut apparaître dans cette zone. Excel peut également y afficher des outils contextuels lorsque vous travaillez sur un objet que vous avez sélectionné dans la feuille de calcul, par exemple une image insérée ou un graphique, ou un tableau que vous avez créé. Les noms des outils contextuels pour l'objet sélectionné apparaissent juste au-dessus de l'onglet ou des onglets associés à ces outils.

Par exemple, la Figure 1.4 montre une feuille de calcul après avoir cliqué sur le graphique qu'elle contient pour le sélectionner. Sélectionner ce graphique fait apparaître à l'extrémité du Ruban les Outils de graphique répartis dans trois onglets supplémentaires : Création (sélectionné par défaut), Disposition et Mise en forme. Notez également que les boutons de commande de l'onglet Création sont répartis dans les groupes Type, Données, Disposition rapide, Styles rapides et Emplacement.

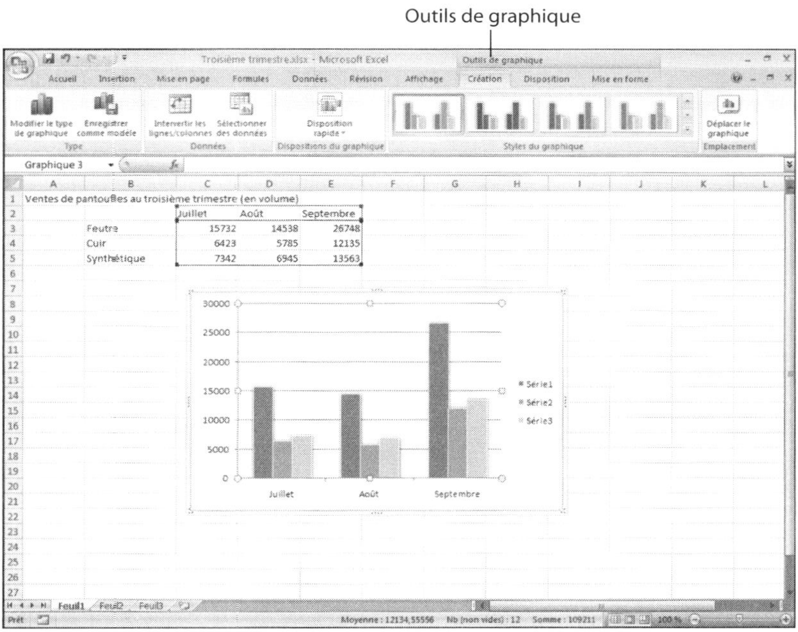

Figure 1.4 : Lorsque vous sélectionnez certains objets dans la feuille de calcul, Excel ajoute au Ruban des outils contextuels avec leurs propres onglets, groupes et boutons.

Lorsque vous désélectionnez l'objet (en général en cliquant dans la feuille à l'extérieur de celui-ci), l'outil contextuel pour celui-ci disparaît immédiatement du Ruban, qui ne laisse plus apparaître que les onglets habituels.

Sélectionner des commandes dans le Ruban

La méthode la plus directe pour sélectionner des commandes dans le Ruban consiste à cliquer sur l'onglet qui contient le bouton de commande voulu, puis à cliquer sur ce bouton dans le groupe dont il fait partie. Par exemple, pour insérer un clipart dans votre feuille de calcul, vous cliquez sur l'onglet Insertion, puis sur le bouton Images clipart pour ouvrir le volet Images clipart dans la feuille de calcul.

La méthode la plus facile pour sélectionner des commandes du Ruban (si vous êtes vraiment à l'aise avec votre clavier) consiste à appuyer sur la touche Alt, la relâcher, puis à taper la séquence de lettres définissant le raccourci clavier pour l'onglet et le bouton voulus.

Lorsque vous appuyez sur la touche Alt et la relâchez aussitôt, Excel affiche les touches de raccourci pour tous les onglets du Ruban. Lorsque vous appuyez alors sur la ou les touches de raccourci de l'onglet voulu, celui-ci apparaît, avec toutes les touches de raccourci des boutons de commande qu'il contient, comme le montre la Figure 1.5. Pour sélectionner un bouton de commande (ou ouvrir une boîte de dialogue), appuyez alors simplement sur les touches de raccourci correspondantes.

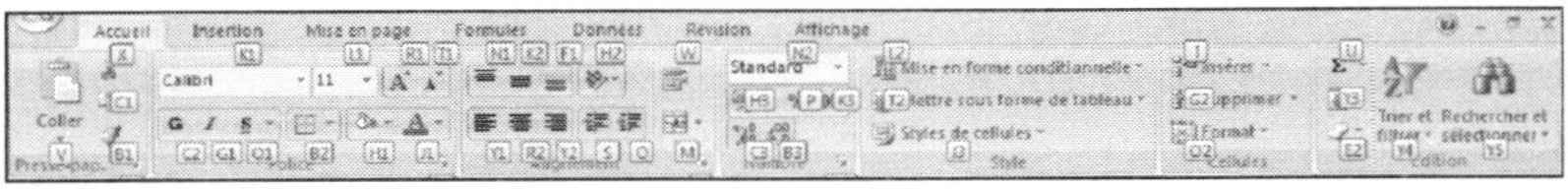

Figure 1.5 : Lorsque vous appuyez successivement sur Alt puis sur les touches de raccourci d'un onglet, Excel affiche les touches de raccourci de tous ses boutons de commande et boîtes de dialogue.

Si vous connaissez les anciens raccourcis clavier d'Excel, depuis Excel 97 jusqu'à Excel 2003, vous pouvez toujours les utiliser.

Par exemple, au lieu d'appuyer sur Alt+HC pour copier une sélection de cellules dans le presse-papiers de Windows, puis sur Alt+HV pour la coller à un autre emplacement dans la feuille, vous pouvez toujours appuyer sur Ctrl+C pour copier la sélection, puis sur Ctrl+V pour la coller là où vous voulez. Notez toutefois que pour utiliser un raccourci clavier du Ruban reposant sur la touche Alt, vous n'avez pas besoin de maintenir celle-ci enfoncée, contrairement à un raccourci clavier reposant sur la touche Ctrl (ce qui n'empêche pas que pour d'autres raccourcis clavier que ceux du Ruban utilisant la touche Alt, celle-ci doive être maintenue enfoncée).

Personnaliser la barre d'outils Accès rapide

Lorsque vous lancez Excel 2007 pour la première fois, la barre d'outils Accès rapide ne contient que les trois boutons suivants :

- **Enregistrer**, pour enregistrer toutes les modifications apportées au classeur ouvert, avec le même nom de fichier, le même format de fichier et le même emplacement.
- **Annuler**, pour annuler la dernière modification que vous avez effectuée.
- **Répéter**, pour répéter la dernière modification que vous avez effectuée.

La barre d'outils Accès rapide est très personnalisable, car Excel donne la possibilité d'y ajouter très facilement non seulement n'importe quel bouton du Ruban, mais aussi toutes les commandes d'Excel que vous voulez, même les plus obscures qui n'apparaissent dans aucun des onglets du Ruban.

Le menu Personnaliser la barre d'outils Accès rapide

Lorsque vous cliquez sur ce bouton Personnaliser la barre d'outils Accès rapide, vous voyez apparaître un menu dont la première section est une liste de commandes précédée d'une colonne grise dans laquelle apparaît une coche devant chacune de celles dont le bouton est affiché dans la barre d'outils Accès rapide. Par défaut, seules les commandes Enregistrer, Annuler, et Répéter sont cochées, et il vous suffit de cocher toutes celles que vous voulez pour en faire apparaître le bouton dans la barre d'outils. Inversement, si vous cliquez dans ce menu sur une commande déjà cochée, la coche disparaît et son bouton disparaît dans la barre d'outils.

La deuxième section de ce menu comporte les commandes Autres commandes qui vous permet d'ajouter d'autres commandes dans la barre d'outils Accès rapide (y compris des commandes qui ne sont pas présentes dans le Ruban), ce que nous verrons à la section "Ajouter d'autres commandes dans la barre d'outils Accès rapide", un peu plus loin ; et Afficher en dessous du Ruban qui permet tout simplement d'afficher la barre d'outils Accès rapide en dessous du Ruban.

Enfin, la troisième section de ce menu ne comporte que la commande Réduire le Ruban, qui vous permet de minimiser le Ruban de manière que seuls ses onglets apparaissent (voyez à ce sujet la section Visite guidée du Ruban, plus haut dans ce chapitre).

Ajouter des boutons du Ruban

Pour ajouter dans la barre d'outils Accès rapide un bouton de commande du Ruban, cliquez simplement du bouton droit sur celui-ci dans le Ruban, puis sélectionnez Ajouter à la barre d'outils Accès rapide dans le menu qui apparaît. Excel ajoute aussitôt ce bouton à l'extrémité droite de la barre d'outils Accès rapide, juste avant le bouton Personnaliser la barre d'outils Accès rapide.

Si vous voulez placer à un autre endroit dans la barre d'outils Accès rapide le bouton que vous venez d'y ajouter, par exemple pour le regrouper avec d'autres boutons, cliquez sur le bouton Personnaliser la barre d'outils Accès rapide, puis sélectionnez Autres commandes dans le menu qui apparaît.

La boîte de dialogue Options Excel s'affiche, avec l'onglet Personnaliser au premier plan (Figure 1.6). Vous y voyez, dans la liste de droite, tous les boutons déjà placés dans la barre d'outils Accès rapide, l'ordre dans lequel ils apparaissent de gauche à droite dans la barre d'outils Accès rapide correspondant à l'ordre dans lequel ils apparaissent du haut vers le bas dans cette liste.

Pour repositionner un bouton dans la barre d'outils, cliquez dessus pour le sélectionner dans la liste de droite de la boîte de dialogue Options Excel, puis cliquez sur la flèche pointant vers le haut ou la flèche pointant vers le bas à droite de cette liste pour le déplacer vers le haut ou vers le bas dans la liste, jusqu'à l'emplacement désiré.

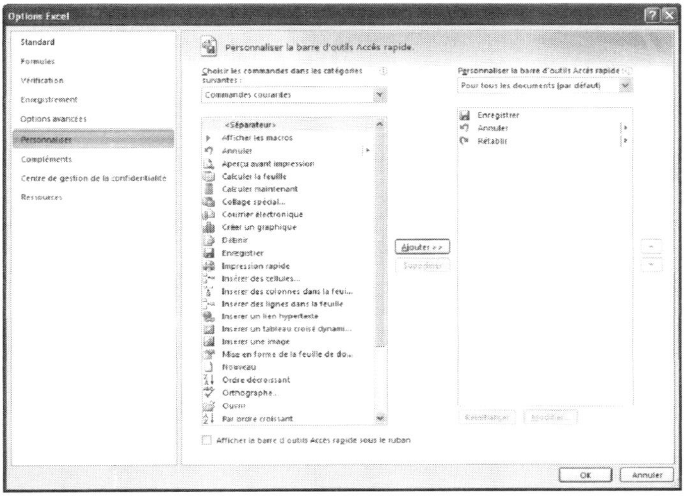

Figure 1.6 : L'onglet Personnaliser de la boîte de dialogue Options Excel vous permet de personnaliser entièrement la barre d'outils Accès rapide.

N'OUBLIEZ PAS

Vous pouvez ajouter des séparateurs dans la barre d'outils pour regrouper des boutons sur la base de leurs fonctions. Pour cela, cliquez sur <Séparateur> en haut de la liste de gauche dans la boîte de dialogue Options Excel, cliquez sur le bouton Ajouter entre les deux listes pour faire apparaître un <Séparateur> dans la liste de droite, puis utilisez la flèche pointant vers le haut ou la flèche pointant vers le bas à droite de la liste de droite pour le positionner à l'endroit voulu.

Pour supprimer un bouton de la barre d'outils Accès rapide, cliquez dessus du bouton droit dans celle-ci, puis sélectionnez Supprimer de la barre d'outils Accès rapide dans le menu qui apparaît.

Ajouter d'autres commandes dans la barre d'outils Accès rapide

L'onglet Personnaliser de la boîte de dialogue Options Excel montré par la Figure 1.6 (cliquez sur le bouton Personnaliser la barre d'outils Accès rapide, et sélectionnez Autres commandes dans le menu qui apparaît), vous permet également d'ajouter à la barre d'outils Accès rapide toutes les commandes d'Excel qui ne se trouvent pas dans le Ruban.

1. **Dans la liste déroulante Choisir les commandes dans les catégories suivantes, sélectionnez le type de la commande que vous voulez ajouter à la barre d'outils Accès rapide.**

   Parmi ces catégories de commandes, figurent notamment le menu du Bouton Office (libellé Office Menu dans la version bêta dont nous disposons, mais qui sera sans doute libellé Menu Office dans la version commercialisée) ainsi que tous les onglets du Ruban. Pour n'afficher que les commandes qui ne sont pas dans le Ruban, sélectionnez Commandes non présentes sur le ruban, dans la première section de la liste déroulante. Pour afficher la liste complète de toutes les commandes d'Excel, cliquez sur Toutes les commandes, dans la première section de la liste déroulante.

2. **Dans la liste des commandes de gauche, cliquez sur celle que vous voulez ajouter à la barre d'outils Accès rapide.**

3. **Cliquez sur le bouton Ajouter, entre les deux listes, pour ajouter la commande sélectionnée à la liste de droite.**

4. **Si vous voulez repositionner le bouton que vous venez d'ajouter, cliquez sur la flèche pointant vers le haut (à droite de la liste de droite), jusqu'à ce qu'il soit à l'emplacement voulu.**

5. **Cliquez sur OK pour fermer la boîte de dialogue Options Excel.**

N'OUBLIEZ PAS

Si vous avez créé des macros que vous utilisez fréquemment et que vous voulez pouvoir lancer directement à partir de la barre d'outils Accès rapide, cliquez sur Macros dans la première section de la liste déroulante Choisir les commandes dans les catégories suivantes, puis sélectionnez le nom de la macro à ajouter et cliquez sur le bouton Ajouter.

S'amuser avec la Barre de formule

La Barre de formule affiche l'adresse et le contenu de la cellule sélectionnée. L'adresse d'une cellule est définie par la lettre (ou les lettres) de la colonne dans laquelle elle se trouve, suivie immédiatement par le numéro de la ligne dans laquelle elle se trouve. Ainsi, la cellule A1 est la toute première cellule de la feuille de calcul, à son coin supérieur gauche, à l'intersection de la première ligne et de la première colonne. La cellule XFD1048576, qui est la toute dernière dans une feuille de calcul Excel 2007, se trouve à l'intersection de la colonne XFD et de la ligne 1 048 576, dernière colonne et dernière ligne d'une feuille de calcul Excel 2007. Le contenu de la cellule sélectionnée dépend du type des données que vous y avez entrées : du texte ou des nombres si vous n'avez entré qu'un en-tête ou une valeur particulière, une formule si vous avez entré une formule.

La Barre de formule se compose de trois parties, de gauche à droite :

- **La zone de nom :** C'est la partie qui affiche l'adresse de la cellule sélectionnée.
- **Les boutons de la Barre de formule :** Juste après la zone de nom, c'est la zone qui se présente comme un petit ruban bleu commençant par un demi-cercle (que l'on peut déplacer vers la droite ou vers le haut). Elle contient à son extrémité droite le bouton Assistant Fonction (*fx*), auquel viennent s'ajouter les boutons Entrer et Annuler lorsque vous commencez à modifier le contenu de la cellule.
- **Contenu de la cellule :** Juste après la zone des boutons apparaît sur fond blanc le contenu de la cellule, occupant tout le reste de la Barre de formule, ce qui permet d'afficher un contenu aussi long que nécessaire.

ATTENTION !

L'importance de la zone du contenu de la cellule dans la Barre de formule est qu'elle vous montre toujours le contenu réel de la cellule, même lorsque la feuille de calcul elle-même ne le fait pas. Par exemple, lorsque la cellule contient une formule, Excel affiche dans cette cellule le résultat du calcul correspondant, mais c'est la zone du contenu de la cellule dans la Barre de formule qui affiche la formule (laquelle est le véritable contenu de la cellule), et c'est là que vous pouvez modifier cette formule à tout moment. Pour la même raison, lorsque la zone du contenu de la cellule est vide, vous savez que la cellule ne contient rien.

Que faire dans la zone de la feuille de calcul

C'est là que la majeure partie des choses se passent, car c'est là que sont affichées les cellules ; c'est dans les cellules que vous entrez vos données, c'est aux cellules que vous appliquez vos mises en forme ainsi que toutes sortes de modifications.

N'oubliez pas que pour que vous puissiez entrer ou modifier des données dans une cellule, celle-ci doit être sélectionnée. Excel indique de trois manières qu'une cellule est sélectionnée :

- Le curseur de cellule : c'est la bordure noire épaisse qui entoure la cellule sélectionnée.
- L'adresse de la cellule sélectionnée apparaît dans la zone de nom de la Barre de formule.
- L'en-tête de la colonne et l'en-tête de la ligne de la cellule sélectionnée apparaissent en orange, ce qui les met en évidence par contraste avec les autres.

Se déplacer dans la feuille de calcul

Une feuille de calcul Excel contient bien trop de lignes et de colonnes pour que toutes soient affichées en même temps, quelles que soient la taille et la définition de votre écran (ne perdons pas de vue qu'il y a au total 17 179 869 184 cellules dans une feuille de calcul). Excel offre donc de nombreux moyens de déplacer le curseur de cellule dans la feuille de calcul pour atteindre celle que vous voulez modifier :

- Cliquer sur la cellule voulue (dans le cas où celle-ci se trouve dans la zone de la feuille de calcul affichée à l'écran).
- Cliquer dans la zone de nom de la Barre de formule, y entrer directement l'adresse de la cellule voulue et appuyer sur la touche Entrée.
- Appuyer sur F5 pour faire apparaître la boîte de dialogue Atteindre, entrer l'adresse de la cellule voulue dans le champ Référence, puis cliquer sur OK.
- Utiliser les touches de curseur selon les indications du Tableau 1.1 pour déplacer le curseur de cellule jusqu'à la cellule voulue.
- Utiliser les barres de défilement horizontal et vertical, respectivement sur le bord inférieur et le bord droit de la fenêtre, pour faire apparaître à l'écran la zone de la feuille de calcul

qui contient la cellule voulue, puis cliquer sur celle-ci pour la sélectionner.

Raccourcis clavier pour déplacer le curseur de cellule

Excel offre de nombreux raccourcis clavier pour déplacer le curseur de cellule vers une cellule quelconque. Au fur et à mesure que le curseur de cellule se déplace, la zone de la feuille de calcul qui apparaît à l'écran se déplace en conséquence, de manière que celui-ci apparaisse toujours à l'affichage. Le Tableau 1.1 rassemble tous ces raccourcis clavier en indiquant les déplacements du curseur de cellule qu'ils produisent. Ces raccourcis clavier utilisent les quatre touches de curseur (←, →, ↑ et ↓) et les touches Page suivante (PgSuiv), Page précédente (PgPréc), Début et Fin, ainsi que la touche Ctrl.

Les raccourcis clavier qui combinent la touche Ctrl et la touche Fin avec une touche de curseur apparaissant dans le Tableau 1.1 sont parmi les plus utiles pour se déplacer rapidement dans un grand tableau de cellules ou pour se déplacer d'un tableau à un autre dans une partie de la feuille de calcul qui contient de nombreux blocs de cellules.

Lorsque vous utilisez la touche Ctrl avec une touche de curseur pour vous déplacer d'un bord à un autre dans un tableau ou d'un tableau à un autre dans une feuille de calcul, vous devez maintenir enfoncée la touche Ctrl tout en appuyant sur la touche de curseur concernée (ce qui est indiqué par le signe + dans la définition du raccourci, comme dans Ctrl+→).

Lorsque vous utilisez la touche Fin avec une touche de curseur, vous devez appuyer sur la touche Fin et la relâcher *avant* d'appuyer sur la touche de curseur (ce qui est indiqué par la virgule dans la définition du raccourci, comme dans Fin, →). Lorsque vous appuyez sur la touche Fin et la relâchez, l'indicateur Mode Fin apparaît dans la Barre d'état. Excel vous signale ainsi qu'il attend que vous appuyiez sur l'une des quatre touches de curseur.

Comme vous pouvez maintenir enfoncée la touche Ctrl tout en appuyant sur la touche de curseur dont vous avez besoin, la méthode touche Ctrl plus touche de curseur est plus fluide pour naviguer dans des blocs de cellule que la méthode touche Fin plus touche de curseur.

Tableau 1.1 : Raccourcis clavier pour déplacer le curseur de cellule.

Raccourci	Le curseur se déplace jusqu'à
→ ou Tab	Cellule voisine de droite.
← ou Maj+Tab	Cellule voisine de gauche.
↑	Cellule voisine du dessus.
↓	Cellule voisine du dessous.
Début	Cellule de la colonne A de la même ligne.
Ctrl+Début	Première cellule (A1) de la feuille de calcul.
Ctrl+Fin ou Fin, Début	Cellule se trouvant à l'intersection de la dernière colonne non vide et de la dernière ligne non vide de la feuille de calcul (autrement dit, la dernière cellule de ce que l'on appelle la *zone active* de la feuille de calcul).
PgPréc	Cellule se trouvant un écran plus haut dans la même colonne.
PgSuiv	Cellule se trouvant un écran plus bas dans la même colonne.
Ctrl+→ ou Fin, →	Première cellule non vide vers la droite dans la même ligne et précédée ou suivie par une cellule vide. Si aucune cellule non vide n'est trouvée, le curseur va jusqu'à la dernière cellule de la ligne.
Ctrl+← ou Fin, ←	Première cellule non vide vers la gauche dans la même ligne et précédée ou suivie par une cellule vide. Si aucune cellule non vide n'est trouvée, le curseur va jusqu'à la première cellule de la ligne.
Ctrl+↑ ou Fin, ↑	Première cellule non vide vers le haut dans la même colonne et précédée ou suivie par une cellule vide. Si aucune cellule non vide n'est trouvée, le curseur va jusqu'à la première cellule de la colonne.
Ctrl+↓ ou Fin, ↓	Première cellule non vide vers le bas dans la même colonne et précédée ou suivie par une cellule vide. Si aucune cellule non vide n'est trouvée, le curseur va jusqu'à la dernière cellule de la colonne.
Ctrl+PgSuiv	Dernière cellule non vide dans la feuille de calcul suivante du même classeur.
Ctrl+PgPréc	Dernière cellule non vide dans la feuille de calcul précédente du même classeur.

Note : Pour les raccourcis clavier qui utilisent les touches de curseur, vous devez utiliser le bloc des touches de curseur sur votre clavier ou bien vous assurer que le verrouillage numérique n'est pas activé si vous utilisez le pavé numérique de votre clavier.

Vous pouvez utiliser la touche Verr Maj (Verrouillage Majuscules) pour "verrouiller" la position du curseur de cellule dans la feuille de calcul, de manière à faire défiler à l'écran la feuille de calcul avec des touches comme PgSuiv et PgPréc sans changer la position du curseur de cellule (autrement dit, de manière que ces touches se comportent comme les barres de défilement).

Après avoir activé le Verrouillage Majuscule, lorsque vous faites défiler la feuille de calcul avec le clavier, Excel ne sélectionne pas une nouvelle cellule dans la zone affichée. La cellule sélectionnée reste la même, même si elle n'est plus visible à l'affichage. Pour "déverrouiller" le curseur de cellule en utilisant le clavier pour faire défiler la feuille de calcul, vous devez désactiver le Verrouillage Majuscule (soit en appuyant à nouveau sur la touche Verr Maj, soit en appuyant sur la touche Maj, selon votre paramétrage de Windows).

Surfer sur les feuilles d'un classeur

Chaque nouveau classeur que vous créez dans Excel 2007 contient trois feuilles de calcul vierges, chacune avec ses 16 384 colonnes et 1 048 576 lignes (ce qui vous fait disposer de la bagatelle de 51 539 607 552 cellules vierges par feuille). Mais si vous avez besoin de feuilles supplémentaires dans votre classeur, il vous suffit de cliquer sur le bouton Insérer une feuille de calcul, juste après les onglets des feuilles de calcul existantes, comme le montre la Figure 1.7.

Une raison d'ajouter des feuilles dans un classeur

Vous vous demandez peut-être pourquoi on pourrait avoir besoin de plus de trois feuilles de calcul dans un classeur, compte tenu du nombre énorme de cellules que contient chacune d'elles. La réponse est que ça dépend tout simplement de la manière dont vous choisissez d'organiser vos données. Vous trouverez souvent plus pratique de les répartir sur plusieurs feuilles, sachant que vous pouvez passer facilement de l'une à l'autre, que de les disséminer sur une grande surface d'une même feuille en vous obligeant à en faire défiler le contenu pour accéder à vos données. Par exemple, si vous faites des budgets pour plusieurs services d'une entreprise, il est plus pratique d'avoir une feuille pour chaque service. Il vous sera aussi plus facile de cette façon d'imprimer chaque feuille séparément. Enfin, vous pourrez aussi créer une feuille de résumé, consolidant les données des autres.

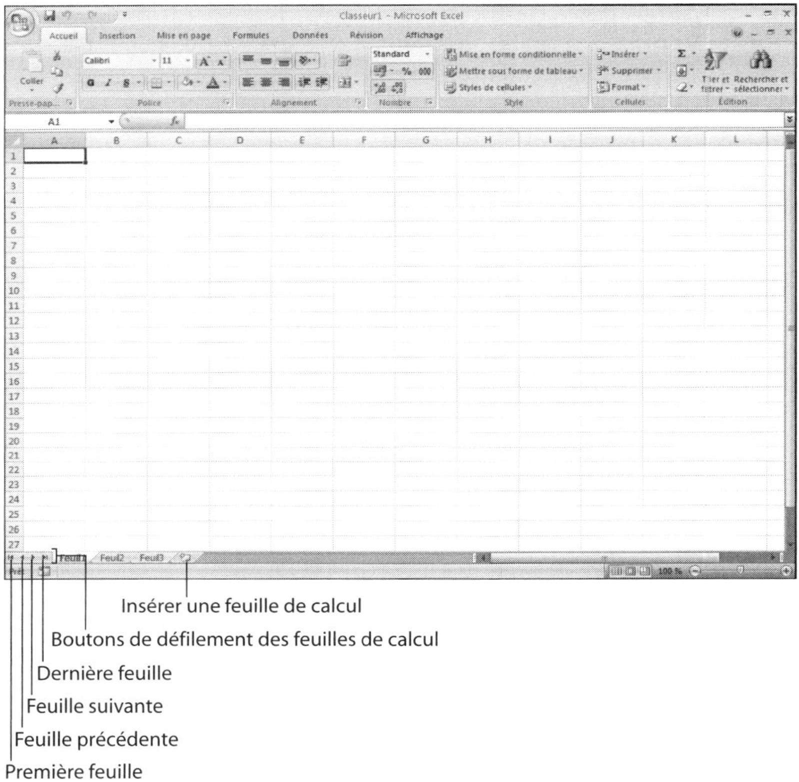

Figure 1.7 : Vous pouvez facilement activer une feuille de calcul et en ajouter.

Dans le coin inférieur gauche de la fenêtre, les boutons de défilement d'une feuille de calcul à une autre sont suivis par les onglets des feuilles de classeur, puis par le bouton Insérer une feuille de calcul. Pour activer une feuille de calcul, c'est-à-dire pour la faire apparaître à l'affichage et pouvoir y travailler, il vous suffit de la sélectionner en cliquant sur son onglet. Excel met en évidence la feuille active en mettant son nom en gras dans l'onglet correspondant et en faisant apparaître celui-ci au-dessus des autres.

N'oubliez pas que les raccourcis clavier Ctrl+PgSuiv et Ctrl+PgPréc vous permettent de passer respectivement à la feuille suivante et à la feuille précédente dans votre classeur.

Si votre classeur contient trop de feuilles de calcul pour que tous leurs onglets puissent être affichés en même temps en bas de la fenêtre, utilisez les boutons de défilement situés à gauche des onglets pour les faire défiler et faire apparaître ceux dont vous avez besoin, de manière que vous puissiez alors cliquer sur celui que vous voulez activer.

Exhiber la Barre d'état

La Barre d'état (Figure 1.8) occupe tout le bord inférieur de la fenêtre d'Excel et comporte les zones suivantes :

- **L'indicateur Mode Cellule** indique l'état du programme Excel (Prêt, Entrer, et ainsi de suite), ainsi que toutes les touches spéciales du clavier qui sont activées (Verr Maj, Verr Num et Défilement).
- **Le bouton Enregistrement de macro** (qui représente une feuille de calcul avec un point rouge dans son coin supérieur droit) ouvre la boîte de dialogue Enregistrer une macro dans laquelle vous pouvez spécifier les paramètres d'une nouvelle macro et commencer à l'enregistrer. Notez que ce bouton n'apparaît pas par défaut, à moins que vous n'ayez déjà affiché au moins une fois l'onglet Développeur. Vous pouvez aussi personnaliser la Barre d'état pour l'afficher (cliquez du bouton droit sur la Barre d'état, et cliquez dans la bande grise, devant Enregistrement de macro).
- **Les indicateurs Moyenne, Nombre et Somme** affichent la moyenne et la somme de tous les contenus numériques de l'ensemble des cellules sélectionnées, ainsi que le nombre de ces dernières.
- **Le Sélecteur d'affichage** vous permet de choisir entre trois modes d'affichage pour votre feuille de calcul : Normal (c'est l'affichage par défaut qui ne montre que les cellules avec les en-têtes de lignes et de colonnes) ; Mise en page (qui affiche les règles, les marges et les sauts de page) ; et Sauts de page (qui vous permet de mettre au point la mise en page du document). Pour en savoir plus à ce sujet, reportez-vous au Chapitre 5.
- **L'indicateur Zoom et le Curseur de zoom**, ce dernier vous permettant de faire un zoom avant ou arrière sur votre feuille de calcul en le faisant glisser, respectivement, vers la droite ou vers la gauche.

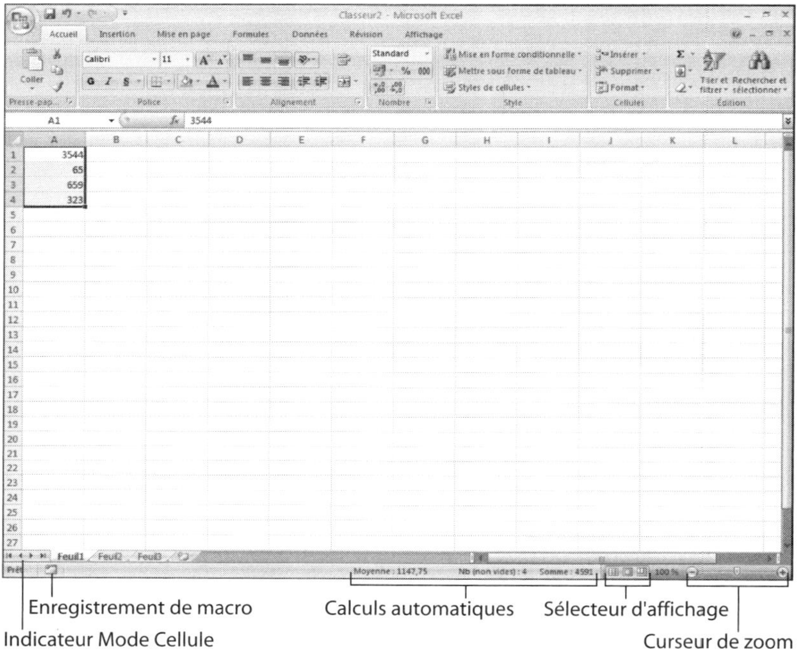

Figure 1.8 : La Barre d'état affiche l'état dans lequel se trouve Excel et vous permet de sélectionner un nouvel affichage pour votre feuille de calcul.

N'OUBLIEZ PAS

Vous pouvez personnaliser la Barre d'état pour y afficher d'autres indicateurs ou faire disparaître ceux que vous trouvez encombrants : cliquez du bouton droit sur la Barre d'état pour faire apparaître la liste de tout ce qui peut y être affiché. Une coche apparaît devant chaque élément activé (qui sera affiché). Pour activer ou désactiver l'affichage d'un élément dans la Barre d'état, cliquez devant dans cette liste pour faire apparaître ou disparaître la coche. Entre autres, l'indicateur Verr. Num. (qui n'est pas affiché dans la configuration par défaut) vous signale que vous pouvez utiliser le pavé numérique de votre clavier pour entrer des valeurs numériques dans la feuille de calcul.

Lancer Excel et quitter Excel

Excel 2007 fonctionne évidemment sous Windows XP, mais vous pouvez aussi l'utiliser avec la nouvelle version Windows Vista (lorsqu'elle sera disponible). Du fait des changements apportés au menu Démarrer dans Windows Vista, la procédure pour lancer Excel avec cette dernière version est un peu différente de celle de Windows XP.

Lancer Excel à partir du menu Démarrer de Windows Vista

Vous pouvez utiliser le champ Rechercher qui se trouve en bas du menu Démarrer de Windows Vista pour identifier l'emplacement du programme Excel sur votre ordinateur et le lancer très rapidement :

1. **Cliquez sur le bouton Démarrer dans la Barre des tâches pour ouvrir le menu Démarrer.**
2. **Cliquez dans le champ Rechercher et tapez les deux lettres ex pour que Vista identifie l'emplacement du programme Excel 2007 sur votre ordinateur.**
3. **Cliquez sur l'option Microsoft Office Excel 2007 qui apparaît maintenant dans le volet de gauche du menu Démarrer.**

Vous pouvez aussi lancer Excel à partir du menu Démarrer de Vista, en cliquant sur Démarrer/Tous les programmes/Microsoft Office/ Microsoft Office Excel 2007.

Lancer Excel à partir du menu Démarrer de Windows XP

Pour lancer Excel à partir du menu Démarrer de Windows XP, suivez simplement ces étapes :

1. **Cliquez sur Démarrer dans la Barre des tâches de Windows pour ouvrir le menu Démarrer.**
2. **Dans le menu Démarrer, sélectionnez Tous les programmes/ Microsoft Office/Microsoft Office 2007.**

Placer Excel dans le menu Démarrer

Si vous utilisez beaucoup Excel, vous trouverez sans doute pratique de le faire apparaître de façon permanente dès l'ouverture du menu Démarrer de Windows XP. Les étapes pour cela sont les mêmes pour Windows XP que pour Windows Vista :

1. **Lancez Excel à partir du menu Démarrer de Windows.**

   Utilisez pour cela la méthode appropriée selon votre version de Windows (XP ou Vista ; voir les deux sections précédentes de ce chapitre).

   Windows ajoute Excel 2007 à la liste des programmes récemment utilisés dans le volet de gauche du menu Démarrer.

2. **Cliquez sur Démarrer, puis cliquez du bouton droit sur Excel 2007 dans la liste des programmes récemment utilisés du volet de gauche du menu Démarrer.**

3. **Dans le menu contextuel qui apparaît, cliquez sur Ajouter au menu Démarrer.**

À partir de là, l'option Excel 2007 apparaîtra toujours dans la partie supérieure du volet de gauche du menu Démarrer ; il vous suffira de cliquer dessus pour lancer Excel.

Créer un raccourci vers Excel sur le Bureau de Windows Vista

Certains préfèrent disposer d'une icône de raccourci vers le programme Excel sur le Bureau de Windows, de manière à pouvoir lancer Excel en double-cliquant simplement sur cette icône. Pour créer une icône de raccourci vers le programme Excel sur le Bureau de Windows Vista, suivez ces étapes :

1. **Cliquez sur Démarrer dans la Barre des tâches de Windows.**

2. **Cliquez dans le champ Rechercher et tapez excel.exe.**

   Excel.exe est le nom du programme Excel exécutable. Une fois l'emplacement de ce fichier sur votre disque dur identifié, vous pouvez créer une icône de raccourci vers celui-ci sur le Bureau qui vous permettra de lancer le programme.

3. **Une fois que l'icône du fichier recherché apparaît en haut du volet de gauche du menu Démarrer, cliquez dessus du bouton droit et sélectionnez Envoyer vers/Bureau (créer un raccourci) dans le menu qui apparaît.**

Un raccourci nommé EXCEL apparaît sur votre Bureau. Vous êtes libre de le modifier à votre guise pour lui donner le nom qu'il vous plaira.

4. **Cliquez du bouton droit sur l'icône de raccourci EXCEL sur le Bureau de Windows, puis sélectionnez Renommer dans le menu qui apparaît.**

5. **Remplacez le nom qui apparaît maintenant en surbrillance en tapant simplement celui que vous voulez, par exemple Excel 2007, puis cliquez dans un espace libre sur le Bureau.**

Créer un raccourci vers Excel sur le Bureau de Windows XP

Si vous utilisez Excel 2007 sous Windows XP, suivez ces étapes pour placer un raccourci vers Excel sur le Bureau de Windows XP :

1. **Cliquez sur Démarrer dans la Barre des tâches de Windows.**

2. **Cliquez sur Rechercher (en bas à droite dans le menu).**

   La fenêtre Résultats de la recherche apparaît.

3. **Dans le volet de gauche de cette fenêtre, cliquez sur le lien Tous les fichiers et tous les dossiers.**

4. **Dans le champ Une partie ou l'ensemble du nom de fichier, tapez excel.exe.**

   Excel.exe est le nom du programme Excel exécutable. Une fois l'emplacement de ce fichier sur votre disque dur identifié, vous pouvez créer une icône de raccourci vers celui-ci sur le Bureau qui vous permettra de lancer le programme.

5. **Cliquez sur le bouton Rechercher.**

   Windows recherche maintenant sur votre disque dur le fichier que vous avez spécifié. Une fois trouvé, il apparaît dans le volet de droite de la fenêtre Résultats de la recherche. Lorsque le fichier recherché apparaît, vous pouvez cliquer sur le bouton Arrêter dans le volet de gauche pour arrêter la recherche.

6. **Cliquez du bouton droit sur l'icône du fichier dans le volet de droite de la fenêtre Résultats de la recherche, et sélectionnez Envoyer vers/Bureau (créer un raccourci) dans le menu qui apparaît.**

   Une icône nommée Raccourci vers EXCEL.EXE apparaît sur votre Bureau.

7. **Cliquez sur le bouton de fermeture dans le coin supérieur droit de la fenêtre Résultats de la recherche.**

   L'icône nommée Raccourci vers EXCEL.EXE s'affiche sur votre Bureau. Vous pouvez maintenant modifier son nom pour lui donner celui que vous voulez.

8. **Cliquez du bouton droit sur l'icône Raccourci vers EXCEL.EXE, et sélectionnez Renommer dans le menu qui apparaît.**

9. **Remplacez le nom qui s'affiche maintenant en surbrillance par celui que vous voulez, par exemple Excel 2007, puis cliquez dans un espace libre sur le Bureau.**

Une fois que vous avez votre raccourci vers Excel sur le Bureau de Windows, il vous suffit de double-cliquer dessus pour lancer Excel.

Ajouter un raccourci vers Excel dans la Zone de lancement rapide

Si vous voulez pouvoir lancer Excel 2007 par un simple clic sur un bouton directement accessible, faites simplement glisser l'icône de votre raccourci vers Excel sur le Bureau (que ce soit sous Windows XP ou sous Windows Vista) pour le déposer dans la Zone de lancement rapide de la Barre des tâches. Lorsque vous faites glisser une icône jusqu'à cette zone de lancement rapide, une petite barre noire apparaît au-dessous de l'icône après laquelle sera placée celle que vous êtes en train de faire glisser si vous relâchez à cet instant le bouton de la souris. Une fois l'icône placée dans la Zone de lancement rapide, il vous suffit d'un simple clic sur celle-ci pour lancer le programme correspondant.

Quitter Excel

Une fois votre travail terminé, vous êtes prêt à quitter Excel ; vous disposez pour cela de plusieurs méthodes :

- Cliquer sur le Bouton Office, puis sur le bouton Quitter Excel dans le menu qui apparaît.
- Appuyer sur Alt+FX ou Alt+F4.
- Cliquer sur le bouton de fermeture (X) dans le coin supérieur droit de la fenêtre d'Excel.

Si vous essayez de quitter Excel après avoir travaillé dans un classeur mais sans avoir enregistré vos dernières modifications, le programme émet une alerte sonore et affiche une boîte d'alerte vous demandant si vous voulez enregistrer vos modifications. Pour les enregistrer avant de quitter Excel, cliquez sur le bouton Oui (pour en savoir plus sur l'enregistrement de vos documents, reportez-vous au Chapitre 2). Si vous ne voulez pas enregistrer vos dernières modifications, cliquez sur le bouton Non.

Voici de l'aide

Excel 2007 vous permet d'obtenir de l'aide en ligne à tout moment pendant que vous l'utilisez. Connectez-vous à Internet si vous ne l'êtes pas déjà, puis cliquez simplement sur le bouton Aide sur Microsoft Office Excel (contenant un point d'interrogation) dans le coin supérieur droit de la fenêtre Excel ou appuyez sur F1 pour ouvrir la fenêtre Excel – Aide (Figure 1.9).

Lorsque cette fenêtre s'ouvre, Excel utilise votre connexion à Internet pour télécharger la mise à jour de son contenu. Vous voyez qu'elle vous propose un certain nombre de liens sur lesquels vous pouvez cliquer pour obtenir des informations en réponse à toutes les questions que vous pouvez vous poser sur Excel.

Pour obtenir de l'aide sur une fonction ou une commande particulière, utilisez le champ Rechercher en haut de la fenêtre Excel – Aide. Tapez dans ce champ un ou plusieurs mots-clés ou une phrase décrivant le sujet sur lequel vous avez besoin d'aide (par exemple "aperçu avant impression" ou "imprimer des feuilles de calcul"), et appuyez sur la touche Entrée ou cliquez sur le bouton Rechercher. La fenêtre Excel – Aide vous propose alors une série de liens relatifs

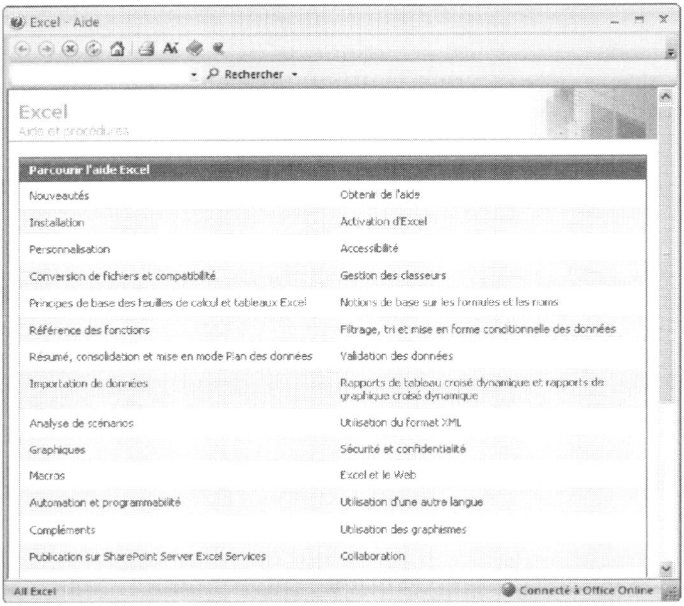

Figure 1.9 : La fenêtre Excel – Aide télécharge automatiquement la mise à jour de son contenu sur Internet lorsque vous l'ouvrez.

à votre demande, sur lesquels vous pouvez cliquer pour accéder aux informations correspondantes.

Pour imprimer une rubrique d'aide affichée dans la fenêtre Excel – Aide, cliquez sur le bouton Imprimer (il représente une imprimante) dans la barre d'outils de cette fenêtre. Excel ouvre une boîte de dialogue Imprimer dans laquelle vous pouvez sélectionner l'imprimante voulue et spécifier les options à utiliser pour imprimer.

Pour afficher une table des matières avec toutes les principales catégories et les sous-catégories disposées hiérarchiquement, cliquez sur le bouton Afficher la table des matières (il représente un livre) dans la barre d'outils de cette fenêtre.

Chapitre 2

Créer une feuille de calcul à partir de zéro

Dans ce chapitre :

- Démarrer un nouveau classeur.
- Entrer des données des trois types possibles dans une feuille de calcul.
- Créer des formules simples.
- Corriger des entrées erronées.
- Utiliser la fonction de correction automatique.
- Utiliser la recopie automatique pour entrer des séries de données.
- Entrer et modifier des formules contenant des fonctions prédéfinies.
- Faire le total de lignes ou de colonnes avec le bouton Somme automatique.
- Enregistrer votre précieux travail et récupérer les classeurs quand le logiciel ne répond plus.

Maintenant que vous savez démarrer Excel 2003, le moment est venu de passer à l'action sans que cela tourne au cauchemar. Vous découvrirez dans ce chapitre comment entrer toutes sortes d'informations dans toutes ces petites cellules vierges décrites dans le chapitre précédent.

Après avoir appris à entrer des données brutes dans la feuille de calcul, vous aborderez ce qui est sans doute la plus importante des leçons : l'enregistrement de toutes ces informations sur le disque afin que vous n'ayez plus à ressaisir tout ça !

La saisie des données

Commencez par réciter (tous ensemble, à l'unisson) la règle de base de toute saisie de données :

> Pour entrer des données dans une feuille de calcul, il faut cliquer avec le pointeur dans la cellule qui doit les recevoir puis les taper.

Notez qu'avant de positionner le pointeur de cellule là où la saisie (ou entrée) doit avoir lieu, Excel doit être en mode Prêt ; ce mode est affiché en toutes lettres dans la barre d'état. Mais, dès que vous commencez à saisir des données, Excel passe en mode Entrer (ce mot remplace le mot Prêt, dans la barre d'état).

TRUC

Si le mode Prêt n'est pas enclenché, appuyez sur la touche Echap.

Dès lors que vous commencez à saisir en mode Entrer, les caractères que vous tapez apparaissent à la fois dans la cellule de la feuille de calcul et dans la barre de formule, en haut de l'écran. Tout ce que vous tapez dans une cellule a un effet dans la barre de formule, à commencer par l'apparition des boutons Annuler, Entrer et Insérer une fonction, entre la Zone Nom et la barre de formule.

Au fur et à mesure que vous tapez, Excel affiche votre saisie à la fois dans la barre de formule et dans la cellule active de la feuille de calcul, comme l'illustre la Figure 2.1. Le point d'insertion n'est toutefois présent qu'après les caractères affichés dans la cellule.

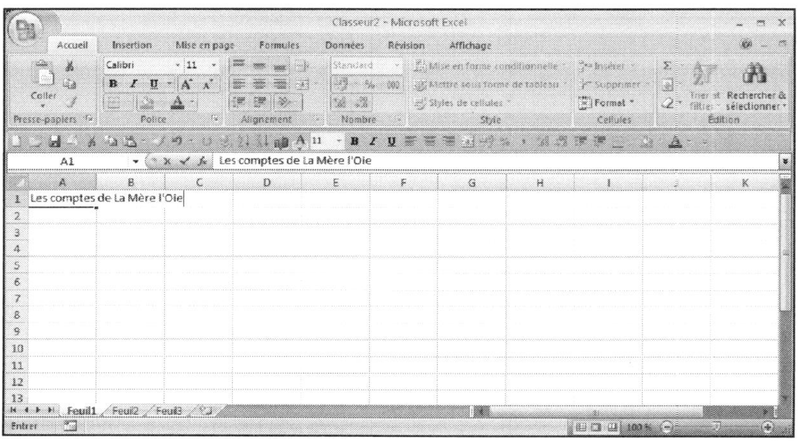

Figure 2.1 : Ce que vous tapez apparaît à la fois dans la cellule courante et dans la barre de formule.

Après avoir effectué la saisie, vous devez faire en sorte qu'elle demeure dans la cellule. Pour ce faire, le logiciel doit quitter le mode Entrer et revenir au mode Prêt afin que vous puissiez déplacer le pointeur vers une autre cellule et y entrer éventuellement d'autres données.

Pour terminer la saisie et par là même passer du mode Entrer au mode Prêt, vous pouvez au choix cliquer sur le bouton Entrer (dans la barre de formule), appuyer sur la touche Entrée, ou encore appuyer sur l'une des touches fléchées (fl, ‡, · ou ,) pour déplacer le pointeur vers une cellule voisine. Il est aussi possible d'appuyer sur la touche Tab ou Maj+Tab.

Bien que chacune de ces manipulations serve à valider la saisie des données dans une cellule, ce qui s'ensuit diffère quelque peu :

- Si vous cliquez sur le bouton Entrer, dans la barre de formule, la saisie est validée mais le pointeur de cellule reste en place.
- Si vous appuyez sur la touche Entrée, la saisie est validée mais le pointeur se place sur la cellule située juste en dessous.
- Si vous appuyez sur l'une des touches fléchées, la saisie est validée, après quoi le pointeur de cellule se place sur la cellule suivante, dans le sens de la flèche.
- Si vous appuyez sur la touche Tab, la saisie est validée, après quoi le pointeur se déplace vers la cellule immédiatement à droite (ce qui équivaut à appuyer sur la touche Flèche droite). L'appui sur Maj+Tab déplace le pointeur vers la cellule immédiatement à gauche (équivalent de la touche Flèche gauche).

Si, pendant la saisie – et aussi longtemps qu'elle n'a pas été validée –, vous vous rendez compte d'une erreur, vous pouvez purger et désactiver la barre de formule en cliquant sur le bouton Annuler (celui avec un X) ou en appuyant sur la touche Echap. Mais si vous ne repérez cette erreur qu'après la validation, vous devrez revenir à cette cellule pour la corriger ou supprimer l'entrée (nous verrons ces opérations dans le Chapitre 4) et refaire la saisie.

Tous les types sont les bienvenus

Pendant que vous entrez joyeusement des données dans le tableur, Excel analyse constamment à votre insu le type de ces données et les classe selon l'un des trois types qu'il connaît : du *texte,* une *valeur* ou une *formule.*

Si Excel découvre qu'il s'agit d'une formule, le logiciel la calcule aussitôt, puis affiche le résultat dans la cellule de la feuille de calcul (la formule elle-même reste cependant visible dans la barre de formule). Si la saisie n'a rien d'une formule, Excel détermine s'il s'agit d'un texte ou d'une valeur.

Il effectue cette distinction pour savoir comment aligner ces données dans la feuille de calcul. Les textes sont calés à gauche des cellules tandis que les valeurs sont calées à droite. De plus, comme la plupart des formules se nourrissent de valeurs, en différenciant les textes des valeurs, Excel sait quelles sont les données qui seront admises par une formule et lesquelles ne le seront pas. Disons sans trop nous y attarder qu'il est facile de faire tourner une formule en bourrique en lui donnant à mouliner du texte là où elle attend des valeurs.

Les signes révélateurs d'un texte

Un *texte* n'est rien d'autre qu'une entrée qu'Excel ne reconnaît ni comme formule ni comme valeur. Autant dire que, en ce qui concerne les types de données, il s'agit carrément d'une catégorie fourre-tout. En pratique, la plupart des entrées de texte (appelées aussi *intitulés*) sont des combinaisons de lettres et de ponctuations, ou de lettres et de chiffres. Les textes servent principalement à créer des titres, des en-têtes ou des annotations.

Il est facile de savoir si une saisie a produit un texte, car ce type de données est automatiquement aligné contre le bord gauche de la cellule. Si le texte est plus long que la cellule, il déborde sur la ou les cellules à droite, *aussi longtemps que celles-ci sont vides* (voir Figure 2.2).

Si par la suite vous entrez une information dans une cellule sur laquelle du texte a débordé, Excel tronque le texte, comme le montre la Figure 2.3. Ne vous inquiétez pas ; Excel n'a pas du tout coupé le texte, il a simplement évité de l'afficher pour libérer de la place pour les nouvelles données. Pour récupérer la partie masquée

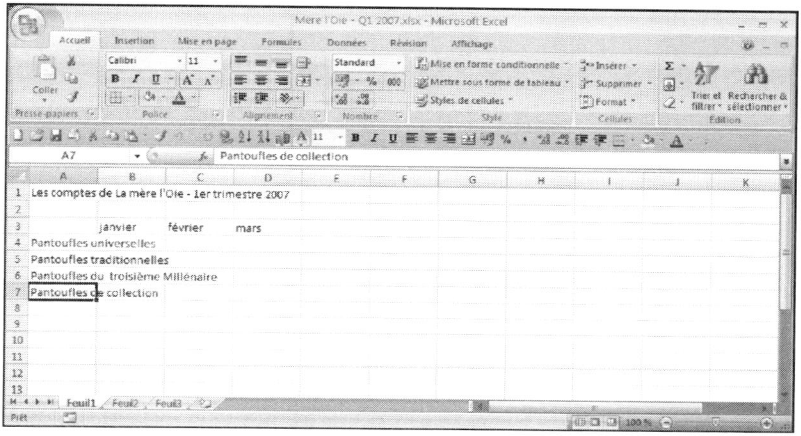

Figure 2.2 : Un texte long déborde de la cellule vers ses voisines vides de droite.

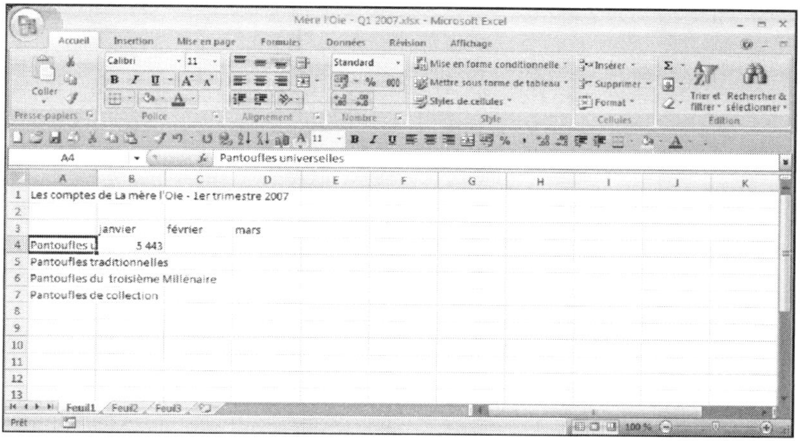

Figure 2.3 : Les données de la colonne B masquent partiellement les textes longs qui débordent.

du texte, vous devrez élargir la colonne qui le contient (nous verrons comment dans le Chapitre 3).

Comment Excel évalue les valeurs

Les *valeurs* sont les blocs de construction de la plupart des formules que vous élaborerez dans Excel. Il en existe deux sortes : les chiffres qui représentent des quantités (14 unités en stock ou 140 000 dollars...) et les chiffres qui représentent une date (le 19 décembre 2001) ou une heure (13:30).

Vous pouvez savoir si Excel a accepté une entrée comme valeur en observant comment il l'a alignée ; une valeur est toujours calée à droite. Si elle est trop grande pour tenir dans la cellule, Excel la convertit automatiquement en *notation scientifique*. Par exemple, la valeur 6E+08 indique que 6 est suivi par 8 zéros, soit une valeur de 600 millions. Pour obtenir l'affichage décimal d'un nombre en notation scientifique, il suffit d'élargir la cellule (nous verrons comment dans le Chapitre 3).

S'assurer que c'est bien le bon chiffre

Quand vous créez une nouvelle feuille de calcul, vous passez probablement beaucoup de temps à entrer des nombres qui représentent toutes sortes de quantités, de l'argent que vous avez gagné (ou perdu) à la part de votre budget professionnel que vous accordez à la machine à café et aux croissants (ah bon, vous n'avez pas droit aux croissants ?).

Pour entrer une valeur numérique représentant une quantité positive, comme vos revenus de l'année écoulée, vous sélectionnez une cellule, tapez un nombre (par exemple **259600**), puis validez cette saisie avec la touche Entrée ou en cliquant sur le bouton Entrer, et ainsi de suite. Pour entrer une valeur numérique négative, comme les dépenses de café et de croissants, vous tapez d'abord sur la touche - (moins) avant de taper le nombre, **-1750** par exemple (ce qui n'est finalement pas beaucoup comparé à ce que vous avez gagné), après quoi vous validez cette entrée.

Si vous avez l'habitude de la comptabilité, vous pouvez placer les chiffres négatifs, comme vos dépenses, entre parenthèses. Vous taperez alors **(1750)**. Remarquez qu'en procédant ainsi Excel convertit automatiquement les parenthèses en signe moins : vous tapez **(1750)** mais Excel affiche -1750 (ne vous inquiétez pas pour vos chères parenthèses, vous verrez au Chapitre 3 comment les récupérer).

Pour des valeurs monétaires comme l'euro, vous pouvez ajouter le symbole monétaire € et obtenir la séparation en milliers de vos chiffres. Dès que vous tapez une valeur suivie d'un signe monétaire, Excel met automatiquement cette valeur en forme. (*NdT* : les symboles monétaires reconnus – entre autres € et $ – sont déclarés dans les options régionales de Windows. Pour y accéder, cliquez sur Démarrer/Panneau de configuration, puis sur l'icône Options régionales, date, heure et langue, enfin sur l'icône Options régionales et linguistiques. Les informations figurent sous l'onglet Options régionales.)

Pour entrer des valeurs décimales, vous utilisez la virgule. Au besoin, Excel ajoute automatiquement un zéro avant la virgule ; par exemple, si vous tapez **,34** dans une cellule, elle devient automatiquement 0,34 au moment de la validation. De même, les zéros superflus sont éliminés : taper **12,50** donne 12,5 (*NdT* : mais il est bien sûr possible de forcer la mise en forme pour faire apparaître ces zéros décimaux).

Pour obtenir l'équivalence décimale d'une valeur exprimée sous la forme d'une fraction, il suffit de taper cette valeur fractionnaire. Par exemple, si vous ignorez que 2,1875 est la représentation décimale de 2 et 3/16, tapez simplement **2 3/16** en veillant à placer un espace entre 2 et 3/16. Après avoir validé cette saisie, rien n'a changé dans la cellule, mais dans la barre de formule vous lisez le résultat : 2,1875. Comme vous le découvrirez dans le Chapitre 3, il s'agit là d'une petite astuce qu'utilise Excel pour afficher l'équivalent de 23/16 dans la barre de formule.

Si vous entrez des fractions simples comme 3/4 ou 5/8, vous devez les faire précéder d'un zéro suivi d'un espace ; par exemple : 0 3/4 ou 0 5/8. Autrement, Excel penserait que vous entrez des dates qu'il traduirait respectivement par 03-avr et 05-août.

Quand vous entrez dans une cellule une valeur numérique qui représente un pourcentage, vous avez le choix entre :

- Diviser le nombre par 100 et entrer son équivalent décimal (en décalant la virgule de deux chiffres vers la gauche, comme vous l'avez appris à l'école). Vous taperez par exemple **,12** pour 12 %.
- Entrer le nombre suivi du signe de pourcentage : **12 %**.

Quelle que soit la méthode choisie, Excel stocke la valeur décimale dans la cellule (0,12 dans notre exemple). Si vous utilisez le signe de pourcentage, Excel applique la mise en forme correspondante, c'est-à-dire 12 %.

Fixer la virgule décimale

Procédez comme suit pour spécifier le nombre de décimales à afficher pour les nombres que vous entrez :

1. **Cliquez sur Bouton Office/Options Excel, ou appuyez sur Alt+FI, puis cliquez sur l'onglet Options avancées dans la boîte de dialogue Options Excel.**

   La boîte de dialogue Options Excel apparaît, avec l'onglet Options avancées au premier plan.

2. **Dans la section Options d'édition (la première), cochez la case Décimale fixe.**

   Par défaut, Excel affiche deux chiffres après la virgule décimale. Pour modifier ce paramètre, passez à l'Étape 3. Si vous voulez le conserver, passez à l'Étape 4.

3. **Tapez une nouvelle valeur dans le champ Place ou utilisez les flèches qu'il contient pour l'augmenter ou la réduire.**

   Par exemple, si vous voulez afficher trois décimales, mettre la valeur de Place à 3 donnera : 00,000.

4. **Cliquez sur OK ou appuyez sur Entrée.**

   Excel affiche la mention Décimale fixe dans la barre d'état pour bien indiquer que la fonction Décimale fixe est active.

Après avoir fixé les décimales, Excel ajoute automatiquement la virgule décimale à toutes les valeurs numériques que vous serez amené à entrer. Tout ce que vous avez à faire est de taper des chiffres et de les valider. Par exemple, pour entrer 100,99 dans une cellule lorsque la place de la décimale fixe est 2, vous taperez **10099** sans jamais taper la virgule. Dès que vous validez ces chiffres, Excel fait apparaître 100,99 dans la cellule.

Pour revenir au mode de saisie habituel, dans lequel vous tapez vous-même la virgule, ouvrez la boîte de dialogue Options, retournez sous l'onglet Modification, puis cliquez dans la case Décimale fixe afin d'ôter la coche. Cliquez ensuite sur OK ou appuyez sur Entrée. La mention Décimale fixe disparaît de la barre d'état.

Taper comme avec la bonne vieille calculatrice

N'OUBLIEZ PAS

Vous pouvez obtenir plus encore de la fonction Décimale fixe en sélectionnant la plage de cellules dans laquelle vous voulez entrer des chiffres (voir la section "La saisie dans les plages", plus loin dans ce chapitre) et en appuyant ensuite sur la touche Verr Num afin de procéder aux saisies à partir du pavé numérique, comme avec une calculatrice.

En procédant ainsi, tout ce que vous avez à faire pour entrer des plages de données dans les cellules est de les taper et d'appuyer sur la touche Entrée (ou Enter) du pavé numérique. Excel insère la virgule au bon endroit puis décale le pointeur vers la prochaine cellule. Mieux, lorsque vous avez tapé la dernière valeur d'une colonne, appuyer sur Entrée déplace automatiquement le pointeur en haut de la prochaine colonne de la sélection.

Regardez les Figures 2.4 et 2.5 pour voir en quoi la méthode de la calculatrice peut vous être utile. Dans la Figure 2.4, la fonction Décimale fixe est active, avec 2 places décimales, et la plage de cellules allant de B3 à D9 est sélectionnée. Vous remarquez aussi que six entrées ont été faites dans les cellules B3 à B8 et une septième, 30834,63, est en cours de saisie dans la cellule B9. Pour procéder à cette entrée en mode Décimale fixe, il suffit de taper **3083463** à partir du pavé numérique.

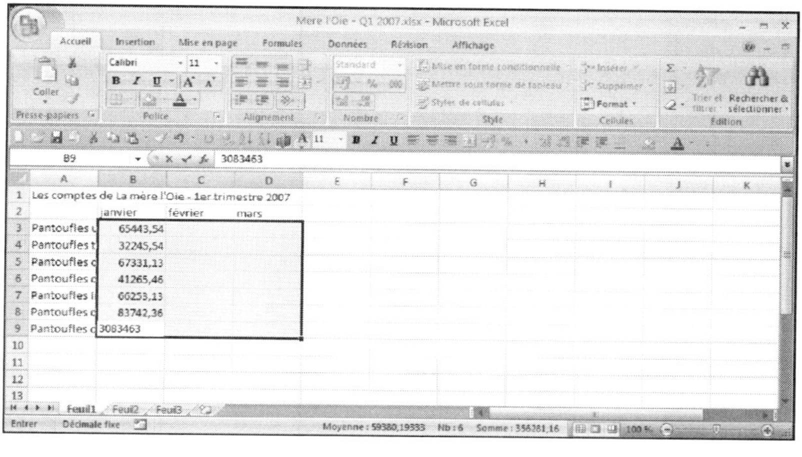

Figure 2.4 : Pour entrer la valeur 30834,63 dans la cellule B9, tapez 3083463 et appuyez sur la touche Entrée.

Dans la Figure 2.5, observez ce qui se passe juste après avoir appuyé sur Entrée (la touche habituelle ou celle du pavé numérique). Excel a non seulement placé la virgule dans la valeur de la cellule B9, mais il a aussi déplacé le pointeur vers la cellule C3, en haut de la colonne suivante.

Excel

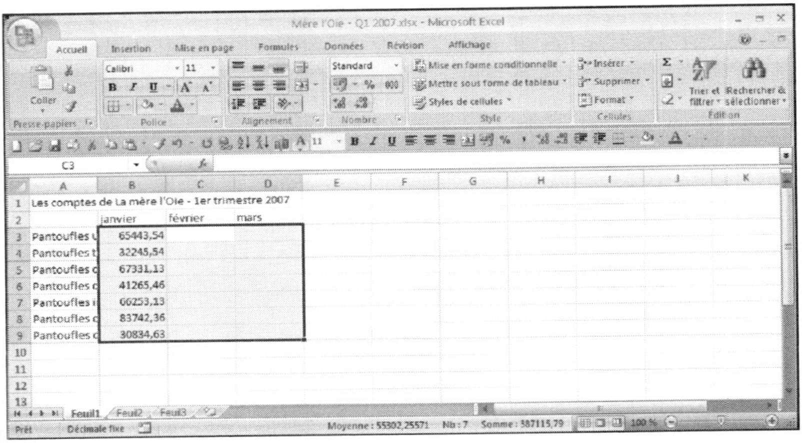

Figure 2.5 : La touche Entrée vient d'être pressée pour valider la valeur 30834,63 tapée dans la cellule B9. Le pointeur passe ensuite automatiquement à la cellule C3.

La saisie des dates et des heures

Excel détermine si la valeur que vous venez d'entrer est une date ou une heure, ou bien du texte, selon le format utilisé. Si celui-ci correspond à l'un des formats de date ou d'heure d'Excel, le logiciel considère ces valeurs comme une date ou comme une heure. Autrement, si le format n'est pas reconnu, l'entrée est considérée comme du texte.

Excel reconnaît les formats d'heure suivants :

3	AM ou PM
3	A ou P (pour AM et PM)
3:21	
3:21:04	AM ou PM
15:21	
15:21:04	

(*NdT* : Les initiales AM et PM, utilisées dans les pays anglophones, sont respectivement celles des termes latins *ante meridiem* (avant midi) et *post meridiem* (après midi). Elles sont utilisées pour différencier les heures dans un système horaire basé sur 12 heures.)

Excel reconnaît les formats de date suivants :

6 novembre 2003 ou 6 novembre 03

6/11/01 ou 6-11-01

6-nov-03, 6/nov/03 ou 6nov03

6/11, 6-nov, 6/nov ou 6nov

06nov ou 06-nov

Les dates au XXIe siècle

Contrairement à ce que vous pourriez penser, l'entrée dans le XXIe siècle n'empêche pas de n'entrer que les deux derniers chiffres d'un millésime. Par exemple, pour entrer la date du 6 janvier 2004 dans une feuille de calcul, vous pouvez taper 6/1/04. Ou encore 15/2/10 pour entrer la date du 15 février 2010.

Notez toutefois que ce système de datation sur deux chiffres ne fonctionne que pour les trois premières décades du nouveau siècle, y compris la dernière année du siècle échu, c'est-à-dire de 2000 à 2029. Dès 2030, vous devrez entrer la date sur quatre chiffres (*NdT* : un autre beau bogue médiatique en perspective ?).

Cela signifie aussi que, pour entrer les dates des trois premières décades du XXe siècle, de 1900 à 1929, vous devez taper les quatre chiffres de l'année. Par exemple, pour entrer le 21 juillet 1925, vous devez taper **21/7/1925** dans la cellule. Autrement, si vous vous contentez de taper 25, Excel considérera qu'il s'agit de l'année 2025 et non de 1925 !

Excel affiche toujours les quatre chiffres d'une date dans une cellule ou dans la barre de formule, même si vous n'en avez tapé que deux. Autrement dit, si vous tapez **6/11/04** dans une cellule, Excel affichera néanmoins **6/11/2004** dans la cellule et dans la barre de formule.

Vous saurez ainsi toujours si une date appartient au XXe siècle ou au XXIe siècle, même si vous n'arrivez pas à retenir les dates qui peuvent être entrées sur deux chiffres et celles qui doivent l'être sur quatre (vous apprendrez dans le Chapitre 3 comment formater les dates pour n'afficher que les deux derniers chiffres dans une feuille de calcul).

TRUC

Pour en savoir plus sur les opérations arithmétiques simples à base de dates et d'heures, reportez-vous au Chapitre 3.

Concocter ces fabuleuses formules !

Vous indiquez à Excel que vous tapez une formule – et non du texte ou une valeur – en commençant la saisie par le signe = (égal). Il précède toutes les formules, même les plus élémentaires comme SOMME ou MOYENNE (reportez-vous à la section "Placer une fonction dans une formule avec l'Assistant Fonction", plus loin dans ce chapitre, pour en savoir plus sur l'utilisation des fonctions d'Excel). D'autres formules simples se basent sur une série de valeurs ou de références de cellules contenant des valeurs. Ces dernières sont séparées par un ou plusieurs des opérateurs mathématiques suivants :

+ Addition

- Soustraction

* Multiplication

/ Division

^ Puissance

Par exemple, pour créer dans la cellule C2 une formule qui multiplie la valeur contenue dans la cellule B2, vous taperez la formule suivante : **=A2*B2**.

Procédez comme suit pour entrer cette formule :

1. **Sélectionnez la cellule C2.**
2. **Tapez l'intégralité de la formule : =A2*B2.**
3. **Appuyez sur la touche Entrée.**

Ou :

1. **Sélectionnez la cellule C2.**
2. **Tapez le signe = (égal).**
3. **Sélectionnez la cellule A2 en cliquant dedans ou avec les touches fléchées.**

Cette action place la cellule de référence A2 dans la formule, comme le montre la Figure 2.6.

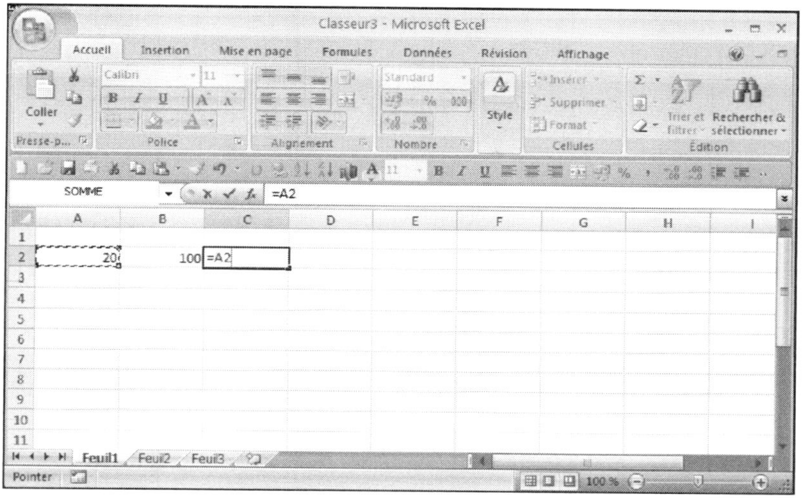

Figure 2.6 : Pour commencer à créer la formule, tapez le signe = puis sélectionnez la cellule A2.

4. **Tapez * (sur la plupart des claviers, ce caractère est à proximité de la touche Entrée).**

   L'astérisque est le signe de multiplication. Il se substitue au signe "x" appris à l'école.

5. **Sélectionnez la cellule B2 avec la souris ou au clavier.**

   Cette action insère le contenu de la cellule B2 dans la formule, comme le montre la Figure 2.7.

6. **Cliquez sur le bouton Entrer pour terminer la formule tout en laissant le pointeur sur la cellule C2.**

   Excel affiche le résultat du calcul dans la cellule C2 ; la formule apparaît dans la barre de formule (voir Figure 2.8).

Après avoir validé la formule =A2*B2 dans la cellule C2, Excel affiche le résultat selon les valeurs actuellement contenues dans les cellules A2 et B2. La grande force du tableur réside dans la possibilité de recalculer immédiatement et automatiquement la formule dès qu'une des cellules dépendant d'une formule est modifiée.

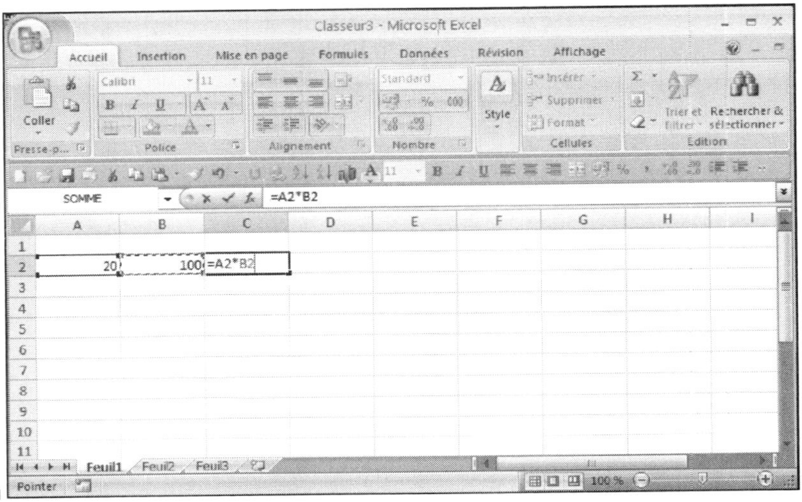

Figure 2.7 : Pour entrer la seconde partie de la formule, tapez * puis sélectionnez la cellule B2.

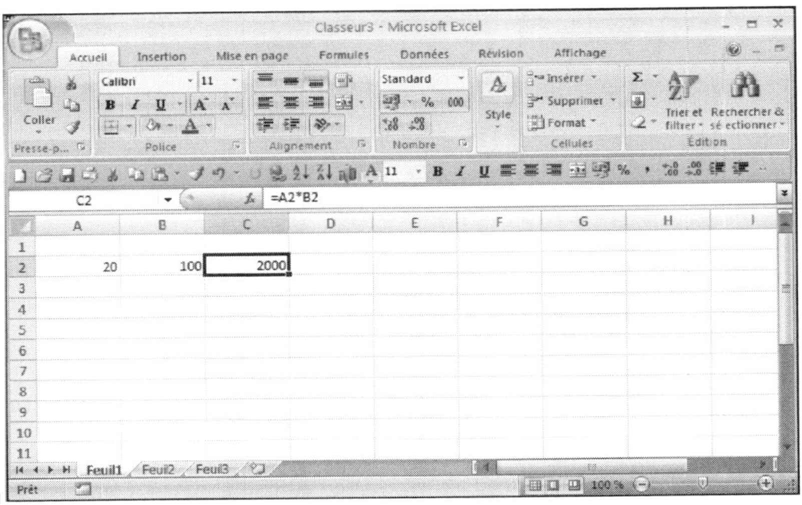

Figure 2.8 : Cliquez sur le bouton Entrer. Excel affiche le résultat dans la cellule C2 ; la formule apparaît dans la barre de formule.

Nous en arrivons à la partie intéressante : après avoir créé une formule qui, comme celle de notre exemple, se réfère à des valeurs contenues dans certaines cellules (et non à des valeurs appartenant à la formule), tout changement apporté à ces valeurs entraîne le recalcul de la formule puis l'affichage du résultat dans la feuille de calcul. Dans l'exemple de la Figure 2.8, si vous remplacez la valeur de la cellule B2 par 50 au lieu de 100, Excel recalcule la formule et affiche le nouveau résultat dans la cellule C2, soit 1000.

Pour l'avoir, il suffit de pointer

Cette méthode de sélection des cellules à utiliser dans une formule, différente de la frappe de leurs références au clavier, est appelée *pointage*. Le pointage est non seulement plus rapide que la saisie des références, mais aussi plus sûr, car il élimine tout risque de faute de frappe. Or, la moindre erreur dans la lettre d'une colonne ou le numéro d'une ligne peut avoir des conséquences désastreuses.

N'OUBLIEZ PAS

Lorsque vous devez utiliser une cellule dans une formule, vous limiterez considérablement les risques d'erreur en cliquant dans cette cellule ou en amenant le pointeur dessus.

La priorité des opérations

De nombreuses formules que vous créerez effectueront plus d'une opération mathématique. Excel les exécute de la gauche vers la droite selon un ordre hiérarchique strict, qui est en fait l'ordre naturel des opérations arithmétiques. La multiplication et la division sont prioritaires sur l'addition et la soustraction, et de ce fait effectuées en premier, même si ces opérations ne figurent pas en tête dans la formule (lors d'une lecture de gauche à droite).

Etudions la série d'opérations de cette formule :

```
=A2+B2*C2
```

Si la cellule A2 contient le nombre 5, la cellule B2 le nombre 10 et la cellule C2 le nombre 2, Excel évalue la formule de la manière suivante :

```
=5+10*2
```

Dans cette formule, Excel commence par multiplier 10 par 2, ce qui donne 20, puis il ajoute 5, ce qui donne 25.

Si vous tenez à ce qu'Excel effectue l'addition entre les valeurs des cellules A2 et B2 avant de procéder à la multiplication du résultat par la valeur de la cellule C2, vous devez mettre l'addition entre parenthèses, comme suit :

```
=(A2+B2)*C2
```

La parenthèse indique à Excel que cette opération doit être effectuée avant la multiplication. Dans ce cas de figure où A2 contient 5, B2 contient 10 et C2 contient 2, Excel commence par additionner 5 et 10, ce qui donne 15, après quoi il multiplie ce résultat par 2 pour produire le résultat final 30.

Dans des formules plus alambiquées, vous devrez jongler avec beaucoup plus de parenthèses, en les imbriquant parfois (comme les fameuses poupées russes) pour imposer l'ordre dans lequel les calculs doivent être exécutés. Lorsque des parenthèses sont imbriquées, Excel commence par calculer celle qui est le plus à l'intérieur. Voyons par exemple la formule :

```
=(A4+(B4-C4))*D4
```

Excel soustrait d'abord la valeur de la cellule C4 de celle de la cellule B4, puis il ajoute la différence à la valeur de la cellule A4 et multiplie enfin le résultat par la valeur de D4.

Sans les deux paires de parenthèses imbriquées, livré à lui-même, Excel aurait d'abord multiplié la valeur de la cellule C4 par celle de la cellule D4, puis il aurait ajouté la valeur de la cellule A4 à celle de la cellule B4, et enfin effectué la soustraction.

TRUC

Ne vous inquiétez pas trop du risque d'oublier une parenthèse lorsque vous en utilisez plusieurs dans une formule. S'il en manque une, Excel affiche une boîte d'alerte et propose de corriger la formule afin d'apparier les parenthèses. Si vous êtes d'accord avec cette correction, cliquez simplement sur le bouton Oui. Quoi qu'il en soit, veillez toujours à utiliser des parenthèses et non des crochets [ ] ou des accolades { }, ce qu'Excel n'apprécie pas du tout.

Les erreurs de formule

Dans certaines circonstances, même la formule la mieux écrite peut faire des siennes une fois qu'elle a été validée. Vous vous rendez compte que quelque chose ne va pas lorsque, au lieu de voir apparaître le résultat attendu, la cellule affiche un étrange message en majuscules précédé d'un dièse (#) et terminé par un point d'exclamation (!) ou, dans un cas bien particulier, par un point d'interrogation (?). Cette bizarrerie est appelée, dans le jargon des tableurs, *valeur d'erreur*. Elle est censée vous prévenir qu'un élément – que ce soit dans la formule elle-même ou dans une cellule à laquelle elle se réfère – empêche Excel de procéder au calcul.

TRUC

Lorsque l'une de vos formules renvoie une valeur d'erreur, un signal d'alerte (sous la forme d'un point d'exclamation placé dans un losange) apparaît à gauche de la cellule lorsque le pointeur de cellule est situé sur celle-ci. Dans le coin supérieur gauche de la cellule, figure un petit triangle vert. Lorsque vous placez le pointeur de la souris sur ce signal d'alerte, Excel affiche une description sommaire de l'erreur de formule, ainsi qu'un bouton de liste déroulante. Lorsque vous cliquez dessus, un menu contextuel doté de plusieurs options apparaît. Pour obtenir de l'aide en ligne sur cette erreur de formule, notamment des suggestions pour la corriger, cliquez sur l'option Aide sur cette erreur.

Le pire avec les valeurs d'erreur est qu'elles peuvent se répercuter dans d'autres formules de la feuille de calcul. Si une formule retourne une valeur d'erreur dans une cellule et qu'une autre formule d'une autre cellule s'y réfère, cette deuxième formule retourne à son tour la même erreur, qui risque d'être reprise ailleurs et ainsi de suite.

Lorsqu'une valeur d'erreur apparaît dans une cellule, vous devez découvrir son origine puis modifier la formule. Le Tableau 2.1 recense quelques-unes des valeurs d'erreur que vous risquez de rencontrer et indique les causes les plus communes.

Corriger les entrées erronées

Nous visons tous à la perfection, mais comme bien peu d'entre nous peuvent s'en prévaloir – en ce qui concerne Excel bien sûr –, nous finissons tous par nous planter plus ou moins. Quand il s'agit d'entrer de grandes quantités de données, la faute de frappe n'attend qu'un moment d'inattention pour s'immiscer dans le travail. Mais, dans notre quête de la feuille parfaite, nous ne sommes pas sans armes. Voici quelques recommandations. La première est de configurer Excel pour qu'il rectifie automatiquement certaines fautes de frappe grâce à la fonction de correction automatique. La seconde est de corriger manuellement les petites erreurs, soit au moment de la saisie, soit après validation.

Tableau 2.1 : Les valeurs d'erreur susceptibles d'entacher des formules.

Ce qu'affiche la cellule	Cause probable
#DIV/0!	Se produit lorsqu'un élément de la formule doit être divisé par le contenu d'une cellule dont la valeur est 0 ou, ce qui est le plus souvent le cas, lorsque cette cellule est vide. En mathématique, la division par zéro est une aberration.
#NOM?	Se produit lorsque la formule se réfère à un *nom de plage* (reportez-vous au Chapitre 6 pour en savoir plus sur ce sujet) qui n'existe pas dans le classeur. Ce type d'erreur apparaît lorsque vous faites une faute de frappe en tapant le nom ou lorsque du texte utilisé dans une formule n'est pas placé entre guillemets, ce qui laisse croire à Excel qu'il s'agit d'un nom de plage.
#NUL!	Se produit le plus souvent lorsque vous insérez un espace, au lieu du point-virgule utilisé pour séparer les références de cellules utilisées comme arguments pour les fonctions.
#NOMBRE!	Se produit lorsque Excel rencontre dans la formule un problème avec un nombre comme un type d'argument erroné dans une fonction ou un calcul qui produit un nombre trop grand ou trop petit pour être représenté dans la feuille de calcul.
#REF!	Se produit lorsque Excel rencontre une référence de cellule non valide. C'est le cas lorsque vous supprimez une cellule utilisée par une formule ou, dans certains cas, quand vous collez des cellules par-dessus celle à laquelle se réfère la formule.
#VALEUR!	Se produit lorsque vous utilisez le mauvais type d'argument ou d'opérateur dans une fonction, ou lors de l'appel à une opération mathématique qui se réfère à des cellules contenant du texte.

La correction automatique

La première fois que vous installez Excel, la correction automatique est d'ores et déjà configurée pour corriger les deux premières lettres majuscules des textes que vous entrez (il met automatiquement la deuxième lettre en minuscule). Il met une majuscule aux noms des jours, ou remplace fort judicieusement un texte erroné par un autre, corrigé.

Vous pouvez à tout moment ajouter vos propres termes à la liste de mots à corriger. Ces textes de remplacement peuvent être de deux types : ceux qui corrigent des fautes de frappe que vous ne pouvez vous empêcher de faire, et des abréviations ou des acronymes que vous devez tout le temps taper en entier.

Pour déclarer un texte de remplacement :

1. **Cliquez sur Bouton Office/Options Excel, puis sur l'onglet Vérification dans la boîte de dialogue Options Excel qui apparaît, puis sur le bouton Options de correction automatique.**

2. **Dans l'onglet Correction automatique de la boîte de dialogue qui apparaît, entrez le texte ou l'abréviation dans le champ Remplacer.**

3. **Entrez la correction ou la forme complète correspondant à l'abréviation dans le champ Par.**

4. **Cliquez sur le bouton Ajouter ou appuyez sur la touche Entrée afin d'insérer la correction dans la liste.**

5. **Cliquez sur OK pour fermer la boîte de dialogue Correction automatique.**

Les règles de modification d'une cellule

En dépit de la correction automatique, des erreurs peuvent néanmoins se produire. Leur correction varie selon que vous les avez repérées au cours de la saisie ou après validation.

- Si vous avez repéré l'erreur avant d'avoir validé l'entrée, vous pouvez la corriger en appuyant sur la touche Ret.Arr. jusqu'à ce que vous ayez supprimé tous les caractères erronés de la cellule. Il ne vous reste plus ensuite qu'à retaper le reste de l'entrée.

- Si vous n'avez découvert l'erreur qu'après coup, vous avez le choix entre le remplacement de toute l'entrée ou la seule correction de l'erreur.

- Si le contenu de la cellule est facile à retaper, vous choisirez sans doute de le remplacer. Pour ce faire, positionnez le pointeur sur cette cellule, tapez la nouvelle entrée, puis validez-la en cliquant sur le bouton Entrer ou en appuyant sur la touche Entrée ou sur une flèche de direction.

- Si l'erreur est facile à corriger mais que l'entrée est longue, vous aurez sans doute intérêt à modifier le contenu de la cellule plutôt que tout retaper. Pour éditer l'entrée, double-cliquez dedans ou appuyez sur la touche de fonction F2.

- L'une et l'autre de ces actions activent la barre de formule qui affiche de nouveau les boutons Entrer et Annuler tandis que le point d'insertion réapparaît dans la cellule. Notez que, quand vous double-cliquez, le point d'insertion apparaît là où vous avez cliqué ; si vous appuyez sur F2, il apparaît après le dernier caractère de l'entrée.

- Remarquez aussi que, dans la barre d'état, l'indicateur de mode se met sur Modifier. Dans ce mode, vous pouvez utiliser la souris ou les touches fléchées pour déplacer le point d'insertion jusqu'à l'endroit à corriger.

Le Tableau 2.2 contient les touches du clavier que vous pouvez utiliser pour positionner le point d'insertion dans une entrée de cellule et supprimer les caractères indésirables. Pour insérer de nouveaux caractères au point d'insertion, il suffit de les taper. Pour supprimer des caractères au fur et à mesure que vous tapez les nouveaux, appuyez une seule fois sur la touche Insert pour passer du mode d'insertion normal au mode de remplacement, dans lequel les caractères tapés écrasent ceux qu'ils rencontrent. Pour revenir au mode d'insertion normal, appuyez de nouveau sur Insert. Lorsque les corrections auront été faites, vous devrez appuyer sur Entrée afin qu'Excel valide les modifications et les prenne en compte.

N'OUBLIEZ PAS

Quand Excel est en mode Modifier, vous devez entrer le contenu d'une cellule modifiée en cliquant sur le bouton Entrer ou en appuyant sur Entrée. Vous ne pouvez utiliser les touches fléchées pour terminer l'entrée que si Excel est en mode Entrer. En mode Modifier, les touches flèches déplacent le point d'insertion dans la cellule, mais pas du tout le pointeur vers d'autres cellules.

Se débarrasser des corvées de saisie

Avant de conclure la question de la saisie des données, je me sens le devoir de vous présenter quelques moyens qui pourront vraiment vous aider à alléger la corvée que représente bien souvent la saisie des données. Il s'agit de la saisie semi-automatique et de la recopie automatique, mais aussi de la manière d'entrer des données dans un groupe de cellules préalablement sélectionné et de répéter la même entrée un certain nombre de fois dans un ensemble de cellules.

Tableau 2.2 : Les touches de modification du contenu d'une cellule.

Touche	Action
Suppr	Supprime le caractère à droite du point d'insertion.
Ret.Arr.	Supprime le caractère à gauche du point d'insertion.
→	Décale le point d'insertion d'un caractère vers la droite.
←	Décale le point d'insertion d'un caractère vers la gauche.
↑	Si le point d'insertion est la fin de l'entrée, il est déplacé à la position qu'il occupait précédemment.
Fin ou ↓	Place le point d'insertion après le dernier caractère de l'entrée.
Origine	Place le point d'insertion avant le premier caractère de l'entrée.
Ctrl+→	Place le point d'insertion devant le prochain mot de l'entrée.
Ctrl+←	Place le point d'insertion devant le mot précédent de l'entrée.
Inser	Fait passer du mode Insertion au mode Ecrasement et inversement.

La saisie semi-automatique

La fonction de saisie semi-automatique d'Excel 2007 ne fera pas tout à votre place, mais elle vous aidera néanmoins à saisir vos données. Dans le but louable de vous décharger des tâches les plus ingrates, les programmeurs de Microsoft ont mis au point une intéressante fonction qui facilite vos saisies.

La *saisie semi-automatique* est une sorte de mémoire qui anticipe la frappe selon ce que vous avez commencé à taper. Elle n'entre en jeu que quand vous tapez du texte, mais pas avec les chiffres ou les formules. Lorsque vous entrez du texte, la saisie semi-automatique recherche si, ailleurs dans la colonne, du texte commençant par les mêmes lettres existe déjà. Si c'est le cas, elle complète aussitôt votre saisie, vous évitant ainsi d'avoir à taper le reste.

Supposons par exemple que j'ai tapé **Centre culinaire Pigeon vole** dans la cellule A3, puis que le pointeur a été déplacé vers la cellule A4. Dès l'appui sur la touche C – en majuscule ou en minuscule, cela n'a pas d'importance –, la saisie semi-automatique ajoute aussitôt le restant, soit *_entre culinaire Pigeon vole* juste après le C, comme le montre la Figure 2.9.

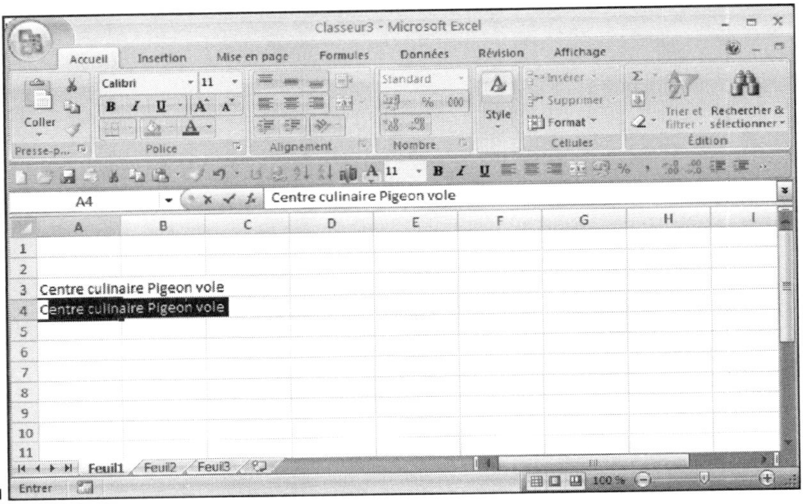

Figure 2.9 : La saisie semi-automatique complète une entrée selon une autre entrée déjà existante qui, dans la même colonne, commence par la ou les mêmes lettres.

La saisie semi-automatique est parfaite si les cellules A3 et A4 doivent contenir les mêmes entrées. Mais supposons que les entrées commencent par les mêmes lettres, mais qu'elles diffèrent ensuite. La saisie semi-automatique fonctionnera aussi longtemps que les lettres seront identiques – le mot *Centre* en l'occurrence – ; il suffit de continuer à taper. Dès que le texte diffère, comme dans *Centre Jack & Jill*, la saisie semi-automatique cesse dès la frappe du J, n'ayant plus rien à vous proposer.

TRUC

Si vous trouvez qu'en proposant systématiquement des entrées chaque fois que vous commencez à taper du texte la fonction Saisie semi-automatique est plus gênante qu'utile, vous pouvez la désactiver. Cliquez sur Bouton Office/Options Excel, puis sur l'onglet Options avancées. Dans la section Options d'édition, ôtez la coche de la case Saisie automatique des valeurs de cellules, et cliquez sur OK ou appuyez sur Entrée.

La recopie automatique

Bon nombre des feuilles de calcul que vous créez avec Excel exigent la saisie de séries de chiffres ou de dates qui se suivent. Vous devrez par exemple entrer les douze mois de l'année dans un classeur, ou numéroter des cellules de 1 à 100.

La fonction de recopie d'Excel, également appelée *recopie incrémentée*, facilite considérablement ces tâches répétitives. Tout ce que vous avez à faire est de taper la première valeur d'une série. Le plus souvent, la recopie automatique se fera un plaisir de remplir les cellules voisines en tirant une poignée de recopie vers la droite pour incrémenter sur une ligne, ou vers le bas pour incrémenter dans une colonne.

La poignée de recopie, qui a la forme d'une croix noire, n'apparaît que quand vous placez le pointeur de la souris sur le coin inférieur droit d'une cellule, ou de la dernière cellule si une plage a été sélectionnée. Gardez à l'esprit que, en faisant glisser une sélection de cellules avec le pointeur de souris en forme d'épaisse croix blanche, Excel se contente d'étendre la sélection aux cellules par-dessus lesquelles vous avez tiré le pointeur (voir Chapitre 3). Si vous faites glisser la sélection avec le pointeur en forme de flèche, Excel déplace la sélection (voir Chapitre 4).

Quand vous créez une série avec la poignée de recopie, vous ne pouvez tirer que dans une seule direction à la fois. Il vous est par exemple possible de remplir les cellules situées à droite ou à gauche sur la même ligne que la cellule initiale contenant les données à recopier, ou vers le haut ou le bas de la même colonne. Mais il est exclu d'opérer dans deux directions, par exemple vers la droite puis vers le bas, en tirant la poignée en diagonale.

Lorsque vous actionnez la souris, le logiciel vous tient informé des données qu'il entre dans la dernière cellule de la plage sélectionnée en affichant son contenu à proximité du pointeur, dans une sorte d'info-bulle. Dès que vous relâchez le bouton de la souris après avoir étendu la recopie, Excel crée une série de données dans toutes les cellules que vous avez sélectionnées ou recopie simplement la valeur initiale sans la modifier. A droite de la dernière entrée qu'il vient d'effectuer, Excel affiche un bouton contextuel qui déroule un menu proposant plusieurs options. Elles servent à outrepasser l'option de recopie par défaut, par laquelle Excel recopie la valeur de départ dans une plage de cellules, et à activer à la place la recopie incrémentée.

Les Figures 2.10 et 2.11 montrent comment utiliser la fonction de recopie automatique pour entrer des mois de l'année sur une ligne, en commençant par janvier dans la cellule B2 et en finissant par juin en G2. Pour ce faire, tapez simplement **Janvier** dans la cellule B2, amenez le pointeur de la souris sur la poignée de recopie située sur le coin inférieur droit de la cellule, puis tirez-la jusque sur la cellule

G2, comme le montre la Figure 2.10. Lorsque vous relâchez le bouton de la souris, Excel remplit les cellules avec les différents mois, de février à juin, comme l'illustre la Figure 2.11. Remarquez que les mois ainsi créés restent sélectionnés, ce qui vous laisse une possibilité de modifier la série ; si vous étiez allé trop loin, tirer la poignée de recopie vers la gauche aurait limité la recopie à celle voulue. Ou encore, si vous n'étiez pas allé assez loin, tirer la poignée aurait ajouté des mois.

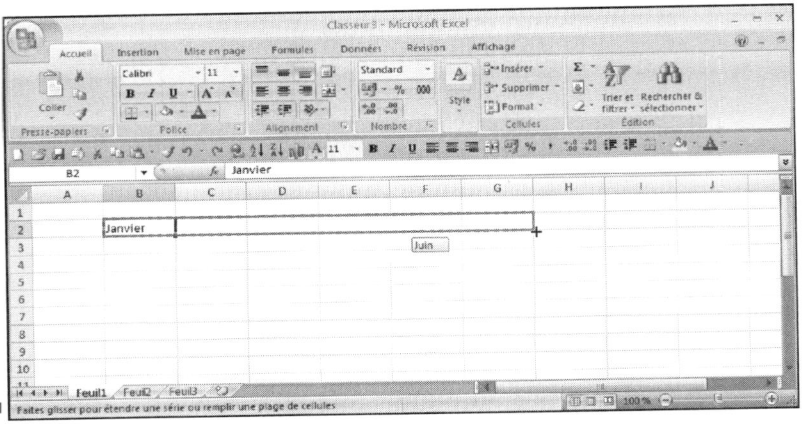

Figure 2.10 : Pour obtenir une série de mois, tapez Janvier dans une cellule, puis tirez la poignée de recopie pour créer automatiquement les autres mois.

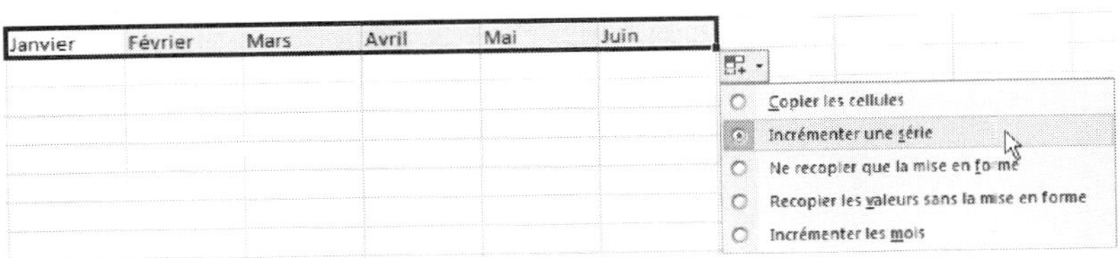

Figure 2.11 : Au moment où vous relâchez le bouton de la souris, Excel remplit les cellules avec les différents mois. Un bouton contextuel affiche un menu permettant de sélectionner un type de recopie.

Vous pouvez aussi utiliser les options du menu contextuel de la recopie automatique, ouvert en cliquant sur le bouton qui apparaît à proximité de la poignée de recopie, et choisir un autre type de recopie que celui proposé par défaut. Pour qu'Excel recopie le mot *janvier* dans chaque cellule, choisissez l'option Copier les cellules. Pour ne recopier que le format de la cellule d'origine (le gras ou l'italique par exemple, ainsi que les couleurs, les bordures, etc.), sélectionnez l'option Ne recopier que la mise en forme. Pour recopier les mois sans recopier la mise en forme de la cellule B2, choisissez l'option Recopier les valeurs sans la mise en forme.

Le Tableau 2.3, dans la section suivante, indique les valeurs initiales susceptibles d'être utilisées pour une recopie automatique et les résultats qu'elle produit.

Travailler avec des séries échelonnées

La recopie automatique utilise la valeur initiale sélectionnée (date, heure, jour, année...) pour produire une série. Toutes les séries énumérées dans le Tableau 2.3 varient de 1 (un jour, un mois, une unité...). Il est toutefois possible de faire en sorte que la recopie automatique s'effectue selon une autre valeur en entrant deux valeurs de départ dans des cellules voisines, qui quantifient la modification d'une valeur à une autre. Ces deux valeurs constitueront la sélection initiale que vous étendrez avec la poignée de recopie.

Par exemple, pour démarrer une série le lundi et entrer un jour sur deux dans une ligne, vous taperez **Samedi** dans une cellule et **Lundi** dans la cellule suivante. Après avoir sélectionné ces deux cellules, tirez la poignée de recopie vers la droite aussi loin que nécessaire. Lorsque vous relâchez le bouton de la souris, Excel remplit les cellules avec la série Mercredi, Vendredi, Dimanche, Mardi, et ainsi de suite.

Copier avec la recopie automatique

Vous pouvez utiliser la recopie automatique pour copier un texte sur une plage de cellules, mais sans incrémentation. Pour ce faire, maintenez la touche Ctrl enfoncée tout en cliquant et en tirant la poignée de recopie. Un petit signe + apparaît près de la poignée, indiquant qu'une *copie* est en cours, et non une copie incrémentée. Vous pouvez vérifier que l'entrée dupliquée ne change pas en

Tableau 2.3 : Séries susceptibles d'être créées avec la recopie automatique.

Entrée initiale	Série produite par la recopie automatique
Juillet	Août, Septembre, Octobre...
Juil	Août, Sept, Oct, Nov...
Mardi	Mercredi, Jeudi, Vendredi...
Mar	Mer, Jeu, Ven, Sam...
01/04/2002	02/04/2002, 03/04/2002, 04/04/2002...
Janv-00	Févr-00, Mars-00, Avr-00...
15-Févr	16-Févr, 17-Févr, 18-Févr...
10:00 PM	11:00 PM, 12:00 PM, 1:00 AM
8:01	9:01, 10:01, 11:01, 12:01...
1er trim	2e trim, 3e trim, 4e trim...
Tr1	Tr2, Tr3, Tr4, Tr5, Tr6...
T3	T4, T1, T2, T3, T4, T1...
Produit 1	Produit 2, Produit 3, Produit 4...
1er produit	2e produit, 3e produit...

observant l'info-bulle dont le contenu reste identique à celui de la cellule d'origine. Si vous voulez néanmoins incrémenter la recopie, il suffit de cliquer sur le bouton contextuel et de choisir, dans le menu, l'option Incrémenter une série ; les éléments copiés sont aussitôt transformés en série d'éléments numérotés ou successifs.

ATTENTION !

Alors que maintenir la touche Ctrl enfoncée pendant la recopie automatique empêche l'incrémentation du texte, il en va tout autrement avec les valeurs numériques ! Supposons que vous avez entré le nombre **17** dans une cellule et tirez la poignée de recopie pour remplir les cellules voisines. Dans ce cas, Excel recopie le nombre 17 dans chacune des cellules. Mais si la touche Ctrl est enfoncée, la recopie est incrémentée et donne 18, 19, 20, et ainsi de suite. Si vous avez oublié ce détail et créé une série de nombres incrémentés, alors que vous vouliez simplement recopier le nombre à l'identique dans les cellules, corrigez la manipulation en cliquant sur le bouton contextuel et choisissez l'option Copier les cellules.

Créer une liste personnalisée

En plus de pouvoir varier l'incrémentation d'une série de recopies automatiques, vous pouvez créer vos propres séries. Par exemple, la société La mère l'Oie travaille avec les entreprises suivantes :

- Centre culinaire Pigeon vole
- Centre Jack & Jill
- A la bonne bouffe
- Les pieds dans le plat
- Tartes et gâteaux
- Georgie Porgie Pudding
- Maison Poulaga

Au lieu d'avoir à taper sans cesse le nom de chacune de ces entreprises chaque fois que vous devez les lister dans une feuille de calcul, vous pouvez en faire une liste personnalisée. Il vous suffira ensuite de taper Centre culinaire Pigeon vole dans la première cellule, puis de tirer sur la poignée de recopie pour placer automatiquement tous les autres noms dans les cellules sélectionnées.

Procédez comme suit pour créer une liste personnalisée :

1. **Cliquez sur Bouton Office/Options Excel, puis sur l'onglet Standard. Dans la section Meilleures options pour travailler avec Excel de cet onglet, cliquez sur le bouton Modifier les listes personnalisées pour ouvrir la boîte de dialogue Listes pers. (Figure 2.12).**

   Si vous avez déjà tapé une liste personnalisée dans une plage de cellules, allez à l'Étape 2. Sinon, allez plutôt à l'Étape 5.

2. **Cliquez dans le champ de texte Importer la liste des cellules, puis cliquez sur le bouton Minimiser (il se trouve à l'extrémité droite de la zone de texte) ; la boîte de dialogue Options se réduit à ce champ de texte, vous laissant de la place pour sélectionner confortablement une plage de cellules (nous y reviendrons dans le Chapitre 3).**

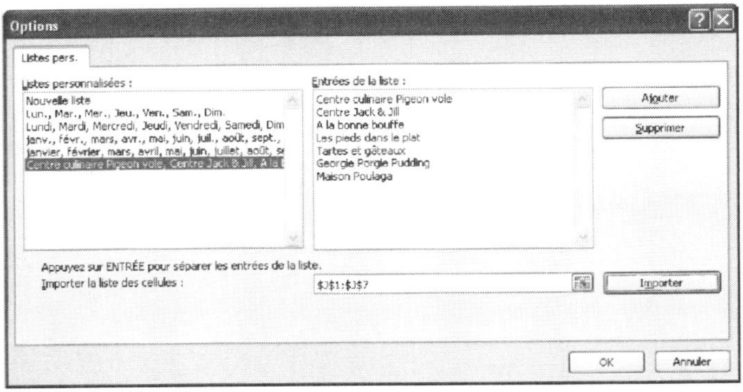

Figure 2.12 : Création d'une liste personnalisée à partir de plages de cellules existantes.

3. **Après avoir sélectionné la plage de cellules dans la feuille de calcul, cliquez sur le bouton Agrandir de la boîte de dialogue Listes pers. afin de la réafficher intégralement.**

   Ce bouton, qui se substitue automatiquement au bouton Minimiser, se trouve à l'extrémité du champ de texte, juste au-dessous du bouton de fermeture.

4. **Cliquez ensuite sur le bouton Importer pour copier le contenu des cellules dans la fenêtre Entrées de la liste.**

   Passez à l'Etape 7.

5. **Cliquez dans la fenêtre Entrées de la liste. Tapez ensuite chaque entrée dans l'ordre qui vous convient ; n'oubliez pas de taper sur la touche Entrée après chaque saisie.**

   Après avoir tapé tous les intitulés dans la fenêtre Entrées de la liste, vous pouvez passer à l'étape suivante.

6. **Cliquez sur le bouton Ajouter afin de transférer les éléments dans la liste Listes personnalisées.**

   Créez éventuellement d'autres listes personnalisées en procédant comme nous venons de l'indiquer.

7. **Cliquez sur OK pour fermer la boîte de dialogue Listes pers. et revenir à la boîte de dialogue Options Excel, puis cliquez sur OK ou appuyez sur Entrée pour fermer la boîte de dialogue Options Excel et revenir à la feuille de calcul courante du classeur actif.**

Après avoir ajouté une liste personnalisée dans Excel, il vous suffira simplement de taper la première entrée dans une cellule puis de tirer la poignée de recopie dans une direction pour que les autres éléments de la liste apparaissent dans la plage de cellules.

Si vous n'avez pas l'intention de taper la première ligne, utilisez la fonction de saisie semi-automatique décrite précédemment dans ce chapitre ; créez une entrée sous la forme d'un acronyme qui affichera automatiquement le nom complet comme *albb* pour *A la bonne bouffe*.

Insérer des symboles et des caractères spéciaux

Avec Excel, l'insertion de caractères spéciaux est très facile (symboles de devises, marque déposée, copyright, etc.). Pour insérer un symbole ou un caractère spécial, cliquez dans le Ruban sur Insertion/Insérer un symbole à partir d'une boîte de dialogue (en bas à droite dans le groupe Texte) pour ouvrir la boîte de dialogue Caractères spéciaux (Figure 2.13).

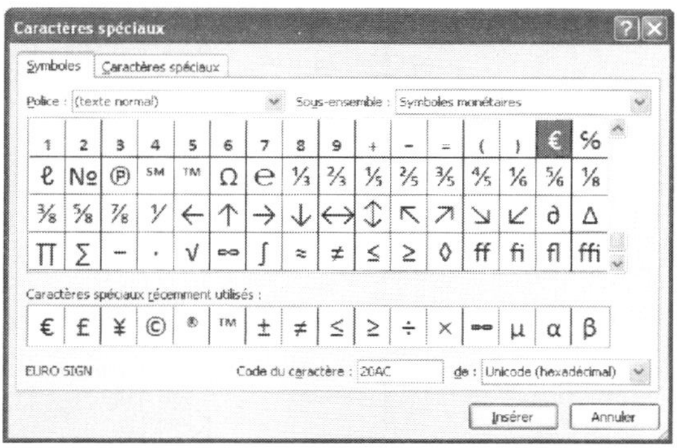

Figure 2.13 : Utilisez la boîte de dialogue Caractères spéciaux pour insérer symboles et caractères spéciaux.

Cette boîte de dialogue contient deux onglets : Symboles et Caractères spéciaux. Pour insérer un signe mathématique ou le symbole d'une devise, sous l'onglet Symboles, localisez-le dans la liste, cliquez dessus, puis sur le bouton Insérer. (A la place, vous pouvez également double-cliquer dessus.) Pour insérer des caractères de langue étrangère ou des lettres accentuées appartenant à d'autres jeux de caractères, déroulez la liste Sous-ensemble, puis cliquez sur un nom de sous-ensemble. Ensuite, vous n'avez plus qu'à trouver dans la zone de liste le caractère souhaité, puis à cliquer dessus. L'insertion des symboles monétaires ou des signes mathématiques utilisés très souvent (tels que le symbole de l'euro et les signes + ou -) est un jeu d'enfant : ils figurent, toujours sous l'onglet Symboles, dans la section Caractères spéciaux récemment utilisés.

Pour insérer des caractères spéciaux, tels que le symbole de la marque déposée, une marque de paragraphe ou des points de suspension, cliquez sur l'onglet Caractères spéciaux de la boîte de dialogue du même nom. Repérez le caractère dans la liste, cliquez dessus, puis cliquez sur le bouton Insérer (l'insertion par double clic fonctionne également).

Une fois vos travaux d'insertion achevés, fermez la boîte de dialogue Caractères spéciaux en cliquant sur le bouton Fermer situé dans le coin supérieur droit.

Les entrées de la plage

Si vous devez saisir un tableau de données dans un nouveau classeur, vous vous simplifierez le travail – et votre existence – en sélectionnant d'abord toutes les cellules vides qui devront contenir ces données avant même de procéder à leur entrée. Pour cela, placez le pointeur dans la première cellule de ce qui sera le tableau, puis sélectionnez toutes les cellules dans les colonnes et les lignes voisines (reportez-vous au Chapitre 3 pour apprendre à sélectionner des plages de cellules). Enfin, commencez à entrer la première donnée.

Quand vous sélectionnez une *plage* de cellules avant de commencer à entrer des informations, Excel restreint la saisie des données à cette plage de la façon suivante :

- Le logiciel avance automatiquement le pointeur de cellule à la prochaine cellule de la plage lorsque vous cliquez sur le bouton Entrer ou appuyez sur la touche Entrée pour valider une saisie.

- Dans une plage contenant plusieurs lignes et colonnes, Excel fait descendre le pointeur de cellule dans la colonne afin que vous puissiez procéder aux entrées ; lorsqu'il atteint la dernière cellule dans la partie sélectionnée de la colonne, Excel place le pointeur tout en haut de la prochaine colonne à droite. Si le tableau n'occupe qu'une ligne, le pointeur est décalé de gauche à droite.

- Lorsque vous finissez d'entrer des informations dans la dernière cellule de la plage sélectionnée, Excel positionne le pointeur de cellule sur la première cellule du tableau de données qui vient d'être terminé. Pour désélectionner la plage de cellules, cliquez sur l'une des cellules de la feuille de calcul, hors du tableau ou à l'intérieur, ou appuyez sur une touche fléchée.

Veillez à ne pas appuyer sur une touche fléchée pour valider la saisie dans l'une des cellules de la plage sélectionnée, au lieu de cliquer sur le bouton Entrer ou d'appuyer sur la touche Entrée. L'appui sur une touche fléchée désélectionne en effet la plage au moment où Excel déplace le pointeur de cellule. Utilisez l'une de ces méthodes pour déplacer le pointeur de cellule sans désélectionner la plage :

- Appuyez sur Entrée pour passer à la cellule inférieure puis, le moment venu, passer à la prochaine colonne. Appuyez sur Maj+Entrée pour reculer à la cellule précédente.
- Appuyez sur la touche Tab pour passer à la prochaine cellule de la colonne de droite et descendre ensuite dans la colonne. Appuyez sur Maj+Tab pour revenir à la cellule précédente.
- Appuyez sur Ctrl+. (point du pavé numérique) pour aller d'un coin de la plage à un autre.

La saisie express

Vous pouvez aussi accélérer la saisie des données dans une liste comportant des formules en vous assurant que la case Étendre les formules et formats de plage de données est cochée dans la section Options d'édition de l'onglet Options avancées de la boîte de dialogue Options Excel (pour la faire apparaître, cliquez sur Bouton Office/Options Excel). Lorsque cette case est cochée, Excel met automatiquement en forme les nouvelles données que vous tapez dans la dernière colonne d'une liste en fonction de la mise en forme existant dans les colonnes déjà remplies, et copie les formules présentes dans ces colonnes. Notez cependant que pour utiliser cette nouvelle fonctionnalité, vous devez d'abord manuellement entrer les formules et configurer la mise en forme dans au moins trois colonnes avant la nouvelle colonne.

Stocker les données en lieu sûr

Le travail effectué dans une feuille de calcul d'un classeur est exposé à tous les risques aussi longtemps que vous ne l'avez pas enregistré sur une disquette ou sur le disque dur. Avant l'enregistrement, la moindre coupure de courant ou un plantage de l'ordinateur peut tout compromettre. Vous auriez à refaire toutes les saisies, entrer les formules, une tâche d'autant plus fastidieuse qu'elle était évitable. Pour vous prémunir contre ce genre de mésaventure, adoptez une fois pour toutes cette règle d'or : enregistrez chaque fois que vous estimez qu'il n'est pas question de perdre ce que vous venez de faire.

Pour faciliter les sauvegardes, la barre d'outils Accès rapide d'Excel 2007 contient un bouton Enregistrer, reconnaissable à son icône en forme de disquette 3"1/4. Vous n'avez même pas à cliquer sur le Bouton Office pour ouvrir le menu Fichier et sélectionner la commande Enregistrer. Encore plus rapide, le raccourci clavier Ctrl+S finit par devenir une seconde nature. N'hésitez pas à l'utiliser, vous n'en abuserez jamais.

Lorsque vous cliquez sur le bouton Enregistrer, ou que vous sélectionnez Bouton Office/Enregistrer, pour la première fois avec un nouveau classeur, Excel affiche la boîte de dialogue Enregistrer sous. Utilisez cette boîte de dialogue pour remplacer le nom générique qui vous est proposé (Classeur1, Classeur2, Classeur3...) par un nom plus explicite, pour sélectionner un autre format de fichier si vous le souhaitez, et pour sélectionner le dossier de destination du classeur avant de cliquer sur le bouton Enregistrer.

Une fois que vous avez spécifié ce que vous voulez dans la boîte de dialogue Enregistrer sous, cliquez sur le bouton Enregistrer ou appuyez sur Entrée pour qu'Excel 2007 enregistre votre travail. Quand Excel enregistre le fichier d'un classeur, il enregistre toutes les informations de toutes les feuilles de calcul du classeur (y compris la dernière position du curseur de cellule) dans le dossier que vous avez spécifié, sur le lecteur correspondant.

À partir de là, vous n'aurez plus besoin de la boîte de dialogue Enregistrer sous pour ce classeur, à moins que vous ne vouliez le renommer ou en enregistrer une copie dans un autre dossier. Dans ce cas, cliquez sur Bouton Office/Enregistrer sous (ou appuyez sur Alt+FR et appuyez sur Entrée) pour faire apparaître la boîte de dialogue Enregistrer sous. Si vous cliquez sur le bouton Enregistrer de la barre d'outils Accès rapide, ou si vous appuyez sur Ctrl+S, ou si vous cliquez sur Bouton Office/Enregistrer, le classeur sera simplement enregistré avec le nom, l'emplacement et le format qu'il avait déjà.

La boîte de dialogue Enregistrer sous dans Windows Vista

La boîte de dialogue Enregistrer vous permet de remplacer le nom de fichier par défaut qui vous est proposé (Classeur1, Classeur2...) par un nom descriptif de votre choix en cliquant dans le champ Nom de fichier pour y entrer le nom que vous voulez (jusqu'à 255 caractères au total, en comptant les espaces).

Pour sélectionner un nouveau dossier pour y enregistrer le classeur, suivez ces étapes :

1. **Cliquez sur le bouton Parcourir les dossiers (le triangle pointant vers le bas) pour développer le contenu de la boîte de dialogue.**

   La boîte de dialogue affiche alors le volet de navigation, dans lequel vous pouvez sélectionner les dossiers qui apparaissent dans les sections Dossiers et Liens favoris.

2. **Dans le volet de navigation, cliquez sur le nom du lien favori contenant le dossier dans lequel vous voulez enregistrer le fichier, ou cliquez sur le bouton Dossier (avec un triangle pointant vers le bas), puis sur le nom du dossier voulu.**

3. **Si vous voulez que le classeur soit enregistré dans un nouveau sous-dossier du dossier ouvert dans la boîte de dialogue Enregistrer sous, cliquez sur le bouton Créer un dossier dans la barre d'outils de cette boîte de dialogue, puis remplacez le nom par défaut suggéré pour le nouveau dossier par celui que vous voulez lui donner, et appuyez sur Entrée.**

4. **Cliquez sur le bouton Enregistrer pour enregistrer le fichier dans le dossier sélectionné.**

N'OUBLIEZ PAS

Lorsque le contenu de la boîte de dialogue Enregistrer sous est développé, vous pouvez ajouter un titre, un sujet et des balises au fichier de votre nouveau classeur en cliquant sur les liens Ajouter un titre, Spécifier le sujet et Ajouter une balise. Vous pourrez alors utiliser tous ces éléments d'information pour rechercher ce fichier, s'il vous arrive d'en avoir besoin un jour (pour en savoir plus sur la recherche de fichiers, reportez-vous au Chapitre 4).

La boîte de dialogue Enregistrer sous dans Windows XP

La version Windows XP de la boîte de dialogue Enregistrer sous contient une série de gros boutons, qui apparaissent dans un volet qui occupe toute sa partie gauche : Mes documents récents, Bureau, Mes documents, Poste de travail et Favoris réseau. Utilisez ce bouton pour vous rapprocher rapidement du dossier dans lequel vous voulez enregistrer le fichier de votre classeur :

- Cliquez sur le bouton Mes documents récents pour enregistrer un classeur dans le dossier Récents. Ce dossier se trouve, dans Windows XP, dans le chemin C:\Documents and Settings*Utilisateur*\Mes documents récents (*Utilisateur* étant naturellement remplacé par le nom de l'utilisateur concerné).
- Cliquez sur le bouton Bureau pour enregistrer le dossier directement sur le Bureau de Windows.
- Cliquez sur le bouton Mes documents pour enregistrer vos classeurs dans ce dossier.
- Cliquez sur le bouton Poste de travail pour enregistrer le classeur sur un des disques de votre ordinateur, ou dans votre propre dossier ou dans un dossier partagé de votre disque dur.
- Cliquez sur le bouton Favoris réseau pour enregistrer le classeur dans un des dossiers du réseau de votre entreprise.

N'OUBLIEZ PAS

Si vous voulez que le classeur soit enregistré dans un nouveau sous-dossier du dossier ouvert dans la boîte de dialogue Enregistrer sous, cliquez sur le bouton Créer un dossier dans la barre d'outils de cette boîte de dialogue (ou appuyez sur Alt+4), puis remplacez le nom par défaut suggéré pour le nouveau dossier par celui que vous voulez lui donner, et cliquez sur OK.

Changer l'emplacement d'enregistrement par défaut

Chaque fois que vous ouvrez la boîte de dialogue Enregistrer sous pour enregistrer le fichier d'un classeur, elle s'ouvre automatiquement sur le dossier spécifié comme Emplacement d'enregistrement par défaut dans l'onglet Enregistrement de la boîte de dialogue Options Excel (Bouton Office/Options Excel/Enregistrement).

Tant que vous n'avez pas spécifié autre chose, ce dossier par défaut est soit le dossier Mes documents (sous Windows XP), soit le dossier Documents (sous Windows Vista) associé à votre nom d'utilisateur sur votre disque dur. Ainsi, par exemple, le chemin d'accès au dossier par défaut dans lequel Excel 2007 enregistre automatiquement mes nouveaux classeurs sur mon ordinateur sous Windows XP est :

```
C:\Documents and Settings\Greg\My Documents
```

Sous Windows Vista, ce chemin d'accès devient :

```
C:\Utilisateurs\Greg\Documents
```

Le dossier Mes documents (ou Documents sous Windows Vista) n'est pas forcément l'emplacement qui vous convient le mieux pour enregistrer vos nouveaux classeurs. Pour spécifier un autre emplacement d'enregistrement par défaut sur votre ordinateur, suivez ces étapes :

1. **Cliquez sur Bouton Office/Options Excel/Enregistrement pour ouvrir l'onglet Enregistrement de la boîte de dialogue Options Excel.**

   Le chemin d'accès au dossier d'enregistrement par défaut apparaît dans le champ Emplacement d'enregistrement par défaut.

2. **Dans le champ Emplacement d'enregistrement par défaut, sélectionnez le chemin d'accès ou une partie de celui-ci.**

   Ce que vous allez taper va remplacer ce qui est sélectionné dans ce champ. Si vous ne voulez remplacer qu'une partie de ce chemin d'accès, ne sélectionnez que la partie à remplacer. Et si vous avez simplement besoin d'ajouter quelque chose, placez simplement le curseur à la fin du chemin existant.

3. **Modifiez ou remplacez le chemin d'accès pour faire apparaître à sa place celui du dossier que vous voulez spécifier comme emplacement d'enregistrement par défaut.**

4. **Cliquez sur OK pour fermer la boîte de dialogue Options Excel.**

Les différences entre les formats XLSX et XLS

Excel 2007 utilise maintenant un nouveau format de fichier basé sur XML (que Microsoft appelle officiellement le format Microsoft Office Open XML), vanté comme plus efficace pour enregistrer des données, produisant donc de plus petits fichiers, et offrant une meilleure intégration avec les sources de données externes (en particulier s'il s'agit de sources Web utilisant le format XML). Ce format de fichier reposant sur XML porte l'extension de fichier .xlsx – c'est le format par défaut dans lequel Excel enregistre les nouveaux classeurs que vous créez.

N'oubliez pas que les extensions de fichier comme .xlsx et .xls ne sont pas affichées dans le nom du fichier (bien qu'elles en fassent partie) dans le champ Nom de fichier de la boîte de dialogue Enregistrer sous, à moins que vous n'ayez ôté la case de l'option Masquer les extensions des fichiers dont le type est connu dans la boîte de dialogue Options des dossiers de l'Explorateur Windows (Outils/Options).

Excel 2007 dispose également d'un nouveau format binaire, appelé Office Excel 2007 Binary ou BIFF12, portant l'extension .xlsb. Vous pouvez choisir ce format si vous avez des feuilles de calcul vraiment énormes qui doivent être compatibles avec les anciennes versions d'Excel (sélectionnez Classeur Excel binaire (*.xlsb) dans la liste Type de fichier de la boîte de dialogue Enregistrer sous).

Enregistrer un classeur au format PDF

Le format PDF (Portable Document File), développé par la société Adobe Systems Incorporated, permet d'ouvrir et d'imprimer un document sans pour autant disposer du programme avec lequel ce document a été créé.

Pour la première fois, Excel vous permet d'enregistrer vos classeurs directement dans ce format PDF. Cela signifie que vos classeurs réalisés avec Excel 2007 peuvent être directement partagés avec des utilisateurs qui n'ont pas Excel sur leur ordinateur, en les enregistrant tout simplement au format PDF. Il leur suffit pour cela d'avoir installé sur leur ordinateur le logiciel gratuit Acrobat Reader d'Adobe (que tout le monde peut télécharger sur le site Web d'Adobe, à `www.adobe.com`).

ATTENTION !

Pour pouvoir enregistrer des fichiers au format PDF, vous devez commencer par télécharger et installer le complément Publier au format PDF ou XPS sur le site Web de Microsoft. Pour cela, ouvrez la fenêtre Aide – Excel (cliquez sur le bouton Aide sur Microsoft Office Excel ou appuyez sur la touche F1), tapez **pdf** dans le champ de recherche qui se trouve en haut à gauche dans la fenêtre et cliquez sur le bouton Rechercher ou appuyez sur Entrée. Dans les résultats de la recherche qui apparaissent, cliquez sur le lien `Activer la prise en charge d'autres formats de fichier, tels que les formats PDF et XPS`. Dans la page qui apparaît, cliquez sur le lien `Installer et utiliser le complément Publier au format PDF ou XPS de Microsoft`, et suivez les instructions qui apparaissent pour télécharger et installer ce complément d'Excel 2007 sur votre ordinateur.

Pour enregistrer un classeur au format PDF, cliquez sur le Bouton Office, placez le pointeur de la souris sur le triangle pointant vers la droite de l'option Enregistrer sous, et sélectionnez PDF ou XPS dans le sous-menu qui apparaît. La boîte de dialogue Publier comme PDF ou XPS apparaît. Si vous n'avez pas besoin de modifier le nom du fichier (Excel lui ajoute automatiquement l'extension .pdf) ou le dossier dans lequel vous voulez l'enregistrer, cliquez simplement sur le bouton Publier. Excel enregistre le classeur au format PDF, et il s'ouvre automatiquement dans Acrobat Reader pour vous permettre de le vérifier aussitôt.

N'OUBLIEZ PAS

Si vous créez un classeur dans Excel 2007 en utilisant des fonctionnalités qui ne sont pas prises en compte par les versions antérieures d'Excel, plutôt que de l'enregistrer au format .xls et de perdre ainsi ces caractéristiques, vous pouvez envisager de l'enregistrer au format PDF, de manière que vos collègues qui ne disposent pas d'Excel 2007 puissent le consulter sans dégradation de son contenu (naturellement, ils ne pourront que le consulter, pas le modifier).

A la recherche du document perdu

Excel est équipé d'une fonction de récupération de document qui vous sauvera la mise lors d'une coupure de courant ou si, pour une raison ou pour une autre, l'ordinateur se bloque. La fonction de récupération automatique enregistre votre travail à intervalles réguliers. En cas de plantage, Excel affiche un volet de récupération de données dès que l'ordinateur a été redémarré et Excel relancé.

TRUC

Quand vous démarrez Excel 2007 pour la première fois, la fonction de récupération automatique est configurée pour sauvegarder vos données toutes les dix minutes, à condition toutefois que votre fichier ait déjà été enregistré. Vous pouvez réduire ou augmenter ce délai à votre guise. Pour cela, cliquez sur Bouton Office/Options Excel/Enregistrement pour ouvrir la boîte de dialogue Options Excel avec l'onglet Enregistrement au premier plan. Assurez-vous que la case Enregistrer les informations de récupération automatique est bien cochée, entrez le nombre de minutes que vous voulez dans le champ qui suit (ou utilisez les flèches qu'il contient pour l'augmenter ou le diminuer), et cliquez sur OK pour fermer la boîte de dialogue Options Excel.

Le volet Récupération de document montre les versions disponibles des classeurs qui étaient ouverts au moment où l'ordinateur a planté. Il identifie la version originale du fichier du classeur ainsi que le moment où il a été enregistré et compare le tout avec la version sauvegardée automatiquement (estimation du travail non enregistré par l'utilisateur au moment de l'incident). La position du pointeur est également enregistrée. Cliquez sur le menu déroulant – sous la flèche pointée vers le bas – et choisissez Ouvrir dans le menu contextuel. Après avoir ouvert la version récupérée, vous pouvez alors (si vous le souhaitez) enregistrer les modifications en cliquant sur le bouton Enregistrer dans la barre d'outils Accès rapide ou sur Bouton Office/Enregistrer.

Pour enregistrer la version récupérée d'un classeur sans devoir l'ouvrir d'abord, placez le pointeur de la souris sur la version récupérée, déployez le menu déroulant, puis choisissez l'option Enregistrer sous. Pour renoncer définitivement à la version récupérée (ce qui ne vous laisse que les données de la version originale), cliquez sur le bouton Fermer, en bas du volet Récupération de document. Lorsque vous cliquez sur le bouton Fermer, une boîte d'alerte vous laisse une dernière chance de revenir à la version récupérée afin de la visionner. Pour conserver le fichier afin de l'examiner ultérieurement, sélectionnez le bouton radio Oui (Je veux consulter ces fichiers plus tard) puis cliquez sur OK. Sinon, pour conserver les versions originales des fichiers listés dans le volet Récupération de données, cliquez sur Non (Supprimer ces fichiers. J'ai enregistré les fichiers dont j'ai besoin).

Deuxième partie

L'art et la manière de modifier un classeur

"Ah ! La barbe ! Ton graphique en aubergine est tout aussi incompréhensible que ton graphique en pomme de terre ou ton graphique en noix de coco. Tu ne pourrais pas faire un camenbert, comme tout le monde ?"

Dans cette partie...

Dans cette partie, nous éditerons et modifierons une feuille de calcul de trois manières : en mettant les données brutes en forme, en réorganisant les données mises en forme et/ou en les supprimant dans certains cas, enfin en imprimant les données mises en forme. Croyez-moi, quand vous saurez comment modifier vos données et les mettre en forme, vous aurez bien avancé dans la connaissance d'Excel 2007.

Chapitre 3

On enjolive tout

Dans ce chapitre :

- Sélectionner les cellules à mettre en forme.
- Mettre en forme un tableau de données avec le bouton Mettre sous forme de tableau.
- Appliquer des formats de nombres à des cellules contenant des valeurs.
- Régler la largeur des colonnes et la hauteur des lignes d'une feuille de calcul.
- Masquer des colonnes et des lignes.
- Mettre en forme une plage de cellules en utilisant l'onglet Accueil du Ruban.
- Mettre en forme une plage de cellules avec la galerie Styles de cellules.
- Mettre en forme des cellules avec l'outil Reproduire la mise en forme.

Dans un tableur comme Excel, vous n'avez normalement pas à vous soucier de l'apparence des données avant de les avoir saisies et enregistrées (voir Chapitres 1 et 2). C'est après seulement que vous les mettrez en forme pour les rendre plus lisibles et plus attrayantes. Après avoir décidé du type de mise en forme à appliquer à tout ou partie de la feuille de calcul, sélectionnez toutes les cellules à embellir, puis cliquez sur l'outil approprié ou choisissez une commande dans l'un des menus. Cependant, avant de découvrir les remarquables fonctions esthétiques d'Excel, vous devez d'abord savoir comment désigner les cellules qui doivent recevoir la mise en forme, c'est-à-dire les *sélectionner*, ou encore comment *procéder à une sélection de cellules*.

Choisir un groupe de cellules sélectionnées

Une *sélection de cellules* (ou *plage de cellules*) est un ensemble de cellules contiguës susceptibles d'être mises en forme ou modifiées. La petite sélection de cellule, dans une feuille de calcul, se limite à une seule cellule : la cellule dite *active.* Une seule cellule entourée par le curseur de cellule est une sélection d'une cellule. La sélection de cellules la plus vaste comprend toutes les cellules de la feuille de calcul. La plupart des sélections que vous aurez à effectuer se situent dans un moyen terme ; elles concerneront quelques cellules adjacentes disposées en colonne(s) et/ou en rangée(s).

Excel met en évidence une sélection de cellules dans la feuille de calcul en mettant en surbrillance les cellules sélectionnées, à l'exception de la cellule active qui conserve sa couleur normale. La Figure 3.1 montre diverses sélections de cellules de différentes tailles et formes.

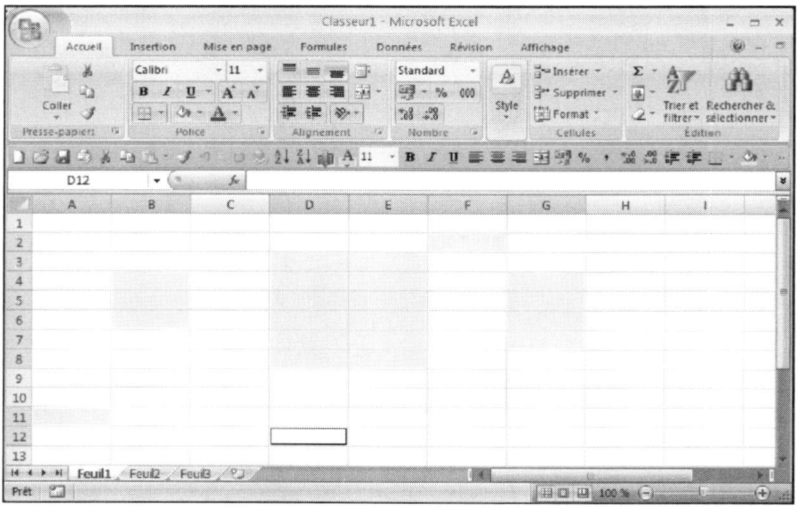

Figure 3.1 : Différentes sélections de diverses tailles et formes.

Dans Excel, vous pouvez sélectionner plusieurs cellules ou plages de cellules à la fois (c'est-à-dire des *sélections multiples*, des *sélections non contiguës* ou des *sélections non adjacentes*). En réalité, bien que la Figure 3.1 semble contenir plusieurs sélections distinctes de cellules, c'est en fait une seule sélection de cellules non adjacentes, la cellule D12 ayant été sélectionnée en dernier, ce qui en fait la cellule active.

Les sélections par pointer-cliquer

La souris est l'outil naturel pour sélectionner des plages de cellules : amenez le pointeur de souris (l'épaisse croix blanche) au-dessus de la première cellule, cliquez, puis, bouton de la souris enfoncé, tirez dans la direction où vous désirez étendre la sélection.

- Pour étendre la sélection de cellules vers les colonnes à droite, tirez la souris vers la droite, ce qui met les cellules concernées en surbrillance.
- Pour étendre la sélection vers le bas, tirez vers le bas.
- Pour étendre la sélection à la fois vers le bas et vers la droite, tirez la souris en diagonale vers la cellule située dans le coin inférieur droit de la plage que vous définissez.

Les sélections avec Maj

Pour accélérer la sélection des cellules, vous pouvez utiliser la bonne vieille méthode Maj+clic, qui s'effectue de la façon suivante :

1. **Cliquez sur la première cellule de la sélection.**

   La cellule est sélectionnée.

2. **Déplacez le pointeur de la souris vers la dernière cellule de la sélection.**

   Elle est au coin opposé de la première cellule. Ne cliquez pas encore.

3. **La touche Maj enfoncée, cliquez dans la dernière cellule.**

   Au moment de ce second clic, Excel sélectionne dans les lignes et dans les colonnes toutes les cellules situées entre la première et la dernière cellule.

Si, lors d'une sélection à la souris, vous avez inclus des cellules dont vous ne voulez pas, avant de relâcher le bouton de la souris, vous pouvez désélectionner les cellules et redimensionner la sélection en déplaçant le pointeur dans la direction opposée. Si vous avez relâché le bouton de la souris, cliquez dans la première cellule de la plage afin de la sélectionner (ce qui désélectionne toutes les autres cellules), puis recommencez la sélection.

Les sélections de cellules non adjacentes

Pour sélectionner des cellules ou des plages non adjacentes, sélectionnez une cellule ou une plage de cellules. Ensuite, touche Ctrl enfoncée, sélectionnez la deuxième cellule ou plage de cellules. Aussi longtemps que la touche Ctrl est enfoncée, Excel ne désélectionne aucune cellule pendant que vous en sélectionnez d'autres.

La touche Ctrl fonctionne avec la souris en tant que *touche d'addition* d'objets (reportez-vous à la section "Les sélections de cellules non adjacentes au clavier", plus loin dans ce chapitre). La touche Ctrl permet d'ajouter des cellules à une sélection ou de sélectionner des noms épars dans la liste d'une boîte de dialogue, sans risque de désélection intempestive.

Les sélections de grande envergure

Vous pouvez sélectionner toutes les cellules d'une ligne ou d'une colonne, voire toutes les cellules d'une feuille de calcul, en appliquant les techniques suivantes :

- Pour sélectionner toutes les cellules d'une colonne, cliquez dans la lettre qui l'identifie, en haut de la feuille de calcul.
- Pour sélectionner toutes les lignes d'une colonne, cliquez dans son numéro, à gauche de la feuille de calcul.
- Pour sélectionner plusieurs lignes ou colonnes à la fois, tirez dans les en-têtes de lignes ou de colonnes.
- Pour sélectionner des lignes et/ou des colonnes qui ne sont pas contiguës, maintenez la touche Ctrl enfoncée tout en cliquant et/ou en tirant dans les en-têtes des lignes et des colonnes à placer dans la sélection.

- Pour sélectionner l'intégralité des cellules d'une feuille de calcul, appuyez sur Ctrl+A ou cliquez sur le bouton de sélection globale. Il se trouve au point de rencontre des en-têtes de lignes et de colonnes, dans le coin supérieur gauche de la feuille de calcul.

Sélectionner des données d'un tableau avec la sélection automatique

Excel propose une méthode de sélection extrêmement rapide, appelée "sélection automatique", pour sélectionner toutes les cellules d'un tableau d'un seul tenant. Procédez comme suit pour utiliser la sélection automatique :

1. **Cliquez dans la première cellule du tableau afin de la sélectionner.**

   Cette cellule se trouve en haut à gauche du tableau.

2. **Maintenez la touche Maj enfoncée tout en double-cliquant, avec le pointeur en forme de flèche, sur le bord droit ou inférieur de la cellule (voir Figure 3.2).**

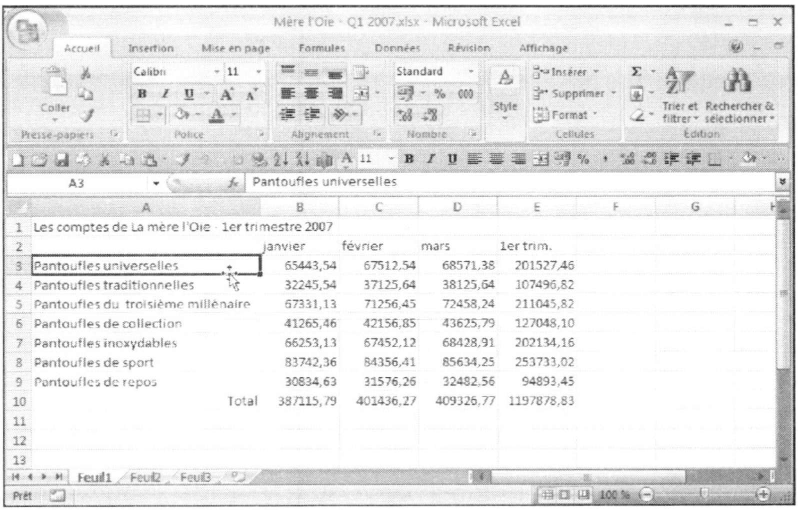

Figure 3.2 : Placez le pointeur de la souris sur le bord droit ou inférieur de la première cellule du tableau.

Double-cliquer sur le *bas* de la cellule, touche Maj enfoncée, étend automatiquement la sélection jusqu'à la dernière cellule en bas de la première colonne, comme le montre la Figure 3.3. Si vous aviez double-cliqué sur le bord *droit* de la cellule, la sélection se serait étendue jusqu'à la dernière cellule de la ligne courante.

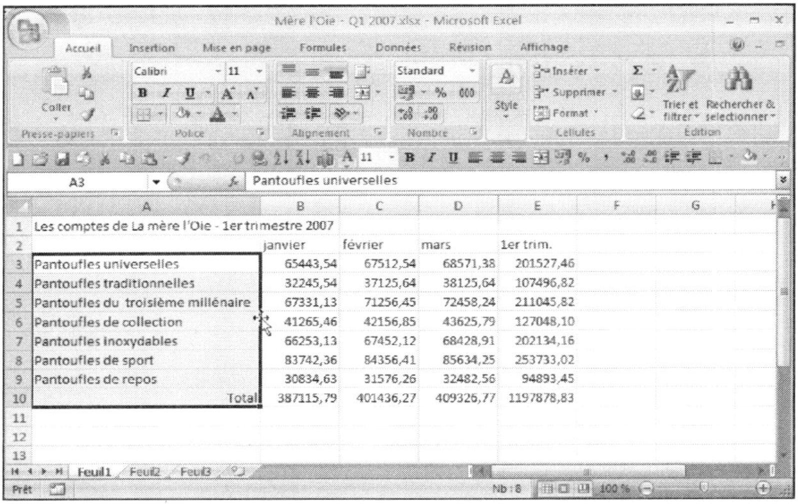

Figure 3.3 : En double-cliquant sur le bord inférieur de la première cellule, touche Maj enfoncée, vous avez étendu la sélection vers le bas.

3a. Si vous avez d'abord sélectionné une colonne, double-cliquez sur le bord droit de la sélection, touche Maj enfoncée (voir Figure 3.3).

Vous sélectionnez ainsi les autres colonnes du tableau, comme l'illustre la Figure 3.4.

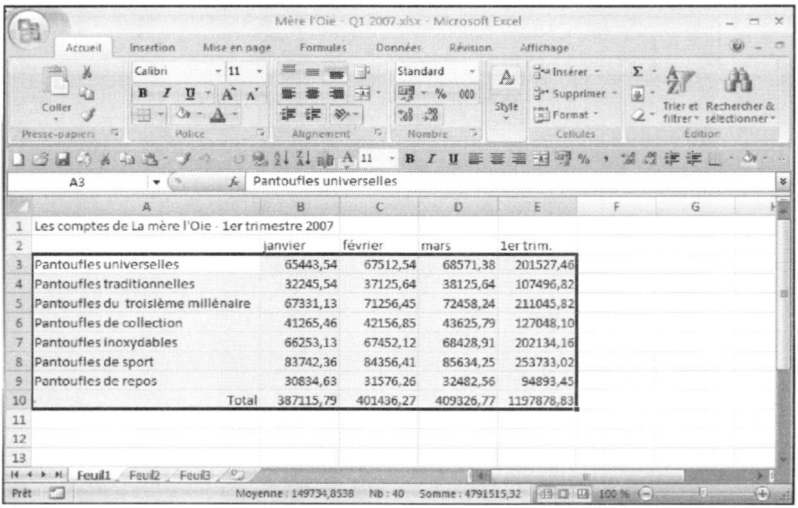

Figure 3.4 : En double-cliquant sur le bord droit de la sélection, touche Maj enfoncée, vous étendez la sélection vers les colonnes de droite du tableau.

3b. Si vous avez d'abord sélectionné une ligne, double-cliquez sur le bord inférieur de la sélection, touche Maj enfoncée.

Vous sélectionnez ainsi toutes les lignes restantes du tableau.

N'OUBLIEZ PAS

Bien que les étapes précédentes laissent à penser que pour utiliser la sélection automatique vous devez d'abord sélectionner la première cellule d'un tableau, vous pouvez en réalité sélectionner la cellule de n'importe quel coin. Ensuite, touche Maj enfoncée, vous étendrez la sélection dans la direction qui vous convient (en cliquant sur le bord approprié) pour sélectionner les lignes et les colonnes.

Les sélections au clavier

Si vous n'aimez pas travailler à la souris, vous pouvez sélectionner des cellules au clavier. A l'instar de la méthode Maj+clic, les techniques de sélection au clavier utilisent les touches fléchées conjointement avec la touche Maj. Les touches de déplacement du curseur de cellule ont été mentionnées dans le Chapitre 1.

Commencez par placer le curseur dans la première cellule de la sélection puis, touche Maj enfoncée, appuyez sur les touches fléchées appropriées (haut, droite, bas ou gauche, ou PagePréc et PageSuiv). Ce faisant, Excel ancre la sélection à la cellule courante puis l'étend dans la direction choisie, mettant les cellules sélectionnées en surbrillance au fur et à mesure que vous appuyez sur les touches fléchées.

N'OUBLIEZ PAS

En sélectionnant de la sorte, vous pouvez modifier l'étendue de la plage de cellules aussi longtemps que vous n'avez pas relâché la touche Maj. Dès qu'elle est relâchée, toute action sur une touche fléchée désélectionne aussitôt la plage, réduisant la sélection à la cellule indiquée par le curseur de cellule.

Etendre une sélection

Si maintenir la touche Maj enfoncée tout en déplaçant le curseur vous semble peu commode, vous pouvez mettre Excel en mode Extension en appuyant brièvement sur la touche de fonction F8 avant d'appuyer sur une touche fléchée. Excel affiche alors l'indicateur `Étendre la sélection` dans la Barre d'état. Quand vous appuyez sur les touches fléchées alors que ce mode est actif, Excel sélectionne les cellules comme si la touche Maj était enfoncée.

Après avoir mis les cellules désirées en surbrillance, appuyez de nouveau sur F8 pour désactiver le mode Extension. L'indicateur `Étendre la sélection` disparaît de la Barre d'état, et vous pouvez de nouveau utiliser les touches fléchées pour déplacer le curseur sans sélectionner des cellules.

La sélection automatique au clavier

L'équivalent au clavier de la sélection automatique avec la souris que nous venons de voir (section "Sélectionner des données d'un tableau avec la sélection automatique", plus haut dans ce chapitre) combine l'utilisation de la touche F8 ou de la touche Maj avec Ctrl+touche fléchée ou Fin+touche fléchée pour faire passer le curseur de cellule d'un bloc à un autre tout en sélectionnant toutes les cellules qui se trouvent sur son chemin.

Procédez comme suit pour sélectionner la totalité d'un tableau de données avec la sélection automatique au clavier :

1. **Placez le curseur de cellule dans la première cellule.**

   Elle se trouve en haut à gauche du tableau.

2. **Appuyez une seule fois sur F8 (ou maintenez la touche Maj appuyée) puis sur les touches Ctrl+Flèche droite (ou Fin+Flèche droite) pour étendre la sélection aux colonnes de droite.**

3. **Ensuite, appuyez sur Ctrl+Flèche bas (ou Fin+Flèche bas) pour étendre la sélection aux lignes d'en bas.**

Les sélections de cellules non adjacentes au clavier

Appliquez ces étapes générales pour sélectionner plusieurs plages de cellules au clavier :

1. **Placez le curseur dans la première cellule de la première plage à sélectionner.**

2. **Appuyez sur F8 pour enclencher le mode Étendre la sélection.**

   Utilisez les touches fléchées pour sélectionner la première plage de cellules (au lieu d'appuyer sur F8, vous pouvez aussi maintenir enfoncée la touche Maj).

3. **Appuyez sur Maj+F8 pour passer en mode Ajouter à la sélection.**

   L'indicateur Ajouter à la sélection apparaît dans la Barre d'état.

4. **Amenez le curseur de cellule à la première plage non adjacente que vous désirez sélectionner.**

5. **Appuyez de nouveau sur F8 pour revenir au mode Étendre la sélection, puis déplacez le curseur de cellule afin de sélectionner une nouvelle plage.**

6. **Si d'autres plages non adjacentes doivent être définies, répétez les Etapes 3, 4 et 5 jusqu'à ce que vous ayez sélectionné toutes les plages à utiliser.**

La sélection de cellules avec Atteindre

Si vous devez sélectionner une très vaste plage de cellules, qu'il serait long et fastidieux de sélectionner au clavier, utilisez la fonction Atteindre :

1. **Placez le curseur de cellule dans la première cellule de la plage, puis appuyez sur F8 pour ancrer le curseur de cellule et enclencher le mode Étendre la sélection.**

2. **Appuyez sur la touche F5 pour ouvrir la boîte de dialogue Atteindre. Dans le champ Référence de cette boîte de dialogue, entrez l'adresse de la dernière cellule de la plage à sélectionner (celle du coin opposé à la première cellule) et cliquez sur OK ou appuyez sur Entrée.**

La galerie Mettre sous forme de tableau

Voici maintenant une technique de mise en forme qui ne nécessite aucune sélection préalable de cellules. En fait, l'outil Mettre sous forme de tableau est si automatique qu'il suffit pour l'utiliser que le curseur de cellule se trouve à un endroit quelconque dans le tableau à mettre en forme avant de cliquer sur le bouton Mettre sous forme de tableau dans le groupe Style de l'onglet Accueil du Ruban. Lorsque vous cliquez sur ce bouton, la galerie des styles de tableau apparaît, chaque style s'affichant sous forme de miniature, celles-ci étant réparties en trois sections : Clair, Moyen et Foncé.

Aussitôt que vous cliquez sur la miniature correspondant au style de votre choix, Excel fait apparaître la boîte de dialogue Mettre sous forme de tableau (Figure 3.5), vous proposant la plage de cellules à laquelle il doit appliquer le style concerné (en marquant le périmètre correspondant dans la feuille de calcul).

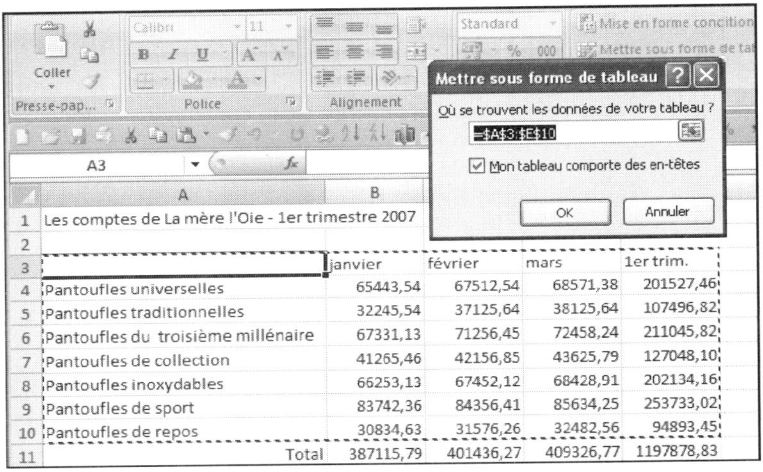

Figure 3.5 : Excel vous propose l'étendue de cellules à laquelle appliquer le style que vous venez de sélectionner dans la galerie des styles de tableau.

Cette boîte de dialogue contient un champ intitulé "Où se trouvent des données de votre tableau ?" dans laquelle apparaît la plage que vous propose Excel, automatiquement identifiée par lui (et marquée par un contour clignotant dans la feuille de calcul) à partir de la cellule que vous aviez initialement sélectionnée. Elle contient également une case Mon tableau comporte des en-têtes, que vous pouvez cocher pour indiquer à Excel que la première ligne de la plage spécifiée est une ligne d'en-têtes, qui sera donc mise en forme comme telle selon le style sélectionné.

Si Excel n'a pas identifié correctement la plage de cellules à mettre en forme, il vous suffit de la sélectionner directement dans la feuille de calcul en faisant glisser dessus le pointeur de la souris. La plage correspondante est automatiquement mise à jour dans la boîte de dialogue Mettre sous forme de tableau (qui est par la même occasion devenue Créer un tableau). N'oubliez pas de cocher (ou d ôter la coche de) la case Mon tableau comporte des en-têtes si la première ligne de la plage sélectionnée est une ligne d'en-têtes que vous voulez mettre en forme comme telle (ce qui comporte un bouton de tri et de filtrage pour chaque en-tête de colonne).

La galerie des styles de tableau est inactive si vous avez sélectionné une plage de cellules non adjacentes (elle apparaît lorsque vous cliquez sur le bouton Mettre sous forme de tableau, mais il ne se passe rien lorsque vous cliquez sur une miniature).

Lorsque vous cliquez sur OK dans la boîte de dialogue Mettre sous forme de tableau, Excel applique à la plage de cellules spécifiée la mise en forme que vous avez sélectionnée dans la galerie, et les Outils de tableau apparaissent dans un onglet Création, à l'extrémité du Ruban (Figure 3.6).

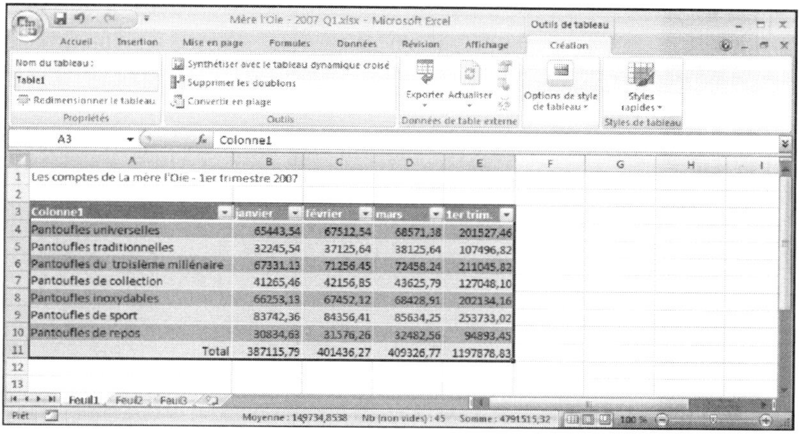

Figure 3.6 : Lorsque vous confirmez la plage de cellules à laquelle appliquer le style de tableau sélectionné dans la galerie, l'onglet Création des Outils de tableau apparaît.

L'onglet Création vous offre une palette de Styles rapides de tableau, qui vous permet de visualiser instantanément l'effet d'une mise en forme sur votre tableau avant même de la lui appliquer. Cliquez sur le bouton Styles rapides (à l'extrémité droite de l'onglet Création), et déplacez simplement le pointeur de la souris sur les miniatures de la palette qui apparaît. Le tableau prend instantanément la mise en forme de la miniature sur laquelle se trouve le pointeur. Si nécessaire, faites défiler la feuille de calcul de manière que la palette ne masque pas votre tableau.

En plus de vous permettre de sélectionner facilement une nouvelle mise en forme pour votre tableau, l'onglet Création contient un groupe Options de styles de table, vous proposant un certain nombre de cases à cocher pour personnaliser encore plus la mise en forme que vous avez choisie :

- **Ligne d'en-têtes :** Pour activer et désactiver la mise en forme de la ligne d'en-têtes du tableau, comportant notamment pour chaque en-tête un bouton donnant accès à un menu de tri et de filtrage.
- **Ligne des totaux :** Quand cette option est activée, Excel ajoute au bas du tableau une ligne supplémentaire faisant le total de chaque colonne. Lorsque vous cliquez sur une cellule de cette ligne des totaux, un bouton apparaît à droite de celle-ci, vous donnant accès à un menu dans lequel vous pouvez choisir une autre fonction que la somme (Moyenne, Max, Min, Écartype…) à appliquer aux valeurs de la colonne correspondante.
- **À la première colonne :** Quand cette option est activée, Excel affiche une mise en forme spéciale pour la première colonne du tableau.
- **À la dernière colonne :** Quand cette option est activée, Excel affiche une mise en forme spéciale pour la dernière colonne du tableau.
- **Bandes de lignes :** Avec cette option, Excel affiche une mise en forme différente pour les lignes paires et impaires du tableau. Cette option est sélectionnée par défaut. Elle facilite la lecture d'un tableau.

Une fois que vous avez terminé la mise en forme de votre tableau, cliquez sur une cellule à l'extérieur de celui-ci pour faire disparaître l'onglet Création (les Outils de tableau) du Ruban. Si vous avez besoin par la suite de revenir à la mise en forme de votre tableau, cliquez à nouveau sur une cellule quelconque de celui-ci pour faire réapparaître l'onglet Création dans le Ruban.

Mettre en forme des cellules avec l'onglet Accueil

Certains tableaux nécessitent une mise en forme plus légère que celles proposées par la galerie des styles de tableau. Vous pouvez par exemple vouloir simplement mettre en gras les en-têtes de colonnes et souligner la ligne des totaux en bas du tableau (en appliquant simplement une bordure inférieure à cette ligne).

Les boutons de mise en forme qui apparaissent dans les groupes Police, Alignement et Nombre de l'onglet Accueil vous permettent de réaliser de telles mises en forme. La Figure 3.7 montre l'onglet Accueil avec tous ces boutons de mise en forme. Le Tableau 3.1 décrit l'utilisation de chacun d'eux.

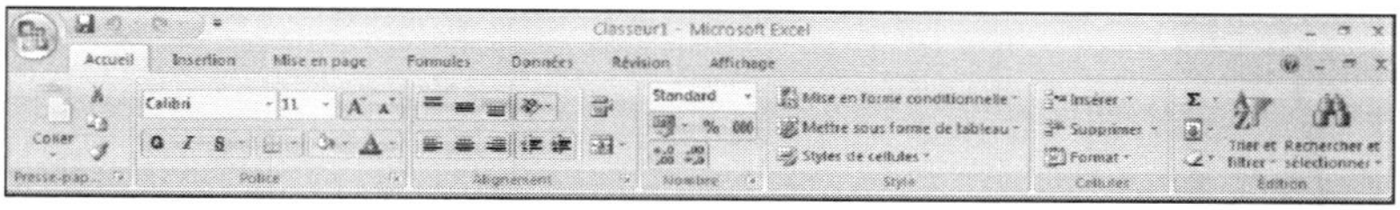

Figure 3.7 : Les groupes Police, Alignement et Nombre de l'onglet Accueil contiennent presque tous les outils de mise en forme dont vous pourrez avoir besoin.

Tableau 3.1 : Les boutons de commande de mise en forme dans les groupes Police, Alignement et Nombre de l'onglet Accueil.

Groupe	Bouton	Fonction
Police		
	Police	Affiche un menu déroulant permettant de sélectionner une nouvelle police pour la cellule sélectionnée.
	Taille de police	Affiche une liste déroulante de tailles de police parmi lesquelles vous pouvez choisir celle que vous voulez appliquer aux cellules sélectionnées. Vous pouvez aussi entrer manuellement la taille voulue dans ce champ.
	Augmenter la taille de police	Applique à toute la sélection (de caractères ou de cellules) la plus petite taille de la police de la sélection augmentée d'un point.
	Réduire la taille de police	Applique à toute la sélection (de caractères ou de cellules) la plus petite taille de la police de la sélection diminuée d'un point.

Groupe	Bouton	Fonction
	Gras	Met en gras les caractères ou les cellules sélectionnées.
	Italique	Met en italique les caractères ou les cellules sélectionnées.
	Souligner	Souligne les caractères ou les cellules sélectionnées.
	Bordures	Affiche le menu Bordures, qui vous donne le choix entre toutes les possibilités de bordures.
	Couleur de remplissage	Affiche une palette dans laquelle vous pouvez sélectionner une couleur de remplissage pour les cellules sélectionnées.
	Couleur de police	Affiche une palette dans laquelle vous pouvez sélectionner une couleur de police pour la sélection (de caractères ou de cellules).
Alignement		
	Aligner à gauche	Aligne sur le bord gauche de la cellule le contenu de toutes les cellules sélectionnées.
	Centrer	Centre horizontalement dans la cellule le contenu de toutes les cellules sélectionnées.
	Aligner à droite	Aligne sur le bord droit de la cellule le contenu de toutes les cellules sélectionnées.
	Augmenter le retrait	Augmente d'une tabulation pour toutes les cellules sélectionnées l'espace entre le bord gauche de la cellule et son contenu.
	Diminuer le retrait	Réduit d'une tabulation pour toutes les cellules sélectionnées l'espace entre le bord gauche de la cellule et son contenu.
	Aligner en haut	Aligne sur le bord supérieur de la cellule le contenu de toutes les cellules sélectionnées.
	Aligner au centre	Centre verticalement dans la cellule le contenu de toutes les cellules sélectionnées.
	Aligner en bas	Aligne sur le bord inférieur de la cellule le contenu de toutes les cellules sélectionnées.
	Orientation	Affiche un menu permettant de sélectionner différentes orientations angulaires du contenu des cellules sélectionnées.
	Renvoyer à la ligne automatiquement	Renvoie automatiquement à la ligne dans les cellules sélectionnées le texte qui est trop long pour tenir dans la largeur de la colonne, sur autant de lignes que nécessaire.

Groupe	Bouton	Fonction
	Fusionner et centrer	Fusionne les cellules sélectionnées pour en faire une seule cellule, en ne retenant que le contenu de la première cellule de la sélection qui est centrée horizontalement. Ce bouton permet également d'afficher un menu (en cliquant sur le triangle pointant vers le bas qui l'accompagne) vous permettant de choisir entre plusieurs manières de fusionner des cellules, ou d'annuler la fusion pour revenir à la disposition initiale.
Nombre		
	Format de nombre	Affiche le format de nombre appliqué à la cellule active de la sélection. Cliquez sur le triangle pointant vers le bas pour afficher un menu pour sélectionner parmi tous les formats de nombre d'Excel celui que vous voulez appliquer aux cellules sélectionnées (vous pouvez aussi afficher la boîte de dialogue Format de cellule en sélectionnant Autres dans ce menu).
	Monétaire	Applique aux cellules sélectionnées le format Monétaire, qui comporte le séparateur de milliers, l'affichage de deux chiffres après la virgule et le symbole de l'euro (€). La boîte de dialogue Format de cellule vous permet de personnaliser ces paramètres.
	Pourcentage	Applique aux cellules sélectionnées le format Pourcentage, qui multiplie par 100 la valeur entrée dans la cellule et y ajouter le symbole %, sans afficher de décimales.
	Séparateur de milliers	Affiche le contenu des cellules sélectionnées en utilisant le séparateur de milliers.
	Ajouter une décimale	Affiche le contenu des cellules sélectionnées avec un chiffre de plus après la virgule.
	Réduire les décimales	Affiche le contenu des cellules sélectionnées avec un chiffre de moins après la virgule.

ATTENTION !

À-propos des raccourcis clavier, n'oubliez pas : Ctrl+G active et désactive l'attribut Gras pour la sélection (caractères ou cellules), Ctrl+I fait la même chose pour l'attribut Italique, et Ctrl+U pour l'attribut Souligné.

Mettre en forme des cellules à la source avec la mini-barre d'outils

L'application d'une mise en forme à une sélection de cellule est même encore plus facile dans Excel 2007 grâce à la nouveauté de la mini- barre d'outils (que l'on appelle plus familièrement, mais très sérieusement, la *mini-barre*).

Pour afficher la mini-barre, sélectionnez les cellules à mettre en forme (si vous sélectionnez des caractères dans une cellule, vous aurez une mini-barre plus petite, ne contenant que les outils de mise en forme de caractères), et cliquez du bouton droit dans la sélection. Le menu contextuel apparaît, et juste au-dessus ou au-dessous de celui-ci, la mini-barre, comme le montre la Figure 3.8.

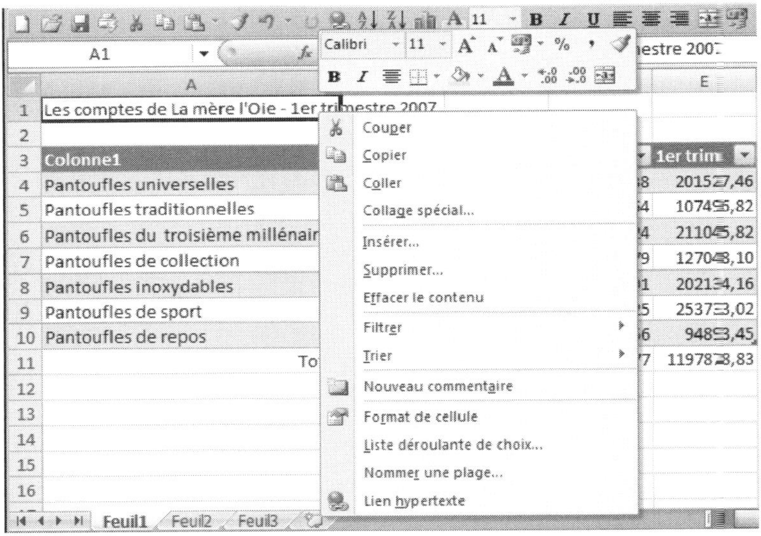

Figure 3.8 : Utilisez les boutons de la mini-barre pour modifier la mise en forme des cellules sélectionnées.

Comme vous le voyez dans cette figure, la mini-barre contient la plupart des boutons du groupe Police de l'onglet Accueil (à l'exception du bouton Souligné). Vous y trouvez aussi le bouton Fusionner et centrer du groupe Alignement (voyez la section "Modifier l'alignement", plus loin dans ce chapitre), et les boutons Monétaire, Pourcentage, Séparateur de milliers, Ajouter une décimale et Réduire les décimales du groupe Nombre (voyez la section "Connaître les formats de nombre", plus loin dans ce chapitre). Cliquez simplement sur ces boutons pour appliquer les mises en forme correspondantes aux cellules sélectionnées.

La mini-barre contient également le bouton Reproduire la mise en forme du groupe Presse-papiers de l'onglet Accueil, ce qui vous permet de copier facilement la mise en forme de la cellule active pour l'appliquer à d'autres cellules.

La boîte de dialogue Format de cellule

Pour accéder à toutes les commandes de mise en forme dont dispose Excel, vous devez ouvrir la boîte de dialogue Format de cellule, de l'une des trois manières suivantes :

- En cliquant sur l'option Autres, tout en bas du menu déroulant associé au bouton Format de nombre du groupe Nombre de l'onglet Accueil.
- En cliquant sur le bouton de lancement de boîte de dialogue dans le coin inférieur droit du même groupe Nombre.
- En appuyant sur Ctrl+Maj+1 (le 1 du clavier principal, pas celui du pavé numérique).

La boîte de dialogue Format de cellule contient six onglets : Nombre, Alignement, Police, Bordure, Remplissage et Protection. Je vais vous montrer comment les utiliser, à l'exception de l'onglet Protection dont nous parlerons au Chapitre 6.

N'OUBLIEZ PAS

Le raccourci clavier qui ouvre la boîte de dialogue Format de cellule, Ctrl+Maj+1 (le 1 du clavier principal, pas celui du pavé numérique), est bien utile à connaître.

Connaître les formats de nombre

Ainsi que nous l'avons expliqué dans le Chapitre 2, la saisie des valeurs dans la feuille de calcul définit le type de la mise en forme. Voici quelques exemples :

- Lorsque vous saisissez au clavier un chiffre suivi d'un symbole monétaire reconnu par Windows (par défaut : l'euro et le dollar), Excel applique le format Monétaire.

- Si vous entrez une valeur représentant un pourcentage sous la forme d'un entier suivi du signe %, Excel applique automatiquement le format Pourcentage.

- Si vous entrez une date (les dates sont aussi des valeurs) en respectant l'un des formats intégrés, comme 11/06/02 ou 11-juin-02, le logiciel affecte un format de nombre Date et lui attribue une valeur interne spéciale qui est la représentation de cette date.

Bien qu'il soit possible de mettre les valeurs en forme de cette manière au cours de la saisie, ce qui est nécessaire pour les dates, vous n'êtes pas obligé de procéder de la sorte. Vous pouvez à tout moment affecter un format de nombre à un groupe de valeurs avant ou après les avoir entrées. A vrai dire, formater les nombres après les avoir saisis est souvent le moyen le plus efficace, car la procédure s'effectue en deux étapes seulement :

1. **Sélection des valeurs nécessitant une mise en forme.**

2. **Sélection du format de nombre à appliquer, soit en utilisant les boutons de mise en forme de l'onglet Accueil, soit en utilisant l'onglet Nombre de la boîte de dialogue Format de cellule.**

N'OUBLIEZ PAS

Même si vous êtes vraiment très doué pour la frappe et préférez entrer directement les valeurs sous leur forme définitive, vous devrez néanmoins recourir aux formats de nombre pour faire en sorte que les valeurs calculées par les formules correspondent à d'autres valeurs que vous aurez entrées, et ce parce que Excel applique un format de nombre Standard – celui que la boîte de dialogue Format de cellule définit comme "n'ayant pas de format de nombre spécifique" – à toutes les cellules qu'il calcule ainsi qu'à toutes les entrées qui ne correspondent pas à l'un de ses formats de nombre. Le plus gros problème du format de nombre Standard est qu'il a la désagréable habitude de supprimer tous les zéros qui précèdent un nombre, et aussi ceux qui suivent les décimales, d'où l'impossibilité de les aligner parfaitement dans les colonnes, selon la virgule décimale.

Ce triste comportement est visible Figure 3.9, qui représente un tableau de résultats commerciaux sans qu'aucune valeur n'ait été mise en forme. Remarquez comme les chiffres se calent maladroitement contre le bord droit selon le nombre de décimales, sans aucun alignement sur la virgule décimale. Cette mauvaise présentation est causée par le format de nombre Standard d'Excel. Le seul moyen d'y remédier est de choisir un format de nombre plus rationnel.

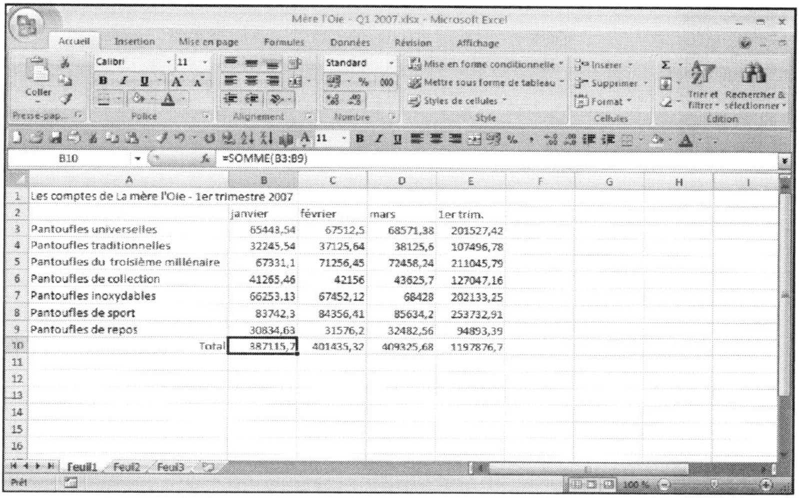

Figure 3.9 : Les nombres comportant des décimales ne s'alignent pas correctement lorsque le format de nombre Standard est utilisé.

Appliquer un style Monétaire

Du fait de la nature financière de la plupart des feuilles de calcul, vous serez sans doute amené à utiliser le format Monétaire plus souvent qu'un autre. C'est une mise en forme très facile à appliquer, puisqu'il vous suffit pour cela de cliquer sur le bouton Monétaire dans l'onglet Accueil du Ruban.

ATTENTION !

N'oubliez pas que le format Monétaire ajoute le symbole de l'euro (€), affiche la valeur avec deux décimales et utilise le séparateur de milliers. De plus, si vous saisissez une valeur entre parenthèses, elle sera considérée comme négative et affichée avec un signe moins (–).

Comme le montre la Figure 3.10, seules les cellules qui ont été sélectionnées (plages E3:E10 et B10:D10) ont reçu le format Monétaire. Il a été appliqué en cliquant sur le bouton Monétaire du groupe Nombre de l'onglet Accueil (son icône montre un billet de banque et des pièces).

N'OUBLIEZ PAS

Bien qu'il soit possible de mettre toutes les valeurs du tableau en format Monétaire, il en résulterait une surabondance de signes euro. Je ne l'ai donc fait apparaître que dans les totaux mensuels et trimestriels.

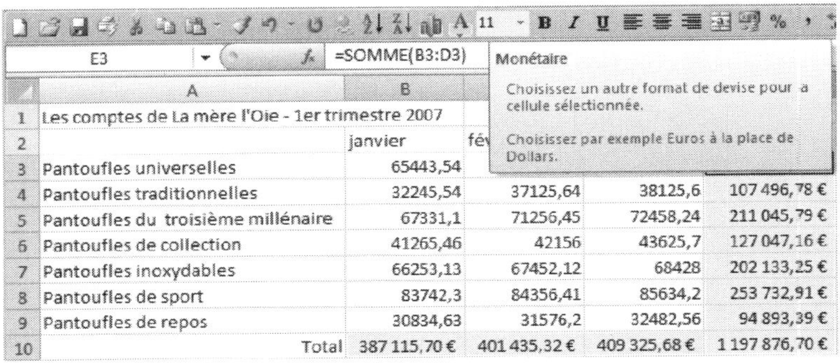

	A	B	C	D	E
1	Les comptes de La mère l'Oie - 1er trimestre 2007				
2		janvier	fé		
3	Pantoufles universelles	65443,54			
4	Pantoufles traditionnelles	32245,54	37125,64	38125,6	107 496,78 €
5	Pantoufles du troisième millénaire	67331,1	71256,45	72458,24	211 045,79 €
6	Pantoufles de collection	41265,46	42156	43625,7	127 047,16 €
7	Pantoufles inoxydables	66253,13	67452,12	68428	202 133,25 €
8	Pantoufles de sport	83742,3	84356,41	85634,2	253 732,91 €
9	Pantoufles de repos	30834,63	31576,2	32482,56	94 893,39 €
10	Total	387 115,70 €	401 435,32 €	409 325,68 €	1 197 876,70 €

Figure 3.10 : Les totaux ont été mis dans le format Monétaire en cliquant sur le bouton Monétaire de l'onglet Accueil.

Présenter les cellules avec le style Séparateur de milliers

Le format Séparateur de milliers est une excellente alternative au format Monétaire, car, comme ce dernier, il permet de séparer les milliers, les millions, les milliards, etc.

Ce format règle aussi le nombre de décimales et la représentation des nombres négatifs. Mais il n'affiche aucun symbole monétaire. Observez Figure 3.11 comment le bouton d'activation du format Séparateur de milliers, présent dans l'onglet Accueil du Ruban, a affiché les nombres sélectionnés.

Le format Séparateur de milliers convient très bien pour des résultats commerciaux comme ceux de la Figure 3.11. C'est ce format que j'ai appliqué aux cellules contenant les ventes mensuelles. Pour cela, j'ai sélectionné les cellules de la plage B3:D9, et j'ai cliqué sur le bouton Séparateur de milliers (000) dans le groupe Nombre de l'onglet Accueil.

Remarquez Figure 3.11 comment le format Séparateur de milliers gère les décimales ; les chiffres sont désormais parfaitement alignés sur leur virgule décimale, et surtout par rapport à la virgule qui se trouve dans les totaux mis en forme avec le format Monétaire. Ils ont même été légèrement décalés vers la gauche pour parfaire l'alignement.

Le format Pourcentage

De nombreuses feuilles de calcul contiennent des pourcentages (taux d'intérêt, de croissance, d'inflation, etc.). Pour entrer un

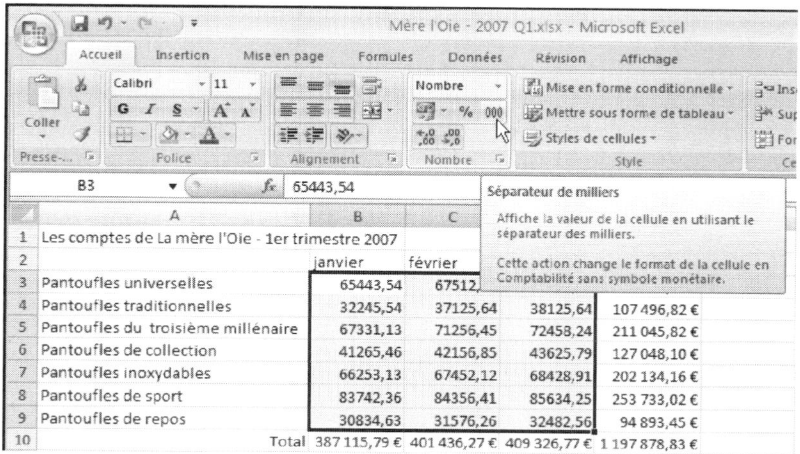

Figure 3.11 : Les chiffres des ventes viennent d'être mis en forme avec le bouton Séparateur de milliers.

pourcentage dans une cellule, commencez par cliquer dessus pour la sélectionner, cliquez sur le bouton Style de pourcentage dans le groupe Nombre de l'onglet Accueil, entrez directement le pourcentage voulu s'il est supérieur à 1 (par exemple, entrez **12** pour 12 %), et appuyez sur Entrée. Si vous avez entré par exemple **12** ou **54**, vous voyez apparaître 12 % ou 54 % dans la cellule. Pour entrer un pourcentage inférieur à 1 %, vous devez entrer la valeur numérique correspondante (par exemple, .005 pour 0,5 %). Dans ce cas, vous verrez apparaître 1 % dans la cellule, car le format Pourcentage n'affiche que les valeurs entières. Ce qui n'empêche pas, naturellement, que vous voyez apparaître dans la Barre de formule la valeur exacte que vous avez entrée, sous forme de pourcentage (dans l'exemple précédent, 0,5 %).

En revanche, si vous appliquez le format Pourcentage à une cellule après y avoir entré une valeur, celle-ci est multipliée par 100 pour être convertie en pourcentage (si vous appliquez le format Pourcentage à une cellule qui contient la valeur 12, vous voyez apparaître 1 200 % dans la cellule).

Pour entrer une série de pourcentages dans une feuille de calcul, le plus commode est donc d'utiliser la première méthode : sélectionner la plage de cellules, cliquer sur le bouton Style de pourcentage pour lui appliquer le format Pourcentage, et entrer directement les pourcentages.

Excel

La Figure 3.12 montre la situation inverse ou des valeurs calculées par une formule ont été converties en pourcentages par l'application aux cellules correspondantes du format pourcentage. C'est ce que vous pouvez voir dans la ligne 12 de cette feuille de calcul, qui montre le ratio, calculé par une formule, du total des ventes par mois par rapport au total des ventes du trimestre (cellule E10). Dans la Figure 3.12, ces valeurs ont été converties en pourcentage par application aux cellules correspondantes du format Pourcentage, après y avoir entré les formules.

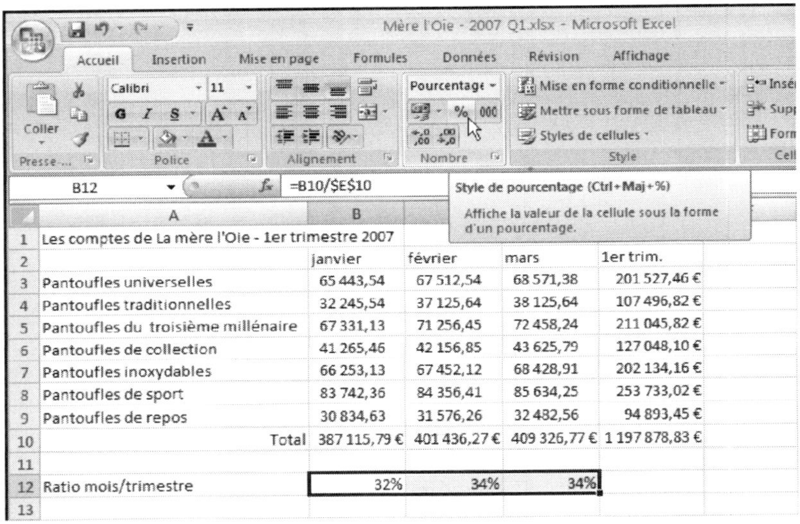

Figure 3.12 : Les pourcentages ont été mis en forme avec le format Pourcentage.

Définir les décimales

Il est possible d'augmenter et de réduire le nombre des décimales d'un nombre ayant reçu un format Monétaire, Séparateur de milliers ou Pourcentage en cliquant tout simplement sur les boutons Ajouter une décimale et Réduire les décimales. Ces deux commandes se trouvent dans le groupe Nombre de l'onglet Accueil.

Chaque fois que vous cliquez sur le bouton Ajouter une décimale (celui avec une flèche pointée vers la gauche), Excel place une autre décimale après la virgule. Dans la Figure 3.13, deux décimales ont été ainsi ajoutées aux pourcentages de la plage B12:D12. Remarquez que le bouton Pourcentage ne définit jamais de décimales ; vous les obtenez avec le bouton Ajouter une décimale.

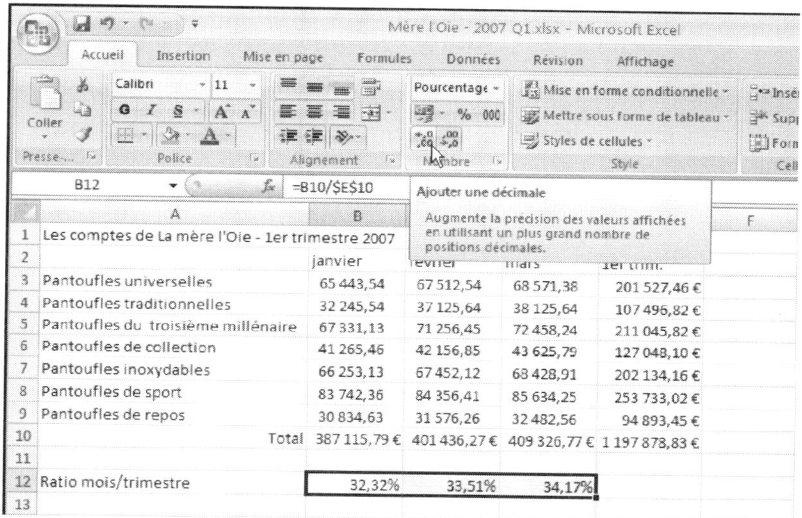

Figure 3.13 : Deux décimales ont été ajoutées aux pourcentages des ventes.

Les valeurs qui se cachent sous une mise en forme

Ne vous laissez pas induire en erreur par les formats qui enjolivent la présentation des cellules d'une feuille de calcul. Comme le ferait tout bon illusionniste, un format peut changer l'apparence d'une valeur comme par magie, mais en réalité le chiffre brut que vous avez entré reste immuable. Supposons qu'une formule retourne la valeur suivante :

```
25,6456
```

Supposons maintenant que vous mettiez en forme la cellule qui contient ce chiffre avec l'outil Monétaire. La valeur est affichée sous la forme :

```
25,65 €
```

Ce changement peut vous inciter à penser qu'Excel a arrondi la deuxième décimale à la valeur supérieure. En réalité, le logiciel n'a arrondi que l'*affichage* de la valeur ; la cellule contient toujours la valeur 25,6456. Si vous utilisez le contenu de cette cellule dans une formule, rappelez-vous qu'Excel utilise toujours la valeur véritable pour ses calculs, celle qui est stockée dans la mémoire et non celle qui apparaît à l'écran sous une forme ou sous une autre.

Comment ferez-vous pour que la valeur mise en forme soit la même que la valeur utilisée pour le calcul ? Excel peut satisfaire à votre demande en une seule étape. Sachez qu'il s'agit d'une opération irréversible. Il est en effet possible d'utiliser pour le calcul les valeurs affichées, mais avec une mise en forme particulière, en cochant une seule case. Mais vous ne pourrez pas revenir aux valeurs précédentes en la désactivant.

Puisque vous insistez pour connaître ce truc, voici comment il faut procéder :

1. **Assurez-vous que toutes les cellules de la feuille de calcul ont été mises en forme avec le nombre de décimales que vous désirez.**

   Cette étape doit être accomplie avant de convertir l'affichage de la précision des valeurs dans la feuille de calcul.

2. **Cliquez sur Bouton Office/Options Excel/Options avancées pour ouvrir la boîte de dialogue Options Excel avec l'onglet Options avancées au premier plan.**

3. **Dans la section Lors du calcul de ce classeur, cochez la case Définir le calcul avec la précision au format affiché.**

   Excel affiche une boîte d'alerte vous disant La précision pour ces données sera définitivement perdue.

4. **Cliquez sur OK ou appuyez sur Entrée pour confirmer.**

Après avoir converti toutes les valeurs d'une feuille de calcul grâce à la commande Calcul avec la précision au format affiché, comme nous venons de le décrire ci-dessus, je vous recommande d'ouvrir la boîte de dialogue Enregistrer sous (Bouton Office/Enregistrer sous) et de modifier, dans la zone de texte Nom de la boîte de dialogue, le nom du fichier courant (en lui ajoutant par exemple les mots **au format affiché**) avant de cliquer sur le bouton Enregistrer ou d'appuyer sur la touche Entrée. Vous conserverez ainsi une copie de sauvegarde du classeur avec les valeurs entrées et calculées par Excel, mais sans l'affichage de la précision.

Dates et heures dans des calculs

Dans le Chapitre 2, j'ai indiqué qu'il était très simple de créer des formules qui calculent le temps écoulé entre deux dates ou deux heures. Le hic est qu'Excel affiche automatiquement le résultat du calcul au format date ou heure. Par exemple, si vous entrez 15-8-04 dans la cellule B4, 15/4/04 dans la cellule C4 et, dans la cellule E4, la formule suivante permettant de trouver le nombre de jours écoulés entre les deux dates :

```
=B4-C4
```

Excel renvoie le résultat de 122 déguisé en 01/05/1900 dans la cellule E4. Pour remettre en forme ce résultat, vous devez affecter le format Nombre à la cellule E4 (ouvrez le menu du bouton Format de nombre dans le groupe Nombre de l'onglet Accueil, et sélectionnez Nombre). La valeur 122 remplace alors 01/05/1900, indiquant que 122 jours se sont écoulés entre les deux dates.

Il en va de même avec les formules calculant le temps écoulé entre deux heures. Vous devez modifier le format de la cellule abritant le résultat. Prenons un exemple : vous saisissez 8:00 AM dans la cellule C8, 4:00 PM dans la cellule D8 et, dans la cellule E8, la formule suivante permettant de calculer le nombre d'heures écoulées entre ces deux instants :

```
=D8-C8
```

Il vous faut là aussi transformer au format Standard le résultat de la cellule E8, qui apparaît automatiquement sous la forme 8:00 AM. Une fois converti, le résultat est de 0,333333333 à la place de 8:00 AM, soit sa fraction sur une période de 24 heures. Pour obtenir le nombre d'heures correspondant, il suffit de multiplier 0,333333333 par 24, ce qui donne 8.

Un coup d'œil sur les différents formats de nombre

Excel supporte bien d'autres formats que Monétaire, Séparateur de milliers et Pourcentage. Pour les utiliser, sélectionnez la cellule ou la plage à mettre en forme, puis cliquez dedans avec le bouton droit de la souris. Dans le menu contextuel qui apparaît, sélectionnez l'option

Format de cellule (ou appuyez sur Ctrl+Maj+1 [le 1 du clavier principal]). Dans les deux cas, la boîte de dialogue Format de cellule apparaît.

Dans la boîte de dialogue Format de cellule, cliquez sur l'onglet Nombre puis sélectionnez le format désiré dans la liste Catégorie. Certains, comme Date, Heure, Fraction et Spécial, proposent un choix encore plus étendu de formats. D'autres, comme Nombre et Monétaire, possèdent leur propre boîte permettant de paramétrer la mise en forme. Chaque fois que vous sélectionnez un format, Excel affiche dans la zone Exemple la présentation de la première cellule de la plage sélectionnée. Si cet aperçu vous convient, cliquez sur OK ou appuyez sur Entrée pour appliquer la mise en forme choisie aux cellules sélectionnées.

La catégorie Spécial de la boîte de dialogue Format de cellule, onglet Nombre, contient des mises en forme très particulières. Les formats que voici vous intéresseront certainement :

- **Sécurité sociale.** Divise automatiquement les treize chiffres du numéro INSEE mentionnant le sexe, l'année de naissance, le mois, le lieu ainsi que les deux codes à trois chiffres. Exemple : 1 68 05 75 123 456.
- **Code postal.** Conserve les zéros qui précèdent un nombre (important pour entrer des codes postaux comme 04120 ou 07000).
- **Numéro de téléphone.** Sépare les dix chiffres des numéros de téléphone français deux par deux, en plaçant un espace entre chaque groupe (exemple : 01 40 21 46 20). D'autres options mettent en forme les numéros de téléphone belges, canadiens, luxembourgeois, marocains et suisses.

Ces mises en forme spéciales sont extrêmement commodes lorsqu'il s'agit de créer des bases de données avec Excel, qui exigent souvent la saisie d'un grand nombre de codes postaux, de numéros de téléphone ou de numéros INSEE.

Régler les colonnes

Procédez comme suit pour appliquer un ajustement automatique aux colonnes :

1. **Placez le pointeur de la souris sur la bordure grise de droite de l'en-tête de la colonne, tout en haut de la feuille de calcul.**

   Le pointeur de la souris se transforme en double flèche pointant vers la gauche et vers la droite.

2. **Double-cliquez.**

   Excel ajuste automatiquement la largeur de la colonne selon la donnée la plus longue qui s'y trouve.

L'ajustement automatique peut être appliqué à plusieurs colonnes à la fois. Il suffit de sélectionner toutes les colonnes à régler (si elles sont adjacentes, cliquez et tirez dans leur en-tête ; sinon, touche Ctrl enfoncée, cliquez dans les différents en-têtes). Après avoir sélectionné les colonnes, double-cliquez sur n'importe quelle bordure de droite d'un en-tête.

L'ajustement automatique ne produit pas toujours le résultat escompté : un titre très long qui déborde sur les autres cellules, à droite, est exagérément élargi.

N'OUBLIEZ PAS

Si l'ajustement automatique ne vous convient pas, au lieu de double-cliquer, tirez la bordure de droite de l'en-tête jusqu'à ce que vous ayez obtenu la largeur désirée. Cette méthode manuelle est parfaite pour régler plusieurs colonnes à la fois. La largeur de celle que vous ajustez sera répercutée sur toutes celles qui sont sélectionnées.

Vous pouvez aussi fixer la largeur des colonnes à partir du menu affiché par le bouton Format du groupe Cellules de l'onglet Accueil. La section de ce menu concernant la largeur de colonne contient les trois options suivantes :

- **Largeur :** Fait apparaître la boîte de dialogue Largeur de colonne, dans laquelle vous pouvez spécifier le nombre de caractères à afficher dans la colonne. Cliquez sur OK après avoir entré la valeur voulue.
- **Ajustement automatique :** Ajuste automatiquement la largeur de la colonne ou des colonnes de la sélection pour que le contenu le plus long y tienne en entier.
- **Largeur standard :** Fait apparaître la boîte de dialogue Largeur standard, dans laquelle vous pouvez spécifier

la largeur standard des colonnes, en nombre de caractères. Cliquez sur OK après avoir entré la valeur voulue.

Ajuster les lignes

Comme pour les colonnes, vous pouvez aussi ajuster la hauteur des lignes sélectionnées en utilisant ce même menu du bouton Format du groupe Cellules de l'onglet Accueil :

- **Hauteur :** Fait apparaître la boîte de dialogue Hauteur de ligne, dans laquelle vous pouvez spécifier la hauteur de ligne (en points). Cliquez sur OK après avoir entré la valeur voulue.
- **Ajustement automatique :** Ajuste automatiquement la hauteur de la ligne ou des lignes de la sélection pour que le contenu le plus long y soit entièrement affiché.

On la voit, on ne la voit plus !

Un détail amusant concernant les lignes et les colonnes : il est possible de les réduire à tel point qu'elles semblent avoir disparu de la feuille de calcul ! Ce comportement est très pratique pour masquer des données. Supposons qu'une feuille de calcul contienne la liste des employés et leur salaire ; vous avez besoin de ces chiffres pour calculer un budget, mais vous ne tenez pas à ce que ces données sensibles apparaissent dans le rapport imprimé. Au lieu de perdre du temps à déplacer la colonne des salaires hors de la zone à imprimer, il suffit de masquer la colonne au moment de l'impression.

Masquer et afficher des colonnes

Bien qu'il soit possible de masquer des lignes et des colonnes manuellement, Excel propose une méthode autrement plus rapide et efficace, par l'option Masquer & afficher du menu du bouton Format du groupe Cellules de l'onglet Accueil. Supposons que vous deviez masquer la colonne B d'une feuille de calcul parce qu'elle contient des informations sensibles ou sans rapport avec le sujet. Pour masquer cette colonne, suivez ces étapes :

1. **Cliquez sur une cellule quelconque de la colonne B pour la sélectionner.**

2. **Cliquez sur le bouton Format du groupe Cellules de l'onglet Accueil pour faire apparaître son menu.**

3. **Dans ce menu, sélectionnez Masquer & afficher/Masquer les colonnes.**

La colonne *s'évanouit !* Toutes les informations de la colonne B disparaissent de la feuille de calcul. Remarquez notamment la succession des lettres des en-têtes de colonnes : A, C, D, E... Il manque la lettre B.

Vous obtiendriez le même résultat en cliquant dans l'en-tête de la colonne avec le bouton droit de la souris et en choisissant, dans le menu contextuel, l'option Masquer.

Supposons maintenant que vous ayez imprimé la feuille de calcul et qu'il vous faut modifier une des entrées de la colonne B. Procédez comme suit pour réafficher la colonne :

1. **Placez le pointeur de la souris sur l'en-tête de la colonne A, puis tirez-le vers la droite pour sélectionner les colonnes A et C.**

   En tirant de A à C, vous incluez la colonne B dans la sélection. Ne cliquez surtout pas sur A *et* C, touche Ctrl enfoncée, car vous omettriez la colonne B.

2. **Cliquez sur le bouton Format du groupe Cellules de l'onglet Accueil pour faire apparaître son menu.**

3. **Dans ce menu, sélectionnez Masquer & afficher/Afficher les colonnes.**

Excel fait réapparaître la colonne B ; les trois colonnes A, B et C sont sélectionnées. Pour les désélectionner, cliquez sur n'importe quelle cellule de la feuille de calcul.

Il est aussi possible de réafficher la colonne B en sélectionnant les colonnes A à C, en cliquant sur l'une d'elles avec le bouton droit de la souris et en choisissant la commande Afficher dans le menu contextuel.

Masquer et afficher des lignes

La procédure est exactement la même pour masquer et afficher des lignes que pour masquer et afficher des colonnes, à la seule différence qu'après avoir sélectionné les lignes voulues, il suffit de sélectionner Masquer & afficher/Masquer les lignes (au lieu de Masquer les colonnes) et Masquer & afficher/Afficher les lignes (au lieu de Afficher des colonnes) dans le menu affiché par le bouton Format de l'onglet Accueil.

N'oubliez pas que vous pouvez aussi cliquer du bouton droit sur la ligne ou les lignes sélectionnées pour sélectionner Masquer ou Afficher dans le menu contextuel qui apparaît.

Du côté de la police

Quand vous ouvrez une nouvelle feuille de calcul, Excel assigne une même police à la même taille à toutes les entrées auxquelles vous procédez. Excel 2007 utilise la nouvelle police Calibri dans la taille 11 points. Bien que cette police convienne parfaitement pour la saisie, vous serez tenté d'en choisir d'autres pour agrémenter les titres et les en-têtes d'un tableau.

La plupart des choix concernant la police peuvent être effectués directement depuis le groupe Police de l'onglet Accueil, ce qui évite d'avoir à afficher la boîte de dialogue Format de cellule.

- Pour appliquer une nouvelle police à une cellule ou à une plage, cliquez sur le bouton fléché du champ Police, dans le groupe Police de l'onglet Accueil. Sélectionnez ensuite le nom de la police à utiliser. Remarquez qu'Excel affiche le nom de chaque police avec sa typographie réelle, ce qui facilite le choix.

- Pour modifier la taille de la police, cliquez sur le bouton fléché du champ Taille de police, dans le groupe Police de l'onglet Accueil, et sélectionnez une nouvelle taille dans la liste.

Vous pouvez aussi appliquer du **gras**, de l'*italique*, un soulignement ou ~~barrer~~ des données. Le groupe Police de l'onglet Accueil contient les boutons permettant d'appliquer ou de supprimer les trois premiers styles ; remarquez que ces boutons reçoivent un fond orange (au lieu du bleu habituel) chaque fois que vous sélectionnez une cellule dont le contenu a reçu l'attribut correspondant. Lorsque vous cliquez sur l'un de ces boutons afin de supprimer le style dans la cellule sélectionnée, il reçoit à nouveau le fond bleu qui indique que la cellule sélectionnée n'a plus l'attribut correspondant.

Vous procéderez probablement à la plupart des modifications de police à partir de l'onglet Accueil du Ruban, mais il vous sera parfois plus commode de les faire sous l'onglet Police de la boîte de dialogue Format de cellule.

Comme le montre la Figure 3.14, l'onglet Police de la boîte de dialogue Format de cellule réunit tous les paramètres de police, y compris les styles (gras, italique...), les effets (barré, exposant et indice) et les couleurs. Si vous devez effectuer plusieurs modifications de police dans une sélection, travailler avec cet onglet Police sera beaucoup plus rapide et rationnel. La boîte de dialogue contient d'ailleurs une fenêtre d'aperçu qui montre l'effet – à l'écran du moins – des différents paramètres.

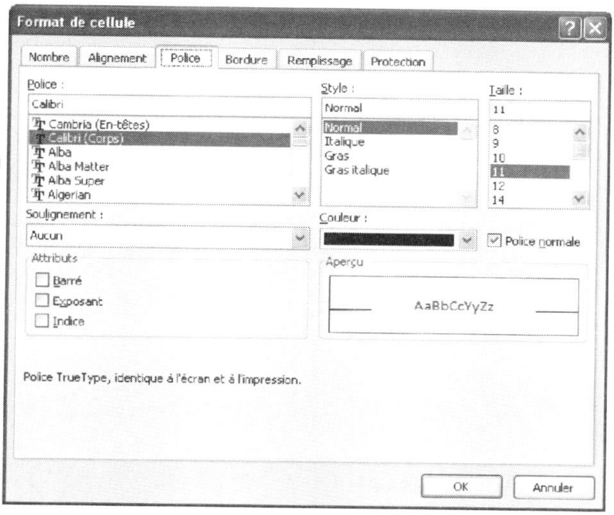

Figure 3.14 : L'onglet Police de la boîte de dialogue Format de cellule permet d'appliquer plusieurs modifications à la fois.

Pour changer la couleur de police dans des cellules sélectionnées, cliquez sur le triangle pointant vers le bas du bouton Couleur de police dans le groupe Police de l'onglet Accueil, et sélectionnez la couleur que vous voulez appliquer au texte des cellules dans la palette qui apparaît. N'oubliez pas que, selon le principe des Styles rapides, il vous suffit de placer le pointeur sur une couleur dans la palette pour voir le texte des cellules sélectionnées prendre la couleur correspondante. Pour appliquer effectivement la couleur choisie, cliquez dessus.

Si vous changez la couleur de la police, mais êtes équipé d'une imprimante en noir et blanc, les couleurs seront rendues en niveaux de gris. Sous l'onglet Police de la boîte de dialogue Format de cellule, dans la liste Couleur, le choix Automatique prélève dans Windows la couleur considérée comme couleur de texte. Cette couleur est le noir, à moins que vous en ayez choisi une autre dans l'onglet Apparence de la boîte de dialogue Propriétés de Affichage de Windows XP ou Vista. (Pour en savoir plus à ce sujet, référez-vous à l'ouvrage *Windows XP pour les Nuls* d'Andy Rathbone, en n'oubliant pas de dire à Andy que c'est Greg qui vous envoie.)

Modifier l'alignement

Le groupe Alignement de l'onglet Accueil contient trois outils d'alignement : Aligné à gauche, Au centre et Aligné à droite. Ils disposent le contenu de la cellule ou d'une plage exactement comme vous le désirez. A droite de ces boutons d'alignement, se trouve le bouton Fusionner et centrer.

Ce bouton mérite d'être connu, car il sert à centrer instantanément un titre sur toute la largeur d'un tableau. Les Figures 3.15 et 3.16 montrent comment l'utiliser. Dans la Figure 3.15, remarquez que le titre "Les comptes de La mère l'Oie - 1er trimestre 2007" se trouve dans la cellule A1. Comme ce texte est assez long, il déborde sur les cellules à droite (B1 et C1). Pour centrer ce titre dans le tableau, qui s'étend des colonnes A à E, sélectionnez la plage de cellules A1:E1 puis, dans le groupe Alignement de l'onglet Accueil, cliquez sur le bouton Fusionner et centrer.

Observez le résultat dans la Figure 3.16 : dans la ligne 1, les cellules des colonnes A à E ont été fusionnées en une seule cellule, et le titre a été parfaitement centré dans cette "supercellule" qui s'étend d'un côté à l'autre du tableau.

La Figure 3.16 vous montre le résultat : les cellules de la première ligne de la colonne A à la colonne E sont maintenant fusionnées en une seule, dans laquelle le titre est centré sur tout le tableau.

Si vous devez de nouveau scinder une cellule fusionnée en cellules distinctes, sélectionnez-la, puis cliquez tout simplement à nouveau sur le bouton Fusionner et centrer dans le groupe Alignement de l'onglet Accueil.

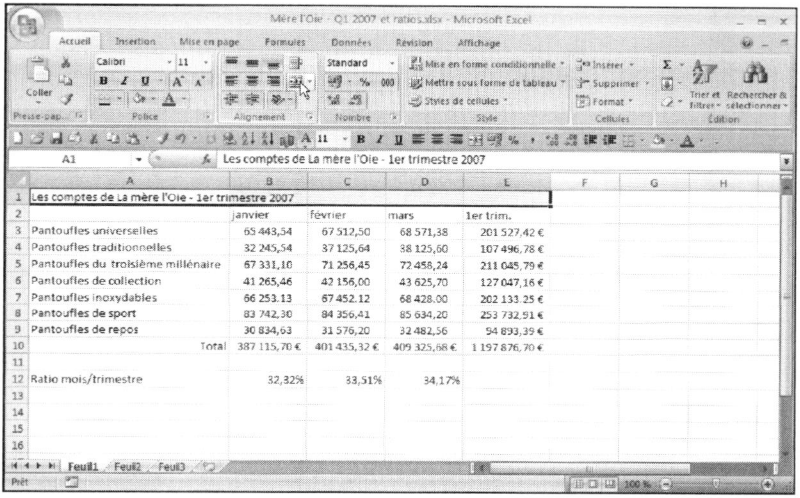

Figure 3.15 : La feuille de calcul avant Fusionner et centrer.

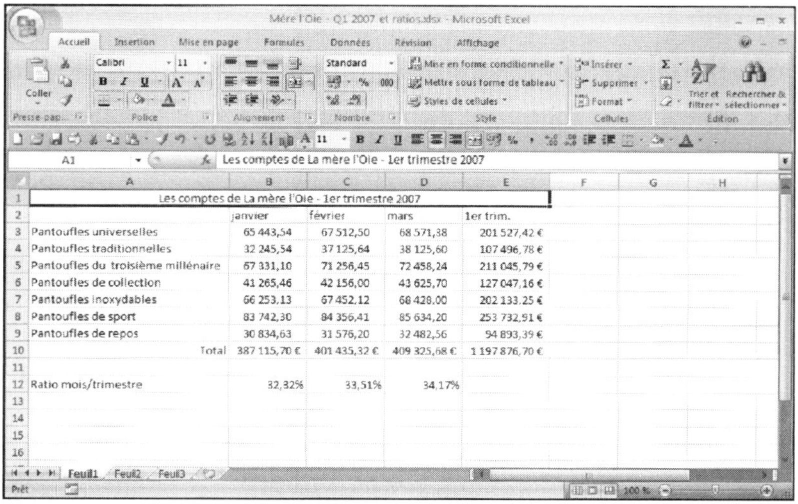

Figure 3.16 : La feuille de calcul après le centrage du titre sur les colonnes A à E.

Les retraits

Excel permet de mettre des entrées en retrait dans les cellules. Pour ce faire, cliquez sur le bouton Augmenter le retrait, dans le groupe Alignement de l'onglet Accueil. Ce bouton est reconnaissable à l'icône montrant une flèche repoussant quelques lignes vers la droite. Chaque fois que vous cliquez dessus, Excel met les entrées de la sélection courante en retrait d'un caractère (en police standard). Si vous voulez savoir ce que c'est qu'une police standard et comment la modifier, reportez-vous à la section "Du côté de la police", plus haut dans ce chapitre.

Un retrait peut être supprimé en cliquant sur le bouton Réduire le retrait ; il se trouve immédiatement à gauche du bouton Augmenter le retrait. Vous pouvez aussi modifier le nombre de caractères du décalage effectué avec le bouton Augmenter le retrait ; pour ce faire, ouvrez la boîte de dialogue Format de cellule (Ctrl+Maj+1 [le 1 du clavier principal, pas celui du pavé numérique]), sélectionnez l'onglet Alignement, puis entrez une valeur dans le champ Retrait, soit en la tapant, soit en actionnant le bouton rotatif.

De haut en bas

L'alignement à gauche, centré ou à droite concerne le positionnement de l'entrée par rapport aux bords gauche et droit de la cellule, c'est-à-dire horizontalement. Vous pouvez aussi aligner le texte par rapport aux bords haut et bas de la cellule, soit verticalement. Par défaut, toutes les entrées sont placées en bas de la cellule, mais il est possible de les centrer verticalement ou de les placer contre le bord supérieur des cellules.

Pour modifier l'alignement vertical dans une plage de cellules sélectionnées, ouvrez la boîte de dialogue Format de cellule (Ctrl+Maj+1 [le 1 du clavier principal, pas celui du pavé numérique]), puis cliquez sur l'onglet Alignement (Figure 3.17) ; enfin, sélectionnez Haut, Centré, Bas, Justifié ou Distribué dans la liste déroulante Vertical.

La Figure 3.17 montre, dans la feuille des ventes de la société La mère l'Oie, le titre du tableau après qu'il a été centré verticalement (ce texte avait été centré horizontalement sur plusieurs colonnes avec la commande Fusionner et centrer ; la hauteur de la ligne 1, qui est par défaut de 12,75 points, a été augmentée à 36 points).

Gérer le renvoi à la ligne

Dans les tableaux, le placement des titres dans les colonnes a toujours posé un problème ; il fallait souvent les abréger pour éviter d'avoir à élargir les colonnes pour les faire tenir dedans. Dans Excel,

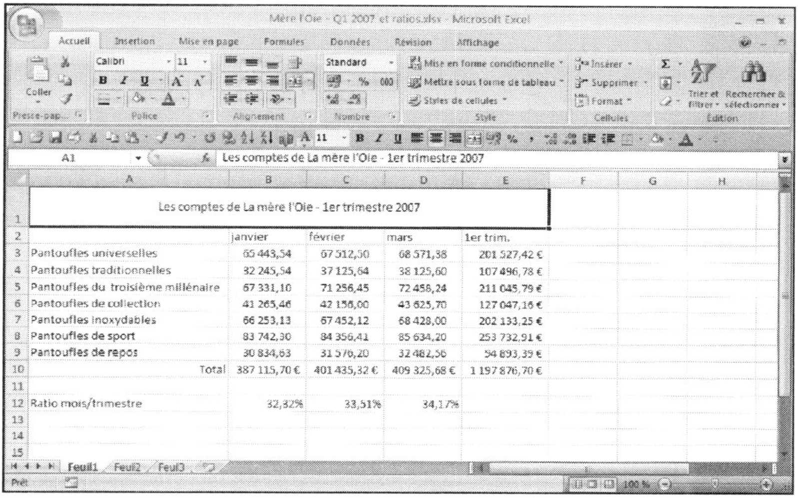

Figure 3.17 : La feuille de calcul après le centrage vertical du titre du tableau.

ce problème peut être évité grâce à la fonction de renvoi à la ligne. La Figure 3.18 montre une nouvelle feuille de calcul dans laquelle les noms des produits de la société La mère l'Oie ont été mis en forme avec l'option Renvoyer à la ligne automatiquement, afin qu'ils tiennent chacun dans sa cellule.

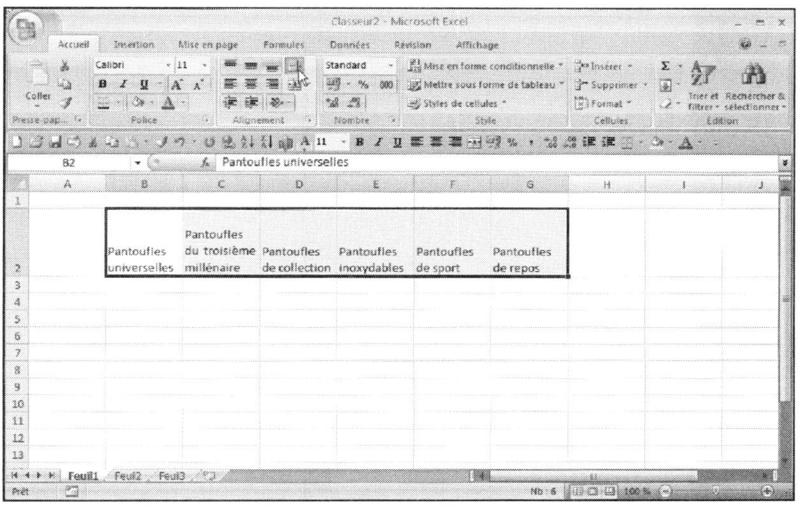

Figure 3.18 : Une nouvelle feuille de calcul dans laquelle les titres ont été mis en forme avec l'option Renvoyer à la ligne automatiquement.

Excel

Pour obtenir la présentation de la Figure 3.18, sélectionnez les cellules contenant les titres (de B2 à H2), puis cliquez sur le bouton Renvoyer à la ligne automatiquement dans le groupe Alignement de l'onglet Accueil.

Le renvoi à la ligne empêche les textes longs de déborder sur les cellules voisines. Pour recevoir les lignes supplémentaires, le logiciel augmente automatiquement la hauteur de ligne.

Quand vous sélectionnez l'option Renvoyer à la ligne automatiquement, Excel continue à utiliser les alignements vertical et horizontal que vous avez spécifiés pour la cellule. Notez que vous pouvez utiliser n'importe quelle option d'alignement de l'onglet Alignement de la boîte de dialogue Format de cellule : Gauche (avec ou sans retrait), Centré, Droit (avec ou sans retrait), Justifié ou Centré sur plusieurs colonnes. Vous ne pouvez toutefois pas utiliser l'option Recopié. Présente dans la liste déroulante Horizontal, l'option Recopié sert à répéter une entrée sur toute la largeur de la cellule.

Pour obtenir un renvoi à la ligne justifié sur les bords gauche et droit de la cellule, sélectionnez l'option Justifié dans la liste déroulante Horizontal de l'onglet Alignement de la boîte de dialogue Format de cellule.

Un long texte peut être séparé en plusieurs lignes en plaçant le point d'insertion dedans, dans la cellule ou dans la Barre de formule, et en appuyant sur les touches Alt+Entrée. Excel agrandit la ligne contenue dans la cellule, ainsi que la Barre de formule, puis commence une nouvelle ligne. Dès que vous appuyez sur Entrée pour valider la saisie ou la modification, Excel effectue automatiquement le renvoi à la ligne selon la largeur de la colonne et l'emplacement du point d'insertion.

Incliner les entrées

Au lieu de définir un renvoi à la ligne pour les textes entrés dans les cellules, vous préférerez peut-être modifier leur orientation en les inclinant dans un sens ou dans un autre. Dans la Figure 3.19, le changement de direction des titres a donné un effet plus intéressant qu'un simple renvoi à la ligne.

Cet exemple montre une rotation à 90° vers le haut (dans le sens inverse des aiguilles d'une montre). Remarquez que cette opération a entraîné un ajustement de la largeur des colonnes.

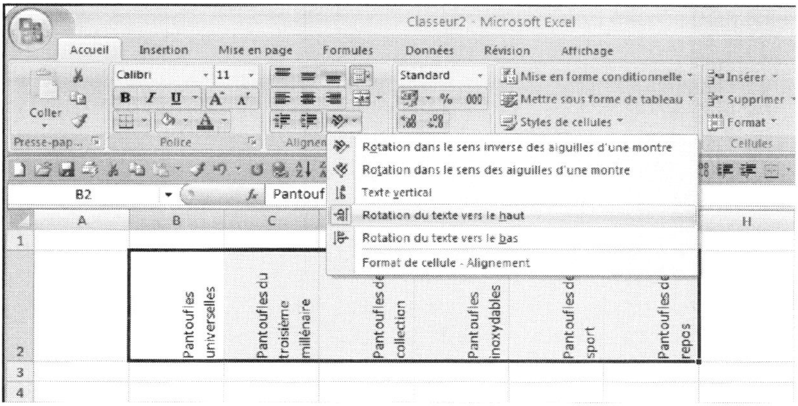

Figure 3.19 : Les titres ont été inclinés à 90° dans le sens inverse des aiguilles d'une montre.

Pour faire pivoter le contenu des cellules comme dans la Figure 3.19, sélectionnez d'abord la plage B2:H2, puis cliquez sur le triangle pointant vers le bas du bouton Orientation (dans le groupe Alignement de l'onglet Accueil). Dans le menu qui apparaît, sélectionnez Rotation du texte vers le haut.

La Figure 3.20 vous montre maintenant les mêmes titres orientés selon un angle de 45 degrés. Pour obtenir ce résultat, sélectionnez cette fois Rotation dans le sens inverse des aiguilles d'une montre dans ce même menu du bouton Orientation (après avoir sélectionné la même plage B2:H2, naturellement).

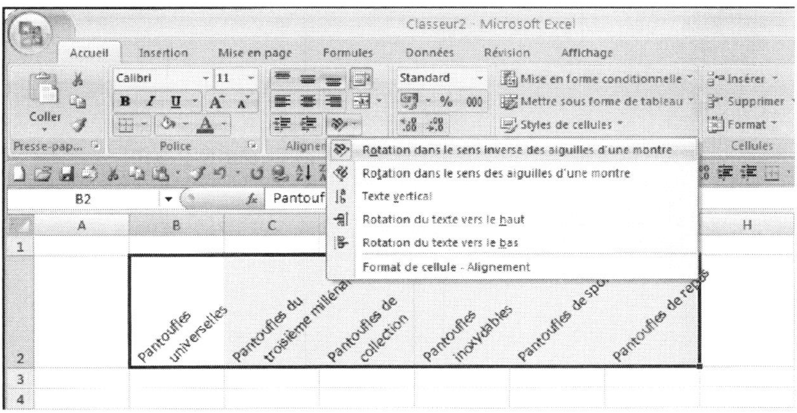

Figure 3.20 : Les titres ont été inclinés à 45° vers le haut.

Un texte peut être incliné à d'autres valeurs que 45 ou 90 degrés. Après avoir sélectionné le texte à faire pivoter, sélectionnez Format de cellule – Alignement dans le menu du bouton Orientation du groupe Alignement de l'onglet Accueil pour ouvrir la boîte de dialogue Format de cellule avec l'onglet Alignement au premier plan, et utilisez la section Orientation de cet onglet pour spécifier l'angle voulu.

Pour cela, cliquez à l'endroit voulu dans le demi-cercle ou entrez directement l'angle voulu en degrés (avec un signe moins pour une rotation dans le sens des aiguilles d'une montre) dans le champ qui se trouve au-dessous.

ATTENTION !

Vous pouvez définir n'importe quelle inclinaison, de 90° vers le haut à 90° vers le bas, soit en tapant la valeur exacte dans le champ Degrés, soit en actionnant l'aiguille du cadran.

N'OUBLIEZ PAS

Pour placer le texte verticalement de telle manière que les lettres soient empilées les unes sur les autres, cliquez sur le rectangle montrant le mot "Texte" ainsi disposé, à gauche du cadran.

Ajuster

Pour éviter qu'Excel élargisse les colonnes pour y faire tenir les entrées (pour afficher l'intégralité d'un tableau de données à l'écran ou l'imprimer sur une seule feuille), utilisez la commande Ajuster.

Cliquez sur l'onglet Alignement de la boîte de dialogue Format de cellule (Ctrl+Maj+1 [le 1 du clavier principal, pas celui du pavé numérique]), et cochez la case Ajuster. Excel réduit la taille de la police dans les cellules sélectionnées, ce qui lui évite d'avoir à modifier la largeur des colonnes. Sachez cependant que vous risquez de vous retrouver avec des textes illisibles. Notez aussi qu'il est impossible d'appliquer simultanément les options Renvoyer à la ligne automatiquement et Ajuster ; la sélection de l'une désélectionne aussitôt l'autre.

Boîtes à bordures

Le quadrillage que vous apercevez dans une feuille de calcul sert simplement à mieux visualiser les lignes et les colonnes dans lesquelles vous travaillez. Vous pouvez choisir de l'imprimer avec vos données ou non (en cochant la case Imprimer du groupe Options de la feuille de calcul dans l'onglet Mise en page du Ruban).

Vous pouvez mettre en évidence certaines parties de la feuille de calcul ou d'un tableau à l'aide de bordures ou en appliquant un effet d'ombrage aux cellules. Ne confondez pas les *bordures* que vous définissez vous-même avec le *quadrillage* correspondant aux lignes et aux colonnes de la feuille de calcul. Les bordures sont toujours imprimées, indépendamment du fait que vous décidiez ou non d'imprimer le quadrillage.

N'OUBLIEZ PAS

Pour mieux voir les bordures que vous ajoutez à des cellules, supprimez l'affichage du quadrillage. Pour cela, ôtez la coche de la case Quadrillage du groupe Options de la feuille de calcul dans l'onglet Mise en page du Ruban.

Pour ajouter des bordures à une sélection de cellules, cliquez sur le triangle pointant vers le bas du bouton Toutes les bordures du groupe Police de l'onglet Accueil, et sélectionnez dans le menu qui apparaît (Figure 3.21) le type de bordures que vous voulez appliquer à votre sélection.

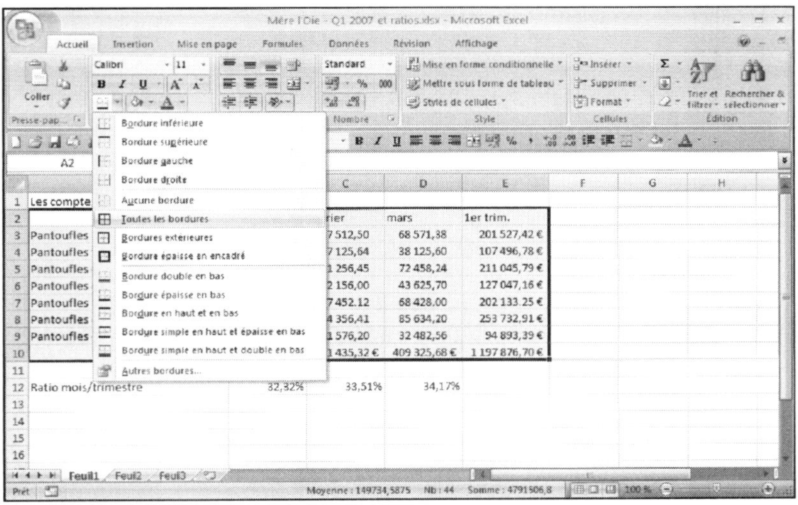

Figure 3.21 : Dans le menu du bouton Toutes les bordures, sélectionnez le type de bordures à appliquer à la sélection.

Rappelez-vous ces préceptes lorsque vous définissez des bordures :

- Pour que les bordures ne soient tracées qu'autour de la sélection, sélectionnez Bordures extérieures ou Bordure épaisse en encadré dans le menu du bouton Toutes les bordures.

- Pour que les bordures apparaissent autour de chacune des cellules de la plage sélectionnée, choisissez Toutes les bordures dans ce menu.

Pour changer le type de trait, l'épaisseur ou la couleur de la bordure que vous appliquez à une sélection de cellules, vous devez ouvrir la boîte de dialogue Format de cellule et cliquer sur son onglet Bordure (sélectionnez Autres bordures dans le menu du bouton Toutes les bordures ou appuyez sur Ctrl+Maj+1 [le 1 du clavier principal, pas celui du pavé numérique]) et cliquez sur l'onglet Bordure dans la boîte de dialogue Format de cellule qui apparaît).

Pour changer le type de trait, sélectionnez celui qui vous convient dans la section Ligne de cet onglet. Pour changer la couleur, cliquez sur le bouton Couleur dans cette section Ligne, et sélectionnez la couleur qui vous convient dans la palette qui apparaît. Pour définir les contours de la bordure, utilisez les boutons de la section Présélection et de la section Bordure (qui vous montre aussi le résultat de ce que vous sélectionnez). Pour appliquer à la sélection ce que vous venez de choisir, cliquez sur OK.

Pour vous débarrasser d'une bordure, vous devez sélectionner les cellules correspondantes, et sélectionner Aucune bordure dans le menu du bouton Toutes les bordures du groupe Police de l'onglet Accueil.

Faites-le avec des Styles

Dans Excel 2007, les styles de cellules prennent vie avec la nouvelle galerie Styles de cellules qui apparaît lorsque vous cliquez sur le bouton Styles de cellules dans le groupe Style de l'onglet Accueil.

La galerie Styles de cellules contient un bon nombre de styles prêts à l'emploi, immédiatement applicables aux cellules sélectionnées. Dès que vous avez identifié le style que vous voulez en plaçant le pointeur dessus pour en voir l'effet sur les cellules sélectionnées dans la feuille de calcul, cliquez dessus pour le sélectionner et l'appliquer.

Créer un style personnalisé

Pour créer un nouveau style qui s'ajoutera à la galerie, mettez simplement en forme une cellule avec tous les attributs que vous voulez donner à ce nouveau style (police, taille de police, couleur et autres attributs de police, couleur et motif de remplissage, bordures, orientation, et ainsi de suite), cliquez sur le bouton Styles de cellules dans l'onglet Accueil, puis sur le bouton Nouveau style de cellule en bas de la galerie qui s'affiche. Une boîte de dialogue Style apparaît, récapitulant les attributs de mise en forme de la cellule utilisée pour définir ce style, vous permettant de sélectionner ceux que vous voulez utiliser pour définir le style, et vous proposant un nom par défaut (Style 1, Style 2, etc.) que vous pouvez remplacer par celui que vous voulez. Cliquez sur OK après avoir spécifié ce qui vous convient.

Excel ajoute maintenant l'exemple de votre nouveau style en affichant son nom mis en forme selon ce style tout en haut de la palette Style de cellules, dans une section Personnalisé. Pour appliquer ce style à une sélection de cellules, il vous suffira maintenant de cliquer dessus dans la galerie Styles de cellules.

ATTENTION !

Lorsque vous créez un style de cellule personnalisé, il n'est intégré au classeur dans lequel vous le créez que lorsque celui-ci est enregistré. Autrement dit, n'oubliez pas de cliquer sur le bouton Enregistrer dans la barre d'outils Accès rapide ou d'appuyer sur Ctrl+S pour enregistrer vos modifications après avoir créé un nouveau style de cellule, afin que celui-ci apparaisse dans la galerie Styles de cellules la prochaine fois que vous ouvrirez ce classeur.

Copier des styles personnalisés d'un classeur à un autre

Excel vous permet de copier facilement un style personnalisé enregistré dans un classeur pour le récupérer dans un autre. Pour copier des styles personnalisés d'un classeur à un autre, suivez ces étapes :

1. **Ouvrez le classeur dans lequel vous voulez importer des styles personnalisés d'un autre classeur.**

   Il peut s'agir d'un nouveau classeur ou d'un classeur existant que vous ouvrez pour le modifier (reportez-vous au Chapitre 4).

2. **Ouvrez le classeur contenant les styles personnalisés que vous voulez copier.**

   Pour savoir comment créer et enregistrer un style de cellule, reportez-vous à la section précédente, "Créer un style personnalisé".

3. **Revenez au classeur dans lequel vous voulez importer les styles personnalisés.**

   Pour cela, vous pouvez cliquer sur le bouton du classeur dans la Barre des tâches de Windows ou appuyer sur Alt+Tab autant de fois que nécessaire pour le faire apparaître.

4. **Cliquez sur le bouton Styles de cellules dans l'onglet Accueil, puis sur le bouton Fusionner des styles tout en bas de la galerie qui apparaît pour ouvrir la boîte de dialogue Fusionner des styles.**

5. **Dans la liste Fusionner à partir de, cliquez sur le nom du classeur ouvert qui contient les styles personnalisés que vous voulez importer, et cliquez sur OK.**

Excel importe alors dans ce classeur tous les styles personnalisés du classeur que vous venez de sélectionner ; ils apparaîtront dans la section Personnalisé de la galerie Styles de cellules. Pour qu'ils soient conservés dans le classeur dans lequel vous venez de les importer, enregistrez celui-ci (cliquez sur le bouton Enregistrer dans la barre d'outils Accès rapide ou appuyez sur Ctrl+S). Vous pouvez alors revenir au classeur à partir duquel vous avez importé les styles personnalisés et le fermer (Bouton Office/Fermer).

La reproduction de la mise en forme

Procédez comme suit pour reproduire la mise en forme d'une cellule dans d'autres :

1. **Mettez en forme une cellule ou une plage de cellules (police, alignement, bordures, couleur, motif..., choisissez ce que bon vous semble).**

2. **Après avoir sélectionné l'une des cellules mises en forme, cliquez sur le bouton Reproduire la mise en forme dans le groupe Presse-papiers de l'onglet Accueil.**

L'icône en forme de pinceau plat de l'outil Reproduire la mise en forme vient s'ajouter au pointeur de souris en forme d'épaisse croix blanche ; un rectangle de sélection entoure la cellule sélectionnée.

3. **Tirez le pointeur par-dessus toutes les cellules qui doivent recevoir la mise en forme.**

   Dès que vous relâchez le bouton de la souris, Excel applique la mise en forme à toutes les cellules que vous venez de sélectionner.

Chapitre 4

Procéder à des modifications

Dans ce chapitre :

- Ouvrir un classeur en vue de le modifier.
- Annuler vos bourdes.
- Déplacer et copier par glisser-déposer.
- Copier des formules.
- Déplacer et copier par Couper, Copier et Coller.
- Supprimer des entrées dans des cellules.
- Supprimer et insérer des lignes et des colonnes.
- La correction orthographique d'une feuille de calcul.

Dans ce chapitre, vous découvrirez comment appliquer ces modifications en toute sérénité dans un classeur. La copie et le déplacement des données ainsi que l'insertion et la suppression des lignes et des colonnes sont des tâches faciles à maîtriser. Ce qui est un peu plus ardu à comprendre, c'est l'effet de ces actions sur la feuille de calcul. Mais ne vous en faites pas ! Si un changement compromet votre travail, vous pourrez toujours recourir à la fonction d'annulation pour revenir en arrière et vous retrouver en terrain plus familier.

S'ouvrir aux changements

Avant de commettre l'irréparable – je veux dire d'effectuer des modifications... –, vous devez bien sûr ouvrir Excel. Pour ouvrir un classeur, vous avez le choix entre cliquer sur Bouton Office/Ouvrir, appuyer sur Alt+FV ou utiliser les raccourcis clavier des versions précédentes d'Excel Ctrl+O ou Ctrl+F12.

La boîte de dialogue Ouvrir d'Excel 2007 sous Windows Vista

Si vous utilisez Excel 2007 sous Windows Vista, une boîte de dialogue Ouvrir, très semblable à celle que montre la Figure 4.1, apparaît. Elle est divisée en deux volets : le volet de navigation à gauche, dans lequel vous pouvez sélectionner un nouveau dossier, et le volet principal à droite, affichant tous les sous-dossiers du dossier sélectionné dans le volet de gauche, ainsi que tous les fichiers qu'il contient pouvant être ouverts par Excel.

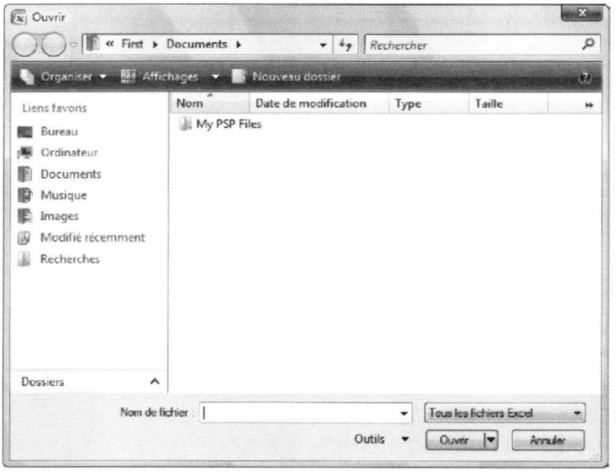

Figure 4.1 : Utiliser la boîte de dialogue Ouvrir pour naviguer jusqu'à un classeur pour l'ouvrir.

Le dossier qui est affiché lorsque la boîte de dialogue Ouvrir apparaît est soit celui qui est spécifié comme Emplacement d'enregistrement par défaut dans l'onglet Enregistrement de la boîte de dialogue Options Excel, soit le dernier que vous avez ouvert dans Excel en utilisant cette boîte de dialogue.

Pour ouvrir un classeur qui se trouve dans un autre dossier, cliquez sur le lien correspondant dans la section Liens favoris du volet de navigation, ou cliquez sur le triangle pointant vers le bas à droite de Dossiers, et cliquez sur le dossier voulu dans la liste qui apparaît.

Si vous ouvrez un nouveau dossier pour lequel aucun fichier n'apparaît dans le volet de droite (alors que vous savez qu'il n'est pas vide), cela signifie simplement qu'il ne contient aucun fichier d'un type qu'Excel est capable d'ouvrir directement (classeurs, modèles et macros). Pour afficher tous les fichiers du dossier, qu'Excel puisse ou non les ouvrir directement (c'est-à-dire sans aucune conversion), cliquez sur le bouton indiquant les types de fichiers affichés, et sélectionnez Tous les fichiers dans la liste déroulante qui apparaît.

Lorsque l'icône du classeur que vous voulez ouvrir apparaît dans la boîte de dialogue Ouvrir, vous pouvez ouvrir ce classeur en cliquant sur son icône puis en cliquant sur le bouton Ouvrir, ou tout simplement en double-cliquant sur son icône.

ATTENTION !

Vous pouvez utiliser le curseur associé à la liste déroulante Affichages de la boîte de dialogue Ouvrir pour changer la manière dont les icônes des dossiers et des fichiers y sont présentées. Lorsque vous sélectionnez Grandes icônes ou Très grandes icônes au moyen de ce curseur (ou quelque chose d'intermédiaire), ces icônes montrent un aperçu des données du coin supérieur gauche de la première feuille de calcul du classeur, lorsque celui-ci est enregistré avec l'option d'aperçu activée :

- Pour activer l'option d'aperçu en enregistrant un classeur dans Excel 2007, cochez la case Enregistrer les miniatures dans la boîte de dialogue Enregistrer sous lorsque vous enregistrez le classeur pour la première fois.

- Pour activer l'option d'aperçu en enregistrant un classeur dans Excel 97 à 2003, cochez la case Enregistrer l'image de l'aperçu de l'onglet Résumé de la boîte de dialogue Propriétés (Fichier/Propriétés) avant de l'enregistrer pour la première fois.

Cet aperçu de la première feuille d'un classeur peut vous permettre de l'identifier facilement parmi d'autres lorsque vous aurez besoin de l'ouvrir.

La boîte de dialogue Ouvrir d'Excel 2007 sous Windows XP

La Figure 4.2 montre la boîte de dialogue Ouvrir d'Excel 2007 sous Windows XP. Elle est divisée en deux sections : un volet contenant des icônes d'emplacement à gauche, et à droite un volet affichant une liste de dossiers et de fichiers.

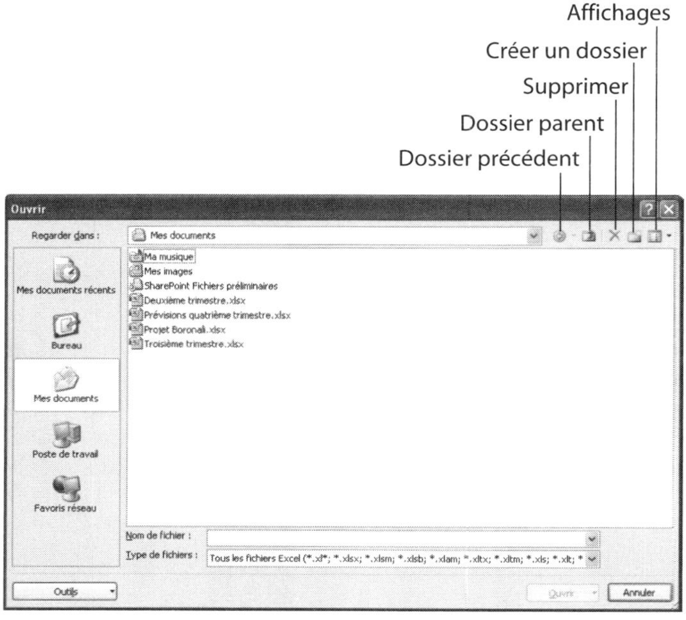

Figure 4.2 : Utiliser la boîte de dialogue Ouvrir pour naviguer jusqu'à un classeur et l'ouvrir.

Si vous ne voyez pas dans la liste le nom du fichier que vous cherchez, vous devez commencer par vous assurer que vous avez affiché le contenu du bon dossier (si vous n'affichez par le bon dossier, vous n'allez pas y trouver votre fichier). Le nom du dossier ouvert est affiché dans le champ Regarder dans, en haut de la boîte de dialogue Ouvrir, comme le montre la Figure 4.2.

Si le dossier ouvert n'est pas celui qui contient le classeur que vous voulez ouvrir, vous devez commencer par naviguer jusqu'au bon dossier. À partir de l'emplacement Poste de travail, vous pouvez accéder à tous les dossiers de vos disques durs en double-cliquant simplement successivement sur chacun des dossiers qui constituent le chemin d'accès à celui que vous voulez ouvrir (pour ouvrir un dossier, vous pouvez aussi cliquer dessus et cliquer sur le bouton Ouvrir). Vous pouvez aussi remonter dans l'arborescence des dossiers en cliquant sur le bouton Dossier parent (Figure 4.2) dans la barre d'outils de la boîte de dialogue Ouvrir.

Si le classeur que vous voulez ouvrir se trouve sur un autre disque dur local de votre ordinateur, cliquez sur le bouton Dossier parent jusqu'à ce que vous voyiez apparaître l'icône du lecteur C: dans le volet de droite (vous pouvez aussi cliquer directement sur le bouton Poste de travail dans le volet de gauche de la boîte de dialogue). Vous pouvez alors double-cliquer sur l'icône du disque dur approprié dans cette liste (ou cliquer dessus puis sur le bouton Ouvrir), et continuer à naviguer ainsi jusqu'au dossier dans lequel se trouve votre classeur.

Une fois que vous avez identifié dans le volet de droite de la boîte de dialogue Ouvrir le fichier que vous voulez ouvrir, ouvrez-le en double-cliquant sur son icône (ou en cliquant sur son icône puis sur le bouton Ouvrir).

Les boutons du volet de gauche de la boîte de dialogue Ouvrir, celui des emplacements, vous permettent d'accéder directement à ces emplacements (Mes documents récents, Bureau, Mes documents, Poste de travail et Favoris réseau) en cliquant simplement sur l'icône correspondante :

- **Mes documents récents :** Cliquez sur ce bouton pour accéder aux classeurs enregistrés dans le dossier Mes documents récents (qui se trouve dans le dossier Office, lui-même dans le dossier Microsoft).
- **Bureau :** Cliquez sur ce bouton pour ouvrir les classeurs que vous enregistrez directement sur le Bureau de votre ordinateur.
- **Mes documents :** Cliquez sur ce bouton pour ouvrir les classeurs que vous enregistrez dans le dossier Mes documents.
- **Poste de travail :** Cliquez sur ce bouton pour ouvrir les classeurs que vous enregistrez dans des dossiers d'un disque dur local de votre ordinateur.
- **Favoris réseau :** Cliquez sur ce bouton pour ouvrir les classeurs que vous enregistrez dans des dossiers d'un disque dur accessible par le réseau de votre organisation.

Ouvrir plusieurs classeurs à la fois

Si vous devez modifier des feuilles dans plusieurs classeurs visibles dans la boîte de dialogue Ouvrir, vous pouvez utiliser les commandes de sélection multiple pour les ouvrir tous à la fois, dans l'ordre où ils sont listés.

Rappelez-vous que, pour sélectionner des fichiers qui se suivent dans la liste, vous cliquez sur le premier d'entre eux puis, touche Maj enfoncée, sur le dernier. Pour sélectionner des fichiers épars, maintenez la touche Ctrl enfoncée puis cliquez sur les fichiers à ouvrir.

Après avoir ouvert les classeurs dans Excel, vous passez d'un document à un autre en cliquant sur leurs boutons dans la Barre des tâches Windows ou en appuyant sur Alt+Tab autant de fois que nécessaire pour faire apparaître le document que vous voulez (pour en savoir plus sur l'utilisation de plusieurs classeurs à la fois, reportez-vous au Chapitre 7).

Ouvrir les classeurs récemment modifiés

Si vous le désirez, vous pouvez configurer Excel pour qu'il affiche plus ou moins de fichiers dans la liste Documents récents du menu Office. Pour cela, suivez ces étapes :

1. **Cliquez sur Bouton Office/Options Excel/Options avancées, pour ouvrir la boîte de dialogue Options Excel avec l'onglet Options avancées au premier plan.**

2. **Dans la section Afficher de cet onglet, entrez la valeur de votre choix dans le champ Nombre de documents dans la liste Documents récents (vous pouvez aussi utiliser les flèches qui se trouvent dans ce champ pour changer la valeur).**

3. **Cliquez sur OK ou appuyez sur la touche Entrée pour fermer la boîte de dialogue Options Excel.**

Si vous ne voulez voir apparaître aucun document récent dans le menu Office, entrez simplement 0 dans ce champ.

Si vous avez oublié où se trouve un fichier

Le seul problème que vous puissiez rencontrer quand vous tentez de charger un fichier avec la boîte de dialogue Ouvrir est de savoir où se trouve ce fichier. Tout est parfait aussi longtemps que le nom du fichier apparaît parmi ceux listés dans la fenêtre de la boîte de dialogue ; mais que faire si le fichier est invisible et semble se cacher dans les mystérieuses profondeurs de l'arborescence des dossiers ?

Rechercher des classeurs avec Excel sous Windows Vista

Lorsque vous utilisez Excel 2007 sous Windows Vista, ce nouveau système d'exploitation ajoute un champ de recherche dans la boîte de dialogue Ouvrir (Figure 4.3), vous permettant ainsi de rechercher des classeurs depuis cette boîte de dialogue.

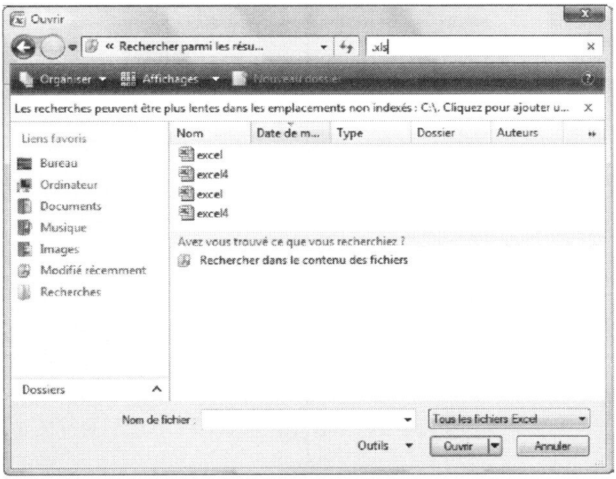

Figure 4.3 : Utilisez le champ de recherche dans la boîte de dialogue Ouvrir pour rechercher rapidement des classeurs Excel sur votre ordinateur.

Pour rechercher un classeur de cette façon, cliquez dans le champ de recherche dans le coin supérieur droit de la boîte de dialogue Ouvrir, et entrez des caractères qui se trouvent dans le nom du classeur ou dans le classeur lui-même.

Au fur et à mesure que Vista trouve des fichiers correspondant à vos critères de recherche, les noms de ceux-ci (classeurs Excel, mais aussi modèles et macros) apparaissent dans la boîte de dialogue

Ouvrir. Aussitôt que le classeur que vous recherchez apparaît, vous pouvez l'ouvrir en double-cliquant sur son icône (ou en cliquant dessus puis sur le bouton Ouvrir).

Rechercher des classeurs sous Windows XP

Pour rechercher un classeur Excel en utilisant la fonction de recherche de fichiers de Windows XP, suivez ces étapes :

1. **Cliquez sur le bouton Démarrer dans la Barre des tâches de Windows XP, et sélectionnez Rechercher dans le menu qui apparaît.**

   La fenêtre Résultat de la recherche s'affiche.

2. **Cliquez sur le lien Documents (traitement de texte, feuilles de calcul, etc.) dans le volet de gauche de cette fenêtre.**

3. **(Facultatif) Si vous savez approximativement quand le fichier a été modifié pour la dernière fois, cliquez sur le bouton approprié (Semaine précédente, Mois précédent, Année précédente).**

   Si vous n'avez aucune idée de la date de la dernière modification du fichier, vous n'avez rien à modifier car le bouton Je l'ignore est sélectionné par défaut.

4. **Dans le champ Une partie ou l'ensemble du document, entrez le nom du fichier, ou la partie de celui-ci dont vous êtes certain.**

   Tapez un astérisque (*) pour représenter plusieurs caractères manquants et un point d'interrogation (?) pour un seul caractère manquant, c'est-à-dire les caractères dont vous n'êtes pas sûr ou que vous ignorez dans le nom du fichier (par exemple, Budget*.xls vous permettra de trouver un fichier Budget 2005.xls aussi bien qu'un fichier Budget 2006.xls).

5. **(Facultatif) Si vous savez dans quel disque dur ou dans quel dossier se trouve votre classeur, ou si vous connaissez un mot ou un groupe de mots de son contenu susceptible de l'identifier, cliquez sur le lien Utiliser les options de recherche avancées, puis spécifiez les informations correspondantes dans le champ Un mot ou une phrase dans le document, ou dans la liste déroulante Rechercher dans, ou les deux.**

Vous pouvez même ajouter à vos critères une information sur la taille du fichier. D'une façon générale, ne mettez parmi ces critères de recherche que les informations dont vous êtes sûr, et laissez les autres en blanc ou conservez le critère par défaut.

6. **Après avoir spécifié tous vos critères de recherche, cliquez sur le bouton Rechercher pour lancer la recherche du fichier par Windows XP.**

Lorsque vous cliquez sur le bouton Rechercher, Windows XP recherche les fichiers correspondant à vos critères dans les emplacements spécifiés, et affiche tous ceux qu'il trouve dans le volet de

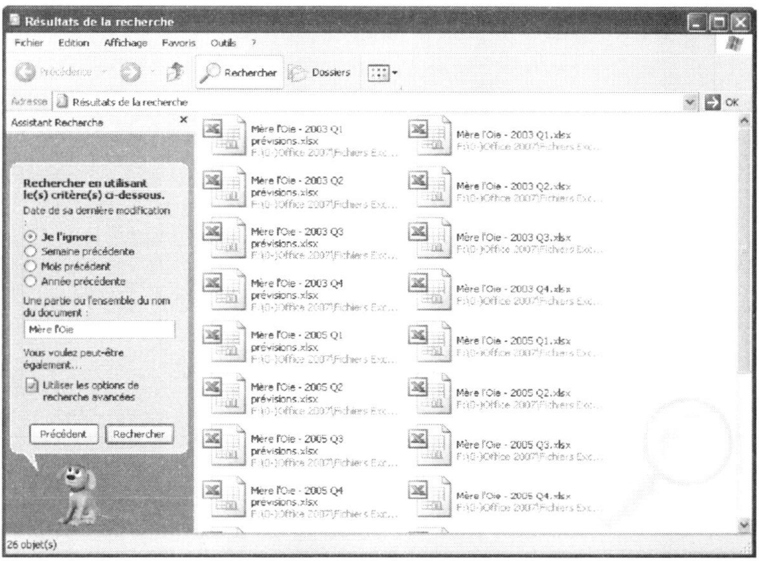

Figure 4.4 : Utilisez la fenêtre Résultats de la recherche de Windows XP pour rechercher un classeur Excel.

droite de la fenêtre Résultats de la recherche (Figure 4.4). Lorsque vous voyez apparaître le fichier Excel que vous recherchez, cliquez sur le bouton Arrêter pour interrompre la recherche, puis cliquez du bouton droit sur l'icône du fichier et sélectionnez Ouvrir dans le menu qui apparaît (ou double-cliquez simplement dessus). Le fichier s'ouvre alors dans Excel.

Ouvrir des fichiers d'une manière particulière

Le menu déroulant du bouton Ouvrir, dans la boîte de dialogue Ouvrir, permet d'ouvrir le ou les fichiers sélectionnés d'une manière particulière :

- **Ouverture en lecture seule :** Le fichier ouvert ne peut être que lu. Pour enregistrer les modifications d'un fichier en lecture seule, vous devez cliquer sur Bouton Office/Enregistrer sous, puis nommer différemment le fichier en question (reportez-vous au Chapitre 2).
- **Ouvrir une copie :** Cette commande ouvre une copie du fichier que vous avez sélectionné dans la boîte de dialogue Ouvrir. Considérez-la comme une mesure de sécurité. Si vous avez mis la pagaille dans la copie, il vous restera au moins un original sain.
- **Ouvrir dans un navigateur :** Le classeur que vous aviez enregistré est ouvert comme une page Web dans le navigateur déclaré par défaut. Notez que cette commande n'est accessible que si le ou les fichiers sélectionnés ont été reconnus comme des fichiers enregistrés en tant que page Web, et non enregistrés comme de simples fichiers de classeurs.
- **Ouvrir et réparer :** Cette commande tente de réparer un fichier de classeur abîmé avant de l'ouvrir dans Excel. Lorsque vous la sélectionnez, une boîte de dialogue apparaît. Elle laisse le choix entre la tentative de réparation et l'ouverture du fichier ainsi récupéré ou, en cas d'échec de la réparation, l'extraction de données du fichier abîmé et leur placement dans un nouveau classeur que vous pourrez ensuite enregistrer. Cliquez sur le bouton Réparer pour essayer de récupérer et d'ouvrir le fichier. Cliquez sur le bouton Extraire des données si vous avez déjà essayé sans succès de faire réparer le fichier par Excel.

Encore plus sur les annulations

Avant de vous lancer dans la réalisation d'une feuille de calcul, vous devez connaître la fonction d'annulation et savoir comment elle peut rétablir la situation si jamais vous vous êtes fourvoyé. Le bouton

Annuler de la barre d'outils Accès rapide est une commande à facettes multiples. Quand vous supprimez par exemple le contenu d'une cellule ou d'une plage avec la commande Effacer du même menu, l'info-bulle du bouton Annuler devient Annuler Effacer (Ctrl+Z). Si vous déplacez une entrée avec les commandes Couper et Coller, l'info-bulle du bouton Annuler devient Annuler Coller.

En dehors du bouton Annuler dans la barre d'outils Accès rapide, vous pouvez utiliser le raccourci clavier Ctrl+Z qui fait exactement la même chose.

N'OUBLIEZ PAS

Le bouton Annuler de la barre d'outils Accès rapide réagit à toutes les actions que vous entreprenez. Si vous vous rendez compte après coup qu'il fallait annuler – c'est-à-dire après avoir appliqué d'autres commandes entre-temps –, vous devrez déployer le menu déroulant qui lui est associé (en cliquant sur le triangle pointant vers le bas qui l'accompagne), pour y sélectionner l'action à annuler. Cette action ainsi que toutes celles qui ont suivi (et qui apparaissent au-dessus dans le menu) sont annulées.

Rétablir et Répéter

Après avoir appliqué la commande Annuler, Excel rend la commande Rétablir (ou Répéter selon la commande que vous avez appliquée juste avant) accessible. Si vous supprimez une entrée en appuyant sur la touche Suppr, et cliquez ensuite sur le bouton Annuler dans la barre d'outils Accès rapide (ou appuyez sur Ctrl+Z, ce qui revient au même), l'info-bulle suivante apparaît au-dessous du bouton Répéter lorsque vous placez dessus le pointeur de la souris :

```
Répéter Effacer     Ctrl+Y
```

Quand vous appliquez la commande Répéter, Excel refait ce que vous venez d'annuler. Autrement dit, Excel revient en arrière d'une action, comme si elle n'avait pas été exécutée.

Que faire s'il est impossible d'annuler ?

NOTE TECHNIQUE

C'est souvent quand vous estimez qu'il serait prudent de rétablir le classeur le plus important que vous vous apercevez avec horreur que la commande Annuler ne fonctionne pas tout le temps. Bien qu'il soit néanmoins possible d'annuler la dernière suppression de cellule erronée, un déplacement ou une recopie inconséquente, vous ne pourrez pas revenir sur un enregistrement de fichier. D'où l'intérêt de la commande Enregistrer sous, qui permet de conserver un exemplaire du classeur tel qu'il était au moment de l'ouverture ou du dernier enregistrement.

Excel ne signale malheureusement jamais qu'il est sur le point d'entreprendre une action sur laquelle il ne pourra pas revenir, ou alors trop tard. Après avoir commis l'irréparable, vous placez le pointeur de la souris sur le bouton Annuler en croyant pouvoir annuler ce que vous venez de faire, et vous lisez : `Impossible d'annuler` (d'ailleurs, le bouton Annuler apparaît en grisé dans la barre d'outils Accès rapide pour indiquer que cette commande n'est pas accessible).

La seule exception à cette règle est quand le logiciel vous prévient (et vous avez intérêt à en tenir compte). Lorsque vous choisissez une commande qui peut normalement être annulée, sauf dans les circonstances présentes, à cause d'un manque de mémoire vive, par exemple, ou parce que l'annulation affecterait trop profondément la feuille de calcul, Excel le sait et affiche une boîte d'alerte qui signale le manque de mémoire et demande s'il faut quand même exécuter la commande. Si vous cliquez sur le bouton Oui, sachez que la commande sera appliquée sans aucune chance de revenir en arrière ; si vous découvrez par la suite que la ligne supprimée contient une formule essentielle, dont vous ne connaissez plus la teneur, vous ne pourrez pas recourir à la commande Annuler pour rattraper votre bourde. Dans ce cas, la seule chance de vous en tirer est de fermer le fichier (Bouton Office/Fermer) *mais SANS enregistrer vos modifications.*

Le bon vieux glisser-déposer

L'une des premières techniques de modification que vous vous devez de connaître est le *glisser-déposer*. Comme le suggère son nom, il s'agit d'une manipulation effectuée à la souris qui consiste à choisir une cellule ou une plage sélectionnée et à faire glisser cette sélection ailleurs dans la feuille de calcul. Bien que le glisser-déposer serve essentiellement à déplacer des entrées simples, vous pouvez l'utiliser pour déplacer des plages entières.

Procédez comme suit pour déplacer une cellule ou une plage de cellules :

1. **Sélectionnez une cellule ou une plage de cellules.**

2. **Placez le pointeur de souris sur un bord de la ou des cellules sélectionnées.**

   La transformation du pointeur en flèche à quatre pointes indique que vous pouvez commencer à faire glisser la cellule ou la plage.

3. **Faites glisser la cellule ou la plage sélectionnée jusqu'à sa destination.**

   Faites glisser la sélection en déplaçant la souris, bouton gauche enfoncé.

   Pendant le déplacement, vous faites en réalité glisser le contour des cellules, ce qui vous permet d'avoir une idée de l'emplacement qu'elles occuperont. C'est uniquement au moment où vous relâchez le bouton de la souris que le déplacement du contenu des cellules se produit effectivement.

   Faites glisser le contour jusqu'à sa destination exacte (l'infobulle qui accompagne le pointeur indique la plage de cellules de destination).

4. **Relâchez le bouton de la souris.**

   Les données figurant dans la ou les cellules apparaissent aussitôt à leur nouvel emplacement.

Les Figures 4.5 et 4.6 montrent un déplacement de cellules. Dans la première, la plage A10:E10 (elle contient les totaux du trimestre) a été sélectionnée afin d'être déplacée vers la ligne 12, et de libérer ainsi de la place pour les chiffres des ventes de deux nouveaux produits qui n'avaient pas été pris en compte lorsque ce classeur a été créé (par quelqu'un qui n'était pas très au courant). Dans la Figure 4.6, le chiffre des ventes a été déplacé.

La copie par glisser-déposer

Comment ferez-vous pour copier une ligne de cellules au lieu de simplement les déplacer ? Supposons que vous deviez commencer, dans la feuille de calcul, un nouveau tableau dans les lignes situées plus bas. Il vous faudra copier la ligne de cellules contenant les titres mis en forme en procédant ainsi :

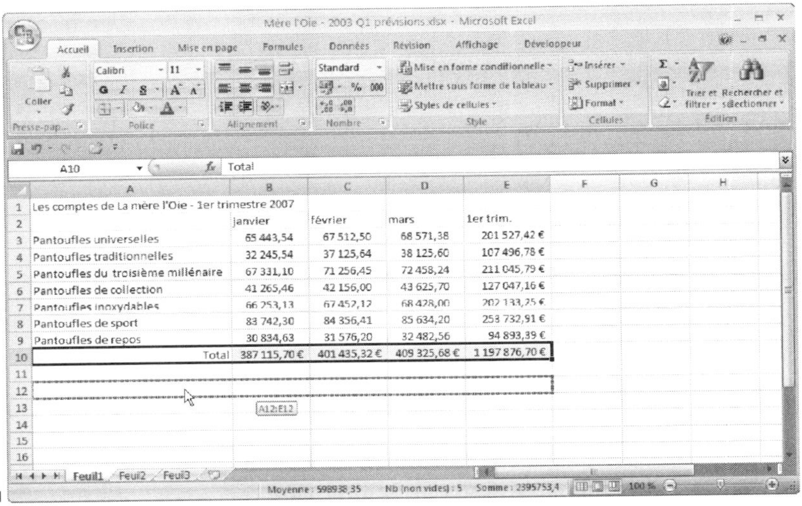

Figure 4.5 : Une plage sélectionnée est en cours de déplacement.

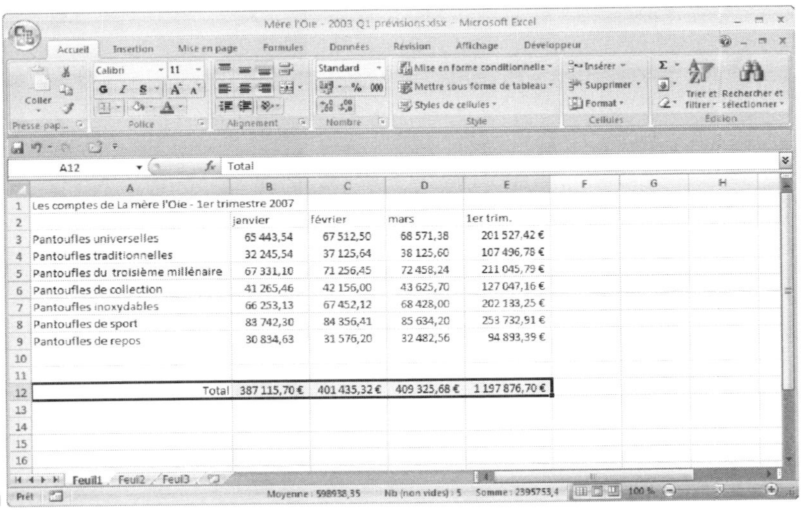

Figure 4.6 : La plage sélectionnée vient d'être déposée à son nouvel emplacement.

1. **Sélectionnez la ligne de cellules.**

   Dans les Figures 4.5 et 4.6, c'est la plage de cellules B2:E2.

2. **La touche Ctrl enfoncée, amenez le pointeur de la souris au bord de la sélection.**

Le pointeur se transforme en flèche blanche accompagnée, en haut à droite, d'un petit signe plus (+). Il indique que le glisser-déposer effectuera une *copie* et non un déplacement.

3. **Faites glisser le contour de la sélection jusqu'à l'emplacement où son contenu doit être copié, puis relâchez le bouton de la souris.**

   Pendant que vous faites glisser la sélection, une info-bulle indique les références de la plage que survole le pointeur.

Si, lors d'un glisser-déposer pour déplacer ou copier des cellules, vous positionnez le contour de la sélection de telle manière qu'il chevauche des cellules contenant des données, Excel affiche une boîte d'alerte avec la question suivante : "Voulez-vous remplacer le contenu des cellules de destination ?"

Pour éviter le remplacement des données existantes et renoncer au glisser-déposer, cliquez sur le bouton Annuler. Mais si vous avez l'intention de remplacer les données existantes par les nouvelles, cliquez sur OK.

Insérer par glisser-déposer

A l'instar des redoutables Klingons de *Star Trek*, les feuilles de calcul d'Excel ne font jamais de prisonniers. Dès que vous amenez une entrée sur une cellule occupée, cette entrée supplante sans vergogne celle qui s'y trouvait.

Pour insérer la ligne en cours de déplacement parmi d'autres lignes qui contiennent des données sans supprimer les données existantes, maintenez la touche Maj enfoncée pendant le glisser-déposer. Si vous copiez, vous devrez faire preuve de dextérité en maintenant à la fois les touches Ctrl et Maj enfoncées.

Lorsque la touche Maj est enfoncée, le contour de la sélection que vous aviez manipulé jusqu'à présent est remplacé par une barre d'insertion qui se déplace entre les lignes et/ou les colonnes. Elle matérialise l'emplacement où se fera l'insertion si, à ce moment, vous relâchez le bouton de la souris. Dans ce cas, Excel insère une ligne ou une colonne et déplace les cellules existantes vers des cellules vides.

Quand vous insérez des cellules par un glisser-déposer, il peut être utile d'imaginer la barre d'insertion comme un levier ou un coin qui écarte les cellules pour faire de la place. Parfois, au lieu de voir s'afficher les données, vous n'apercevez que des dièses (#######) dans les cellules ; Excel n'élargit pas automatiquement les nouvelles colonnes pour une insertion de données, comme il le ferait pour une mise en forme. Pour éliminer les dièses, vous devrez élargir manuellement les colonnes qui posent problème. Le moyen le plus rapide est de double-cliquer sur le bord droit de la colonne.

N'OUBLIEZ PAS

J'ai pourtant maintenu la touche Maj enfoncée comme vous l'aviez dit...

L'insertion par un glisser-déposer est l'une des fonctions les plus délicates à réussir. Parfois, vous faites exactement ce qu'il faut et vous voyez néanmoins apparaître la boîte d'alerte qui vous prévient qu'Excel s'apprête à remplacer des données existantes au lieu de les décaler. Si cela se produit, cliquez sur le bouton Annuler. Il est fort heureusement possible d'insérer des données avec les commandes Couper et Coller (reportez-vous à la section "Faire de la place avec la commande Insérer", plus loin dans ce chapitre), sans avoir à se soucier du comportement de la barre d'insertion.

La recopie automatique des formules

La copie par glisser-déposer, en maintenant la touche Ctrl enfoncée, est utile lorsqu'il faut recopier une série de cellules adjacentes ailleurs dans la feuille de calcul. Mais très souvent vous aurez à ne recopier qu'une seule formule dans plusieurs cellules voisines qui doivent exécuter le même type de calcul, comme totaliser des chiffres dans des colonnes. Ce type de copie de formule, très courant, ne peut pas être fait par un glisser-déposer. Il faut recourir à la recopie automatique, décrite dans le Chapitre 2, ou aux commandes Copier et Coller (reportez-vous à la section "Le couper-coller numérique", plus loin dans ce chapitre).

Nous verrons ici comment utiliser la recopie automatique pour copier une formule dans une plage de cellules. La Figure 4.7 montre la feuille de calcul de la société La mère l'Oie, avec tous les produits, mais cette fois sans les totaux mensuels dans la ligne 12.

La Figure 4.8 montre la feuille de calcul après avoir fait glisser la poignée de recopie sur la plage de cellules C12:E12 à partir de la cellule B12 (qui contenait la formule à copier).

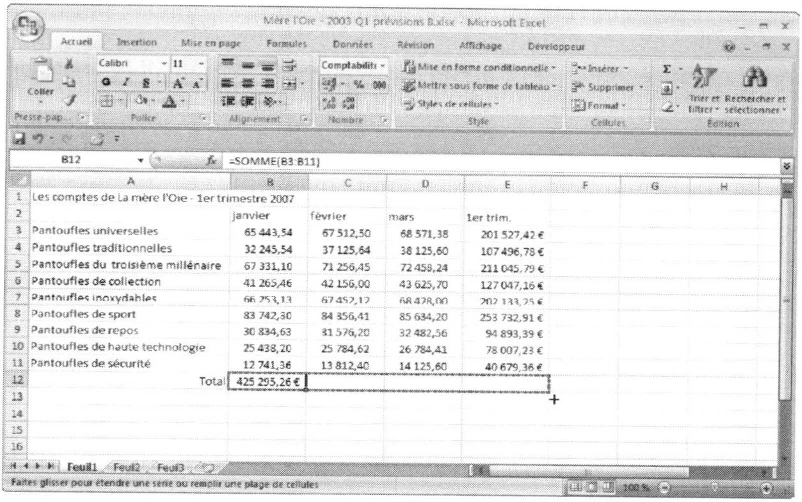

Figure 4.7 : Copie d'une formule dans une même ligne grâce à la recopie automatique.

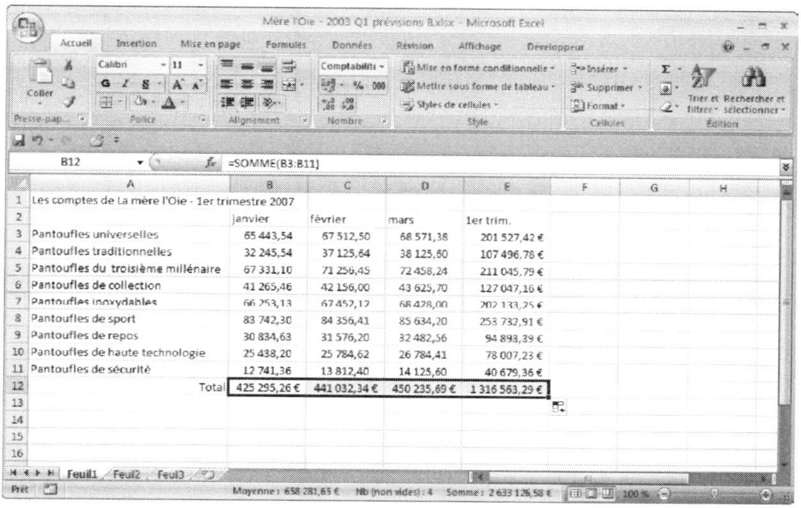

Figure 4.8 : La feuille de calcul après la recopie de la formule totalisant les mois.

Excel

Absolument relatif et inversement

Référez-vous à la Figure 4.8 pour voir la feuille de calcul après la recopie de la formule d'une cellule dans la plage C12:E12. La cellule C12 est active. Remarquez comment Excel gère la recopie des formules. La formule d'origine, dans la cellule B12, est :

```
=SOMME(B3:B11)
```

Lorsque cette formule est recopiée dans la cellule voisine, C12, Excel la modifie légèrement :

```
=SOMME(C3:C11)
```

Excel a en effet rectifié la référence de colonne, qui est passée de B à C, car la recopie s'est faite de la gauche vers la droite.

Quand vous copiez une formule dans une plage qui s'étend vers le bas sur plusieurs lignes, Excel modifie les numéros de lignes en conséquence, au lieu des lettres de colonnes, selon l'emplacement de chaque recopie. La cellule E3 de la feuille de calcul des ventes de la société La mère l'Oie contient la formule suivante :

```
=SOMME(B3:D3)
```

Quand vous recopiez cette formule vers le bas, dans la cellule E4, Excel la modifie de la manière suivante :

```
=SOMME(B4:D4)
```

Excel ajuste la référence de ligne afin qu'elle corresponde à la nouvelle position dans la ligne 4. Comme cette modification de la formule a été effectuée selon la direction de la recopie, les références de cellules sont appelées *références de cellules relatives.*

Certaines choses sont absolues

Toutes les formules que vous créez contiennent naturellement des références de cellule absolues, à moins que vous en décidiez autrement. Du fait que la plupart des recopies de cellule nécessitent une correction de leurs références, vous aurez rarement à revenir sur cet arrangement. Cependant, de temps en temps, vous serez confronté à une exception.

L'une des exceptions les plus communes se produit lorsque vous désirez comparer une plage de valeurs différentes avec une seule valeur. Ce cas de figure se présente classiquement lorsque vous voulez calculer le pourcentage de plusieurs parties par rapport au total. Par exemple, dans la feuille de calcul de la société La mère l'Oie, vous rencontrez cette situation en créant et recopiant une formule qui détermine chaque pourcentage mensuel, dans la plage B14:D14, par rapport au total trimestriel de la cellule E12.

Supposons que vous vouliez entrer ces formules dans la rangée 14 de la feuille de calcul, en commençant par la cellule B14. La formule qui, dans cette cellule, calcule le pourcentage des ventes de janvier par rapport au trimestre est sans détour :

```
=B12/E12
```

Cette formule divise le total des ventes de janvier, dans la cellule B12, par le total trimestriel de la cellule E12 (on ne saurait faire plus simple...). Mais regardez ce qui se passerait si vous tiriez la poignée de recopie d'une cellule vers la droite pour recopier la formule dans la cellule C14 :

```
=C12/F12
```

L'ajustement de la première référence de cellule, qui passe de B12 à C12, est bien celui que nous attendions. Mais l'ajustement de la deuxième partie des références de cellule, qui passe de E12 à F12, est désastreux. Non seulement vous n'obtenez pas, dans la cellule C12, le calcul du pourcentage des ventes de février, mais vous vous retrouvez en prime avec l'horrible erreur `#DIV/0!` dans la cellule C14.

Pour éviter qu'Excel n'ajuste inconsidérément une référence de cellule lors d'une recopie, vous devez convertir la référence. De relative, elle doit devenir absolue. Pour cela, appuyez sur la touche de fonction F4 juste après avoir entré la référence de la cellule. Excel signale qu'une référence de cellule est absolue en plaçant, devant la lettre de la colonne et le numéro de la ligne, le signe dollar ($). Regardez par exemple la Figure 4.9 : la cellule B4 contient la formule correcte pour effectuer la recopie dans la plage C14:D14, soit :

```
=B12/$E$12
```

Examinez la feuille de calcul après que cette formule a été répétée dans la plage C14:D14 avec la poignée de recopie et la cellule C14 sélectionnée (Figure 4.10). Remarquez la formule suivante dans la barre de formule :

```
=C12/$E$12
```

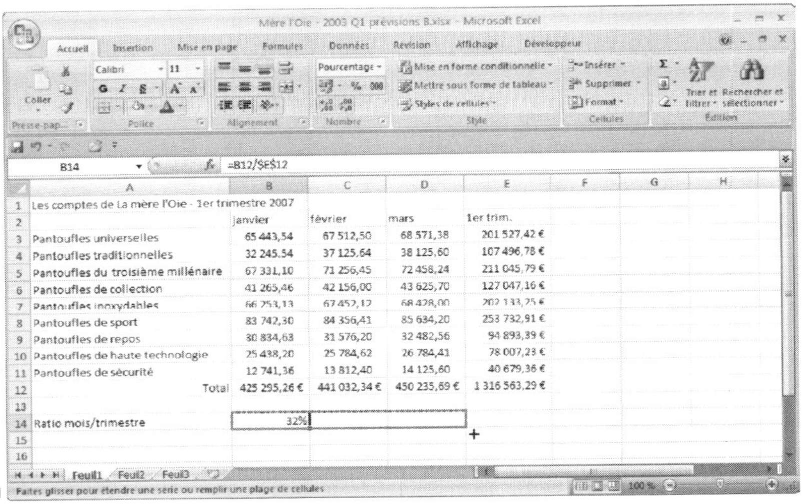

Figure 4.9 : Recopie d'une formule avec une référence de cellule absolue.

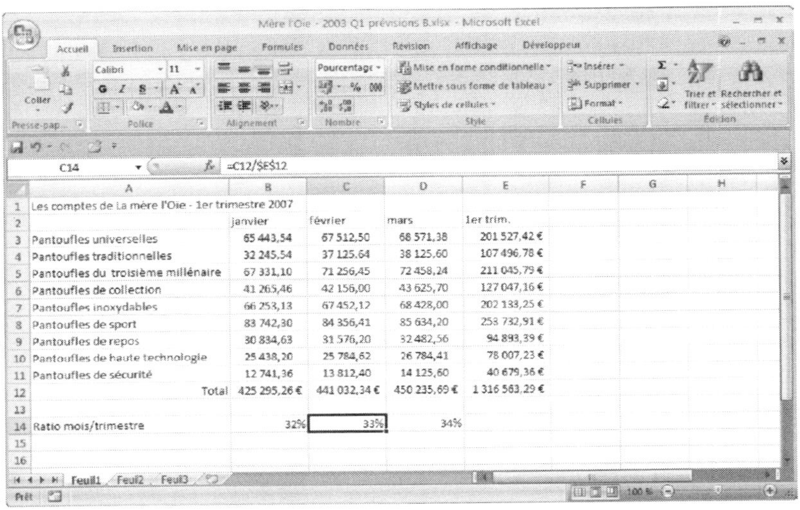

Figure 4.10 : La feuille de calcul après la recopie d'une formule contenant une référence de cellule absolue.

Du fait que E12 a été modifiée en $E$12 dans la formule originale, toutes les recopies conservent cette même référence de cellule, qui est immuable.

N'OUBLIEZ PAS

Si vous avez commis une bourde en recopiant une formule dans laquelle une ou plusieurs références de cellules auraient dû être absolues et non relatives, modifiez la formule d'origine de la manière suivante :

1. **Double-cliquez sur la cellule contenant la formule, puis cliquez dans la barre de formule ou appuyez sur la touche de fonction F2 pour la modifier.**

2. **Placez le point d'insertion dans la référence à convertir en référence absolue.**

3. **Appuyez sur la touche F4.**

4. **Lorsque la modification est terminée, cliquez sur le bouton Entrer, dans la barre de formule, puis recopiez la formule corrigée dans les cellules erronées grâce à la poignée de recopie.**

NOTE TECHNIQUE

N'appuyez sur la touche F4 qu'une seule fois, pour faire d'une référence de cellule une référence absolue, comme nous venons de le décrire. Si vous veniez à appuyer une seconde fois dessus, vous vous retrouveriez avec ce qu'il est convenu d'appeler une *référence mixte*, dans laquelle seule la référence à la ligne serait absolue, la référence à la colonne restant relative, comme par exemple : E$12. Si vous appuyez sur la touche F4, Excel propose un autre type de référence mixte dans laquelle la partie "colonne" est absolue tandis que la partie "ligne" est relative, comme dans $E12. Et si vous appuyez une fois encore sur F4, Excel revient à des références entièrement relatives (E12). Revenu au point de départ, vous pouvez continuer à appuyer sur F4 pour passer de nouveau d'un type de référence à un autre.

Le couper-coller numérique

Au lieu d'utiliser le glisser-déposer ou la recopie automatique, vous pouvez recourir aux bonnes vieilles commandes Couper, Copier et Coller pour déplacer ou recopier des informations dans une feuille de calcul. Ces commandes utilisent le Presse-papiers comme relais pour les informations que vous avez coupées ou collées ; elles y restent en attendant d'être collées quelque part. Ce procédé permet non seulement de déplacer ou copier des données dans n'importe quelle feuille de calcul ouverte dans Excel, mais aussi dans d'autres logiciels tournant sous Windows, comme Word par exemple.

Procédez comme suit pour déplacer une cellule ou une plage avec les commandes Couper et Coller :

1. **Sélectionnez les cellules à déplacer.**

2. **Cliquez sur le bouton Couper (les ciseaux) dans le groupe Presse-papiers de l'onglet Accueil.**

   Vous pouvez aussi utiliser le raccourci clavier Ctrl+X.

   Quel que soit votre choix, Excel entoure la ou les cellules avec un *rectangle de sélection* qui se présente sous la forme d'une ligne dont le pointillé est animé. Le message suivant apparaît dans la Barre d'état :

   ```
   Sélectionnez une destination et appuyez sur ENTRÉE ou cliquez
   sur Coller.
   ```

3. **Déplacez le curseur de cellule ou sélectionnez la cellule en haut à gauche de la nouvelle plage dans laquelle vous désirez déplacer les données.**

4. **Appuyez sur Entrée pour terminer le déplacement.**

   Vous pouvez aussi cliquer sur le bouton Coller dans le groupe Presse-papiers de l'onglet Accueil, ou utiliser le raccourci clavier Ctrl+V.

Ça colle pour vous

L'avantage de la copie des données dans le Presse-papiers avec les commandes Copier et Coller est que les informations ainsi mises de côté peuvent être collées à plusieurs reprises. Assurez-vous simplement, après avoir appuyé sur Entrée pour terminer la première opération de copie, de cliquer sur le bouton Coller dans le groupe Presse-papiers de l'onglet Accueil ou de choisir la commande Coller (dans le menu contextuel), ou d'appuyer sur Ctrl+V.

Quand vous utilisez la commande Coller, Excel copie la sélection dans la plage que vous lui avez indiquée sans supprimer le rectangle de sélection qui court autour de la sélection originale. Il indique ainsi que vous pouvez continuer à choisir d'autres plages de destination, que ce soit dans le même document ou dans un autre.

Après avoir sélectionné la première cellule de l'autre plage dans laquelle vous désirez coller la sélection, choisissez de nouveau la commande Coller. Vous pouvez continuer de la sorte en collant la sélection à volonté. Après avoir effectué la dernière copie, appuyez sur la touche Entrée au lieu de choisir la commande Coller. Si vous avez oublié d'appuyer sur Entrée et choisi Coller, éliminez le rectangle de sélection en appuyant sur la touche Echap.

Les options de collage

Juste après avoir cliqué sur le bouton Coller, dans le groupe Presse-papiers de l'onglet Accueil (ou avoir appuyé sur Ctrl+V), pour coller des données que vous avez copiées – et non coupées – dans le Presse-papiers, Excel affiche à l'extrémité de la plage collée un bouton Options de collage doté de son propre menu déroulant. Les options qui apparaissent en cliquant sur le bouton servent à modifier les opérations de collage de la manière suivante :

- **Utiliser le thème de destination :** Excel met en forme le contenu collé selon le style de cellule des cellules de destination.
- **Respecter la mise en forme de destination :** Excel met les entrées en forme selon le format défini dans la plage de cellules de destination.
- **Conserver la mise en forme source :** Excel copie la mise en forme des cellules d'origine et la colle avec les données dans les cellules de destination.
- **Valeurs uniquement :** Excel ne copie dans la plage de destination que les résultats calculés dans la plage source. Autrement dit, les cellules de destination ne contiendront que des chiffres et des intitulés, et non des formules.
- **Valeurs et formats de nombre :** Excel copie dans la plage de destination les résultats fournis par les formules ainsi que le format de nombre des formules et des valeurs de la plage source. Cela signifie que les intitulés copiés dans la plage source adoptent la mise en forme des cellules de la plage de destination, tandis que les valeurs conservent le format de nombre qui leur avait été appliqué dans la plage source.

- **Valeurs et formats sources :** Excel copie dans la plage de destination les résultats calculés par les formules ainsi que les mises en forme affectées aux intitulés, valeurs et formules définis dans la plage source. Autrement dit, dans la plage de destination, toutes les valeurs et les intitulés apparaissent avec la même mise en forme que dans la plage source, même si les formules originales n'ont pas été conservées et que seuls les résultats qu'elles calculent ont été recopiés.

- **Conserver les largeurs de colonnes sources :** Excel règle les colonnes de la plage de destination à la même largeur que celle des colonnes sources.

- **Format uniquement :** Seule la mise en forme (et non les données) de la plage source est recopiée dans la plage de destination.

- **Lier les cellules :** Excel crée des formules de liaison dans la plage de destination afin que tout changement effectué dans des cellules de la plage source soit aussitôt répercuté dans les cellules correspondantes de la plage de destination.

Coller à partir du volet Presse-papiers Office

Le Presse-papiers d'Office est capable de stocker de nombreux éléments coupés ou copiés provenant de tout programme fonctionnant sous Windows, pas seulement Excel. Cela signifie que vous pouvez continuer à coller des cellules du Presse-papiers vers un classeur, même si vous en avez fini avec un déplacement ou une copie, et ce si vous avez appuyé sur la touche Entrée au lieu d'utiliser la commande Coller.

Pour ouvrir le volet Presse-papiers Office, cliquez sur le bouton lanceur de boîte de dialogue, dans le coin inférieur droit du groupe Presse-papiers de l'onglet Accueil. Le volet Presse-papiers Office apparaît dans la partie gauche de la fenêtre d'Excel, comme le montre la Figure 4.11.

Pour coller un élément du Presse-papiers dans une autre feuille de calcul que celle d'où provenaient les données, cliquez sur l'élément présent dans le volet afin de le coller à l'emplacement du curseur de cellule.

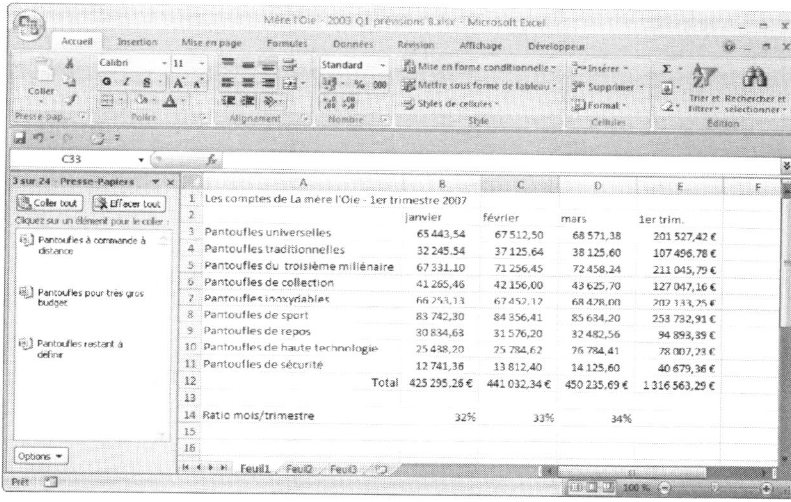

Figure 4.11 : Le volet Presse-papiers Office apparaît dans la partie gauche de la fenêtre d'Excel.

Remarquez qu'il est possible de coller tous les éléments stockés dans le Presse-papiers dans la feuille de calcul courante en cliquant sur le bouton Coller tout, en haut du volet Presse-papiers Office. Pour vider le volet de tous les éléments qui s'y trouvent, cliquez sur le bouton Effacer tout. Pour ne supprimer qu'un élément en particulier du Presse-papiers, placez le pointeur de la souris sur cet élément dans le volet Presse-papiers Office jusqu'à ce qu'un bouton de menu contextuel apparaisse. Cliquez ensuite sur ce bouton et, dans le menu, choisissez l'option Supprimer.

N'OUBLIEZ PAS

Pour faire apparaître automatiquement le volet Presse-papiers Office après avoir utilisé deux fois la commande Couper ou la commande Coller, sélectionnez Afficher le Presse-papiers Office automatiquement dans le menu Options du Presse-papiers. Pour faire apparaître le Presse-papiers Office lorsque vous appuyez deux fois de suite sur Ctrl+C (en pratique, maintenez enfoncée la touche Ctrl tout en appuyant deux fois de suite sur la touche C), sélectionnez dans ce même menu l'option Afficher le Presse-papiers Office lorsque Ctrl+C est utilisé deux fois. Pour fermer le Presse-papiers Office, cliquez sur son bouton de fermeture, dans son coin supérieur droit.

Qu'est-ce qu'il a de spécial, ce coller ?

Normalement, à moins que vous n'alliez farfouiller dans les options de collage décrites précédemment dans ce chapitre, Excel copie toutes les informations dans la plage de cellules sélectionnée, c'est-à-dire les valeurs, textes, formules et mises en forme. Si vous le désirez, utilisez la commande Collage spécial pour spécifier que seules les entrées doivent être copiées (sans mise en forme) ou que seule la mise en forme doit être copiée (sans les entrées).

Pour coller des éléments particuliers d'une sélection de cellules tout en ne tenant pas compte d'autres éléments, cliquez sur le triangle pointant vers le bas qui apparaît dans la partie inférieure du bouton Coller du groupe Presse-papiers de l'onglet Accueil, puis sélectionnez Collage spécial dans le menu qui s'affiche. La boîte de dialogue Collage spécial apparaît, dans laquelle vous pouvez sélectionner ce que vous voulez coller en cliquant sur le bouton radio correspondant :

- **Tout.** Excel choisit cette option pour coller toutes les informations (notamment les formules, mises en forme...) dans la sélection de cellules.
- **Formules.** Tous les textes, nombres et formules de la sélection courante sont collés, mais sans leur mise en forme.
- **Valeurs.** Convertit toutes les formules de la sélection courante aux valeurs qu'elles ont calculées.
- **Formats.** Ne colle que les mises en forme de la sélection de cellules courante, sans se préoccuper des entrées.
- **Commentaires.** Ne colle que les notes que vous avez attachées aux cellules (des sortes de Post-it électroniques que nous étudierons dans le Chapitre 6).
- **Validation.** Ne colle que les règles de validation de données dans la plage de cellules que vous avez configurée avec la commande Validation de données. Cette commande permet de définir une valeur ou une plage de valeurs autorisée pour une cellule ou un ensemble de cellules.
- **Tout, avec le thème source.** Colle tout le contenu de la cellule qui a été copiée, y compris le style de cellule avec lequel celle-ci est mise en forme.
- **Tout sauf la bordure.** Colle toutes les informations de la sélection hormis les éventuelles bordures.
- **Largeurs de colonnes.** Applique la largeur des colonnes des cellules copiées aux cellules de la plage de destination.

- **Formules et formats des nombres.** Reproduit les formats de nombre appliqués aux nombres et aux formules.
- **Valeurs et formats des nombres.** Convertit les formats aux valeurs qu'ils ont produites et recopie les formats de nombre affectés aux valeurs copiées.
- **Aucune.** Normalement, Excel active ce bouton, indiquant qu'aucune opération ne sera appliquée entre les données que vous avez coupées ou copiées dans le Presse-papiers et celles qui seront collées dans la plage de cellules.
- **Addition :** Ajoute les données copiées dans le Presse-papiers aux entrées figurant dans les cellules de destination.
- **Soustraction :** Retranche les données copiées dans le Presse-papiers de celles des cellules de destination.
- **Multiplication :** Multiplie les données copiées dans le Presse-papiers avec les entrées des cellules de destination.
- **Division :** Divise les données copiées dans le Presse-papiers par les entrées des cellules de destination.
- **Blancs non compris :** Cochez cette case afin qu'Excel ne copie aucune cellule vide. De cette manière, une cellule vide ne pourra pas se substituer à une cellule contenant des données.
- **Transposé :** Lorsque cette case est cochée, Excel change l'orientation des cellules collées. Cette option est précieuse lorsque les données d'origine sont par exemple disposées sur une seule ligne, et que vous préférez les disposer sur une colonne.

Enfin, le menu du bouton Coller contient aussi l'option Coller avec liaison, qui était dans la boîte de dialogue Collage spécial dans Excel 2003 mais qui n'y est plus dans Excel 2007. Sélectionnez cette option lorsque vous désirez établir une liaison entre les cellules dans lesquelles vous copiez les données et les données originales. En procédant ainsi, toute modification dans les cellules d'origine met automatiquement les copies collées à jour.

A propos des suppressions

Une étude d'Excel ne saurait être complète sans que vous appreniez comment vous débarrasser des données que contiennent les cellules. Il existe deux sortes de suppression dans une feuille de calcul :

- **Vider une cellule :** La cellule est simplement vidée de son contenu, sans être véritablement supprimée, ce qui peut affecter la mise en place des cellules environnantes.
- **Supprimer une cellule :** La suppression élimine tout ce qui constitue une cellule, y compris son contenu et sa mise en forme. Lorsque vous supprimez une cellule, Excel doit déplacer les cellules environnantes afin de combler le vide provoqué par la disparition.

Vider une cellule

Pour se débarrasser uniquement du contenu d'une sélection de cellules sans supprimer les cellules elles-mêmes, sélectionnez une plage et appuyez sur la touche Suppr.

Si vous voulez être plus précis, cliquez sur le bouton Effacer (il représente une gomme) dans le groupe Édition de l'onglet Accueil, et sélectionnez l'une des commandes suivantes dans le menu qui apparaît :

- **Effacer tout :** Toutes les entrées de la sélection sont supprimées, ainsi que toutes les mises en forme et les commentaires.
- **Effacer les formats :** Seules les mises en forme sont supprimées dans la sélection.
- **Effacer le contenu :** Efface uniquement le contenu de la sélection (texte ou valeur), exactement comme la touche Suppr.
- **Effacer les commentaires :** Seuls les commentaires sont supprimés dans la sélection.

Virez-moi toutes ces cellules

Pour supprimer une sélection de cellules au lieu de seulement les vider de leur contenu, cliquez sur le triangle pointant vers le bas du bouton Supprimer du groupe Cellules de l'onglet Accueil, et sélectionnez Supprimer les cellules dans le menu qui apparaît. La boîte de dialogue Supprimer s'affiche, vous proposant différentes possibilités pour remplacer les cellules que vous allez supprimer :

- **Décaler les cellules vers la gauche :** C'est l'option par défaut. Les cellules situées à droite de celles qui ont été supprimées sont déplacées vers la gauche pour combler le vide produit.
- **Décaler les cellules vers le haut :** Les cellules situées sous celles qui ont été supprimées sont déplacées vers le haut.
- **Ligne entière :** Toutes les lignes de la sélection courante sont supprimées.
- **Colonne entière :** Toutes les colonnes de la sélection courante sont supprimées.

N'OUBLIEZ PAS

Si vous savez que vous voulez déplacer les cellules restantes vers la gauche en supprimant les cellules de la sélection, vous pouvez cliquer simplement sur le bouton Supprimer du groupe Cellules de l'onglet Accueil. Il en résulte exactement le même effet que de sélectionner la première des trois options ci-dessus dans la boîte de dialogue Supprimer.

Si vous savez à l'avance que vous voudrez supprimer des lignes ou des colonnes entières de la feuille de calcul, vous pouvez les sélectionner en cliquant dans les en-têtes, puis en cliquant du bouton droit dans la sélection et en sélectionnant Supprimer dans le menu qui apparaît.

ATTENTION !

Pour supprimer des lignes ou des colonnes entières, il n'est pas nécessaire de sélectionner les lignes ou les colonnes elles-mêmes. Il suffit que des cellules leur appartenant soient sélectionnées. Après avoir sélectionné des cellules appartenant aux colonnes ou aux lignes à supprimer, cliquez sur le triangle pointant vers le bas du bouton Supprimer du groupe Cellules de l'onglet Accueil, et sélectionnez Supprimer des colonnes du tableau ou Supprimer des lignes du tableau dans le menu qui apparaît.

La suppression de lignes ou de colonnes entières est risquée, à moins que vous soyez certain qu'elles ne contiennent pas de valeurs à conserver. Rappelez-vous qu'en supprimant par exemple toute la ligne A, vous supprimez en réalité *toutes les informations de cette ligne dans les colonnes A à XFD*, alors que vous ne voyez que quelques-unes de ces colonnes. De même, si vous supprimez une colonne entière, vous supprimez *toutes les informations de cette colonne contenues dans les lignes 1 à 1 048 576.*

Faire de la place avec la commande Insérer

Pour ces cas inévitables où vous devrez glisser de nouvelles entrées dans une région déjà bien remplie de la feuille de calcul, vous aurez intérêt à insérer les nouvelles cellules plutôt que de vous lancer dans les délicats déplacements et réorganisations de plusieurs plages de cellules. Pour insérer une nouvelle ligne, sélectionnez les cellules – dont beaucoup sont d'ores et déjà occupées – près desquelles les nouvelles cellules doivent être placées, puis cliquez sur le triangle pointant vers le bas dans le bouton Insérer du groupe Cellules de l'onglet Accueil, et sélectionnez Insérer des cellules dans le menu qui apparaît. La boîte de dialogue Insertion de cellules s'affiche, vous proposant les options suivantes :

- **Décaler les cellules vers la droite :** Quand vous cliquez sur le bouton OK ou appuyez sur la touche Entrée, les cellules existantes sont décalées vers la droite afin de libérer de la place pour les cellules qui seront créées.
- **Décaler les cellules vers le bas :** C'est l'option par défaut. Elle demande à Excel de décaler les cellules vers le bas au moment où vous cliquez sur le bouton OK ou appuyez sur la touche Entrée.
- **Ligne entière** et **Colonne entière :** Insertion de lignes ou de colonnes entières. Il est inséré autant de lignes ou de colonnes qu'il y a de lignes ou de colonnes sélectionnées au moment de cliquer sur le bouton OK ou d'appuyer sur la touche Entrée.

Eradiquer les fautes d'orthographe

Si l'orthographe n'est pas votre fort, vous serez sans doute content d'apprendre qu'Excel 2007 est doté d'un correcteur orthographique capable de repérer et d'éliminer ces embarrassantes petites fautes de frappe. Vos titres, en-têtes et textes de tout acabit ne s'en porteront que mieux...

Pour vérifier l'orthographe dans une feuille de calcul, vous pouvez :

- Cliquer sur le bouton Orthographe dans le groupe Vérification de l'onglet Révision.
- Appuyer sur Alt+RS1.
- Appuyer sur F7.

Quelle que soit votre façon de faire, Excel démarre la correction orthographique de toutes les entrées textuelles. Lorsque le logiciel rencontre un mot inconnu, il affiche la boîte de dialogue de la Figure 4.12.

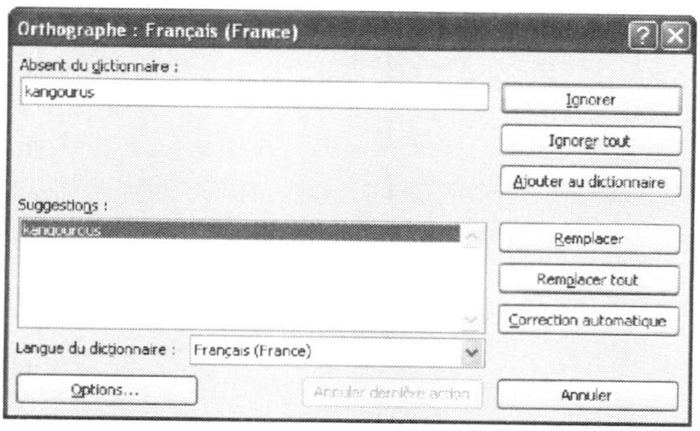

Figure 4.12 : Le correcteur orthographique traque les fautes.

Excel suggère un terme de remplacement chaque fois qu'il s'arrête sur un mot absent de son dictionnaire. Si ce terme ne vous convient pas, vous pouvez en choisir un autre dans la liste Suggestions. Voici les possibilités que vous offre la boîte de dialogue Orthographe :

- **Ignorer** et **Ignorer tout :** Quand Excel rencontre un mot qui lui semble erroné, mais que vous savez correct, cliquez sur le bouton Ignorer. Si vous ne voulez pas que le correcteur vous ennuie avec ce mot chaque fois qu'il le rencontre, cliquez sur le bouton Ignorer tout.
- **Ajouter au dictionnaire :** Cliquez sur ce bouton pour ajouter un mot inconnu d'Excel – comme un nom propre, par exemple, ou un terme très technique – dans un dictionnaire personnel. Par la suite, Excel le reconnaîtra automatiquement.

- **Remplacer :** Cliquez sur ce bouton pour remplacer le mot présent dans la zone de texte Absent du dictionnaire par celui proposé dans la fenêtre Suggestions.
- **Remplacer tout :** Cliquer sur ce bouton entraîne le remplacement de toutes les occurrences de ce mot erroné dans la feuille de calcul.
- **Correction automatique :** Cliquer sur ce bouton autorise Excel à remplacer automatiquement un terme erroné par celui proposé dans la fenêtre Suggestions.
- **Langue du dictionnaire :** Pour activer un autre dictionnaire, comme le dictionnaire d'anglais des Etats-Unis ou l'anglais du Royaume-Uni, déroulez la liste des langues disponibles en cliquant sur le bouton fléché situé à droite de la langue courante, et choisissez-en une.

Remarquez qu'Excel ne se contente pas de repérer les termes qui ne figurent pas dans son dictionnaire intégré ni dans le dictionnaire personnel, mais qu'il détecte aussi les doublons (comme *total total*) ou les majuscules bizarroïdes comme *NEw York* au lieu de *New York*. Par défaut, le correcteur orthographique ignore tous les mots comportant des chiffres ainsi que les adresses Internet. Si vous voulez qu'il ignore aussi tous les mots entièrement en majuscules, cliquez sur le bouton Options en bas de la boîte de dialogue, puis cochez l'option Ignorer les mots en MAJUSCULES et cliquez sur OK.

Chapitre 5

Imprimer le chef-d'œuvre

Dans ce chapitre :

- Prévisualiser les pages avant l'impression.
- Imprimer rapidement à partir de la barre d'outils Accès rapide.
- Imprimer toutes les feuilles de calcul d'un classeur.
- N'imprimer que certaines cellules d'une feuille de calcul.
- Modifier l'orientation des pages.
- Modifier les marges d'un rapport.
- Ajouter un en-tête et un pied de page à un rapport.
- Imprimer les en-têtes de ligne et de colonne sur chacune des pages d'un rapport.
- Imprimer les formules de vos feuilles de calcul.

Pour la plupart des gens, l'impression est la finalité d'une feuille de calcul (on est loin de la notion du "bureau sans papier" que promettait la bureautique). Toutes les saisies, mises en forme, vérifications de formules, bref, toutes les opérations que vous effectuez avec un tableur ne sont que des préparations à l'impression des informations.

Dans ce chapitre, vous découvrirez combien il est facile d'imprimer des rapports avec Excel 2007. Quelques règles simples vous permettront d'obtenir une présentation irréprochable des documents, dès la première fois que vous les envoyez à l'imprimante (et pas la deuxième ou la troisième).

Un coup d'œil à la page en mode Mise en page

Le nouveau mode d'affichage Mise en page d'Excel 2007 vous donne une visibilité immédiate sur la mise en page de votre feuille de calcul. Pour activer ce mode d'affichage, cliquez simplement sur le bouton Mode Mise en page dans la Barre d'état (c'est l'icône du milieu parmi les trois qui se trouvent juste à gauche du zoom). Vous pouvez aussi cliquer sur le bouton Mode Mise en page dans l'onglet Affichage du Ruban. Lorsque vous passez en mode Mise en page, comme le montre la Figure 5.1, Excel affiche une règle horizontale et une règle verticale, respectivement au-dessus et à gauche des lettres de colonne et des numéros de ligne. Dans la zone d'affichage de la feuille de calcul, vous voyez également apparaître les marges de la page, telles qu'elles seront sur le papier, avec les en-têtes et les pieds de page si vous en avez défini, et naturellement les sauts de page. Vous pouvez utiliser le zoom pour voir apparaître plusieurs pages à la fois sur votre écran.

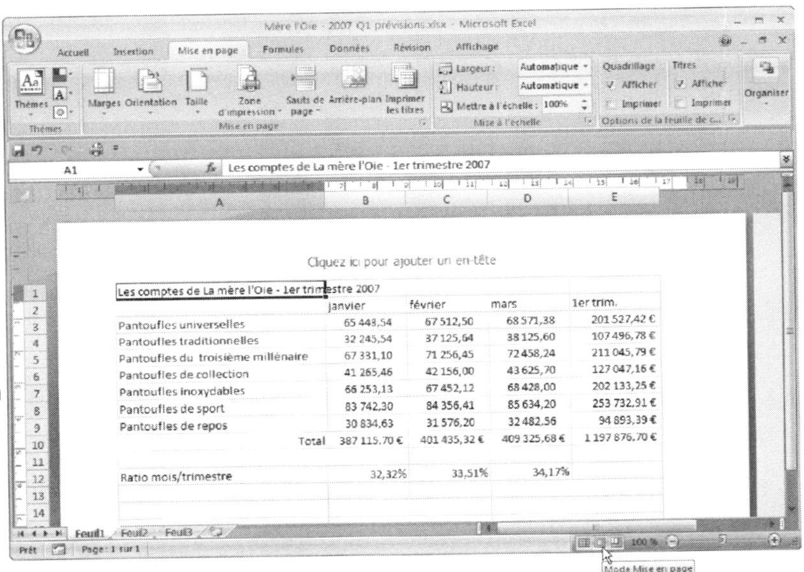

Figure 5.1 : Afficher une feuille de calcul en mode Mise en page.

Pour voir combien de pages sont nécessaires pour imprimer votre feuille de calcul, faites glisser vers la gauche le curseur de zoom dans la Barre d'état jusqu'au moment où toutes les données de la feuille apparaissent à l'écran.

Excel affiche les règles en utilisant l'unité par défaut pour votre système (autrement dit, en centimètres pour une version française). Si vous voulez changer l'unité utilisée par les règles, ouvrez la boîte de dialogue Options Excel sur l'onglet Options avancées (Bouton

Office/Options Excel/Options avancées) et sélectionnez l'unité de votre choix dans la liste déroulante Unités de la règle de la section Afficher.

Vous êtes libre de masquer ou d'afficher les règles dans le mode Mise en page. Pour cela, cliquez sur le bouton Afficher/Masquer dans l'onglet Affichage du Ruban, et cliquez sur la case Règle pour en ôter ou y mettre la coche.

Voir l'Aperçu avant impression

Pour afficher l'Aperçu avant impression, cliquez sur le Bouton Office, placez le pointeur sur le triangle pointant vers la droite qui accompagne l'option Imprimer, et sélectionnez Aperçu avant impression dans le sous-menu qui apparaît. Excel affiche l'Aperçu avant impression dans une fenêtre spéciale, dans laquelle le Ruban ne comporte que l'onglet Aperçu avant impression. Lorsque vous placez le pointeur de la souris sur la page, celui-ci prend la forme d'une loupe, signifiant que l'affichage s'agrandit si vous cliquez (il reprend sa taille initiale si vous cliquez à nouveau). La Figure 5.2 montre la première page d'un rapport de cinq pages dans l'Aperçu avant impression.

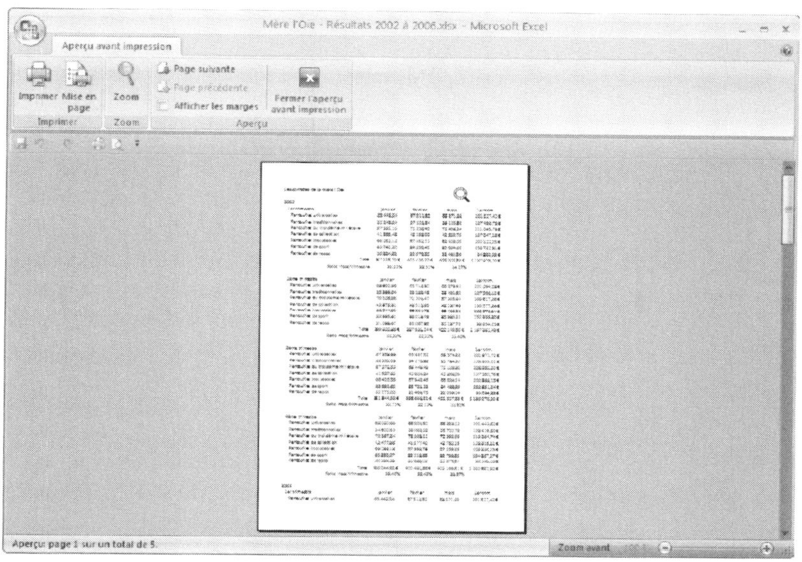

Figure 5.2 : La première page d'un rapport de cinq pages dans l'Aperçu avant impression.

Excel

Quand Excel affiche une page entière dans la fenêtre de l'Aperçu avant impression, le contenu en est à peine lisible parce qu'il est trop petit. Pour l'agrandir, cliquez simplement avec le pointeur en forme de loupe quand il est placé sur la page (le curseur de zoom dans la Barre d'état est inactif en mode Aperçu avant impression). La Figure 5.3 montre la même page que la Figure 5.2 dans l'Aperçu avant impression, simplement après avoir cliqué avec la loupe.

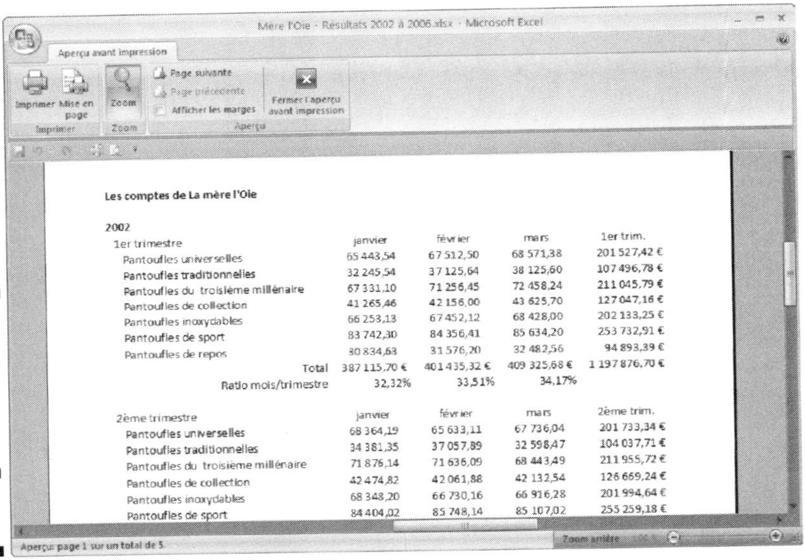

Figure 5.3 : La même page que la figure précédente, après avoir cliqué avec la loupe pour l'agrandir.

Comme une page agrandie de cette façon dans l'Aperçu avant impression ne tient pas tout entière sur l'écran (à moins que vous ayez un très grand écran), utilisez les barres de défilement horizontal et vertical pour faire apparaître la zone de la page que vous voulez voir. L'affichage initial de l'Aperçu avant impression (Figure 5.2) est fait pour vous montrer l'ensemble de la page. Vous pouvez aussi utiliser les touches de curseur pour faire défiler le contenu de la page.

ATTENTION !

Pour revenir à l'affichage initial (celui de la page entière), cliquez à nouveau dans la page avec la loupe. Remarquez que le bouton Zoom dans l'unique onglet Aperçu avant impression du Ruban produit exactement le même effet que de cliquer dans la page avec la loupe.

Dans l'Aperçu avant impression, Excel affiche à l'extrémité gauche de la Barre d'état le nombre de pages que comporte le rapport. Si votre rapport comporte plusieurs pages, cliquez sur les boutons

Page suivante et Page précédente dans l'onglet Aperçu avant impression pour passer d'une page à l'autre. Attention ! L'Aperçu avant impression n'affiche qu'une page à la fois, et la barre de défilement vertical ne permet de faire défiler que le contenu de cette page, tout comme les boutons PgSuiv et PgPréc de votre clavier. Pour afficher la page suivante ou la page précédente, vous devez cliquer sur les boutons Page suivante et Page précédente dans l'onglet Aperçu avant impression.

Une fois que vous avez vu tout ce que vous aviez besoin de voir, l'onglet Aperçu avant impression met à votre disposition les boutons et cases suivants :

- **Imprimer**, dans le groupe Imprimer de l'onglet, affiche la boîte de dialogue Imprimer pour imprimer le document, tout en revenant à l'affichage antérieur de la feuille de calcul (voyez la section "Imprimer la feuille de calcul", plus loin dans ce chapitre).
- **Mise en page**, dans le groupe Imprimer de l'onglet, ouvre la boîte de dialogue Mise en page, dans laquelle vous pouvez modifier les paramètres de pagination en spécifiant la taille de papier, l'ordre des pages, l'orientation, les marges, l'en-tête et le pied de page (le texte qui se répète en haut ou en bas de chaque page). Pour en savoir plus sur les paramètres que vous permet de spécifier cette boîte de dialogue, reportez-vous à la section "Mettons en page la feuille de calcul", plus loin dans ce chapitre.
- **La case Afficher les marges**, dans le groupe Aperçu de l'onglet, affiche non seulement les repères des marges, mais aussi les repères de l'en-tête et du pied de page, ainsi que ceux des colonnes, qu'il vous suffit de faire glisser si vous voulez les modifier (voyez la section "Soigner les marges", plus loin dans ce chapitre).
- **Fermer l'Aperçu avant impression**, dans le groupe Aperçu de l'onglet, ferme l'Aperçu avant impression en vous faisant revenir à l'affichage antérieur de la feuille de calcul.

Imprimer la feuille de calcul

Aussi longtemps que vous allez utiliser les paramètres d'impression par défaut d'Excel pour imprimer votre feuille de calcul, l'impression dans Excel 2007 sera pour vous un jeu d'enfant. Pour commencer, ajoutez le bouton Impression rapide dans la barre d'outils Accès rapide : Cliquez sur le triangle pointant vers le bas à l'extrémité droite de celle-ci, et sélectionnez Impression rapide dans le menu qui apparaît.

Une fois que le bouton Impression rapide apparaît dans la barre d'outils Accès rapide, vous pouvez cliquer dessus pour imprimer directement la feuille de calcul affichée, y compris les images et les graphiques (mais sans les commentaires que vous avez pu ajouter aux cellules), sans passer par la boîte de dialogue Imprimer. Pour en savoir plus sur les commentaires dans les cellules, reportez-vous au Chapitre 6. Pour en savoir plus sur les images et les graphiques, reportez-vous au Chapitre 8.

Au cas où vous voudriez annuler l'impression, la boîte de dialogue Impression contient un bouton Annuler. Si vous êtes Lucky Luke, cliquez sur ce bouton. Dans le cas contraire, vous devez faire comme tout le monde, c'est-à-dire ouvrir la boîte de dialogue de l'imprimante pour y annuler la tâche d'impression :

1. **Cliquez du bouton droit sur l'icône d'imprimante qui apparaît dans la Zone de notification de la Barre des tâches de Windows (juste à gauche de l'affichage de l'heure) lorsqu'une tâche d'impression se trouve dans la file d'attente, et sélectionnez le nom de l'imprimante utilisée pour l'impression de votre document dans le menu qui apparaît.**

   La boîte de dialogue des tâches d'impression en cours pour cette imprimante apparaît. Cette boîte de dialogue dépend de l'imprimante, mais en général vous y voyez la liste des tâches d'impression en cours (reconnaissables au nom du fichier correspondant) sur cette imprimante, avec une indication de l'état d'avancement pour chacune d'elles.

2. **Cliquez du bouton droit sur la tâche que vous voulez annuler, et sélectionnez Annuler (ou équivalent) dans le menu qui apparaît.**

   Selon les particularités de la boîte de dialogue de votre imprimante, vous pouvez aussi sélectionner la tâche d'impression dans la liste et sélectionner Annuler dans un menu ou en cliquant sur un bouton.

3. **Attendez que la tâche d'impression disparaisse de la liste, puis cliquez sur le bouton de fermeture de la boîte de dialogue et revenez à Excel.**

Imprimer la feuille de calcul à partir de la boîte de dialogue Imprimer

L'impression immédiate avec le bouton Impression rapide de la barre d'outils Accès rapide convient très bien tant que vous n'avez besoin que d'un exemplaire de votre document et que tous les autres paramètres d'impression par défaut vous conviennent. Si vous avez besoin de plusieurs exemplaires ou d'imprimer autre chose que toute la feuille de calcul affichée (par exemple, toutes les feuilles de calcul du classeur ou simplement les cellules sélectionnées), alors vous devez ouvrir la boîte de dialogue Imprimer, montrée par la Figure 5.4, pour y spécifier les paramètres correspondants.

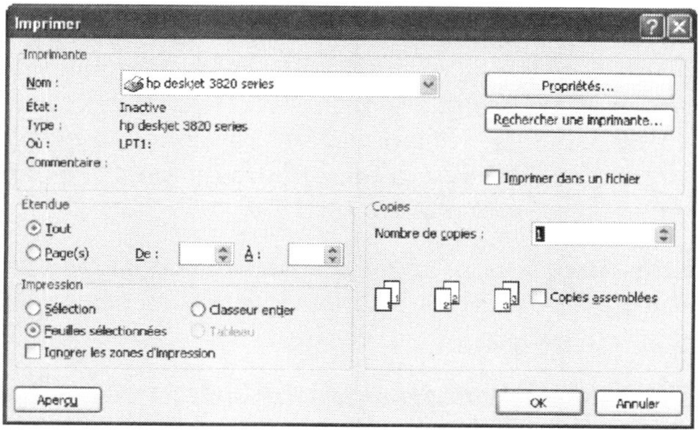

Figure 5.4 : La boîte de dialogue Imprimer vous permet de spécifier vos options d'impression.

Vous disposez de plusieurs manières d'ouvrir la boîte de dialogue Imprimer :

- Appuyer sur Ctrl+P.
- Cliquer sur Bouton Office/Imprimer.
- Appuyer sur Alt+FP, puis sur la touche Entrée.
- Appuyer sur Ctrl+Maj+F12.

Imprimer seulement certaines parties du classeur

La boîte de dialogue Imprimer comporte entre autres les sections Étendue et Impression, qui vous permettent de spécifier ce que vous voulez imprimer du classeur, et la section Copies, dans laquelle vous pouvez spécifier le nombre d'exemplaires que vous voulez imprimer. Voici ce que contiennent ces sections, et comment les utiliser :

- **Tout :** Lorsque ce bouton (dans la section Étendue) est sélectionné, toutes les pages du document sont imprimées. Cette option est sélectionnée par défaut.
- **Page(s) :** Normalement, Excel imprime toutes les pages contenant des informations dans le classeur que vous imprimez. Toutefois, vous aurez parfois besoin d'imprimer uniquement une page ou quelques pages dans lesquelles vous avez fait des modifications. Pour imprimer seulement une page, entrez son numéro dans les champs De et À (vous pouvez aussi utiliser les boutons de ces champs). Pour imprimer une étendue de pages, entrez le numéro de la première dans le champ De et le numéro de la dernière dans le champ À. Excel désélectionne automatiquement l'option Tout et sélectionne l'option Page(s) aussitôt que vous entrez une valeur dans l'un ou l'autre de ces champs.
- **Sélection :** Sélectionnez cette option (dans la section Impression) pour qu'Excel n'imprime que les cellules sélectionnées dans le classeur.
- **Feuilles sélectionnées :** C'est l'option par défaut dans la section Impression. Excel imprime les feuilles de calcul sélectionnées dans le classeur. Normalement, c'est uniquement la feuille affichée. Pour imprimer plusieurs feuilles du classeur en utilisant cette option, c'est-à-dire pour sélectionner plusieurs feuilles du classeur, maintenez enfoncée la touche Ctrl tout en cliquant sur l'onglet de chacune d'elles. Pour sélectionner plusieurs feuilles consécutives, cliquez sur l'onglet de la première, puis maintenez enfoncée la touche Maj en cliquant sur l'onglet de la dernière.
- **Classeur entier :** Avec cette option, Excel imprime tout simplement toutes les pages contenant des données dans toutes les feuilles du classeur.

- **Tableau :** Sélectionnez cette option si vous voulez qu'Excel imprime uniquement les données mises en forme en tant que tableau (reportez-vous au Chapitre 3 pour en savoir plus à ce sujet). Notez que ce bouton est estompé (non disponible) si votre feuille de calcul ne contient aucun tableau.
- **Ignorer les zones d'impression :** Cochez cette case si vous voulez que les autres options de la section Impression (Sélection, Feuilles sélectionnées et Classeur entier) soient prises en compte pour l'impression, quelles que soient les zones d'impression que vous avez pu définir (pour en savoir plus au sujet des zones d'impression, reportez-vous à la section "Définir et annuler une zone d'impression", plus loin dans ce chapitre).
- **Nombre de copies :** Pour imprimer plusieurs exemplaires de votre rapport, entrez le nombre d'exemplaires voulus dans le champ Nombre de copies dans la section Copies de la boîte de dialogue Imprimer (vous pouvez aussi utiliser les boutons qui sont dans ce champ pour y faire apparaître le nombre voulu).
- **Copies assemblées :** Cochez cette case si vous voulez que les exemplaires de votre rapport soient triés à l'impression (ce que montre l'illustration schématique à gauche de cette case selon qu'elle est ou non cochée). Lorsque cette case n'est pas cochée, vous aurez le nombre de fois spécifié la page 1, puis le même nombre de fois la page 2, et ainsi de suite.

Une fois que vous avez spécifié toutes vos options d'impression, vous pouvez cliquer sur OK (ou appuyer sur Entrée) pour lancer l'impression. Si vous avez plusieurs imprimantes accessibles depuis votre ordinateur (directement connectées à celui-ci ou accessibles par le réseau) et que vous voulez changer l'imprimante qui apparaît par défaut dans la liste déroulante de la section Imprimante de la boîte de dialogue Imprimer, cliquez sur cette liste déroulante pour l'afficher, et sélectionnez dans celle-ci l'imprimante voulue (avant de cliquer sur OK ou d'appuyer sur Entrée).

Définir et annuler une zone d'impression

Excel dispose d'une fonction appelée *zone d'impression*. Pour définir en tant que zone d'impression une étendue de cellules préalablement sélectionnées dans une feuille de calcul, cliquez sur Zone d'impression/Définir dans le groupe Mise en page de l'onglet Mise en page. Une fois définie une zone d'impression, celle-ci sera la seule à être imprimée chaque fois que vous lancerez l'impression de la feuille de calcul dans laquelle elle se trouve, à moins que vous ayez sélectionné l'option Sélection dans la section Impression de la boîte de dialogue Imprimer (seules les cellules sélectionnées seront alors imprimées) ou que vous ayez coché la case Ignorer les zones d'impression dans la boîte de dialogue Imprimer après avoir sélectionné l'option Feuilles sélectionnées ou l'option Classeur entier dans la section Impression de la boîte de dialogue Imprimer (c'est alors tout le contenu des feuilles sélectionnées ou tout le contenu du classeur qui sera imprimé).

ATTENTION !

Lorsque vous définissez une zone d'impression, vous devez garder à l'esprit que c'est la seule chose qui sera imprimée, quelles que soient les options que vous aurez sélectionnées dans la boîte de dialogue Imprimer (à moins que vous n'ayez coché la case Ignorer les zones d'impression dans celle-ci), aussi longtemps que vous n'aurez pas annulé cette zone d'impression.

Mettons en page la feuille de calcul

La seule chose un peu compliquée dans l'impression d'une feuille de calcul est la détermination de la disposition des pages. Heureusement, les boutons de commande du groupe Mise en page de l'onglet Mise en page du Ruban vous offrent un contrôle presque total de la disposition de vos pages.

Les trois groupes de boutons de l'onglet Mise en page vous permettent de définir la disposition de vos pages exactement comme vous le voulez : le groupe Mise en page, le groupe Mise à l'échelle et le groupe Options de la feuille de calcul, que nous allons décrire dans les sections qui suivent.

N'OUBLIEZ PAS

Pour visualiser l'effet des modifications que vous apportez aux paramètres de mise en page, cliquez sur le bouton Mise en page de la Barre d'état pour afficher la feuille de calcul en mode Mise en page. Vous pourrez ainsi vous rendre compte immédiatement de l'effet produit par votre utilisation des boutons de l'onglet Mise en page.

Utiliser les boutons du groupe Mise en page

Le groupe Mise en page de l'onglet Mise en page contient des boutons importants :

- **Marges :** Ce bouton permet de sélectionner l'une des trois configurations de marges prédéfinies, ainsi que d'ouvrir la boîte de dialogue Mise en page avec l'onglet Marges au premier plan pour définir des marges personnalisées. Pour en savoir plus sur les marges, reportez-vous à la section "Soigner les marges", plus loin dans ce chapitre.
- **Orientation :** Ce bouton permet de basculer entre le mode Portrait et le mode Paysage pour définir les pages de documents dans la feuille de calcul (voyez à ce sujet la section "Portrait ou paysage ?", plus loin dans ce chapitre).
- **Taille :** Ce bouton permet de sélectionner l'une des tailles de papier prédéfinies, ainsi que de faire apparaître la boîte de dialogue Mise en page avec l'onglet Pages au premier plan pour spécifier une taille de papier personnalisée et d'autres paramètres de page.
- **Zone d'impression :** Ce bouton permet de définir et d'annuler une zone d'impression (voyez à ce sujet la section "Définir et annuler une zone d'impression", plus haut dans ce chapitre).
- **Sauts de page :** Ce bouton permet d'insérer ou de supprimer des sauts de page (pour en savoir plus sur les sauts de page, reportez-vous à la section "Résoudre les problèmes de sauts de page", plus loin dans ce chapitre).
- **Arrière-plan :** Ce bouton ouvre la boîte de dialogue Feuille d'arrière-plan, dans laquelle vous pouvez sélectionner le fichier graphique d'une image ou d'une photo qui sera utilisée comme arrière-plan pour toutes les feuilles de calcul du classeur (notez que ce bouton devient Supprimer l'arrière-plan lorsqu'une image d'arrière-plan a déjà été sélectionnée).
- **Imprimer les titres :** Ce bouton ouvre la boîte de dialogue Mise en page avec l'onglet Feuille au premier plan, dans lequel vous pouvez définir des lignes de la feuille de calcul comme devant être imprimées en haut de chaque page, et des colonnes comme devant être imprimées à gauche de chaque page, en tant que titres pour le rapport. Pour en savoir plus à ce

sujet, reportez-vous à la section "Définir les titres à imprimer", plus loin dans ce chapitre.

Soigner les marges

Lorsque vous créez un nouveau classeur, Excel lui applique les paramètres de marge par défaut, c'est-à-dire les marges Normales dans le menu affiché par le bouton Marges de l'onglet Mise en page (Haut et Bas : 1,91 cm ; Gauche et Droite : 1,78 cm ; En tête et Pied de page : à 0,76 cm du bord de la page).

En dehors des paramètres de marges Normales, Excel vous permet de sélectionner directement deux autres configurations de marges standard à partir du menu du bouton Marges de l'onglet Mise en page :

- **Larges** (Haut et Bas : 2,54 cm ; Gauche et Droite : 2,54 cm ; En tête et Pied de page : à 1,27 cm du bord de la page).
- **Étroites** (Haut et Bas : 1,91 cm ; Gauche et Droite : 0,64 cm ; En tête et Pied de page : à 0,76 cm du bord de la page).

Il vous arrivera souvent d'avoir un rapport qui occupe juste un peu plus que la surface d'une page à l'impression, de telle sorte qu'une ou deux colonnes ou un petit nombre de lignes se retrouvent sur une autre page. Avec un peu de chance, il vous suffira de sélectionner les marges standard Étroites pour que l'ensemble tienne sur une seule page.

Si ça ne suffit pas, vous pouvez essayer de définir des marges personnalisées, que ce soit dans l'onglet Marges de la boîte de dialogue Mise en page ou en faisant glisser avec la souris les repères des marges dans l'affichage Aperçu avant impression. Pour faire tenir plus de colonnes sur une page, réduisez les marges droite et gauche. Pour faire tenir plus de lignes, réduisez les marges du haut et du bas.

Pour ouvrir la boîte de dialogue Mise en page avec l'onglet Marges au premier plan (Figure 5.5), cliquez sur Marges personnalisées tout en bas du menu du bouton Marges de l'onglet Mise en page, et entrez les paramètres voulus dans les champs correspondants (vous pouvez aussi utiliser les boutons qui se trouvent dans ces champs pour augmenter ou réduire la valeur).

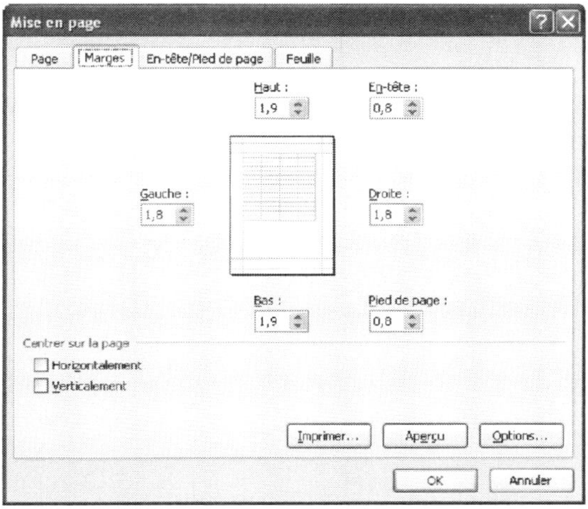

Figure 5.5 : Utilisez l'onglet Marges de la boîte de dialogue Mise en page pour définir des marges personnalisées.

N'OUBLIEZ PAS

Si vous voulez que les données de la page soient automatiquement centrées sur la page à l'impression, cochez la case Horizontalement, ou la case Verticalement, dans la section Centrer sur la page de cet onglet, ou les deux. Les données seront alors centrées à l'impression entre les marges spécifiées.

Lorsque vous cochez la case Afficher les marges dans l'onglet Aperçu avant impression de l'affichage Aperçu avant impression pour pouvoir ajuster manuellement les marges, les repères des colonnes apparaissent également, ce qui vous permet d'ajuster également la largeur des colonnes (ce que montre la Figure 5.6). Pour modifier une marge, placez le pointeur de la souris sur le repère correspondant (le pointeur prend la forme d'une flèche à double pointe), et faites-le glisser dans la direction voulue. Lorsque vous relâchez le bouton de la souris, Excel affiche la page avec la nouvelle marge que vous venez de définir. Selon que vous réduisez ou que vous augmentez une marge, la page peut gagner ou perdre des lignes ou des colonnes. Utilisez la même méthode pour ajuster la largeur des colonnes : faites glisser les repères correspondants.

Portrait ou paysage ?

Le menu du bouton Orientation du groupe Mise en page de l'onglet Mise en page contient les deux options suivantes :

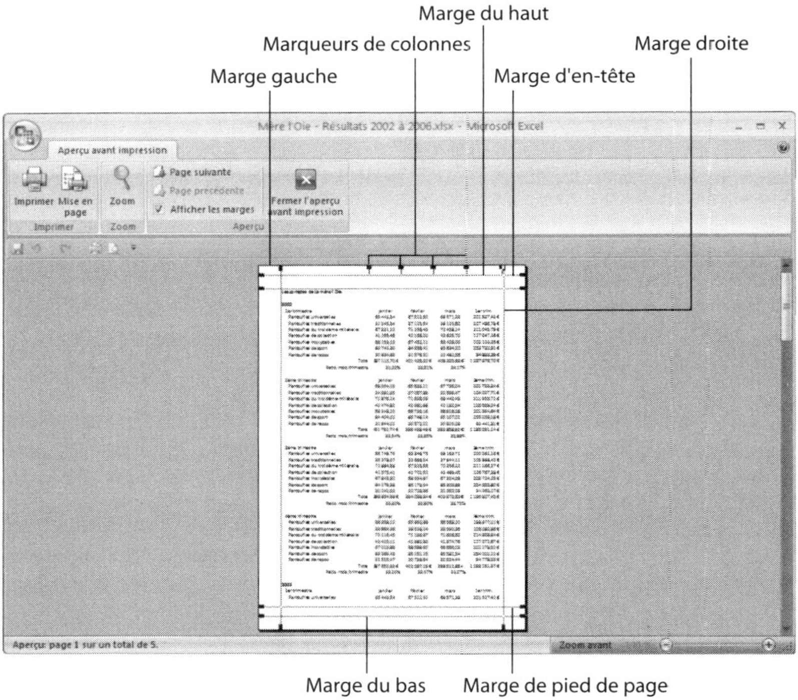

Figure 5.6 : Après avoir coché la case Afficher les marges, faites glisser les repères pour ajuster les marges.

- **Portrait :** C'est l'option par défaut, qui correspond à l'usage habituel d'une feuille de papier. La page est plus haute que large.

- **Paysage :** C'est l'inverse, quand on fait tourner la page de 90 degrés. La page est plus large que haute.

Comme il est courant qu'un tableau soit assez large et comme les tableaux sont l'usage principal des feuilles de calcul, l'orientation Paysage, qui permet de faire tenir un plus grand nombre de colonnes sur la feuille, vous sera souvent plus pratique que l'orientation Portrait pour imprimer vos feuilles de calcul.

Dans la Figure 5.7, vous pouvez voir la première page d'un rapport en mode Paysage affichée dans le mode Mise en page. Pour ce rapport, Excel peut faire tenir quatre colonnes de plus sur la page en mode Paysage qu'en mode Portrait. Mais comme il y a corrélativement moins de lignes sur une page, celles-ci s'étendent sur un plus grand nombre de pages qu'en mode Portrait.

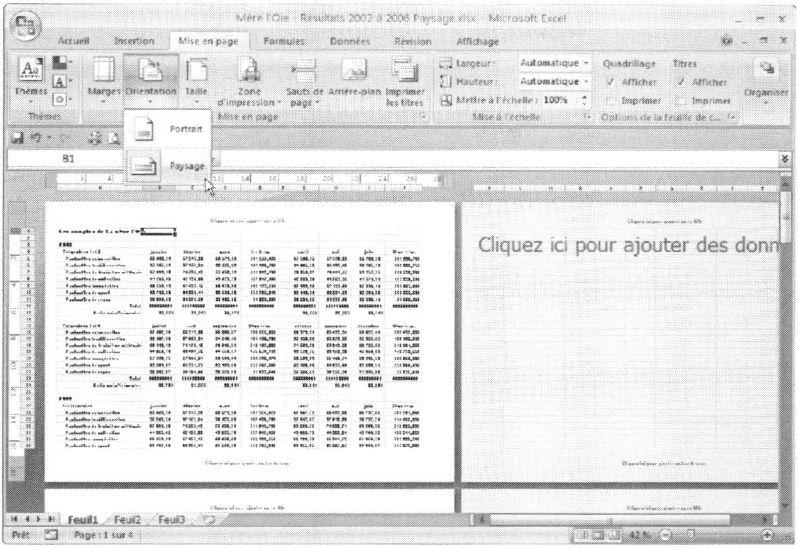

Figure 5.7 : Un rapport en mode Paysage affiché dans le mode Mise en page.

Définir les titres à imprimer

La fonction Imprimer les titres d'Excel vous permet de répéter sur chaque page d'un rapport l'impression de certaines lignes et/ou de certaines colonnes, ce qui est particulièrement utile pour les lignes et colonnes d'en-tête d'un tableau qui s'étend sur plusieurs pages.

ATTENTION !

Ne confondez pas les titres à imprimer avec l'en-tête et le pied de page d'un rapport (voyez à ce sujet la section "De l'en-tête au pied de page", plus loin dans ce chapitre). Bien que les uns comme les autres soient imprimés sur toutes les pages, l'en-tête et le pied de page sont imprimés respectivement dans la marge supérieure et la marge inférieure de la page, alors que les titres à imprimer le sont dans le corps du rapport.

Pour définir des lignes et des colonnes comme titres à imprimer pour un rapport, suivez ces étapes :

1. **Dans l'onglet Mise en page du Ruban, cliquez sur le bouton Imprimer les titres.**

   La boîte de dialogue Mise en page apparaît, avec l'onglet Feuille au premier plan (Figure 5.8).

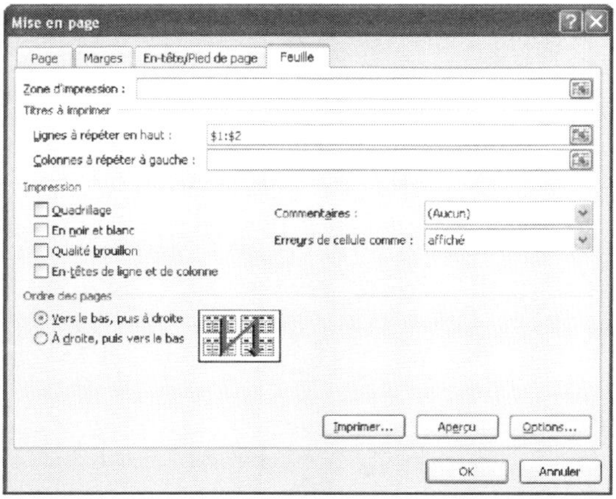

Figure 5.8 : Spécifiez dans l'onglet Feuille de la boîte de dialogue Mise en page les lignes et les colonnes à utiliser comme titres à imprimer.

Pour définir des lignes comme titres à imprimer, allez à l'Étape 2a. Pour définir des colonnes comme titres à imprimer, allez à l'Étape 2b.

2a. Cliquez sur le bouton qui se trouve à l'extrémité droite du champ Lignes à répéter en haut pour minimiser la boîte de dialogue Mise en page, sélectionnez avec la souris dans la feuille de calcul les lignes que vous voulez voir se répéter en haut de chaque page dans le rapport imprimé, puis cliquez à nouveau sur le bouton du champ Lignes à répéter en haut pour rétablir la boîte de dialogue Mise en page.

Dans l'exemple de la Figure 5.8, j'ai cliqué sur le bouton de minimisation du champ Lignes à répéter en haut pour minimiser la boîte de dialogue Mise en page, et j'ai sélectionné les lignes 1 et 2 dans la feuille de calcul. Excel a donc affiché l'indication $1:$2 dans le champ Lignes à répéter en haut.

Remarquez qu'Excel met en évidence les lignes des titres à répéter en haut en plaçant un trait en pointillé animé entre ces titres et les autres informations du rapport.

2b. Cliquez sur le bouton qui se trouve à l'extrémité droite du champ Colonnes à répéter à gauche pour minimiser la boîte de dialogue Mise en page, sélectionnez avec la souris dans la feuille de calcul les colonnes que vous voulez voir se répéter à gauche de chaque page dans le rapport imprimé, puis cliquez à nouveau sur le bouton du champ Colonnes à

répéter à gauche pour rétablir la boîte de dialogue Mise en page.

Remarquez qu'Excel met en évidence les colonnes des titres à répéter à gauche en plaçant un trait en pointillé animé entre ces titres et les autres informations du rapport.

3. **Cliquez sur OK ou appuyez sur Entrée pour fermer la boîte de dialogue Mise en page.**

   Les traits en pointillé indiquant les limites des lignes et des colonnes à répéter disparaissent de la feuille de calcul.

Dans la Figure 5.8, les lignes 1 et 2 contiennent le titre de la feuille et les en-têtes de colonnes du rapport. Dans la Figure 5.9, la deuxième page de ce rapport est affichée dans le mode Mise en page. Les deux premières lignes que vous voyez sur cette page sont en fait les lignes 1 et 2 de la feuille (si vous en doutez, regardez les numéros des lignes).

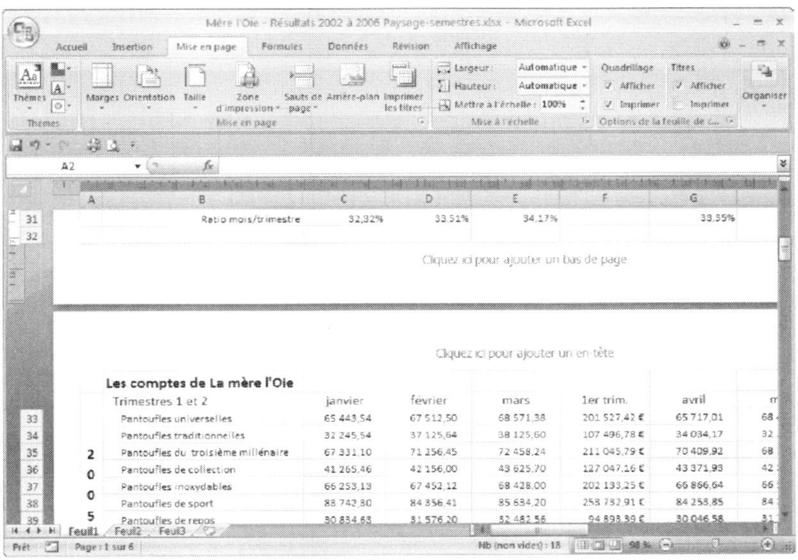

Figure 5.9 : La deuxième page d'un rapport dans l'Aperçu avant impression, avec deux lignes de titres à imprimer.

Pour désactiver les titres à imprimer d'un rapport lorsque vous n'en avez plus besoin, ouvrez la boîte de dialogue Mise en page avec l'onglet Feuille au premier plan, supprimez le contenu des champs Lignes à répéter en haut et Colonnes à répéter à gauche, puis cliquez sur OK ou appuyez sur Entrée.

Utiliser les boutons du groupe Mise à l'échelle

Si votre imprimante vous offre des options de mise à l'échelle, vous allez pouvoir en découvrir la commodité. En effet, vous pouvez toujours faire tenir une feuille de calcul sur une seule page en sélectionnant 1 page dans les listes déroulantes Largeur et Hauteur du groupe Mise à l'échelle de l'onglet Mise en page. Lorsque ces options sont sélectionnées, Excel ajuste automatiquement l'échelle de la zone à imprimer pour que l'ensemble tienne sur une page à l'impression.

Après avoir sélectionné ces options, si vous vous apercevez en affichant l'Aperçu avant impression que le résultat est trop petit pour être lisible, cliquez sur le bouton Mise en page dans l'onglet Aperçu avant impression pour faire apparaître la boîte de dialogue Mise en page avec l'onglet Page au premier plan, dans lequel l'option Ajuster vous permet de modifier le nombre de pages en largeur et en hauteur auquel Excel doit ajuster la taille de votre document à l'impression. Utilisez pour cela les deux champs de l'option Ajuster.

Plutôt que d'essayer de tout faire tenir sur une page, voyez comment se présente votre feuille de calcul si vous la faites tenir sur deux pages en largeur. Essayez ceci : sélectionnez 2 pages dans la liste déroulante du bouton Largeur du groupe Mise à l'échelle de l'onglet Mise en page, et conservez 1 page dans la liste déroulante du bouton Hauteur. Vous pouvez aussi faire l'inverse en voyant comment se présente votre feuille de calcul si vous la faites tenir sur deux pages en hauteur : sélectionnez 2 pages dans la liste déroulante du bouton Hauteur, et conservez 1 page dans la liste déroulante du bouton Largeur.

Après avoir essayé les options d'ajustement en largeur et en hauteur, vous conclurez peut-être que vous ne voulez pas de mise à l'échelle pour l'impression. Pour l'annuler, sélectionnez simplement Automatique dans les deux listes déroulantes Largeur et Hauteur du groupe Mise à l'échelle de l'onglet Mise en page. Vous voyez alors que le champ du bouton Mettre à l'échelle (juste au-dessous des deux précédents) est à nouveau disponible et affiche 100 %.

Les cases Imprimer dans le groupe Options de la feuille de calcul

Le groupe Options de la feuille de calcul contient deux cases très utiles, toutes deux nommées Imprimer (aucune des deux n'étant cochée par défaut) : la première dans la colonne Quadrillage, la seconde dans la colonne Titres.

- Pour imprimer votre rapport avec le quadrillage des lignes et des colonnes, cochez la case Imprimer dans la colonne Quadrillage.
- Pour imprimer votre rapport avec les numéros de lignes et les lettres de colonnes sur toutes ses pages, cochez la case Imprimer dans la colonne Titres.

N'OUBLIEZ PAS

Si vous voulez que votre rapport imprimé soit aussi proche que possible de la manière dont il se présente à l'écran, cochez ces deux cases. Ces options sont particulièrement utiles lorsque vous avez besoin d'identifier les références des cellules sur la version imprimée (par exemple, pour les mettre à jour plus facilement dans la feuille).

De l'en-tête au pied de page

C'est dans le mode d'affichage Mise en page que vous pouvez ajouter un en-tête et un pied de page. Pour passer en mode Mise en page, cliquez simplement sur le bouton Mode Mise en page dans la Barre d'état, ou cliquez sur le bouton Mode Mise en page dans l'onglet Affichage du Ruban.

Lorsque la feuille de calcul est affichée en mode Mise en page, placez le pointeur de la souris dans la zone de la marge supérieure où vous voyez la mention Cliquez ici pour ajouter un en-tête, ou dans la zone de la marge inférieure où vous voyez la mention Cliquez ici pour ajouter un bas de page (curieusement, c'est la mention "bas de page" qui apparaît au lieu de "pied de page", en tout cas dans la version bêta d'Excel 2007 utilisée pour réaliser ce livre).

ATTENTION !

Pour créer un en-tête ou un pied de page centré entre les marges droite et gauche de la page, cliquez dans la partie centrale de la zone d'en-tête ou de pied de page (elle apparaît en grisé lorsque vous placez le pointeur dessus). Le curseur d'insertion apparaît alors au centre de cette zone. Pour créer un en-tête ou un pied de page aligné à gauche ou à droite par rapport aux marges latérales de la page, cliquez dans le rectangle de droite ou de gauche qui s'affiche dans cette zone lorsque vous placez le pointeur dessus. Le curseur d'insertion apparaît alors à l'extrémité droite ou à l'extrémité gauche de la zone correspondante. Notez que vous pouvez utiliser ces trois zones à la fois pour l'en-tête comme pour le pied de page, et faire ainsi apparaître un élément d'information aligné à gauche, un deuxième centré et un troisième aligné à droite, si vous le souhaitez.

Une fois que vous avez placé le curseur d'insertion au centre, à gauche ou à droite de la zone d'en-tête ou de pied de page, Excel ajoute à l'extrémité du Ruban un onglet Création, surmonté de la mention Outils des en-têtes et pieds de page. Cet onglet comporte les groupes En-tête et pied de page, Éléments en-tête et pied de page, Navigation et Options.

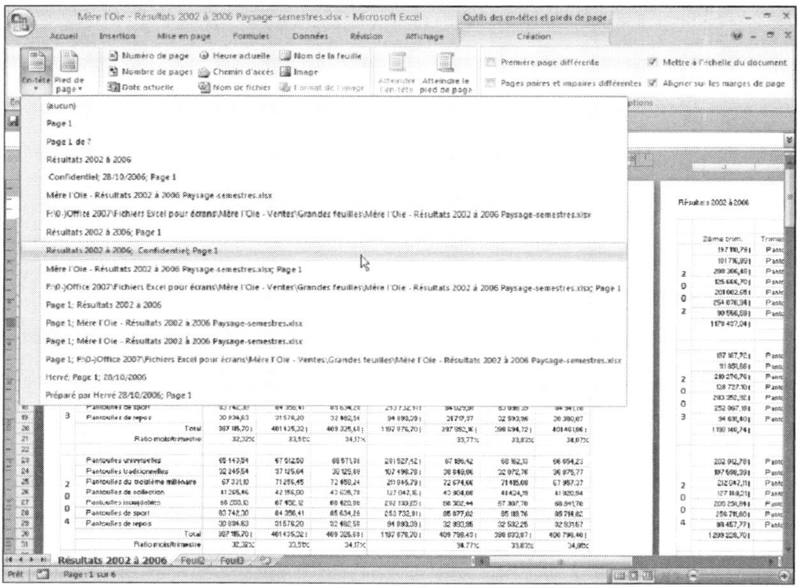

Figure 5.10 : Définir un nouvel en-tête en utilisant les boutons de l'onglet Création.

Créer un en-tête ou un pied de page personnalisé

Dans la plupart des cas, vous trouverez ce qui vous convient dans la liste des en-têtes et pieds de page automatiquement proposés par

Excel. Il vous arrivera toutefois de vouloir y mettre une information qu'Excel ne pouvait pas deviner, ou de vouloir présenter les informations d'une manière qui ne fait pas partie des en-têtes et pieds de page standard.

Vous pourrez alors utiliser les boutons de commande qui apparaissent dans le groupe Éléments en-tête et pied de page de l'onglet Création. Ces boutons vous permettent de combiner vos propres informations avec celles proposées par Excel pour les différentes sections de l'en-tête ou du pied de page personnalisé que vous voulez créer.

Ces boutons de commande sont les suivants :

- **Numéro de page :** Cliquez sur ce bouton pour insérer le code `&[Page]` qui affiche dans chaque page le numéro de la page.
- **Nombre de pages :** Cliquez sur ce bouton pour insérer le code `&[Pages]` qui affiche le nombre total de pages du document.
- **Date actuelle :** Cliquez sur ce bouton pour insérer le code `&[Date]` qui affiche la date actuelle.
- **Heure actuelle :** Cliquez sur ce bouton pour insérer le code `&[Heure]` qui affiche l'heure actuelle.
- **Chemin d'accès :** Cliquez sur ce bouton pour insérer le code `&[Chemin d'accès]&[Fichier]` qui affiche le chemin d'accès au fichier et le nom du classeur.
- **Nom de fichier :** Cliquez sur ce bouton pour insérer le code `&[Fichier]` qui affiche le nom du classeur (c'est-à-dire le nom du fichier du classeur).
- **Nom de la feuille :** Cliquez sur ce bouton pour insérer le code `&[Onglet]` qui affiche le nom de la feuille tel qu'il est défini sur son onglet.
- **Image :** Cliquez sur ce bouton pour ajouter une image dans l'en-tête ou le pied de page. La boîte de dialogue Insérer une image apparaît, vous permettant de sélectionner l'image à insérer. Une fois l'image sélectionnée, le code `&[Image]` apparaît dans l'en-tête ou le pied de page.

- **Format de l'image :** Ce bouton n'est actif que si vous avez déjà inséré une image en cliquant sur le bouton Image (paragraphe précédent). Lorsque vous cliquez dessus, la boîte de dialogue Format de l'image apparaît, vous permettant de spécifier tous les paramètres de format avec lesquels l'image sera affichée dans l'en-tête ou le pied de page. Aucun code supplémentaire n'est ici ajouté dans l'en-tête ou le pied de page.

Pour utiliser ces boutons afin de créer un en-tête ou un pied de page personnalisé, suivez ces étapes :

1. **Passez en mode d'affichage Mise en page en cliquant sur le bouton Mode Mise en page dans la Barre d'état, ou sur le bouton Mode Mise en page dans l'onglet Affichage.**

   Dans le mode d'affichage Mise en page, vous voyez le texte Cliquez ici pour ajouter un en-tête dans la marge supérieure, et le texte Cliquez ici pour ajouter un bas de page dans la marge inférieure.

2. **Placez le pointeur de la souris sur l'un de ces deux textes pour créer un en-tête ou un pied de page, puis cliquez sur la zone de gauche, du centre ou de droite pour que celui-ci soit aligné à gauche, centré ou aligné à droite.**

   Le curseur d'insertion apparaît dans la zone dans laquelle vous avez cliqué, et l'onglet Création des Outils des en-têtes et pieds de page apparaît dans le Ruban.

   Pour afficher dans l'en-tête ou le pied de page l'une des informations automatiquement proposées par Excel (nom du classeur, nom de la feuille ou autre), sélectionnez l'information correspondante dans le menu du bouton En-tête ou du bouton Pied de page du groupe En-tête et pied de page.

   Chacune de ces informations est représentée par un code qui commence par le caractère "&". Ces codes sont remplacés par l'information réelle dès que vous cliquez dans une autre zone de l'en-tête ou du pied de page, ou en dehors de ceux-ci dans la feuille elle-même.

3. **Si vous voulez ajouter un texte en plus de ces informations, il vous suffit de le saisir au clavier après avoir placé le curseur d'insertion à l'endroit voulu.**

Lorsque vous combinez une information générée par Excel (indiquée par le code correspondant) avec votre propre texte dans un en-tête ou un pied de page, prenez soin d'insérer les espaces et la ponctuation nécessaires. Par exemple, si vous voulez faire apparaître `Page 1 de 4` dans un en-tête ou un pied de page personnalisé (c'est-à-dire en insérant vous-même "Page" et "de"), vous devez :

1. Taper le mot **Page** et appuyer sur la barre d'espace.
2. Cliquer sur le bouton Numéro de page dans l'onglet Création du Ruban, et appuyer à nouveau sur la barre d'espace.
3. Taper le mot **de** et appuyer une troisième fois sur la barre d'espace.
4. Cliquer sur le bouton Nombre de pages dans l'onglet Création du Ruban.

Ce qui a pour effet de faire apparaître `Page &[Page] de &[Pages]` dans la zone d'en-tête ou de pied de page où se trouve le curseur d'insertion.

4. **Si vous voulez modifier la police ou n'importe quel attribut de police dans votre en-tête ou pied de page personnalisé, sélectionnez les codes et le texte correspondant, cliquez sur l'onglet Accueil, puis utilisez les boutons appropriés dans le groupe Police pour appliquer au texte sélectionné les attributs voulus.**

   Naturellement, en dehors de la police elle-même, vous pouvez sélectionner tous les attributs de police que vous voulez, exactement comme pour le contenu des cellules.

5. **Une fois que vous avez terminé de définir les codes et le texte de votre en-tête ou pied de page personnalisé, cliquez à un endroit quelconque dans la zone de la feuille de calcul pour désélectionner la zone d'en-tête ou de pied de page.**

   Excel remplace alors les codes que vous avez insérés dans l'en-tête ou le pied de page par les informations réelles, et fait disparaître du Ruban les Outils des en-têtes et pieds de page.

Un en-tête et un pied de page différents pour les pages paires et impaires

Si vous avez l'intention d'imprimer votre rapport en recto verso, vous pourrez trouver utile de définir un en-tête et un pied de page pour les pages paires et un autre en-tête et un autre pied de page pour les pages impaires. Cette disposition vous permet, par exemple, d'aligner les informations à droite pour les pages impaires, et à gauche pour les pages paires, ce qui est plus pratique quand on feuillette le document.

Pour créer des en-têtes et des pieds de page alternés entre les pages paires et impaires, cochez la case Pages paires et impaires différentes dans les options du bouton Options de l'onglet Création.

Après cela, cliquez dans la zone d'en-tête ou de pied de page sur la première page du rapport (ou la deuxième si vous avez aussi coché la case Première page différente). La mention En-tête de page impaire ou En-tête de page paire apparaît maintenant lorsque vous cliquez dans cette zone (ce qui aide à ne pas se tromper de côté). Vous pouvez maintenant créer votre en-tête ou votre pied de page pour les pages paires ou pour les pages impaires, en procédant comme nous l'avons vu dans les sections "Ajouter un en-tête ou un pied de page automatique" et "Créer un en-tête ou un pied de page personnalisé", plus haut dans ce chapitre.

Imprimer les formules dans les cellules

Voici une technique d'impression qui pourra vous être utile de temps à autre : imprimer les formules d'une feuille de calcul au lieu des résultats calculés par celles-ci. Vous pourrez ainsi vérifier commodément les formules de votre feuille de calcul à la recherche d'une erreur éventuelle (par exemple des références de cellules erronées).

Pour pouvoir imprimer les formules de votre feuille de calcul, vous devez commencer par les afficher dans les cellules à la place de leurs résultats en cliquant sur le bouton Afficher les formules. Ce bouton se trouve dans le groupe Audit de formules de l'onglet Formules (c'est celui du haut dans le groupe de trois boutons qui se trouve juste à gauche du bouton Fenêtre espion).

Excel affiche alors le contenu de toutes les cellules de la feuille de calcul, tel qu'il apparaît normalement dans la Barre de formule ou lorsque vous êtes en train de modifier la cellule. Remarquez que le contenu des cellules a perdu sa mise en forme, et que la largeur des colonnes est automatiquement adaptée à la longueur des formules pour que celles-ci soient entièrement affichées, et à la longueur des textes pour que ceux-ci ne débordent pas sur les cellules voisines vides.

N'OUBLIEZ PAS

Le raccourci clavier Ctrl+" fait basculer de l'affichage normal à l'affichage des formules et inversement (le caractère " se trouve au-dessous du 3 dans la ligne des chiffres du clavier principal).

Une fois que les formules sont affichées dans la feuille de calcul, vous pouvez imprimer sous cette forme, exactement comme vous le feriez dans sa présentation normale, comme nous l'avons vu tout au long de ce chapitre, avec toutes les variantes de présentation possibles, en ajustant les sauts de page, etc.

ATTENTION !

Pour imprimer les numéros de lignes et les lettres de colonnes, cochez la case Imprimer dans le groupe Options de la feuille de calcul de l'onglet Mise en page.

Après avoir imprimé votre feuille de calcul avec les formules, cliquez à nouveau sur le bouton Afficher les formules de l'onglet Formules (ou appuyez sur Ctrl+") pour revenir à l'affichage normal.

Troisième partie

S'organiser et rester organisé

"À moins qu'il y ait une cellule corrompue dans votre feuille de calcul d'analyse de l'importance du volume du coffre, ça devrait avoir un succès fou l'année prochaine."

Dans cette partie...

Dans le monde de l'entreprise qui est le nôtre, chacun sait combien il est nécessaire d'être organisé ; et combien il est difficile de le rester. Maintenir la cohérence de vos feuilles de calcul n'est pas moins important que de les avoir créées, et c'est parfois moins ardu.

Dans cette partie, vous apprendrez à vous y retrouver dans les données que vous avez entrées dans vos classeurs. Non seulement vous découvrirez dans le Chapitre 6 comment suivre l'évolution des informations contenues dans une feuille de calcul, mais encore, dans le Chapitre 7, comment jongler avec les données entre différentes feuilles de calcul et même entre classeurs.

Chapitre 6
Maintenir l'ordre dans la feuille de calcul

Dans ce chapitre :

- Zoomer en avant et en arrière.
- Fractionner la fenêtre d'un classeur en deux ou quatre volets.
- Figer les lignes ou les colonnes des titres.
- Attacher un commentaire à une cellule.
- Nommer des cellules.
- Rechercher et remplacer des données.
- Protéger les feuilles de calcul.

Vous découvrirez ici quelques techniques efficaces pour garantir la maintenance de vos informations. Vous apprendrez comment attirer l'attention sur une partie d'une feuille de calcul en zoomant dedans, ou comment diviser la fenêtre d'un document en plusieurs volets montrant simultanément diverses parties d'une même feuille, et aussi comment afficher en permanence certaines lignes et colonnes.

Coup de zoom sur les cellules

La Figure 6.1 montre l'agrandissement d'une feuille de calcul à 200 %, soit le double de l'affichage normal. Pour appliquer ce rapport d'agrandissement à une feuille, faites glisser vers la droite le curseur de zoom jusqu'à ce que l'indicateur numérique affiche 200 % (juste à gauche du curseur). Vous pouvez aussi cliquer sur le bouton Zoom dans l'onglet Affichage, et sélectionner 200 % dans la boîte de dialogue Zoom qui apparaît. Une chose est sûre, c'est que vous n'aurez pas à mettre de lunettes pour lire le contenu des cellules ! Le seul problème avec un tel agrandissement est que vous ne voyez plus beaucoup de cellules à l'écran.

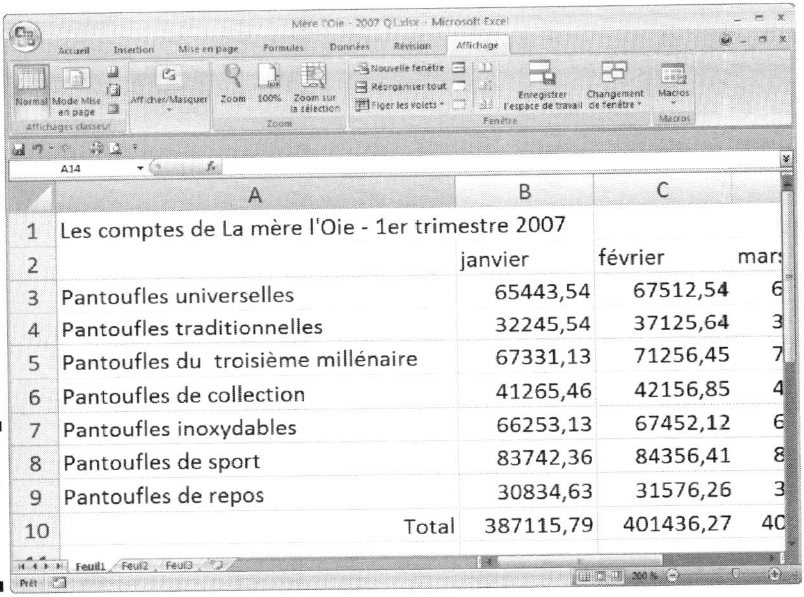

Figure 6.1 : Zoom à 200 % dans une feuille de calcul.

La Figure 6.2 montre la même feuille de calcul mais avec une réduction à 25 %, soit le quart de la taille normale. Pour obtenir cette valeur de zoom, faites glisser vers la gauche le curseur de zoom jusqu'à ce que l'indicateur numérique affiche 25 % (naturellement, vous pouvez là aussi ouvrir la boîte de dialogue Zoom pour y sélectionner 25 %).

Avec une réduction à 25 %, la seule chose qui est sûre, c'est que plus rien n'est lisible ! Remarquez que cet affichage permet d'avoir une vue d'ensemble de la feuille de calcul.

La boîte de dialogue Zoom (Affichage/Zoom) vous offre le choix de cinq facteurs d'agrandissement (200, 100 [l'affichage normal], 75, 50 et 25 %). Si ces valeurs ne vous conviennent pas, vous avez deux autres possibilités :

- Pour utiliser des facteurs d'agrandissement plus élevés ou plus réduits que ceux proposés (par exemple 400 % ou 10 %), ou intermédiaires (par exemple 150 % ou 85 %), sélectionnez

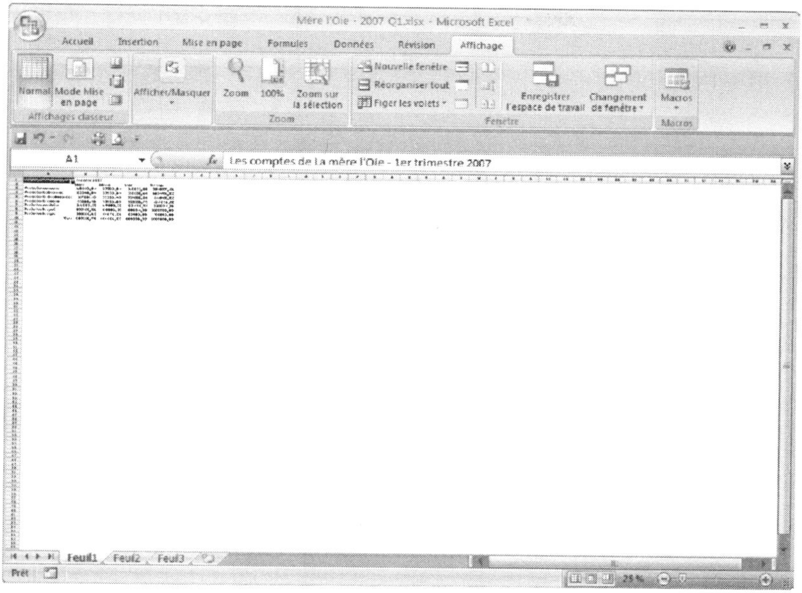

Figure 6.2 : La même feuille de calcul avec le zoom à 25 %.

le bouton Personnalisé dans la boîte de dialogue Zoom, entrez le pourcentage voulu dans le champ qui accompagne cette option, et cliquez sur OK ou appuyez sur Entrée.

- Si vous ne savez pas quel pourcentage il faut appliquer pour cadrer une plage de cellules donnée, sélectionnez cette plage et cliquez sur le bouton Zoom sur la sélection dans l'onglet Affichage. Excel adapte automatiquement le facteur d'agrandissement pour afficher les cellules sélectionnées dans tout l'espace disponible de la fenêtre.

Pour revenir rapidement au taux d'agrandissement normal (100 %), il vous suffit de cliquer sur le petit trait vertical qui indique le centre de l'espace de déplacement du curseur de zoom dans la Barre d'état.

Fractionner une fenêtre

Il est facile de fractionner une fenêtre. Regardez la Figure 6.3 qui montre les résultats commerciaux de la société La mère l'Oie de 2002 à 2006 après que la fenêtre a été fractionnée horizontalement en deux volets. Celui du bas commence à la ligne 72, car j'en ai fait défiler le contenu vers le haut pour qu'il affiche les résultats de l'année 2005. Chaque volet possède sa propre barre de défilement vertical, ce qui permet de les manipuler indépendamment l'un de l'autre.

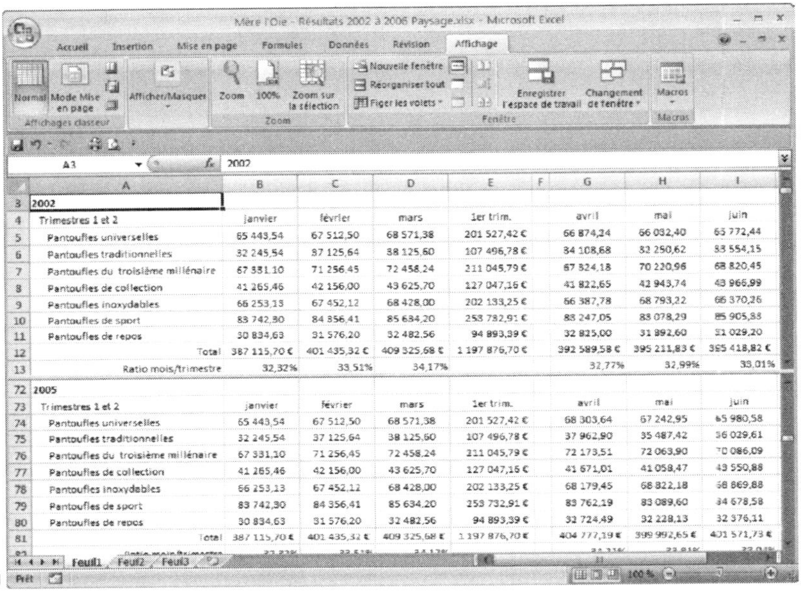

	A	B	C	D	E	F	G	H	I
3	2002								
4	Trimestres 1 et 2	janvier	février	mars	1er trim.		avril	mai	juin
5	Pantoufles universelles	65 443,54	67 512,50	68 571,38	201 527,42 €		66 874,24	66 032,40	65 772,44
6	Pantoufles traditionnelles	32 245,54	37 125,64	38 125,60	107 496,78 €		34 108,68	32 250,62	33 554,15
7	Pantoufles du troisième millénaire	67 331,10	71 256,45	72 458,24	211 045,79 €		67 324,18	70 220,96	68 820,45
8	Pantoufles de collection	41 265,46	42 156,00	43 625,70	127 047,16 €		41 822,65	42 943,74	43 966,99
9	Pantoufles inoxydables	66 253,13	67 452,12	68 428,00	202 133,25 €		66 387,78	68 793,22	66 370,26
10	Pantoufles de sport	83 742,30	84 356,41	85 684,20	253 782,91 €		83 247,05	83 078,29	85 905,38
11	Pantoufles de repos	30 834,63	31 576,20	32 482,56	94 893,39 €		32 825,00	31 892,60	31 029,20
12	Total	387 115,70 €	401 435,32 €	409 325,68 €	1 197 876,70 €		392 589,58 €	395 211,83 €	395 418,82 €
13	Ratio mois/trimestre	32,32%	33,51%	34,17%			32,77%	32,99%	33,01%
72	2005								
73	Trimestres 1 et 2	janvier	février	mars	1er trim.		avril	mai	juin
74	Pantoufles universelles	65 443,54	67 512,50	68 571,38	201 527,42 €		68 303,64	67 242,95	65 980,58
75	Pantoufles traditionnelles	32 245,54	37 125,64	38 125,60	107 496,78 €		37 962,90	35 487,42	36 029,61
76	Pantoufles du troisième millénaire	67 331,10	71 256,45	72 458,24	211 045,79 €		72 173,51	72 063,90	70 086,09
77	Pantoufles de collection	41 265,46	42 156,00	43 625,70	127 047,16 €		41 671,01	41 058,47	43 550,88
78	Pantoufles inoxydables	66 253,13	67 452,12	68 428,00	202 133,25 €		68 179,45	68 822,18	68 869,88
79	Pantoufles de sport	83 742,30	84 356,41	85 634,20	253 732,91 €		83 762,19	83 089,60	84 678,58
80	Pantoufles de repos	30 834,63	31 576,20	32 482,56	94 893,39 €		32 724,49	32 228,13	32 376,11
81	Total	387 115,70 €	401 435,32 €	409 325,68 €	1 197 876,70 €		404 777,19 €	399 992,65 €	401 571,73 €

Figure 6.3 : Avec le fractionnement, deux volets peuvent afficher simultanément deux portions éloignées du même document.

Pour fractionner une feuille de calcul en deux volets supérieur et inférieur, vous devez faire glisser le *curseur de fractionnement* (situé juste au-dessus de la barre de défilement vertical), pour obtenir deux volets de la taille que vous voulez. Suivez ces étapes :

1. **Cliquez sur le curseur de fractionnement horizontal et maintenez enfoncé le bouton de la souris.**

   Le pointeur de la souris se transforme en une double barre à deux flèches, semblable à celle utilisée pour réafficher des lignes masquées.

2. **Faites glisser vers le bas jusqu'à ce que la barre de fractionnement se trouve à l'emplacement voulu.**

   Une barre de fractionnement grise se déplace. Elle montre l'endroit où se produira le fractionnement.

3. **Relâchez le bouton de la souris.**

Excel divise la fenêtre en deux volets superposés, séparés par la barre de fractionnement. Une barre de défilement est ajoutée au nouveau volet.

Il est aussi possible de fractionner la fenêtre du document en deux volets gauche et droite en procédant ainsi :

1. **Cliquez sur le curseur de fractionnement situé à droite de la barre de défilement horizontal.**

2. **Faites-le glisser vers la gauche ou vers la droite jusqu'à l'endroit où vous voulez placer le fractionnement.**

3. **Relâchez le bouton de la souris.**

   Excel divise la fenêtre et ajoute une barre de défilement horizontal au nouveau volet.

Ne confondez pas le curseur de fractionnement, qui se trouve à droite de la barre de défilement horizontal, avec le curseur d'onglet qui, lui, se trouve à gauche de la barre. Ce dernier sert à découvrir un plus grand nombre d'onglets, lorsque tous ne peuvent être affichés.

Notez qu'il est possible de supprimer le volet supplémentaire d'une fenêtre de classeur, en double-cliquant n'importe où sur la barre de fractionnement plutôt que de la ramener à son emplacement initial.

Au lieu de faire glisser les curseurs de fractionnement, vous pouvez cliquer sur le bouton Fractionner dans le groupe Fenêtre de l'onglet Affichage (il se trouve juste à droite du bouton Nouvelle Fenêtre). Excel utilise la position du curseur de cellule pour déterminer l'endroit où placer les barres de fractionnement. La barre de fractionnement vertical est placée sur le bord gauche du curseur de cellule, et la barre de fractionnement horizontal sur son bord supérieur.

Si vous voulez fractionner votre fenêtre uniquement en deux volets horizontaux (séparés par une barre de fractionnement horizontal), procédez ainsi : placez le curseur de cellule dans la première colonne de la feuille, sur la cellule dont le bord supérieur correspond à l'endroit où vous voulez placer la barre de fractionnement. Si vous voulez fractionner votre fenêtre uniquement en deux volets verticaux (séparés par une barre de fractionnement vertical), procédez ainsi : placez le curseur de cellule dans la première ligne de la feuille, sur la cellule dont le bord gauche correspond à l'endroit où vous voulez placer la barre de fractionnement.

Si vous placez le curseur de cellule sur une cellule quelconque dans la partie de la feuille affichée dans la fenêtre, lorsque vous cliquez sur le bouton Fractionner dans l'onglet Affichage, Excel divise la fenêtre en quatre volets, avec la barre de fractionnement vertical touchant le bord gauche de la cellule sélectionnée, et la barre de fractionnement horizontal touchant le bord supérieur de celle-ci. C'est ce que montre la Figure 6.4 : j'ai sélectionné la cellule B14 et cliqué sur le bouton Fractionner dans l'onglet Affichage. Les barres de fractionnement sont donc respectivement entre les lignes 13 et 14 et entre les colonnes A et B.

Lorsque le curseur de cellule est en A1, le bouton Fractionner de l'onglet Affichage divise la fenêtre en quatre volets égaux, quel que soit le rapport du zoom.

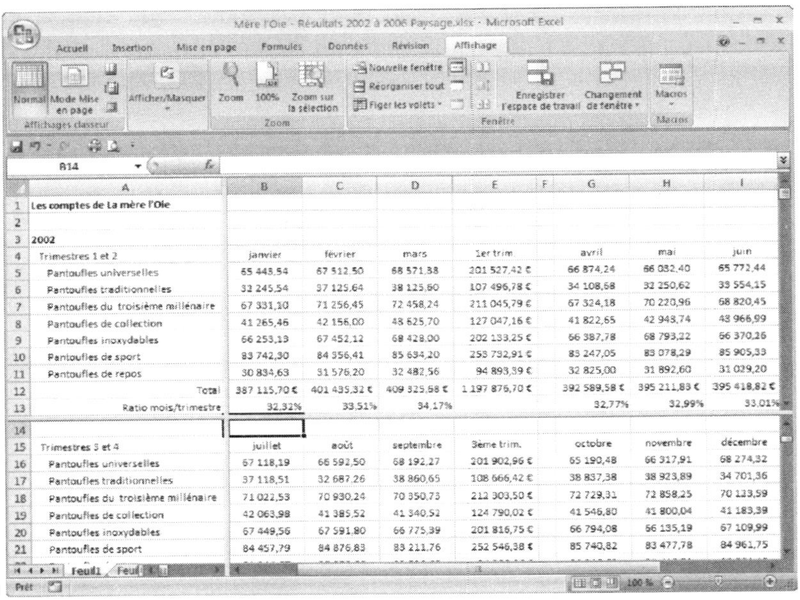

Figure 6.4 : Fractionnement d'une fenêtre de classeur en quatre volets après avoir placé le curseur de cellule dans la cellule B14.

Lorsque la fenêtre est fractionnée, il vous suffit de cliquer sur n'importe quelle cellule à l'intérieur d'un des volets pour que celui-ci soit le volet actif. Pour faire disparaître le fractionnement d'une fenêtre fractionner, cliquez simplement sur le bouton Fractionner dans l'onglet Affichage.

Figer les volets

Les volets sont parfaits pour visualiser simultanément plusieurs parties éloignées d'une feuille de calcul. Mais ils peuvent aussi servir à figer des titres, en haut de la feuille ou à gauche, de sorte que les données peuvent défiler tandis que les titres restent en place. Les volets figés sont particulièrement utiles pour les tableaux dont les données s'étendent loin au-delà des lignes et des colonnes affichées à l'écran.

La Figure 6.5 montre un tel tableau. La feuille de calcul contenant les résultats des ventes de la société La mère l'Oie contient trop de lignes et de colonnes pour les afficher toutes à la fois, à moins de zoomer à un rapport prohibitivement faible. A titre indicatif, cette feuille de calcul comporte 51 lignes, et sa dernière colonne est la colonne R.

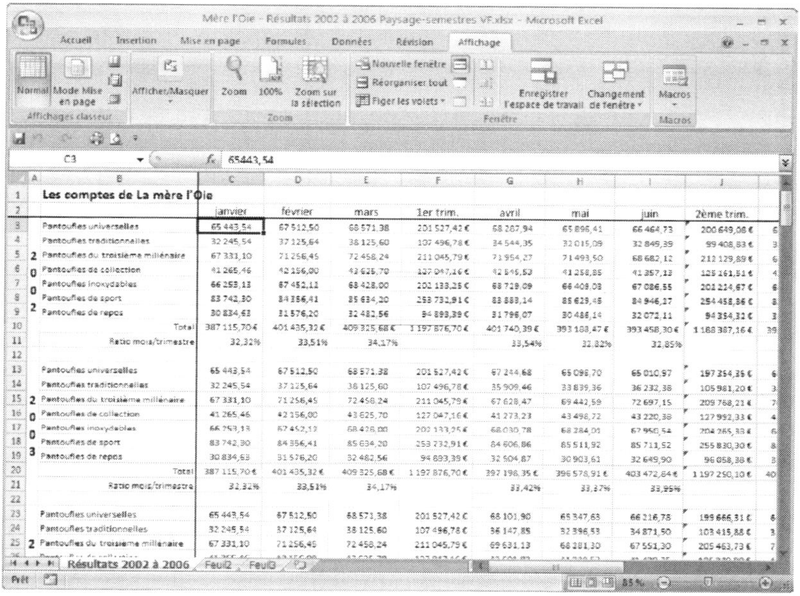

Figure 6.5 : Les volets figés immobilisent les deux premières lignes et les deux premières colonnes, qui contiennent les en-têtes des colonnes et des lignes.

En divisant la fenêtre du document en deux volets entre les lignes 2 et 3 et en les figeant ensuite, les deux premières lignes restent toujours visibles, permettant d'identifier facilement le contenu des différentes colonnes lors d'un défilement de la liste vers le bas. Si vous fractionnez les colonnes à droite de la colonne B, l'année et les noms des produits, qui constituent les en-têtes de ligne, restent visibles à l'écran même si vous faites défiler le tableau vers la gauche.

La Figure 6.5 montre le résultat de ce fractionnement après avoir figé les volets. Procédez comme suit pour figer des volets (après avoir fractionné la fenêtre en quatre volets) :

1. **Sélectionnez la cellule qui se trouve juste au-dessous et à droite du point d'intersection des barres de fractionnement que vous voulez créer, et cliquez sur le bouton Fractionner dans l'onglet Affichage.**

2. **Dans le groupe Fenêtre de l'onglet Affichage, cliquez sur le bouton Figer les volets, et sélectionnez Figer les volets dans le menu qui apparaît.**

   Dans notre exemple, nous avons sélectionné la cellule C3.

Quand Excel fige les volets, les barres de fractionnement se transforment en traits fins.

Voyez dans la Figure 6.6 ce qui se produit lors d'un défilement de la feuille de calcul, lorsque les volets sont figés. Dans cet exemple, j'ai fait défiler le contenu du tableau vers le bas pour afficher les deuxième et troisième trimestres des années 2004 et 2005 ; comme les deux premières lignes (qui contiennent les en-têtes de colonne) ont été figées, ces en-têtes n'ont pas bougé et restent visibles. Dans le cas contraire, ils auraient disparu de l'affichage en même temps que le premier trimestre et l'année 2002.

Regardez dans la Figure 6.7 pour voir ce qui se passe lorsque le défilement de la feuille de calcul s'effectue vers la gauche : elle a été déplacée pour faire apparaître les deuxième et troisième trimestres. Comme les volets sont figés, les deux premières colonnes n'ont pas bougé, ce qui permet d'avoir toujours les en-têtes de ligne à l'affichage.

N'OUBLIEZ PAS

Pour figer uniquement la première ligne ou la première colonne de la feuille de calcul, quel que soit l'emplacement du curseur de cellule dans la feuille de calcul, cliquez sur Figer les volets dans l'onglet Affichage, et sélectionnez Figer la ligne supérieure ou Figer la première colonne dans le menu qui apparaît.

Pour que les volets d'une feuille de calcul ne soient plus figés, cliquez sur Figer les volets dans l'onglet Affichage, et sélectionnez

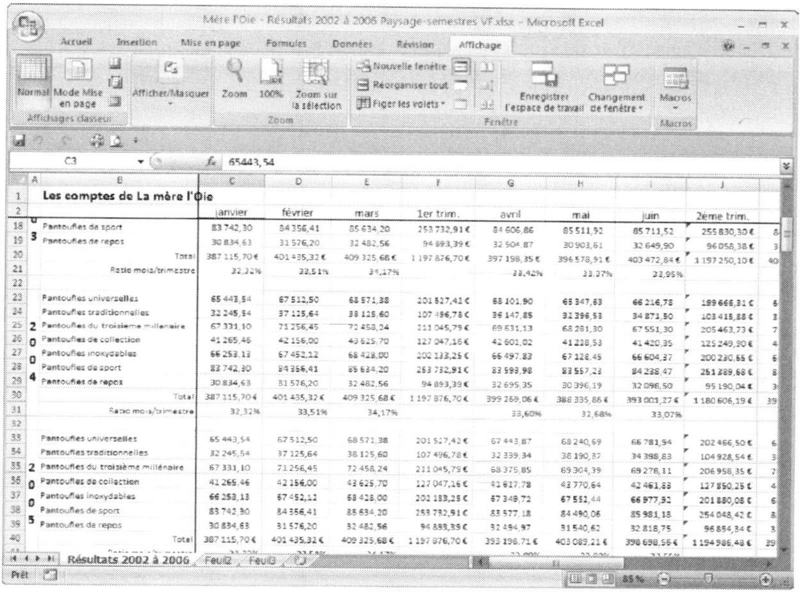

Figure 6.6 : Quand les volets sont figés, les en-têtes de ligne restent parfaitement cohérents avec le contenu du tableau lorsqu'on le fait défiler verticalement.

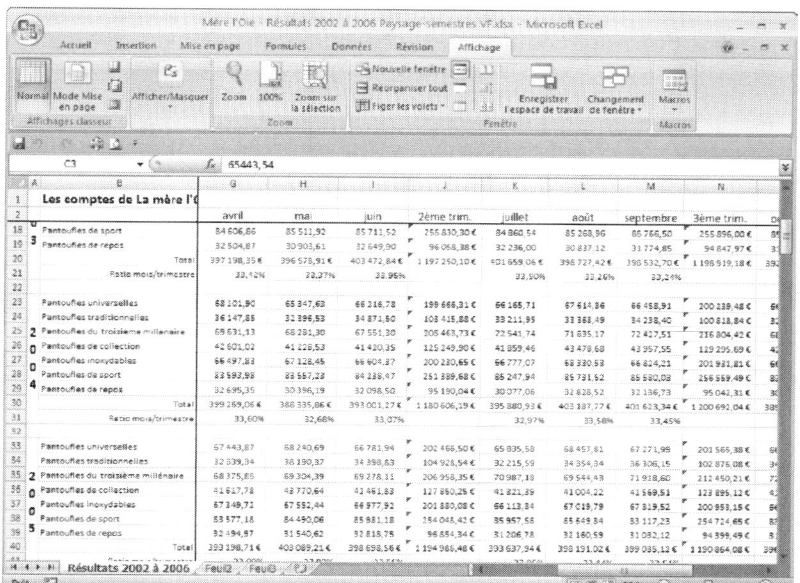

Figure 6.7 : Quand les volets sont figés, les en-têtes de colonne restent parfaitement cohérents avec le contenu du tableau lorsqu'on le fait défiler horizontalement.

Excel

Libérer les volets dans le menu qui apparaît. Les traits fins sont remplacés par d'épaisses barres, indiquant que les volets ne sont plus figés.

Les notes électroniques

Dans Excel, des commentaires peuvent être ajoutés à des cellules. Les *commentaires* sont des sortes de petites notes qui ressemblent aux Post-it autocollants. Elles permettent d'insérer des pense-bêtes pour rappeler, par exemple, que telle ou telle valeur n'est qu'une estimation, ou qu'il faut vérifier une valeur avant d'imprimer la feuille, voire une date d'anniversaire dont l'oubli ne serait pas du tout apprécié.

N'OUBLIEZ PAS

En plus de rappeler une tâche à effectuer, un commentaire peut être utilisé comme repère visuel pour signaler un emplacement dans une vaste feuille de calcul, et le retrouver facilement la prochaine fois que vous l'ouvrirez.

Ajouter un commentaire à une cellule

Procédez comme suit pour ajouter un commentaire à une cellule :

1. **Sélectionnez la cellule qui doit recevoir le commentaire.**

2. **Dans le groupe Commentaires de l'onglet Révision, cliquez sur le bouton Nouveau commentaire.**

   Une nouvelle zone de texte apparaît, semblable à celle visible Figure 6.8. Elle contient le nom de l'utilisateur de l'onglet Standard de la boîte de dialogue Options Excel. La barre d'insertion clignote au début de la ligne qui suit le nom.

3. **Tapez le texte du commentaire.**

4. **Cliquez hors de la zone de texte.**

   Excel signale que la cellule comporte un commentaire en plaçant un petit triangle rouge dans le coin supérieur droit.

5. **Pour afficher un commentaire, il suffit de placer le pointeur en forme d'épaisse croix blanche au-dessus de la cellule correspondante.**

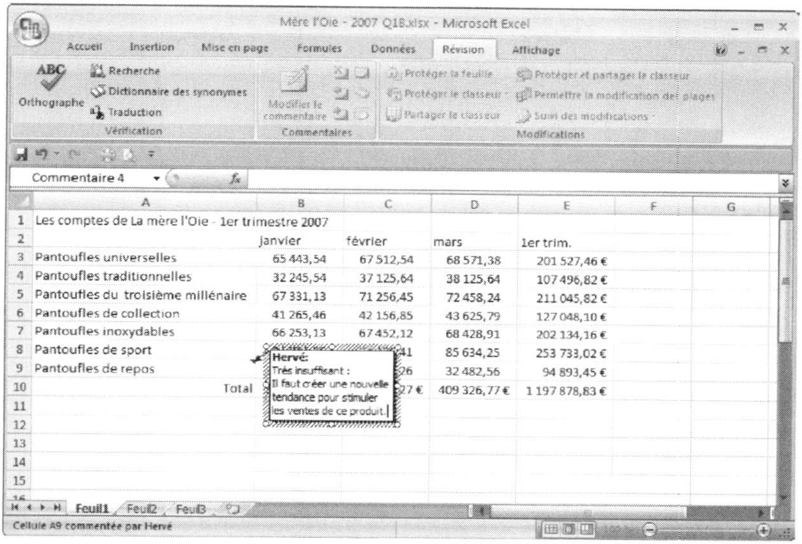

Figure 6.8 : Ajout d'un commentaire à une cellule.

Réviser les commentaires

Lorsqu'un classeur contient un grand nombre de commentaires, vous ne voudrez sans doute pas promener le pointeur de la souris au-dessus de chacun d'eux pour les lire tour à tour. Il est beaucoup plus commode de cliquer sur le bouton Afficher tous les commentaires dans le groupe Commentaires de l'onglet Révision (Figure 6.9). Excel affiche alors tous les commentaires des cellules visibles dans la fenêtre (et continue à afficher les autres commentaires si vous faites défiler le contenu de la fenêtre, ou même si vous sélectionnez une autre feuille du classeur).

Lorsque c'est l'onglet Révision du Ruban qui est au premier plan, il est possible de passer d'un commentaire à un autre en cliquant sur les boutons Suivant et Précédent dans le groupe Commentaires de cet onglet. Dès que vous atteignez le dernier commentaire d'un classeur, une boîte d'alerte demande s'il faut poursuivre la révision des commentaires depuis le début (ce que vous pouvez accepter en cliquant sur OK). Lorsque vous avez affiché tous les commentaires, il vous suffit pour les masquer après les avoir tous révisés de cliquer à nouveau sur le bouton Afficher tous les commentaires.

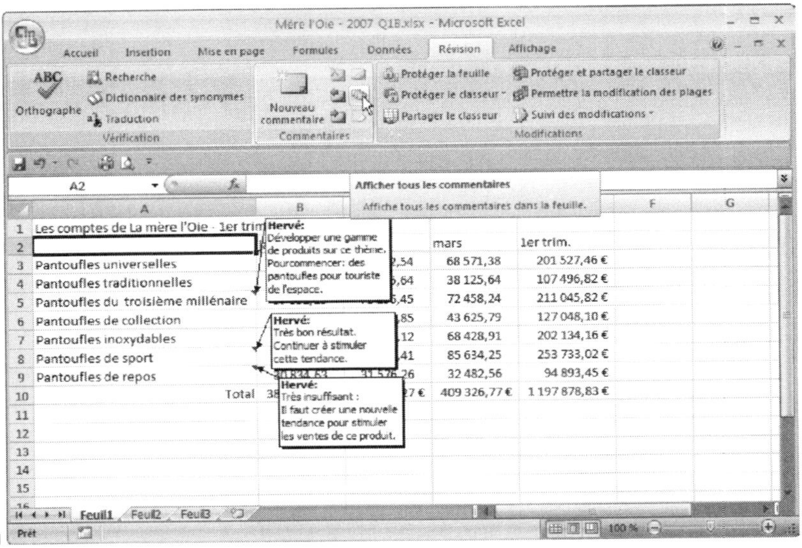

Figure 6.9 : Le bouton Afficher tous les commentaires permet d'afficher simultanément tous les commentaires des cellules visibles dans la fenêtre.

Modifier les commentaires

Pour modifier un commentaire, vous devez commencer par l'afficher et y placer le curseur d'insertion. Pour l'afficher, vous disposez des différents moyens que nous venons de voir (le plus simple étant de cliquer sur la cellule correspondante, puis sur le bouton Afficher/masquer le commentaire dans l'onglet Révision), après quoi il vous suffit de cliquer dedans pour y placer le curseur d'insertion. Mais il existe un moyen plus simple : cliquez du bouton droit sur la cellule du commentaire, et sélectionnez Modifier le commentaire dans le menu qui apparaît.

Pour modifier l'emplacement d'un commentaire par rapport à sa cellule, commencez par afficher le commentaire par l'un des moyens que nous avons vus plus haut, puis amenez le pointeur de la souris sur l'une des bordures hachurées. Lorsqu'il se transforme en flèche à quatre pointes, vous pouvez faire glisser le commentaire ailleurs dans la feuille de calcul. Au moment où vous relâchez le bouton de la souris, Excel redessine la flèche qui relie le coin supérieur gauche du commentaire à la cellule.

Pour modifier les dimensions de la zone de texte du commentaire, placez le pointeur de la souris sur l'une des poignées de redimensionnement (ce sont les petits ronds blancs que vous voyez tout autour de la zone de commentaire) de manière qu'il prenne la forme d'une flèche à double pointe, et tirez-la dans la direction appropriée, vers l'extérieur du commentaire pour augmenter sa surface, vers l'intérieur pour la réduire. Dès que vous relâchez le bouton de la souris, Excel redessine la zone de texte du commentaire à la taille ainsi définie. Les retours à la ligne du texte qui s'y trouve sont pris en charge par Excel.

Pour changer la police du texte d'un commentaire, commencez par afficher celui-ci par l'un des moyens qui sont décrits plus haut, et sélectionnez le texte dont vous voulez changer la police. Cliquez ensuite du bouton droit sur le commentaire, et sélectionnez Format de commentaire dans le menu qui apparaît (vous pouvez aussi appuyer sur Ctrl+Maj+1 ; le 1 du clavier principal, comme pour ouvrir la boîte de dialogue Format de cellule). La boîte de dialogue Format de commentaire (qui n'est qu'une variante de la boîte de dialogue Format de cellule) apparaît, comportant l'unique onglet Police. Vous pouvez y sélectionner non seulement la police et sa taille pour le texte sélectionné dans le commentaire, mais aussi tous les attributs de mise en forme que vous pouvez appliquer au contenu d'une cellule.

N'OUBLIEZ PAS

Pour supprimer un commentaire, sélectionnez la cellule qui le contient et cliquez sur le bouton Effacer le commentaire dans le groupe Commentaires de l'onglet Révision. Excel supprime le commentaire ainsi que l'indicateur rouge dans le coin de la cellule.

ATTENTION !

Vous pouvez aussi supprimer tous les commentaires : cliquez sur le bouton Effacer (la gomme) du groupe Édition de l'onglet Accueil, et sélectionnez Effacer les commentaires dans le menu qui apparaît.

Imprimer les commentaires

Lorsque vous imprimez une feuille de calcul, les commentaires peuvent l'être en même temps que les données sélectionnées. Pour cela, cliquez sur le bouton lanceur de boîte de dialogue dans le groupe Options de la feuille de calcul de l'onglet Mise en page pour ouvrir la boîte de dialogue Mise en page avec l'onglet Feuille au premier plan. Dans cet onglet, sélectionnez À la fin de la feuille ou Tel que sur la feuille dans la liste déroulante Commentaires.

Les cellules nommées

En attribuant des noms évocateurs aux cellules et aux plages, vous faciliterez considérablement l'accès aux informations importantes de la feuille de calcul. Plutôt que d'essayer d'associer des informations à des coordonnées abstraites, vous leur donnerez un nom. En nommant une plage, vous nommerez du même coup une sélection de cellules que vous pourrez imprimer ou importer dans d'autres logiciels Office comme Word ou Access. En outre, ce qui est très commode, vous pourrez utiliser les noms de cellules avec la commande Atteindre.

Ah ! Si j'avais un nom...

Lorsque vous attribuez un nom à des cellules ou à des plages, vous devez respecter les règles suivantes :

- **Les noms de plages de cellules doivent commencer par une lettre, jamais par un chiffre.**

  Par exemple, au lieu de 01Profits, utilisez Profits01.

- **Un nom ne peut pas contenir d'espaces.**

  Au lieu de l'espace, utilisez le caractère de soulignement (celui de la touche 8 du clavier alphanumérique, en minuscule) pour séparer des mots. Exemple : au lieu de Profit 01, utilisez Profit_01 (*NdT* : les caractères accentués et la cédille sont utilisables).

- **Des coordonnées de cellule ne peuvent jamais être utilisées comme noms.**

  Une cellule ne peut pas être nommée T1, car cette formulation est celle d'une référence de cellule valide. Utilisez plutôt T1_ventes, par exemple.

Pour nommer une cellule ou une plage de cellules, suivez ces étapes :

1. **Sélectionnez la cellule ou la plage à nommer.**
2. **Cliquez sur l'adresse de la cellule courante qui apparaît dans la Zone Nom, à l'extrémité gauche de la Barre de formule.**

Excel sélectionne l'adresse de la cellule dans la Zone Nom.

3. **Tapez le nom que vous voulez donner à la cellule ou à la plage sélectionnée.**

   Veillez à bien respecter les règles de nom que nous venons de stipuler.

4. **Appuyez sur Entrée.**

Pour sélectionner une cellule ou une plage nommée, cliquez sur son nom dans la liste déroulante de la Zone Nom (pour faire apparaître cette liste, cliquez sur le triangle pointant vers le bas à l'extrémité droite de la Zone Nom).

Notez que vous pouvez aussi, dans l'onglet Accueil, cliquer sur le bouton Rechercher et sélectionner, sélectionner Atteindre dans le menu qui apparaît, activer la plage de cellules nommée que vous voulez atteindre dans la boîte de dialogue Atteindre (Figure 6.10), et enfin cliquer sur OK. Pour faire apparaître la boîte de dialogue Atteindre, vous pouvez aussi appuyer sur la touche F5.

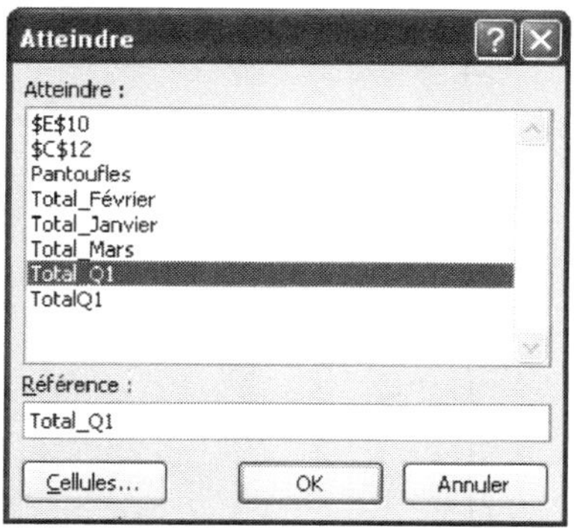

Figure 6.10 : Sélection d'une cellule ou d'une plage de la feuille de calcul.

Nommez cette formule !

Les noms de cellules sont non seulement commodes pour identifier et localiser des cellules et des plages dans une feuille de calcul, mais ils sont aussi très utiles pour manipuler des formules. Supposons que la cellule K3 contienne une formule simple qui calcule ce qui vous est dû en multipliant vos heures de travail pour un client (dans la cellule I3) par votre rémunération horaire (dans la cellule J3).

Vous taperez normalement cette formule dans la cellule K3 sous la forme :

```
=I3*J3
```

Mais si vous attribuez le nom *Heures* à la cellule I3 et le nom *Tarif_horaire* à la cellule J3, la formule se présentera dans la cellule K3 sous la forme :

```
=Heures*Tarif_horaire
```

Il va de soi que pour tout le monde cette formulation est bien plus compréhensible que =I3*J3.

Pour entrer une formule contenant des noms de cellules plutôt que des références de cellules, vous procéderez comme suit :

1. **Nommez les cellules comme nous venons de l'indiquer.**

   Pour cet exemple, vous nommerez la cellule I3 **Heures** et la cellule J3 **Tarif_horaire**.

2. **Placez le curseur de cellule sur la cellule qui recevra la formule.**

   Il s'agit en l'occurrence de la cellule K3.

3. **Tapez le signe = (égal) pour indiquer à Excel que ce qui suit est une formule.**

4. **Sélectionnez la première cellule à laquelle la formule se réfère en cliquant dessus (ou en déplaçant le curseur de cellule jusqu'à son emplacement).**

   Dans cet exemple, vous sélectionnez Heures en sélectionnant la cellule I3.

5. **Tapez l'opérateur arithmétique à utiliser dans la formule.**

   Il s'agit ici de l'opérateur de multiplication * (astérisque). Reportez-vous au Chapitre 2 pour connaître les autres opérateurs arithmétiques d'Excel.

6. **Sélectionnez la deuxième cellule à laquelle la formule se réfère. Procédez comme à l'Etape 4.**

   Il s'agit de la cellule Tarif_horaire, soit la cellule J3.

7. **Cliquez sur le bouton Entrer dans la Barre de formule ou appuyez sur la touche Entrée pour terminer la formule.**

   Excel affiche la formule de la cellule K3, soit =Heures*Tarif_horaire.

Vous ne pouvez pas utiliser la poignée de recopie pour copier une formule qui utilise des noms de cellules vers d'autres cellules qui effectuent la même fonction (voir Chapitre 4). Lorsque vous copiez une formule originale contenant des noms au lieu d'adresses, Excel la copie sans ajuster les références de cellules selon les nouvelles lignes et colonnes. Reportez-vous à la section "Les constantes nommées", plus loin dans ce chapitre, pour découvrir comment utiliser les en-têtes des lignes et des colonnes pour identifier les références de cellules dans les recopies, ainsi que dans la formule originale d'où les copies ont été générées.

Les constantes nommées

Certaines formules utilisent des valeurs constantes (par exemple une taxe au taux de 5,5 % ou un rabais de 10 %). Si vous ne voulez pas les entrer dans des cellules afin de les utiliser ensuite dans des formules, vous pouvez créer des plages de noms contenant ces valeurs, que vous utiliserez dans vos formules.

Par exemple, pour créer une constante nommée *Taux_TVA* de 5,5 %, vous procéderez ainsi :

1. **Dans le groupe Noms définis de l'onglet Formules du Ruban, cliquez sur le bouton Définir un nom.**

2. **Dans la boîte de dialogue Nouveau nom qui apparaît, tapez le nom (Taux_TVA, dans notre exemple) dans le champ Noms.**

3. **Si vous voulez que cette constante nommée soit définie uniquement pour une feuille du classeur et non pour le classeur entier, sélectionnez le nom de la feuille dans la liste déroulante Zone.**

   Par défaut, c'est l'option Classeur qui est sélectionnée dans cette liste, ce qui signifie que cette constante nommée pourra être utilisée dans toutes les feuilles du classeur. Ce n'est que dans le cas particulier où vous voulez au contraire qu'elle ne soit utilisable que dans une feuille et pas dans les autres que vous devez vous préoccuper de la sélectionner ici.

4. **Cliquez dans le champ Fait référence à. Remplacez l'adresse qui s'y trouve par la valeur 5,5 % (avec ou sans espace, Excel comprend).**

5. **Cliquez sur OK pour fermer la boîte de dialogue Nouveau nom.**

Après avoir assigné une constante à un nom en utilisant cette méthode, vous pouvez l'utiliser dans les formules que vous créez dans la feuille de calcul en adoptant l'une de ces deux procédures :

- Taper dans la formule le nom auquel vous avez assigné la constante à la place de la valeur requise.
- Insérer le nom dans la formule en cliquant, dans l'onglet Formules, sur le bouton Utiliser dans la formule et en sélectionnant le nom de la constante voulue dans la liste qui apparaît.

N'OUBLIEZ PAS

Quand vous copiez une formule qui utilise un nom contenant une constante, la valeur reste inchangée dans toutes les recopies de la formule obtenues avec la poignée de recopie automatique. Autrement dit, dans une formule, le nom se comporte comme une adresse de cellule absolue (reportez-vous au Chapitre 4 pour en savoir plus sur les recopies de formules).

Retenez aussi que, lors d'une mise à jour d'une constante en modifiant sa valeur dans la boîte de dialogue Modifier le nom, ce changement se répercute dans toutes les formules qui utilisent ce nom (et qui sont automatiquement recalculées). Pour faire apparaître la boîte de dialogue Modifier le nom, cliquez sur le bouton Gestionnaire de noms dans l'onglet Formule, cliquez sur le nom de la constante à modifier dans la liste de noms de la boîte de dialogue Gestionnaire de noms qui apparaît, et cliquez sur le bouton Modifier dans celle-ci (vous pouvez aussi double-cliquer sur le nom dans cette boîte de dialogue).

Qui cherche trouve

Si vous n'arrivez vraiment pas à localiser une information spécifique, vous pouvez demander à la fonction Rechercher d'Excel de la trouver pour vous. Dans l'onglet Accueil, cliquez sur le bouton

Rechercher et sélectionner, et sélectionnez Rechercher dans le menu qui apparaît.

Dans le champ Rechercher (de l'onglet Rechercher) de la boîte de dialogue Rechercher et remplacer qui apparaît, entrez le texte ou la valeur que vous recherchez, et cliquez sur le bouton Suivant ou appuyez sur Entrée pour lancer la recherche. Si vous voulez spécifier des critères de recherche supplémentaires, cliquez sur le bouton Options dans cette boîte de dialogue pour faire apparaître les options correspondantes (comme le montre la Figure 6.11).

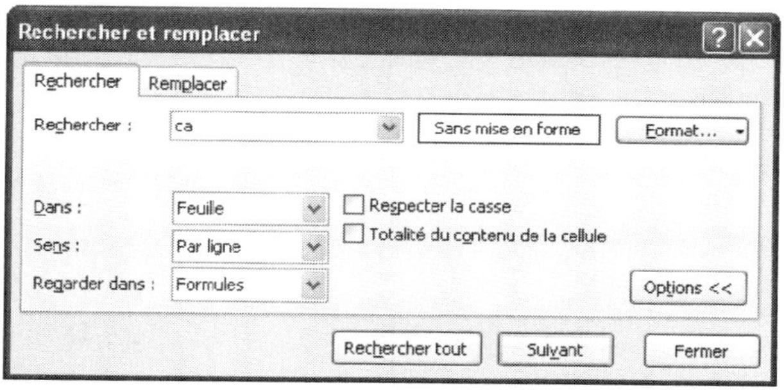

Figure 6.11 : Utilisez les commandes de la boîte de dialogue Rechercher et remplacer pour localiser une entrée.

Lorsque vous recherchez une entrée de texte avec la fonction Rechercher et remplacer, demandez-vous toujours si ce texte ou ce chiffre est seul dans sa cellule ou s'il est une partie d'un terme ou d'une valeur. Par exemple, si vous lancez une recherche sur les caractères **CA** et n'avez pas coché la case Totalité du contenu de la cellule (voir Figure 6.11), Excel trouvera les occurrences de CA dans Canada, sarbacane, Rebecca, dans le code postal américain CA (pour la Californie), et ainsi de suite.

Si vous cochez la case Totalité du contenu de la cellule, Excel ne retournera que les occurrences où le mot CA est seul dans la cellule.

Lorsque vous effectuez une recherche sur du texte, vous pouvez spécifier si Excel doit différencier ou non les majuscules et les minuscules. Par défaut, Excel ne tient pas compte de la casse des caractères. Pour qu'il fasse la différence, vous devez cocher la case Respecter la casse (visible après avoir cliqué sur le bouton Options de la boîte de dialogue Rechercher et remplacer).

Si les textes ou les valeurs recherchées ont reçu une mise en forme particulière, vous pouvez demander à Excel d'en tenir compte.

Procédez comme suit pour qu'Excel recherche une mise en forme particulière dans la feuille de calcul :

1. **Cliquez sur le bouton déroulant à droite du bouton Format, dans la boîte de dialogue Rechercher et remplacer, et choisissez l'option Choisir le format à partir de la cellule.**

   La boîte de dialogue Rechercher et remplacer disparaît temporairement. Excel ajoute une pipette au pointeur de souris normal.

2. **Cliquez avec le pointeur dans la cellule contenant la mise en forme à respecter.**

   La boîte de dialogue Rechercher et remplacer réapparaît après avoir prélevé la mise en forme.

Procédez comme suit pour sélectionner la mise en forme à respecter en utilisant la boîte de dialogue Rechercher le format (qui est identique à la boîte de dialogue Format de la cellule) :

1. **Cliquez sur le bouton Format ou cliquez sur le bouton de son menu déroulant et choisissez l'option Format.**

2. **Dans la boîte de dialogue Rechercher le format qui apparaît, sélectionnez dans les différents onglets les options de mise en forme à respecter (elles sont décrites dans le Chapitre 3), puis cliquez sur OK.**

Quand vous utilisez l'une de ces deux méthodes de recherche d'une mise en forme, le bouton Sans mise en forme, situé entre la zone de texte Rechercher et le bouton Format, se transforme en aperçu (ce mot y figure au centre) qui montre toutes les options de mise en forme prélevées dans une cellule ou définies dans la boîte de dialogue Rechercher le format.

Si vous recherchez des valeurs dans la feuille de calcul, faites bien attention aux différences entre les formules et les valeurs. Par exemple, si une cellule contient la valeur 3 582 € et si vous tapez **3582** dans le champ Rechercher suivi de l'appui sur Entrée, Excel affiche une boîte d'alerte contenant le message suivant :

```
Microsoft Office Excel ne trouve pas les données que vous recherchez.
```

Un examen attentif révélera sans aucun doute que la valeur qui apparaît dans la cellule est en réalité calculée par une formule telle que :

```
=I24*J24
```

En fait, le nombre 3582 ne figure nulle part en tant que tel. Pour qu'Excel puisse localiser n'importe quel type de valeur 3582 dans la feuille de calcul, vous devez remplacer l'option Formules, dans la liste déroulante du champ Regarder dans, par l'option Valeurs.

Pour restreindre la recherche uniquement à du texte ou à des valeurs contenues dans des commentaires, choisissez l'option Commentaires dans la liste déroulante Regarder dans.

Si vous ne connaissez pas l'orthographe exacte d'un mot ou la valeur précise que vous recherchez, vous pouvez recourir aux *caractères de substitution* ; ils remplacent un ou plusieurs caractères. Utilisez le point d'interrogation (?) à la place d'un seul caractère inconnu, et l'astérisque (*) à la place d'un ou plusieurs caractères inconnus. Supposons que vous ayez entré ce qui suit dans le champ Rechercher, avec l'option Regarder dans Valeurs :

```
7*4
```

Dans cette formulation, qui n'est pas une multiplication (le signe = est absent), l'astérisque compte pour n'importe quel chiffre, qu'il y en ait un seul ou plusieurs. De ce fait, Excel s'arrête à toutes les cellules contenant des valeurs comme *74 704* (l'astérisque se substitue au zéro), *7 5234* (l'astérisque se substitue à la chaîne de caractères 523), et trouve même une occurrence comme *67856 Strasbourg cedex 04.*

Si vous effectuez une recherche dans laquelle l'astérisque est l'opérateur de multiplication et non un caractère de substitution, faites précéder la recherche par un tilde (~), comme ci-dessous :

```
~*4
```

Cet arrangement permet de trouver dans la feuille de calcul toutes les formules comportant une multiplication par quatre.

L'entrée qui suit recherche toutes les occurrences de *Jan, Janvier.* (*NdT* : le point d'interrogation est un caractère de substitution qui remplace un seul caractère, à cet emplacement précis, et non plusieurs caractères comme le fait l'astérisque.)

```
J?n*
```

Normalement, Excel n'effectue la recherche que dans la feuille de calcul courante. Pour qu'elle s'effectue dans toutes les feuilles du classeur, vous devez sélectionner l'option Classeur (dans la liste déroulante Dans).

Quand Excel a trouvé une occurrence du texte ou de la valeur dans une cellule, il sélectionne cette cellule tout en laissant la boîte de dialogue Rechercher et remplacer visible à l'écran (vous pouvez la déplacer si elle occulte les cellules qui vous intéressent). Pour rechercher la prochaine occurrence du texte ou de la valeur, cliquez sur le bouton Suivant ou appuyez sur Entrée.

Par défaut, Excel effectue la recherche dans la feuille de calcul ligne par ligne. Pour que la recherche se fasse par colonne, sélectionnez Par colonne dans la liste déroulante Sens. Pour inverser la direction de la recherche et revenir à une occurrence précédente des caractères recherchés, maintenez enfoncée la touche Maj tout en cliquant sur le bouton Suivant.

Nul n'est irremplaçable

Si vous effectuez une recherche pour remplacer une entrée par une autre, vous pouvez automatiser cette opération grâce à l'onglet Remplacer de la boîte de dialogue Rechercher et remplacer. Si, dans l'onglet Accueil, vous sélectionnez Remplacer au lieu de Rechercher dans le menu du bouton Rechercher et sélectionner, ou si vous appuyez sur Ctrl+H, Excel ouvre la boîte de dialogue Rechercher et remplacer directement sous l'onglet Remplacer. Tapez le texte ou la valeur à remplacer dans le champ Rechercher, puis entrez le texte ou la valeur à lui substituer dans le champ Remplacer par.

Quand vous entrez un texte de remplacement, tapez-le exactement tel qu'il doit apparaître dans la cellule. Autrement dit, si vous voulez remplacer toutes les occurrences de *Jan* par *Janvier*, tapez dans la zone de texte Remplacer par :

```
Janvier
```

Veillez à bien mettre le J en majuscule dans le champ Remplacer par. En revanche, comme la recherche de texte ne tient pas compte des majuscules et des minuscules (à condition de n'avoir pas coché la case Respecter la casse, qui n'apparaît qu'après avoir cliqué sur le bouton Options pour déployer les commandes supplémentaires de la boîte de dialogue), vous pouvez très bien entrer ceci dans le champ Rechercher :

```
jan
```

Après avoir spécifié ce qu'il faut remplacer et par quoi, comme dans la Figure 6.12, vous pouvez demander à Excel d'effectuer les remplacements au cas par cas ou globalement. Pour procéder à tous les remplacements en une seule opération, cliquez sur le bouton Remplacer tout.

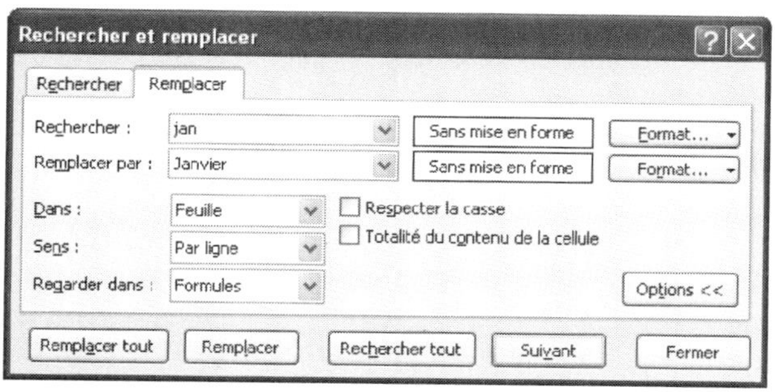

Figure 6.12 : Les options de l'onglet Remplacer servent à substituer des textes ou des valeurs.

NOTE TECHNIQUE

Soyez très prudent quand vous effectuez un rechercher/remplacer global, car lancée inconsidérément cette commande peut engendrer une énorme pagaille en remplaçant des parties de titres, de formules ou d'autres éléments que vous n'aviez pas du tout l'intention de modifier. Cela dit, respectez toujours cette règle d'or :

> **N'entreprenez jamais un rechercher/remplacer sur une feuille sans l'avoir préalablement enregistrée.**

Avant de commencer, assurez-vous aussi que la case Totalité du contenu de la cellule est cochée (elle n'est visible qu'après avoir cliqué sur le bouton Options). Si elle n'était pas cochée alors que vous comptez remplacer le contenu entier des cellules, et non une partie, vous risqueriez de vous retrouver avec bon nombre de remplacements indésirables.

Si vous avez néanmoins fait une fausse manœuvre et semé la pagaille, cliquez sur le bouton Annuler dans la barre d'outils Accès rapide ou appuyez sur Ctrl+Z.

Pour voir chaque occurrence avant de la remplacer, cliquez sur le bouton Suivant ou appuyez sur Entrée. Excel sélectionne la prochaine cellule dont le contenu correspond à ce qui a été entré dans la zone de texte Rechercher ; pour procéder au remplacement, cliquez sur le bouton Remplacer. Pour sauter l'occurrence, cliquez sur le bouton Suivant afin de poursuivre la recherche. Lorsque les opérations sont terminées, cliquez sur le bouton Fermer pour quitter la boîte de dialogue Rechercher et remplacer.

Avoir l'esprit calculateur

Retrouver des informations dans une feuille de calcul est certes de la plus haute importance, mais ne représente qu'une petite partie des opérations de maintenance. Dans un classeur de très grande taille qui contient de nombreuses feuilles de calcul bien remplies, vous désirerez parfois passer en mode de calcul manuel, c'est-à-dire sur ordre de votre part. Vous pourrez ainsi décider du moment où les formules doivent être recalculées. Vous aurez besoin de cette fonction de recalcul sur ordre quand vous vous rendrez compte qu'à chaque saisie ou modification de données Excel ralentit et ne réagit qu'à retardement. En suspendant les recalculs jusqu'au moment où vous serez prêt à enregistrer ou à imprimer le classeur, vous travaillerez à l'aise sans subir d'exaspérants temps d'attente.

Pour activer le recalcul manuel d'un classeur, cliquez sur le bouton Options de calcul dans l'onglet Formules, et sélectionnez l'option Manuel dans le menu qui apparaît. Lorsqu'il est en mode de recalcul manuel, Excel affiche le message :

```
Calculer
```

dans la Barre d'état chaque fois que vous faites une modification dans la feuille de calcul affectant d'une manière ou d'une autre les données utilisées par les formules. Donc, chaque fois que vous voyez ce message Calculer dans la Barre d'état, c'est que les calculs ont besoin d'être mis à jour parce que certaines choses ont changé dans leurs données. En particulier, recalculez toujours un classeur si vous voyez apparaître ce message dans la Barre d'état avant de l'imprimer, faute de quoi les résultats des calculs (au moins une partie d'entre eux) seraient faux.

Pour recalculer des formules sur ordre, appuyez sur la touche de fonction F9 ou sur Ctrl+= (égal), ou cliquez sur le bouton Calculer maintenant (celui qui représente une calculatrice), dans le groupe Calcul de l'onglet Formules.

Excel recalcule alors les formules dans toutes les feuilles du classeur. Si vous n'avez modifié que la feuille courante et ne désirez pas attendre qu'Excel recalcule toutes les autres feuilles, vous pouvez restreindre le recalcul à la feuille courante en appuyant sur Maj+F9 (au lieu de F9) ou en cliquant sur le bouton Calculer la feuille, juste au-dessous du bouton Calculer maintenant.

N'OUBLIEZ PAS

Si votre feuille de calcul contient des tables de données qui représentent des scénarios pour des analyses de simulation (pour en savoir plus à ce sujet, reportez-vous au Chapitre 8), vous pouvez demander à Excel de recalculer toute votre feuille de calcul à l'exception de ces tables. Pour cela, cliquez sur le bouton Options de calcul dans l'onglet Formules, et sélectionnez Automatique sauf dans les tables de données dans le menu qui apparaît.

ATTENTION !

Pour activer à nouveau le recalcul entièrement automatique, cliquez sur le bouton Options de calcul dans l'onglet Formules, et sélectionnez Automatique dans le menu qui apparaît.

Activer la protection

Après avoir plus ou moins finalisé une feuille de calcul en vérifiant les formules et les textes, vous voudrez la protéger de toutes modifications intempestives, qu'elles soient faites intentionnellement par autrui ou par inadvertance.

Chaque cellule d'une feuille de calcul peut être verrouillée ou déverrouillée. Par défaut, lorsque la protection est activée, comme nous l'expliquons ci-dessous, Excel verrouille la totalité des cellules de la feuille, de sorte que plus rien n'est modifiable. Pour activer la protection de la feuille de calcul :

1. **Dans le groupe Modifications de l'onglet Révision, cliquez sur le bouton Protéger la feuille.**

   Excel ouvre la boîte de dialogue Protéger la feuille. Elle permet d'activer les options de protection pour la feuille à verrouiller. Par défaut, la case Protéger la feuille et le contenu des cellules verrouillées, en haut de la boîte de dialogue, est cochée, de même que (dans la liste Autoriser tous les utilisateurs de cette feuille à :) les deux options Sélectionner les cellules verrouillées et Sélectionner les cellules déverrouillées.

2. **Cochez éventuellement une ou plusieurs cases, dans la fenêtre Autoriser tous les utilisateurs de cette feuille à..., selon la liberté que vous laisserez à autrui de modifier la feuille de calcul.**

3. **Si vous voulez spécifier un mot de passe qui devra être donné pour désactiver la protection de la feuille, entrez celui-ci dans le champ Mot de passe pour ôter la protection de la feuille.**

4. **Cliquez sur OK ou appuyez sur Entrée.**

   Quand vous entrez un mot de passe dans la zone de texte Mot de passe pour ôter la protection de la feuille, Excel ouvre une boîte de dialogue Confirmer le mot de passe. Vous devez retaper le mot de passe exactement comme dans la boîte de dialogue Protéger la feuille, puis cliquer sur OK ou appuyer sur Entrée.

Si vous voulez aller plus loin et protéger également la disposition des feuilles de calcul dans un classeur, vous devrez protéger la totalité du classeur en procédant ainsi :

1. **Dans le groupe Modifications de l'onglet Révision, cliquez sur le bouton Protéger le classeur, et sélectionnez Protéger la structure et les fenêtres dans le menu qui apparaît.**

   Excel ouvre la boîte de dialogue Protéger la structure et les fenêtres. La case Structure est cochée, mais pas la case Fenêtres. Du fait que la case Structure est cochée, Excel n'autorisera aucune manipulation de feuille ; il ne sera pas question d'en supprimer ou de modifier leur ordre. Pour protéger les fenêtres que vous auriez configurées (comme il est décrit dans le Chapitre 7), cochez la case Fenêtres.

2. **Si vous voulez spécifier un mot de passe qui devra être donné pour désactiver la protection du classeur, entrez celui-ci dans le champ Mot de passe (facultatif).**

3. **Cliquez sur OK ou appuyez sur Entrée.**

   Si vous avez entré un mot de passe, Excel ouvre la boîte de dialogue Confirmer le mot de passe. Retapez le mot de passe exactement comme à l'Étape 2, puis cliquez sur OK ou appuyez sur Entrée.

La commande Protéger la feuille empêche toute saisie ou modification du contenu des cellules verrouillées, hormis les opérations expressément autorisées en cochant les cases appropriées dans la fenêtre Autoriser tous les utilisateurs de cette feuille à... (voir l'Étape 2 dans la manipulation précédente). La commande Protéger le classeur empêche tout changement dans la disposition des feuilles de calcul du classeur.

Lorsque vous essayez d'entrer des données ou d'en modifier dans une cellule protégée, Excel affiche le message suivant :

```
La cellule ou le graphique est protégé et en lecture seule.
Pour modifier une cellule ou un trafic protégé, ôtez la protection
avec la commande Ôter la protection de la feuille (onglet Révision,
groupe Modifications). Vous devrez peut-être taper un mot de passe.
```

En général, la protection ne vise pas à verrouiller l'intégralité d'une feuille de calcul ou d'un classeur, mais seulement à empêcher des modifications dans certaines zones des feuilles. Par exemple, dans la feuille de calcul d'un budget, vous protégerez toutes les cellules contenant des titres et des formules, mais vous autoriserez la saisie et la modification des cellules contenant les chiffres du budget. En procédant ainsi, vous ne risquerez pas d'effacer accidentellement des titres ou des formules parce que vous avez entré des données dans les mauvaises cellules, ce qui arrive plus fréquemment qu'on ne le pense.

Pour que certaines cellules ne soient pas verrouillées, de manière que l'on puisse toujours les modifier, dans une feuille ou un classeur verrouillé, sélectionnez les cellules que vous ne voulez pas verrouiller, ouvrez la boîte de dialogue Format de cellule (Ctrl+Maj+1 ; le 1 du clavier principal, pas celui du clavier numérique), cliquez sur l'onglet Protection, et ôtez la coche de la case Verrouillée. Cette case est toujours cochée, même si la feuille ou le classeur n'est pas verrouillé. En effet, elle ne permet pas de verrouiller une sélection de cellules dans une feuille ou un classeur qui n'est pas verrouillé, mais de déverrouiller une sélection de cellules dans une feuille ou un classeur verrouillé. Autrement dit, après avoir ôté la coche de cette case pour une sélection de cellules dans une feuille ou un classeur verrouillé, cette sélection est déverrouillée, et vous pouvez normalement en modifier les cellules.

Pour ôter la protection de la feuille de calcul courante, cliquez sur Ôter la protection de la feuille dans le groupe Modifications de l'onglet Révision. Pour ôter la protection du classeur courant, cliquez sur le bouton Protéger le classeur (dans le groupe Modifications de l'onglet Révision), et sélectionnez à nouveau Protéger la structure les fenêtres dans le menu qui apparaît, pour ôter la coche qui indique que cette protection est activée. Si vous aviez défini un mot de passe, il vous sera demandé dans une boîte de dialogue pour que vous puissiez ôter la protection.

Protéger et partager

Si vous avez créé un classeur dont le contenu peut être modifié par divers utilisateurs présents sur un réseau, vous pouvez utiliser la commande Protéger et partager le classeur (dans le groupe Modifications de l'onglet Révision). Cette commande fait en sorte qu'Excel suive toutes les modifications, et empêche un utilisateur de supprimer volontairement ou non le suivi des modifications. Pour activer cette fonction, il suffit de cocher la case Partage avec suivi des modifications, dans la boîte de dialogue Protection lors du partage. Cette boîte de dialogue apparaît lorsque vous cliquez sur le bouton Protéger et partager le classeur (dans le groupe Modifications de l'onglet Révision). Vous pouvez aussi spécifier dans cette boîte de dialogue un mot de passe qu'un utilisateur devra fournir pour pouvoir effectuer la moindre modification dans le classeur ainsi protégé.

Chapitre 7

Gérer des feuilles de calcul multiples

Dans ce chapitre :

- Aller d'une feuille à une autre dans un classeur.
- Ajouter ou supprimer des feuilles dans un classeur.
- Sélectionner des feuilles pour des modifications groupées.
- Nommer judicieusement les onglets des feuilles.
- Réorganiser les feuilles d'un classeur.
- Afficher des parties de différentes feuilles.
- Comparer deux feuilles en côte à côte.
- Copier ou déplacer des feuilles d'un classeur à un autre.

Quand vous débutez dans l'utilisation d'un tableur, vous avez bien assez à faire avec une seule feuille de calcul (et un classeur d'Excel en contient trois dès sa création), si bien que la seule idée de travailler simultanément avec plusieurs feuilles vous rebute. Mais avec un peu pas beaucoup plus compliqué qu'avec une seule.

Jongler avec les feuilles de calcul

Vous devez certes apprendre *comment* travailler avec plusieurs feuilles de calcul à la fois, mais il est tout aussi important, sinon plus, de savoir *pourquoi* se lancer dans de telles opérations. Le cas de figure le plus courant est celui où vous vous retrouvez face à un certain nombre de feuilles de calcul, le contenu de chacune pouvant se référer aux autres, et appartenant donc logiquement au même classeur. Prenons par exemple le cas de la société La mère l'Oie, qui commercialise ses produits par l'intermédiaire de plusieurs distributeurs. Pour garder une trace des ventes annuelles de tous ces distributeurs, vous pourriez créer un classeur contenant une feuille de calcul pour chacun d'eux.

En plaçant les résultats commerciaux de chaque distributeur sur différentes feuilles d'un même classeur, vous bénéficierez des avantages suivants :

- Vous pouvez entrer les données communes à toutes les feuilles de ventes (si vous sélectionnez leurs onglets) en ne les tapant qu'une seule fois dans la première feuille de calcul (voir la section "Les modifications simultanées", plus loin dans ce chapitre).
- Pour faciliter la création de la première feuille de calcul pour les ventes du premier distributeur, vous pouvez programmer des macrocommandes pour le classeur courant, qui vous seront fort utiles pour créer les feuilles de calcul des autres. Une *macrocommande* est une suite de tâches répétitives qui ont été enregistrées afin de les réutiliser facilement et rapidement.
- Vous pouvez rapidement comparer les ventes d'une société avec celles d'une autre (voir la section "Ouvrir des fenêtres dans vos feuilles de calcul", plus loin dans ce chapitre).
- Toutes les informations de ventes de chaque distributeur peuvent être imprimées en une fois (reportez-vous au Chapitre 5 pour savoir comment imprimer des feuilles de calcul en particulier ou la totalité d'un classeur).
- Il est facile d'élaborer une feuille de calcul récapitulative dont les formules totalisent les ventes annuelles et trimestrielles de tous les distributeurs (voir la section "Pour récapituler...", plus loin dans ce chapitre).

Passer d'une feuille à une autre

Chaque classeur que vous créez contient trois feuilles de calcul nommées *Feuil1*, *Feuil2* et *Feuil3*. Ces noms apparaissent sur des onglets, en bas à gauche de la fenêtre du classeur. Pour passer d'une feuille à une autre, il suffit de cliquer sur l'onglet de la feuille de calcul que vous désirez voir. Excel la place sur le dessus de l'empilement ; son contenu est alors visible dans la fenêtre du classeur. Il est facile de savoir quelle feuille est affichée car, sur son onglet, son nom apparaît en gras, et l'onglet semble placé au-dessus des autres et faire partie de la feuille.

Le seul problème, quant au choix d'un onglet en cliquant dessus, se produit lorsque les feuilles de calcul sont si nombreuses dans le classeur (nous verrons plus loin comment en ajouter) que tous les onglets ne sont pas visibles simultanément, en particulier celui que vous recherchez. Pour résoudre ce problème, Excel propose une série de boutons (voir Figure 7.1) qui permettent de faire défiler les onglets des feuilles de calcul.

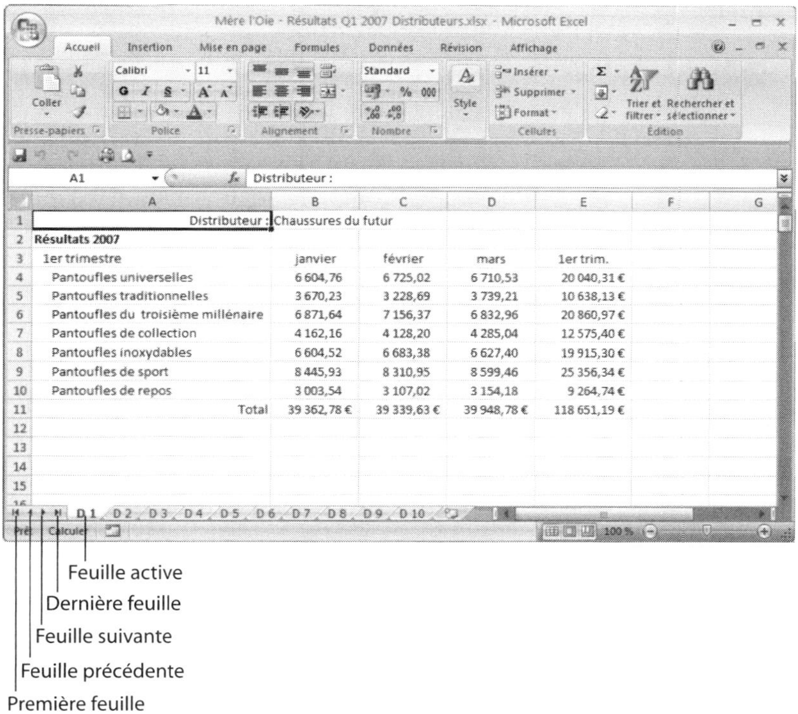

Figure 7.1 : Des boutons de défilement permettent d'accéder à tous les onglets d'un classeur.

- Cliquez sur le bouton Onglet suivant (celui avec le triangle pointant vers la droite) pour décaler les onglets d'un cran vers la gauche. Maintenez la touche Maj enfoncée pendant le clic pour faire défiler plusieurs onglets à la fois.

- Cliquez sur le bouton Onglet précédent (celui avec le triangle pointant vers la gauche) pour décaler les onglets d'un cran vers la droite. Maintenez la touche Maj enfoncée pendant le clic pour faire défiler plusieurs onglets à la fois.

- Cliquez sur le bouton Dernier onglet (celui avec le triangle pointant vers la droite contre une barre verticale) pour décaler les onglets vers la gauche de façon que le dernier soit visible.
- Cliquez sur le bouton Premier onglet (celui avec le triangle pointant vers la gauche contre une barre verticale) pour décaler les onglets vers la droite de façon que le premier soit visible.

N'oubliez pas que faire défiler des onglets ne les sélectionne pas. Vous devrez cliquer sur l'onglet de la feuille que vous voulez voir.

Pour accéder à l'onglet d'une feuille sans être obligé d'en faire défiler un grand nombre, actionnez la poignée de la barre de défilement horizontal (voir Figure 7.2) vers la droite afin d'augmenter la zone réservée à l'affichage des onglets (au détriment de la longueur de la barre de défilement horizontal). Si la barre de défilement horizontal ne vous intéresse pas, vous pourrez afficher un maximum d'onglets en vous en débarrassant. Pour ce faire, déplacez sa poignée vers la droite, jusqu'à ce qu'elle soit côte à côte avec la barre de fractionnement vertical.

Pour rétablir la barre de défilement à sa taille normale, tirez la barre de fractionnement d'onglet vers la gauche ou, ce qui est plus rapide et efficace, double-cliquez dessus.

Accéder à une feuille avec le clavier

Vous pouvez vous dispenser de cliquer sur les petits boutons de la barre d'onglets et aller de feuille en feuille avec les touches du clavier. Pour passer à la suivante, appuyez sur Ctrl+PageBas. Pour passer à la précédente, appuyez sur Ctrl+PageHaut. Ces raccourcis sont d'autant plus utiles qu'ils fonctionnent même si les onglets ne sont pas visibles dans la barre de défilement.

Les modifications simultanées

Chaque fois que vous cliquez sur un onglet de feuille de calcul, vous sélectionnez la feuille et la rendez active, ce qui permet d'en modifier

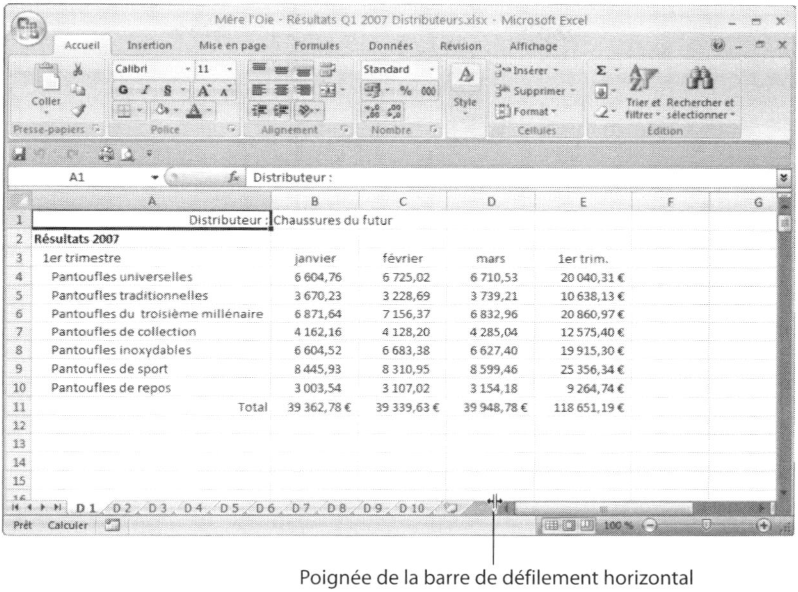

Figure 7.2 : Déplacez la poignée de réglage de l'espace des onglets pour afficher un plus grand nombre d'onglets.

les cellules. Il vous arrivera toutefois de vouloir sélectionner plusieurs feuilles à la fois pour les modifier simultanément. Quand plusieurs feuilles sont sélectionnées, toute modification apportée à la feuille courante, comme la saisie d'une information dans une cellule ou une suppression de données, s'effectue ipso facto sur les mêmes cellules de toutes les feuilles sélectionnées.

En d'autres termes, supposons que vous deviez créer trois feuilles dans un nouveau classeur qui contiennent chacune les noms des douze mois de l'année, en commençant par la ligne 3 de la colonne B. Avant de taper **janvier** en B3, puis d'utiliser la poignée de recopie automatique comme nous l'avons décrit dans le Chapitre 2 pour générer automatiquement les onze autres mois, vous sélectionnerez les trois feuilles de calcul *Feuil1*, *Feuil2* et *Feuil3*. En procédant ainsi, Excel insère les noms des mois de l'année dans les trois feuilles à la fois lors de la saisie. Rapide et efficace, n'est-ce pas ?

De même, supposons que vous vouliez vous débarrasser, dans un autre classeur, des feuilles Feuil2 et Feuil3. Au lieu de cliquer sur l'onglet Feuil2 et de sélectionner Supprimer une feuille dans le menu du bouton Supprimer de l'onglet Accueil, puis de cliquer sur l'onglet Feuil3 et de répéter cette manipulation, sélectionnez les deux feuilles à éliminer, puis sélectionnez Supprimer une feuille dans le menu du bouton Supprimer de l'onglet Accueil.

Pour sélectionner plusieurs feuilles de calcul à la fois, vous disposez de plusieurs choix :

- Pour sélectionner un groupe de feuilles de calcul dont les onglets se suivent, cliquez sur le premier onglet puis faites-les défiler jusqu'à ce que le dernier onglet à sélectionner apparaisse. Maintenez enfoncée la touche Maj, et cliquez sur le dernier onglet. Tous les onglets à partir du premier clic sont sélectionnés. C'est la bonne vieille méthode du Maj-clic.
- Pour sélectionner des feuilles éparses, cliquez sur l'onglet de la première d'entre elles puis, touche Ctrl enfoncée, cliquez sur les autres onglets des feuilles à sélectionner.
- Pour sélectionner toutes les feuilles d'un classeur, cliquez avec le bouton droit de la souris sur l'onglet de la feuille à activer puis, dans le menu qui apparaît, choisissez Sélectionner toutes les feuilles.

Excel indique les feuilles sélectionnées en mettant les onglets en blanc (mais le nom de la feuille active est en gras) et en affichant, dans la barre de titre d'Excel, la mention [Groupe de travail] après le nom du fichier.

Pour désélectionner un groupe de feuilles une fois que vous avez fini de les modifier, il suffit de cliquer sur un onglet non sélectionné, c'est-à-dire un onglet gris. Il est aussi possible de désélectionner toutes les feuilles sauf la feuille active en cliquant sur cette dernière avec le bouton droit de la souris et en choisissant, dans le menu contextuel, la commande Dissocier les feuilles.

Ajouter des feuilles de calcul à un classeur

Pour certains d'entre vous, les trois feuilles de calcul qu'Excel octroie par défaut sont plus que suffisantes, mais pas pour d'autres. C'est le cas lorsqu'une entreprise possède une dizaine de filiales ou si vous calculez fréquemment des budgets pour une vingtaine de services, ou si vous devez gérer les notes de frais d'une quarantaine de représentants.

Il est très facile d'ajouter des feuilles de calcul à un classeur, ou d'en supprimer. Excel en accepte jusqu'à 255. Cliquez simplement sur le bouton Insérer une feuille de calcul, qui apparaît juste à droite du dernier onglet de feuille de calcul.

Pour insérer plusieurs feuilles de calcul d'un seul coup dans un classeur, sélectionnez d'abord un groupe comportant autant d'onglets que de feuilles que vous désirez ajouter, en commençant à l'emplacement où elles devront être ajoutées. Puis, dans le groupe Cellules de l'onglet Accueil, cliquez sur le triangle pointant vers le bas du bouton Insérer, et sélectionnez Insérer une feuille dans le menu qui apparaît.

Pour supprimer une feuille de calcul d'un classeur, suivez ces étapes :

1. **Cliquez sur l'onglet de la feuille de calcul à supprimer.**
2. **Dans le groupe Cellules de l'onglet Accueil, cliquez sur le triangle pointant vers le bas du bouton Supprimer, et sélectionnez Supprimer une feuille dans le menu qui apparaît.**

   Si la feuille que vous supprimez contient des données, Excel affiche un message d'alerte qui prévient que vous êtes sur le point de supprimer définitivement la feuille de calcul sélectionnée.

3. **Si vous voulez vraiment supprimer la feuille, cliquez sur OK ou appuyez sur Entrée.**

   Rappelez-vous toujours que la suppression d'une feuille de calcul est l'un des cas où vous ne pourrez pas recourir à la fonction Annuler pour revenir en arrière.

Pour supprimer plusieurs feuilles de calcul d'un classeur, sélectionnez-les puis, dans le groupe Cellules de l'onglet Accueil, cliquez sur le triangle pointant vers le bas du bouton Supprimer, et sélectionnez Supprimer une feuille dans le menu qui apparaît. Après avoir vérifié qu'aucune feuille à supprimer n'a été oubliée, cliquez sur OK ou appuyez sur Entrée, après l'apparition de la boîte d'alerte.

Si vous êtes amené à créer très souvent des classeurs comportant plus ou moins que les trois feuilles créées par défaut, vous pouvez changer le nombre de feuilles de calcul qu'Excel crée par défaut dans chaque nouveau classeur. Vous pourrez ainsi obtenir des classeurs prêts à l'usage sans avoir à ajouter ou à supprimer des feuilles. Pour cela, cliquez sur Bouton Office/Options Excel, dans l'onglet Standard de la boîte de dialogue Options Excel, entrez le nombre voulu dans le champ Inclure ces feuilles de la section Lors de la création de classeurs, puis cliquez sur OK.

D'autres noms pour les feuilles

Les noms qu'Excel attribue par défaut aux feuilles de calcul, *Feuil1*, *Feuil2*, *Feuil3...*, ne brillent pas par leur originalité et n'évoquent en rien ce que contiennent ces feuilles. Il est fort heureusement facile de renommer l'onglet d'une feuille de calcul d'une manière un peu plus évocatrice. Ce nom peut comporter jusqu'à 31 caractères.

Procédez comme suit pour renommer un onglet de feuille de calcul :

1. **Double-cliquez sur l'onglet de la feuille ou cliquez dessus avec le bouton droit de la souris et, dans le menu contextuel, choisissez l'option Renommer.**

N'OUBLIEZ PAS

Des noms brefs et concis

Bien qu'Excel accepte jusqu'à 31 caractères pour les noms des onglets (y compris les espaces), il est recommandé de choisir des noms aussi courts que possible pour les deux raisons suivantes :

- La première est que, plus le nom est long, plus l'onglet l'est aussi. Et plus les onglets sont longs, moins vous pouvez en faire apparaître. Et moins vous voyez d'onglets, plus vous avez à les faire défiler pour accéder à celui que vous voulez.
- La seconde est que si vous devez créer des formules qui vont chercher des données dans d'autres feuilles de calcul (nous verrons comment dans la section "Pour récapituler...", plus loin dans ce chapitre), vous devrez taper le nom des feuilles dans la formule, car Excel s'en sert pour référencer les cellules. C'est le seul moyen qu'il possède pour différencier la cellule C1 de la feuille de calcul Feuil1 de cette même cellule C2 dans Feuil2. Or, si les noms de feuilles sont longs, la formule la plus simple remplira la Barre de formule, même si elle se réfère seulement à une ou deux autres feuilles de calcul.

Bref, respectez la règle générale qui stipule que plus un nom de feuille est court, mieux c'est, et n'oubliez pas que deux feuilles de calcul du même classeur ne peuvent pas porter le même nom.

Le nom actuel de la feuille de calcul est sélectionné.

2. **Remplacez le nom actuel de la feuille de calcul en tapant le nouveau nom.**

3. **Appuyez sur la touche Entrée.**

   L'onglet de feuille affiche maintenant son nouveau nom.

Des onglets en couleurs

Excel permet d'affecter différentes couleurs aux onglets des feuilles de calcul, par exemple du rouge pour signaler des feuilles de calcul nécessitant une vérification immédiate ou du bleu pour les feuilles déjà vérifiées.

Pour colorier un onglet de feuille, cliquez dessus avec le bouton droit de la souris, sélectionnez l'option Couleur d'onglet dans le menu qui apparaît, puis sélectionnez la couleur voulue dans la palette qui s'affiche. Le nom de la feuille de calcul active apparaît d'abord souligné dans la couleur choisie. Mais dès que vous sélectionnez un autre onglet, celui qui a été coloré apparaît dans la couleur choisie ; si celle-ci est sombre, le texte de l'onglet est affiché en blanc afin d'améliorer sa lisibilité.

Pour ôter la couleur d'un onglet, procédez comme pour la mise en couleur mais en sélectionnant Aucune couleur dans la palette.

Modifier l'ordre des feuilles de calcul

Il vous arrivera de vouloir modifier l'ordre dans lequel les feuilles de calcul se succèdent dans le classeur. Il suffit pour cela de faire glisser l'onglet de la feuille que vous désirez déplacer. Pendant ce déplacement, le pointeur se transforme en icône en forme de feuille qui accompagne la flèche, et un repère indique l'emplacement où sera déposé l'onglet (voir Figures 7.3 et 7.4) lorsque vous relâcherez le bouton de la souris.

Si vous maintenez la touche Ctrl enfoncée tout en déplaçant un onglet, Excel insère une copie de la feuille de calcul à l'emplacement où vous relâchez le bouton de la souris. Pendant cette manipulation, le pointeur est accompagné d'un signe + (plus). La copie possède le même nom que la feuille originale suivi de la mention (2).

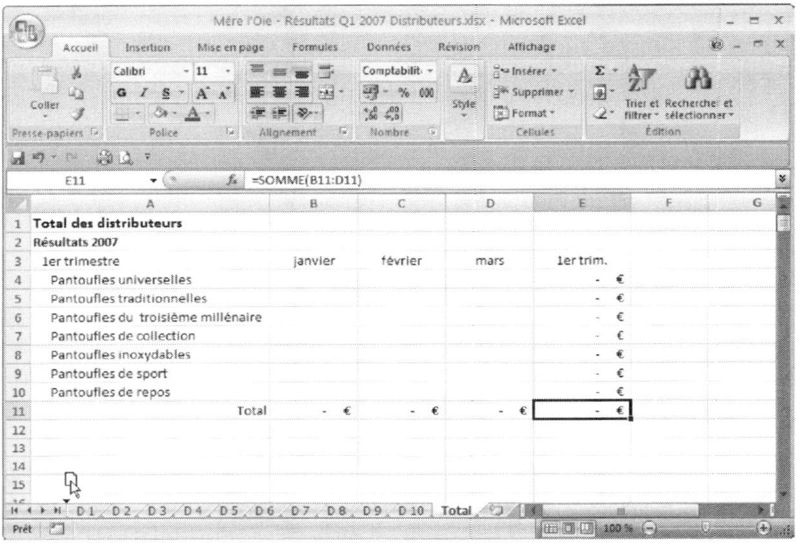

Figure 7.3 : Déplacement de l'onglet Total vers le début de l'espace des onglets.

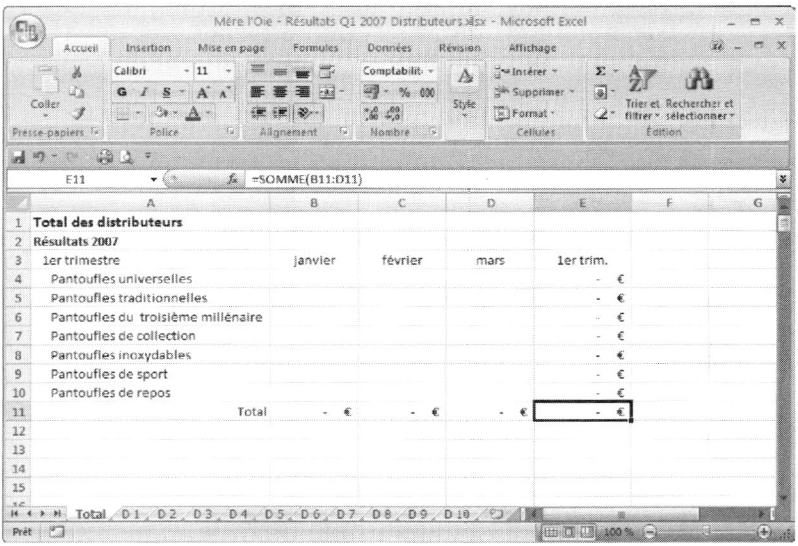

Figure 7.4 : La feuille de calcul Total se trouve maintenant en tête du classeur.

Par exemple, si vous copiez la Feuil5, la nouvelle feuille de calcul sera nommée *Feuil5 (2)*. L'onglet peut bien sûr être renommé pour afficher un nom un peu moins ésotérique (cette manipulation est décrite dans la section "D'autres noms pour les feuilles", un peu plus haut dans ce chapitre).

ATTENTION !

Vous pouvez aussi déplacer ou copier des feuilles de calcul dans le classeur en sélectionnant la feuille à déplacer ou à copier et en choisissant, dans le menu contextuel, l'option Déplacer ou copier. Dans la boîte de dialogue Déplacer ou copier, cliquez sur le nom de la feuille avant laquelle la feuille active doit être déplacée ou copiée.

Pour déplacer la feuille active juste avant la feuille que vous venez de sélectionner dans la boîte de dialogue Déplacer ou copier, cliquez simplement sur le bouton OK. Pour effectuer une copie, cochez d'abord la case Créer une copie, en bas de la boîte de dialogue, puis cliquez sur OK. Si une copie a été faite, et non un déplacement, Excel ajoute un numéro d'ordre à l'onglet. Par exemple, si vous avez copié la feuille de calcul Pertes et Profits, l'onglet de la copie aura pour nom *Pertes et Profits (2)*.

Ouvrir des fenêtres sur vos feuilles de calcul

De même qu'il est possible de fractionner une feuille de calcul en deux volets permettant de voir et de comparer deux parties éloignées d'une même feuille, comme nous l'avons expliqué dans le Chapitre 6, un classeur peut être divisé en fenêtres de feuilles de calcul qui peuvent ensuite être disposées à votre gré pour voir différentes parties de chacune des feuilles.

Pour ouvrir des feuilles de calcul dans différentes fenêtres, vous devez créer de nouvelles fenêtres de classeur qui s'ajouteront à celle qu'Excel ouvre automatiquement dès que vous accédez à un classeur. Vous sélectionnerez ensuite la feuille de calcul à afficher dans la nouvelle fenêtre. Ces opérations s'accomplissent de la manière suivante :

1. **Dans le groupe Fenêtre de l'onglet Affichage, cliquez sur le bouton Nouvelle fenêtre pour créer une deuxième fenêtre du même classeur, puis cliquez sur l'onglet que vous voulez afficher dans cette deuxième fenêtre (reconnaissable à la mention :2 ajoutée par Excel au nom du classeur dans la barre de titre de la fenêtre).**

2. **Cliquez à nouveau sur le bouton Nouvelle fenêtre pour créer une troisième fenêtre, puis cliquez sur l'onglet que vous voulez afficher dans cette troisième fenêtre (reconnaissable**

à la mention :3 ajoutée par Excel au nom du classeur dans la barre de titre de la fenêtre).

3. **Continuez ainsi comme à l'étape précédente pour créer une nouvelle fenêtre, en sélectionnant à chaque fois dans la nouvelle fenêtre l'onglet de la feuille de calcul qui devra y être affichée pour être comparée avec les autres.**

4. **Dans le groupe Fenêtre de l'onglet Affichage, cliquez sur le bouton Réorganiser tout, puis sélectionnez l'option de réorganisation que vous voulez dans la boîte de dialogue Réorganiser (décrite ci-dessous) qui apparaît.**

La boîte de dialogue Réorganiser contient les options suivantes :

- **Mosaïque :** Excel dispose les fenêtres côte à côte à l'écran, dans l'ordre où vous les avez ouvertes. La Figure 7.5 montre un arrangement à quatre fenêtres.

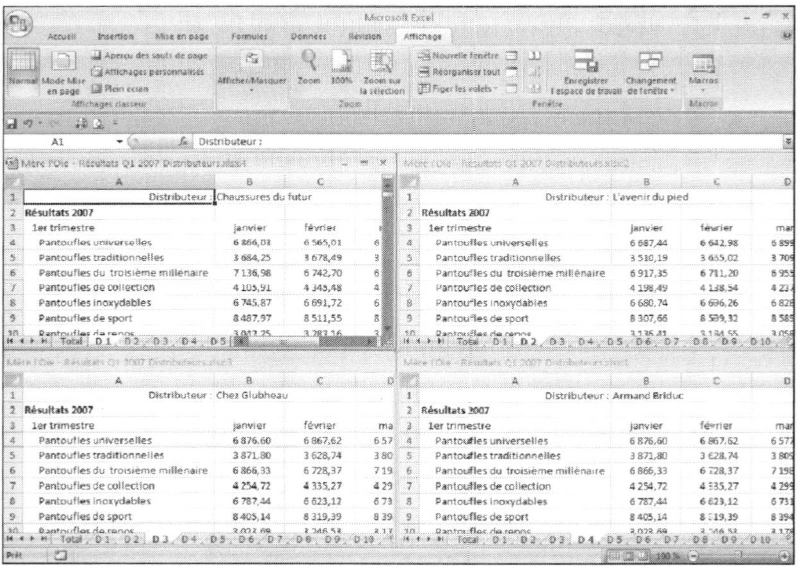

Figure 7.5 : Disposition de quatre fenêtres de feuilles de calcul avec l'option Mosaïque.

- **Horizontal :** Excel redimensionne les fenêtres à une même taille et les superpose, comme le montre la Figure 7.6.

- **Vertical :** Excel redimensionne les fenêtres à une même taille et les juxtapose, comme le montre la Figure 7.7.

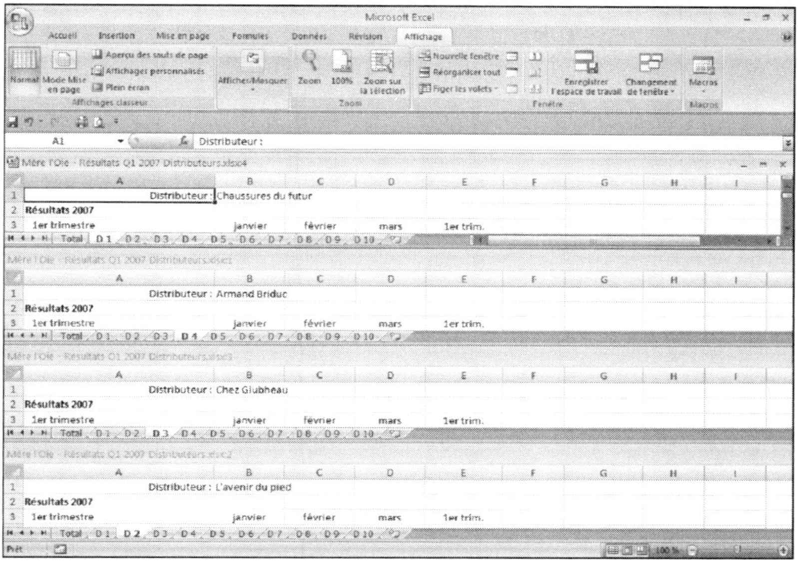

Figure 7.6 : Superposition de quatre fenêtres de feuilles de calcul avec l'option Horizontal.

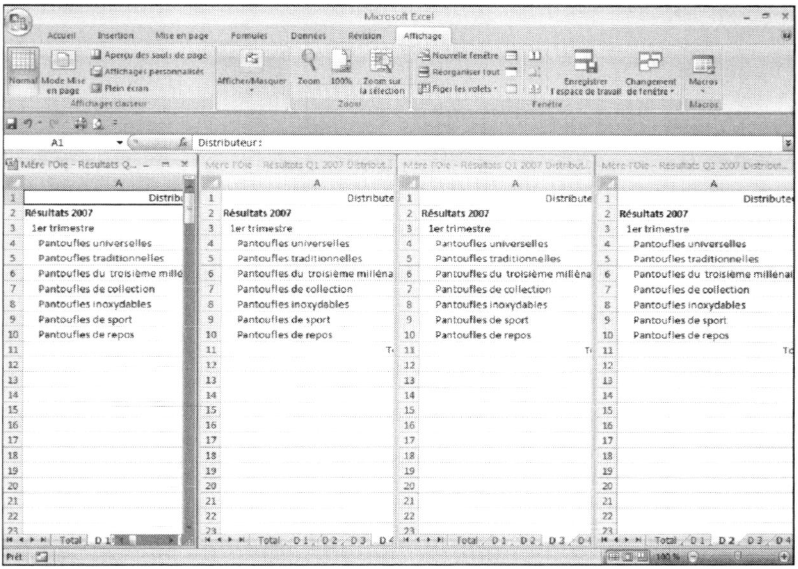

Figure 7.7 : Juxtaposition de quatre fenêtres de feuilles de calcul avec l'option Vertical.

- **Cascade :** Excel redimensionne les fenêtres et les empile en léger décalage les unes par rapport aux autres, comme l'illustre la Figure 7.8.

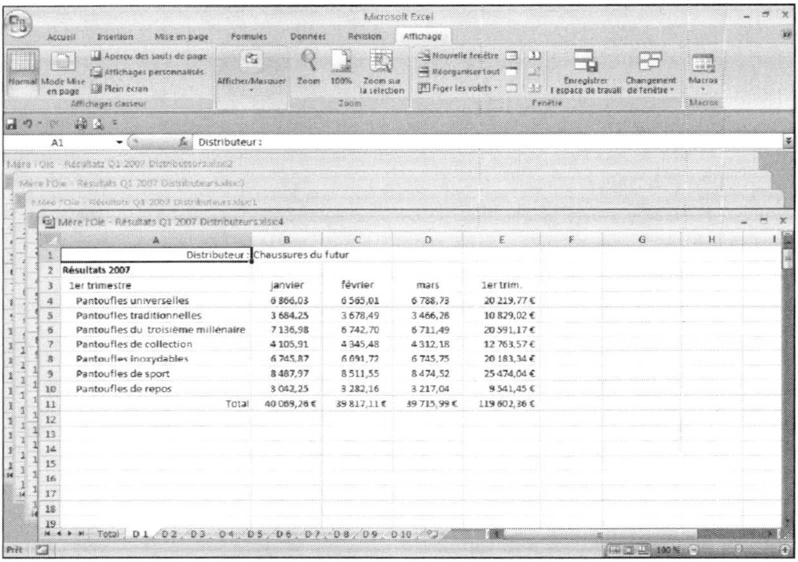

Figure 7.8 : Empilement de feuilles de calcul obtenu avec l'option Cascade.

- **Fenêtres du classeur actif :** Lorsque cette case est cochée, Excel ne montre que les fenêtres qui ont été ouvertes dans le classeur courant. Sinon, il affiche toutes les fenêtres de tous les classeurs ouverts. Eh oui, tout comme il est possible d'ouvrir plusieurs fenêtres d'un même classeur, il est aussi possible d'ouvrir plusieurs classeurs à la fois, à condition toutefois que l'ordinateur dispose de suffisamment de mémoire vive, et que vous ne soyez pas saturé par autant d'informations à gérer.

ATTENTION !

Après avoir choisi une disposition, activez la fenêtre de la feuille de calcul que vous désirez utiliser (si elle ne l'est pas déjà) en cliquant dedans. Dans le cas d'une disposition en cascade, vous devrez cliquer dans la barre de titre ou sur le bouton approprié dans la Barre des tâches de Windows XP ou Vista.

Quand vous cliquez sur une fenêtre de feuille de calcul qui a été disposée en mosaïque, verticalement ou horizontalement, Excel indique que cette feuille est sélectionnée en mettant sa barre de titre en surbrillance et en faisant apparaître les barres de défilement de sa fenêtre. Quand vous cliquez sur la barre de titre d'une feuille de calcul disposée en cascade, elle se place spontanément au premier plan de l'empilement. Sa barre de titre est en surbrillance et ses barres de défilement visibles.

Il est possible de zoomer temporairement dans une fenêtre et de l'afficher dans la totalité de l'espace de travail en cliquant sur le bouton Agrandir de sa barre de titre. Quand vous avez fini de travailler en mode agrandi, rétablissez-la à sa taille précédente en cliquant sur le bouton Restaurer la fenêtre.

N'OUBLIEZ PAS

Pour sélectionner avec le clavier la prochaine fenêtre réorganisée en mosaïque, horizontalement ou verticalement, ou placer sur le dessus de la pile la prochaine fenêtre d'une disposition en cascade, appuyez sur Ctrl+F6. Pour sélectionner la fenêtre précédente, appuyez sur Ctrl+Maj+F6. Notez que ces raccourcis clavier fonctionnent même lorsque ces fenêtres ont été agrandies dans l'espace de travail d'Excel.

Si vous fermez l'une des fenêtres réorganisées en cliquant sur le bouton Fermer dans la barre de titre (celui avec un X) ou en appuyant sur Ctrl+W, Excel ne redimensionne pas les autres fenêtres pour combler le vide. De même, si vous créez maintenant une nouvelle fenêtre en cliquant sur le bouton Nouvelle fenêtre de l'onglet Affichage, Excel ne réorganise pas la disposition pour l'intégrer. Il se contente de la placer par-dessus les autres.

Pour combler le vide laissé par la fermeture d'une fenêtre, ou pour en intégrer une nouvelle, cliquez sur le bouton Réorganiser tout dans l'onglet Affichage pour ouvrir la boîte de dialogue Réorganiser, puis cliquez sur OK ou appuyez sur Entrée (le dernier bouton radio utilisé est toujours sélectionné ; si vous voulez changer de disposition, vous devrez choisir une autre option de réorganisation).

NOTE TECHNIQUE

N'essayez pas de fermer une fenêtre en cliquant sur Bouton Office/Fermer, car cette commande ferme tout le classeur, et par là même toutes les fenêtres qu'il contient.

Lorsque vous enregistrez le classeur, Excel enregistre l'arrangement courant des fenêtres avec le fichier, en même temps que toutes les autres modifications. Pour ne pas enregistrer la réorganisation, fermez toutes les fenêtres sauf une (en cliquant tout simplement sur leur bouton de fermeture dans leur coin supérieur droit, mais vous pouvez aussi les sélectionner et appuyer ensuite sur Ctrl+W), puis cliquez sur le bouton Agrandir de la dernière fenêtre. Sélectionnez ensuite l'onglet sur lequel le classeur devra s'ouvrir la prochaine fois que vous le chargerez, puis enregistrez le fichier.

Comparer deux feuilles de calcul en côte à côte

Vous pouvez utiliser la commande Afficher côte à côte de l'onglet Affichage (c'est le bouton du haut parmi les trois qui se trouvent juste à gauche du bouton Enregistrer l'espace de travail, dans le groupe Fenêtre de cet onglet) pour comparer en côte à côte deux fenêtres préalablement ouvertes. Lorsque vous cliquez sur ce bouton, Excel superpose automatiquement les deux fenêtres (comme si vous aviez sélectionné l'option Horizontal dans la boîte de dialogue Réorganiser), comme le montre la Figure 7.9.

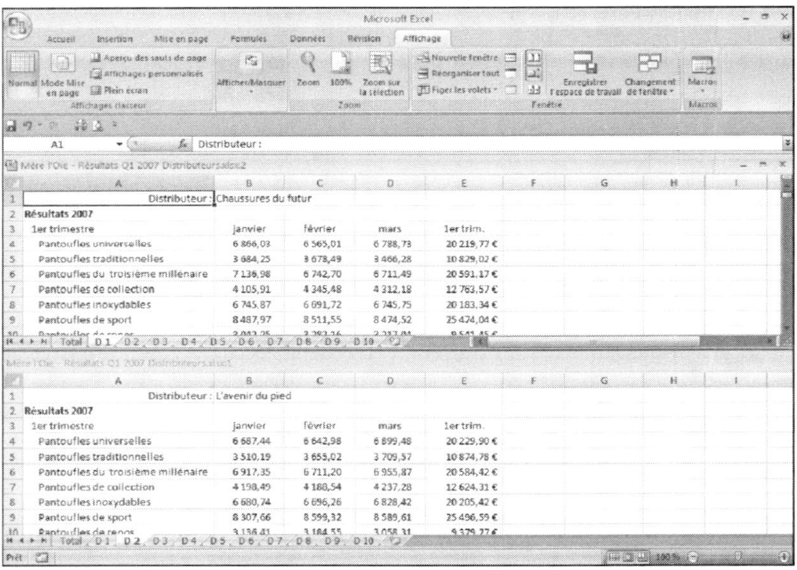

Figure 7.9 : Comparez deux feuilles de calcul en côte à côte.

Si plus de deux fenêtres sont ouvertes lorsque vous cliquez sur le bouton Afficher côte à côte, Excel ouvre la boîte de dialogue Comparer en côte à côte dans laquelle vous pouvez sélectionner la fenêtre qui sera comparée à la fenêtre active. Dès que vous cliquez sur OK, Excel affiche la fenêtre active côte à côte avec celle que vous venez de sélectionner.

Juste au-dessous du bouton Afficher côte à côte, dans le groupe Fenêtres de l'onglet Affichage, vous disposez de deux commandes utiles pour comparer deux fenêtres en côte à côte :

- **Défilement synchrone :** Lorsque ce bouton est actif (c'est-à-dire lorsqu'il apparaît sur fond orange, ce qui est le cas par défaut), dès que vous actionnez dans une fenêtre la barre de défilement horizontal ou vertical de la fenêtre active, le mouvement est répercuté dans l'autre fenêtre. Pour être en mesure de faire défiler uniquement la fenêtre active, cliquez sur le bouton Défilement synchrone (s'il est actif) pour le désactiver.
- **Rétablir la position de la fenêtre :** Après un redimensionnement manuel de la fenêtre active, cliquez sur ce bouton afin de restaurer la disposition des deux fenêtres, propice à une comparaison en côte à côte.

Transférer des feuilles de calcul d'un classeur à un autre

Dans certains cas, vous devrez déplacer ou copier une feuille de calcul dans un autre classeur. Voici la procédure à suivre :

1. **Ouvrez le classeur contenant la ou les feuilles de calcul à transférer ainsi que le classeur de destination.**

   Cliquez sur Bouton Office/Ouvrir ou appuyez sur Ctrl+O pour ouvrir les deux classeurs.

2. **Sélectionnez le classeur contenant la ou les feuilles de calcul à déplacer ou à copier.**

   Pour sélectionner le classeur, cliquez sur son bouton dans la Barre des tâches de Windows.

3. **Sélectionnez la ou les feuilles à déplacer ou à copier.**

   Pour sélectionner une seule feuille de calcul, cliquez sur son onglet. Pour sélectionner un groupe de feuilles adjacentes, cliquez sur le premier onglet puis, touche Maj enfoncée, cliquez sur le dernier onglet. Pour sélectionner des feuilles éparses, cliquez sur un premier onglet puis, touche Ctrl enfoncée, cliquez sur les onglets des autres feuilles.

4. **Cliquez du bouton droit sur l'onglet ou l'un des onglets sélectionnés, et sélectionnez Déplacer ou copier dans le menu qui apparaît.**

   Excel ouvre la boîte de dialogue Déplacer ou copier, visible Figure 7.10, dans laquelle vous préciserez s'il faut déplacer ou copier la ou les feuilles sélectionnées, et à quel endroit.

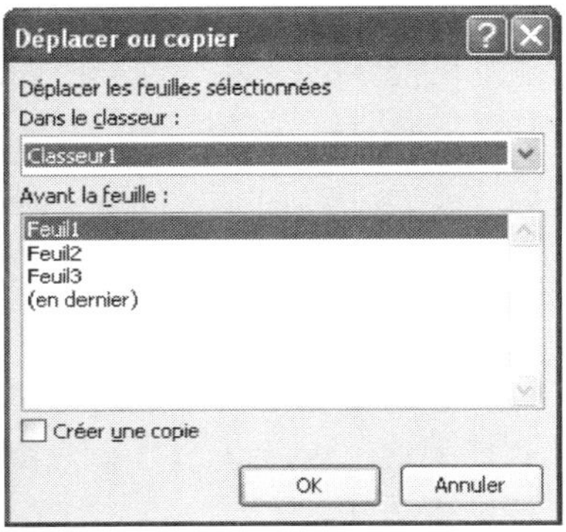

Figure 7.10 : Cette boîte de dialogue vous permet de copier ou de déplacer des feuilles de calcul du classeur en cours vers un autre classeur.

5. **Dans la liste déroulante Dans le classeur, sélectionnez le nom du classeur dans lequel vous désirez déplacer ou copier la ou les feuilles de calcul.**

   Si vous voulez déplacer ou copier les feuilles sélectionnées dans un nouveau classeur au lieu d'un classeur existant, choisissez l'option Nouveau classeur, tout en haut de la liste déroulante.

6. **Dans la liste Avant la feuille, sélectionnez le nom de la feuille de calcul, dans le classeur de destination, avant laquelle les feuilles déplacées ou copiées doivent être placées. Si vous voulez les placer à la fin, choisissez l'option En dernier.**

7. **Si vous voulez copier et non déplacer les feuilles sélectionnées, cochez la case Créer une copie.**

8. **Cliquez sur OK ou appuyez sur Entrée pour terminer l'opération de déplacement ou de copie.**

Si vous préférez une méthode plus directe, vous pouvez déplacer ou copier des feuilles entre des classeurs ouverts en faisant glisser les onglets sélectionnés de l'un à l'autre. Notez que cette technique fonctionne aussi bien avec une seule feuille qu'avec plusieurs à la fois.

Pour faire glisser une feuille de calcul d'un classeur vers un autre, les deux classeurs doivent être ouverts. Cliquez sur le bouton Réorganiser tout dans l'onglet Affichage, puis choisissez une disposition (en mosaïque, horizontale ou verticale). Avant de fermer la boîte de dialogue Réorganiser, assurez-vous que la case Fenêtres du classeur *n'est pas* cochée.

Après avoir réorganisé les fenêtres du classeur, faites glisser l'onglet de feuille d'un classeur vers un autre. Pour copier une feuille plutôt que de la déplacer, maintenez la touche Ctrl enfoncée pendant la manipulation. Pour placer la feuille où bon vous semble dans le classeur de destination, cliquez sur le petit triangle noir de l'onglet et faites-le glisser jusqu'à l'emplacement où vous voulez déposer la feuille. Relâchez alors le bouton de la souris.

Cette opération par glisser-déposer est justement l'une de celles qui sont irréversibles, car impossibles à annuler. Cela signifie que si vous avez déplacé par erreur une feuille de calcul dans le mauvais classeur, vous devrez effectuer la procédure inverse pour la ramener là où elle était.

Les Figures 7.11 et 7.12 illustrent combien il est facile de déplacer ou de copier une feuille de calcul d'un classeur à un autre par un simple glisser-déposer.

La Figure 7.11 montre deux fenêtres de classeur côte à côte : Mère l'Oie - Résultats Q1 2007 Distributeurs à gauche, et un nouveau classeur (Classeur1) à droite (ces deux classeurs sont affichés avec une réorganisation verticale). Pour copier la feuille D1 (celle du premier distributeur) du classeur Mère l'Oie - Résultats Q1 2007 Distributeurs vers le nouveau classeur Classeur1, il suffit de sélectionner son onglet puis, touche Ctrl enfoncée, de le faire glisser jusqu'à son nouvel emplacement, juste avant l'onglet Feuil1 du classeur de destination (Classeur1).

Regardez maintenant la Figure 7.12 pour voir les classeurs juste après avoir relâché le bouton de la souris. Comme vous le constatez, Excel a inséré une copie de la feuille D1 du classeur Mère l'Oie - Résultats Q1 2007 Distributeurs dans le nouveau classeur Classeur1, avant l'onglet Feuil1, comme nous l'avions indiqué en plaçant à cet endroit le petit triangle noir.

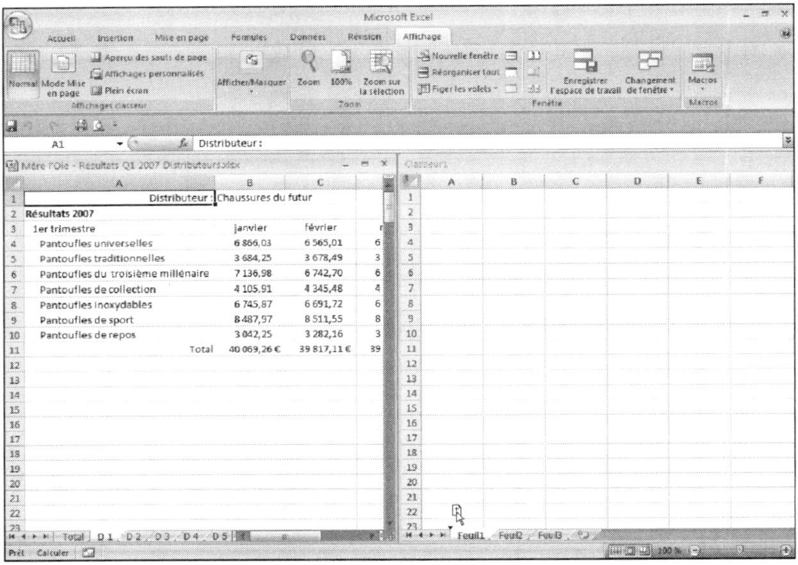

Figure 7.11 : Déplacement d'une feuille de calcul d'un classeur à un autre.

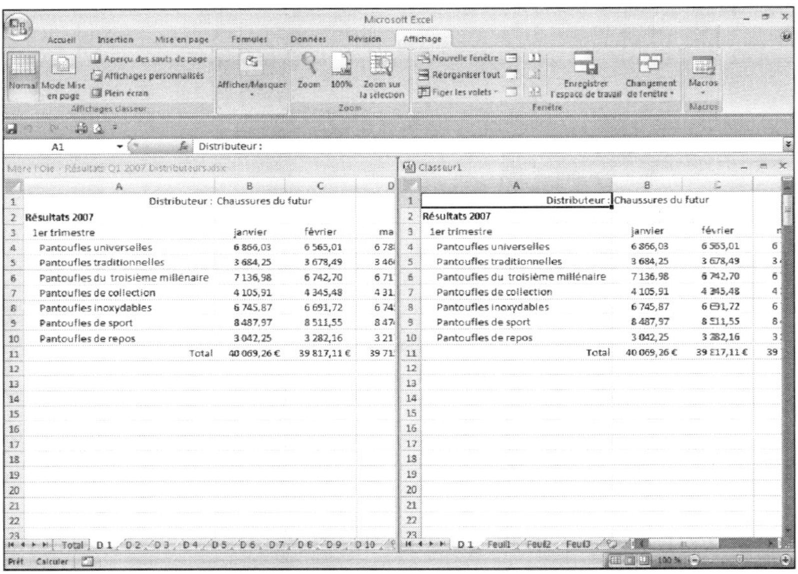

Figure 7.12 : La feuille de calcul D1 a été copiée du classeur de gauche dans le classeur de droite.

Pour récapituler...

Je m'en voudrais de ne pas vous présenter la fascinante fonctionnalité qui permet de créer une *feuille récapitulative* récapitulant tous les totaux des valeurs calculées dans d'autres feuilles du classeur.

Comme nous disposons déjà dans le classeur Mère l'Oie - Résultats Q1 2007 Distributeurs des résultats de tous ces distributeurs, la création de la feuille récapitulative sera très rapide :

1. **Dans ce classeur, une nouvelle feuille de calcul Feuil1 est insérée avant toutes les autres, puis renommée Total.**

   Pour savoir comment insérer une nouvelle feuille, reportez-vous à la section "Ajouter des feuilles de calcul à un classeur", dans ce chapitre. Pour savoir comment renommer une feuille, reportez-vous à la section "D'autres noms pour les feuilles".

2. **Le titre Total des distributeurs a été entré dans la cellule A1 de cette nouvelle feuille.**

   Il suffit de sélectionner cette cellule et de taper le texte.

3. **Tout le tableau de la feuille D 1 (Figure 7.1) à partir de la ligne 2 a été copié et collé au même emplacement dans la feuille Total, et les données des cellules B4 à D 10 ont été supprimées.**

   Pour cela, il suffit de sélectionner dans la feuille D 1 la plage de cellules A2:E11 et d'appuyer sur Ctrl+C, puis de cliquer sur l'onglet Total, de sélectionner dans celui-ci la cellule A2, et d'appuyer sur la touche Entrée. Enfin, pour effacer les données (sans toucher aux cellules dans lesquelles se trouvent les formules qui en font le total), il suffit de sélectionner la plage B4:D10 et d'appuyer sur la touche Suppr. Notez que les valeurs calculées par les formules qui font les totaux ne disparaissent pas aussitôt, mais seulement lorsque vous enregistrez la feuille (Ctrl+S).

Vous êtes maintenant prêt à créer la formule maître SOMME qui totalise les résultats des dix distributeurs, en commençant pour cela par le résultat de janvier pour le premier produit, c'est-à-dire par la cellule B4 de la feuille Total :

1. **Cliquez sur la cellule B4 puis sur le bouton Somme dans le groupe Édition de l'onglet Accueil.**

Excel fait apparaître =SOMME() dans la cellule ; le point d'insertion se trouve entre les deux parenthèses.

2. **Cliquez sur l'onglet D 1 puis sur la cellule B4 pour sélectionner le résultat de janvier pour le premier produit de la liste pour ce premier distributeur.**

   Après avoir sélectionné cette cellule, la formule devient =SOMME('D 1'!B4). Attention ! Pour le constater, ne cliquez pas à nouveau sur l'onglet Total. À partir du moment où vous avez cliqué sur le bouton Somme, cliquer sur l'onglet d'une feuille ou sur une cellule, c'est référencer celle-ci dans la formule. Regardez simplement ce qui se passe dans la Barre de formule, c'est elle qui affiche l'évolution de la formule au fur et à mesure que vous sélectionnez des onglets et des cellules dans ceux-ci.

3. **Tapez maintenant un signe plus (+) pour ajouter un nouvel argument, puis cliquez sur l'onglet D 2, et dans cette feuille à nouveau sur la cellule B4 pour l'introduire à son tour dans la formule de somme.**

   La Barre de formule affiche maintenant =SOMME('D 1'!B4+'D 2'!B4).

4. **Continuez ainsi avec tous les autres distributeurs, sans oublier de taper un signe plus après avoir sélectionné chaque cellule B4 pour passer à la feuille suivante.**

   A la fin de cette procédure, la Barre de formule contient l'impressionnante formule SOMME visible Figure 7.13.

5. **Après avoir terminé d'écrire la formule SOMME dans la cellule B4, cliquez sur le bouton Entrer ou appuyez sur la touche Entrée.**

   La somme de toutes les valeurs des cellules B4 des onglets D 1 à D 10 apparaît dans la cellule B4 de l'onglet Total, comme le montre la Figure 7.13.

Il ne nous reste plus qu'à utiliser la recopie automatique pour copier la formule maître de la cellule B4 dans toutes les autres cellules, jusqu'au mois de mars et au dernier produit de la liste, c'est-à-dire jusqu'à la cellule D 10, en procédant ainsi :

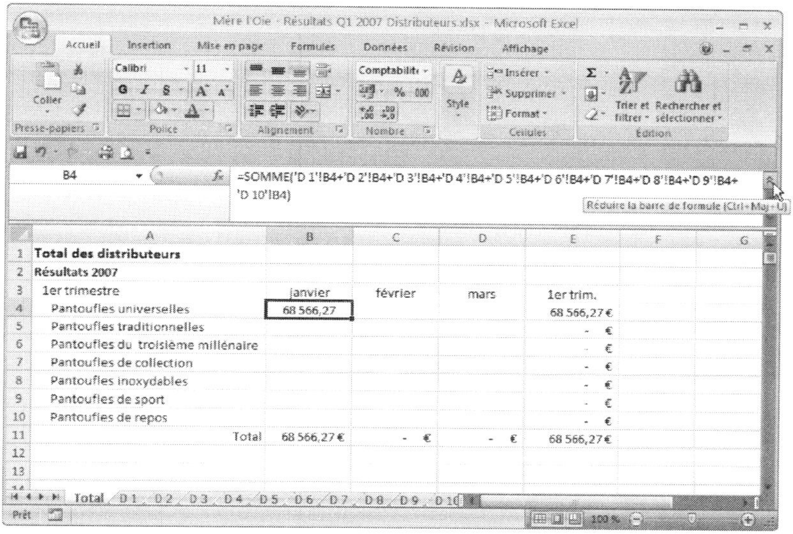

Figure 7.13 : La feuille de calcul telle qu'elle apparaît après la récupération par la fonction SOMME des résultats des dix distributeurs.

1. **La cellule B4 étant sélectionnée, approchez le pointeur de la souris de son coin inférieur droit pour faire apparaître la poignée de recopie automatique, puis faites glisser celle-ci jusqu'à la cellule D4 et relâchez le bouton de la souris.**

   La formule de la cellule B4 est recopiée dans les cellules C4 et D4, les références aux cellules des autres feuilles étant automatiquement mises à jour par Excel. Pour vous en assurer, il vous suffit de cliquer sur la cellule C4 ou la cellule D4 et de voir ce qu'affiche la Barre de formule. Remarquez aussi que vous voyez apparaître le bouton des options de recopie automatique, dont vous n'avez pas besoin ici (si vous voulez faire disparaître ce bouton, il vous suffit de modifier une cellule quelconque). Parmi les cellules qui font les totaux des résultats par produit, celles qui sont concernées sont mises à jour automatiquement (à moins que vous ne soyez en mode de recalcul manuel).

2. **La plage de cellules B4:D4 étant sélectionnée, approchez le pointeur de la souris de son coin inférieur droit pour faire apparaître la poignée de recopie automatique, puis faites glisser celle-ci jusqu'à la cellule D10 et relâchez le bouton de la souris.**

La formule de la cellule B4 est recopiée dans toutes les cellules du tableau contenant des résultats, les références aux cellules des autres feuilles étant automatiquement mises à jour par Excel. Vous voyez à nouveau apparaître le bouton des options de recopie automatique, et les cellules qui font les totaux des résultats par mois et par produit (colonne E et ligne 11) sont automatiquement mises à jour.

Quatrième partie

Plongeon dans l'analyse de données et les graphiques

"J'ai commencé à lancer des scénarios 'Que se passerait-il si...', du genre : 'Que se passerait-il si j'en avais marre de ce travail minable et si je détournais un peu d'argent de l'entreprise vers un compte offshore ?' "

Dans cette partie...

Cette quatrième partie contient deux chapitres conçus pour vous aider dans ce travail. Dans le Chapitre 8, vous découvrirez les outils de base qu'Excel vous propose pour analyser vos feuilles de données. Grâce à eux, vous serez mieux à même de prédire les modifications à opérer pour atteindre vos objectifs, ou simplement pour éviter des résultats non voulus. Dans le Chapitre 9, je vous présenterai le plus bel outil d'Excel dans ce domaine : les tableaux croisés dynamiques et les graphiques qui vont avec. Vous y verrez comment utiliser ces outils extraordinaires avec vos données afin de dégager facilement tendances et perspectives (aussi bien celles qui font miroiter des étoiles dans vos yeux que les autres, celles qui peuvent potentiellement vous conduire au désastre...). Dans le Chapitre 10, vous apprendrez l'art subtil des graphiques.

Chapitre 8

Mais que se passerait-il si... ?

Dans ce chapitre :

- Analyser des scénarios qui dépendent d'une ou deux variables.
- Rechercher une valeur cible.

Excel 2007 met à votre disposition une gamme plutôt étendue d'outils d'analyse (certains sont bien sûr plus compliqués, ou plus indispensables, que d'autres).

- Les **tables de données** vous permettent de juger de l'impact qu'aura sur vos résultats le changement d'une ou deux variables (par exemple, vous pourrez voir ce qui restera de vos revenus nets si vous tombez dans une tranche d'imposition de 25 %, de 35 %, et ainsi de suite).
- Les **valeurs cibles** vous aident à déterminer ce qui doit se produire pour atteindre un objectif prédéterminé. Exemple : combien mon éditeur doit-il vendre d'exemplaires d'*Excel 2007 pour les Nuls* si je veux finir de payer mon appartement tout de suite ?

Jouer avec les tables de données et les hypothèses

Les tables de données vous permettent d'entrer une série de valeurs possibles qu'Excel va ensuite connecter à une même formule. Excel supporte deux types de tables de données : les tables à une seule variable, qui évaluent une formule en affectant une série de valeurs à un paramètre donné ; et les tables à deux variables, qui opèrent sur le même principe, mais cette fois en testant deux paramètres à la fois.

Les deux méthodes font appel à la même boîte de dialogue. Vous la trouverez sous l'onglet Données du Ruban. Dans le groupe Outils de données, choisissez l'icône Analyse de scénarios, puis Table de données. Le formulaire Table de données propose deux champs : Cellule d'entrée en ligne et Cellule d'entrée en colonne.

Lorsque vous créez une table basée sur une seule variable, vous désignez dans la feuille de calcul une cellule qui va, selon le cas, servir d'entrée en ligne (si la série des valeurs possibles est saisie horizontalement, dans une succession de colonnes sur la même ligne) *ou* d'entrée en colonne (si la série des valeurs possibles est disposée verticalement, dans une succession de lignes appartenant à une même colonne).

Lorsque vous créez une table à deux variables, vous devez désigner deux cellules (logique !). L'une définira l'entrée en ligne (les valeurs possibles sont disposées horizontalement dans des cases adjacentes), l'autre l'entrée en colonne (les valeurs possibles sont disposées verticalement). Vous suivez toujours ? Alors passons à la pratique.

Créer une table de données à une variable

La Figure 8.1 vous propose une feuille servant à évaluer les ventes 2008 à partir des résultats de l'année précédente. L'estimation apparaît dans la cellule B5. Elle est calculée en prenant le résultat des ventes pour 2007 et en lui appliquant le taux de croissance espéré pour 2008. B5 va donc contenir la formule classique :

```
=B2 + (B2*B3)
```

Personnellement, j'ai commencé par sélectionner la plage A2:B5. J'ai ensuite ouvert l'onglet Formules du Ruban, puis cliqué sur la commande Créer à partir de la sélection. J'ai alors accepté la proposition par défaut : Colonne de gauche. Ma formule utilise donc les intitulés présents sur la gauche des valeurs, ce qui donne :

```
=Ventes_Totales_2007 + (Ventes_Totales_2007*Taux_Croissance_Annuel=
```

Comme vous pouvez le constater, j'ai saisi une colonne de taux de croissance possibles (et réalistes) allant de 1 % à 5,5 %. Ces valeurs se trouvent dans la plage B8:B17. Il faut maintenant relier chacun de

ces taux à la formule de calcul pour les ventes 2008. Pour cel
allons définir une table de données. Le résultat à obtenir est illu
sur la Figure 8.2.

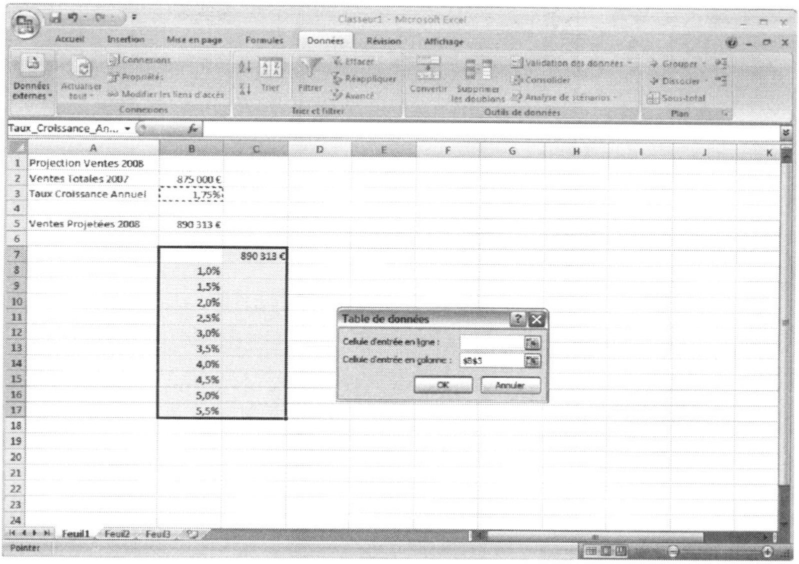

Figure 8.1 : Projection des ventes avec une colonne de taux de croissance possibles pour une table de données à une seule variable.

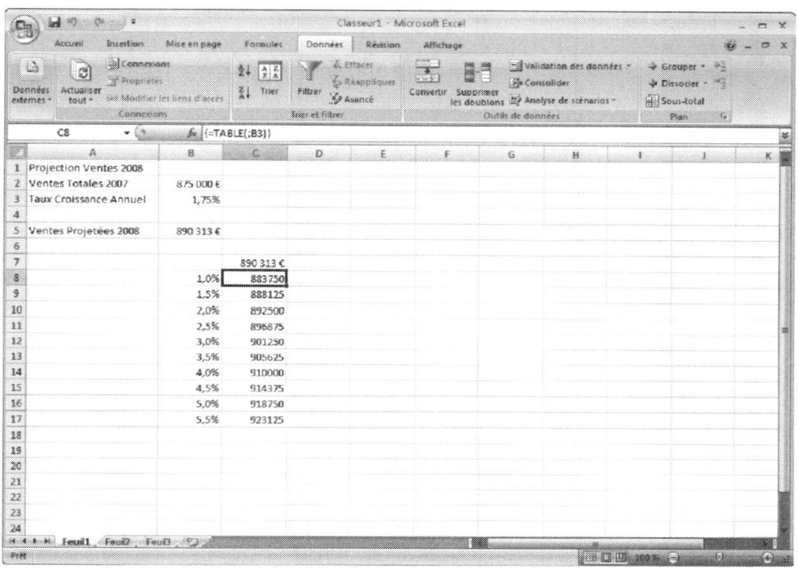

Figure 8.2 : Projection des ventes une fois la table de données à une variable créée dans la plage C8:C17.

ez tout d'abord en C7 la formule originale entrée dans llule B5. Pour cela, cliquez sur C7, tapez sur la touche iis cliquez sur la cellule B5 afin d'obtenir : ıtes_Projetées_2008.

e copie de la formule de base est maintenant l'en-tête de nne de la table de données. Elle va servir à insérer dans le calcul la série de taux définie en B8:B17.

2. **Sélectionnez la plage B7:C17.**

   Notez bien que la sélection inclut à la fois la formule qui vient d'être copiée et l'ensemble des taux dont nous avons besoin pour les calculs.

3. **À partir Ruban, cliquez successivement sur Données, Analyse de scénarios et Table de données.**

   Excel ouvre la boîte de dialogue Table de données.

4. **Cliquez dans le champ de saisie Cellule d'entrée en colonne. Cliquez ensuite sur la cellule B3, autrement dit celle qui contient le taux de croissance annuel défini à l'origine.**

   Excel va insérer dans la boîte de dialogue l'adresse absolue de cette cellule, soit $B$3.

5. **Cliquez sur OK pour refermer la boîte de dialogue.**

   Dès que vous avez refermé la boîte de dialogue, Excel crée la table de données de la plage C8:C17 en insérant dans chacune de ses cellules une formule qui utilise sa fonction TABLE. Chaque copie de cette formule se sert du taux de croissance qui se trouve dans sa colonne de gauche pour évaluer un montant de ventes possible.

6. **Sélectionnez la cellule C6 puis ouvrez l'onglet Accueil. Dans le groupe Presse-papiers, cliquez sur l'outil Reproduire la mise en forme. Sélectionnez maintenant la plage C8:C17. La mise en forme de la cellule C6 est appliquée à la totalité de cette plage.**

   De cette manière, toute notre table de données affichera les estimations sous forme de valeur monétaire en euros.

N'OUBLIEZ PAS

Deux points importants que vous devez retenir à propos de cet exemple :

- Si vous modifiez l'un des taux de croissance de la plage B8:B17, Excel actualise immédiatement la valeur correspondante dans la table de données. Dans le cas de tables importantes, il est plutôt souhaitable que cette mise à jour soit effectuée uniquement lorsque vous appuyez sur la touche F9 (Calculer maintenant) ou sur la combinaison Maj+F9 (Calculer la feuille). Pour cela, activez l'onglet Formules. Dans le groupe Calcul, choisissez la commande Options de calcul. Cochez alors le mode Automatique sauf dans les tables de données.
- Si vous tentez de supprimer une des formules TABLE de la plage C8:C17, Excel vous envoie un avertissement vous informant qu'il est impossible de modifier une partie d'une table de données. Si vous voulez vraiment supprimer ou effacer quelque chose, il vous faudra sélectionner d'abord la totalité de la table, soit la plage C8:C17 dans notre exemple.

Créer une table de données à deux variables

Comment créer maintenant une table de données à deux variables ? Tout simplement en remplissant cette fois les deux champs de saisie dans la boîte de dialogue. Il vous faut une cellule d'entrée en ligne (les valeurs possibles sont placées dans des colonnes successives sur la première rangée de la table) et une cellule d'entrée en colonne (les valeurs possibles pour la seconde variable sont superposées dans la première colonne de la table). Il ne vous manque plus que la formule à évaluer. Elle doit se trouver à l'intersection de la ligne d'en-tête et de la première colonne de la table.

La Figure 8.3 illustre ce type de situation. Dans cette nouvelle version de notre évaluation des ventes, nous allons utiliser deux variables pour calculer le résultat escompté en 2008. Il y a d'abord un taux de croissance qui est un pourcentage d'augmentation appliqué aux ventes de l'année précédente. Cette valeur se trouve en B3 (la cellule est appelée Taux_Croissance_Annuel). Jusque-là, rien de neuf. La seconde variable est un pourcentage de frais calculé à partir des ventes de l'année 2007. Il est enregistré dans la cellule B4 (appelée ici Dépenses_Ventes).

La formule originale de la cellule B5 devient un peu plus complexe :

```
=Ventes_Totales_2007+(Ventes_Totales_2007*Taux_Croissance_Annuel)
                    -(Ventes_Totales_2007*Dépenses_Ventes)
```

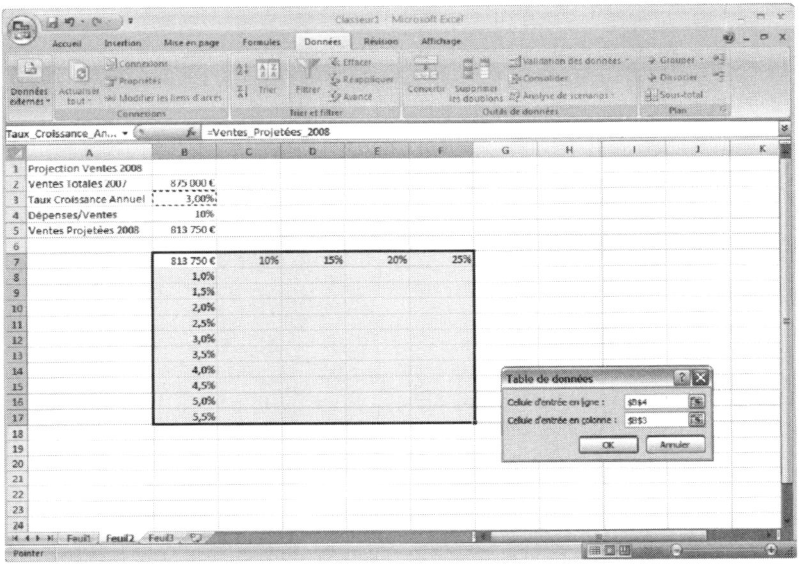

Figure 8.3 : Projection des ventes avec une série de croissances et de pourcentages de dépenses possibles servant à créer une table de données avec deux variables.

Pour définir la table de données à deux variables, j'ai ajouté une ligne représentant un pourcentage de dépenses possibles dans la rangée C7:F7. Elle est associée à une série de taux de croissance en B8:B17. J'ai ensuite recopié la cellule Ventes_Projetées_2008 (en B7) vers la cellule B7, autrement dit à l'intersection des valeurs de la ligne 7 et de la colonne B. La formule placée dans B7 est donc la suivante :

```
=Ventes_Projetées_2008
```

Quelques étapes vont suffire à créer la table de données à deux variables illustrée sur la Figure 8.4 :

1. **Sélectionnez la plage B7:F17.**

   Cette plage inclut la copie de la formule originale, ainsi que toutes les cellules correspondant aux pourcentages de dépenses et aux taux de croissance.

2. **Cliquez dans le ruban sur l'onglet Données, puis sur le bouton Analyse de scénarios, et enfin sur Table de données.**

   Excel ouvre la boîte de dialogue Table de données. Le point d'insertion est placé dans le champ Cellule d'entrée en ligne.

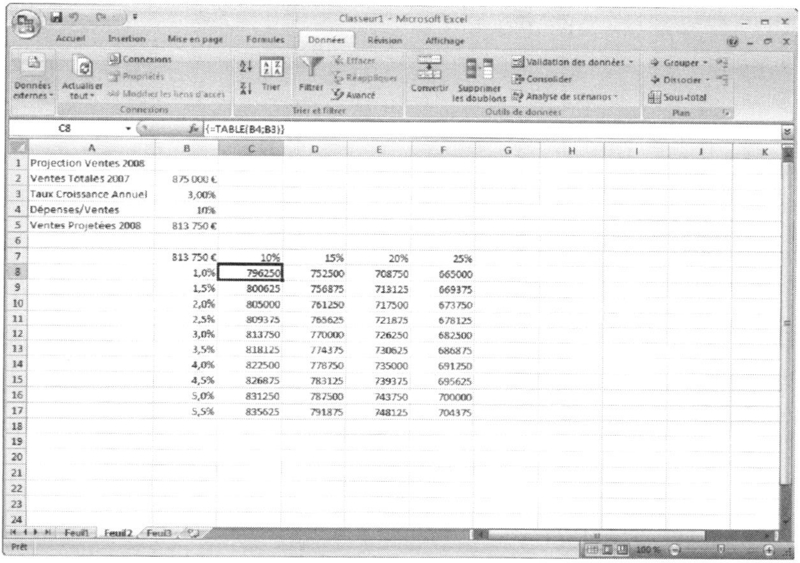

Figure 8.4 : Projection des résultats une fois la table de données à deux variables créée dans la plage C8:F17.

3. **Cliquez sur la cellule B4 pour entrer l'adresse absolue de la source. L'expression $B$4 apparaît dans le champ.**

4. **Activez le champ Cellule d'entrée en colonne. Cliquez cette fois sur la cellule B3 pour afficher son adresse absolue ($B$3) dans la boîte de dialogue.**

5. **Cliquez sur OK pour refermer la boîte de dialogue Table de données.**

   Excel remplit les cellules vides de la table de données avec une formule TABLE qui utilise comme entrée de ligne B4 et comme entrée de colonne B3.

6. **Cliquez sur la cellule B7, puis sur l'icône Reproduire la mise en forme du groupe Presse-papiers de l'onglet Accueil. Faites glisser le curseur sur la plage de cellules C8:F17 afin de copier le format monétaire sans partie décimale vers l'ensemble de la table.**

   Il peut arriver que le contenu de certaines cellules soit trop long pour s'afficher dans l'espace disponible. Dans ce cas, Excel signale le problème par une suite de caractères dièse (#). La plage C8:C17 étant toujours sélectionnée, l'étape qui suit rétablit la situation.

7. **Dans le groupe Cellules de l'onglet Accueil, cliquez sur la commande Format. Choisissez dans le menu déroulant qui apparaît l'option Ajuster la largeur de colonne.**

Chercher la cible

Lorsque vous vous posez une question du style "Que se passerait-il si...", il se peut très bien que vous ayez en tête un certain objectif. Par exemple : quel taux d'augmentation de mon chiffre d'affaires dois-je atteindre ? Ou encore : si je veux gagner telle somme, quel doit être le volume des ventes ? C'est précisément pour répondre à ce genre d'interrogation qu'Excel met à votre disposition une fonctionnalité appelée *Valeur cible*.

La commande Valeur cible se trouve dans le menu Analyse de scénarios (sous l'onglet Données du Ruban). Pour l'utiliser, vous devez sélectionner la cellule qui contient la formule devant retourner le résultat escompté (dans la boîte de dialogue Valeur cible, c'est la *cellule à définir*), puis indiquer la valeur à atteindre, et enfin spécifier l'emplacement du paramètre qu'Excel doit faire varier pour répondre à vos souhaits (dans le champ Cellule à modifier de la boîte de dialogue).

Les Figures 8.5 et 8.6 illustrent la manière dont vous pouvez vous servir de la fonction Valeur cible dans une feuille contenant des projections de ventes pour l'année 2008. Votre but : déterminer le montant des ventes nécessaires pour que le solde après achats des produits et autres dépenses atteigne pour le premier trimestre de l'année une valeur de 300 000 €.

Pour déterminer l'augmentation des ventes dont vous avez besoin pour que le solde net soit de 300 000 €, commencez par sélectionner la cellule B7. C'est elle qui contient la formule magique (le résultat auquel vous souhaitez arriver). Activez alors l'onglet Données, cliquez dans le Ruban sur le bouton Analyse de scénarios, puis sur Valeur cible.

Cette action ouvre la boîte de dialogue Valeur cible (reportez-vous à la Figure 8.5). Du fait que B7 est la cellule active, vous trouvez déjà sa référence dans le champ Cellule à définir. Activez ensuite le champ Valeur à atteindre. Saisissez votre objectif, soit **300000**. Activez maintenant le champ Cellule à modifier. Cliquez alors sur la cellule B3 de la feuille (celle qui contient les ventes du premier

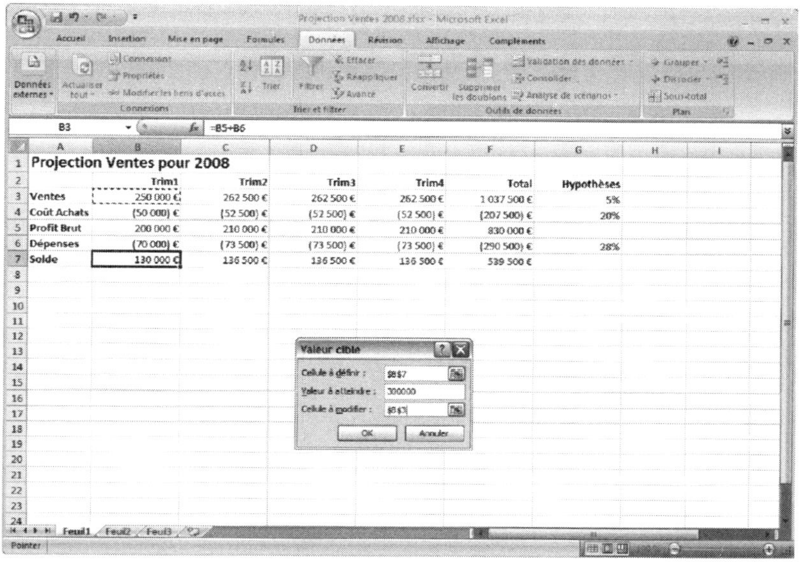

Figure 8.5 : Utilisez la valeur cible pour déterminer le volume de ventes permettant d'atteindre un certain solde net.

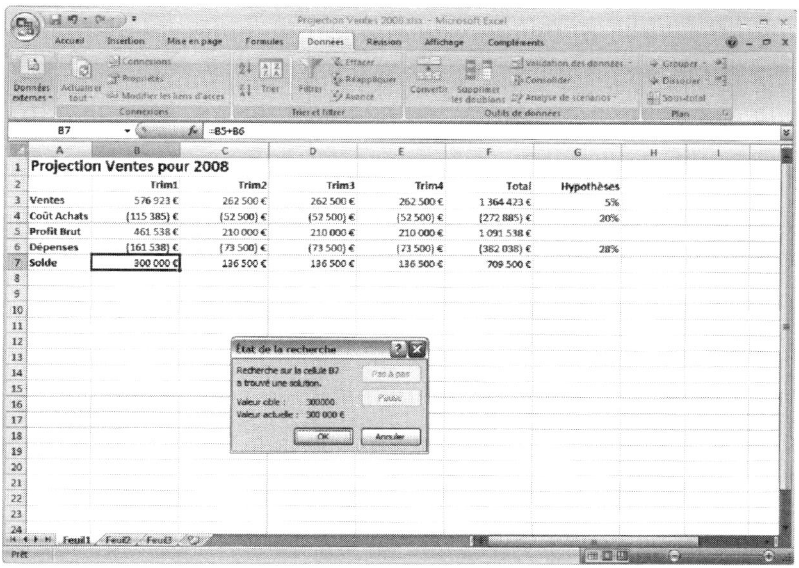

Figure 8.6 : La valeur cible est atteinte.

trimestre). Son adresse absolue ($B$3) apparaît dans la boîte de dialogue.

La Figure 8.6 vous montre ce qui se passe une fois que vous avez cliqué sur OK. Excel a recalculé la valeur du paramètre B3 jusqu'à ce que le solde B7 atteigne le montant désiré. Vous pouvez constater qu'il vous faudra passer de 250 000 à 576 923 € pour que la cellule B7 affiche les 300 000 € attendus.

La boîte de dialogue Etat de la recherche vous informe qu'Excel a trouvé une solution à votre équation, et la cellule à modifier est égale à la valeur à atteindre. Si ce n'est pas le cas, les boutons Pas à pas et Pause de la boîte de dialogue deviennent actifs. Ils serviront à demander à Excel d'effectuer une succession d'itérations afin d'obtenir la meilleure approximation possible, et éventuellement à éliminer l'écart entre valeur courante et valeur cible.

Si vous voulez conserver les nouvelles données fournies par la fonction Valeur cible, il vous suffit de cliquer sur le bouton OK de la boîte de dialogue Etat de la recherche. Pour revenir aux anciennes valeurs, cliquez simplement sur Annuler.

Si vous avez choisi de valider le calcul, il vous suffit d'appuyer sur Ctrl+Z (ou de cliquer sur le bouton Annuler de la barre d'outils Accès rapide) pour revenir au point de départ. Et si vous changez à nouveau d'avis, vous n'avez qu'à appuyer sur Ctrl+Y (ou cliquer sur le bouton Rétablir de la barre Accès rapide). Le résultat de la valeur cible réapparaîtra instantanément. Une vraie bascule...

Chapitre 9

Jouer avec les tableaux croisés

Dans ce chapitre :

- Comprendre les tableaux croisés.
- Créer un nouveau tableau croisé.
- Formater un tableau croisé.
- Trier et filtrer les données d'un tableau croisé.
- Modifier la structure et la disposition d'un tableau croisé.
- Créer un graphique croisé.

Avec les tableaux croisés, il est aussi possible de disposer autrement les données qui sont traitées, y compris après les avoir générés. C'est d'ailleurs cette capacité à adapter à la volée l'agencement des données (simplement en opérant une rotation sur les en-têtes de lignes et de colonnes) qui a donné à l'origine leur nom aux tables *pivot* (devenues depuis *tableaux croisés dynamiques*). Et si vous êtes le genre de personne qui visualise mieux les relations entre données quand elles sont présentées graphiquement, Excel vous permet tout aussi bien de créer des graphiques croisés dynamiques à partir d'un des nombreux modèles supportés par le programme.

Tableaux croisés dynamiques : la synthèse ultime

Les tableaux croisés dynamiques sont extrêmement versatiles, car ils vous permettent de synthétiser des données en utilisant une belle variété de fonctions (même si la totalisation avec SOMME est celle qui reste la plus courante). Lorsque vous définissez un tableau croisé dynamique (ce que nous allons faire dans la prochaine section), vous avez plusieurs décisions à prendre : quelle sera la fonction de regroupement, quelles seront les colonnes (ou les champs) auxquelles cette fonction s'appliquera, et quelles seront les colonnes (ou champs) avec lesquelles ces calculs seront (justement) croisés.

Les tableaux croisés sont parfaits pour croiser (on s'y attendait !) une série de données avec une autre. Par exemple, vous pouvez créer un tableau croisé à partir d'une table provenant d'une base de données Employés, de manière à totaliser les salaires des différentes catégories professionnelles par département ou site.

Produire un tableau croisé dynamique

Créer un tableau croisé dynamique sous Excel n'a jamais été aussi facile qu'avec la version 2007 : vous ouvrez la feuille de calcul contenant la liste des données (voyez aussi à ce sujet le Chapitre 11) que vous voulez synthétiser, vous placez le curseur quelque part dans cette liste, et vous cliquez sur le bouton de commande Tableau croisé dynamique (il se trouve sous l'onglet Insertion du Ruban). Les amis du clavier se serviront de la combinaison de touches Alt+NVT.

Excel ouvre alors la boîte de dialogue Créer un tableau croisé dynamique. Dans le même temps, il sélectionne toutes les données de la liste où se trouve le curseur (la plage est alors entourée par la fameuse rangée de fourmis). En cas de besoin, vous pouvez redéfinir cette sélection dans le champ Tableau/Plage de la rubrique Sélectionner un tableau ou une plage (voir la Figure 9.1). Par défaut, Excel construit le nouveau tableau croisé dynamique dans une feuille distincte qu'il ajoute au classeur. Si, cependant et pour une raison connue de vous seul, vous préférez ajouter le tableau à la feuille courante, cliquez en bas de la fenêtre sur l'option Feuille de calcul existante. Dans ce cas, spécifiez dans le champ Emplacement l'adresse de la première cellule du tableau. Faites très attention que celui-ci ne vienne pas recouvrir une partie des données existantes.

Si la source de votre tableau croisé est une table provenant d'une base de données externe (créée par exemple avec Microsoft Access), vous devrez choisir l'option justement intitulée Utiliser une source de données externe. Cliquez ensuite sur le bouton Choisir la connexion. Sélectionnez alors une connexion dans la boîte de dialogue Connexions existantes (voyez le Chapitre 11 pour plus

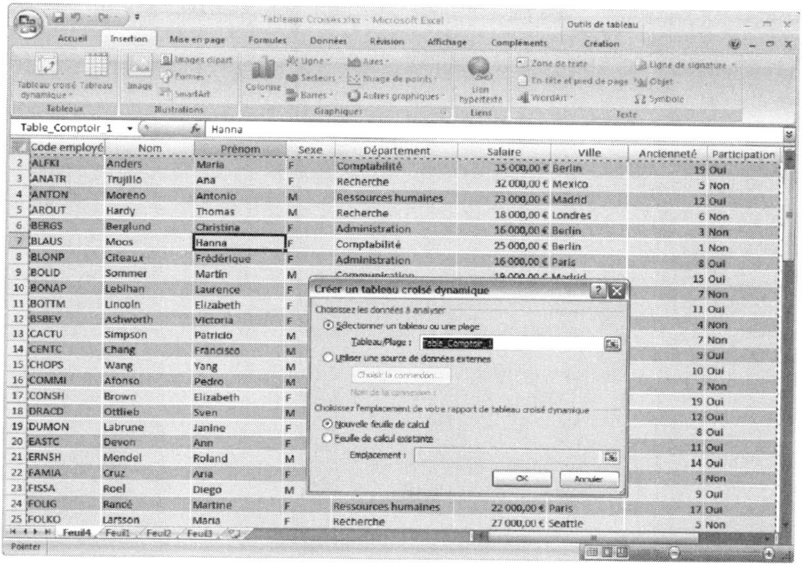

Figure 9.1 : Indiquez dans la boîte de dialogue Créer un tableau croisé dynamique la source des données et l'emplacement du tableau.

d'informations sur les liens avec des fichiers externes et l'importation de données via une requête).

Une fois la source et la destination précisées dans la boîte de dialogue Créer un tableau croisé dynamique, il ne vous reste plus qu'à cliquer sur son bouton OK. Excel va créer une grille vierge pour le nouveau tableau et afficher sur la droite de la fenêtre un volet appelé Liste de champs de tableau croisé dynamique (voir la Figure 9.2).

Le volet est divisé en deux parties. En haut, vous retrouvez la liste de tous les champs provenant de la source de données sélectionnée pour la création du tableau. Chaque ligne est précédée d'une case à cocher vide (c'est pourquoi le tableau est encore vierge pour l'instant). En bas, quatre zones permettent de faire glisser des noms de champs sur les éléments proposés : filtre, étiquette de colonne ou de ligne, valeur.

Pour terminer le travail, il ne vous reste plus qu'à assigner les champs de la liste du haut aux diverses parties du tableau. Pour cela, il suffit de faire glisser un nom de champ sur l'un des quatre cadres situés en bas du volet :

- **Filtre du rapport :** Cette zone contient des champs qui vous permettent de regrouper les données du tableau croisé en

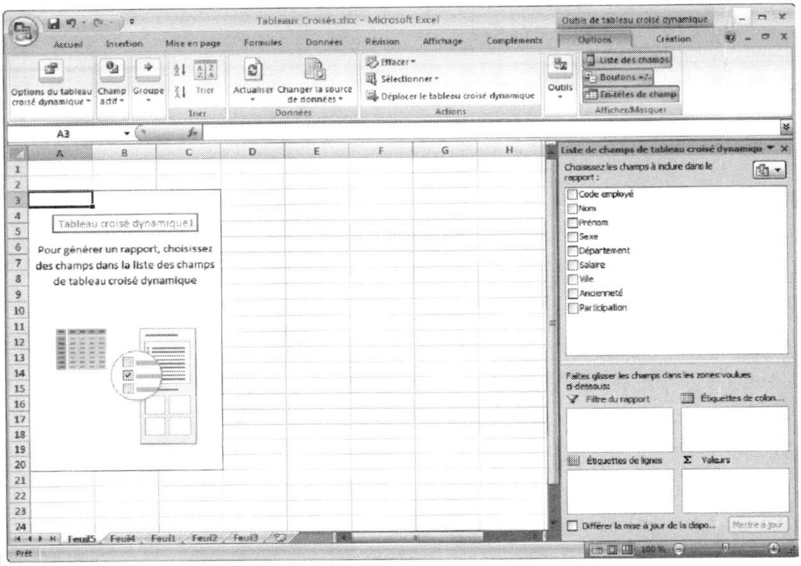

Figure 9.2 : Le nouveau tableau affiche une grille vierge et le volet Liste de champs de tableau croisé dynamique.

leur appliquant un filtre. Supposons par exemple que vous vouliez étudier l'évolution des ventes sur plusieurs années. En faisant glisser un champ Année sur la fenêtre Filtre du rapport, vous pourrez afficher les valeurs année par année ou pour toute la période représentée par votre liste de données.

- **Etiquettes de colonnes :** Cette zone contient les champs qui déterminent la disposition des données dans les colonnes du tableau croisé.
- **Etiquettes de lignes :** Cette zone contient les champs qui déterminent la disposition des données dans les lignes du tableau croisé.
- **Valeurs :** Cette zone contient les champs qui déterminent les données représentées dans les cellules du tableau, autrement dit celles qui sont sommées (par défaut) dans sa dernière colonne.

Pour mieux comprendre le jeu qui se déroule entre ces zones et le tableau croisé, observez l'exemple de la Figure 9.3.

Pour ce tableau, j'ai fait glisser le champ Sexe (qui contient F pour *féminin* ou M pour *masculin*) vers la case Filtre du rapport. Il sera

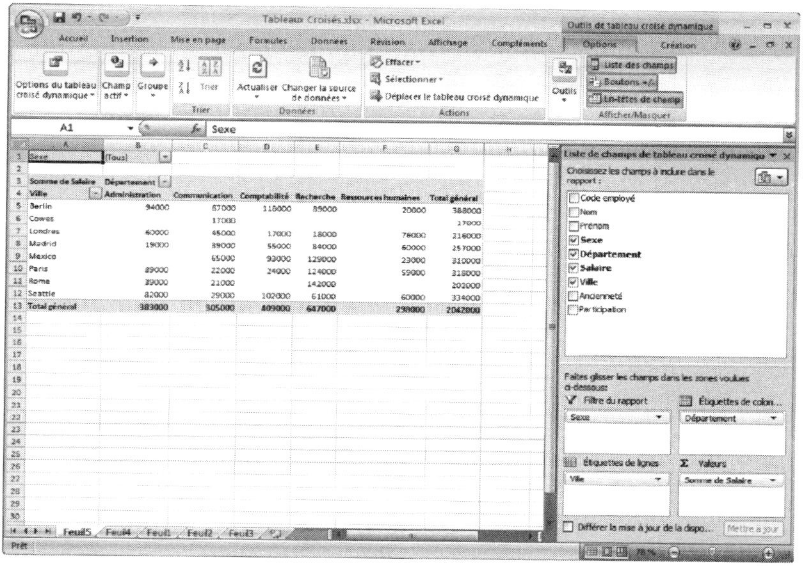

Figure 9.3 : Le tableau croisé dynamique une fois les champs de la liste des employés ajoutés dans les quatre groupes.

ainsi possible de différencier la situation des femmes et des hommes dans la société. J'ai également ajouté le champ Département à la colonne Etiquettes de colonnes. Les colonnes décriront donc les services de la société. Les étiquettes des lignes sont basées sur le champ Ville. Enfin, les valeurs utilisées dans les cellules du tableau sont les salaires des employés. En résumé, ce tableau va afficher la somme des salaires des employé(e)s classés par département (en colonne) et par ville (en ligne). Excel ajoute automatiquement un total général dans chaque sens.

Dès que vous créez un tableau croisé dynamique (ou que vous activez une cellule dans un tableau existant), Excel sélectionne l'onglet Options dans le Ruban (il ajoute automatiquement un onglet contextuel intitulé Options de tableau croisé dynamique, avec deux séries de commandes : Options et Création). Parmi les nombreux groupes de cet onglet, vous trouverez sur la droite plusieurs commandes très utiles (dans le groupe Afficher/Masquer) :

- **Liste des champs :** Affiche ou masque le volet Liste de champs du tableau croisé dynamique, à droite de la fenêtre.
- **Boutons +/- :** Affiche ou masque les boutons servant à étendre (+) ou réduire (-) en regard des champs particuliers (en

colonne comme en ligne) et qui servent à montrer ou cacher les totaux de ceux-ci dans le tableau.

- **En-tête de champ :** Affiche ou masque les noms des champs affectés aux étiquettes de colonnes ou de lignes dans le tableau croisé.

Mettre en forme un tableau croisé dynamique

Avec Excel 2007, il est aussi rapide et facile de mettre en forme un tableau croisé dynamique que n'importe quelle autre liste de données. Tout ce que vous avez à faire est de cliquer dans une des cellules du tableau afin d'afficher l'onglet Outils de tableau croisé dynamique dans le Ruban. Activez alors l'onglet Création.

L'onglet Création propose trois groupes de commandes :

- **Disposition :** Il vous permet d'ajouter des sous-totaux ou des totaux généraux, ainsi que de modifier l'agencement global du tableau.
- **Options de style de tableau croisé dynamique :** Avec ce groupe, vous pouvez affiner l'aspect de votre tableau en utilisant la galerie de styles affichée à sa droite.
- **Styles de tableau croisé dynamique :** Ce groupe propose la liste des styles que vous pouvez appliquer au tableau actif. Cliquez simplement sur la vignette voulue.

La Figure 9.4 illustre cette démarche. J'ai fait défiler la galerie des styles et sélectionné la proposition Moyen 10. Ce style applique une teinte rose clair au fond des cellules qui définissent le sexe des employés, et une couleur plus foncée aux en-têtes des colonnes ainsi qu'à la liste des départements (en fait, cette couleur est si foncée qu'Excel y affiche automatiquement le texte en blanc).

Personnaliser le style du tableau croisé dynamique

N'OUBLIEZ PAS

Une fois que vous avez appliqué l'un des styles prédéfinis (dans l'un des modes Clair, Moyen ou Foncé), l'aperçu dynamique vous permet de juger immédiatement de ce que donnerait une autre variante : placez simplement le pointeur de la souris au-dessus d'une vignette

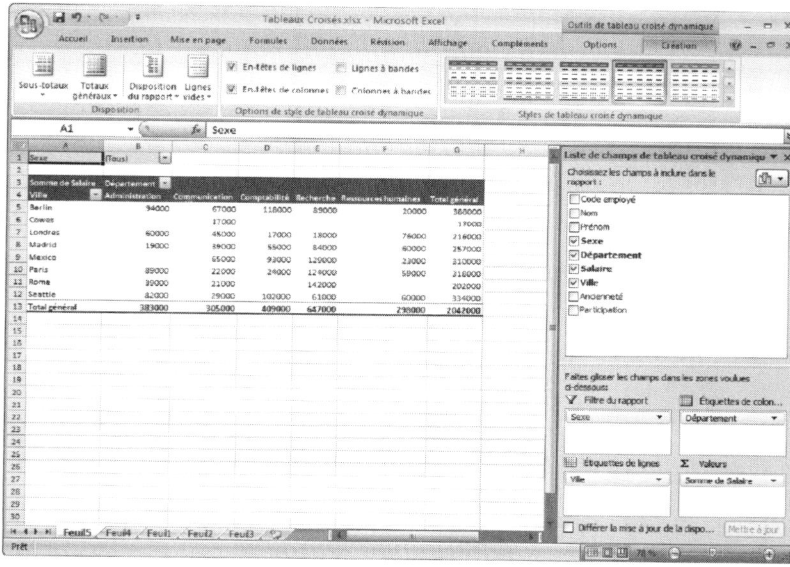

Figure 9.4 : Le nouveau tableau croisé dynamique est formaté avec la présentation Moyen 10 choisie dans la liste des styles.

dans la galerie, et la mise en forme correspondante apparaît immédiatement dans le tableau !

Une fois appliqué un style prédéfini, il est possible de l'affiner en vous servant des cases à cocher du groupe Options de style de tableau croisé dynamique. Vous pouvez par exemple ajouter des "lignes à bandes" afin de séparer par un trait les lignes d'un tableau qui n'emploie pas déjà des couleurs alternées, et ce afin de lui ajouter davantage de contraste (le but étant bien entendu d'en améliorer la lisibilité). Cliquez simplement sur l'option correspondante. Il existe une option équivalente pour les colonnes. Si le résultat n'est pas satisfaisant, décochez la case, et c'est tout.

Formater les valeurs d'un tableau croisé dynamique

Pour appliquer aux totaux qui peuplent les cellules de votre tableau croisé dynamique un format numérique particulier, procédez de la manière suivante :

1. **Cliquez dans le tableau sur la cellule qui contient les mots "Somme de", suivis du nom du champ dont les valeurs sont**

totalisées ici (dans notre exemple, le cumul se fait par département). Activez ensuite l'onglet Options du Ruban (sous l'onglet contextuel Outils de tableau croisé dynamique). Cliquez alors sur le bouton de commande Champ actif, puis sur l'option Paramètres de champs.

Excel ouvre la boîte de dialogue Paramètres des champs de valeur.

2. **Cliquez dans la boîte de dialogue sur le bouton Format de nombre.**

   L'onglet Nombre de la boîte de dialogue Format de cellule apparaît.

3. **Choisissez le format numérique que vous voulez appliquer à vos totaux dans liste Catégorie de l'onglet Nombre.**

4. **(Facultatif) Si vous le souhaitez, éditez à votre convenance les options du format numérique sélectionné (nombre de décimales, symbole monétaire éventuel, mode d'affichage des valeurs négatives, et ainsi de suite).**

5. **Cliquez deux fois sur OK pour valider les deux boîtes de dialogue.**

La nouvelle mise en forme est immédiatement appliquée à l'ensemble du tableau.

Trier et filtrer les données du tableau croisé dynamique

Lorsque vous créez un nouveau tableau croisé dynamique, Excel ajoute automatiquement des flèches dans les cellules correspondant aux champs du filtre et des étiquettes (colonnes et lignes). Ces boutons de filtrage (nous y reviendrons dans le Chapitre 11) vous permettent de restreindre l'étendue des entrées en retirant certaines données, ou encore de trier les éléments en ligne et/ou en colonne.

Si vous avez ajouté au tableau plusieurs champs dans les cases Etiquettes, Excel ajoute également des boutons de réduction (-) qui servent à masquer temporairement le sous-total correspondant à un champ secondaire particulier. Lorsque vous avez ainsi réduit des informations, le bouton devient un "+" (expansion) sur lequel il suffit de cliquer pour afficher à nouveau les sous-totaux.

Filtrer le rapport

Les boutons les plus importants dans un tableau croisé dynamique sont probablement ceux qui sont ajoutés au(x) champ(s) Filtre du rapport. En choisissant l'une des options attachées à l'un de ces boutons de filtrage, seul le jeu de données vérifiant ce critère apparaîtra dans le tableau.

Notre exemple utilise comme filtre du rapport le champ Sexe. Nous pouvons donc facilement distinguer les masses salariales des femmes et des hommes à l'intérieur du tableau croisé dynamique. Voyons comment :

- Cliquez sur le bouton de filtrage dans la cellule qui suit l'intitulé Sexe (en haut et à gauche de la feuille). Dans la liste qui apparaît, cliquez sur la ligne F, puis sur OK. Seuls les salaires des employées (femmes) apparaîtront dans le tableau.
- Cliquez sur le bouton de filtrage dans la cellule qui suit l'intitulé Sexe. Dans la liste qui apparaît, cliquez sur la ligne M, puis sur OK. Seuls les salaires des employés (hommes) apparaîtront dans le tableau.
- Cliquez sur le bouton de filtrage dans la cellule qui suit l'intitulé Sexe. Cliquez maintenant sur la ligne (Tous), puis sur OK. Le tableau reprend maintenant l'ensemble du personnel.

N'OUBLIEZ PAS

Lorsque vous appliquez ce filtre, Excel affiche la valeur choisie dans le champ Sexe, soit F, M ou (Tous). Il remplace également la flèche par un symbole figurant une espèce d'entonnoir afin de vous rappeler que seules certaines des données de la source sont actuellement affichées dans le tableau.

Filtrer des lignes et des colonnes

Les boutons de filtrage associés aux étiquettes des colonnes et des lignes vous permettent d'appliquer des filtres à des groupes particuliers, voire parfois à des entrées individuelles de la source de données.

Pour filtrer les éléments présents dans les lignes ou les colonnes, cliquez sur la flèche qui suit l'étiquette correspondante (Département ou Ville dans notre exemple). Dans la fenêtre qui apparaît, cliquez sur l'option (Sélectionner tout). Cela revient à décocher toutes les valeurs présentes dans ce champ. Il vous suffit ensuite de cocher une ou plusieurs entrées pour n'afficher dans le tableau que les totaux qui leur correspondent.

Comme précédemment, Excel remplace le bouton fléché de la colonne ou de la ligne que vous avez filtrée par une icône d'entonnoir. Il vous prévient ainsi que seules certaines valeurs sont totalisées dans le tableau. Pour revenir à une vue globale de la situation, cliquez à nouveau sur le bouton de filtrage puis sur l'option (Sélectionner tout). Validez.

La Figure 9.5 montre notre tableau croisé dynamique une fois filtrés les champs Sexe et Département de manière à n'afficher que les informations qui répondent au critère suivant : femmes travaillant dans l'un des services Administration, Comptabilité et Ressources humaines.

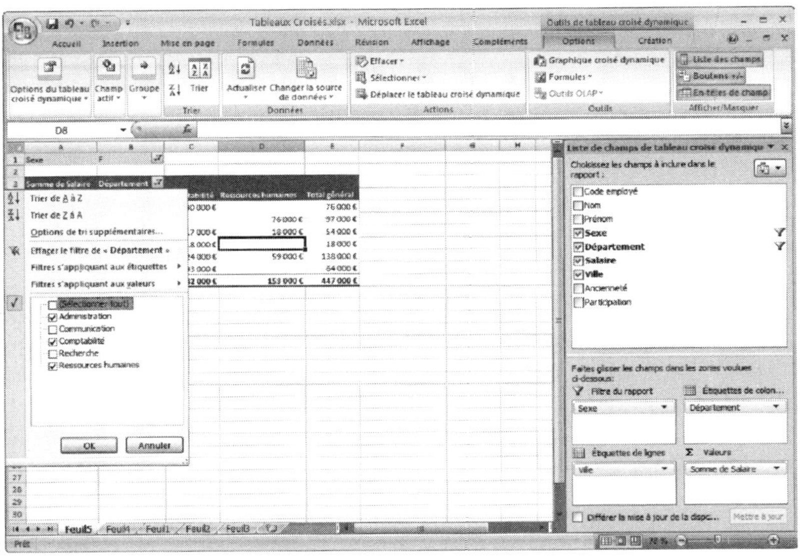

Figure 9.5 : Le tableau croisé dynamique après filtrage des champs Sexe et Département.

Vous remarquerez sur la Figure 9.5 que le nombre de villes a diminué une fois le filtre Sexe/Département appliqué. Il manque en effet deux localités. Cela signifie tout bonnement qu'aucune femme ne travaille dans les départements Administration, Comptabilité et Ressources humaines des deux villes absentes. Mais comment être certain que ce résultat n'est pas plutôt la conséquence d'un filtrage du champ Ville ? Tout simplement en regardant les boutons présents dans les cellules : le champ Ville continue à afficher une flèche et non une icône de filtrage, ce qui indique qu'aucun critère particulier n'y est actuellement appliqué.

Trier le tableau croisé dynamique

Vous pouvez réorganiser instantanément le contenu d'un tableau croisé dynamique en le triant selon une ou plusieurs colonnes et/ou lignes. Pour modifier l'ordre de présentation des données, cliquez sur le bouton de filtrage correspondant au champ à trier. Choisissez en haut de la liste le mode croissant ou décroissant voulu.

Selon le cas, l'option Trier de A à Z va classer les données dans l'ordre alphabétique ascendant (s'il s'agit de noms), de la plus petite à la plus grande valeur (s'il s'agit de nombres) ou encore de la plus ancienne à la plus récente (dans le cas de dates). Evidemment, l'option Trier de Z à A effectue le travail inverse (ordre alphabétique descendant, de la plus grande à la plus petite valeur ou de la date la plus récente à la plus ancienne).

Modifier un tableau croisé dynamique

Les tableaux croisés sont bien plus dynamiques que les tableaux de données classiques, car ils sont très simples à manipuler et éditer. Changer les champs que vous voulez regrouper ou totaliser est aussi facile à faire que de les ajouter lors de la création du tableau. De surcroît, vous pouvez instantanément restructurer le tableau croisé en faisant glisser ses champs actuels vers un autre emplacement. Si l'on ajoute à cela la possibilité de sélectionner une nouvelle fonction de calcul statistique, vous aurez une bonne idée de ce qu'est un tableau de données réellement dynamique !

Modifier les champs du tableau croisé dynamique

Pour modifier les champs utilisés dans votre tableau croisé, vous devez tout d'abord en afficher la liste :

1. **Cliquez sur une cellule quelconque dans le tableau.**

   Excel affiche dans le Ruban l'onglet Outils de tableau croisé dynamique et ses deux onglets contextuels : Options et Création.

2. **Activez l'onglet Option, afin d'afficher ses groupes de commandes dans le Ruban.**

3. **Cliquez sur le bouton Liste des champs dans le groupe Afficher/Masquer.**

   Excel affiche le volet Liste de champs de tableau croisé dynamique. Il montre les champs actuellement utilisés ainsi que les zones auxquelles ils sont affectés.

Vous pouvez maintenant procéder aux modifications que vous souhaitez apporter au tableau :

- Pour supprimer un champ, faites glisser son nom en dehors de sa zone de dépôt (Filtre du rapport, Etiquettes de colonnes ou de lignes, Valeurs), c'est-à-dire sur la feuille ou sur la liste des champs. Relâchez le bouton de la souris lorsque le pointeur affiche une croix. Vous pouvez aussi désactiver la case correspondante dans la liste *Choisissez les champs à inclure dans le rapport.*
- Pour déplacer un champ existant à l'intérieur du tableau, faites glisser son nom d'une zone de dépôt à une autre (Filtre du rapport, Etiquettes de colonnes ou de lignes, Valeurs).
- Pour ajouter un champ au tableau, faites glisser son nom de la liste *Choisissez les champs...* vers la zone de dépôt voulue (Filtre du rapport, Etiquettes de colonnes ou de lignes, Valeurs). Si vous souhaitez simplement insérer un nom de champ dans la liste des étiquettes de lignes, il vous suffit de cocher sa case dans la liste du haut.

Faire pivoter les champs de la table

Si les tableaux croisés s'appelaient autrefois tables pivot, ce n'est pas pour rien. Vous pouvez en effet restructurer votre tableau en faisant tourner les lignes et les colonnes... Supposons que le champ Département soit disposé en colonnes et les villes regroupées sur les lignes (c'est jusqu'à présent le cas pour notre exemple). Supposons ensuite qu'au lieu d'une organisation par département puis par ville vous vouliez juger de l'inverse, soit les départements en ligne et les villes en colonne.

Aucun problème. Faites simplement glisser le champ Département du cadre Etiquettes de colonnes vers la zone Etiquettes de lignes. Recommencez l'opération, cette fois en faisant glisser le champ Ville du cadre Etiquettes de lignes vers la zone Etiquettes de colonnes.

Et voilà ! Excel réorganise automatiquement les salaires totaux de manière que les lignes du tableau affichent le total général par service, les colonnes montrant maintenant le total général par ville.

TRUC

Il est aussi possible de commuter les lignes et les colonnes en faisant glisser leurs étiquettes directement sur le tableau croisé lui-même. Cependant, l'emploi de cette technique réclame une petite gymnastique préalable. Dans l'onglet Options des Outils de tableau croisé dynamique, cliquez sur le bouton Options du tableau croisé dynamique (il se trouve tout à fait à gauche du Ruban). Dans le menu qui s'affiche, choisissez Options. La boîte de dialogue Options du tableau croisé dynamique apparaît. Activez l'onglet Affichage, puis cochez la ligne qui indique *Disposition classique du tableau croisé dynamique*. Validez.

Modifier la fonction de calcul du tableau

Par défaut, Excel utilise cette bonne vieille fonction SOMME pour créer les sous-totaux et les totaux généraux des valeurs numériques traitées dans le tableau.

Cependant, certains tableaux croisés nécessitent l'emploi d'une autre opération de calcul (une moyenne, un dénombrement, et ainsi de suite). Pour changer de fonction, cliquez sur l'étiquette Somme du *champ*, dans le cadre Valeurs du volet de droite. Dans le menu déroulant qui s'affiche, choisissez l'option Paramètres des champs de valeurs. Elle active la boîte de dialogue illustrée Figure 9.6.

Vous pouvez maintenant choisir un type de calcul dans la liste des fonctions de synthèse qui vous sont proposées :

- **Nombre :** Dénombre la quantité d'enregistrements pour une catégorie particulière (notez qu'il s'agit de la fonction par défaut si vous utilisez des champs de texte comme contenu pour votre tableau croisé).

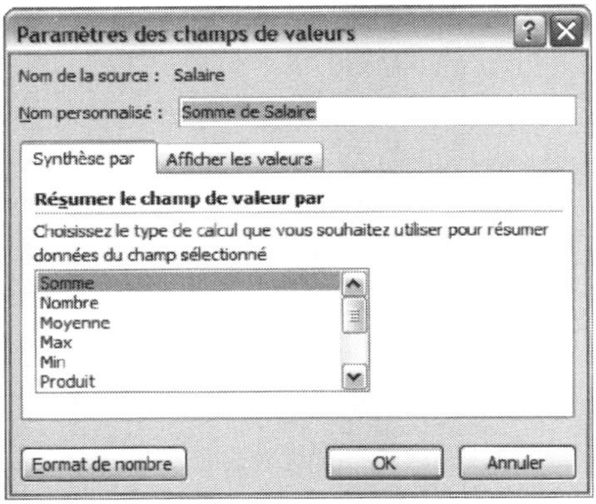

Figure 9.6 : Sélectionner une nouvelle fonction de synthèse.

- **Moyenne :** Calcule la moyenne arithmétique des valeurs des champs pour la catégorie et le filtre courants.
- **Max :** Calcule la plus grande des valeurs des champs pour la catégorie et le filtre courants.
- **Min :** Calcule la plus petite des valeurs des champs pour la catégorie et le filtre courants.
- **Produit :** Calcule le produit des valeurs des champs pour la catégorie et le filtre courants. Toutes les entrées non numériques sont ignorées.
- **Chiffres :** Affiche le nombre de valeurs numériques pour la catégorie et le filtre courants. Toutes les entrées non numériques sont ignorées.
- **Ecartype :** Affiche la déviation standard des valeurs des champs pour la catégorie et le filtre courants.
- **Ecartypep :** Affiche la déviation standard pour la population correspondant aux champs pour la catégorie et le filtre courants.
- **Var :** Affiche la variance des valeurs des champs pour la catégorie et le filtre courants.
- **Varp :** Affiche la variance pour la population correspondant aux champs pour la catégorie et le filtre courants.

Une fois la nouvelle fonction sélectionnée, cliquez sur le bouton OK. Excel l'applique instantanément aux données présentes dans les cellules du tableau croisé dynamique.

Plus beau avec les graphiques croisés dynamiques

Une fois votre tableau croisé bien en place, vous pouvez créer le diagramme qui lui correspond afin de visualiser graphiquement les données. Deux étapes simples suffisent pour cela :

1. **Sous l'onglet Outils de tableau croisé dynamique, cliquez dans le Ruban sur Options, puis sur le bouton de commande Graphique croisé dynamique (dans le groupe Outils).**

   Souvenez-vous que l'onglet contextuel Outils de tableau croisé dynamique possède à son tour deux onglets : Options et Création. Ils apparaissent automatiquement dès que vous cliquez sur une des cellules du tableau.

2. **Cliquez sur la vignette qui correspond au type de graphique que vous voulez créer dans la boîte de dialogue Insérer un graphique. Validez.**

Dès que vous avez cliqué sur OK pour confirmer votre choix, Excel affiche trois objets dans la même feuille que le tableau :

- Un **graphique croisé dynamique** basé sur le type de diagramme que vous venez de sélectionner. Ce graphique *incorporé* peut facilement être déplacé ou redimensionné à l'aide de ses poignées (reportez-vous au Chapitre 10 pour en apprendre plus sur les graphiques).
- Un volet **Filtre de graphique croisé** qui possède trois listes déroulantes : Filtre du rapport, Champs Axe (Abscisses), Champs Légende (Série). La zone Valeurs, vers le bas du volet, rappelle le nom du champ fournissant la formule de calcul dans le tableau (et donc l'objet représenté dans le diagramme).
- Un onglet contextuel **Outils de graphique croisé dynamique**, qui est à son tour divisé en quatre sous-volets : Création, Disposition, Mise en forme et Analyse. Chacun propose des groupes de commandes grâce auxquels vous pouvez personnaliser et redéfinir le graphique.

Chapitre 10

L'art subtil des graphiques

Dans ce chapitre :

- Créer des graphiques bien présentés en quelques clics.
- Personnaliser un graphique à l'aide des outils d'Excel 2007.
- Ajouter une zone de texte et des flèches à un graphique.
- Imprimer un graphique sans imprimer le restant de la feuille de calcul.

Comme le disait Confucius, "une image vaut mille mots" (ou, dans notre cas, mille chiffres). Dans un tableur, les graphiques augmentent non seulement l'intérêt pour des chiffres dont la lecture serait autrement fort ennuyeuse, mais ils mettent aussi en évidence des anomalies qui passeraient inaperçues si l'on ne regardait que des séries de valeurs. La création de graphiques est si facile dans Excel 2007 que vous pourrez aisément en essayer plusieurs et choisir celui qui illustre le plus efficacement vos données (en d'autres termes, l'image qui raconte le mieux votre histoire singulière).

Créer des graphiques d'aspect professionnel

Quelques mots encore sur les graphiques avant de découvrir comment les réaliser dans Excel. Vous vous rappelez les efforts méritoires que faisait votre professeur de mathématiques pour vous apprendre à tracer des graphes en traçant des valeurs sur les axes *x* et *y* d'une feuille de papier millimétré ? Evidemment, vous aviez l'esprit ailleurs à ce moment-là. Les voitures et la musique rock prenaient (déjà) tout votre temps. De toute façon, vous vous demandiez bien en quoi ces graphiques pourraient vous être utiles plus tard, dans votre vie professionnelle.

Eh bien, nous y voilà ! Il est vrai qu'Excel automatise la quasi-totalité du processus de création des graphiques. Mais vous ne pouvez vous dispenser de savoir ce qui différencie un axe *x* d'un axe *y*, ne serait-ce qu'au cas où Excel n'orienterait pas le graphique comme prévu. Afin de rafraîchir votre mémoire et de faire plaisir à votre vieux prof de maths, sachez que l'axe *x* est horizontal, et usuellement situé en bas du graphique, alors que l'axe *y* est vertical et ordinairement situé à gauche du graphique.

Dans la plupart des graphiques basés sur ces deux axes, Excel place les catégories le long de l'axe *x*, en bas du tracé, et leurs valeurs relatives le long de l'axe *y*, à gauche. L'axe *x* est parfois appelé *axe de temps*, car il est souvent utilisé pour indiquer des durées comme les mois, les trimestres, les années, etc.

N'OUBLIEZ PAS

Encore un point à ne pas oublier : les valeurs de la feuille de calcul qui sont représentées dans un graphique sont liées à celui-ci de façon dynamique. Autrement dit, toute modification apportée à l'une de ces valeurs sera immédiatement répercutée dans le graphique. Question : "Dites-moi, c'est curieux ! On dirait sur le dessin que les ventes du dernier trimestre ont beaucoup baissé. Ce n'est pas normal..." Réponse : "Excusez-moi. C'est une petite erreur du service Comptabilité. Je remets la virgule au bon endroit, et voilà ! Le graphique montre bien que les ventes sont en nette hausse !".

Créer un nouveau graphique

Excel simplifie autant que faire se peut le processus de création d'un nouveau graphique dans une feuille de calcul :

1. **Cliquez sur une des cellules de la table de données à représenter graphiquement. Si vous voulez ne prendre en compte qu'une partie de la table, sélectionnez uniquement la plage de données qui vous intéresse (sans oublier les en-têtes).**

   Si vous constatez qu'Excel sélectionne trop (ou trop peu) de données dans la table, vous pourrez toujours par la suite utiliser le bouton Sélectionner des données sous l'onglet Création (nous y reviendrons plus loin dans ce chapitre). Corrigez alors la plage à représenter dans la boîte de dialogue Sélectionner la source de données.

2. **Dans l'onglet Insertion du Ruban, cliquez dans le groupe Graphiques sur le bouton qui correspond au type de diagramme que vous voulez réaliser : Colonne, Ligne, Secteurs, Barres, Aires, Nuages de points ou Autres graphiques (Stock, Surface, Anneaux, Bulles ou encore Radar).**

   Excel va afficher une liste déroulante dans laquelle des vignettes illustrent chaque style disponible pour le type de graphique sélectionné.

3. **Cliquez sur la vignette qui correspond à ce que vous voulez obtenir.**

Dès que vous cliquez sur l'une des vignettes proposées dans la galerie de styles, Excel crée un diagramme flottant (ou incorporé) sur la même feuille de calcul que les données qu'il représente graphiquement.

TRUC

Graphiques instantanés

Si vous n'avez même pas le temps de parcourir les boutons du Ruban, contentez-vous de placer le curseur dans une cellule de la table de données, ou de sélectionner la bonne plage. Appuyez ensuite sur F11. Excel va créer directement un graphique dans une feuille (Graph1) placée tout au début du classeur. Par défaut, il va lui attribuer le même type et le même style que sur la Figure 10.1. Vous pourrez ensuite personnaliser le résultat à votre convenance (voyez la suite de ce chapitre).

La Figure 10.1 montre un très classique histogramme en deux dimensions. Je l'ai obtenu en suivant la procédure qui vient d'être indiquée. Comme mon but est de représenter graphiquement les ventes du premier trimestre de l'année 2008 (sans les totaux), j'ai d'abord sélectionné la plage A2:D11. J'ai ensuite cliqué sur Insertion, puis Colonne, et enfin sur Histogramme 2D groupé (le premier choix proposé dans la galerie).

Déplacer et redimensionner un graphique incorporé dans une feuille

Un graphique qui vient tout juste d'être créé peut facilement être déplacé ou redimensionné, car il est encore sélectionné. Vous

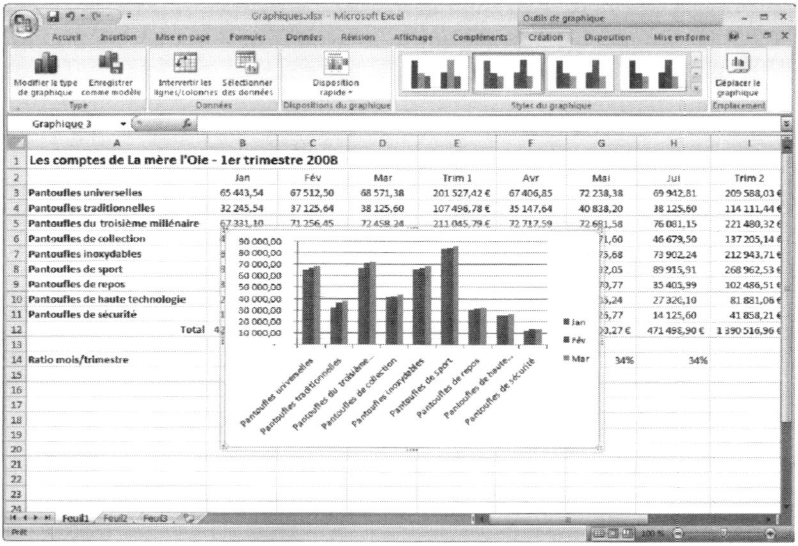

Figure 10.1 : Un histogramme 2D groupé vient d'être créé dans la feuille de calcul.

pouvez toujours savoir si un objet (qu'il s'agisse d'un diagramme ou encore d'un autre graphisme) est sélectionné, car, dans ce cas, il est entouré d'un cadre pourvu de *poignées* (il s'agit d'un groupe de trois points situés dans les coins et au milieu des côtés de l'objet). Pour sélectionner un élément, il suffit de cliquer quelque part dessus.

Votre graphique étant sélectionné (actif), vous pouvez voir en haut de la fenêtre un onglet intitulé Outils de graphique. Il comprend trois sous-onglets : Création, Disposition et Mise en forme. Vous remarquerez également que les valeurs sources des éléments du graphique sont signalées dans la feuille de calcul par un ensemble de cadres colorés comportant de petits carrés dans leurs coins.

Lorsqu'un graphique incorporé est actif; vous pouvez facilement le déplacer ou le redimensionner :

- Pour déplacer le graphique, placez le pointeur de la souris quelque part au-dessus du fond (là où apparaît une croix) et faites glisser l'objet vers un nouvel emplacement.
- Pour redimensionner le graphique (par exemple parce qu'il semble déformé), placez le pointeur de la souris au-dessus de l'une de ses poignées (il doit alors afficher une flèche à deux têtes). Cliquez et faites glisser afin d'agrandir ou rétrécir le

graphique. Le résultat dépend bien sûr de la poignée active et du sens de votre mouvement.

TRUC

Si vous appuyez en même temps sur la touche Majuscule, les proportions du graphique sont conservées. En appuyant sur la touche Ctrl, le changement d'échelle s'opère autour du centre du graphique. Avec la touche Alt, vous le forcez à s'ajuster aux cellules environnantes. L'effet de ces trois touches est cumulatif.

Une fois le graphique bien en place et bien dimensionné, il vous suffit de cliquer sur une cellule quelconque de la feuille pour annuler sa sélection. A cet instant, l'onglet contextuel Outils de graphique disparaît du Ruban.

N'OUBLIEZ PAS

Pour sélectionner à nouveau votre graphique, cliquez n'importe où sur sa surface. L'onglet contextuel Outils de graphique et toutes ses options réapparaît.

Déplacer un graphique incorporé vers sa propre feuille

Par défaut, Excel incorpore un nouveau graphique sur la même feuille que les données représentées (à moins d'appuyer sur la touche F11). Mais il est souvent plus facile de travailler avec un graphique autonome, c'est-à-dire placé dans sa propre feuille. Voyons comment obtenir ce résultat :

1. **Cliquez sur le bouton Déplacer le graphique, à droite de l'onglet Création des outils graphiques. La boîte de dialogue Déplacer le graphique apparaît.**

   Si le Ruban n'affiche pas la bonne série de commandes, cliquez quelque part sur le fond du graphique pour le sélectionner et faire apparaître les onglets correspondants.

2. **Cliquez sur l'option Nouvelle feuille de la boîte de dialogue Déplacer le graphique.**

3. **(Facultatif) Changez dans le champ Nouvelle feuille le nom générique (Graph2) en un intitulé plus compréhensible.**

4. **Cliquez sur OK pour refermer la boîte de dialogue et afficher le graphique dans sa propre feuille.**

TRUC

Lorsque vous avez fini de personnaliser un graphique placé dans une feuille spécifique, vous pouvez décider de le renvoyer vers la série de données qu'il représente. Dans ce cas, cliquez à nouveau sur le bouton Déplacer le graphique. Activez cette fois l'option Objet dans. Sélectionnez alors le nom de la feuille de destination dans la liste déroulante associée. Validez.

Personnaliser le type et le style du graphique

Vous pouvez utiliser les boutons de l'onglet Création (sous l'onglet contextuel Outils de graphique) pour personnaliser à l'envie l'aspect de votre nouveau graphique. Cet onglet contient plusieurs groupes de commandes :

- **Type :** La commande Modifier le type de graphique affiche une boîte de dialogue qui propose tous les types disponibles sous Excel. Le bouton Enregistrer comme modèle permet de sauvegarder dans un fichier tous les paramètres définissant le style du graphique. De cette manière, vous aurez par la suite la possibilité de reproduire directement l'aspect que vous avez donné à un graphique afin par exemple d'uniformiser vos présentations.

- **Données :** Le bouton Intervertir les lignes/colonnes échange immédiatement les données utilisées dans le graphique pour représenter respectivement les séries (légendes) et les catégories (axe *x*). Avec la commande Sélectionner les données, vous pouvez non seulement redéfinir totalement les séries et les catégories, mais aussi les intervertir ou encore spécifier une autre plage de données.

- **Dispositions du graphique :** Cliquez sur le bouton Disposition rapide pour afficher une galerie de mises en forme prédéfinies pour le type de graphique actuel. Cliquez simplement sur une vignette pour appliquer aussitôt cette mise en forme.

- **Styles du graphique :** Ce groupe affiche une liste de styles de présentation pour le type de graphique actif. Vous disposez sur la droite de la galerie de deux flèches de défilement, ainsi que d'un bouton Autres qui donne accès à l'ensemble des styles. Comme d'habitude, il suffit de cliquer sur une vignette pour appliquer immédiatement les réglages auxquels elle est associée.

N'OUBLIEZ PAS

Vous remarquerez que ni la disposition rapide ni les styles n'utilisent la fonction d'aperçu rapide (sans doute pour cause de charge de travail trop lourde). Vous devrez donc cliquer sur une vignette pour juger du résultat. Et donc ensuite sur le bouton Annuler si la modification ne vous convient pas.

Partant du graphique illustré sur la Figure 10.2, j'ai choisi dans la liste Disposition rapide la vignette Mise en forme 9, puis la vignette Style 42 dans la galerie Styles du graphique. La première ajoute notamment des titres génériques au graphique, tandis que la seconde lui donne un aspect très contrasté. Le résultat est illustré Figure 10.2.

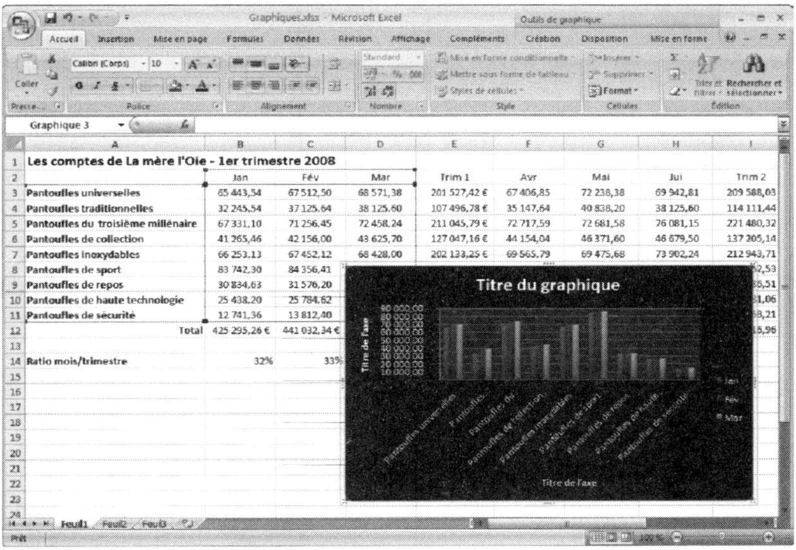

Figure 10.2 : Un histogramme groupé après personnalisation du style et de la mise en forme.

Personnaliser les éléments du graphique avec l'onglet Disposition

Les boutons de commandes de l'onglet Disposition (dans les outils du graphique) simplifient la personnalisation des éléments qui constituent votre graphique. Vous pouvez notamment :

- Repositionner des objets individuels, y compris la légende et les axes x et y, de même que les étiquettes de données. Il est aussi possible d'inclure ces données sous forme de tableau dans le graphique lui-même.

- Ajouter, supprimer et déplacer les divers titres, dont ceux qui sont associés aux axes.
- Modifier l'affichage de l'arrière-plan, y compris la zone de traçage pour les représentations 2D (c'est-à-dire la représentation graphique proprement dite) ou encore les parois, le plancher et la vue pour les graphiques en 3D.

Pour éditer un élément particulier à partir de l'onglet Disposition, cliquez sur le bouton voulu, puis sur l'option à appliquer dans le ou les menus déroulants correspondants. Si aucune des options prédéfinies ne vous convient, servez-vous du bouton Autres options de la liste déroulante afin d'ouvrir une boîte de dialogue qui vous donne accès à tous les réglages possibles de l'objet actif. Cette boîte de dialogue propose une série d'options parmi lesquelles vous trouverez Remplissage, Couleur de la bordure, Styles de bordure, Ombre, Format 3D ou encore Alignement.

Supposons par exemple que le style de graphique que vous avez choisi ne comporte pas de titre. Vous souhaitez en ajouter un (ou encore personnaliser voire déplacer un titre existant). Votre diagramme étant actif, il vous suffit de cliquer sur le bouton Titre du graphique de l'onglet Disposition pour afficher les options suivantes :

- **Aucun :** Supprimer le titre courant dans le graphique.
- **Titre de graphique superposé centré :** Ajoute ou repositionne le titre de manière qu'il apparaisse en haut et au centre de la zone de traçage.
- **Au-dessus du graphique :** Ajoute ou repositionne le titre de manière qu'il soit centré au-dessus de la zone de traçage.
- **Autres options de titre :** Ouvre la boîte de dialogue Mettre en forme le titre du graphique. Vous pouvez alors personnaliser totalement l'apparence de votre titre en vous servant des options Remplissage, Couleur de la bordure, Styles de bordure, Ombre, Format 3D et Alignement.

TRUC

Le groupe Propriétés, à droite du Ruban Disposition, contient simplement un champ dans lequel vous trouvez le nom qu'Excel attribue par défaut à votre graphique (Graphique 1, Graphique 2, et ainsi de suite). Vous pouvez le remplacer par un intitulé plus descriptif.

Si votre feuille ou votre classeur contient plusieurs graphiques, il semble évident que donner des noms explicites aux graphiques facilitera aussi bien leur compréhension que leur sélection.

Ajouter des étiquettes aux séries de données

Les étiquettes de données affichent les valeurs des données tracées dans le graphique (sur notre exemple, il s'agirait des chiffres de vente). Pour ajouter ces valeurs au graphique actif, cliquez sur le bouton Etiquettes de données du groupe Etiquettes. Choisissez ensuite l'une des ces options dans le menu déroulant :

- **Aucun :** Supprime l'affichage des étiquettes de données.
- **Centrer :** Place les étiquettes au centre de chaque *point* de donnée.
- **Bord intérieur :** Place les étiquettes près de l'extrémité de chaque point de donnée et à l'intérieur de celui-ci.
- **Intérieur base :** Place les étiquettes en bas de chaque point de donnée.
- **Bord extérieur :** Place les étiquettes près de l'extrémité de chaque point de donnée, et à l'extérieur de celui-ci.
- **Autres options d'étiquettes de données :** Ouvre la boîte de dialogue Format des étiquettes de données. Vous pouvez alors personnaliser totalement l'apparence des étiquettes en vous servant des options Nombre, Remplissage, Couleur de la bordure, Styles de bordure, Ombre, Format 3D et Alignement.

Les étiquettes sont intéressantes pour afficher des valeurs absolues, et non pas simplement relatives, dans un graphique. Cependant, elles risquent de brouiller le message si elles prennent trop de place. Dans ce cas, sachez vous en passer en choisissant dans le menu l'option Aucun.

Ajouter une table de données

A la place d'étiquettes qui risquent de surcharger le graphique, il peut être intéressant d'insérer en bas de celui-ci une table qui montre la valeur de toutes les données que vous tracez. Pour obtenir ce résultat, il vous suffit de cliquer sur le bouton Table de données et d'appliquer une des options proposées par Excel :

- **Afficher la table de données :** Demande à Excel de dessiner la table de données en bas du graphique.
- **Afficher la table de données avec les symboles de légendes :** Comme ci-dessus, mais en ajoutant à gauche du nom des séries un petit carré (le même que dans la légende) rappelant la couleur utilisée dans le graphique.
- **Autres options d'étiquettes de données :** Ouvre la boîte de dialogue Format de table de données. Vous pouvez alors personnaliser totalement l'apparence de la table en vous servant des options Remplissage, Couleur de la bordure, Styles de bordure, Ombre, Format 3D et Alignement.

La Figure 10.3 reprend notre exemple de graphique en illustrant ce qu'il peut produire si l'on y insère une table de données. En regardant bien, vous constaterez la présence des symboles de légendes.

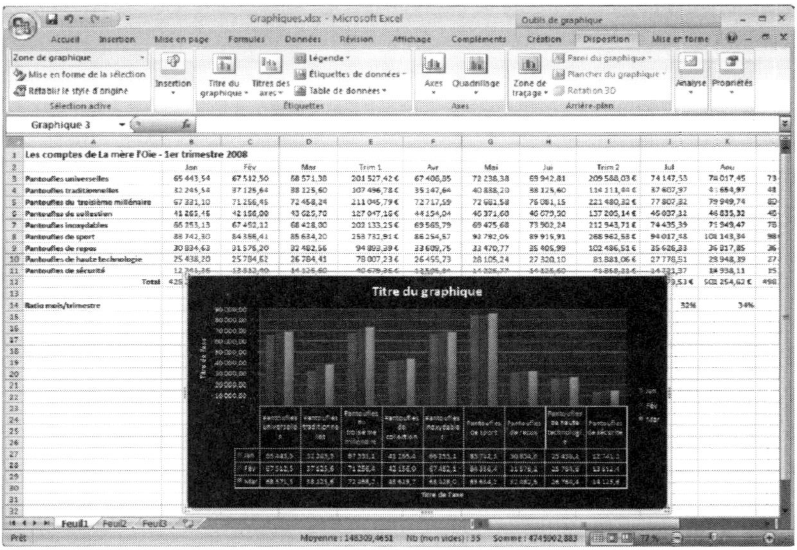

Figure 10.3 : Histogramme incorporé dans une feuille, avec table de données et symboles de légendes.

Editer les titres d'un graphique

Lorsque Excel ajoute des titres à un nouveau graphique, il leur donne un nom générique comme Titre du graphique ou Titre de l'axe (aussi bien pour les abscisses que pour les ordonnées). Pour remplacer ces intitulés peu parlants, cliquez à l'intérieur du graphique sur le titre voulu. Vous pouvez également, à partir de l'onglet contextuel Outils de graphique, choisir l'onglet Mise en forme, puis sélectionner dans la liste déroulante qui se trouve à la gauche du Ruban (dans le groupe Sélection active) l'un des objets Titre du graphique, Titre de l'axe horizontal (Catégorie) ou encore Titre de l'axe vertical (Valeur). Comme pour tout autre élément, Excel vous signale qu'un titre est sélectionné en l'entourant d'un cadre pourvu de poignées de redimensionnement.

Une fois le titre activé, vous n'avez plus qu'à cliquer dedans et à l'éditer comme vous le feriez pour une cellule quelconque. Il est aussi possible de remplacer totalement le texte en faisant un triple clic. Pour insérer une nouvelle ligne dans le titre, cliquez simplement à l'endroit où le saut doit intervenir, puis appuyez sur la touche Entrée.

N'OUBLIEZ PAS

Une fois le titre édité, cliquez n'importe où sur le graphique pour annuler la sélection (ou sur la feuille de calcul si vous voulez revenir à vos données).

Formater les éléments du graphique à partir de l'onglet Mise en forme

L'onglet Mise en forme des outils de graphique contient de nombreux boutons de commandes destinés à faciliter le formatage des éléments sélectionnés.

Excel vous propose plusieurs méthodes pour sélectionner des éléments individuels dans le graphique :

- Cliquez directement sur un objet (l'info-bulle qui apparaît à côté du pointeur de la souris vous renseigne sur sa nature : n'hésitez pas à vous en servir !).
- Sélectionnez le nom de l'objet dans la liste déroulante qui se trouve en haut du groupe Sélection active, à gauche du Ruban.

TRUC

Une fois un objet activé, vous pouvez passer à l'élément précédent ou suivant du graphique en appuyant sur les touches Haut et Bas (groupe d'éléments suivant/précédent) ou bien sur Gauche et Droite (élément précédent/suivant à l'intérieur d'un groupe).

N'OUBLIEZ PAS

Vous pouvez reconnaître l'élément sélectionné à la présence des poignées qui l'entourent. De plus, son nom apparaît dans la liste qui se trouve en haut et à gauche du Ruban, sous l'onglet Mise en forme.

Une fois un élément du graphique activé, vous disposez de diverses options de mise en forme. Vous pouvez ainsi :

- Sélectionner le bouton de commande approprié dans le groupe Styles de formes, ou encore cliquer dans le groupe Sélection active sur le bouton Mise en forme de la sélection. Cette méthode ouvre la boîte de dialogue Mise en forme associée au type de l'objet. Elle regroupe tous les réglages possibles. Choisissez vos options de mise en forme et validez.
- Déplacer l'élément dans le graphique en plaçant le pointeur de la souris dans le cadre correspondant. Lorsque l'icône à quatre branches apparaît, cliquez et faites glisser vers la destination voulue. Certains objets peuvent aussi être redimensionnés ou réorientés en faisant glisser leurs poignées.
- Effacer l'élément courant en appuyant sur la touche Suppr.

N'OUBLIEZ PAS

Tous les objets du graphique possèdent un menu contextuel. Si vous savez ce que vous voulez faire à l'instant où vous activez un élément, servez-vous du bouton droit de la souris pour, à la fois, sélectionner l'objet et ouvrir son menu contextuel. En procédant ainsi, vous gagnez donc un clic (c'est peu de chose, mais cela peut compter à la fin d'une rude journée de travail).

Formater les titres

Utilisez l'aperçu dynamique pour juger de l'impact dans le graphique de telle police, ou de telle taille de caractères, avant d'appliquer un formatage. Activez l'onglet Accueil, et servez-vous des listes Police ou Taille de police et placez le pointeur de la souris au-dessus d'une proposition (cela fonctionne également avec la couleur du texte ou du fond).

Si vous avez besoin d'une personnalisation plus poussée pour vos titres, faites appel aux boutons de commandes de l'onglet Mise en forme (sous Outils du graphique). Pour formater globalement le champ de texte qui contient le titre, cliquez sur l'un des boutons suivants dans le groupe Styles de formes :

- **Style de forme :** Vous trouvez ici une galerie de vignettes qui proposent des styles prédéfinis s'appliquant à la fois au texte et à son cadre.
- **Remplissage de forme :** Permet de choisir dans une liste déroulante une nouvelle couleur pour le cadre du titre.
- **Contour de forme :** Choisissez ici une nouvelle couleur pour le contour du cadre de texte.
- **Effets sur la forme :** Cette liste permet d'appliquer un effet au cadre du titre (Ombre, Réflexion, Lumière, Bordure arrondie, et ainsi de suite).

Pour formater uniquement le texte, vous disposez des boutons du groupe Styles WordArt :

- **Styles rapides :** Les vignettes de cette liste déroulante décorent le texte à partir d'un modèle WordArt prédéfini.
- **Remplissage du texte :** Affiche une liste de couleurs et de motifs de remplissage qui s'appliqueront à l'intérieur des caractères du texte WordArt.
- **Contour du texte :** Affiche une liste de couleurs et de styles de trait qui s'appliqueront au contour des caractères du texte WordArt.
- **Effets du texte :** Choisissez dans cette liste un effet (ombrage, réflexion ou encore lumière) qui finira de donner à votre titre un aspect dynamique et professionnel.

Pour appliquer la mise en forme illustrée Figure 10.4, j'ai choisi le style de forme Contour coloré – Accent 6, puis appliqué un des styles rapides WordArt (en l'occurrence, Dégradé – Accent 1) et enfin ajouté une ombre extérieure.

Formater l'axe des catégories (x) et l'axe des valeurs (y)

Lorsqu'il doit représenter un grand nombre de données, Excel fait un minimum d'efforts pour mettre en forme les valeurs qui apparaissent sur l'axe *y* (ou sur l'axe *x* pour certains types de graphiques comme les histogrammes empilés 3D ou les nuages de points).

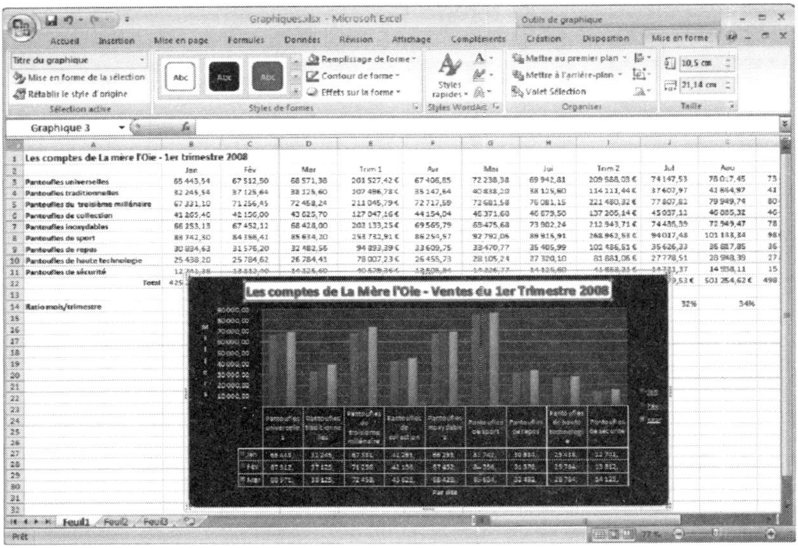

Figure 10.4 : L'histogramme après mise en forme du titre principal.

Si la présentation par défaut des axes ne vous convient pas, vous pouvez facilement l'adapter à vos souhaits :

1. **Cliquez directement dans le graphique sur l'axe *x* (ou sur l'axe *y*). Vous pouvez également vous servir de la liste déroulante située en haut et à gauche du groupe Sélection active de l'onglet Mise en forme (dans les Outils du graphique). Choisissez alors l'une des options Axe Horizontal (Catégories) ou Axe Vertical (Valeurs).**

   Excel active l'objet choisi et fait apparaître ses poignées.

2. **Toujours dans le groupe Sélection active, cliquez maintenant sur le bouton Mise en forme de la sélection.**

   Excel affiche la boîte de dialogue Mettre en forme le titre de l'axe. Elle contient les options suivantes : Options d'axe, Nombre, Remplissage, Couleur du trait, Style de trait, Ombre, Format 3D, Alignement.

3. **Pour modifier l'échelle d'un axe, l'apparence de ses graduations et son mode d'intersection avec l'autre axe, définissez les réglages voulus dans la rubrique Options d'axe (c'est elle qui apparaît lors de l'ouverture de la boîte de dialogue).**

Vous disposez ici de nombreux choix vous permettant de fixer la plage des valeurs, d'inverser le sens de celles-ci, d'appliquer une échelle logarithmique, d'afficher des unités (par centaines, milliers, millions, etc.) et de diviser les valeurs par ces unités, de repositionner les graduations sur l'axe, ou encore de modifier le point d'intersection entre l'axe des abscisses (catégories) et l'axe des ordonnées (valeurs).

4. **L'onglet Nombre vous permet de définir le style d'affichage des valeurs numériques sur l'ensemble de l'axe. Il vous suffit de sélectionner une catégorie dans la liste de gauche, puis de préciser les options associées à ce format.**

   Pour afficher par exemple les nombres avec un espace entre unités et milliers et sans partie décimale, choisissez la catégorie Nombre, cochez la case Utiliser le séparateur de milliers, et entrez **0** dans le champ Décimales.

5. **Pour changer la disposition et l'orientation des étiquettes sur l'axe sélectionné, activez l'onglet Alignement, puis indiquez la mise en forme voulue à l'aide des listes Alignement vertical et Orientation du texte.**

   Cliquez sur Fermer ou appuyez sur Entrée pour valider vos choix et refermer la boîte de dialogue (ou bien sur Echap pour annuler les modifications).

N'OUBLIEZ PAS

Les autres options de la boîte de dialogue concernent l'aspect des étiquettes. Elles sont identiques à ce qu'Excel vous propose pour les titres.

TRUC

Si vous voulez personnaliser la police ou d'autres attributs de texte pour l'axe actif, vous disposez comme à l'habitude des boutons de l'onglet Accueil.

N'OUBLIEZ PAS

Lorsque vous choisissez de nouvelles options pour l'axe sélectionné, Excel vous montre sur le graphique ce qu'elles vont donner. Cependant, les modifications ne deviendront définitives qu'au moment où vous allez cliquer sur le bouton Fermer.

Plus loin avec les graphiques

Les diagrammes ne sont pas les seuls objets graphiques que vous pouvez ajouter à vos feuilles de calcul. Excel vous permet en fait d'utiliser bien d'autres objets visuels : zones de texte, cliparts, images importées (qu'il s'agisse de photographies numériques, de documents scannés ou encore de sources chargées directement depuis l'Internet).

Des messages plus efficaces avec les zones de texte

Comme leur nom le laisse entendre, les *zones de texte* sont des cadres dans lesquels vous pouvez ajouter des explications afin (par exemple) d'éclairer certains détails de vos graphiques. Elles sont un peu comme les commentaires qu'il est possible d'ajouter aux cellules d'une feuille (comme l'explique le Chapitre 6), à ceci près que ces zones sont visibles en permanence et qu'elles peuvent être associées à une flèche pointant vers l'élément que vous voulez souligner.

Partant toujours du même exemple (les ventes de La Mère l'Oie pour le premier trimestre 2008), j'ai ajouté une zone de texte accompagnée d'une flèche qui pointe vers les excellents résultats obtenus ce trimestre pour les ventes de pantoufles de sport (ce sont mes préférées, car elles me donnent l'impression de courir le marathon quand je suis devant mon ordinateur). Le résultat est illustré Figure 10.5.

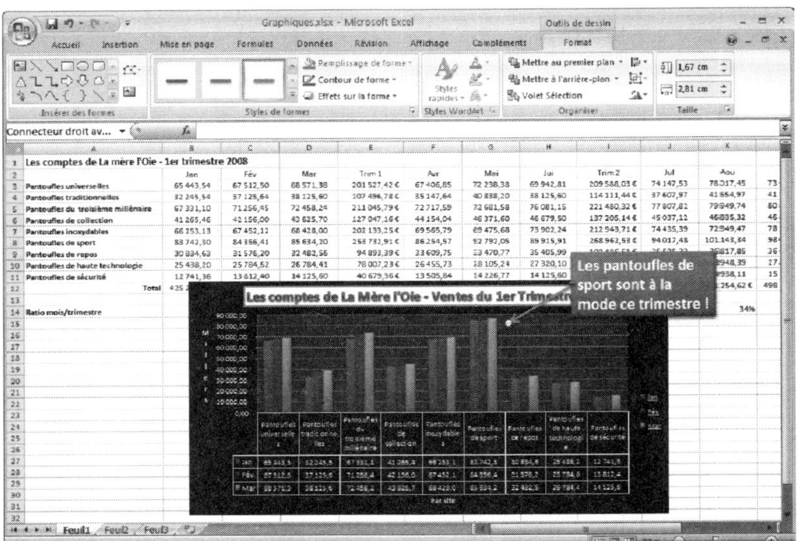

Figure 10.5 : Les ventes de pantoufles de sport sont mises en évidence grâce à une zone de texte.

Ajouter et mettre en forme une zone de texte

Voyons comment ajouter une zone de texte comme celle de la Figure 10.5. Si le graphique est déjà sélectionné, cliquez sur le bouton Insertion sous l'onglet Disposition des outils du graphique, puis choisissez l'option Zone de texte. Sinon, servez-vous du bouton portant le même nom sous l'onglet Insertion (dans le groupe Texte du Ruban).

Le pointeur de la souris va prendre la forme d'une ligne verticale barrée vers le bas d'un petit trait horizontal. Cliquez à l'emplacement qui va définir le premier coin de la zone de texte. Faites ensuite glisser le pointeur pour tracer le cadre. Lorsque vous relâchez la souris, Excel dessine un rectangle entouré de poignées qui délimite la forme et la taille de la zone.

A cet instant, le point d'insertion est automatiquement positionné au début du texte, c'est-à-dire en haut et à gauche de la zone. Saisissez alors l'annotation à insérer dans le cadre. Le texte est renvoyé à la ligne chaque fois que vous atteignez la marge droite. Vous pouvez aussi appuyer sur Entrée pour forcer un saut de ligne. Une fois votre texte saisi, cliquez en dehors de la zone pour la désélectionner.

Pour éditer une zone de texte, commencez par cliquer dessus afin de la sélectionner. Vous pouvez ensuite :

- Faire glisser son cadre pour déplacer la zone de texte.
- La redimensionner en faisant glisser la poignée appropriée (éventuellement en combinaison avec les touches Maj, Ctrl ou Alt pour conserver les proportions, la position du centre ou l'accrochage aux cellules).
- La pivoter vers la droite ou vers la gauche en faisant glisser sa poignée de rotation (c'est le petit cercle vert qui se trouve en haut).
- Modifier sa mise en forme et son apparence en faisant appel aux multiples boutons dédiés à cet usage (notamment dans le groupe Styles de formes du sous-onglet Format des outils de dessin, ou encore à partir de l'onglet Accueil pour formater tout ou partie du texte de la zone).
- La supprimer en cliquant sur son périmètre et en appuyant sur la touche Suppr (vérifiez d'abord que les tirets qui délimitent

le contour deviennent des traits pleins, et que le point d'insertion n'apparaît pas dans le texte).

Ajouter une flèche à une zone de texte

Pour mettre en évidence un point particulier, il peut être utile d'associer à la zone de texte une flèche qui pointera directement vers l'objet que vous voulez mettre en valeur. Voici comment procéder :

1. **Cliquez sur la zone de texte à laquelle une flèche doit être attachée.**

   Les poignées apparaissent sur les bords de la zone, et l'onglet Format des outils de dessin vient s'afficher dans le Ruban.

2. **Dans le groupe Insérer des formes, à gauche du Ruban, cliquez sur l'icône qui représente une flèche.**

   Ce pictogramme se trouve en troisième position sur la première ligne de la galerie des formes (en la déroulant, vous découvrirez la multiplicité des objets qu'Excel met à votre disposition). Une fois que vous avez sélectionné le bon bouton, il s'affiche en surbrillance dans la palette des formes. Dans le même temps, le pointeur de la souris devient une petite croix.

3. **Déplacez le pointeur sur la zone de texte. Vous remarquerez en passant que les poignées situées au milieu des côtés du cadre s'affichent en rouge (les poignées permettent un accrochage précis de la flèche). Cliquez là où vous voulez placer le point de départ de la flèche, puis faites glisser jusqu'à la position où va se trouver la pointe de flèche. Relâchez alors le bouton de la souris.**

4. **Dès que vous relâchez le bouton de la souris, Excel dessine deux points, un à la base de la flèche (sur la zone de texte) et l'autre du côté de la pointe. Dans le même temps, le contenu du groupe Styles de formes change pour afficher une galerie de styles de lignes.**

   Cliquez sur le bouton Autres, dans le coin inférieur droit de la galerie des styles de formes. En passant le pointeur de la souris au-dessus des vignettes, vous pouvez juger dynamiquement de l'effet du style sur la flèche.

5. Cliquez sur la vignette du style que vous voulez appliquer à la nouvelle flèche.

Excel redessine la flèche en utilisant le style que vous venez de définir. L'objet reste sélectionné (avec des poignées qui apparaissent à chaque extrémité). Vous pouvez alors éditer votre flèche à loisir :

- Déplacer-la en faisant glisser son contour (ou en appuyant sur les touches de direction du clavier).
- Modifiez sa longueur en faisant glisser la poignée qui se trouve du côté de la pointe.
- Changez la forme de la pointe ou l'épaisseur de la hampe en choisissant une option à votre convenance dans les listes déroulantes Contour de forme et Effets sur la forme de l'onglet Format. Vous pouvez aussi cliquer sur la flèche avec le bouton droit de la souris pour ouvrir son menu contextuel. Choisissez alors la commande Format de la forme (Ctrl+1 donne directement le même résultat). Dans la boîte de dialogue qui apparaît, choisissez les réglages les mieux adaptés à vos besoins dans les rubriques Remplissage, Couleur du trait, Style de trait, Ombre, Format 3D et Rotation 3D.
- Effacez la flèche en appuyant sur la touche Suppr.

Le thème du jour

Avec ses thèmes, Excel 2007 introduit une toute nouvelle manière (du moins pour lui) d'appliquer une mise en forme identique à tous les graphiques que vous insérez dans une feuille de calcul. Il vous suffit pour cela de cliquer sur la vignette du thème que vous souhaitez utiliser. La galerie correspondante est accessible dans le groupe justement appelé Thèmes, à gauche de l'onglet Mise en page du Ruban.

N'OUBLIEZ PAS

L'aperçu dynamique permet de juger de l'effet d'un thème sur les graphiques de votre feuille. Survolez simplement les vignettes avec le pointeur de la souris avant de cliquer à l'endroit voulu.

Les thèmes d'Excel combinent trois éléments par défaut : un schéma de couleur, un jeu de polices (pour le corps et les en-têtes) et enfin un style d'effet graphique. Vous pouvez personnaliser chacun de ces éléments en cliquant sur leurs boutons de commandes respectifs dans le groupe Thèmes :

- **Couleurs :** Sélectionnez dans la galerie un nouveau jeu de couleurs en cliquant sur la vignette voulue. En bas de la palette, l'option Nouvelles couleurs de thème vous permet de personnaliser chaque composant du jeu et de sauvegarder le résultat sous un nom suffisamment descriptif.
- **Polices :** Sélectionnez un jeu de polices en cliquant sur la vignette correspondante. En bas de la palette, l'option Nouvelles polices de thème ouvre une fenêtre dans laquelle vous pouvez choisir parmi d'autres polices les titres et le corps des textes. Sauvegardez votre combinaison sous un nom évocateur.
- **Effets :** Sélectionnez un jeu d'effets graphiques en cliquant sur une des vignettes de la palette.

Contrôler le recouvrement des objets

Au cas où vous ne l'auriez pas remarqué, je vous informe que les objets graphiques "flottent" au-dessus des cellules de la feuille de calcul. La plupart de ces objets (y compris les graphiques de données) sont *opaques :* ils cachent (sans effacer ou remplacer) les informations sous-jacentes. Si vous déplacez un élément graphique et qu'il vient en recouvrir partiellement un autre, celui qui se trouve à l'étage supérieur masque celui placé en dessous, exactement comme si vous posiez une feuille de papier sur une autre. La plupart du temps, vous allez donc devoir vous assurer que vos graphiques ne masquent pas des données (ou d'autres graphiques) que vous voulez voir apparaître.

Lorsque des objets graphiques (qu'il s'agisse de graphiques proprement dit, de zones de texte, de cliparts, d'images importées, de formes ou encore de diagrammes SmartArt) se recouvrent mutuellement, vous pouvez changer l'ordre dans lequel ils sont placés. Tout se passe comme si ces objets étaient tracés sur des calques transparents et superposés dans un certain ordre.

Pour déplacer un de ces calques, Excel vous propose deux méthodes :

- Commencez par sélectionner l'élément à déplacer dans la pile. Activez l'onglet contextuel correspondant (il s'appelle généralement *Outils de type d'objet*). La solution se trouve sous l'onglet Format (ou Mise en forme selon le cas), plus précisément dans le groupe Organiser. Le premier bouton, Mettre au premier plan, place l'objet au sommet de la pile. Il masque donc tout ce qu'il recouvre. Le second bouton, Mettre à l'arrière-plan, envoie l'objet au fond du tas. Il est donc recouvert par tous les autres.

Dans le cas d'objets SmartArt, vous retrouverez ces mêmes options sous le bouton Organiser de l'onglet Format.

- Toujours dans le groupe (ou sous le bouton) Organiser, vous trouvez également une commande appelée Volet sélection. Elle affiche un volet intitulé Sélection et visibilité. Vous y retrouvez la liste de tous les éléments graphiques de la feuille dans l'ordre de leur empilage (le sommet de la pile se trouve en haut, et, comme il se doit, le bas en bas...). Cliquez sur l'icône d'œil placée à droite de chaque ligne pour masquer ou afficher l'élément correspondant. Sélectionnez une ligne, puis servez-vous des deux boutons Avancer d'un plan et Reculer d'un plan pour envoyer l'objet graphique dans la couche voulue.

Si les noms affichés dans le volet ne vous disent pas grand-chose, cliquez directement dans la feuille sur le graphique à déplacer. Il est aussi possible de sélectionner plusieurs objets à la fois dans le volet. Les boutons Avancer et Reculer vont alors provoquer une rotation des calques à l'intérieur du groupe.

TRUC

Pour donner à vos graphiques des noms plus parlants, cliquez une première fois sur la ligne correspondante dans le volet Sélection et visibilité, puis une seconde fois pour passer en mode édition. Saisissez un intitulé personnalisé et validez.

Grouper des objets graphiques

Il est parfois utile de regrouper plusieurs objets graphiques. Dans ce cas, le groupe se comporte comme s'il n'était formé que d'un seul élément. En procédant ainsi, vous pourrez déplacer ou redimensionner l'ensemble des composants du groupe en une seule opération. L'exemple type est celui d'une zone de texte associée à une flèche.

Pour procéder à un tel regroupement, cliquez sur chacun des objets voulus tout en maintenant enfoncée la touche Ctrl. Cette technique peut d'ailleurs aussi être employée dans le volet Sélection et visibilité. Quand vous avez terminé, activez si nécessaire l'onglet contextuel des outils (de dessin ou encore d'image), et cliquez dans le groupe Organiser sur le bouton Grouper (c'est le second à droite en partant du haut, celui qui affiche un symbole représentant deux carrés entrelacés). Dans le menu déroulant qui apparaît, choisissez alors l'option Grouper.

Par la suite, lorsque vous cliquerez sur ce "mégaobjet", un cadre et des poignées apparaîtront autour de l'ensemble du groupe. Cette nouvelle hiérarchie sera également visible dans le volet Sélection et visibilité.

Si vous voulez déplacer ou redimensionner individuellement chaque composant d'un groupe, deux solutions s'offrent à vous. Il est possible de cliquer sur un élément unique. Vous obtenez alors un double jeu de cadres et de poignées : celui de l'élément (cadre plein) et celui du groupe (cadre tireté). Procédez normalement à l'opération que vous voulez réaliser (par exemple un déplacement, un redimensionnement, un déplacement vers le haut ou vers le bas, ou encore l'application d'une des commandes disponibles dans le Ruban ou le menu contextuel de l'objet). Vous constaterez vraisemblablement qu'il est plus facile de sélectionner un graphique particulier dans le volet Sélection et visibilité. L'autre méthode consiste tout simplement à éclater le groupe de manière que tous les objets reprennent leur autonomie. Pour cela, il vous suffit d'activer le groupe voulu, puis de revenir au bouton Grouper de l'onglet Format. Dans le menu qui s'affiche, choisissez cette fois l'option Dissocier, et le tour est joué !

Masquer des objets graphiques

Le volet Sélection et visibilité vous permet très facilement de cacher ou de révéler chacun des objets graphiques de votre feuille de calcul.

La manière dont vous pouvez accéder à ce volet dépend de la nature de l'objet sélectionné dans la feuille :

- **Graphiques :** Ouvrez l'onglet Mise en forme des Outils de graphique. Cliquez sur le bouton Volet Sélection. Le raccourci (si l'on peut dire) est Alt+JOAP.

- **Zones de texte et formes :** Ouvrez l'onglet Format des Outils de dessin. Cliquez sur le bouton Volet Sélection. Le raccourci est Alt+JDAP.
- **Cliparts et images :** Ouvrez l'onglet Format des Outils de dessin. Cliquez sur le bouton Volet Sélection. Le raccourci est Alt+JPAP.
- **SmartArt :** Ouvrez l'onglet Format des Outils SmartArt. Cliquez sur le bouton Organiser, puis sur Volet Sélection. Le raccourci est Alt+JOZ3AP (peut-être un bon mot de passe, non ?).

Une fois le volet Sélection et visibilité ouvert, vous pouvez masquer (ou inversement afficher) n'importe lequel des objets graphiques en cliquant sur l'icône de l'œil affichée à droite de la ligne correspondante. Le bas du volet vous propose également deux boutons, Afficher tout et Masquer, dont le rôle semble évident.

Voilà le genre de réflexe à ne pas prendre. Vous masquez tous les objets graphiques et vous refermez le volet Sélection et visibilité. Résultat : vous n'avez plus aucun moyen direct d'accéder au volet, précisément parce qu'il n'y a plus d'éléments graphiques à sélectionner, et donc plus de menu Format ou Mise en forme à ouvrir.

Imprimer uniquement les graphiques

Supposons que vous vouliez imprimer uniquement un certain graphique incorporé dans la feuille de calcul (indépendamment des données qu'il représente et des autres objets qui peuvent être présents). Pour cela, commencez par ouvrir le volet Sélection et visibilité. Vérifiez que tous les objets graphiques sont bien visibles en cliquant si nécessaire sur le bouton Afficher tout, ou en activant l'icône de l'œil sur chaque ligne.

L'action précédente n'est pas obligatoire. Elle permet surtout de s'assurer que le graphique qui vous intéresse est bien disponible.

Cliquez maintenant sur le graphique pour le sélectionner, puis sur Bouton Office. Choisissez la commande Imprimer (vous pouvez aussi appuyer directement sur Ctrl+P). La boîte de dialogue Imprimer va apparaître. Vous devriez constater que l'option Graphique sélectionnée est bien cochée dans la rubrique Impression. Par défaut, Excel imprime le graphique à pleine échelle sur la page.

Il se peut donc que certains graphiques ne tiennent pas sur une seule feuille. Avant de valider, vérifiez toujours ce point en cliquant sur le bouton Aperçu.

En mode Aperçu, vous constaterez peut-être qu'il convient d'ajuster la taille du graphique ou de changer l'orientation du papier (ou les deux). Dans ce cas, cliquez sur le bouton Mise en page. Dans la boîte de dialogue correspondante, activez l'onglet Page. Redéfinissez l'orientation ainsi que l'échelle (à la condition que cela soit à la fois nécessaire et possible). L'onglet Graphique vous permet d'obtenir des épreuves de contrôle en jouant sur les cases Qualité brouillon et/ou En noir et blanc. Lorsque tout vous semble correct dans la fenêtre d'aperçu, cliquez sur le bouton Imprimer pour lancer l'édition sur papier.

Livret III

Access

Première partie

Séance d'entraînement

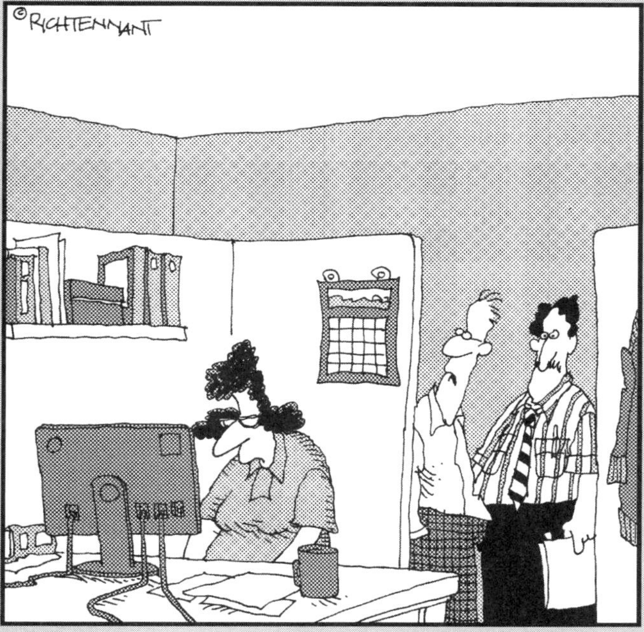

"Depuis que j'ai expliqué à Mona qu'Access est un programme à base d'arguments, elle semble en grande conversation avec lui."

Dans cette partie...

Ce n'est pas parce que cette partie vous propose une séance d'entraînement que nous allons vous demander de faire des pompes ! C'est promis. En réalité, vous allez apprendre ici ce qu'est Access, ce qu'il fait et comment vous pouvez commencer à l'utiliser.

Les trois chapitres de cette partie vous présentent l'espace de travail d'Access 2007 et ils vous expliquent comment créer une base de données. Vous y trouverez également des explications sur certains termes et concepts essentiels, ce qui vous aidera à mieux suivre d'une part la suite de ce livre, et d'autre part les documents, pages Web et discussions qui abordent ce genre de sujet. Et ce sont aussi évidemment des notions importantes pour communiquer avec vos collègues de travail (voire pour pourrir une soirée un peu trop arrosée et mortellement ennuyeuse).

Chapitre 1

Faisons connaissance avec Access 2007

Dans ce chapitre :

- Comprendre les bases du travail avec Access.
- Commencer à travailler avec Access.

Dans ce chapitre, vous allez découvrir ce qu'Access sait faire le mieux (et éventuellement à quel moment un outil est plus adapté à vos besoins). Vous verrez également comment il le fait, et, si tout se passe bien, vous commencerez à comprendre et à absorber un peu de terminologie de base. Mais ne paniquez pas. Personne ne vous demande d'apprendre par cœur et de mémoriser tout ce vocabulaire rébarbatif. Le but de cette première partie, c'est simplement de vous présenter quelques mots et concepts fondamentaux qui vous aideront à mieux vous servir d'Access en général, et dans les chapitres qui suivront en particulier.

Comment Access travaille, et comment vous travaillez avec lui

Si vous observez le fonctionnement de toutes les applications Microsoft Office (Word, Excel, PowerPoint, Outlook, et bien entendu Access), vous constatez que certaines fonctionnalités se retrouvent dans l'ensemble de la suite. Il y a aussi évidemment de grandes différences. C'est d'ailleurs pourquoi vous avez terriblement besoin de livres comme celui-ci...

Access partage donc certaines fonctionnalités avec le reste des applications de la suite Microsoft Office. Vous trouverez les mêmes boutons sur plusieurs des onglets. Vous disposez aussi d'une barre d'accès rapide (nous en reparlerons au Chapitre 2) ainsi que d'un menu appelé Bouton Office.

Si vous savez déjà comment ouvrir, enregistrer et imprimer disons un document Word, vous êtes probablement déjà prêt à faire les mêmes actions sous Access sans aucune difficulté.

Pour s'assurer que vous êtes "paré pour Access", commençons par nous familiariser avec les procédures de base pour le démarrage du programme.

Ouvrir Access

Il y a plusieurs manières de lancer Access. C'est un peu comme un menu à la carte dans un restaurant. Il y a des gens qui ont envie de tout manger. Et puis d'autres qui n'arrivent pas à se décider entre deux plats. Bien sûr, les méthodes dont vous disposez pour accéder à Access ne sont pas conçues pour satisfaire le palais de tous les convives, mais simplement pour répondre aux besoins de chacun et aux différentes situations que peuvent rencontrer les utilisateurs.

Après tout, ouvrir Access, c'est tout simplement lancer une application Windows. Quelques rappels rapides devraient donc suffire :

- Cliquez sur le bouton Démarrer de Windows (vous vous souvenez ? il se trouve dans le coin en bas et à gauche de l'écran). Choisissez successivement Tous les programmes, puis Microsoft Office, et enfin Microsoft Office Access 2007.
- Si vous avez utilisé Access il y a peu de temps, vous trouverez peut-être son icône dans la partie gauche du menu Démarrer (juste en dessous du Solitaire, peut-être ?). Cliquez sur le bouton Microsoft Office Access 2007, et c'est parti.
- Localisez un fichier de base de données Access existant, qu'il se trouve sur votre bureau ou dans un dossier spécialisé. Faites un double clic sur son icône. Access se lance et ouvre automatiquement ce fichier.

  Access 2007 est capable d'ouvrir les fichiers de bases de données créés avec les anciennes versions de ce logiciel. Il devrait supporter (sous réserve d'inventaire) toutes les caractéristiques de ces bases. Autrement dit, vos bases, tables, états, formulaires, requêtes et macros devraient s'ouvrir sans aucun souci.

- Si quelqu'un a ajouté un lien vers Access dans la barre Lancement rapide de Windows (à côté du bouton Démarrer), cliquez sur l'icône de la clé rose pour ouvrir la porte des bases de données.

TRUC

Placer un icône Access dans la barre Lancement rapide est une *bonne* idée. Voici comment procéder :

1. **Ouvrez le menu Démarrer, puis Tous les programmes. Cliquez sur le groupe Microsoft Office.**
2. **Appuyez sur la touche Ctrl (n'oubliez pas de le faire, sinon vous déplacerez le raccourci au lieu de le copier). Laissez-la enfoncée. Cliquez dans le menu Microsoft Office sur la ligne Microsoft Office Access 2007. Faites-la glisser au-dessus de la barre Lancement rapide.**

   Un grand trait noir apparaît à l'endroit où se trouve le pointeur de la souris. Il indique l'emplacement possible pour l'icône d'Access.
3. **Relâchez le bouton de la souris, puis la touche Ctrl.**

Vous venez de créer un accès "un clic" vers Access !

Choisir un point de départ

Ainsi, Access est ouvert. Vous voyez s'afficher son interface, et il est très possible que vous ne sachiez pas trop comment vous servir de tout cela. Pas d'inquiétude. Après tout, c'est bien pour cela que vous lisez ce livre !

Vous en apprendrez plus sur les onglets et les boutons, les volets et les menus, et ainsi de suite, dans le Chapitre 2. Pour l'instant, nous allons nous contenter de voir comment vous pouvez ouvrir ou créer une base de données et commencer à vous mettre au travail.

Ouvrir une base de données existante

Rien de plus facile. Si une base de données existe déjà, vous pouvez l'ouvrir en la sélectionnant dans le volet Ouvrir une base de données récente, à droite de l'écran d'accueil. Cliquez simplement sur le nom voulu, et la base va s'ouvrir en affichant ses tables, ses requêtes, ses états et ses formulaires dans le volet qui se trouve à gauche de la fenêtre.

Une fois la base ouverte, vous pouvez activer ses différents composants par un double clic sur la ligne correspondante dans le volet Tous les objets Access (vous le trouvez sur votre gauche). Tous ce que vous ouvrez est affiché dans le volet principal, au centre de la fenêtre.

Une fois votre table ouverte, vous pouvez commencer à y entrer ou éditer des enregistrements. Vous en apprendrez plus sur le sujet dans le Chapitre 6, qui vous explique les différentes méthodes dont vous disposez pour travailler avec vos tables. Si vous voulez tester une requête déjà présente dans la base, la technique est la même : un double clic sur son nom dans la partie gauche de l'espace de travail, et c'est parti ! Vous voulez en savoir plus sur les requêtes ? Voyez les Chapitres 11 et 12. Pour effectuer des recherches et des tris simples, bondissez sur le Chapitre 9.

Créer une nouvelle base de données sans peine

Vous n'avez pas de base de données à ouvrir ? Cela ne doit pas vous arrêter. Ouvrez Access en vous servant d'une des voies décrites plus haut (à ceci près que vous ne pourrez pas le lancer par un double clic sur un nom de fichier...).

N'OUBLIEZ PAS

Un fichier de base de données contient *tous* les composants de celle-ci. En d'autres termes, tout ce qui est associé aux données fait partie de la base, dont notamment :

- Les tables qui hébergent ces données.
- Les requêtes qui vous aident à les rechercher et les utiliser.
- Les états qui vous montrent ce qu'elles sont et ce qu'elles signifient.
- Les formulaires qui permettent aux gens de visualiser, de saisir et éditer ces données.

Une fois Access ouvert, vous pouvez cliquer sur le bouton Base de données vide, à la suite de quoi un nouveau volet va apparaître à droite de la fenêtre. Vous pouvez y définir le nom de votre nouvelle base de données et choisir son emplacement. Etudions cela de plus près :

1. **Access étant ouvert, et le titre "Prise en main de Microsoft Office Access" étant affiché en lettres de feu sous la barre de titre, cliquez sur le bouton Base de données vide (sous le bandeau Nouvelle base de données vide).**

   Un volet apparaît dans la partie droite de la fenêtre d'Access. Il vous demande de définir le nom de votre base de données.

2. **Remplacez la proposition par défaut (Base de données*X*.accdb) par le nom que vous voulez attribuer à la base de données.**

   NOTE TECHNIQUE

   Le *X* dans le nom de fichier ci-dessus représente un nombre. Access numérote chaque nom par défaut selon un ordre croissant en fonction de vos décisions précédentes.

   Si vous venez tout juste d'installer Access et qu'il s'agit de votre première base, le nom de fichier proposé par défaut sera `Base de données1.accdb`. Remarquez au passage l'extension "accdb". Vous n'avez pas besoin de la spécifier : Access l'ajoute automatiquement au fichier.

3. **Sélectionnez maintenant l'emplacement dans lequel le fichier de base de données va être enregistré. Pour cela, suivez ces étapes :**

   a. Cliquez sur la petite icône qui représente un dossier ouvert (juste à droite du champ Nom de fichier).

   Ceci ouvre la boîte de dialogue Fichier Nouvelle base de données. Normalement, vous en savez suffisamment sur Windows pour naviguer vers le disque et/ou le dossier où vous voulez stocker votre base de données.

   b. Servez-vous de la liste déroulante Enregistrer dans, en haut de la boîte de dialogue, pour localiser votre dossier de destination. Cliquez simplement sur la ligne voulue pour activer cet emplacement.

   c. Si nécessaire, vous devrez commencer par ouvrir une unité de disque, puis un premier niveau de dossier, puis un sous-dossier, et ainsi de suite jusqu'à atteindre le bon étage.

   d. Il peut arriver que le dossier n'existe pas encore. Si nécessaire, cliquez en haut et à droite de la fenêtre sur le bouton Créer un dossier (c'est l'avant-dernier de la série). Donnez un nom au nouveau dossier et cliquez sur OK pour revenir à la boîte de dialogue.

e. Cliquez sur OK. Le nom que vous avez attribué au fichier lors de l'étape 2 servira à Access pour l'enregistrement du fichier dans son dossier de destination.

4. **Une fois revenu à la fenêtre d'Access, cliquez sur le bouton Créer.**

   Une table vierge apparaît. La première cellule de la grille est sélectionnée de manière à ce que vous puissiez définir vos champs.

A ce stade, il est possible de foncer et saisir directement des données, ou bien de commencer à définir les noms et les propriétés des champs. Les noms de ces champs apparaissent sur la ligne du haut (vous constatez d'ailleurs qu'un champ N° est automatiquement créé par Access). L'intitulé de cet en-tête indique pour l'instant Ajouter un nouveau champ. La cellule active se trouve juste en dessous. Si vous décidez de sauvegarder tout de suite votre table (cliquez droit sur l'onglet Table1 et choisissez la commande Enregistrer), Access vous demandera de choisir une dénomination plus parlante et plus efficace que le *Table1* par défaut.

Utiliser un modèle

Access fournit des *modèles* (des sortes de moules à gâteaux pour cuire les bases de données) pour répondre aux besoins standards. Vous trouverez dans le volet de gauche plusieurs catégories qui tentent de circonscrire les besoins de la plupart des utilisateurs. Chaque catégorie est associée à un ensemble de modèles qui viennent s'afficher dans le panneau central. Certains modèles peuvent se trouver sur votre disque dur, tandis que d'autres seront téléchargés sur le site Microsoft Office Online. La variété de ces modèles est telle que votre bonheur pourrait bien se trouver là.

La volet de gauche propose une rubrique appelée A partir de Microsoft Office Online. Elle surmonte trois catégories : Professionnel, Personnel, Education. Contacts, ventes, projets, carnet d'adresses personnel, suivi des étudiants... Et la liste n'est pas exhaustive. Lorsque vous cliquez sur un de ces liens, Access affiche (et si nécessaire va rechercher sur l'Internet) tous les modèles concoctés par les gars de chez Microsoft.

Lorsque vous cliquez sur l'une des catégories Microsoft Office Online, le volet central change. Il montre le nom de la catégorie courante, suivi d'une série de grandes icônes, qui correspondent à autant de modèles de bases de données.

1. **Si vous cliquez sur une des grandes icônes, le volet de droite s'active. Vous pouvez alors donner un nom à votre nouvelle base de données et choisir son emplacement (exactement comme pour une base vierge).**

2. **Cliquez sur le bouton Télécharger pour accéder au modèle.**

Une fois le modèle chargé (ou simplement créé s'il était déjà installé avec votre copie d'Access), vous pouvez commencer à y saisir des données. Ce qui diffère fondamentalement de la procédure précédente, c'est que vous ne vous retrouvez plus devant une table totalement blanche (sans champs ni enregistrements) sans rien d'autre à vous mettre sous la dent. Avec les modèles prédéfinis, vous disposez immédiatement de tables, de requêtes, d'états ou encore de formulaires prédéfinis.

Comme pour une base vide, les modèles ne saisissent pas les données à votre place... C'est à vous de les (faire) remplir. Vous pouvez changer les noms des champs (nous apprendrons à le faire dans le Chapitre 5), en ajouter ou en supprimer. Lorsque la nouvelle base est adaptée à vos besoins réels, vous n'avez plus qu'à saisir les enregistrements champ après champ.

Et maintenant, que vais-je faire ?

Vous voilà à la tête d'une nouvelle base de données. Qu'allez-vous faire maintenant ? Tout simplement passer au Chapitre 2. Vous y découvrirez de nouvelles notions sur les outils qu'offre Access. Ceux qui sont présents à l'écran presque tout le temps, et ceux qui sont spécifiques à la manière dont vous avez ouvert la base de données.

Dans le Chapitre 3, vous commencerez à construire pour de bon une base de données, en définissant et configurant les tables et les champs qui lui fournissent sa structure. Bien entendu, il y a derrière tout cela un travail préliminaire de réflexion et de planification que nous ne laisserons pas dans l'ombre !

Chapitre 2

Permis de circuler dans Access

Dans ce chapitre :

- Pour commencer.
- Onglets, boutons et menus.
- Circuler à l'aide de la souris.

Si vous avez déjà utilisé Access 2003 (ou l'un de ses prédécesseurs), ou bien si vous vous êtes déjà servi de la suite Microsoft Office avant la version 2007, vous allez probablement être surpris par la nouvelle interface qui vous est proposée.

La Figure 2.1 montre à quoi ressemble l'interface d'Access 2007 lorsque vous créez une nouvelle base de données vierge, avec une table vide et l'onglet qui lui est associé. Sur cette image, l'onglet Feuille de données est actif, mais vous pouvez aussi constater la présence d'autres onglets : Créer, Données externes et Outils de base de données.

Les bords de l'espace de travail proposent également de nouvelles fonctionnalités dont le contenu dépend du bouton sur lequel vous avez cliqué :

- Si vous créez une nouvelle base de données, les options dont vous avez besoin apparaissent au centre et à droite de la fenêtre.
- Si vous travaillez sur une base de données existante, ses composants sont listés dans un volet de navigation affiché sur la gauche de l'espace de travail.

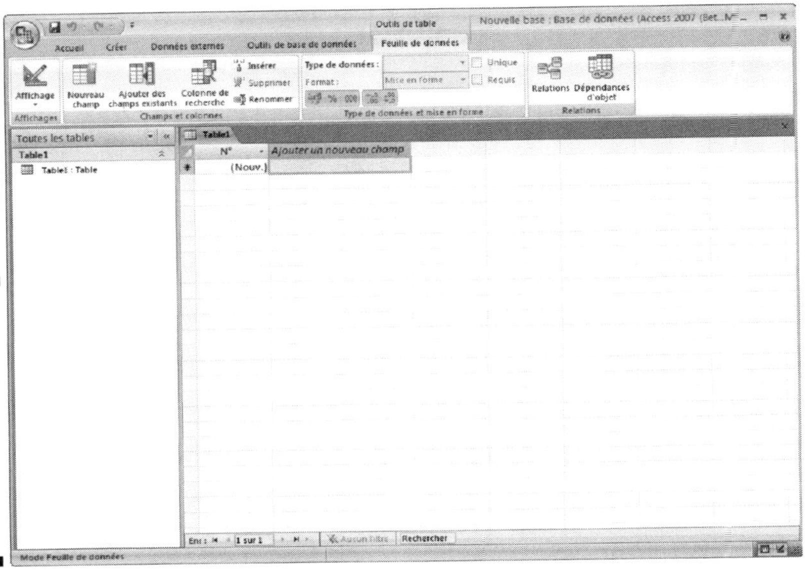

Figure 2.1 : Les cinq onglets principaux du ruban et des rangées de boutons constituent l'interface d'Access.

- Des volets apparaissent aussi en bas de cet espace de travail lorsque vous effectuez certaines activités spécifiques.

Dans ce chapitre, nous n'allons évidemment pas décrire toutes les combinaisons possibles d'onglets et de boutons qu'Access est susceptible d'afficher. Vous trouverez dans les chapitres qui suivent tout ce dont vous aurez besoin lorsque vous en aurez besoin. Dans l'immédiat, nous allons simplement nous intéresser à trois états d'Access :

- Lorsqu'il s'ouvre.
- Lorsque vous construisez une nouvelle base de données (en partant de rien ou en faisant appel à un modèle).
- Lorsque vous travaillez sur une base de données existante.

L'écran de prise en main

Vous êtes paré pour plonger ? Parfait. Il est facile de lancer Access. Vous pouvez le faire de multiples manières (revoyez à ce sujet le Chapitre 1). Que vous décidiez d'ouvrir une base de données pour la visualiser et l'éditer (comme sur l'exemple illustré par la Figure 2.2), ou que vous choisissiez de créer une nouvelle base (ce qui ouvre le programme et affiche la fenêtre de prise en main, comme sur la Figure 2.3), tous les outils dont vous avez besoin seront accessibles facilement et rapidement. La Figure 2.3 montre une base de données ouverte sur une table, les autres composants étant affichés dans le volet situé sur la gauche de l'espace de travail.

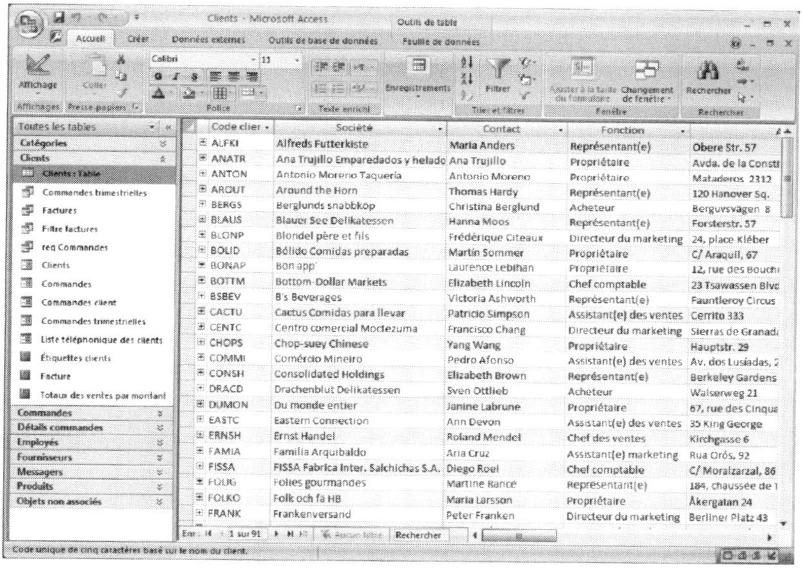

Figure 2.2 : Ouvrez d'un seul coup Access et votre base de données.

Lorsque vous ouvrez l'application, vous disposez de trois méthodes pour sauter dans la piscine Access. C'est ce que vous explique le Chapitre 1. Vous avez le choix entre : ouvrir directement une base de données existante, créer une base vide, ou enregistrer une copie de l'un des modèles proposés par Access.

La Figure 2.3 illustre le second procédé. Vous voyez la fenêtre de prise en main. Le bouton Base de données vide y est mis en surbrillance. En dessous, vous trouvez les icônes des modèles en ligne qu'Access propose A la une.

Si vous ouvrez le programme en utilisant le menu Démarrer et que vous voulez *maintenant* ouvrir une base de données existante, remarquez la liste des fichiers qui est affichée dans le volet de droite (il s'appelle Ouvrir une base de données récente). Cliquez sur l'un des noms que vous y voyez, et la base va s'ouvrir. Ses composants

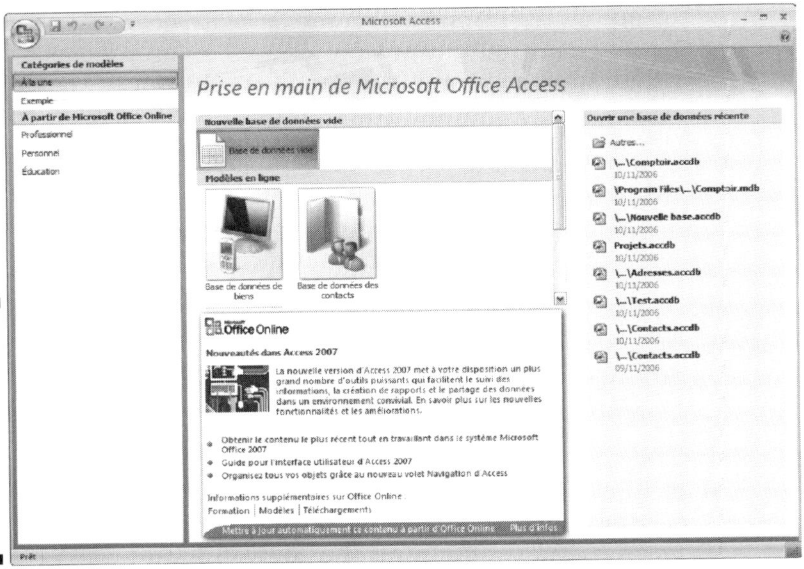

Figure 2.3 : Vous pouvez créer une base de données à partir de rien ou depuis un des modèles Access.

apparaîtront dans le volet qui se trouve à gauche de l'espace de travail. Si vous ne trouvez pas ici le fichier qui vous intéresse, vous pouvez cliquer sur la commande Ouvrir du Bouton Office (celui qui affiche en grand le logo de la suite, en haut et à gauche de la fenêtre de l'application). La Figure 2.4 montre ce menu, ainsi que la liste des documents existants que vous propose Access.

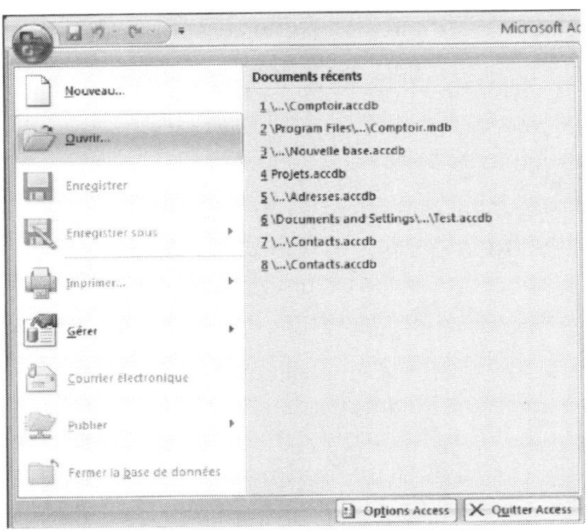

Figure 2.4 : Ouvrir une base de données existante.

Bien. La fenêtre de prise en main est une chose. Mais dès que vous avez commencé à travailler avec Access, les coches, sifflets et boutons commencent à prendre une autre coloration. Voyons cela de plus près.

Travailler avec les outils visuels d'Access

Lorsque vous ouvrez une base de données (existante ou que vous venez de créer ex nihilo ou bien en partant d'un modèle), l'espace de travail change. Il affiche un ruban et cinq onglets, comme l'illustre la Figure 2.5. Ne confondez pas ces onglets avec les volets qui affichent les composants de la base de données (ils apparaissent au centre de l'espace de travail et correspondent aux tables, états, requêtes ou formulaires ouverts dans la partie gauche de la fenêtre).

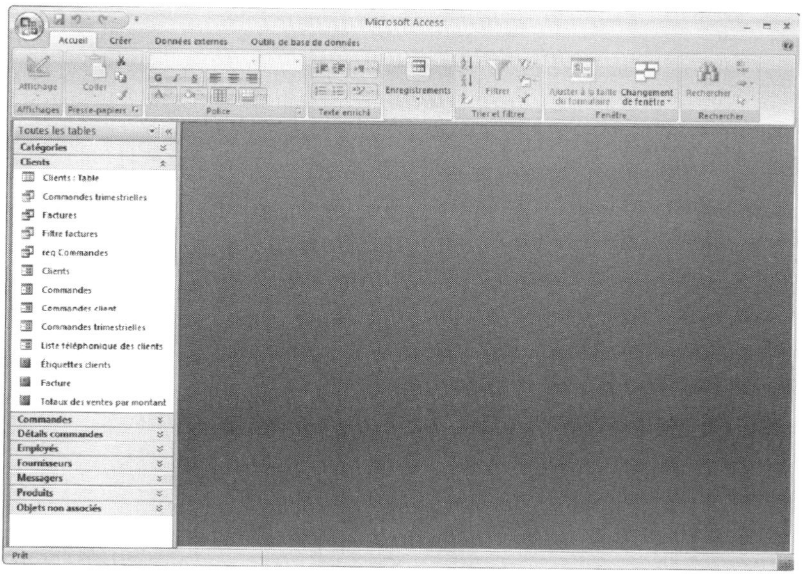

Figure 2.5 : Les principaux onglets s'affichent avant même de choisir une table ou un état.

Lorsque le ruban s'affiche, plusieurs de ses boutons peuvent être grisés. Ils ne deviendront actifs qu'au moment où vous effectuerez une action qui les rappellera à la vie. Si, par exemple, vous n'avez ouvert aucune table, formulaire, état ou requête, les boutons servant à les formater ou les éditer ne seront pas accessibles dans le ruban. Les outils permettant de créer de nouveaux composants seront disponibles sous l'onglet Création, mais les autres resteront grisés.

Comme l'illustre la Figure 2.6, les outils associés aux tables, requêtes, états ou formulaire s'activent lorsque vous ouvrez une table, un état, une requête ou un formulaire.

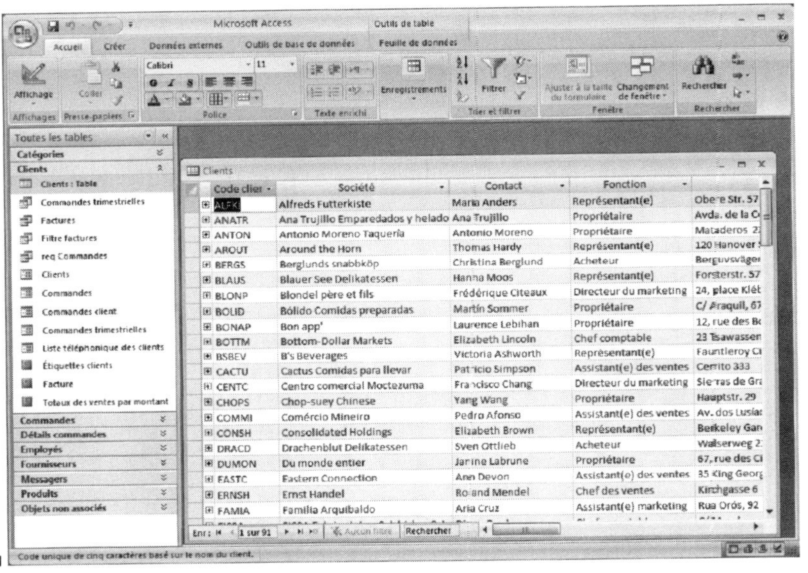

Figure 2.6 : Les boutons qui concernent ce que vous ouvrez et activez deviennent disponibles en fonction de vos besoins.

TRUC

Lorsqu'un objet autre qu'une table est ouvert dans l'espace de travail, vous disposez de quatre onglets (Feuille de données disparaît lorsqu'un état, une requête ou un formulaire est ouvert).

Cliquer sur les onglets

Pour vous déplacer d'onglet en onglet sur le ruban, il vous suffit de cliquer sur le nom de chacun. Comme l'illustre la Figure 2.7, l'onglet actif se repère facilement : il est mis en surbrillance, et tous ses boutons sont visibles. Lorsque le pointeur de souris se trouve au-dessus d'un titre d'onglet, celui-ci se pare d'une sorte de halo orangé. Sur l'exemple de la Figure 2.7, l'onglet actif est Création, et le halo apparaît sur l'onglet Accueil.

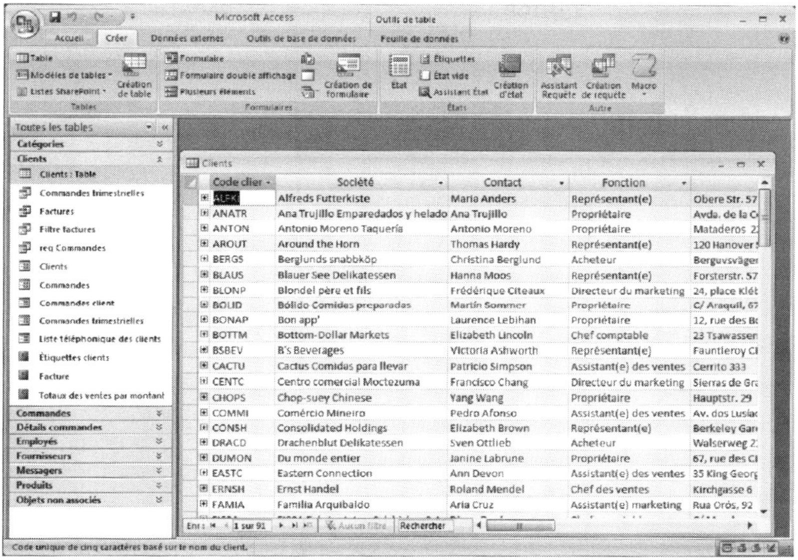

Figure 2.7 : L'onglet actif se repère facilement.

Lorsque vous ouvrez une table, l'onglet Feuille de données vient s'ajouter au ruban. Il est surmonté d'un autre nom d'onglet : Outils de table. Ce dernier n'a d'autre rôle que de vous rappeler que vous êtes en mode Feuille de données. Rien ne se passe si vous cliquez dessus. Cet onglet peut sembler inutile. En fait, il est cohérent avec les autres applications Office 2007 qui font un plus grand usage de ces onglets *contextuels*.

Utiliser les boutons

Sous Access, il existe deux variétés de boutons :

- Il y a les boutons qui font quelque chose quand on clique dessus : ils peuvent ouvrir une boîte de dialogue, ou un assistant, ou encore modifier d'une certaine manière votre table, état, requête ou formulaire.
- Il y a les boutons qui représentent une liste ou un menu. Vous en trouvez deux catégories :
  - Les listes déroulantes se signalent par la présence d'une petite flèche triangulaire pointant vers le bas et qui se trouve à droite du bouton. Lorsque vous cliquez dessus, la liste se déroule (voir la Figure 2.8).

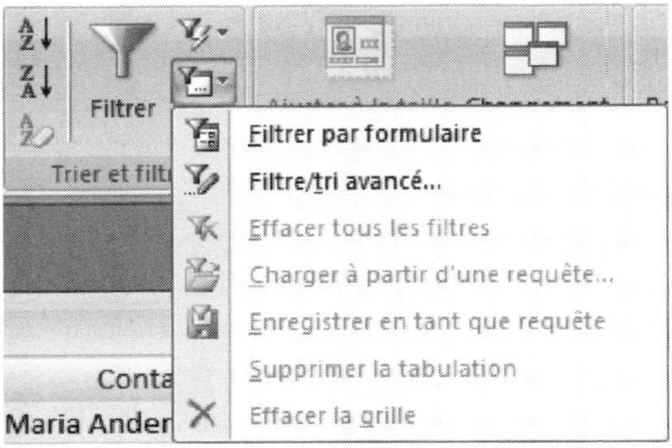

Figure 2.8 : Cliquez sur la flèche qui se trouve à droite du bouton pour faire votre choix.

- D'autres boutons comportent aussi une petite flèche, mais cette fois en bas. Cliquez sur le bouton (pas nécessairement sur la flèche), et un menu apparaît (voir la Figure 2.9).

Figure 2.9 : Surprise, un menu est caché sous le bouton !

Accès rapide

Vous étiez un habitué d'Office ? Le dépaysement est garanti : vous ne trouverez plus de menu Fichier dans la version 2007. Ce menu contenait certaines actions essentielles à la gestion de vos documents : ouverture, enregistrement, impression ou encore fermeture. Rien de moins.

Cher utilisateur Office, ne paniquez pas. A la place du menu Fichier (et d'une partie du menu Edition), vous trouvez maintenant la barre d'outils Accès rapide et le Bouton Office (avec deux majuscules). La première se trouve en haut et à gauche de la barre de titre. Elle affiche par défaut trois boutons servant respectivement à enregistrer l'objet actif, à annuler la dernière action, ou au contraire à la rétablir. Le second est placé juste à côté. Avec son gros logo Office, il est difficile de le manquer. En cliquant dessus, vous faites apparaître la nouvelle version de l'ancien menu Fichier (voir la Figure 2.10).

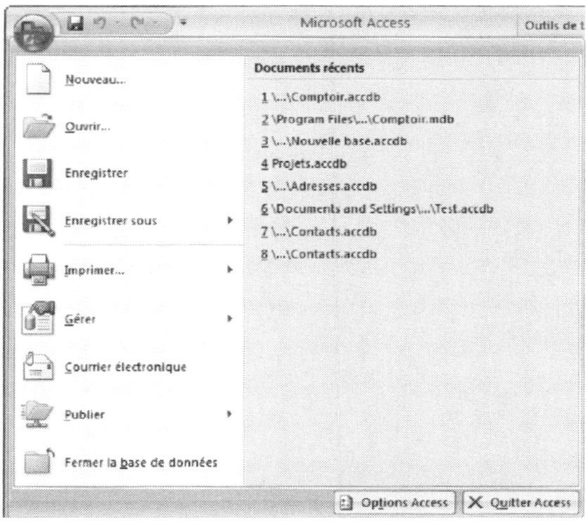

Figure 2.10 : Vous avez perdu votre menu Fichier ? Cliquez sur le Bouton Office pour le retrouver.

TRUC

C'est quoi ce triangle, au bout de la barre d'outils Accès rapide ? C'est un menu qui vous propose d'afficher un plus ou moins grand nombre d'icônes dans la barre d'outils, ainsi que trois commandes : Autres commandes, Afficher en dessous du ruban, et Réduire le ruban. Vous les retrouvez d'ailleurs si vous cliquez sur un onglet ou un bouton du ruban avec le bouton droit de la souris. Ces commandes sont expliquées plus loin.

Accéder aux volets, panneaux et autres outils contextuels

Selon ce que vous faites avec la base de données (c'est-à-dire avec la table, la requête, l'état ou le formulaire actif et le bouton sur lequel vous venez de cliquer), Access propose différents volets, panneaux et outils contextuels. Supposons par exemple que vous avez ouvert une table et que vous cliquez sur le bouton Etat de l'onglet Créer (il se trouve dans le groupe justement appelé Etats). Vous voyez s'afficher un état par défaut. Dans le même temps, de nouveaux onglets et de nouveaux boutons apparaissent en haut de l'espace de travail : Mise en forme, Réorganiser et Mise en page (voir la Figure 2.11).

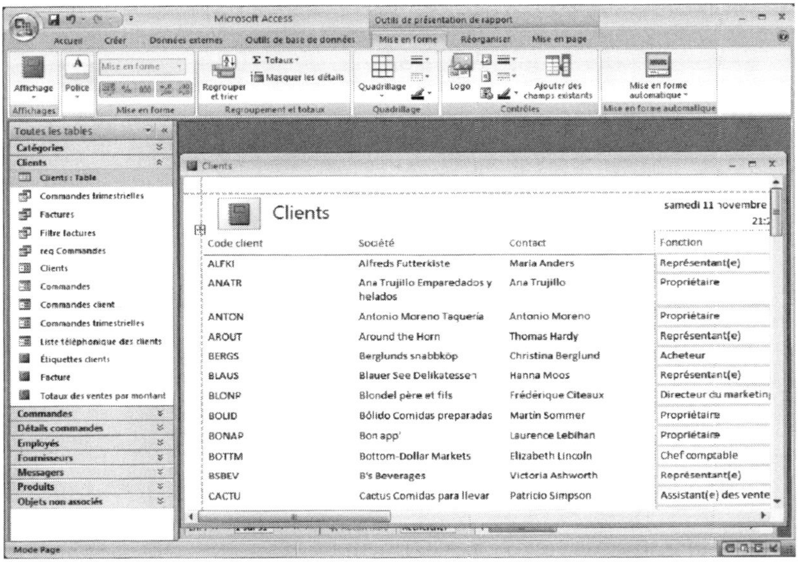

Figure 2.11 : Les outils dédiés aux états apparaissent lorsque vous en avez besoin.

En d'autres termes, vous disposez de quatre onglets standards (si aucune table n'est ouverte). D'autres onglets *contextuels* viennent les compléter au gré des circonstances :

- Si vous créez un état, Access ajoute un onglet Outils de présentation de rapport. Il comporte trois "sous-onglets" : Mise en forme, Réorganiser et Mise en page.
- Si vous créez un formulaire, Access ajoute un onglet Outils de présentation de formulaire. Il comporte deux "sous-onglets" : Mise en forme et Réorganiser (voir la Figure 2.12).

En travaillant avec Access, vous vous habituerez à ce comportement : les choses apparaissent et disparaissent en fonction de ce que vous faites, car le programme s'efforce de vous présenter uniquement ce dont vous avez besoin selon la tâche que vous effectuez ou la fonctionnalité que vous mettez en œuvre.

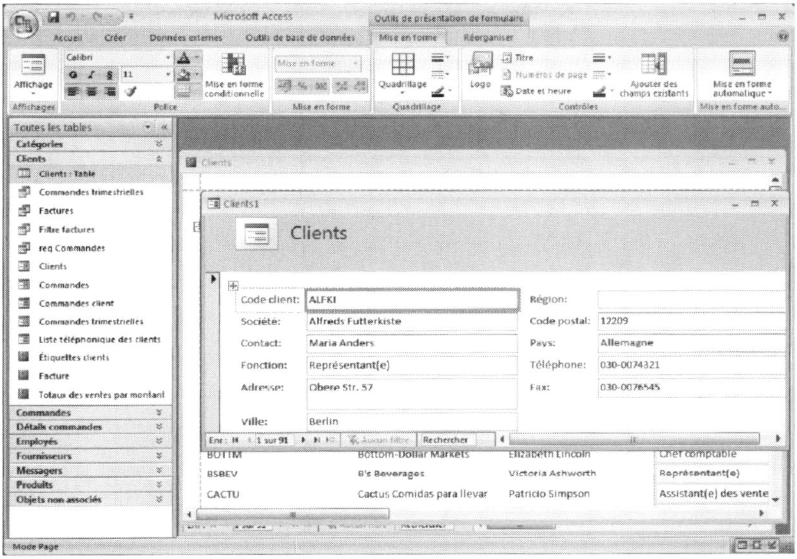

Figure 2.12 : Access surveille vos actions afin de vous fournir les bons outils au bon moment.

Personnaliser l'espace de travail d'Access

Toute bonne application permet de personnaliser peu ou prou son espace de travail (que ce soit en ajoutant des boutons, en les réorganisant sur une barre d'outils, en faisant glisser des panneaux, et ainsi de suite).

Access *est* une bonne application. Et donc il vous permet de personnaliser son espace de travail. Vous pouvez donc déplacer la barre d'outils Accès rapide, y ajouter des séries de boutons, redimensionner le ruban, adapter la barre d'état à vos souhaits, ou encore décider de l'intérêt que vous portez aux info-bulles (vous savez, les petits messages qui s'affichent lorsque le pointeur de la souris plane au-dessus d'un objet).

Rien de tout cela n'est obligatoire. Les réglages par défaut pour l'emplacement du ruban, les combinaisons de boutons ou encore l'aide visuelle sont bien adaptés à la plupart des utilisateurs et des utilisations. Pour autant, vous avez parfaitement le droit de personnaliser votre environnement. Si c'est ce que vous voulez, ne vous en privez pas. Après tout, la plupart des personnes secouent les oreillers dans tous les sens avant de se coucher. C'est juste une manière de marquer son territoire.

Repositionner la barre d'outils Accès rapide

Vous disposez de deux options pour déplacer la barre d'outils Accès rapide :

- Au-dessus du ruban (ce qui est la position par défaut).
- En dessous du ruban.

Pour déplacer la barre d'outils, cliquez avec le bouton droit de la souris et choisissez l'option *Afficher la barre d'outils Accès rapide sous le ruban* (voir la Figure 2.13).

Figure 2.13 : Cliquez droit sur la barre d'accès rapide pour la déplacer en dessous ou au-dessus du ruban.

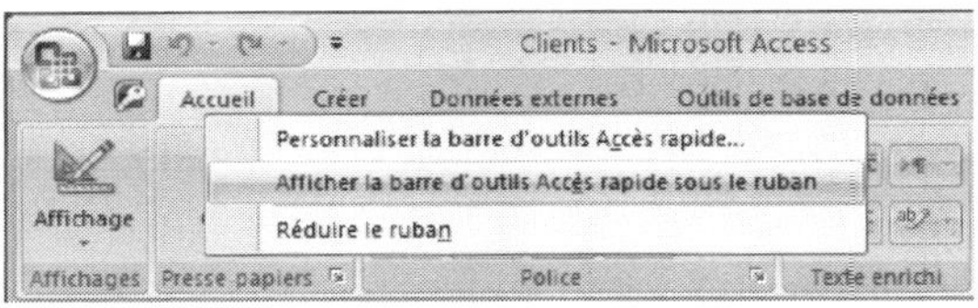

Lorsque la barre d'outils Accès se trouve sous le ruban, la même commande indique maintenant *au-dessus*. Cliquez, et vous revenez à la position initiale.

TRUC

Le menu contextuel qui permet de déplacer la barre d'outils Accès rapide est également accessible en cliquant droit sur n'importe quel nom d'onglet, ainsi que sur la plupart des boutons du ruban.

Ajouter des boutons à la barre d'outils Accès rapide

Par défaut, la barre d'outils Accès rapide ne présente que quelques commandes. Vous pouvez la personnaliser en cliquant sur la flèche pointant vers le bas qui se trouve à sa droite. Choisissez alors une option dans la liste qui vous est proposée (Nouveau, Ouvrir, Orthographe, etc.).

Mais la palette d'Access est bien plus large :

1. **Une base de données quelconque étant ouverte (pour que le ruban soit visible), cliquez avec le bouton droit de la souris sur un onglet, un quelconque bouton, ou la barre d'outils Accès rapide elle-même.**

2. **Dans le menu qui s'affiche, choisissez Personnaliser la barre d'outils Accès rapide.**

   La boîte de dialogue Options Access va apparaître (voir la Figure 2.14). La rubrique Personnaliser y est déjà active.

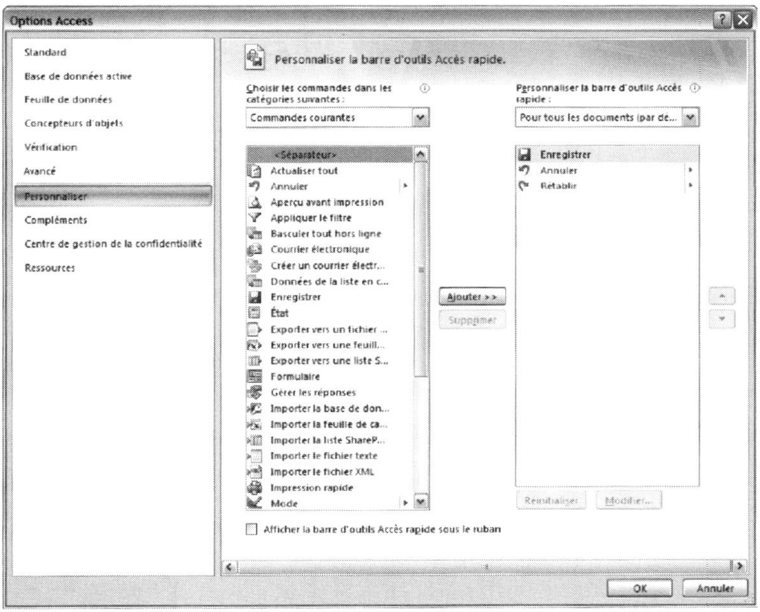

Figure 2.14 : Choisissez une catégorie et une commande à ajouter à la barre d'outils Accès rapide.

3. **Cliquez sur la liste de gauche (Choisir les commandes). Sélectionnez-y une catégorie.**

   Par défaut, Access vous propose les commandes les plus courantes (qui ne sont donc pas forcément celles qui vous intéressent le plus). Celles qui ne se trouvent pas sur le ruban sont probablement plus attirantes (mais moins utiles en rythme de croisière). Et comme vous disposez de plus de 500 choix en tout, vous ne risquez pas de vous ennuyer.

4. **Une fois la catégorie sélectionnée, choisissez dans la liste qui suit la commande que vous souhaitez ajouter à la barre d'outils Accès rapide. Cliquez alors sur le bouton Ajouter, au centre de la fenêtre.**

   Votre commande vient prendre sa place dans la liste de droite.

5. **Recommencez la procédure ci-dessus pour ajouter à la barre Accès rapide tous les outils dont vous avez besoin.**

   Toutes les commandes que vous placez dans la barre d'outils Accès rapide ne sont pas actives en permanence. Par exemple, si vous ajoutez un bouton provenant de l'onglet Création, il restera grisé si vous n'avez pas ouvert une table, un état, une requête ou un formulaire.

6. **Une fois que vous avez fini d'ajouter les commandes qui vous intéressent, cliquez sur OK pour refermer la boîte de dialogue.**

   Lorsque vous cliquez sur OK, les nouveaux boutons apparaissent immédiatement sur la barre d'outils, l'étendant autant qu'il est nécessaire. Sur l'exemple de la Figure 2.15, j'ai inséré quatre boutons de commande : Ouvrir, Imprimer, Aperçu et Graphique croisé dynamique.

Si vous voulez ajouter rapidement et directement une certaine commande sur la barre d'outils Accès rapide, cliquez droit sur le bouton correspondant. Dans le menu qui s'affiche, cliquez sur l'option Ajouter à la barre d'outils Accès rapide. Le bouton est immédiatement copié (pas déplacé !) vers la barre d'accès rapide. Cette méthode est idéale si vous voulez éviter de chercher dans le ruban une commande dont vous vous servez régulièrement. La boîte de dialogue Options Access est davantage destinée aux chasseurs d'options, car elle vous permet de traquer toutes les commandes disponibles.

Supprimer des boutons de la barre d'outils Accès rapide

Supprimer un bouton de la barre d'outils Accès rapide est extrêmement rapide :

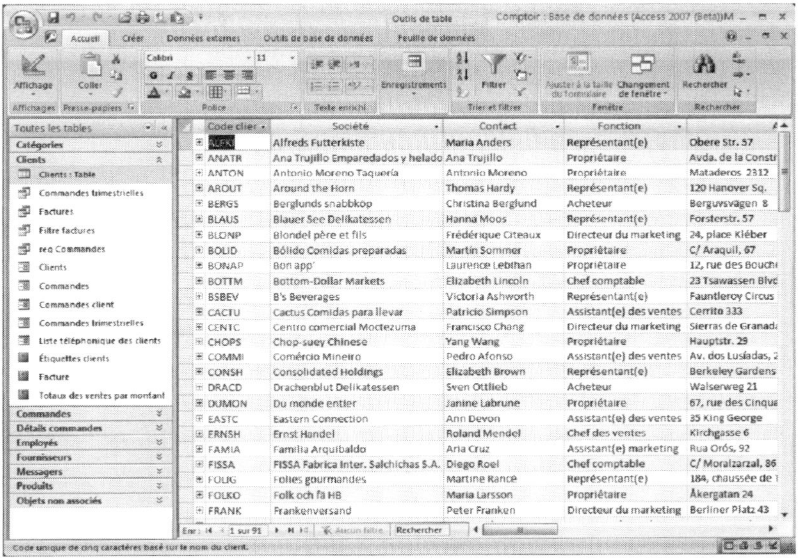

Figure 2.15 : La barre d'outils Accès rapide accepte tous les boutons dont vous avez besoin.

Cliquez droit sur le bouton de la barre d'outils Accès rapide que vous voulez retirer.

Dans le menu qui s'affiche, choisissez la commande Supprimer de la barre d'outils Accès rapide (voir la Figure 2.16).

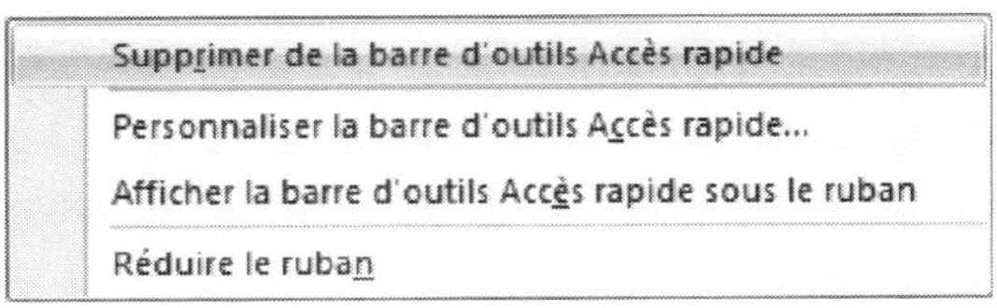

Figure 2.16 : Un bouton en trop ? Aucun problème avec la solution Clic droit !

TRUC

Un bouton ajouté à barre d'accès rapide reste quand même à son emplacement habituel sur le ruban. Si vous le supprimez, cela ne change donc rien à l'affaire...

TRUC

Ne supprimez pas les boutons par défaut (Enregistrer, Annuler et Rétablir). Pourquoi ? Tout cela parce qu'ils sont utilisés tellement souvent qu'il serait assez stupide de s'en passer. Si vous les retirez de la barre d'outils Accès rapide, vous devrez aller les rechercher sous le Bouton Office. Cela vous fera deux clics au lieu d'un seul. Soit 100 % de gâchis.

Minimiser le ruban

L'espace n'est pas suffisant ? Aucun problème. Il vous suffit de réduire la taille du ruban en n'affichant plus que la liste des onglets. Ou inversement.

Pour minimiser le ruban :

1. **Cliquez droit n'importe où sur le ruban.**
2. **Dans le menu qui apparaît, choisissez l'option Réduire le ruban.**

   Le ruban devient une simple barre ne comportant plus que les noms des onglets.

3. **Pour restaurer l'espace de travail initial, procédez exactement comme ci-dessus.**

   Lorsque le ruban est réduit, l'option est cochée dans le menu. En cliquant une nouvelle fois au même endroit, vous inversez la marque, et donc vous rétablissez l'état antérieur.

Travailler avec les info-bulles

Vous connaissez les info-bulles ? Ce sont ces petits messages d'aide qui apparaissent lorsque le pointeur de la souris survole quelques instants un bouton, une commande, un menu et bien d'autres objets de l'espace de travail d'Access.

Certes tous les composants visuels possibles et imaginables ne sont pas associés à une info-bulle. Mais pratiquement tout ce qui correspond à une quelconque action est concerné par ce système d'aide. Vous pouvez choisir d'afficher des messages détaillés, plus brefs, ou rien du tout. Voyons comment.

1. **Cliquez sur le Bouton Office.**

   Le menu qui lui est attaché s'ouvre.

2. **En bas du menu, cliquez sur le bouton Options Access (voir la Figure 2.17).**

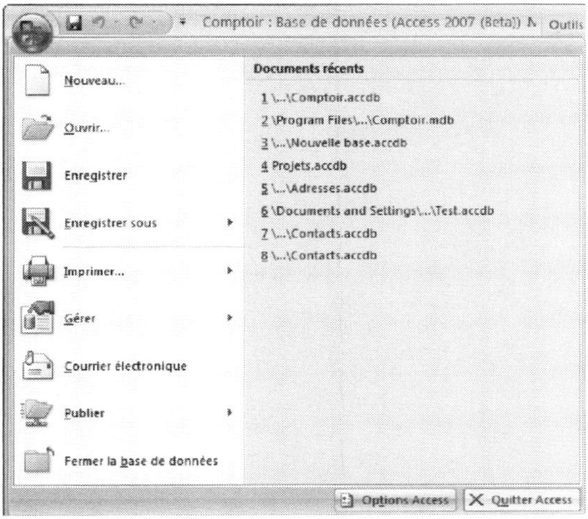

Figure 2.17 : Le menu Bouton Office se cache sous le gros logo.

Access

3. **Dans la boîte de dialogue Options Access, choisissez dans la liste de gauche la catégorie Standard.**

   Cet onglet propose trois rubriques. La première concerne notamment les info-bulles, la seconde les formats de fichier et la troisième le nom de l'utilisateur.

4. **Dans la première section de la boîte de dialogue, cliquez sur la liste déroulante Style d'info-bulle (voir la Figure 2.18).**

5. **Choisissez l'une des options proposées :**

   - **Afficher les descriptions de fonctionnalités dans des info-bulles :** Cette option affiche des info-bulles "étendues", comme sur la Figure 2.19. En plus du nom du bouton, Access vous renseigne sur ce qu'il fait et sur son fonctionnement. Sur l'exemple de la figure, vous êtes même invité à appuyer sur la touche F1 pour ouvrir l'aide d'Access.

   - **Ne pas afficher les descriptions de fonctionnalités dans des info-bulles :** Juste les faits, rien que les faits. Avec cette option, seuls les noms des boutons apparaîtront dans les info-bulles. C'est tout.

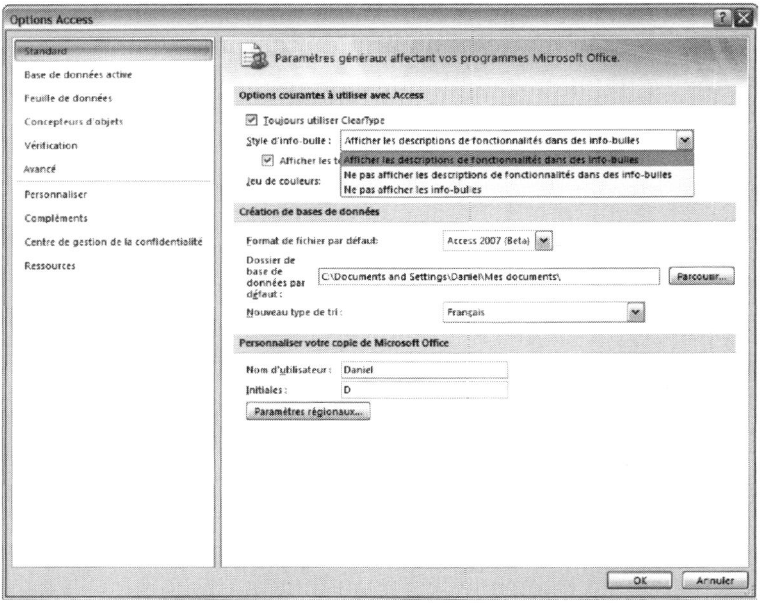

Figure 2.18 : Le style des info-bulles est un choix personnel.

Figure 2.19 : Access vous renseigne sur ce qu'il fait et sur son fonctionnement.

- **Ne pas afficher les info-bulles :** Vous le saviez déjà ? Désactivez totalement les info-bulles en choisissant cette option.

6. Cliquez sur OK pour refermer la boîte de dialogue.

TRUC

Vous pouvez aussi choisir d'afficher dans les info-bulles un rappel du raccourci clavier associé au bouton, à la commande ou au menu.

Pourquoi s'en priver ? Mémoriser quelques raccourcis courants vous fera gagner du temps. Sinon appuyez sur la touche Alt pour faire apparaître les touches de raccourci.

Ajuster la résolution d'écran pour un maximum de visibilité

Si vous trouvez que l'espace de travail d'Access est trop petit et que les outils sont difficiles à distinguer, ou à l'inverse que l'affichage est tellement grossi qu'il faut sans cesse jouer des barres de défilement pour afficher ne fusse que quelques champs ou enregistrements, il est temps soit de prendre un rendez-vous chez l'ophtalmo, soit d'ajuster le nombre de pixels de votre écran. Laissons de côté l'ophtalmo (vous aurez fini de lire ce livre avant d'obtenir un rendez-vous).

Pour modifier la résolution de votre affichage, minimisez les fenêtres des applications sur la barre des tâches, puis :

1. **Cliquez sur le fond du bureau Windows avec le bouton droit de la souris.**

   Ne cliquez pas sur une icône de raccourci, cela ne ferait qu'ouvrir le menu correspondant.

2. **Choisissez l'option Propriétés.**

   La boîte de dialogue Propriétés de Affichage apparaît.

3. **Cliquez sur l'onglet Paramètres.**

   La résolution actuelle de votre écran, ainsi que le nombre de couleurs qu'il affiche, sont indiqués plus ou moins comme l'illustre la Figure 2.20.

4. **Si nécessaire et si possible, faites glisser le curseur de la zone Résolution d'écran vers la droite (pour afficher davantage d'informations) ou vers la gauche (pour grossir les éléments affichés).**

   Windows ne propose que des résolutions compatibles avec votre carte graphique et votre moniteur.

5. **Cliquez sur Appliquer pour activer la nouvelle résolution.**

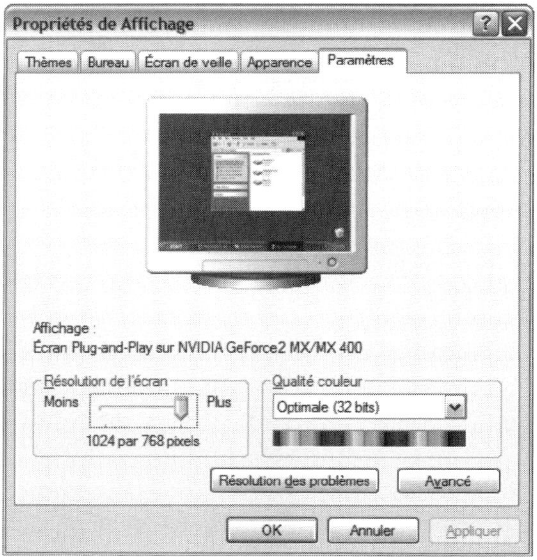

Figure 2.20 : Plus les nombres sont grands, plus le contenu est petit, et plus vous voyez de choses sur l'écran.

L'écran devient noir pendant quelques instants, puis la résolution que vous avez choisie est appliquée.

6. **Cliquez enfin sur Oui pour conserver les réglages que vous venez de définir, ou sur Non pour revenir à l'ancienne résolution.**

7. **Si vous êtes content de vous, il ne vous reste plus qu'à refermer la boîte de dialogue en cliquant sur OK.**

Testez la procédure ci-dessus pendant qu'Access est ouvert. De cette manière, vous pourrez juger de l'impact de la nouvelle résolution sur votre espace de travail.

Un changement de résolution concerne évidemment la totalité de l'univers Windows : bureau, barre des tâches, fenêtres des applications, boîtes de dialogue, menus, et ainsi de suite. Ce qui va convenir au travail sous Access peut créer des problèmes ailleurs. N'hésitez donc pas à modifier la résolution de l'écran en fonction des tâches que vous effectuez.

Promenade à dos de souris

Access, comme toutes les applications Windows, est conçu pour être piloté à l'aide de la souris. Celle-ci est supposée être votre principal outil de communication avec le logiciel (qu'il s'agisse de cliquer sur les onglets, sur les boutons ou sur les listes, de faire des choix dans les boîtes de dialogue ou dans des assistants, etc.).

Le bouton gauche a pour vocation de déclencher des actions ou d'opérer des choix par défaut parmi les outils visuels. Le bouton droit sert à afficher des options ou des menus (que l'on dit *contextuels* parce que leur contenu dépend de l'objet sur lequel on clique).

Et si vous n'êtes pas un ou une fanatique de la souris, il vous reste les raccourcis claviers. Voyez la prochaine section.

Chapitre 3

Les bases des bases de données

Dans ce chapitre :

- Connaître les termes et les concepts de base.
- Droits dans vos champs.
- Relationnel ou non ? C'est vous qui décidez.
- Passer à la table.

Ce chapitre est le plus important (et peut-être le seul réellement important !) de ce livre. Vous avez vu au Chapitre 1 qu'Access était l'outil qu'il vous fallait. Au Chapitre 2, vous avez découvert son interface. Il est temps maintenant de nous intéresser à son fonctionnement et de nous mettre au travail.

Le jargon des bases de données

Le mot *jargon* vous fait déjà frémir ? Vous croyez que je veux vous faire apprendre par cœur tout un tas de mots compliqué ? Relax ! Respirez un bon coup. Dans les sections qui suivent, vous allez simplement apprendre à utiliser certains termes dont vous avez besoin pour comprendre ce qu'Access vous dit (dans les boîtes de dialogue, dans le ruban, et ainsi de suite). Connaître et comprendre ces mots vous aidera donc à prendre le contrôle d'Access pour construire et utiliser vos bases de données.

Vous ne pouvez pas faire l'économie d'apprendre quelques termes techniques. Mais il ne s'agit en fait que d'une poignée de mots. D'ailleurs, vous vous servez certainement déjà de certains d'entre eux pour faire référence à des informations d'une manière générale. Exemple : *bases de données*. Ou encore : *enregistrements*.

Vous voyez ? Il n'y a rien là-dedans de très *high-tech*. Ce ne sont que quelques mots et concepts de base qu'il vous faut effectivement absorber pour pouvoir utiliser Access avec efficacité.

Les données, c'est (pas) un cadeau !

Les *données*, ce sont les choses qu'Access stocke dans une base. Vous savez que vous pouvez mémoriser des informations dans votre cerveau. C'est aussi ce que fait Access, mais d'une autre manière. Prenons un exemple. Vous pensez à une certaine personne qui s'appelle Gérard Martin. Mais, dans votre for intérieur, l'image mentale qui se forme est peut-être simplement celle d'un Gérard (soit parce que c'est un familier que vous appelez toujours par son prénom, soit parce que vous avez oublié son nom de famille). Du point de vue de la base de données, cette information peut être enregistrée globalement dans une sorte de case que l'on appelle *champ*. Un champ possède un nom. Ici, la donnée Gérard Martin pourrait être stockée dans le champ *Contact*. D'accord, procéder de cette manière n'est pas très pratique si vous voulez trier vos contacts dans l'ordre alphabétique (savoir que Alain vient avant Zoe, c'est peu intéressant). C'est pourquoi on a l'habitude de créer deux champs par personne : *Nom* et *Prénom*. C'est à l'évidence plus efficace.

Vous voyez l'idée générale ? Comme je l'ai expliqué dans le Chapitre 1, vous devez découper le plus possible vos informations en fines lamelles de données lorsque vous concevez une base. Après tout, il s'agit de vos informations, et vous voulez y accéder aussi simplement rapidement, et logiquement que possible. Access contient tous les outils dont vous avez besoin pour arriver à un tel résultat. Il suffit de les utiliser !

Des champs à perte de vue

Personne n'aime laisser ses données se promener un peu partout sans aucun contrôle. C'est pourquoi les techniciens ont créé des sortes de niches à données qu'ils ont appelées *champs*. Sans doute pour laisser croire aux données qu'elles ont le droit de courir dans la nature, alors qu'en réalité elles sont fermement tenues en laisse.

Pour mémoriser par exemple des informations sur un joueur de football, vos champs pourraient être Nom, Equipe, Age, Position, Nombre de sélections en équipe de France, Nombre de buts marqués/encaissés cette saison, depuis le début de sa carrière. Et ainsi de suite. Pour une liste de contacts, vous définiriez les champs Nom, Prénom, Adresse1, Adress2, Ville, Code Postal, Téléphone, Portable, E-mail, etc. Si vous y réfléchissez bien, tout cela semble totalement assez logique. Quelles sont les informations dont vous pouvez disposer sur un sportif, sur un client, sur un produit ? Les réponses à cette question deviennent vos *champs*.

Access parle de champs. Nous aussi d'ailleurs. Mais d'autres systèmes de gestion de bases de données tels que Oracle et Microsoft SQL Server (là, nous sommes chez les gros...), emploient, eux, le terme *colonnes*. Pour corser le tout, Excel (si vous vous en servez pour enregistrer une liste d'informations) dispose vos champs en colonnes. C'est cette structure *tabulée* qui conduit Oracle et Microsoft SQL Server à préférer le terme colonne. Si seulement ils utilisaient des mots que tout le monde connaît. Bref, et en résumé, pour nous, *champs* et *colonnes*, c'est la même chose. Ne nous posons pas des problèmes inutiles.

Enregistrements

Avoir des champs est un bon point de départ. Mais si vous vous arrêtez là, comment ferez-vous pour savoir quel nom va avec tel ou tel prénom ? Il manque quelque chose pour que ces champs soient mis dans le bon ordre. Quelque chose comme un *enregistrement*. L'ensemble de tous les champs qui définissent ce qu'est un client, un produit, un footballeur, et ainsi de suite, sont collectivement désignés comme formant un *enregistrement*. Si vous avez cent clients, votre base de données va contenir cent enregistrements. Onze footballeurs ? Onze enregistrements !

Précisons un peu cette notion :

- FoxPro ou encore FileMaker sont d'accord sur le mot enregistrement. Oracle et Microsoft SQL Server se servent à la place du terme ligne. Là encore, il s'agit d'une réminiscence des structures qui se présentent sous la forme de tableaux en deux dimensions : les champs, ce sont les colonnes, et les lignes, les enregistrements. Tout simplement.
- Tout enregistrement d'une *table* contient les mêmes champs. Mais le contenu de ces champs varie généralement d'un enregistrement à l'autre. De plus, certains enregistrements peuvent parfois comporter des champs vides. Si un client n'a

pas d'adresse e-mail, à quoi bon écrire quelque chose dans le champ correspondant ?

- Un certain enregistrement contient toutes les informations dont vous avez besoin (une ligne de comptabilité, les coordonnées d'une personne, les ingrédients d'une recette, etc.). Et c'est tout ce qu'il y a à en dire.

Passons aux tables

Une *table* est une collection d'enregistrements décrivant des données similaires. Retenez bien ceci : *données similaires*. Les informations qui concernent vos clients peuvent être mémorisées dans une seule table. Parce qu'elles sont décomposées en champs de données similaires. Il en va de même pour un footballeur, ou encore pour un descriptif de produit. Par contre, un client, un footballeur et un produit n'ont rien à faire dans la même table : les données correspondantes ne sont pas similaires.

D'accord, vous pourriez quand même vous arranger pour mélanger clients, footballeurs et recettes de cuisine. Vous arriveriez peut-être à vous en sortir (quoique difficilement). Mais votre schéma serait incompréhensible par d'autres personnes. De plus, comment feriez-vous pour extraire des informations cohérentes avec des états ou des requêtes si vos données n'ont aucun lien entre elles ? Ce serait le chaos le plus total. Vous arriveriez peut-être à produire une recette de cuisine dans laquelle vous serviriez sur un téléphone portable un avant-centre passé au four à micro-ondes pendant la mi-temps du match. Original, mais totalement sans intérêt pratique.

La base de données

Une *base de données* Access, ou un *fichier de base de données* (les deux expressions sont interchangeables) est une collection regroupant tout ce qui a trait à un ensemble particulier d'informations. La base de données contient toutes les tables, les requêtes, les états et formulaires qu'Access vous aide à créer et à gérer pour répondre à des besoins spécifiques. Au lieu de stocker tous ces éléments *individuellement* sur votre disque dur (là où ils pourraient facilement être perdus, déplacés ou effacés accidentellement), ils sont groupés dans un seul et même fichier collectif.

Voici un point important. Ce sont ces composants (les tables, les requêtes, les états et les formulaires) qui forment à eux tous la base de données. Et ce, avant même que vous ne commenciez à entrer des enregistrements dans une table. La base est donc bien plus qu'un ensemble de données : il s'agit de l'outil qui mémorise, manipule et affiche ces données.

Les champs ont un type

Vous vous souvenez que les champs sont le lieu dans lequel vos données vivent. Chaque champ contient une information (comme un nom ou la quantité en stock d'une certaine pièce).

Il existe des informations de toute nature. C'est pourquoi Access permet de les stocker dans des champs de différents *types*, une dizaine en fait :

- Texte
- Mémo
- Numérique
- Date/heure
- Monétaire
- NuméroAuto
- Oui/Non
- Objet OLE
- Lien hypertexte
- Pièce jointe

TRUC

N'essayez pas de comprendre ce que représente chaque type d'après son nom. Tout cela va être expliqué un peu plus loin. Retenez simplement que la liste précédente couvre tous les genres de données possibles et imaginables. De plus, chaque type de champ peut être totalement personnalisé en fonction de vos besoins. Pour en savoir plus sur ce sujet, voyez le Chapitre 4.

Voyons d'un peu plus près ces types de champs et comment on les utilise :

- **Texte :** Contient jusqu'à 255 caractères (une combinaison quelconque de lettres, de chiffres et/ou signes de ponctuation).

  Les nombres qui sont saisis dans un champ de texte ne sont pas des nombres. Ils forment simplement une série de symboles numériques dont l'interprétation varie selon la nature de l'information stockée dans le champ. Bref, ils ne sont pas à priori destinés aux calculs. Exemple classique : un numéro de téléphone.

  Les champs de texte possèdent un paramètre que vous devez connaître : leur taille. Lorsque vous les créez, Access veut savoir combien de caractères le champ pourra contenir. C'est cela, la *taille*. Si vous indiquez qu'un champ Prénom occupe six caractères, Louise y tiendra, pas Louisette. Cette restriction peut donc être un problème. Une bonne règle générale consiste à attribuer une taille légèrement supérieure à ce que vous estimez comme étant nécessaire. Il est plus facile et moins risqué de voir un peu grand que l'inverse. Reportez-vous au Chapitre 4 pour plus de détails sur tout cela.

- **Mémo :** Contient jusqu'à 64 000 caractères (ce qui correspond à vingt ou trente pages de texte). C'est un champ de texte *vraiment grand*. Il est conçu pour entrer des notes, des descriptions détaillées, bref tout ce qui a besoin d'un certain espace.

- **Numérique :** Contient des nombres entiers, décimaux ou encore réels. Un champ numérique peut être employé dans un calcul quelconque. Si vous travaillez avec des euros, des dollars ou yens, préférez les champs monétaires.

- **Date/Heure :** Enregistre une heure, une date ou une combinaison des deux. C'est quand la sortie au pré ? C'est dans le champ.

- **Monétaire :** Pour traquer les comptes en banque, les achats et les ventes, les factures, et ainsi de suite. Avec des nombres "normaux", préférez les champs numériques.

- **NuméroAuto :** C'est exactement cela. Access y place un nombre généré automatiquement lors de chaque création d'enregistrement. Et ce nombre est par essence unique. Vous allez apprendre plus tard qu'il est important que chaque table de votre base de données contienne un champ dont le contenu ne soit jamais dupliqué. Si vous n'en avez aucun sous la main, il vous suffit de laisser faire Access en ajoutant un champ NuméroAuto. Ce n'est plus la peine de vous torturer pour trouver un code client : Access va le fabriquer pour vous !

- **Oui/Non :** Contient une bascule Oui/Non, Vrai/Faux ou Actif/Inactif selon ce que vous choisissez. C'est le champ à utiliser si vous vivez dans un monde en noir et blanc.
- **Objet OLE :** OLE est l'abréviation de Object Linking and Embedding (liaison et incorporation d'objet en français courant). Rien à voir avec les corridas. Il s'agit d'une technologie puissante (trop pour nous, peut-être ?). Un objet OLE peut être à peu près n'importe quoi : un document Word, une feuille de calcul Excel, une chanson, la photo de votre petite amie, etc. Si vous incorporez un objet OLE dans votre table, la base de données "saura" automatiquement comment l'utiliser.
- **Lien hypertexte :** Comme il se doit, Access a entendu parler d'Internet et il vous permet d'insérer dans vos tables des liens qui vous renverront vers une page Web, vers un site ou encore une adresse de messagerie. Si vous utilisez intensivement l'Internet, ou si vous utilisez Access sur le réseau de votre société, ce type de champ est fait pour vous. Si vous bouillez déjà d'impatience, voyez le Chapitre 8.

Pour vous aider à réfléchir sur l'organisation de votre base de données, et à commencer à imaginer les champs que vous pourriez définir dans une situation courante, le Tableau 3.1 vous propose un exemple tout à fait classique : le cas d'un carnet d'adresses professionnelles et/ou personnelles.

Tous les champs listés dans le Tableau 3.1 sont de type texte, y compris les numéros de téléphone ou le code postal. Car c'est ainsi qu'Access voir leur contenu. Les champs Lien hypertexte et Mémo n'échappent pas à cette règle, même s'ils se distinguent par des options qui leur sont spécifiques. Même si cela vous semble un peu étrange, vous devez admettre et ne pas oublier qu'un ordinateur distingue un *nombre* (qui est susceptible d'être utilisé dans des calculs) d'une chaîne de chiffres (comme dans le cas d'un numéro de téléphone). Pour opter entre plusieurs types de champs de texte, vous avez besoin de déterminer la longueur des informations à stocker (vingt caractères pour un nom, c'est normalement suffisant, sauf peut-être au Brésil) et leur nature éventuelle (par exemple dans le cas d'une adresse Web).

Tableau 3.1 : Champs courants pour un carnet d'adresse.

Nom	Type	Taille	Contenu
Titre	Texte	4	Mr., Mme Ou Mlle
Prénom	Texte	15	Le prénom de la personne
Nom	Texte	20	Le nom de famille de la personne
Société	Texte	25	Le nom de la société dans laquelle travaille la personne
Fonction	Texte	25	La fonction que la personne occupe dans la société
Adresse1, Adresse2	Texte	30	Il vaut mieux prévoir deux lignes pour les adresses, certaines sont tellement longues...
Ville	Texte	20	Le nom de la ville
Code Postal	Texte	5	C'est suffisant si vous ne quittez pas la France (remarquez qu'il s'agit de caractères numériques, pas d'un nombre)
Pays	Texte	15	Au cas où vos contacts résideraient quand même à l'étranger
Téléphone Bureau	Texte	10	Numéro de téléphone professionnel (à ajuster si nécessaire pour des numéros à l'étranger)
Fax	Texte	10	Numéro de télécopie (même remarque que ci-dessus)
Téléphone personnel	Texte	10	Numéro de téléphone à la maison (même remarque que ci-dessus)
Portable	Texte	10	Numéro de téléphone portable
Adresse Messagerie	Texte	30	Adresse e-mail de la personne
Site Web	Lien hypertexte		Adresse d'une page Web (Access ajuste automatiquement la taille du champ)
SS	Texte	13	Si vous avez besoin du numéro de Sécurité Sociale
Commentaires	Mémo		Un espace libre pour y saisir des notes (la taille réelle du champ est déterminée par Access)

Choisir les noms de vos champs

De tous les programmes de bases de données qui existent sous Windows, je pense qu'Access est celui qui propose les règles les plus simples pour nommer les champs. Rappelez-vous simplement ceci :

- Commencer par une lettre ou un chiffre est une bonne idée. Access n'interdit pas de placer en début de champs un caractère autre qu'alphanumérique. Mais il ne s'agit pas d'un bon choix. En premier lieu, c'est une source potentielle de confusion et d'incompréhension pour les autres utilisateurs de la base de données (vous risquez fort de ne pas voir le point au début de ".Adresse", et le sens caché de l'accent circonflexe dans "^Adresse" échappera certainement au plus grand nombre). Bien sûr, certains symboles peuvent avoir leur utilité dans le corps des noms. Pour autant, tous ne sont pas autorisés.
- Créez des noms courts et faciles à comprendre. Le nom d'un champ peut comporter jusqu'à 64 caractères (y compris les espaces). Ne songez même pas à remplir toute cette place ! Ce serait inutile, inefficace, et même dangereux. Par contre, évitez de créer des noms trop ésotériques, dans le genre N1 ou AZ773, à moins que cela ne corresponde à quelque chose de précis dans votre entreprise.
- Contentez-vous des lettres, des chiffres et des espaces. Access vous permet d'inclure des signes de ponctuation dans les noms des champs. Mais c'est à éviter (sauf peut-être le trait de soulignement à la place de l'espace, pas toujours apprécié dans les requêtes). Restez simple et évitez de transformer en problème la solution que vous développez sous Access. De toute manière, tous les symboles ne sont pas autorisés (voir le Tableau 3.2).

Plat ou relationnel ? Prenez de la hauteur ?

Les bases de données ont deux parfums : il y a les *plates* et les *relationnelles*. Mais, contrairement aux glaces, il ne s'agit pas que d'une affaire de goût. Dégustation gratuite.

Tables isolationnistes

Dans un système *plat* (ou *flat file* en anglais), toutes les données sont collationnées dans une table unique. Un agenda téléphonique

Tableau 3.2 : Symboles prohibés dans les noms des champs.

Symbole	Nom
/	Barre oblique inverse
*	Astérisque
;	Point-virgule
:	Deux points
!	Point d'exclamation
#	Dièse
&	Et commercial
?	Point d'interrogation
-	Tiret
"	Guillemets
'	Apostrophe
$	Dollar
%	Pourcentage

constitue un bon exemple de cette méthode. Il y a les noms, les adresses et les numéros de téléphone. Toutes ces informations (les données) sont notées au même droit (la base de données). Il peut y avoir des doublons (si une personne possède trois numéros de téléphone, on peut la retrouver à trois endroits différents dans le répertoire). Mais ce n'est pas un problème majeur. Globalement, le système fonctionne correctement.

Tables collaborationnistes

Le système *relationnel* utilise davantage d'espace (le moins possible) pour scinder les données dupliquées (ou *redondantes*) de la base. Pour obtenir ce résultat, les informations sont partagées en plusieurs tables, chacune ne contenant qu'une portion de l'ensemble des données.

Reprenons l'exemple du répertoire téléphonique. Dans un modèle relationnel, une table pourrait contenir uniquement le nom et l'adresse des personnes (disons, de vos clients). Une autre table se chargerait des numéros de téléphone. Dans ce schéma, la personne aux trois numéros de téléphone ne possédera qu'une seule entrée dans la table "clients", mais apparaîtra trois fois dans la table "téléphones". Et c'est très bien ainsi, puisqu'après tout il ne s'agit bien que d'un seul client !

Clés pour les bases de données relationnelles

La présence d'un champ de liaison (appelé *clé*) est, tout justement, la clé qui permet d'accéder à cette technologie avancée. Toutes les tables qui doivent être reliées dans un système de base de données relationnelle possèdent ce champ spécial. Le contenu de cette clé permet d'identifier les enregistrements qui se correspondent dans différentes tables.

TRUC

Une clé fonctionne exactement comme les tickets que vous recevez quand vous mettez des vêtements au pressing. Lorsque vous allez les rechercher, vous redonnez vos tickets. Ils permettent d'identifier d'une manière unique *votre* chemise, *votre* veste et *votre* pantalon. Vous repartez avec le costume qui vous appartient, pas avec un quelconque tailleur.

De la même manière, chaque client de notre répertoire d'adresses peut posséder un identificateur unique (ou ID). La table des numéros de téléphone enregistre ces "ID" en même temps que ces numéros. Pour lier ces informations, vous rechercher la valeur de l'identificateur dans la table des clients, ce qui permet de détecter les enregistrements correspondants dans la liste des téléphones. Evidemment, cela réclame davantage d'étapes qu'avec un fichier "plat". Mais au bout du compte, le système relationnel fait gagner de la place (en éliminant les doublons) tout en réduisant les risques d'erreurs.

TRUC

Si ce processus vous semble un peu compliqué, songez que vous n'êtes pas seul(e) dans ce cas. Les bases de données relationnelles *sont* compliquées. Mais tout cela se passe pour l'essentiel derrière la scène. C'est Access qui se charge de toute cette mécanique lorsque vous cliquez sur un bouton du ruban ou que vous lancez un assistant. Une grande partie des choses ennuyeuses reste invisible. Tout ce que vous voyez, c'est la puissance qui s'offre à vous. Si vous voulez lever un coin du voile, reportez-vous au Chapitre 4.

Est-ce que vos tables ont besoin d'être liées ?

Vous avez maintenant une idée des différences entre fichiers "plats" et bases de données relationnelles. Mais est-ce vraiment important pour vos applications. La réponse est oui. Chaque approche a ses avantages et ses inconvénients :

- **Les systèmes de fichiers plats sont faciles à créer et à maintenir.** Un bon exemple de ce type de modèle, ce sont les feuilles de calcul Microsoft Excel. Vos champs sont disposés en colonne, et chaque enregistrement occupe une ligne, dans la limite bien sûr de ce qu'autorise Excel. C'est simple, c'est rapide, et dans de nombreux cas c'est une excellente solution si votre base de données est elle aussi simple.

- **Les systèmes relationnels brillent dans les applications importantes et volumineuses, en particulier dès que l'on parle de gestion, de facturation, d'inventaire, et ainsi de suite.** Même pour une activité de moindre ampleur, elles peuvent aussi être d'un grand secours. Les données associées à vos clients, par exemple, peuvent nécessiter plusieurs tables qui serviront à traiter les noms et les adresses d'un côté, l'historique des ventes d'un autre, les comptes d'un troisième, etc. Toutes ces informations forment un espace trop complexe pour pouvoir être géré dans un simple tableau.

ATTENTION !

Je ne vous conseille pas de vous lancer dans le développement d'un système de base de données relationnelle simplement après avoir lu quelques chapitres (en même le livre en entier). C'est un gros travail, et vous risqueriez de vous décourager rapidement si vous plongez sans filet. Rapprochez-vous de gens qui ont une certaine expérience en la matière. Faites-vous aider pour jeter les fondations de votre système, pour tâter l'eau du bain en vous appuyant sur ce livre ainsi que sur l'aide d'Access. Commencez par digérer les exemples suivis ici. C'est un bon point de départ.

TRUC

Access est par essence un outil pour la gestion de bases de données relationnelles. Mais, dans certains cas, vous n'avez pas besoin de créer plusieurs tables et de définir leurs relations. Lorsqu'une seule table (autrement dit un fichier plat) suffit à votre bonheur, Access continue à vous offrir toute sa puissance. C'est donc le programme qu'il vous faut, quelle que soit la situation et le problème qu'il vous faut résoudre.

Construire une base de données

Vous avez lu ce livre depuis le début, sans doute même jeté un coup d'œil sur la suite, et vous vous sentez prêt à plonger. Mais, encore une fois, n'essayez pas d'aller plus vite qu'il ne faut et de sauter sans même avoir installé un filet de protection. Qui veut voyager loin se ménage pour que ça dure (je ne suis plus certain de la bonne citation...).

Avec la procédure qui suit, vous allez définir une base de données, puis vous servir d'un assistant pour y créer une première table. A vos marques. Prêt ? Partez !

1. **Si vous n'avez pas encore lancé Access, c'est vraiment le moment de le faire.**

   Je vous ai montré comment procéder dans le Chapitre 2.

   Dans l'espace de travail d'Access, le bouton Base de données vide apparaît en haut du volet central.

2. **Cliquez sur le bouton Base de données vide.**

   Un nouveau volet apparaît à droite de l'espace de travail (voir la Figure 3.1).

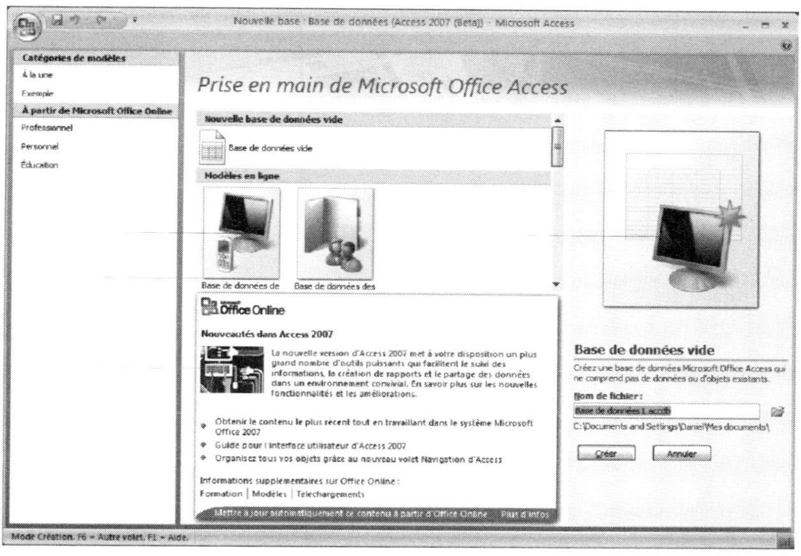

Figure 3.1 : Les nouvelles bases de données ont besoin d'un nom. Entrez le vôtre ici.

3. **Saisissez un nom à la place de l'intitulé générique** `Base de donnéesX.accdb` **(où *X* est un numéro d'ordre affecté chronologiquement par Access).**

   Vous n'avez pas besoin de spécifier l'extension `accdb`. En d'autres termes, Access l'ajoutera de lui-même si vous l'effacez sans le vouloir.

   Le dossier dans lequel le nouveau fichier va être enregistré apparaît sous le champ de saisie. Si tout va bien, vous n'avez plus qu'à cliquer sur le bouton Créer.

4. **Si la destination par défaut ne vous convient pas, cliquez à droite sur la petite icône représentant un dossier ouvert. Choisissez un nouvel emplacement.**

   Lorsque vous cliquez sur cette icône, Access ouvre la boîte de dialogue Fichier Nouvelle base de données (voir la Figure 3.2). Vous pouvez alors naviguer aussi bien sur votre ordinateur que sur le réseau auquel vous êtes connecté. Sélectionnez le disque et le dossier où le fichier de base de données doit être sauvegardé. Cliquez sur OK lorsque vous avez terminé. Vous revenez à la fenêtre d'Access.

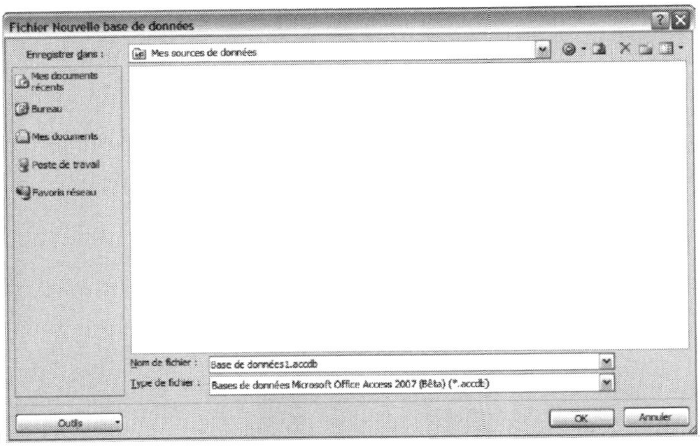

Figure 3.2 : Sélectionnez un centre d'accueil pour votre nouvelle base de données.

5. **Cliquez sur le bouton Créer.**

   Comme l'illustre la Figure 3.3, une nouvelle table (judicieusement appelée *Table1*) apparaît dans la partie centrale de l'espace de travail, tandis que les composants (pour l'instant réduits à un seul objet) de la base de données sont listés dans le volet de gauche.

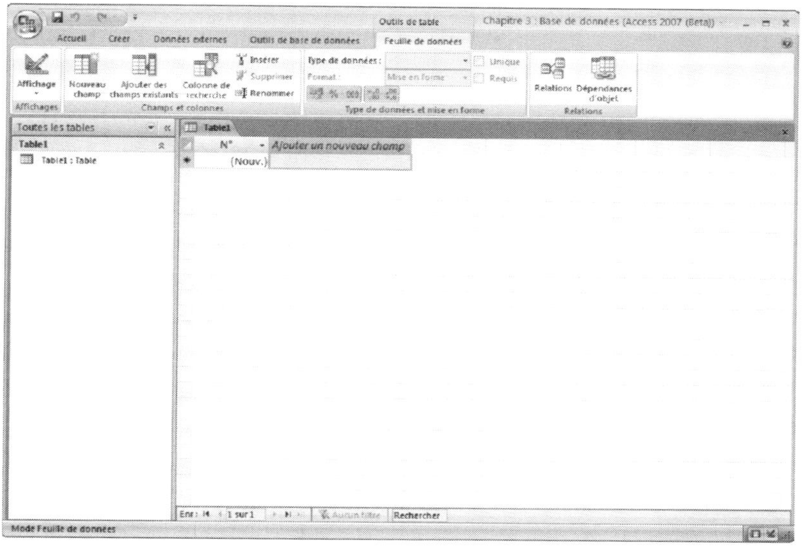

Figure 3.3 : A nouvelle base de données, nouvelle table.

ATTENTION !

Si, lorsque vous créez une nouvelle base de données, une boîte de dialogue surgit et vous demande si vous voulez vraiment remplacer un fichier existant, cela signifie qu'Access tente de vous prévenir qu'il existe déjà une base données sauvegardée au même endroit et portant le même nom.

- Si vous tombez des nues, cliquez sur Non. Choisissez un autre intitulé pour votre nouvelle base de données.
- Si vous avez réellement l'intention de remplacer cette ancienne base par un produit tout frais, cliquez sur Oui et continuez comme si de rien n'était.

6. **Commencez à nommer vos champs. Pour cela, faites un double clic sur l'expression Ajouter un nouveau champ (vous la trouvez en haut de la seconde colonne de la table). Entrez le nom du champ.**

TRUC

C'est quoi, ce champ *N°*, dans la première colonne ? Il est ajouté par défaut et est destiné à contenir un numéro unique pour chaque enregistrement que vous définissez dans la table (vous n'en êtes pas encore là). Ce champ vous fournit un identificateur unique (une *clé*, vous vous souvenez ?) qui vous sera nécessaire si vous voulez mettre plusieurs tables en relation. Vous pouvez aussi le renommer en faisant un double clic dans cette case. Appelez-le par exemple *ID Client*.

Par la suite, lorsque vous aurez construit toutes vos tables et établi des relations entre elles, vous pourrez choisir un autre champ comme *clé primaire* (c'est une autre appellation pour désigner un champ unique). Il sera alors possible de supprimer la colonne ID Client.

7. **Appuyez sur Entrée pour valider le nom que vous venez de donner au champ et en créer un nouveau.**

Dès que vous avez appuyé sur Entrée, Access ajoute un nouvel en-tête de colonne vide et se place en attente de votre saisie.

Répétez les étapes 6 et 7 jusqu'à ce que tous les champs auxquels vous avez pensé soient définis. Vous pourrez toujours les renommer plus tard (un double clic suffit). N'essayez donc pas d'atteindre dès maintenant la perfection. La Figure 3.4 illustre notre table une fois créés quelques champs.

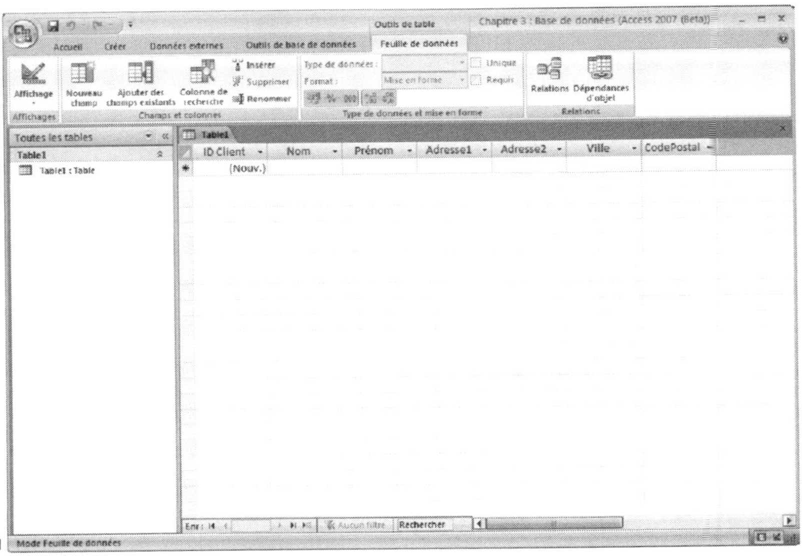

Figure 3.4 : Entrez le nom d'un champ et appuyez sur Entrée pour passer au suivant.

8. **Pour sauvegarder votre nouvelle table (et par conséquent votre base de données), appuyez sur Ctrl+S ou cliquez sur le bouton Enregistrer de la barre d'outils Accès rapide.**

   Enregistrer votre travail chaque fois que vous venez de faire quelque chose d'important est une *excellente* idée. Vous venez de construire une table ou encore de mettre à jour quelques données importantes : Sauvegardez ! Surtout s'il s'agit de quelque chose que vous *haïriez* recommencer...

TRUC

Table1 est rarement une dénomination judicieuse pour une table. Autant la renommer tout de suite :

1. **Cliquez sur l'onglet Table1 avec le bouton droit de la souris.**
2. **Dans le menu contextuel qui apparaît, choisissez la commande Enregistrer.**
3. **Dans la boîte de dialogue Enregistrer sous, entrez un nom adapté au contenu de la table.**
4. **Cliquez sur OK.**
5. **Sauvegardez tout de suite votre base de données.**

Ajouter et supprimer des tables

Personne n'est censé atteindre les sommets de l'art dès le début de la partie. Evidemment pas lors de la première tentative, ni même lors de la seconde ou de la troisième. Même les expérimentés experts (j'aime bien cette expression) oublient parfois des choses et réalisent plus tard qu'une des tables ne sert en fait à rien, ou encore qu'ils ont oublié de prendre une certaine table en compte dans un état ou une requête. Cela peut arriver à tout le monde.

Que faire dans un tel cas ? Tout simplement utiliser l'interface d'Access pour ajouter les tables qui vous manquent ou supprimer celles dont vous n'avez pas/plus besoin.

Encore une, s'il vous plaît

Si vous décidez que votre base de données a besoin d'une ou plusieurs tables supplémentaires (autrement dit, vous réalisez que vous avez besoin d'une base relationnelle), rien n'est plus facile à faire. Et si vous savez à l'avance que vous aurez besoin de plusieurs tables, vous revenez exactement au même problème.

Pour ajouter de nouvelles tables à une base de données existante, procédez comme ceci :

1. **Cliquez sur l'onglet Créer.**

   Les boutons de cet onglet apparaissent sur le ruban (voir la Figure 3.5).

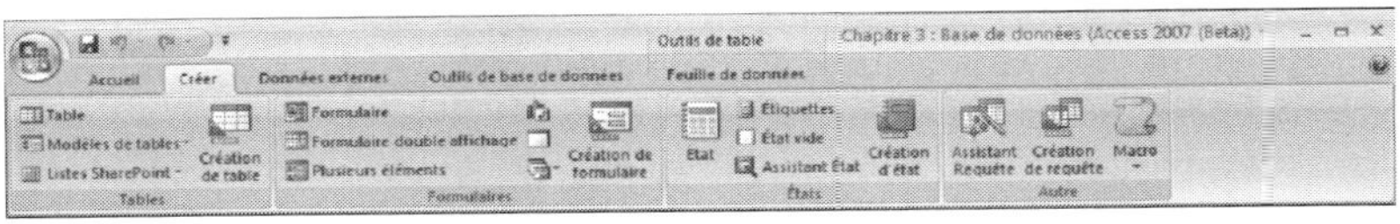

Figure 3.5 : L'onglet Créer est logiquement le bon endroit pour créer une nouvelle table.

2. **Sur le ruban, cliquez sur le bouton Table (dans le groupe Tables, et haut et à gauche du ruban).**

   Une nouvelle table vierge apparaît. Elle attend que vous définissiez votre premier champ (voir la Figure 3.6).

3. **Construisez et nommez vos champs comme dans la procédure précédente.**

   TRUC

   N'oubliez pas de sauvegarder régulièrement votre base de données.

4. **Répétez les étapes 1 à 3 jusqu'à ce que toutes les tables de votre base de données soient définies.**

   N'OUBLIEZ PAS

   Ne cherchez pas à ce stade la perfection. Vous pourrez toujours renommer ou déplacer plus tard vos champs, ajouter ou supprimer des tables, et ainsi de suite. Pour l'instant, le but est simplement de *le faire*. C'est-à-dire de débuter, de voir ce que vous avez et comment commencer à travailler avec votre base de données et vos tables.

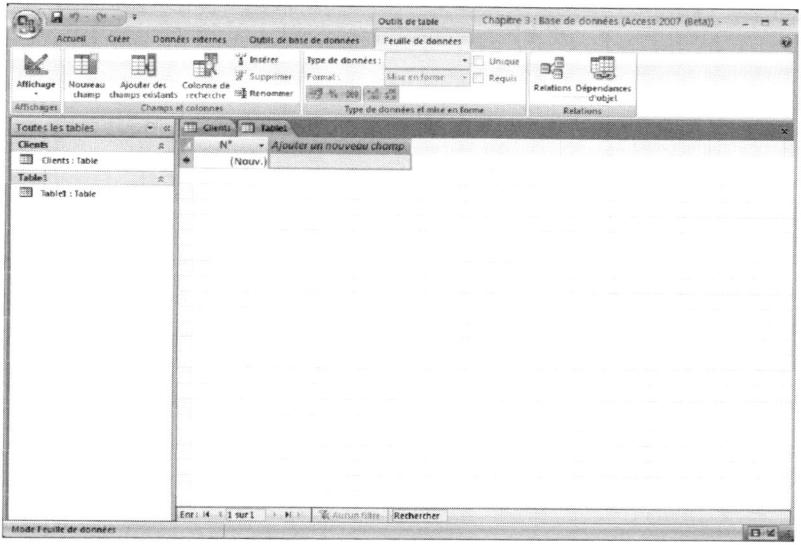

Figure 3.6 : Voilà qui vous semble déjà familier, sans doute. Une nouvelle table attend ses champs, sans parler de ses enregistrements.

Ce n'est pas ce que je voulais faire...

Vous avez une table dont vous ne vouliez pas. Une fois définie la table 3, vous vous apercevez que seules les tables 1 et 2 sont nécessaires. A moins que votre table 4 ne rende obsolète la table 3... Dans tous les cas, supprimer une table (et tous les enregistrements qu'elle contient !) est très facile à faire.

Insistons encore une fois : les tables sont très faciles à supprimer. Peut-être même *trop* faciles. Avant de passer à l'acte, contrôlez, recontrôlez, vérifiez, revérifiez : allez-vous oui ou non effacer du même coup des informations que vous devriez conserver ? Lorsqu'une table est détruite, toutes les connexions qu'elle possède (relations, références dans des états ou des requêtes) le sont aussi. Access va afficher un message qui vous rappelle tout cela. Prenez-le très au sérieux.

1. **Votre base de données étant ouverte, regardez le contenu du volet qui est affiché sur la gauche de l'espace de travail.**

   Vous devriez y trouver la liste de toutes vos tables, chacune étant représentée par un long bouton horizontal bleuté (voir la Figure 3.7).

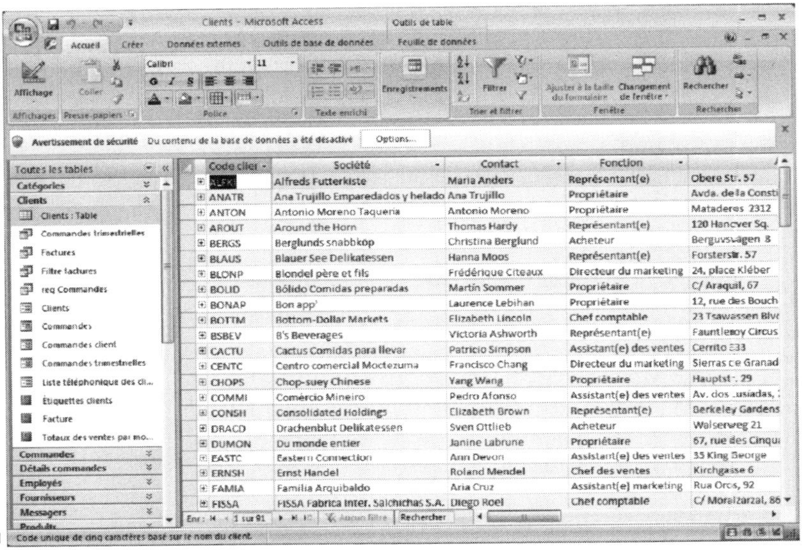

Figure 3.7 : Chaque table possède son propre bouton dans le volet de gauche.

2. **Cliquez à droite du bouton de regroupement sur les deux flèches qui pointent vers le bas (si elles sont dirigées vers le haut : passez directement à l'étape 3).**

   Le nom de la table est répété sur une barre orangée.

3. **Cliquez sur le nom de la table avec le bouton droit de la souris. Dans le menu contextuel qui apparaît, choisissez la commande Supprimer (voir la Figure 3.8).**

4. **Cliquez sur Oui en réponse au message d'avertissement qui apparaît. Du moins si vous êtes absolument certain de ce que vous faites.**

   C'est fait. Elle est partie !

Vous pensez sans doute qu'il est temps maintenant de commencer à saisir des enregistrements. Mais je ne vous le conseille pas. Avant de peupler vos tables, il est préférable de configurer vos relations, de choisir les clés qui vont connecter vos tables relationnelles et de définir les caractéristiques de tous vos champs.

Même si votre base de données n'est pas spécialement relationnelle, il est toujours préférable d'établir la règle du jeu avant de débuter la partie (Quelle est la longueur des noms ? Quel est le format pour les

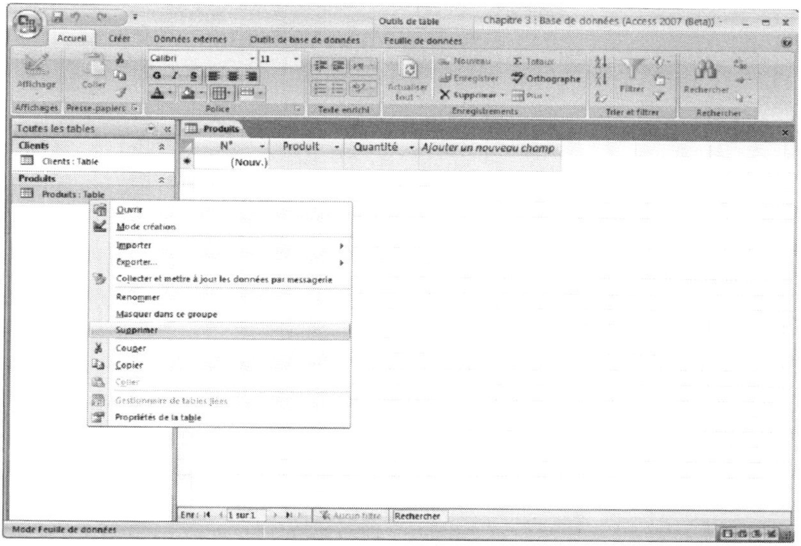

Figure 3.8 : Comment supprimer une table.

dates ? Tel nombre est-il entier ?). De cette manière, ce que vous saisirez par la suite s'insérera tout naturellement dans vos champs.

Deuxième partie

Tout poser sur la table

"Votre base de données est réparée. Mais avant de vous donner quelques conseils pour vos sauvegardes, laissez-moi vous poser une question. A votre avis, il est possible de coller combien de cartes d'index sur les murs de votre salle informatique ?"

Dans cette partie...

Cette seconde partie va vous montrer comment sont construites les tables qui forment la base de données, comment elles collaborent, et comment vous pouvez les personnaliser pour en faire un nid douillet pour vos précieuses informations.

Dans le Chapitre 4, nous allons notamment nous intéresser aux relations entre les tables. Dans le Chapitre 5, vous apprendrez à affiner la construction de vos tables. Et dans le Chapitre 6, vous découvrirez comment contrôler ce qui se passe dans les coulisses des bases de données.

Chapitre 4

Clés, relations et index

Dans ce chapitre :

- Identifier vos enregistrements de manière unique avec une clé primaire.
- Comprendre les relations.
- Construire des relations entre vos tables.
- Indexer pour des recherches plus rapides.

Comment rendre Access plus rapide et plus efficace ? Avec des clés et des index. C'est tout ! Chaque table devrait posséder un champ spécial lui servant de *clé primaire*. Une clé primaire évite l'intrusion dans la table d'enregistrements en double. Et, croyez-moi, c'est réellement efficace ! Pour retrouver vos données plus rapidement, vous avez besoin de créer la juste balance d'index pour chaque table. Pas assez d'index, et une recherche parmi 100 000 enregistrements laissera le temps à la concurrence de vous racheter. Trop d'index, et le résultat sera peut-être le même. Choisir les champs qui seront indexés est tout un art que vous apprendrez à pratiquer dans ce chapitre.

Trouver la clé du succès

Une *clé primaire* est un champ spécial. Elle sert à identifier d'une manière unique chaque enregistrement d'une table.

NOTE TECHNIQUE

En règle générale, cette clé est constituée à partir d'un seul champ. Cependant, et dans des circonstances *très* particulières, le travail peut être partagé entre deux champs (ou davantage). Rassurez-vous : vous n'aurez pas souvent l'occasion de rencontrer de telles clés *multichamps*.

La vérité sur les clés primaires

Avant d'apprendre à créer une clé primaire, il faut en passer par quelques notions et conseils. Quand, où, comment ? C'est justement ce que nous allons voir dans cette section.

Utilisations

Pratiquement toutes les tables que vous créez devraient posséder une clé primaire. Voici pourquoi :

- **Une clé primaire organise vos données en identifiant chaque enregistrement de manière unique.**

  C'est l'une des raisons pour lesquelles une clé primaire aide votre base de données à travailler un peu plus vite. Nous reparlerons des index plus loin dans ce chapitre.

  Dans une table de clients, par exemple, le champ contenant un code (ou un numéro) associé à chaque client est un candidat parfait pour servir de clé primaire. Si votre table contient une douzaine de Paul Martin, vous avez besoin d'une méthode qui permette de les différencier. Le numéro de client identifie de façon *unique* chaque Paul Martin (et tous les autres aussi).

- **Par défaut, les tables sont triées sur la clé primaire.**

  Ceci aide Access à trouver plus rapidement un enregistrement particulier.

- **Sans clé primaire, votre base de données pourrait être totalement désorientée.**

  Dans votre table de clients, vous recherchez un certain Paul Martin qui réside à Paris. Sauf qu'il y a quatre personnes portant ce nom dans la capitale. Comment Access pourrait-il trouver celui qui vous intéresse ? Une clé primaire résout le problème en rendant chaque enregistrement unique.

Règles

Il est indispensable de connaître quelques règles fondamentales avant de créer une clé primaire.

Position

Access se moque de savoir où est placée la clé primaire dans la liste des champs de la table. Il peut s'agir du premier, du dernier, ou d'un champ qui se cache au milieu de la classe.

TRUC

Votre intérêt est de placer votre clé primaire tout au début de la table. Comme vous le verrez un peu plus loin, cela facilite les relations à l'intérieur de la base de données.

Par défaut

Access s'efforce de vous faire gagner du temps et de vous éviter des soucis en prenant par défaut certaines décisions :

- **Access veut vraiment, vraiment, que vous définissiez une clé primaire dans vos tables.**
  - Si vous construisez une nouvelle table en mode Création sans spécifier de clé primaire, Access en ajoutera une lorsque vous enregistrerez la table.

  NOTE TECHNIQUE

  Cette clé primaire automatique est appelée N° et elle est du type NuméroAuto.

  - Si le premier champ que vous ajoutez à une table est de type NuméroAuto, Access le transforme automatiquement en clé primaire.
- **Access indexe automatiquement le champ servant de clé primaire.**

Restrictions

Tout n'est pas permis dans les clés primaires. Access impose certaines limites :

- Une table ne peut posséder qu'une clé primaire.
- **La clé primaire ne peut pas être un champ de type Mémo, Objet OLE ou Lien hypertexte.**

  ATTENTION !

  Evitez aussi tout champ de type Oui/Non. Votre table ne pourrait contenir que deux enregistrements : Oui et Non. Une table n'est pas un référendum !

- **Tous les index de clé primaire doivent avoir un nom (comme d'ailleurs tous les champs d'une table).**

  Access indexe automatiquement les clés primaires et appelle judicieusement cet index Clé Primaire.

Créer une clé primaire

Pour créer une clé primaire, suivez ces étapes :

1. **Ouvrez la table en mode Création.**

   Qu'est-ce que c'est, le mode Création ? Si vous vous posez la question, c'est peut-être que vous n'êtes pas encore prêt à définir une clé primaire. Le Chapitre 3 vous donne les notions de base dont vous avez besoin (Re)lisez-le.

2. **Cliquez sur le nom du champ à transformer en clé primaire.**

   Vous avez un doute ? Voyez l'encadré "La clé du bonheur".

   TRUC

   La section qui précède décrit les règles applicables aux clés primaires.

3. **Sur le ruban, cliquez sur le bouton géant illustré d'une clé et légendé Clé primaire (voir la Figure 4.1).**

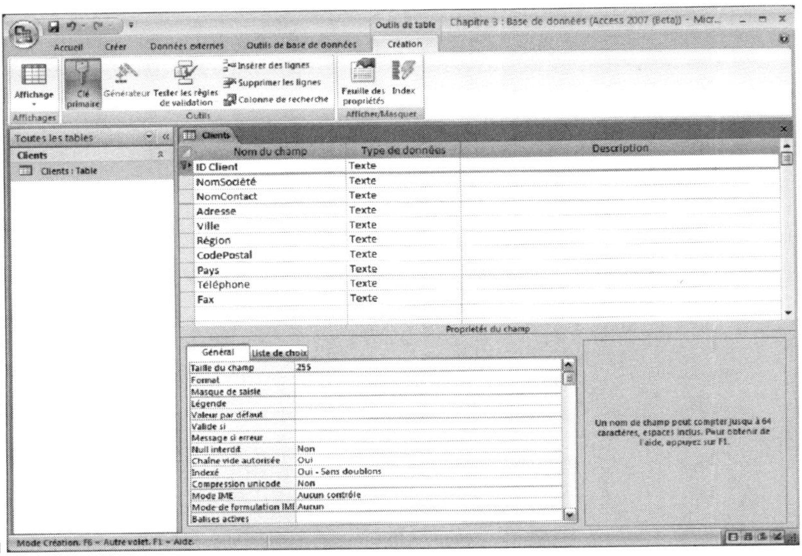

Figure 4.1 : La clé primaire est définie.

Un symbole de clé apparaît sur la case qui précède le nom du champ dans le panneau central de l'espace de travail.

C'est fait, vous avez une clé primaire !

Des relations sur la table

Dans les bases de données *relationnelles*, les données sont réparties entre plusieurs tables. Access utilise un champ de liaison (que l'on appelle une *clé étrangère*) pour attacher solidement ces tables. Par exemple, une première table pourrait contenir les noms et les adresses des clients, tandis qu'une seconde pisterait l'historique des commandes. Comment associer clients et commandes ? A l'aide d'un champ qui serait très vraisemblablement ici un numéro de client.

Pourquoi est-ce aussi important ? Supposons que vous vouliez imprimer la facture correspondant à la dernière commande de Paul Martin. En insérant le numéro du client dans la table Commandes, et en définissant une relation avec la table Clients par l'intermédiaire de ce même numéro, vous pourrez renseigner les zones Nom et Adresse de la facture sans avoir besoin de saisir ces informations dans la commande elle-même.

Des règles pour les relations

Avant de vous lancer dans la création de relations, intériorisez les notions suivantes :

- Les tables que vous voulez mettre en relation doivent posséder au moins un champ en commun. Il n'est pas nécessaire que ces champs aient le même nom. Par contre, ils doivent contenir le même type de données. Par exemple, il n'est pas possible de lier un champ de texte et un champ numérique.

  Essayez de donner à vos champs des noms qui restent cohérents. Sinon, la boule de la confusion risque de se mettre à rouler dans la descente et de vous emporter au passage.

- En général, le champ de liaison est la clé primaire d'une des deux tables. Mais il est rare qu'il s'agisse de la clé primaire des *deux* tables.

  La table des clients, par exemple, est probablement organisée selon leurs numéros d'identification. Par contre, la table des commandes aura tout aussi probablement comme clé primaire un numéro de commande.

- Une fois vos tables créées avec un champ commun, le travail n'est pas encore terminé. Il vous reste à construire la relation.

Mais avant d'en arriver là, voyons quels genres de relations peuvent bien exister.

Types de relations

Sous Access, il existe plusieurs types de relations entre les tables. Trois pour être précis.

TRUC

A moins que vous ne vouliez devenir un expert en bases de données, vous devez surtout assimiler la notion de relation un-à-plusieurs. C'est en effet la plus courante.

Un-à-plusieurs

Dans ce type de relation, il est possible de lier un enregistrement de la première table à *plusieurs* enregistrements de la seconde. C'est ce qu'Access vous propose par défaut, et il s'agit de loin du cas le plus répandu.

Un client peut effectuer plusieurs achats. Et donc une ligne de la table Clients peut correspondre à un ensemble de lignes dans la table Commandes. Par contre, une commande ne peut être effectuée que par un seul client.

Un-à-un

Ici, un enregistrement de la première table ne peut correspondre qu'à un et un seul enregistrement de la seconde table.

NOTE TECHNIQUE

Les relations un-à-un sont plutôt rares. En fait, si deux tables possèdent une telle relation, il est généralement préférable de les fusionner.

Plusieurs-à-plusieurs

Cette fois, *plusieurs* enregistrements de la première table peuvent être liés à *plusieurs* enregistrements de la seconde.

Voici un exemple classique de relation plusieurs-à-plusieurs :

Une base de données dédiées à des commandes contient des tables distinctes pour :

- Les clients.
- Les produits individuels.
- Tout client doit pouvoir acheter n'importe quel produit.

En d'autres termes, tout client a la possibilité de commander un produit quelconque en quantité tout aussi quelconque. La base de données doit satisfaire simultanément ces *deux* demandes :

- Quels sont les clients qui ont commandé le même produit ?
- Quels sont les produits commandés par un même client ?

Avec Access 2007, il existe deux méthodes pour relier plusieurs clients à plusieurs produits. Il s'agit des *champs à plusieurs valeurs* et de *tables de jonction*.

Champs à plusieurs valeurs

Access 2007 permet la création de relations plusieurs-à-plusieurs entre deux tables via des champs à plusieurs valeurs.

Ces champs sont une nouveauté d'Access 2007. Dans les versions antérieures du programme, les relations plusieurs-à-plusieurs entre deux tables n'étaient pas autorisées. Du moins, pas d'une manière directe. Il fallait en passer par une troisième table, dite de jonction.

Un champ à plusieurs valeurs, comme son nom l'indique, est capable de stocker un ensemble de données similaires. Avec cette technique, il n'est plus nécessaire de créer de multiples enregistrements pour gérer un ensemble de produits achetés par un certain client au cours d'une même opération. Vous pouvez par exemple ajouter un champ à plusieurs valeurs (disons IDProduit) dans la table qui détaille les commandes. Tous les produits commandés peuvent ainsi être placés dans un seul champ, et vous n'avez donc besoin que d'un enregistrement par commande.

Les champs à plusieurs valeurs ne sont pas la panacée. Si vous avez besoin de trier ou d'interroger les données contenues dans ce genre de champ, il vaut mieux utiliser une table de jonction.

Tables de jonction

Une *table de jonction* est une table spéciale qui sert à la liaison entre enregistrements multiples :

- La table de jonction possède une relation un-à-plusieurs avec les deux autres tables.
- Le résultat fonctionne comme si une relation plusieurs-à-plusieurs avait été établie entre les deux tables.

Par exemple, une table appelée Commandes pourrait servir de jonction entre les clients et le détail de leurs commandes. Cette table posséderait une relation un-à-plusieurs avec aussi bien les clients qu'avec les détails des commandes.

Etablir des relations

Si vous savez faire glisser et déposer le pointeur de votre souris, alors vous savez créer une relation.

N'OUBLIEZ PAS

N'oubliez pas que cette opération possède quelques limites :

- Vous ne pouvez lier que des tables qui de trouvent dans la même base de données.
- Il est possible de lier des requêtes à des tables, mais c'est assez inhabituel.
- Vous devez spécifier à Access la manière dont vous liez vos tables.

Lorsque vous êtes prêt à jouer la marieuse entre tables amoureuses, procédez comme expliqué dans ce qui suit.

La fenêtre des relations

Vous devez en premier lieu ouvrir la fenêtre Relations. Pour cela :

1. **Cliquez au-dessus du ruban sur l'onglet Outils de base de données (Figure 4.2).**
2. **Dans la rubrique Afficher/Masquer, cliquez sur le bouton Relations.**

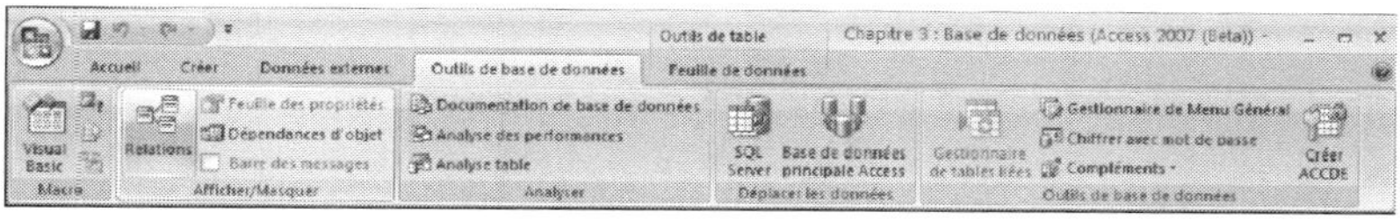

Figure 4.2 : L'onglet Outils de base de données.

La fenêtre Relations apparaît en même temps que la boîte de dialogue Afficher la table. Vous pouvez maintenant sélectionner et lier vos tables.

ATTENTION !

Si la fenêtre contient déjà des tables, cela signifie que des relations ont été définies dans la base de données. Si vous ne savez exactement qui les a créées et pourquoi, arrêtez-vous immédiatement. Consultez les personnes qui travaillent sur la même base de données avant de toucher à quoi que ce soit. A défaut, les résultats pourraient être catastrophiques pour vos collègues.

Relations de table à table

Pour lier deux tables, vous devez les sélectionner puis joindre leurs champs communs. Ce qui est très facile à obtenir.

Sélectionner les tables

La fenêtre Relations étant ouverte (voir la section précédente), procédez comme ci-dessous :

1. **Cliquez sur le bouton Afficher la table (dans le groupe Relations du ruban).**

   La boîte de dialogue Afficher la table apparaît. Elle contient la liste des tables de la base de données courante.

2. **Pour chaque table que vous voulez mettre en relation, cliquez sur son nom puis sur le bouton Ajouter.**

   Un cadre représentant la table et listant ses champs apparaît sur le plan de travail. Sur la Figure 4.3, par exemple, vous pouvez voir que les tables Clients et Commandes ont été ajoutées à la fenêtre Relations.

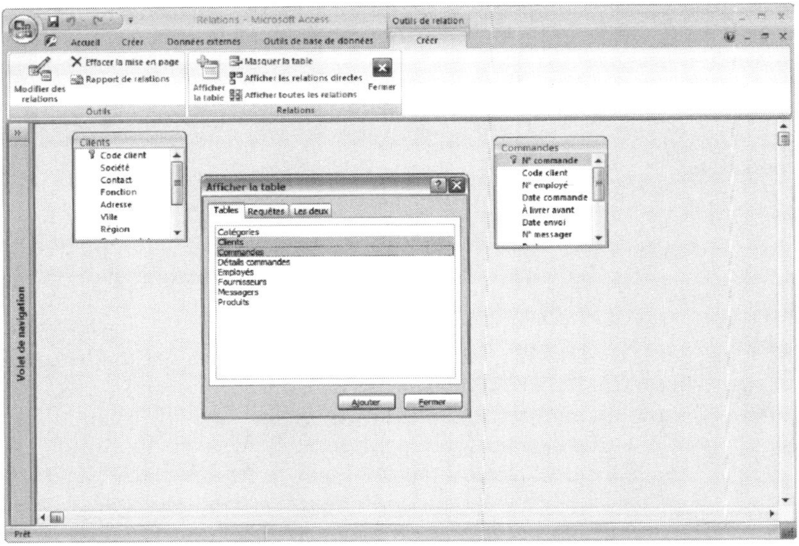

Figure 4.3 : Ajouter des tables pout établir une relation.

3. **Répétez l'étape 2 pour toutes les tables que vous voulez lier. Bien entendu, si une table est déjà présente parce qu'elle est impliquée dans une relation existante, il est inutile de l'ajouter à nouveau.**

4. **Lorsque vous avez terminé, cliquez sur le bouton Fermer.**

Une fois toutes les tables présentes, vous êtes prêt à leur faire faire connaissance. Voyons donc comment définir des relations.

Gérer les relations

Cette section contient toutes les informations dont vous avez besoin pour créer, éditer et supprimer des relations.

Créer des relations

Une fois vos tables sélectionnées, suivez ces étapes pour créer une relation :

1. **Commencez par décider quelles tables vous voulez lier.**

   Les relations un-à-plusieurs sont les plus courantes. Nous allons donc nous occuper uniquement d'elles. Les deux tables concernées jouent chacune un rôle particulier :

- **Table parent :** le champ servant de liaison en est la clé primaire. Chaque enregistrement de cette table sera identifié par ce champ d'une manière unique.
- **Table enfant :** On doit y trouver la même information dans la clé primaire de la table parent. En règle générale, le champ qui se trouve du côté "plusieurs" porte le même nom que celui de la table parent, mais ce n'est en aucun cas une obligation.

TRUC

Pour vous faciliter l'existence, il est préférable de placer les champs à relier vers le début de la liste. Sous Access, ces champs doivent en effet être visibles dans les fenêtres des tables sur l'espace de travail Relations. Si vos champs se trouvent en fin de liste, vous devrez faire défiler celle-ci pour les repérer.

2. **Pour sélectionner la clé primaire, placez le pointeur de la souris au-dessus de la ligne correspondante de la table parent. Appuyez sur le bouton gauche de la souris et laissez-le enfoncé.**
3. **Faites maintenant glisser la ligne du champ parent vers la table enfant. Un signe plus apparaît à la base du pointeur.**
4. **Placez-vous au-dessus du champ enfant et relâchez le bouton de la souris.**

   La boîte de dialogue Modifier des relations va apparaître (voir la Figure 4.4).

ATTENTION !

Faites très attention avant de relâcher le bouton gauche de la souris. Le pointeur doit être positionné *exactement* sur le champ enfant avant de décrisper votre doigt.

5. **Si vous avez réalisé correctement la manipulation, les champs parent et enfant devraient apparaître côté à côte, comme sur la Figure 4.4. Sinon, annulez la boîte de dialogue et reprenez la procédure ci-dessus.**
6. **Dans la boîte de dialogue Modifier les relations, cochez l'option Appliquer l'intégrité référentielle.**
7. **Vérifiez et revérifiez que vos champs sont corrects. Cliquez ensuite sur Créer.**

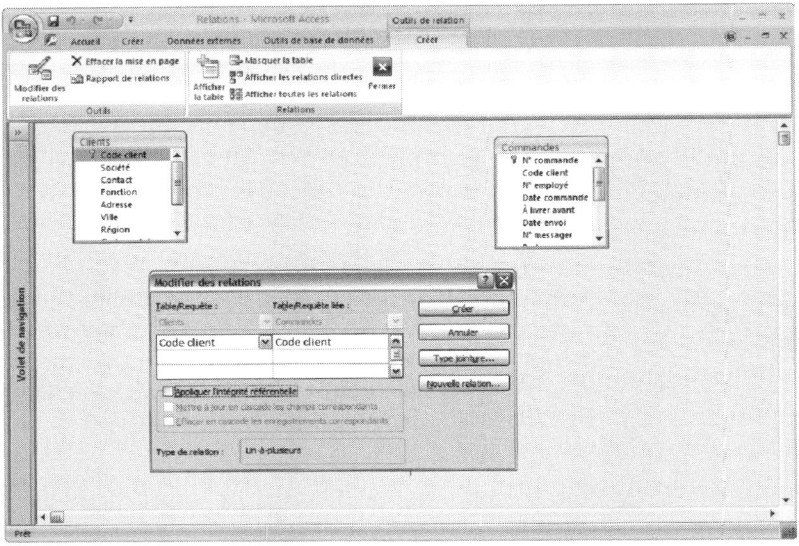

Figure 4.4 : La boîte de dialogue Modifier des relations détaille la manière dont deux tables sont liées.

Service de protection de l'enfance

Renforcer l'intégrité référentielle, cela sonne comme un avertissement grave. En fait, cette expression signifie simplement qu'Access veut être sûr qu'un enregistrement est présent dans la table parent avant que vous ne puissiez en ajouter un dans la table enfant. En d'autres termes, tout enfant doit avoir un parent. Exemple : vous ne pouvez pas saisir une commande pour un client fantôme (non présent dans la table Clients).

La nouvelle relation est matérialisée par Access de la manière suivante :

- Une ligne est tracée entre les champs parent et enfant. Cela vous indique que les tables sont liées.
- Si vous avez bien coché l'option Appliquer l'intégrité référentielle, le chiffre 1 apparaît tout près de la table parent, tandis que le symbole de l'infini est affiché à côté de la table enfant (voir la Figure 4.5).

8. **Pour lier d'autres tables, répétez les étapes précédentes.**

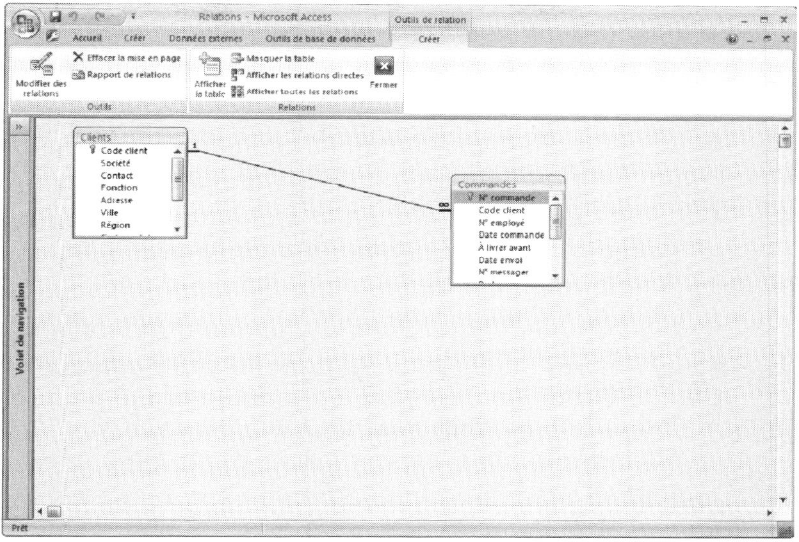

Figure 4.5 : Une relation un-à-plusieurs entre deux tables.

9. **Quand vous avez terminé, refermez la fenêtre Relations. Confirmez l'enregistrement de vos définitions en cliquant sur Oui.**

Modifier des relations

Une fois vos tables liées, vous pouvez visualiser, organiser et supprimer les relations.

1. **Pour supprimer une relation, ouvrez si nécessaire la fenêtre correspondante (Outils de base de données, puis bouton Relations).**
2. **Cliquez sur la ligne qui représente la relation à effacer.**

   Si vous avez bien visé, le trait s'épaissit. Cela signifie que la ligne est sélectionnée.
3. **Appuyez sur la touche Suppr de votre clavier.**
4. **Confirmez en cliquant sur Oui dans le message qui s'affiche.**

   Et voilà ! La relation est partie.

Si le nombre de tables liées devient réellement important, la fenêtre Relations finit par devenir embrouillée car les lignes qui matérialisent les relations se coupent dans tous les sens. Il est alors difficile de repérer les correspondances entre tables. Pour rectifier cette situation, cliquez sur la barre de titre d'un cadre de table et faites-le glisser vers une autre partie de l'écran. Même si ce n'est pas toujours possible, il est préférable de disposer les tables parent au-dessus ou à gauche de leurs enfants. Efforcez-vous de répartir les fenêtres de table de manière à éviter le plus possible les croisements.

Indexer pour des requêtes plus rapides

Vous lancez une requête ou la création d'un état. Bien. Et là, vous attendez deux minutes avant que les informations sollicitées n'apparaissent. Croyez-moi, j'ai vu encore pire. Que pouvez-vous faire pour accélérer vos requêtes ? Ajouter des *index* à vos tables. Voilà ce que vous pouvez faire.

Sous Access, un index fonctionne exactement comme dans un livre. Il aide Access à retrouver un enregistrement dans une table, comme l'index d'un livre vous aide à retrouver rapidement la page associée à une certaine entrée.

Un index, comment ça marche ?

Pour l'essentiel, un index est une copie de la table qui est déjà triée sur le champ voulu. Lorsqu'une table est indexée correctement, les recherches sont donc plus rapides, puisque les données sont déjà classées.

Voyons un exemple. Supposons que vous avez besoin de produire une liste de tous les clients habitant en Lozère. De plus, vous devez fréquemment interroger cette table en classant les clients selon leur département.

- Si vous indexez le champ Département, tous les clients de la Lozère seront regroupés. Dès qu'Access a trouvé le premier, il n'a plus qu'à lister les enregistrements dans l'ordre jusqu'à ce que le nom du département change.
- Sans index, Access devrait parcourir tous les enregistrements de la table pour retourner les résultats demandés.

Les index accélèrent considérablement les requêtes et les tris. Tout simplement parce que l'essentiel du travail a déjà été réalisé.

TRUC

Le bénéfice apporté par un index dépend du nombre d'enregistrements contenus dans la table :

- Si vous n'avez qu'une centaine de clients, un index ne changera pratiquement rien aux performances, tout en alourdissant votre base de données.
- Si vous avez des milliers, voire des dizaines de milliers, de clients, un index améliorera très sensiblement les recherches.

Créer un index

Voyons quelques règles qui s'appliquent aux index :

- N'importe quel champ peut être indexé, sauf s'il est du type Pièce jointe ou Objet OLE.
- Comme dans le cas de la clé primaire, un index peut posséder un nom unique qui soit différent de celui du champ.
- Vous n'avez pas besoin de nommer un index : Access s'en charge à votre place.
- Les index peuvent interdire ou autoriser les entrées dupliquées dans la table.

Voici quelques conseils pour vous aider à choisir vos index :

1. **Commencez par interroger la table (en choisissant bien entendu une situation que vous êtes susceptible de rencontrer fréquemment). Notez le temps que prend l'exécution de votre requête.**
2. **Indexez ensuite tous les champs dont vous savez à l'avance qu'ils seront souvent mis à contribution. Par exemple, les champs IDContact, NomContact et Département sont des candidats logiques dans une table dédiée à vos contacts.**
3. **Relancez la requête de l'étape 1. Si le temps de réponse s'améliore d'une manière significative, vos index sont corrects. Sinon, supprimez l'indexation du champ le moins utile (celui qui vous sert le moins dans votre requêtes).**

4. **Recommencez l'étape 3. Et ainsi de suite...**

   Une fois vos performances optimisées, la quête des bons index est terminée.

Dupliquer ou ne pas dupliquer ? Là est la question

Lorsque vous créez un index, Access vous propose deux options :

- Si deux enregistrements peuvent prendre la même valeur, choisissez Oui – Avec doublons. Exemple : un département ou un code postal.
- Si deux enregistrements ne doivent jamais avoir la même valeur, choisissez Oui – Sans doublons. Exemple : le numéro d'identification d'un contact ou d'un produit.

La première solution (avec doublons) est la plus courante.

TRUC

Une clé primaire est automatiquement indexée sans doublons.

Pour lister les index définis dans une table :

1. **Ouvrez la table en mode création.**
2. **Cliquez dans le ruban sur le bouton Index, à droite du groupe Afficher/Masquer.**

   Access affiche une fenêtre décrivant tous les index (voir la Figure 4.6).

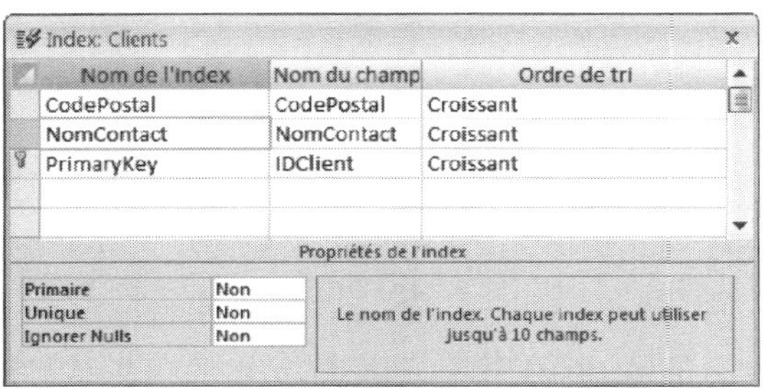

Figure 4.6 : La liste des index d'une table.

ATTENTION !

Définir trop d'index dans une table peut ralentir certaines tâches. Ajouter des enregistrements devient en effet un peu plus long, puisqu'Access doit en même temps actualiser en arrière-plan tous les index. Il faut s'efforcer de trouver le juste compromis. Procédez par essais et erreurs, comme expliqué ci-dessus, pour optimiser les performances de vos requêtes.

Ajouter et supprimer des index

Une fois les champs à indexer bien repérés, tout le reste est une partie de plaisir.

TRUC

L'étape 5 ci-dessous peut servir à supprimer un champ d'index existant. C'est ce que vous devriez faire si le ralentissement provoqué par cet index lors de la saisie des données l'emporte sur les gains de performances attendus lors des requêtes.

Voici comment indexer un champ :

1. **Ouvrez la table en mode Création.**
2. **Cliquez sur le nom du champ que vous voulez indexer.**
3. **Dans l'onglet Général de la section Propriétés du champ, faites défiler si nécessaire l'ascenseur de droite vers le bas afin de localiser la ligne Indexé.**

   Le curseur clignote sur cette ligne et une flèche apparaît à son extrémité.

   ATTENTION !

   Si vous ne voyez pas d'entrée Indexé, c'est que le type du champ n'autorise pas l'indexation.

4. **Cliquez sur la flèche qui se trouve en bout de ligne. La liste des options apparaît (voir la Figure 4.7).**
5. **Choisissez l'option voulue dans la liste : Non, Oui – Avec doublons, Oui – Sans doublons.**

   ATTENTION !

   Si vous cliquez sur Non, l'index sera supprimé.

6. **Pour pérenniser le changement, cliquez sur le bouton Enregistrer dans la barre d'outils Accès rapide.**

NOTE TECHNIQUE

Si votre table contient des milliers d'enregistrements, la création de l'index pourra prendre un peu de temps.

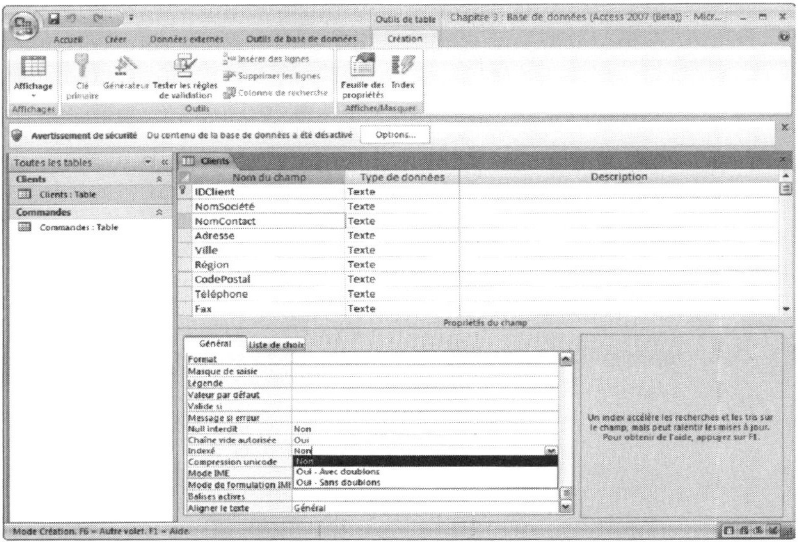

Figure 4.7 : Définir le mode d'indexation d'un champ.

Chapitre 5

Remodeler vos données

Dans ce chapitre :

- Ouvrir une table ou une base de données.
- Ajouter de nouveaux enregistrements à une table.
- Modifier un enregistrement existant.
- Renommer les champs et les tables.
- Supprimer des enregistrements.
- Remonter le temps (avant votre erreur).

La maintenance d'une base de données est généralement plus simple à faire qu'une révision du véhicule, et cela coûte moins cher qu'une visite chez le garagiste. Bien entendu, ne pas maintenir votre base de données en bon état de marche *peut* se révéler onéreux – en termes de temps perdu à réparer les problèmes au cas par cas, d'impact potentiel d'enregistrements incorrects sur votre activité, de gâchis lorsqu'il faut jeter à la corbeille des états qui contiennent des informations obsolètes, ou encore d'incompréhension si certaines des tables ou certains des champs ne correspondent à rien de connu ou manquent de précision.

Tous ces incidents possibles du quotidien ne doivent pas vous effrayer. La solution se trouve généralement à quelques clics et double clics de souris de là, un peu de saisie par-dessus et un peu d'huile de neurone au passage. Et c'est gratuit !

Editer une table

Lorsque vous ouvrez Access 2007, l'espace de travail offre plusieurs fonctionnalités (nous les avons étudiées dans les Chapitres 1 et 2). Vous trouvez ici une liste de modèles, la liste des bases récemment ouvertes ou encore le menu principal qui contient des commandes telles que Enregistrer, Imprimer et Ouvrir. Ces options sont visibles sur la Figure 5.1.

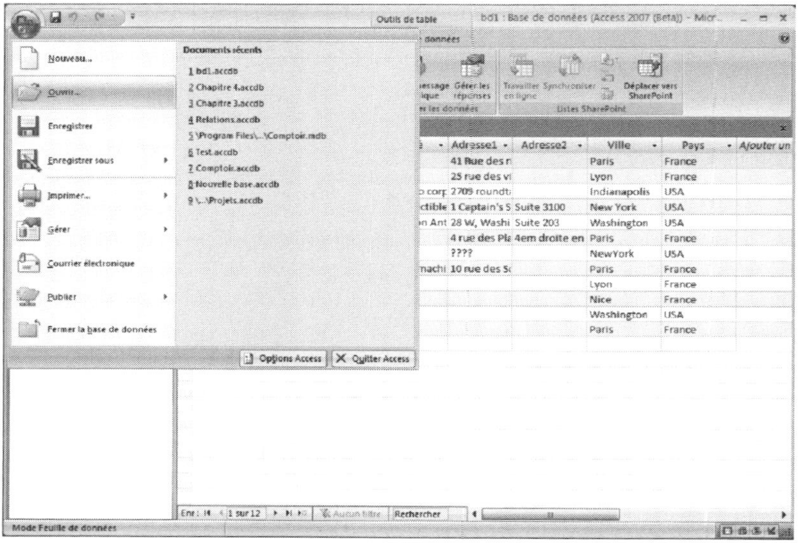

Figure 5.1 : L'espace de travail d'Access simplifie l'ouverture d'une base de données.

La commande Ouvrir qui vient d'être mentionnée est probablement le principal point d'entrée pour charger une base (et la table que vous voulez éditer). Mais il en existe d'autres. Tout dépend de votre situation :

- Si vous avez utilisé récemment la base de données, choisissez le nom que vous recherchez dans la liste Documents récents. Vous le trouverez en cliquant en haut et à gauche de la fenêtre d'Access sur le Bouton Office.

  Pour ouvrir une base de données à partir de cette liste, il vous suffit de cliquer sur le nom voulu.

- Si vous ne vous souvenez plus de l'emplacement où se trouve votre base de données, cliquez sur le bouton Démarrer du bureau Windows, puis sur Rechercher. La fenêtre Résultats de la recherche apparaît (voir la Figure 5.2). Vous pouvez y retrouver des fichiers en spécifiant leur nom, la date de leur dernière modification, le type du fichier, etc. Bref, pratiquement n'importe quel attribut que vous connaissez peut être utilisé. En supposant qu'à la suite de cette recherche le fichier de votre base de données apparaisse dans cette fenêtre, faites simplement un double clic sur son nom pour l'ouvrir (et notez son emplacement pour ne plus avoir à recommencer cette procédure).

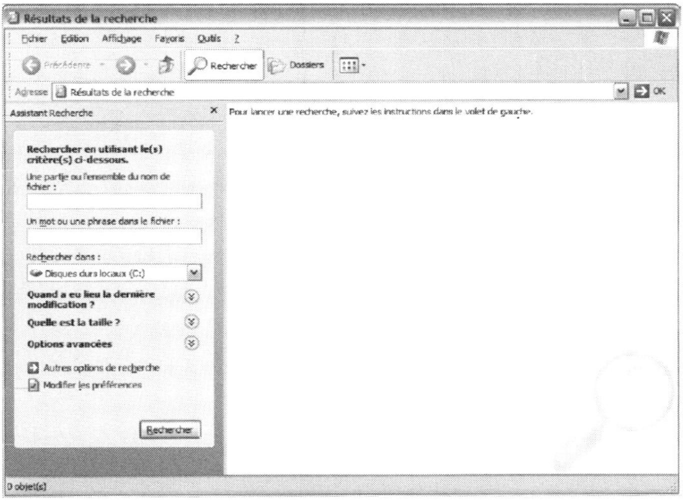

Figure 5.2 : Windows peut vous aider à localiser votre base de données.

- Si vous savez où se cache votre base de données, alors même qu'elle n'apparaît pas dans la liste des documents récents, utilisez la procédure suivante pour la retrouver et l'ouvrir :

1. **Cliquez sur le Bouton Office (le gros bouton rutilant qui se trouve en haut et à gauche de la fenêtre d'Access). Choisissez Ouvrir dans la liste des commandes.**

   La boîte de dialogue Ouvrir s'affiche (voir la Figure 5.3).

   Par défaut, la boîte de dialogue Ouvrir prend comme point de départ le dossier Mes Documents.

2. **Si la base ne se trouve pas dans le dossier Mes Documents, utilisez les boutons situés sur la gauche de la boîte de dialogue pour parcourir votre bureau, votre disque dur ou vos lecteurs réseau.**

3. **Une fois votre base de données localisée, sélectionnez-la dans la fenêtre et cliquez sur Ouvrir.**

Le fichier est immédiatement chargé dans Access (voir la Figure 5.4).

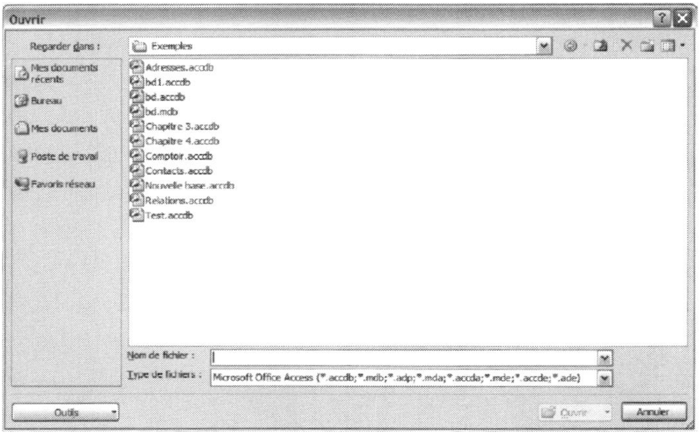

Figure 5.3 : La boîte de dialogue Ouvrir vous permet de sélectionner une base de données.

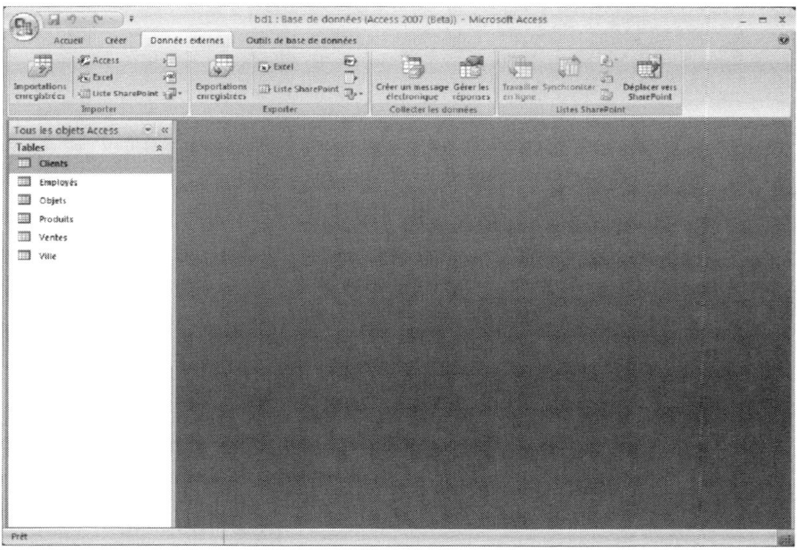

Figure 5.4 : L'espace de travail affiche toutes les tables, requêtes, états et formulaires de la base de données.

4. **Cherchez la table qui vous intéresse dans le volet placé sur la gauche de l'espace de travail.**

   Chaque table possède son propre bouton.

5. **Faites un double clic sur le nom de la table à éditer.**

La table s'ouvre en mode Feuille de données. L'opération de maintenance peut maintenant débuter. Il est alors possible d'ajouter des champs, d'en supprimer, ou encore d'en changer le nom. Nous allons y revenir dans la suite de ce chapitre.

Insérer des enregistrements et des champs

Ajouter un enregistrement ou un champ dans une table est encore plus facile que de compléter sa trousse de toilette. Oubliez donc le "Flûte !" (ou "Mince!", ou tout autre mot d'environ cinq lettres à votre convenance). Suivez calmement et sereinement les étapes qui suivent (une première séquence pour insérer un enregistrement manquant, et une seconde pour ajouter un champ oublié).

Ajouter un enregistrement

Pour ajouter un enregistrement, procédez de la manière suivante :

1. **Ouvrez la table voulue en mode Feuille de données. Cliquez dans la première cellule vide qui se trouve en bas de la table (donc sur la ligne qui suit le dernier enregistrement).**

   Le curseur clignote dans le premier champ de l'enregistrement (voir la Figure 5.5).

2. **Tapez votre information dans le premier champ.**

   Si ce premier champ est du type NuméroAuto, appuyez sur la touche de tabulation et passez au second champ. Dès que vous commencez votre saisie, le champ NuméroAuto génère et affiche un nouveau nombre unique.

   TRUC

   Ne paniquez pas si le champ NuméroAuto semble sauter un nombre lorsqu'il numérote un nouvel enregistrement. Cela signifie simplement que vous avez probablement entré (ou du moins commencé à entrer) un enregistrement, puis que vous l'avez supprimé.

3. **Appuyez sur la touche de tabulation pour vous déplacer entre les champs. Entrez vos données de manière à remplir l'enregistrement.**

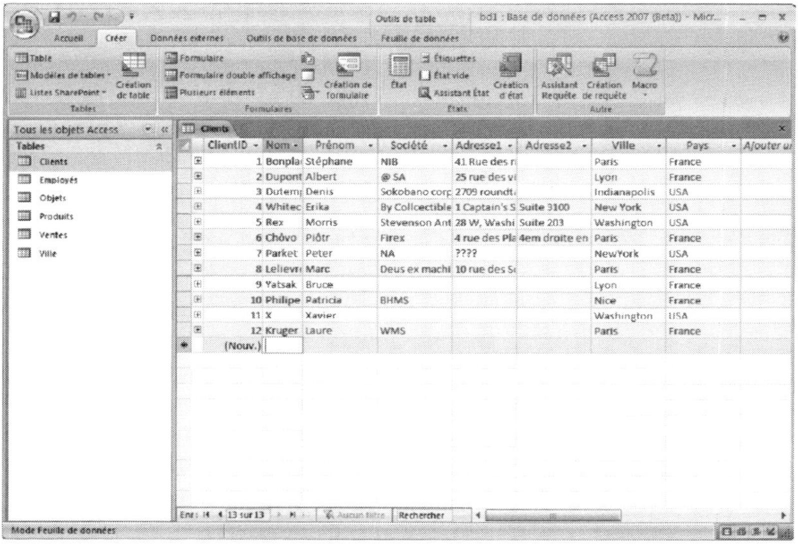

Figure 5.5 : Un nouvel enregistrement attend ses données.

Lorsque vous avez terminé la saisie du dernier champ, vous avez fini votre travail !

Comme Access sauvegarde automatiquement le nouvel enregistrement au fur et à mesure de la saisie, vous n'avez rien d'autre à faire. Plutôt sympathique, non ?

4. **Si vous voulez ajouter un enregistrement supplémentaire, appuyez sur la touche de tabulation et continuez comme si de rien n'était.**

TRUC

Si vous changez d'avis et que vous voulez "tuer" votre nouvel enregistrement, vous disposez de plusieurs méthodes :

- Appuyez sur Ctrl+Z puis cliquez sur Oui pour confirmer votre décision.
- Cliquez avec le bouton droit de la souris sur la case qui se trouve devant le premier (tout au début de la ligne). Dans le menu contextuel qui apparaît, choisissez la commande Supprimer l'enregistrement. Cliquez ensuite sur Oui pour confirmer la destruction.

Insérer un champ

Un champ vous manque et tout est dépeuplé... Voici comment réparer votre oubli :

1. **En mode Feuille de données, localisez l'en-tête appelé Ajouter un nouveau champ. Cliquez sur ce nom.**

   La colonne correspondante est mise en surbrillance (voir la Figure 5.6).

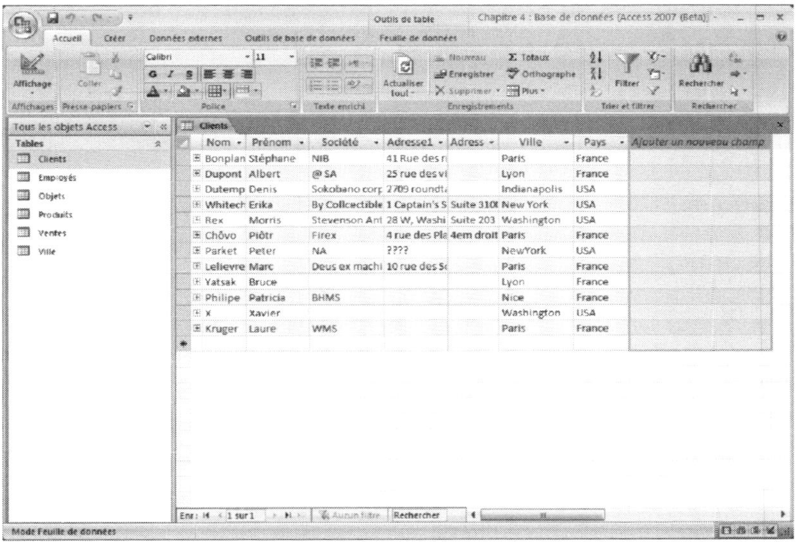

Figure 5.6 : Un nouveau champ attend d'être défini.

2. **Faites un double clic sur l'intitulé Ajouter un nouveau champ.**

   L'en-tête disparaît tandis que le curseur clignote sur la ligne.

3. **Tapez le nom de votre nouveau champ. Appuyez ensuite sur Entrée.**

   Le champ est immédiatement créé.

4. **Pour redisposer vos champs de manière à ce que le petit dernier soit placé là où vous le voulez, cliquez à nouveau sur son nom.**

5. **Maintenez enfoncé le bouton gauche de la souris. Un rectangle apparaît à la base du pointeur. Faites glisser la colonne vers l'emplacement voulu.**

   Un trait vertical épais indique l'emplacement où le champ va venir s'insérer (voir la Figure 5.7).

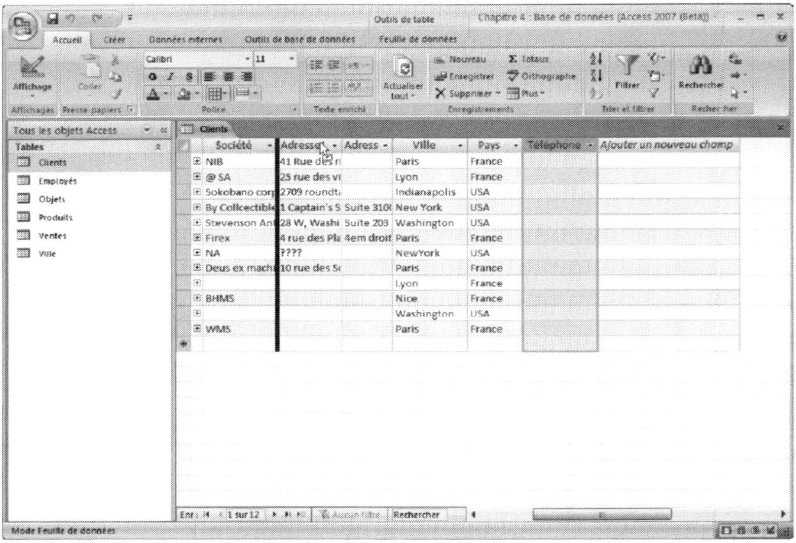

Figure 5.7 : Faites glisser l'en-tête d'un champ pour repositionner celui-ci dans la table.

6. **Quand vous avez terminé, relâchez le bouton de la souris.**

   Votre champ vient occuper sa nouvelle place.

Par défaut, tous les champs créés en mode Feuille de données ont le type Texte. Si cela ne vous convient pas, vous allez devoir redéfinir ce type :

1. **Le nouveau champ étant toujours sélectionné, cliquez sur l'onglet Feuille de données.**

2. **Regardez dans le groupe de boutons Type de données et mise en forme. Cliquez sur la liste déroulante Type de donnée.**

3. **Choisissez un format dans cette liste (voir la Figure 5.8).**

A l'aide des boutons qui se trouvent en bas du groupe, vous avez la possibilité d'affiner les caractéristiques du champ. Pour un type

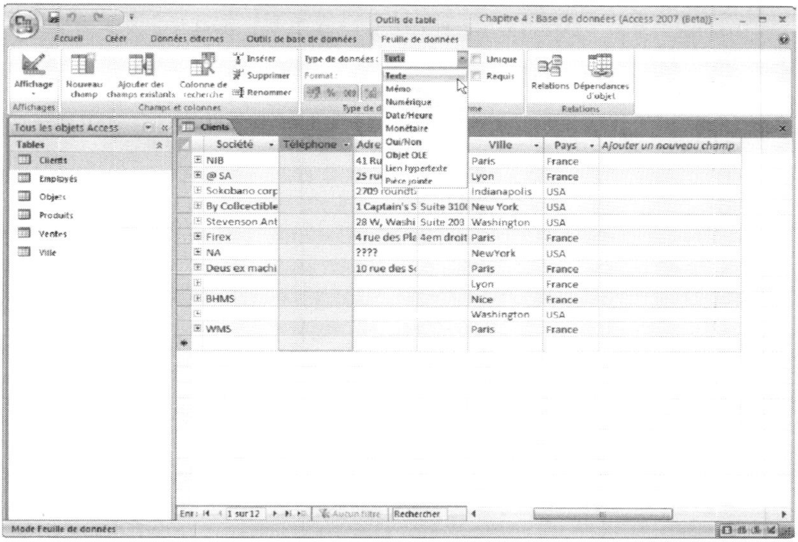

Figure 5.8 : L'onglet Feuille de données vous permet de choisir facilement le type du champ.

Numérique, par exemple, vous pouvez choisir le nombre de décimales, un format sous format de pourcentage, ou encore la conversion en un type Monétaire.

Supprimer un champ

Pour supprimer un champ existant et devenu inutile (ou créé sans besoin réel), procédez de la manière suivante :

1. **Cliquez sur l'en-tête de la colonne voulue avec le bouton droit de la souris.**

2. **Dans le menu contextuel qui apparaît, choisissez la colonne Supprimer la colonne (voir la Figure 5.9).**

3. **Lisez bien le message qu'affiche Access. Respirez un grand coup, puis cliquez sur Oui pour confirmer la destruction définitive du champ.**

Modifier le contenu d'un champ

ATTENTION !

Lorsque vous parcourez une table, il peut arriver que vous changiez quelque chose dans un champ. Personne n'est à l'abri d'une fausse

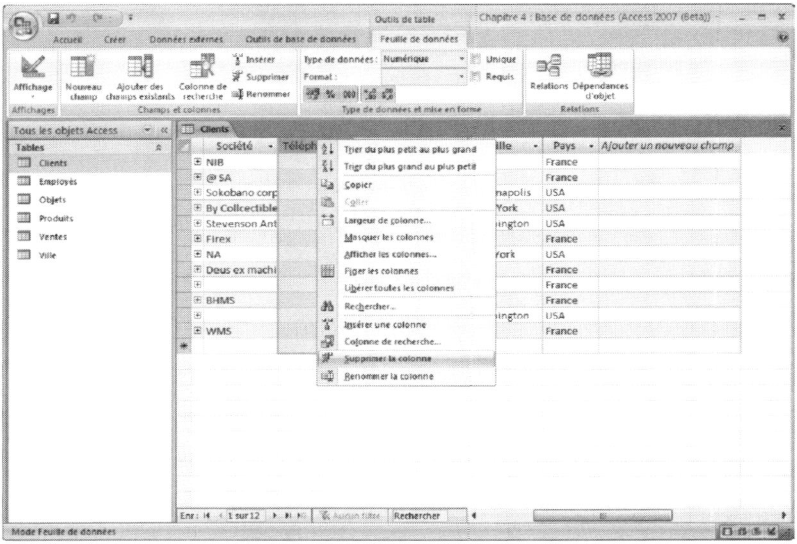

Figure 5.9 : Adieu, le champ !

manœuvre. Access ne vous prévient pas : il valide automatiquement et immédiatement toute modification (si j'étais un auteur un peu paranoïaque, je placerais ici un encadré en caractères gras pour vous rappeler qu'il faut réaliser régulièrement des copies de sauvegarde de vos bases de données – mais ce n'est pas mon genre).

Pour éditer un enregistrement, suivez ces étapes :

1. **Faites défiler la table jusqu'à ce que vous trouviez l'enregistrement qui a besoin d'être mis au goût du jour.**

2. **Cliquez dans le champ (c'est-à-dire la cellule de la feuille de données) que vous souhaitez modifier.**

   Le curseur se met à clignoter dans ce champ.

   TRUC

   Si votre souris est munie d'une roulette (sinon, il est temps d'un acheter une neuve), utilisez-la pour faire défiler rapidement la table. C'est si pratique, cette petite roulette !

3. **Modifiez le champ.**

   - **Pour remplacer le champ tout entier :** Appuyez sur F2 pour mettre les données en surbrillance, puis tapez votre nouvelle information. La nouvelle entrée remplace l'ancienne.

- **Pour remplacer une partie du contenu du champ :** Cliquez dans le champ, puis servez-vous des flèches de déplacement gauche et droite pour positionner le curseur exactement là où vous voulez corriger le champ.

- **Appuyez sur la touche de retour arrière** pour effacer les caractères qui se trouvent à gauche du curseur. Appuyez sur la touche Suppr pour effacer le caractère situé immédiatement devant le curseur. Pour insérer de nouveaux caractères, entrez-les tout simplement.

Pour insérer la date du jour dans un champ de type Date/heure, appuyez sur Ctrl+; (point-virgule). Et pour l'heure, c'est presque la même chose : Ctrl+Maj+; (point-virgule).

TRUC

Si vous changez d'avis en cours de route et que vous voulez restaurer la donnée d'origine, appuyez sur la touche Echap ou sur Ctrl+Z.

4. **Lorsque vous en avez terminé avec l'édition de l'enregistrement, appuyez sur Entrée pour sauvegarder le résultat.**

Choisir les noms

Dans la vie, rien n'est simple. Il n'est pas rare de réaliser que telle table si parfaitement organisée (et fêtée à grands coups de tapes dans le dos) a finalement besoin de quelques ajustements. Il peut s'agir du nom de la table elle-même, ou encore de quelques appellations de champs qui ne font pas l'unanimité à l'usage. Ou bien les deux. Cela ne veut pas dire que l'heure du Harakiri est venue. Tout simplement, vous êtes un être humain, et en tant que tel susceptible de quelques imperfections ou oublis. Se remettre en cause, n'est quand même pas un défaut tant que ce n'est pas non plus un système de pensée ! *Errare humanum est*, et Access est là pour la réparer.

Renommer des champs

Vous aviez voulu abréger les noms de vos champs pour gagner du temps et de la place, mais plus personne ne sait à quoi correspond le champ *Dpt*. Départ, Département, Dépôt, Diptère ? Bref, les utilisateurs de la base de données voudraient que vous précisiez le sens exact du champ : Département, et rien d'autre. Ce genre d'ambiguïté est courante lorsque l'on construit une table. Et elle n'est pas si rare que cela même après des mois d'utilisation d'une table. Le besoin de modifier un nom de champ peut survenir pour plein de raisons, à tout moment, et il n'est jamais trop tard pour corriger le problème.

Cela étant posé, comment procéder ?

TRUC

Avec Access, il est incroyablement facile de renommer un champ. Pire encore, vous pouvez le faire même en mode Feuille de données. Et il y a encore plus ! Dès que vous modifiez un nom de champ, Access ajuste automatiquement :

- Toutes les liaisons entre ce champ et vos autres tables (en supposant que vous avez défini des relations, comme l'explique le Chapitre 4).
- Toutes les requêtes, tous les états et tous les formulaires qui se servent déjà de ce champ.

Que demander de mieux ?

Voyons la première méthode :

1. **Si la table est affichée sous la forme d'une feuille de données, faites un double clic sur l'en-tête du champ.**

   Le nom du champ est en surbrillance (voir la Figure 5.10).

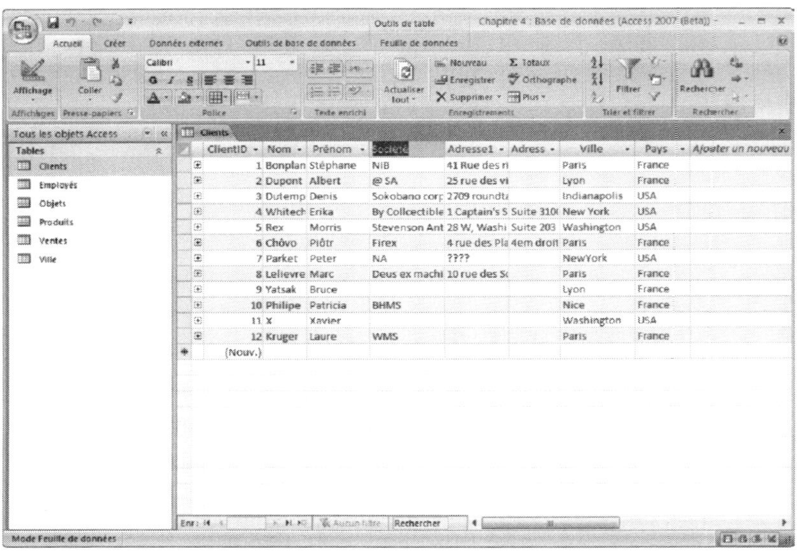

Figure 5.10 : Le champ sélectionné est prêt à être renommé.

2. **Editez le nom du champ à votre convenance :**

   - **Pour remplacer le nom actuel par un autre :** Tapez simplement la nouvelle appellation. C'est la démarche normale sous Windows lorsqu'un texte est totalement mis en surbrillance.

   - **Pour ne changer qu'une partie du nom du champ :** Cliquez dans le texte actuel, puis insérez ou supprimez des caractères selon vos besoins.

3. **Lorsque vous avez terminé, cliquez sur une cellule quelconque de la feuille.**

Le nouveau nom apparaît en haut de la colonne. Vous pouvez alors au choix entrer de nouveaux enregistrements, éditer un autre champ ou encore sauvegarder la table et la refermer.

Vous pouvez aussi procéder de la manière suivante :

1. **Cliquez sur le nom du champ à modifier, ou simplement dans la colonne correspondante.**

2. **Activez l'onglet Feuille de données.**

3. **Dans le groupe Champs et colonnes du ruban, cliquez sur le bouton Renommer (voir la Figure 5.11).**

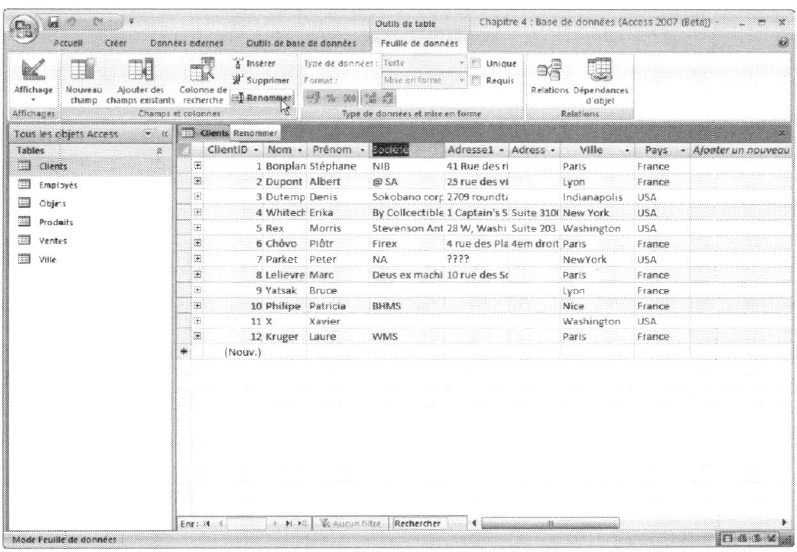

Figure 5.11 : Renommer un champ à partir du ruban.

Le nom du champ courant est mis en surbrillance. Vous pouvez maintenant le remplacer par le nouvel intitulé.

4. **Tapez le nom du champ.**

5. **Appuyez sur Entrée ou cliquez dans une cellule de la feuille de données.**

Access actualise immédiatement la structure de la table.

Renommer une table

Pour changer le nom d'une table, procédez comme suit :

1. **Ouvrez la base de données qui contient la table voulue.**

   Nous avons vu à plusieurs reprises comment procéder.

   N'ouvrez pas la table elle-même. Sinon, vous ne pourrez pas la renommer.

2. **Dans le volet de gauche, cliquez la ligne de la table avec le bouton droit de la souris.**

3. **Dans le menu contextuel qui apparaît, cliquez sur l'option Renommer (voir la Figure 5.12).**

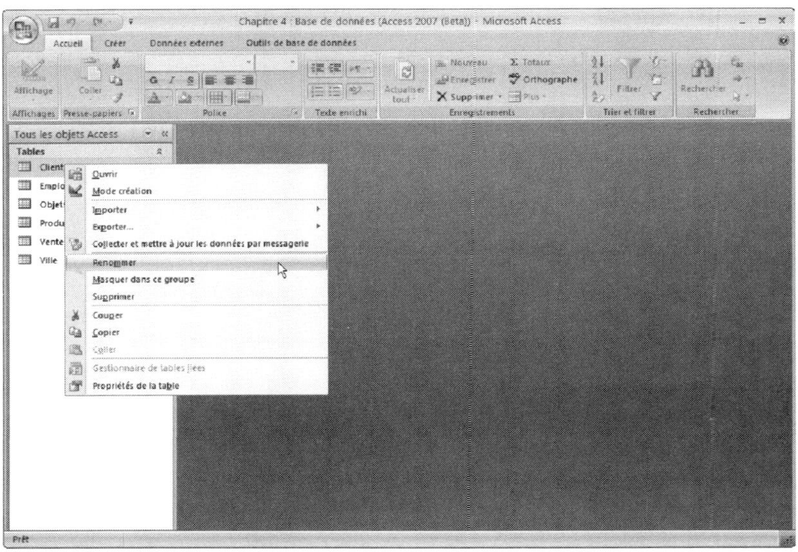

Figure 5.12 : Pour renommer une table, commencez par afficher son nom dans le volet situé à gauche de l'espace de travail.

Le nom de la table est mis en surbrillance.

4. **Editez le nom de la table.**

 Comme pour un champ, vous pouvez soit saisir un nouveau nom, soit modifier le nom courant en vous servant des touches de déplacement, ou encore des touches de retour arrière et/ou Suppr.

Vive les bonnes maisons d'édition !

Pour éviter les erreurs d'édition (ou pour bien éditer, c'est au choix), je n'ai que trois conseils à vous donner. Malheureusement, il n'existe aucun élixir qui restaurerait vos données perdues. Désolé de terminer ce chapitre sur cette note un peu triste. Mais quelques bonnes méthodes devraient vous aider à éviter la mélancolie :

- **La commande Annuler vous permet de récupérer une modification ou un ajout.** Par contre, l'effacement d'un enregistrement est définitif ! Access va certes vous avertir que vous tentez de supprimer un ou plusieurs enregistrements. Annulez tout si vous n'êtes pas certain de ce que vous faites. Sinon, c'est sans retour...
- **Vérifiez plutôt deux fois qu'une toutes les modifications que vous effectuez avant de les valider.** S'il s'agit d'un changement important, trois vérifications s'imposent. Lorsque vous êtes absolument sûr de vous, appuyez sur Entrée pour mettre la table à jour. Sinon, ne sauvegardez rien. Recommencez ou annulez.
- **Ayez toujours sous la main une sauvegarde aussi récente que possible de manière à pouvoir récupérer rapidement les données qui auraient été modifiées ou supprimées par mégarde.** Rien ne vaut une bonne sauvegarde. C'est la seule méthode qui vous permette de minimiser les risques, d'accroître vos chances de promotion, et peut-être même de gagner au loto.

Chapitre 6

Dessous de table

Dans ce chapitre :

- Localiser les propriétés des tables.
- Changer l'affichage des données.
- Eviter des bêtises avec les masques de saisie.
- Comprendre les champs obligatoires.

Si vous avez une table parfaitement structurée, mais une collection de données misérables, votre base n'apportera rien d'intéressant à son auditoire potentiel. Ce chapitre va vous aider à limiter les scories d'informations qui pourraient se déposer dans vos tables. Nous nous servirons pour cela de quatre outils mis à votre disposition par Access. En fait, il les appelle d'un autre nom : des *propriétés*.

Access, les tables et leurs propriétés

Ce chapitre explique l'emploi de quatre propriétés importantes pour éviter l'intrusion de données incorrectes dans votre base de données :

- **La mise en forme :** Elle contrôle la manière dont les informations apparaissent, sans modifier pour autant la façon dont elles sont enregistrées.
- **Le masque de saisie :** Il force à entrer les données en imposant une certaine structure. L'exemple type est celui d'un numéro de téléphone affiché par exemple au format (##) ##.##.##.##.
- **Valeur obligatoire :** Force la saisie d'une donnée dans le champ avant que l'enregistrement ne soit sauvegardé.

- **Validation :** Impose à la donnée de suivre certaines règles, comme par exemple d'être comprise entre 0 et 100.

Toutes ces propriétés se trouvent à la même place : sous l'onglet Général de la fenêtre de la table en mode Création. Voici comment y accéder :

1. **Ouvrez la base de données et cliquez dans le volet de gauche sur le nom de la table que vous voulez ajuster.**

2. **Cliquez avec le bouton droit de la souris sur le nom de la table. Dans le menu contextuel qui apparaît, choisissez la commande Mode Création.**

   L'onglet de la table va s'afficher. Vous y trouvez ses définitions de champs et les propriétés de ceux-ci (voir la Figure 6.1).

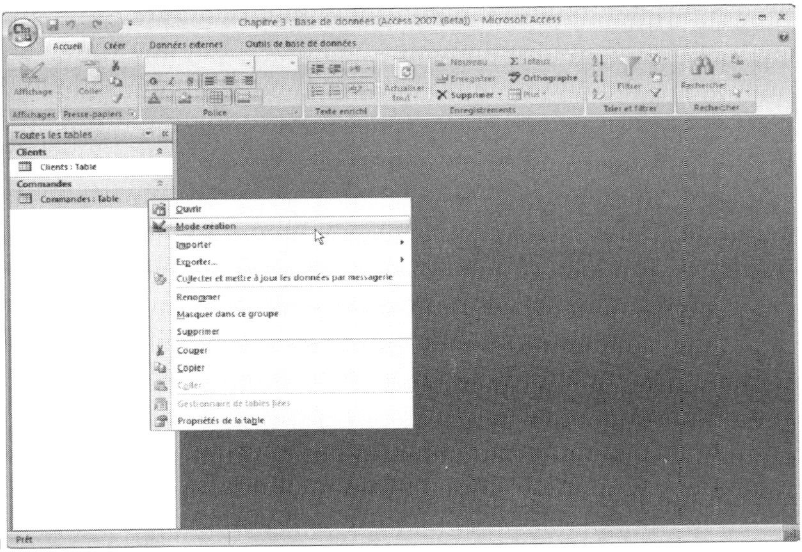

Figure 6.1 : Passer en Mode Création pour éditer les propriétés des champs.

Si la table est déjà affichée dans l'espace de travail, il vous suffit d'activer l'onglet Accueil du ruban. Cliquez alors sur le bouton Affichage (à gauche du ruban), puis sur Mode Création dans le menu.

3. **Pour chaque champ dont vous voulez altérer une ou plusieurs propriétés, procédez de la manière suivante :**

a. **Cliquez sur le nom du champ.**

L'onglet Général de la section Propriétés du champ se trouve dans la partie inférieure de l'espace de travail. Il affiche tout ce qui concerne le champ courant (voir la Figure 6.2).

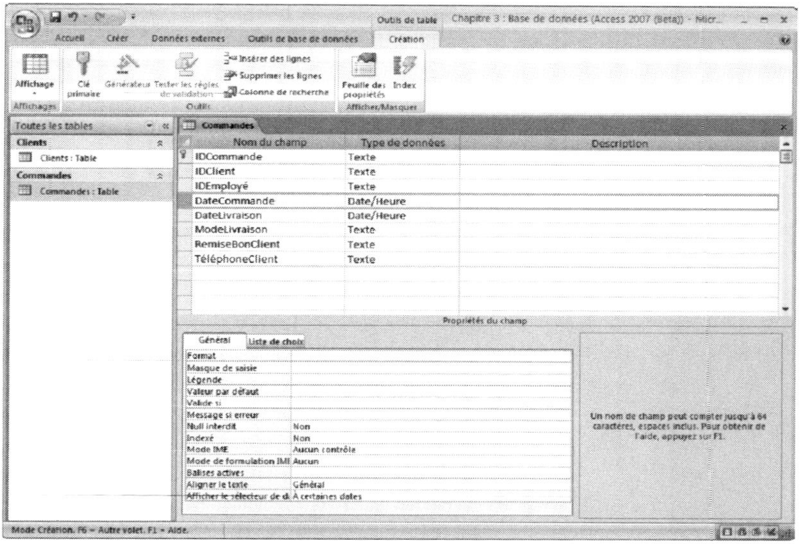

Figure 6.2 : La date de commande et ses propriétés par défaut.

b. **Dans la section Propriétés du champ, cliquez sur la ligne qui correspond à ce que vous voulez modifier (en l'occurrence, Format, Masque de saisie, Null si ou encore Valide si). Saisissez ensuite le contenu de la propriété.**

NOTE TECHNIQUE

La propriété Valide si possède un compagnon de voyage : Message si erreur. Café *et* croissants. Nous verrons dans la suite de ce chapitre comment ces deux propriétés collaborent pour éviter la saisie de données invalides.

4. **Lorsque vous avez opéré tous les ajustements souhaités à la structure de la table, cliquez sur le bouton Enregistrer dans la barre d'outils Accès rapide.**

TRUC

Pour annuler vos corrections, refermez la table (en cliquant sur la croix qui se trouve à droite de l'onglet), et répondez Non quand Access affiche son message de confirmation.

Les formats, les masques, l'interdiction des valeurs vides et les règles de validation demandent évidemment des explications détaillées. Mais la démarche générale ci-dessus est la même quelle que soit la propriété que vous voulez modifier.

Formater les données

Une bonne mise en forme vous aide à afficher vos données d'une façon plus reconnaissable, plus simple à lire et à comprendre par un être humain normalement constitué. N'oubliez pas que c'est uniquement une affaire de présentation : l'enregistrement interne des données dans la table n'est en rien modifié par cette mise en forme.

TRUC

Formatez pour réduire les risques d'erreurs

Le formatage n'empêche pas la saisie de données incorrectes. Mais il peut à la fois en diminuer le risque (en attirant l'attention de la personne qui effectue la saisie) et faciliter la correction (en rendant les erreurs plus visibles) :

- Rendre les erreurs plus visibles : Supposons par exemple que vous deviez taper dans un champ numérique le nombre dix millions. Sans formatage, vous voyez ceci : 10000000. Etes-vous sûr du premier coup d'œil qu'il n'y a pas un zéro en trop ? En moins ? Avec un certain degré de mise en forme, vous verrez ceci : 10 000 000. C'est plus clair, non ?
- Simplifier la saisie : Le numéros de téléphone sont couramment affichés de façon à faire apparaître le code régional : (11) 11.11.11.11. En appliquant la mise en forme voulue à un champ de texte servant à mémoriser des numéros de téléphone, il suffira de saisir 1111111111. Access affichera automatiquement les parenthèses, l'espace et les points. C'est toujours autant de gagné, et autant aussi de risques d'erreurs évités.

Certains types de données réclament des codes de formatage différents des autres. Par exemple, un champ de texte n'utilise pas les mêmes codes qu'un champ numérique. Les sections qui suivent couvrent les principes du formatage des champs pour les types de données les plus courants.

TRUC

Si votre commande de formatage ne fonctionne pas du premier coup, suivez ces étapes pour rectifier le tir :

1. **Vérifiez (deux fois si nécessaire) le type du champ.**
2. **Contrôlez les commandes de formatage et apportez-y toutes les corrections nécessaires.**

   Si vous voyez par exemple un signe de pourcentage à la place du symbole monétaire que vous attendiez, vous avez certainement cliqué au mauvais endroit. Ouvrez la liste Format dans les propriétés du champ, puis cliquez sur l'option Monétaire. Le problème est réglé.

Champs Texte et Mémo

Access

Ces champs possèdent quatre modes de mise en forme qui affectent la *capitalisation*, l'*espacement* et la *ponctuation*.

Access ne propose pas des formats tous faits pour champs de texte et mémo, mais vous pouvez fabriquer vos propres modèles. Il vous suffit pour cela de faire appel à quelques caractères spéciaux pour construire une *chaîne de formatage*. Cette chaîne sera utilisée par Access pour afficher le texte d'une manière standardisée.

Le Tableau 6.1 liste les caractères spéciaux dont vous disposez pour formater textes et mémos.

Tableau 6.1 : Codes de formatage pour les champs Texte et Mémo.

Caractère	Affichage correspondant
>	Montre tout le champ en majuscules.
<	Montre tout le champ en minuscules.
@	Affiche un espace à sa position si la donnée ne contient pas de caractère.
&	Affiche un caractère si la donnée en possède un ; sinon, ne fait rien.

Voici de dont vous avez besoin de savoir sur les codes du Tableau 6.1.

Capitalisation

Par défaut, Access affiche les textes tels qu'ils sont enregistrés, autrement dit en respectant majuscules et minuscules. En spécifiant un symbole < (plus petit que) ou > (plus grand que), vous forcez Access à afficher le champ entièrement en minuscules, ou entièrement en majuscules.

Il suffit de spécifier une fois le symbole voulu dans la chaîne de formatage pour l'appliquer à la totalité du champ.

Espacement et ponctuation

Access vous permet de formater les espaces et la ponctuation dans les textes. Vous pouvez de cette manière ajouter des espaces supplémentaires ou des caractères spéciaux, comme par exemple des tirets.

Les symboles `@` et `&` désignent chacun *un* caractère du champ.

Remplissage à l'aide d'espaces

Le signe `@` force Access à afficher soit un caractère, soit un espace. Si la donnée contenue dans le champ est plus courte que le code de formatage, des espaces supplémentaires sont ajoutés lors de l'affichage.

Supposons par exemple qu'un champ soit associé à la chaîne de formatage `@@@@@@`. La donnée du champ ne contient que trois caractères (comme *Oui* ou *GIE*). Dans ce cas, Access affichera trois espaces, *puis* la donnée. Si le champ a une longueur de quatre caractères, le début de l'entrée sera complété par deux espaces.

Mise en forme par caractère

Le symbole `&` signifie "afficher un caractère s'il y en a effectivement un, sinon, ne rien faire".

C'est le format par défaut.

Vous pouvez utiliser cette technique pour créer des mises en forme particulières. Ainsi, un numéro de Sécurité Sociale pourrait utiliser ce format : `& && && && &&& &&&`.

Si quelqu'un tape **1234567890123** dans le champ, Access affichera 1 23 45 67 890 123, séparant ainsi chaque groupe de chiffres par un espace.

Le formatage change uniquement la présentation des données, pas les données elles-mêmes. Si vous exportez le contenu d'une table vers un autre programme, tel qu'Excel, cette mise en forme ne sera pas forcément (et même généralement pas) conservée.

Demandez à Access de voir rouge

Voici un truc bien utile pour mettre en évidence un texte manquant dans un enregistrement. Lorsque vous tapez des données, il peut arriver que vous sautiez un champ parce que vous ne disposez pas de l'information voulue à cet instant. Il serait alors intéressant de placer ici une marque spéciale mettant en évidence l'absence provisoire de cette information.

Avec Access, il est possible de créer un tel format de texte personnalisé. Par exemple, la chaîne qui suit affiche le mot *Inconnu* en rouge si le champ ne contient aucune valeur :

```
@;"Inconnu"[Rouge]
```

Cette commande doit être entrée dans la propriété Format exactement telle qu'elle apparaît ci-dessus, c'est-à-dire sans espacements ni autres signes de ponctuation.

Ce texte peut-être adapté à vos besoins en changeant le texte entre guillemets ou en spécifiant entre les crochets un autre nom de couleur reconnu par Access.

Champs numériques et monétaires

La mise en forme de champs numériques ne pose guère de problèmes. Dans ce cas, la ligne de propriété Format dispose d'une liste déroulante offrant sept possibilités.

Pour configurer un champ de type numérique ou monétaire :

1. **Votre table étant en mode Création, cliquez sur la ligne Format du champ que vous voulez modifier.**

2. **Cliquez sur la flèche qui apparaît à droite de la ligne Format. Sélectionnez l'option voulue.**

   Comme l'illustre la Figure 6.3, chaque élément de la liste déroulante est divisé en deux parties : le nom du format à gauche, un exemple à droite.

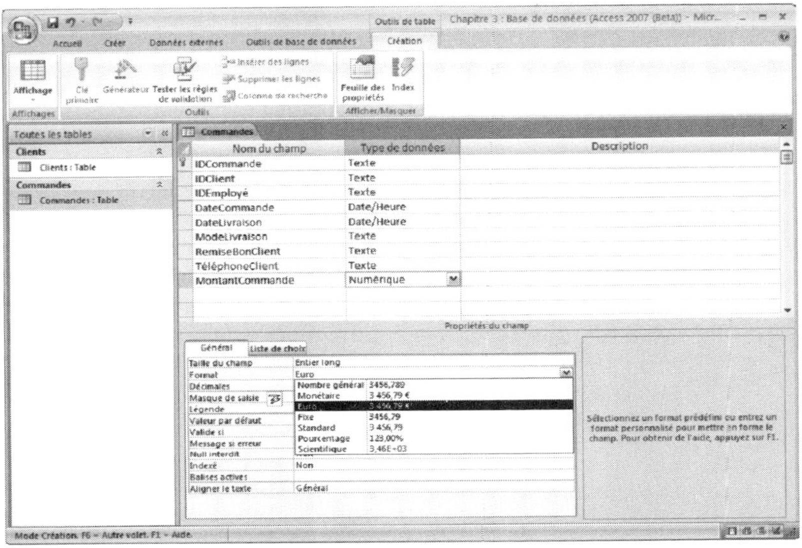

Figure 6.3 : La liste des formats numériques prédéfinis.

Là encore, les formats ne changent que l'apparence des nombres, pas les données elles-mêmes. Si vous choisissez d'appliquer le format Standard à un champ qui contient 1,245678, Access affichera la valeur 1,24. Pour autant, toutes les décimales sont bien présentes dans la table, et elles seront prises en compte dans d'éventuels calculs.

Les sections qui suivent présentent ces différents formats numériques.

Nombre général

Il s'agit du format par défaut dont se sert Access. Les nombres sont affichés tels quels, sans aucun décorum particulier.

Formats monétaires

Deux options vous permettent d'afficher les nombres en tant que quantités monétaires.

Certains champs numériques stockent des valeurs décimales, et d'autres non. Tout dépend de ce que vous avez défini dans la propriété Taille du champ. Si vous avez par exemple appliqué le type Entier au champ, puis un format monétaire, vos centimes sont perdus à l'avance ! Le Chapitre 3 traite plus en détails des champs et de leur taille.

La seconde option est appelée Euro. Elle insère ce symbole à droite du nombre et sépare les milliers par un espace. La première option, Monétaire, effectue le même genre de mise en forme, mais en respectant simplement les paramètres dits linguistiques de Windows (sur un ordinateur configuré à New-York, vous obtiendrez des dollars).

Il ne s'agit que de présentation ! N'attendez pas d'Access qu'il effectue automatiquement des conversions entre monnaies en consultant les derniers cours de change !

Formats scientifique, pourcentage et décimal

Les autres formats numériques permettent d'obtenir pratiquement tous les modes de présentation dont vous pouvez avoir besoin dans la vie réelle :

- **Fixe :** Montre la valeur décimale sans séparateur des milliers.
- **Standard :** Même chose, mais en ajoutant un espace pour la séparation des milliers.

  Dans les deux cas, vous pouvez ajuster le nombre de chiffres décimaux qui sont affichés. Vous disposez pour cela de la ligne de propriété appelée Décimales. La valeur par défaut (Auto) ne montre que deux chiffres après la virgule. Vous pouvez y saisir un nombre allant de 0 à 15.

- **Pourcentage :** Ce format transforme une simple valeur décimale telle que 0,97 en un plus joli 97 %.

  Saisissez le futur pourcentage sous forme décimale (soit **0,97** pour obtenir 97 %). Sinon, Access affichera un pourcentage incroyablement *mauvais*.

Si vos pourcentages apparaissent uniquement sous l'aspect d'étranges 0,00 % ou 1,00 %, l'encadré propose une solution à votre problème.

- **Scientifique :** Affiche les nombres en utilisant une *notation scientifique* (les premiers chiffres *significatifs* suivis du nombre de positions - exprimé par une puissance de dix - qu'ils occupent à gauche ou à droite de la virgule).

La notation scientifique est essentiellement employée pour les très *grands* nombres (du genre : quelle est la distance parcourue par la lumière en un an ?) et pour les très *petits* nombres (du genre : combien pèse une moitié d'atome ?). Bref, pour des valeurs qui sont difficiles à mesurer précisément et encore plus difficiles à lire.

Qu'est-il arrivé à mes pourcentages ?

Lorsque vous créez un champ numérique, Access lui attribue par défaut la taille Entier long. Puisqu'il s'agit d'une valeur entière, tous les chiffres décimaux qui y seraient saisis seront arrondis à l'entier le plus proche. Et c'est pourquoi une valeur telle que 0,25 donnera en réponse 0,00 % si vous définissez un format Pourcentage. En résumé, votre entrée :

- Est automatiquement arrondie à l'entier le plus proche (dans ce cas, il s'agit de 0).
- Affiche toujours des zéros dans la partie décimale du nombre.

La solution ? Changez la propriété Taille du champ (juste au-dessus de Format). Choisissez dans la liste déroulante l'option Réel simple. Ceci demande à Access de mémoriser la partie décimale du nombre.

Dates et heures

Access vous propose tout un menu rempli de formats pour les dates et les heures. Voici comment les appliquer :

1. **Votre table étant en Mode Création, cliquez sur la ligne Format dans les propriétés du champ que vous voulez définir.**
2. **Cliquez sur la flèche qui apparaît à droite de cette ligne (voir la Figure 6.4).**
3. **Choisissez le format que vous voulez utiliser.**

Voici quelques conseils pour bien appliquer ces formats :

- Si vous utilisez un format long (du genre Date, général ou encore Date, complet), assurez-vous que la colonne de la

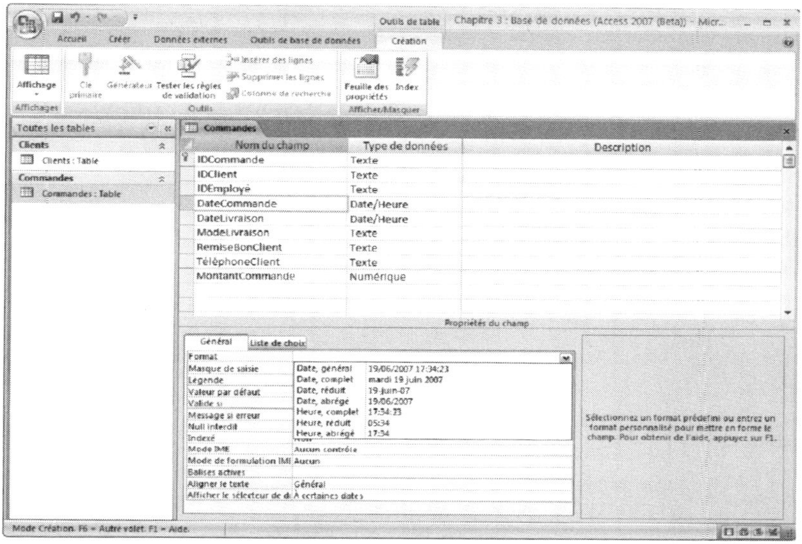

Figure 6.4 : La liste des formats de date et d'heure.

feuille de données est assez large pour afficher la totalité de l'information. Sinon, le résultat risque d'être illisible.

- Si la base de données est partagée entre plusieurs utilisateurs, choisissez un format qui fournit *plus* d'informations, pas *moins* d'informations.

Mes clients me demandent souvent de fournir des dates au format j/m/aa, avec une année sur deux chiffres (par exemple, 15/1/07 au lieu de 15/1/2007). Pour obtenir ce résultat, tapez la chaîne suivante dans la ligne Format : **j/m/aa**.

Champs Oui/Non

Le formatage par défaut de ce type de champ est Oui/Non. La liste Format vous propose deux autres possibilités : Vrai/Faux et Actif/Inactif. Bref, c'est une simple *bascule*.

TRUC

Si vous voulez pouvoir taper Oui/Non, Vrai/Faux ou Actif/Inactif dans le champ, activez l'onglet Liste de choix (juste à côté de Général). Sur la ligne Afficher le contrôle, choisissez dans la liste déroulante l'option Zone de texte. Sinon, Access affichera par défaut une case à cocher dans la feuille de données.

Valeurs autorisées

Un champ de type Oui/Non propose simplement trois paires de valeurs possibles : Oui ou Non (c'est le format par défaut), Vrai ou Faux, Actif ou Inactif (voir la Figure 6.5).

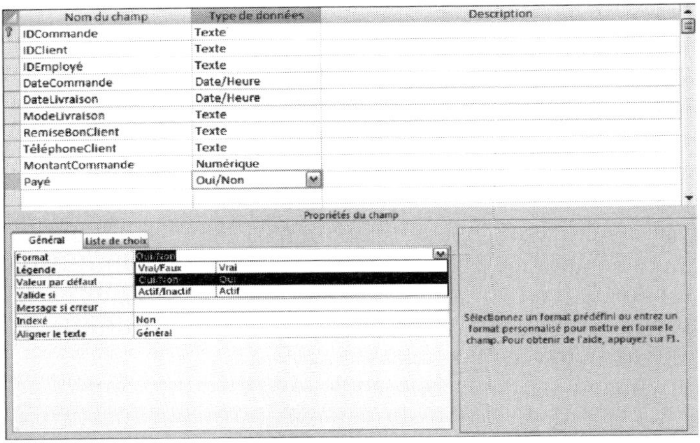

Figure 6.5 : Il y a peu à dire sur le formatage Oui/Non.

Pour choisir l'une de ces options, il vous suffit de cliquer sur la ligne Format, puis sur la flèche qui s'affiche à sa droite. Sélectionnez alors la bascule voulue.

Créer votre propre bascule

Pour afficher vos propres choix à la place de ces horribles Oui/Non, saisissez une entrée personnalisée dans la ligne de propriété Format. Voici un bon exemple de ce qu'il est possible de faire :

```
"EN RUPTURE"[Rouge];"En stock"[Vert]
```

Les parties correspondant au couple Oui/Non sont séparées par un point-virgule.

- La section de gauche apparaît quand le champ est positionné sur Non.
- La section de droite apparaît quand le champ est égal à Oui.

Dans l'exemple qui précède, tapez Oui dans le champ, et le texte *En stock* s'affichera en vert. Tapez Non, et vous verrez apparaître en lettres de feu l'avertissement *EN RUPTURE*.

Comme toujours, un format Oui/Non personnalisé ne fait que changer la manière dont les données sont affichées. Quel que soit le soin que vous prenez à fournir une information cohérente et utile, seuls les entrées indiquées plus haut seront acceptées (Oui/Non, Actif/Inactif ou Vrai/Faux).

Vous pouvez spécifier n'importe quel message entre les guillemets, et n'importe quelle couleur valide entre les crochets. Rien que du plaisir en somme !

Contrôler la saisie des données

Les sections qui suivent explorent les propriétés des champs qui vous permettent de contrôler la saisie des données. Mieux vous préciserez ces propriétés, et moins vous aurez à corriger d'erreurs par la suite.

Vous avez vraiment besoin de mettre un masque

Le *masque de saisie* empêche les utilisateurs de taper des données qui contreviennent à sa définition.

Il s'agit d'une chaîne de caractères qui indiquent à Access quel genre de données il peut accepter dans un certain champ. Si vous voulez par exemple que ce champ ne contienne que des chiffres (pas de lettres, pas de caractères spéciaux, pas de signes de ponctuation, etc.), indiquez-le via le masque de saisie. L'inverse (seulement des lettres et rien d'autre) est tout autant possible, comme d'ailleurs toute combinaison intermédiaire.

Le formatage, tel que nous l'avons étudié plus haut, peut rendre certaines erreurs *visibles*, mais il n'empêche pas de les commettre. Par contre, les masques de saisie interdisent tout qui n'est pas conforme à leur prescription.

Les masques de saisie sont définis dans la ligne de propriétés portant ce nom, sous l'onglet Général. Ils servent le plus souvent dans des champs qui contiennent des dates, des heures, des numéros de téléphone, des numéros de Sécurité Sociale, des codes postaux, et ainsi de suite. Si vous omettez d'en définir, vous vous retrouvez à coup sûr avec des codes postaux du genre **0854**, ou des numéros de téléphone sans l'indicatif régional.

Les masques de saisie sont plus efficaces avec des données courtes et ayant une forte cohérence. Les nombres et les combinaisons chiffres/lettres ayant un schéma de formation standard sont d'excellents candidats. Les numéros de téléphone, les dates ou encore les codes postaux en sont des exemples classiques.

Vous disposez de deux méthodes pour créer un masque de saisie :

- **Demander de l'aide à l'assistant Masque de saisie.**

  Cet assistant fait de son mieux, mais il ne peut évidemment pas couvrir tous les besoins. Il ne s'occupe que des champs de texte et des dates, et propose peu d'options.

  Commencez toujours par faire appel à cet assistant. S'il n'a pas la solution à votre problème, vous devrez définir manuellement le masque.

- **Taper le masque manuellement.**

  L'assistant Masque de saisie offre peu de choix pour personnaliser ses propositions, et encore moins pour définir les vôtres.

Utiliser l'assistant Masque de saisie

L'assistant Masque de saisie vous aide à créer des masques standardisés avec des champs de texte ou de type Date/Heure.

Si l'assistant ne parvient pas à faire votre bonheur, vous devrez procéder manuellement. Reportez-vous alors à la section suivante.

Pour faire appel à l'assistant Masque de saisie, suivez cette procédure :

1. **Votre base de données étant ouverte, cliquez dans le volet de gauche sur le nom de la table à éditer avec le bouton droit de la souris. Dans le menu qui s'affiche, choisissez l'option Mode Création.**

La structure de la table apparaît dans la partie centrale de l'espace de travail.

2. **Cliquez sur le nom du champ auquel vous voulez appliquer un masque de saisie.**

   N'OUBLIEZ PAS

   Vous ne pouvez utiliser l'assistant qu'avec des champs de type Texte ou Date/Heure.

   L'onglet Général de la rubrique Propriétés du champ affiche tous les réglages associés au champ courant.

3. **Cliquez sur la ligne Masque de saisie.**

   Un petit bouton frappé de trois points apparaît à droite de la ligne. Il s'agit d'une espèce de générateur, ou de constructeur, qui va appeler notre assistant.

4. **Cliquez sur le bouton du générateur.**

   Vous voyez alors apparaître l'assistant Masque de saisie et ses options (voir la Figure 6.6).

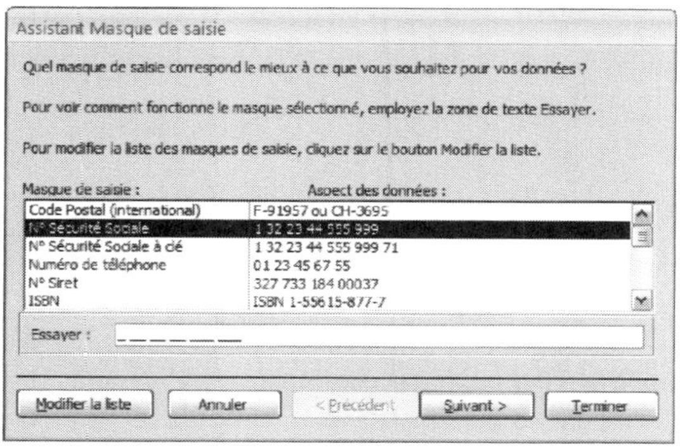

Figure 6.6 : L'assistant Masque de saisie.

5. **Faites défiler la liste des masques qui vous sont proposés pour trouver celui qui vous convient.**

6. **Cliquez sur le masque de saisie à appliquer.**

   TRUC

   Pour jouer un peu avec les masques (sans vous démasquer), cliquez dans le champ Essayer, juste sous la liste. Tapez un exemple pour voir ce que cela donne.

7. **Cliquez sur Terminer pour appliquer le masque.**

Si vous cliquez sur le bouton Suivant, l'assistant vous propose des options supplémentaires. Mais je vous recommande de les éviter. Voyez l'encadré "L'assistant Masque de saisie, suite et fin".

Le masque choisi apparaît sur la ligne correspondante de la rubrique Propriétés du champ (voir la Figure 6.7).

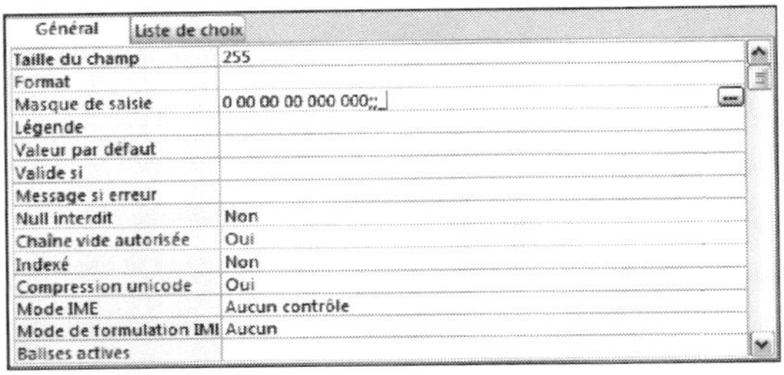

Figure 6.7 : L'assistant Masque de saisie a terminé son travail.

L'assistant Masque de saisie, suite et fin

Voici quelques conseils pour les deux dernières étapes de l'assistant Masque de saisie. Si vous cliquez sur Suivant et non pas sur Terminer, l'assistant persiste à vous demander de modifier quelques obscurs paramètres qu'il vaudrait mieux conserver dans leur état par défaut :

- Le caractère espace réservé : Ce caractère représente ce que l'utilisateur tape réellement. Il s'agit par défaut d'un tiret. Vous pouvez éventuellement le remplacer par # ou @, mais c'est d'un intérêt très limité.
- Enregistrer les données avec les symboles dans le masque : Par exemple, un numéro de Sécurité Sociale pourrait être stocké avec (ou sans) les tirets. La réponse par défaut est non. Et je vous recommande de ne rien y changer. A quoi serviraient ces informations supplémentaires dans votre base, si ce n'est à la gonfler inutilement ?

Définir un masque manuellement

Il n'est pas rare d'avoir besoin d'un masque que l'assistant est difficilement capable de produire. Si vos doigts sont capables de taper sur le clavier une suite de caractères apparemment délirants, vous devriez être capable de créer vos propres masques de saisie.

Toute la difficulté consiste à donner du sens à une chaîne de caractères qui n'en a aucun.

Le Tableau 6.2 montre les codes dont vous disposez pour fabriquer un masque de saisie et explique ce qu'ils représentent :

- **Obligatoire :** L'utilisateur doit taper ce type de caractère (que cela lui plaise ou non).
- **Facultatif :** L'utilisateur peut ou non entrer le type de caractère mentionné dans la première colonne.

Tableau 6.2 : Codes pour les masques de saisie.

Type de caractères	Obligatoire	Facultatif
Chiffres uniquement (de 0 à 9)	0 (zéro)	9
Chiffres, signes + et -	(non disponible)	#
Lettres uniquement (de A à Z)	L	(point d'interrogation)
Lettres ou chiffres uniquement	A	a (en minuscule)
Les caractères remplissent le masque de droite à gauche	!	(Aucun)
N'importe quel caractère littéral	\ (* affiche simplement *)	(Aucun)
Les caractères sont forcés en minuscules	<	(Aucun)
Les caractères sont forcés en majuscules	>	(Aucun)

Vous devez utiliser ces codes pour concevoir un masque de saisie.

Créer un masque de saisie

Avant de songer à créer un masque de saisie, il faut que vous déterminiez les codes dont vous avez besoin. Voici comment :

1. **Prenez une feuille de papier. Ecrivez plusieurs exemples correspondant aux données que le masque va devoir traiter.**

   Si l'information que vous enregistrez comprend de subtiles variations (par exemple des numéros de pièces qui peuvent se terminer par une combinaison lettre/chiffre ou chiffre/lettre), prenez des exemples répondant à tous les cas possibles, de manière à ce que votre masque soit capable de les accepter. Vous ne pouvez pas définir un masque sans connaître vos données avec précision.

2. **Ecrivez une courte description des données, y compris les éléments qui sont obligatoires et ceux qui sont facultatifs.**

   Supposons par exemple que votre champ contienne des numéros de pièce tels que celui-ci : 728816ABC7. Ecrivez : *six chiffres, puis trois lettres et un chiffre, tous obligatoires.*

   N'oubliez pas les variantes s'il en existe. La différence entre *un chiffre* et *une lettre ou un chiffre* peut être cruciale.

   Si vous avez besoin d'inclure dans le masque un caractère spécial (comme un tiret, une parenthèse ou une combinaison de caractères statiques), servez-vous de cette liste comme guide :

   - **Tiret, barre oblique ou parenthèse :** Placez une barre oblique inverse devant le caractère (par exemple, \- pour un tiret).

   - **Caractères multiples :** Placez-les entre guillemets.

   Si votre champ contient des lettres et que vous voulez toutes les enregistrer en majuscules, ajoutez le symbole plus grand que (>) au début de votre masque. Pour les enregistrer en minuscules, servez-vous du symbole plus petit que (<).

3. **Ecrivez les codes de masque qui représentent les éléments que vous avez écrits lors de l'étape 2.**

   Si vous avez noté *six chiffres, puis trois lettres et un chiffre, tous obligatoires*, cela signifie que votre masque doit prendre la forme `000000LLL0`. Vérifiez-le à l'aide du Tableau 6.2.

Ecrire et tester le masque

Maintenant que vous avez préparé le terrain sur papier, il est temps d'entrer le masque dans Access. Voici comment :

1. **Votre base de données étant ouverte, cliquez dans le volet de gauche sur le nom de la table à modifier avec le bouton droit de la souris. Choisissez l'option Mode Création.**

2. **Cliquez sur le nom du champ à ajuster.**

3. **Dans la zone Propriétés du champ, cliquez dans la ligne Masque de saisie.**

4. **Entrez soigneusement le masque sur cette ligne (voir la Figure 6.8).**

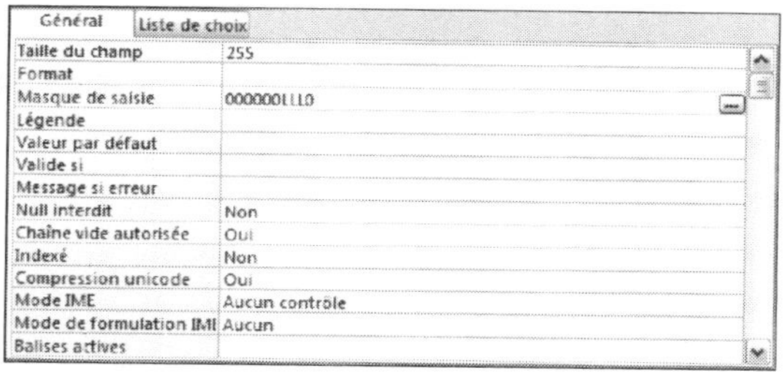

Figure 6.8 : Comment définir un masque pour un code de produit.

TRUC

5. **Ajoutez deux points-virgules et un trait de soulignement (; ;_) à la fin du masque de saisie.**

   Ces trois caractères demandent à Access d'afficher un trait de soulignement là où vous voulez que chaque caractère apparaisse. Ce caractère réservé n'est pas nécessaire, mais il rend le masque plus facile à comprendre pour la personne qui saisit les données.

6. **Cliquez sur le bouton Affichage du ruban et choisissez le mode Feuille de données.**

TRUC

   Access va vous demander si la table doit être enregistrée. Répondez par Oui pour ne pas perdre votre travail.

   Essayez maintenant quelques tests :

   a. **Tapez quelque chose d'inacceptable dans le champ masqué.**

      Access devrait vous signaler que vous commettez une erreur (voir la Figure 6.9).

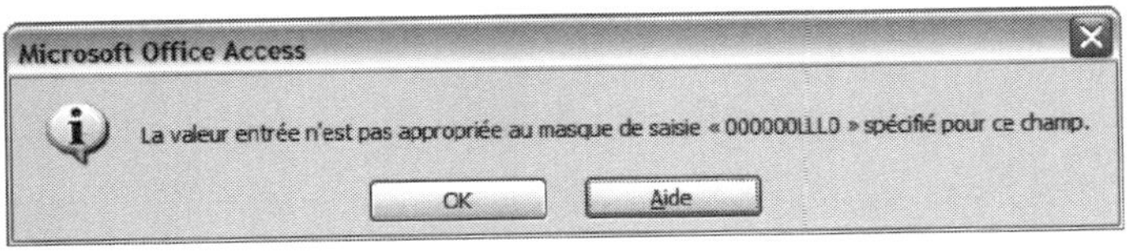

Figure 6.9 : Le masque de saisie a été violé !

b. **Essayez maintenant une entrée acceptable.**

   Le masque devrait accepter votre saisie.

c. **Essayez toutes les variations que vous avez identifiées en concevant votre masque.**

   Toutes ces variantes devraient passer le test. Si ce n'est pas le cas, revenez à la phase de conception et affinez votre masque jusqu'à ce que tous les cas possibles soient acceptés.

ATTENTION !

Si vous ajoutez un masque à une table existante qui comporte déjà des données, Access n'indique pas si ces données vérifient ou non le masque. Elles peuvent continuer à exister comme de rien n'était. Pour les forcer à respecter les mêmes conventions que les autres, il n'existe pas de solution miracle :

1. **Cliquez dans le champ masqué de l'enregistrement.**
2. **Editez la donnée.**

   Vous pouvez par exemple effacer le dernier caractère puis le retaper.

   Lorsque vous déplacez le curseur en dehors de la cellule, Access va afficher un message d'erreur si la donnée ne respecte pas le masque.

Saisie obligatoire ou non?

Le plus souvent, tous les champs doivent être renseignés avant que l'enregistrement courant ne soit enregistré. Par exemple, une commande ne peut raisonnablement être validée sans la date de l'opération, les coordonnées du client ou encore les informations sur le ou les produits achetés. La propriété *Null interdit* prévient l'omission de données essentielles dans une table.

La propriété Null interdit peut prendre deux valeurs :

- **Oui :** L'utilisateur ne peut pas quitter l'enregistrement (la ligne de la feuille) sans saisir quelque chose dans ce champ.
- **Non :** Ce n'est pas bien grave (et c'est la valeur par défaut).

Pour forcer la saisie d'une donnée dans un champ, procédez de la manière suivante :

1. **La table étant en Mode Création, cliquez sur le champ à redéfinir.**
2. **Sous l'onglet Général de la section Propriétés du champ, cliquez dans la ligne Null interdit.**

   Une flèche apparaît en bout de ligne. Par défaut, la propriété indique Non.
3. **Cliquez sur la flèche et sélectionnez Oui dans la liste.**

   Et voilà un champ obligatoire !
4. **Revenez en mode Feuille de données et testez votre travail.**

   Ouvrez un nouvel enregistrement sans rien saisir dans le champ concerné. Vous devriez voir s'afficher une boîte de message vous admonestant pour avoir oublié la donnée obligatoire.

ATTENTION !

Ne vous transformez pas en dictateur de Null interdit en placardant des Oui dans des champs qui ne sont pas essentiels. Par exemple, un contact sans numéro de fax et sans titre professionnel est généralement préférable à pas de contact du tout...

Valider vos données

Avec une *validation*, Access teste les données pour vérifier si elles correspondent bien à ce que vous attendez. En cas de problème, un message d'erreur (personnalisable) vous propose de recommencer la partie.

Comme toutes les autres options décrites dans ce chapitre, les validations sont définies sous l'onglet Général de la section Propriétés du champ. Elles se décomposent en deux options :

- **Valide si :** Il s'agit de la règle de validation elle-même.
- **Message si erreur :** C'est le texte du message d'erreur qu'Access affichera lorsqu'une donnée viole la règle de validation.

TRUC

Les validations sont bien adaptées aux nombres, aux monnaies et aux dates. Elles sont possibles avec les champs de texte, mais cela revient à s'engager très vite dans une voie périlleuse.

Les Tableaux 6.3 et 6.4 contiennent quelques règles de validation classiques couvrant la plupart des besoins. Ces règles peuvent être saisies directement dans le champ Valide si.

Tableau 6.3 : Quelques règles de validation courantes dans les champs numériques.

Règle de validation	Signification
> 0	Doit être supérieur à zéro
<> 0	Ne peut pas être égal à zéro
> 0 Et < 100	Doit être compris strictement entre 0 et 100
>= 0 Et <= 100	Doit être compris entre 0 et 100 (inclus)
<= 0 Ou >= 100	Doit être inférieur ou égal à 0, ou bien supérieur ou égal à 100

Tableau 6.4 : Quelques règles de validation courantes dans les champs de type Date/Heure.

Règle de validation	Signification
>= Date()	Aujourd'hui ou plus tard
>=Date() Ou Est Null	Aujourd'hui, plus tard, ou rien
< Date()	Avant aujourd'hui
>= #1/1/2007# Et <= Date()	Entre le 1er Janvier 2007 et aujourd'hui

Voici comment entrer une règle de validation :

1. **La table étant en Mode Création, cliquez sur le champ à redéfinir.**

2. **Sous l'onglet Général de la section Propriétés du champ, cliquez dans la ligne Valide si.**

   Le curseur se met à clignoter.

3. **Saisissez la règle de validation adaptée à vos données.**

   Si vous voulez par exemple n'autoriser que des nombres compris entre 0 et 100, entrez > 0 Et <= 100.

4. **Cliquez dans la ligne Message si erreur.**

5. **Tapez le message que vous voulez afficher si l'utilisateur viole la règle de validation.**

   Avec l'exemple précédent, vous pourriez tapez Entrez un nom compris entre 0 et 100, SVP.

Lorsque vous appliquez une règle de validation à un champ, retenez ceci :

- Si vous utilisez l'opérateur Et, les deux côtés de la règle de validation doivent être vérifiés pour que la règle le soit.
- Avec l'opérateur Ou, il suffit qu'un seul des deux côtés soit vrai pour que la règle soit vérifiée.

TRUC

Faites attention lorsque vous combinez les opérateurs >= et <=. Se retrouver avec une condition qui ne peut pas être vraie (comme <= 0 Et >= 100) est trop facile !

Troisième partie

DataMania

Dans cette partie...

Je l'admets. Le mot "Mania" a été ajouté pour rendre cette partie plus excitante. Franchement, vous trouvez que le titre "Gestion de données" est très motivant ? Je frémis rien que d'y penser. Mais, bien entendu, si vous voulez vraiment comprendre comment utiliser et contrôler votre base de données Access, vous allez lire cette partie. Même si le sujet peut paraître un peu soporifique.

Quoi de plus excitant, finalement ? Sans doute plein de choses. Comme gagner à la loterie. Mais c'est quand même bien plus difficile que de gérer des données avec Access.

Chapitre 7

Créer des formulaires pour vos données

Dans ce chapitre :

- Créer automatiquement des formulaires.
- Utiliser l'assistant Formulaire.

Les formulaires servent à collecter des informations, des données. Que ce soit sur papier ou sous Access, c'est pareil. Par contre, les formulaires Access vont plus loin que les classiques fiches cartonnées, car ils possèdent une connexion directe avec la base de données et ses tables. Autrefois, lorsqu'un formulaire papier était rempli, il fallait qu'un employé le classe manuellement, le range dans le bon tiroir de la bonne armoire, et regroupe tous les résultats à la main. Avec l'avènement des bases de données électroniques telles qu'Access, les données sont saisies dans un formulaire écran, puis automatiquement transférées vers la bonne armoire (la table sous-jacente).

Comme les états et les requêtes, les formulaires possèdent un nom et sont enregistrés dans la base de données. Autrement dit, ce sont des objets Access comme les autres.

Formulaires automatiques : Simplissime !

Les formulaires automatiques se créent pratiquement en un clic. Pas de questions inutiles, pas de tralalas : rien que des résultats ! Est-ce que leur style vous convient ? Non ? Tant pis. Il faut choisir entre efficacité et plaisir des yeux.

Pour utiliser des formulaires automatiques, ouvrez votre base de données et suivez ces étapes :

1. **Dans le volet de navigation (à gauche de la fenêtre d'Access), sélectionnez la table ou la requête qui contient les données à afficher dans le formulaire.**

2. **Activez l'onglet Créer du ruban.**

   Plusieurs groupes d'outils apparaissent dans le ruban.

3. **A gauche du groupe, cliquez sur le bouton qui vous donnera le type de formulaire qui vous convient.**

   Sur la Figure 7.1, j'ai choisi le mode Formulaire double affichage. Vous choisissez l'enregistrement d'un côté, et les données apparaissent de l'autre !

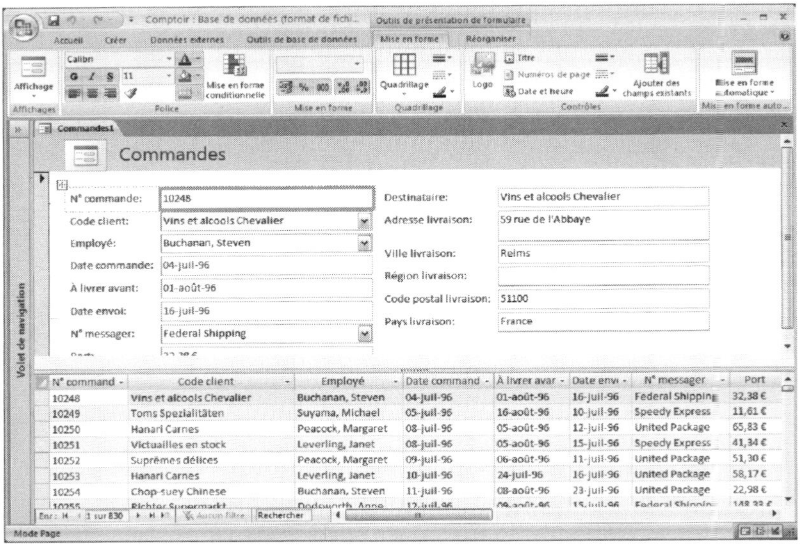

Figure 7.1 : Formulaire double affichage pour une table de commandes.

4. **Pour terminer le travail, il ne vous reste plus qu'à cliquer sur le bouton Enregistrer de la barre d'outils Accès rapide, puis à entrer le nom de votre nouveau formulaire. Validez, et c'est sauvé.**

Votre formulaire apparaît dans le volet de navigation.

Bons baisers de chez Microsoft : l'assistant Formulaire

Lorsque vous voulez contrôler la sélection des champs ainsi que l'aspect du résultat, faites appel à l'assistant Formulaire. Suivez alors ces étapes :

1. **Ouvrez votre base de données.**

2. **Activez l'onglet Créer du ruban.**

3. **Dans le groupe Formulaires, cliquez sur le bouton Plus de formulaires. Dans la liste qui apparaît, choisissez l'option Assistant Formulaire (voir la Figure 7.2).**

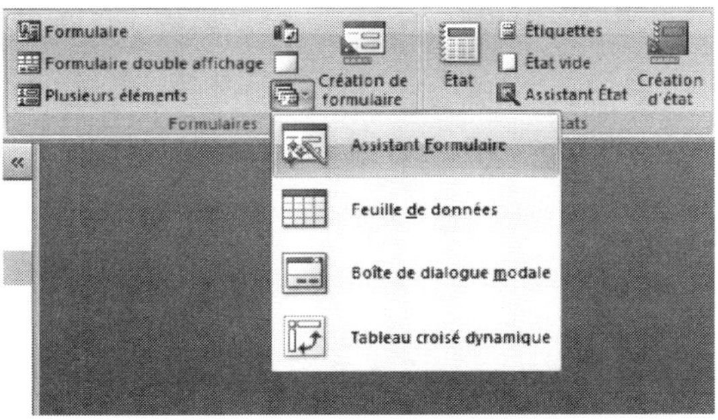

Figure 7.2 : Invoquer l'esprit de l'assistant Formulaire.

L'assistant Formulaire entre en action.

4. **Vous devez commencer par choisir une source de données. Pour cela, cliquez sur la liste Tables/Requêtes. Sélectionnez alors la table (ou la requête) qui contient les champs que vous voulez afficher dans le formulaire.**

L'assistant va lister tous les champs disponibles (à gauche de la fenêtre).

TRUC

Vous pouvez parfaitement choisir des champs provenant de plusieurs tables, à la condition qu'elles soient correctement reliées. Si ce n'est pas le cas, l'assistant ne vous laissera de toute manière pas faire.

5. **Sélectionnez les champs à ajouter au formulaire.**

Access

- Pour insérer des champs individuels, faites simplement un double clic sur leur nom dans la liste Champs disponibles (voir la Figure 7.3).

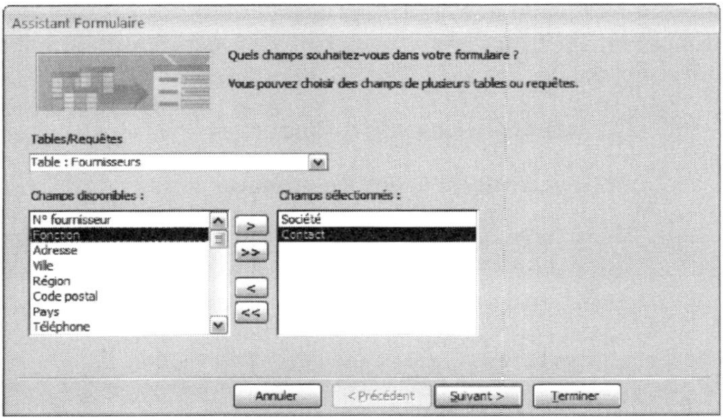

Figure 7.3 : Sélectionnez les champs à insérer dans le formulaire.

- Pour ajouter d'un coup *tous* les champs disponibles, cliquez sur la double flèche (>>), au milieu de la fenêtre.

Pour retirer un champ que vous avez ajouté par erreur, faites un double clic sur son nom dans la liste Champs sélectionnés. Il reprend sa place de l'autre côté (Champs disponibles).

6. **Une fois vos champs correctement placés dans la liste de droite, cliquez sur le bouton Suivant.**

Si vos champs proviennent de plusieurs tables, l'assistant va vous demander comment il doit organiser les données. En règle générale, vous choisirez de placer d'abord la table parent, puis la table enfant dans un sous-formulaire. C'est ce qu'illustre la Figure 7.4. Cliquez sur Suivant une fois votre choix effectué.

Un sous-formulaire apparaît à l'intérieur du formulaire principal. Avec l'option Formulaires attachés, l'assistant ajoutera au formulaire principal un bouton donnant accès au sous-formulaire.

7. **L'assistant vous propose plusieurs types de dispositions. Faites votre choix avant de cliquer sur Suivant.**

Colonne simple : Montre un enregistrement à la fois.

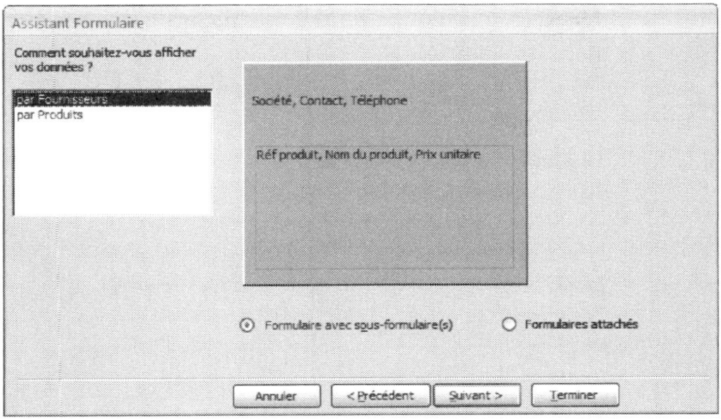

Figure 7.4 : Créer un formulaire possédant un sous-formulaire.

Tabulaire : Affiche plusieurs enregistrements dont les champs sont présentés en colonne, et en appliquant un style de présentation.

Feuille de données : C'est comme son nom l'indique.

Formulaires en forme

Selon les données sélectionnées pour votre formulaire (si vous utilisez par exemple plusieurs tables), vous disposez d'options différentes pour l'affichage de vos données :

- Colonne simple : C'est un formulaire classique dans lequel chaque page montre un seul enregistrement. C'est aussi le choix le plus courant si le formulaire sert à saisir des enregistrements.
- Tabulaire : Le formulaire liste tous les enregistrements, les champs étant disposés en colonnes. Ne choisissez pas cette présentation si le nombre de champs est élevé. Vous risqueriez alors de passer votre temps en déplacements de gauche à droite et retour.
- Feuille de données : Pour l'essentiel, il s'agit d'une feuille de données Access incorporée dans un formulaire. Ce mode est uniquement approprié si vous aimez particulièrement travailler "comme sous Excel".
- Justifié : Les données sont réparties en lignes sur toute la largeur du formulaire. Cette présentation est mieux adaptée si vous avez des champs de types Mémo.

Justifié : Les champs sont répartis ligne par ligne.

TRUC

Vous ne savez pas trop quelle disposition prendre ? Voyez l'encadré "Formulaires en forme".

8. **Choisissez le style de votre formulaire (voir la Figure 7.5). Cliquez ensuite sur Suivant.**

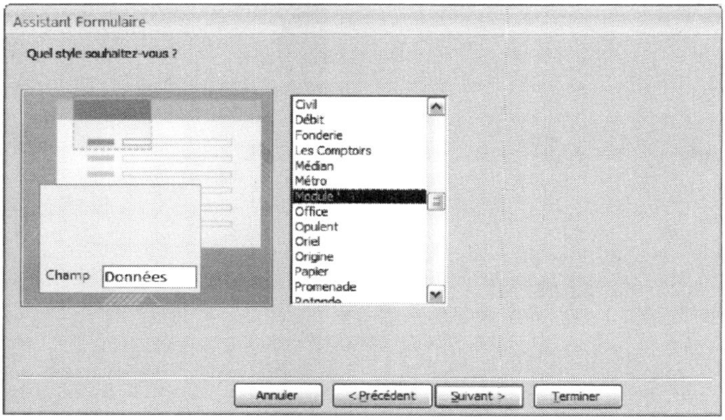

Figure 7.5 : Choisir un style de présentation pour le formulaire.

Les formulaires les plus "décoratifs" peuvent être plus longs à charger. Si la vitesse est essentielle pour vous, contentez-vous d'un style simple (voire de *Aucun*).

9. **Il ne vous reste plus qu'à entrer un titre descriptif pour votre formulaire (et éventuellement son sous-formulaire).**

TRUC

Il existe de bonnes raisons pour donner au formulaire un titre bien adapté, et donc autre que l'appellation proposée par défaut) :

- Les tables et les formulaires qui portent le même nom peuvent être une source de confusion.
- Le nom que vous avez entré est celui sous lequel le formulaire est enregistré (souvenez-vous que vous pouvez utiliser des lettres, des chiffres et des espaces).

10. **Cliquez sur Terminer.**

Votre nouveau formulaire apparaît à l'écran, comme l'illustre la Figure 7.6.

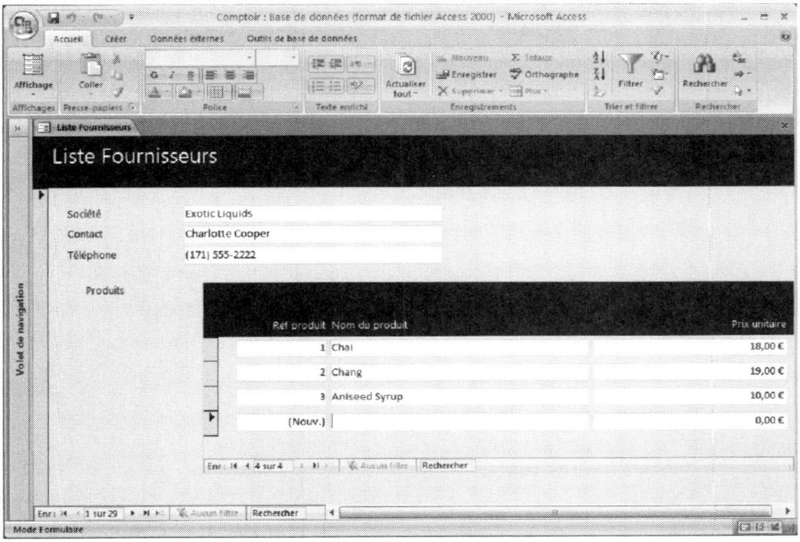

Figure 7.6 : Un formulaire créé à l'aide de l'assistant.

L'assistant Formulaire sauvegarde automatiquement le fruit de votre travail commun dans la base de données. Vous n'avez donc pas à effectuer manuellement cet enregistrement.

Personnaliser les formulaires

Les formulaires automatiques et l'assistant Formulaire d'Access 2007 réalisent un excellent travail. En fait, ils se chargent d'à peu près tout, pour le plus grand bonheur de l'immense masse des utilisateurs. Mais cela ne signifie pas pour autant qu'ils atteignent toujours la perfection. Il est donc utile de savoir les améliorer.

Si vous avez quelques notions sur la structure des formulaires, vous serez à même de nettoyer les quelques traces de scories laissées par les outils que nous venons d'étudier, mais aussi d'apporter aux formulaires une touche plus personnelle.

Le reste de ce chapitre vous explique comment déplacer et redimensionner des *contrôles*, comment éditer les légendes, et comment formater ces contrôles (un *contrôle* est un élément quelconque servant à fabriquer un formulaire : une ligne, une légende, une zone de saisie pour un champ, et ainsi de suite).

Mode Page ou Création ?

Vous pouvez éditer un formulaire en mode Page en mode Création. L'encadré "Vue sur les formulaires" vous en dit plus sur le sujet.

Vue sur les formulaires

Les formulaires Access ont un côté un peu schizophrène. Ils peuvent être affichés de plusieurs manières (ou *vues*). Chaque vue répond à un certain objectif. Vous pouvez facilement passer de l'une à l'autre en cliquant sur les boutons qui sont affichés à droite de la barre d'état (en bas de la fenêtre d'Access). Les vues les plus courantes sont au nombre de trois :

- Création : Tout objet Access possède un mode Création. Il vous permet de modifier la disposition et l'apparence de chaque objet (ou *contrôle*) du formulaire.
- Page : Utilisez ce mode pour pouvoir en même temps visualiser les données et éditer l'aspect ou le contenu du formulaire. C'est la méthode idéale pour combiner personnalisation et aperçu, et donc notamment pour juger sur pièces d'un choix de taille, de position, de couleur ou encore de police.
- Formulaire : Eh oui, les formulaires ont un mode Formulaire... Ce mode affiche les données de la ou des tables sous-jacentes. Il n'est pas possible d'y modifier l'aspect du formulaire. Normalement, tous les utilisateurs finaux voient les formulaires de cette manière.

Signalons aussi deux autres types de vues :

- Feuille de données : C'est comme son nom l'indique. Pour l'essentiel, ce mode concerne les sous-formulaires. Vous pouvez alors choisir entre deux présentations : Formulaire (en reprenant le style du formulaire principal) ou Feuille de données (à la façon d'Excel).
- Aperçu avant impression : Affiche votre formulaire tel qu'il apparaîtrait sur une page imprimée.

Si les formulaires sont susceptibles d'être imprimés, ce n'est pas une action courante. Ils sont à priori formatés pour l'écran. Si vous avez besoin de documents papier, les états sont faits pour cela.

- Tableau croisé dynamique : Totalise les données tout en vous permettant de les analyser à l'aide d'outils interactifs.
- Graphique croisé dynamique : Affiche une représentation graphique des données vous permettant de faire glisser et de déposer des objets.

TRUC

Dans ce qui suit, nous allons en rester au mode Page, car il s'agit du plus facile à utiliser.

Pour activer le mode Page, suivez ces étapes :

1. **Dans le volet de navigation, cliquez avec le bouton droit de la souris sur le nom du formulaire que vous voulez modifier.**
2. **Dans le menu contextuel qui apparaît, choisissez l'option Mode Page.**

TRUC

Comment savoir si vous êtes en mode Formulaire ou Page ? Tout simplement en regardant la partie gauche de la barre d'état : c'est écrit dessus !

Gérer les contrôles des formulaires

Un contrôle est un élément quelconque présent dans le formulaire (il peut s'agir d'une légende, d'un champ de saisie, d'un trait ou d'un cadre, etc.). Les formulaires, comme l'assistant, font du bon travail, mais, bien souvent, ils ne disposent pas ces contrôles exactement comme vous le souhaiteriez, ou encore ils leur attribuent une taille trop importante (ou l'inverse). Dans cette section, nous allons apprendre à personnaliser ces contrôles.

Types de contrôles

Les deux types de contrôles les plus courants soit affichent des données provenant de la table ou de la requête sous-jacente, soit ajoutent au formulaire un élément graphique.

Voici l'essentiel de ce que vous devez savoir sur les types de contrôles :

- **Zone de texte :** Ce sont les champs dans lesquels vous entrez vos données. Ces zones peuvent être liées à un champ de la table, ou être indépendantes (par exemple pour afficher le résultat d'un calcul).
- **Etiquette :** C'est la légende qui se trouve devant ou au-dessus des zones de texte. Il peut aussi s'agir d'un titre.
- **Zone de liste déroulante :** Une liste déroulante de choix (comme son nom l'indique).

- **Zone de liste :** C'est pareil, sauf que le choix s'effectue à l'aide de flèches de défilement et qu'il n'est pas possible de modifier une valeur.
- **Case à cocher :** Un bouton carré associé à un champ et qui ne peut mémoriser que des réponses Vrai/Faux, Oui/Non, Actif/Inactif. Par exemple, une table peut contenir un champ Marié(e). On l'est ou on ne l'est pas (si réponse Non, alors ajouter un champ Pacsé(e)...).
- **Sous-formulaire :** Un formulaire inséré dans un autre.

  En règle générale, les sous-formulaires affichent le côté "plusieurs" d'une relation un-à-plusieurs. Pour plus détails sur les relations, voyez le Chapitre 4.

TRUC

Si votre formulaire est disposé en colonnes (la plupart le sont), et que vous l'avez créé à l'aide de l'un des boutons Formulaire ou de l'assistant, tous les champs de texte ainsi que les étiquettes sont *ancrés*. Les contrôles ancrés se comportent comme un groupe lorsque vous les redimensionnez. De plus, ils peuvent être déplacés à l'intérieur de ce groupe, mais pas en dehors de celui-ci.

Déplacer des contrôles

Pour déplacer un contrôle en mode Page, procédez de la manière suivante :

1. **Placez le pointeur au-dessus du contrôle que vous voulez déplacer.**

   Le pointeur affiche une rose des vents. Les zones de texte et leurs étiquettes sont de grandes inséparables. Si vous déplacez l'une, l'autre suit le mouvement.

2. **Appuyez sur le bouton gauche de la souris. Laissez ce bouton enfoncé.**

   Le contrôle est sélectionné, ce qui est vous signalé par un cadre épais. Par exemple, la Figure 7.7 vous montre un contrôle sélectionné.

3. **Faites glisser le contrôle vers un nouvel emplacement.**

   Une ligne suit le déplacement du pointeur.

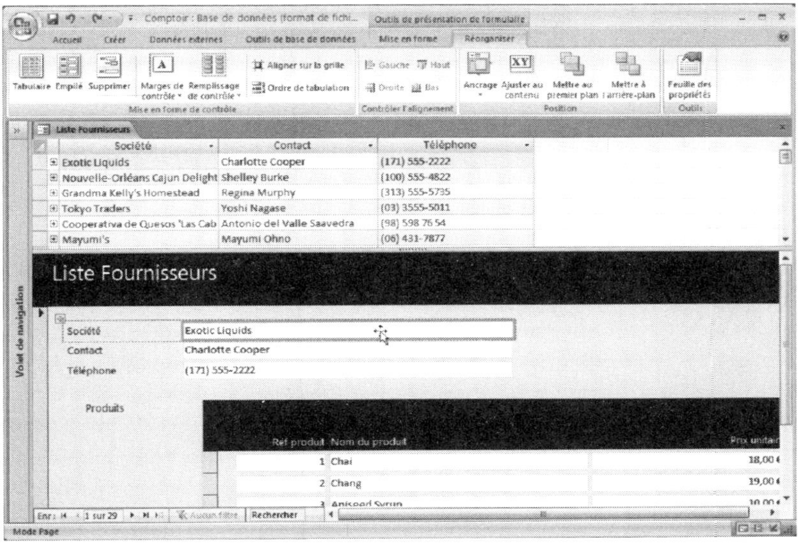

Figure 7.7 : Un contrôle sélectionné.

Si les contrôles de votre formulaire sont ancrés et que celui-ci est du type Colonnes, vous êtes limité à des déplacements verticaux. Ni gauche, ni droite...

4. **Une fois le contrôle en place, relâchez le bouton de la souris.**

Redimensionner les contrôles

Il arrive qu'un formulaire automatique ou créé avec l'aide de l'assistant se montre un peu court (littéralement parlant) dans le dimensionnement des zones de texte et des étiquettes. Le problème est qu'alors la fin du texte est coupée, ce qui n'est pas très agréable.

Pour redimensionner un contrôle en mode Page, suivez ces étapes :

1. **Placez le pointeur de la souris au-dessus du contrôle à redimensionner.**

   Le pointeur s'agrémente d'une sorte de rose des vents. Si plusieurs contrôles sont ancrés, peu importe celui que vous désignez.

   Si les zones de texte et leurs étiquettes se déplacent ensemble, il n'en va pas de même pour un redimensionnement.

En d'autres termes, vous devez modifier individuellement la taille des champs et des légendes.

2. **Cliquez pour sélectionner le contrôle.**

   Un cadre épais apparaît autour du contrôle.

3. **Déplacez le pointeur vers le bord du contrôle actif.**

   Le pointeur prend la forme d'une flèche double.

   Les contrôles ancrés se redimensionnent collectivement et horizontalement. Lorsque vous changez la longueur de l'un d'entre eux, tous suivent le même mouvement. Pour ajuster un contrôle unique, vous devez le séparer de son groupe. Reportez-vous à l'encadré "Levez l'ancre !". Par contre, il est possible de changer la hauteur d'un contrôle ancré à l'intérieur de son collectif.

Editer les étiquettes

Pour éditer une étiquette, placez comme ci-dessus en mode Page, puis essayez ceci :

1. **Placez le pointeur de la souris au-dessus de l'étiquette que vous voulez corriger.**

   Le pointeur s'agrémente d'une sorte de rose des vents.

2. **Cliquez sur l'étiquette pour la sélectionner.**

   Une bordure épaisse apparaît sur son pourtour.

3. **Cliquez sur le mot que vous voulez modifier.**

   Le curseur clignote à l'intérieur du contrôle.

4. **Modifiez le texte à votre convenance.**

5. **Cliquez en dehors du contrôle.**

   L'étiquette est désélectionnée. L'édition est terminée.

Supprimer des contrôles

Il peut arriver qu'un formulaire contienne des éléments inutiles ou qui n'ont pas à être rendus publics :

- Vous avez peut-être choisi un champ de trop dans l'assistant Formulaire.
- Vous avez peut-être ajouté un nouvel objet (par exemple un trait, une image ou encore un lien), et vous regrettez déjà votre geste.
- Vous êtes peut-être tout simplement fatigué de voir ce contrôle.

Voyons donc comment supprimer un contrôle :

1. **Placez le pointeur de la souris au-dessus du contrôle destiné à disparaître.**

   Le pointeur s'agrémente d'une sorte de rose des vents.

2. **Cliquez sur le contrôle pour le sélectionner.**

   Une bordure épaisse apparaît sur son pourtour.

3. **Appuyez sur la touche Suppr de votre clavier.**

   Le contrôle disparaît instantanément de votre vue.

TRUC

C'était une bévue ? C'était bien l'*autre* contrôle que vous vouliez supprimer ? Appuyez sur Ctrl+Z et reprenez la procédure.

Chapitre 8

Importer et exporter des données

Dans ce chapitre :

- Importer des données dans Access.
- Importer ou lier ?

En tant qu'utilisateur, vous pouvez vous trouver dans une situation où vous avez besoin de certaines données dans une base Access, alors que ces mêmes données existent dans un autre format de fichier. A moins que l'on ne vous pose tout simplement la question : "Dis donc, tu arriverais à me transférer cette feuille de calcul Excel dans la base de données de la compta ?".

Inutile dans vous lancer dans une gymnastique compliquée des doigts dans la perspective de plusieurs heures de saisie. Pas avec Access ! Access propose des outils qui connaissent la langue parlée par d'autres applications. Ce chapitre traite donc des capacités d'Access dans les domaines de l'import et de l'export. Tôt ou tard, vous aurez à faire à des données qui ne seront pas dans le bon format. Et donc, tôt ou tard, vous aurez besoin de lire ce chapitre.

Retrouver des données provenant d'autres sources

Access propose deux méthodes pour récupérer des données produites par d'autres applications :

- **Importer :** Les données sont traduites d'un fichier étranger vers le format des bases de données d'Access, puis insérées dans une table. Vous pouvez soit :

  - **Créer une nouvelle table dans la base de données courante.** Vous pouvez par exemple procéder de cette manière si vous êtes en train de créer une base et tout ou partie des données se trouve déjà dans une ou plusieurs feuilles de calcul.

  - **Ajouter les données à la fin d'une table existante.** Il se peut par exemple que vous ayez besoin d'importer un état de vos dépenses mensuelles au format Excel dans votre comptabilité personnelle.

- **Lier :** Construit un pont temporaire entre la source de données externes et Access. Les données conservent leur format d'origine, tandis qu'Access peut les manipuler comme si elles se trouvaient dans une base. Une fois un lien établi, il reste actif jusqu'à ce qu'il soit détruit, ou bien que le fichier source soit déplacé ou supprimé.

Traduire des formats de fichiers

Que vous choisissiez d'importer ou de lier des données, Access ne comprend que certains formats de fichiers.

Sauvegardez toujours vos données avant de les importer, de les exporter ou de les déplacer. Agir autrement reviendrait à prendre des risques inconsidérés. La leçon "Sauvegarder" est l'une des plus pénibles à apprendre, mais aussi l'une des plus utiles. Faites une copie de votre base de données *avant* d'essayer les techniques de ce chapitre.

Les Tableaux 8.1 (bases de données), 8.2 (feuilles de calcul) et 8.3 (autres types de fichiers) listent les formats de fichiers qu'Access est capable de traduire. Ces tableaux couvrent l'immense majorité des formats de données utilisés sur nos PC actuels.

Tableurs

Lorsque vous importez une feuille de calcul (provenant d'Excel ou de Lotus 1-2-3), chaque *colonne* devient un *champ* d'une table Access :

- **La première ligne de la feuille de calcul (celle qui contient les en-têtes) fournit la liste des noms de tous les champs.**

Tableau 8.1 : Formats de fichiers de base de données compatibles.

Programme	Extension de fichier	Versions	Commentaires
Access	.MDB, .ADP, .MDA, .MDE, .ADE, .ACCDB, .ACCDA, .ACCDE	2.0, 7.0/95, 8.0/97, 9.0/2000, 10.0/2002, 2003, 2007	Même si elles partagent le même nom, ces versions utilisent des formats de fichiers différents.
ODBC	n/a	n/a	Utilisez ODBC (Open DataBase Connectivity) pour vous connecter à d'autres bases (Oracle, etc.).
Outlook/Exchange	n/a	n/a	Liez directement votre dossier Outlook ou Exchange à une base de données Access.
dBASE	.DBF	III, IV, 5	De nombreux programmes utilisent le format dBASE.
Paradox	.DB	3.x, 4.x, 5.0, 7-8	Système de gestion de bases de données de Borland.

Tableau 8.2 : Formats de fichiers de tableurs compatibles.

Programme	Extension de fichier	Versions	Commentaires
Excel	.XLS, .XLSX	3.0, 4.0, 5.0, 7.0/95, 8.0/97, 9.0/2000, 10.0/2002, 2003, 2007	Bien qu'Excel soit un tableur, de nombreuses personnes s'en servent pour gérer des données "à plat".
Lotus 1-2-3	.WKS, .WK1, .WK31, .WK4	Toutes	Il fut en son temps le tableur le plus populaire.

Tableau 8.3 : Autres formats de fichiers compatibles.

Programme	Extension de fichier	Versions	Commentaires
Texte	.TXT	n/a	Le format "si tout le reste échoue". Access reconnaît les fichiers de texte délimités et avec champs de longueur fixe.
XML	.XML	Toutes	XML (eXtensible Markup Language) est un langage de balises pour l'enregistrement, la description et le transfert de données.

Programme	Extension de fichier	Versions	Commentaires
HTML	.HTM, .HTML	1.0 (listes), 2.0 (tables), 3.x (tables)	Le langage de balises qui fait des pages Web ce qu'elles sont.
Liste SharePoint	n/a	n/a	Logiciel collaboratif de gestion de données basé sur le Web. Remplace les pages d'accès aux données des versions antérieures d'Access.

Au cours du processus d'importation, vous devez cocher l'option Première ligne contient les en-têtes de colonnes pour l'associer aux noms des champs.

- **Chaque ligne suivante devient un enregistrement dans la table Access.**

Résumons-nous : dans une feuille de calcul idéale, la première ligne contient uniquement des noms de champs, et toutes les suivantes uniquement des enregistrements. Mais ce n'est pas tout.

Lorsque vous importez des données provenant d'une feuille de calcul, surveillez les points suivants :

- **Vérifiez très soigneusement que les données de feuille de calcul sont cohérentes et complètes.**
- **Vérifiez que toutes les entrées de chaque colonne possèdent le même type (numérique, texte ou autre).**
- **Supprimez les titres et les lignes vierges qui pourraient se trouver en haut de la feuille.**
- **Vérifiez que vos en-têtes de colonnes sont uniques, et si nécessaire raccourcissez-les.**

  Le mieux est certainement d'utiliser comme en-têtes des intitulés qui correspondent aux noms souhaités pour les futurs champs Access. Cela permet de limiter les problèmes possibles lors de l'importation, ainsi qu'un ennuyeux travail d'édition sous Access.

- **Si vous ajoutez des données à une table Access existante, assurez-vous que les colonnes de la feuille de calcul sont en quantité égale et dans le même ordre que les champs de**

votre table. La correspondance entre la source et la destination doit être parfaite.

Fichiers de texte

Si vous rencontrez des difficultés pour importer un format (par exemple, une feuille de calcul Quattro Pro), le passage par un fichier de texte est souvent la seule méthode envisageable. Les textes purs sont ce qui est le plus facilement reconnu par un être humain normalement constitué (et aussi par un ordinateur). Essayez ces étapes :

1. **Ouvrez le fichier dans son programme d'origine.**
2. **Utilisez la fonction d'exportation dudit programme pour enregistrer vos données dans un fichier de texte.**

   NOTE TECHNIQUE

   Les technogourous appellent ces fichiers de texte *ASCII*.

   Si votre ancien programme supporte ce format, il est préférable d'enregistrer les données dans un fichier de texte *délimité*. Ce format utilise un marqueur (par exemple un point-virgule) pour séparer chaque champ. De cette manière, Access pourra facilement déterminer où un champ se termine, et où commence le suivant.

3. **Importez le fichier de texte dans Access (comme expliqué plus loin).**

Importer et lier

Pour récupérer des données provenant du monde extérieur, Access propose deux méthodes : importer et lier. Laquelle est la plus adaptée ? Tout dépend de la situation :

- **Lier :** Si les données du programme externe doivent continuer à être gérées dans celui-ci. Ce sera par exemple le cas si vous voulez collaborer avec une base de données SQL Server.
- **Importer :** Si la base de données Access est destinée à remplacer la source. Vous pouvez par exemple créer une base de données Access pour récupérer le contenu d'un classeur Excel car vos nouveaux besoins dépassent les capacités de celui-ci. Autre cas possible : une certaine source de données

> est fournie par un vendeur externe dans un format autre que celui d'Access (il peut s'agir par exemple d'un relevé de comptes mensuel saisi dans un tableur, et qu'il vous faut intégrer dans des états trimestriels et annuels).

La section qui suit vous explique comment importer et lier des données provenant de l'un des formats de fichiers décrits plus haut.

Importation en gros

Voici la procédure qui vous permet d'importer ou de lier des sources de données à votre base de données Access :

1. **Ouvrez la base de données de destination.**

2. **Dans le ruban, activez l'onglet Données externes.**

   La partie gauche du ruban affiche un groupe Importer (voir la Figure 8.1).

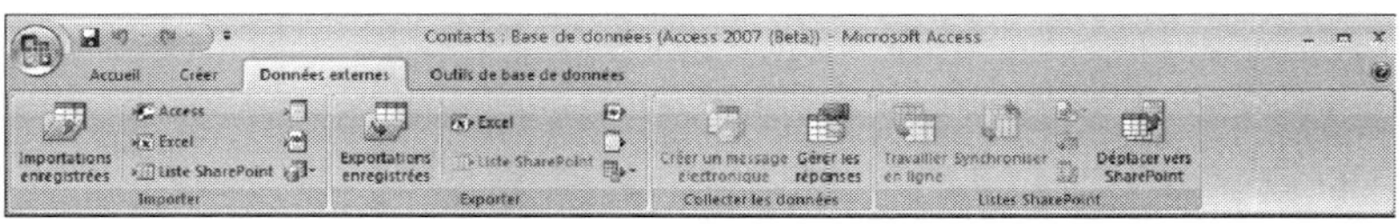

Figure 8.1 : Choisissez le bon format dans le groupe Importer.

   Chaque outil est associé à un assistant qui vous aide au cours de cette procédure :

   - Les formats de fichiers les plus courants possèdent leur propre bouton : Access, Excel, Texte, etc.
   - Les formats un peu plus obscurs sont accessibles via le bouton Plus.

3. **Cliquez sur le bouton qui correspond à votre format de fichier.**

   La boîte de dialogue Données externes s'affiche (voir la Figure 8.2).

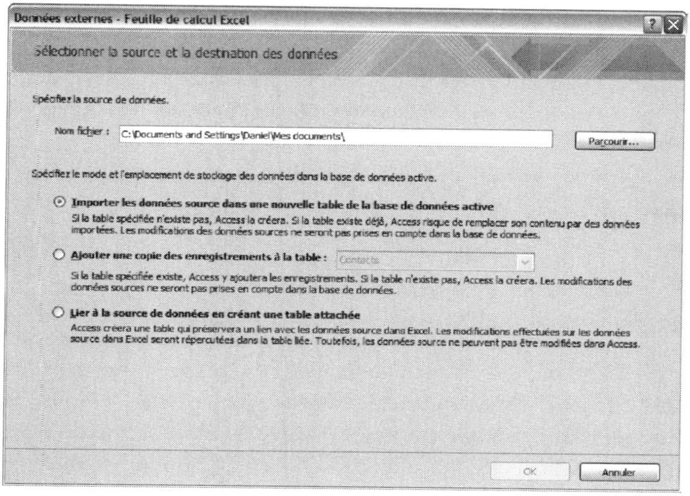

Figure 8.2 : La boîte de dialogue Données externes, ici pour une feuille de calcul Excel.

4. **Sélectionnez la source de données que vous voulez importer ou lier.**

   En règle générale, vous allez vous servir du bouton Parcourir pour localiser et choisir le bon fichier. Mais il peut aussi s'agir d'un site SharePoint ou d'un dossier Outlook.

5. **Sélectionnez la méthode d'enregistrement des données. Puis sur OK.**

   C'est ici que vous indiquez à Access si vous voulez *importer* ou *lier* les données. L'encadré "Méthodes de stockage de données externes" précise les options dont vous disposez.

6. **Suivez les étapes proposées par la boîte de dialogue Données externes.**

   Ces étapes dépendent du format de données que vous importez ou liez. Lisez soigneusement les explications fournies par l'assistant. Le pire qui puisse se produire, c'est que vous obteniez une table dont le contenu soit incompréhensible et inutilisable. Dans ce cas, vérifiez que vous n'avez pas commis une erreur quant au format du fichier source. S'il s'agit par exemple d'un texte pur, avez-vous correctement spécifié le caractère de délimitation (celui qui sépare chaque champ) ? Ou encore ce fichier pourtant d'extension .XLS était-il réellement un classeur Excel ?

TRUC

Si vous importez ou liez régulièrement un même type de fichier, pensez à sauvegarder les paramètres d'importation. Vous pourrez ensuite les réutiliser en cliquant dans le ruban sur le bouton Importations enregistrées.

Méthodes de stockage de données externes

Lorsque vous sélectionnez une méthode pour le stockage des données, la plupart des boîtes de dialogue Données externes vous proposent tout ou partie des choix suivants :

- Importer les données source dans une nouvelle table : Les données importées sont placées dans une nouvelle table de la base. Access va vous prévenir du risque possible d'écrasement d'une table existante portant le même nom que l'objet importé. Mais, normalement, il va automatiquement prendre ce nom et lui ajouter un numéro d'ordre. En supposant par exemple que vous importez un fichier appelé `Contacts.dbf` et que la base Access contient déjà une table Contacts, Access créera une nouvelle table dénommée Contacts1.
- Ajouter une copie des enregistrements à une table existante : Choisissez la table dans laquelle le contenu de la source externe doit venir s'insérer. Avant tout, il est impératif de vérifier que le fichier importé et la table de destination :
  - Possèdent le même nombre de colonnes.
  - Que ces colonnes sont dans le même ordre.
  - Et quelles contiennent le même type de données.
- Lier à la source de données : Access crée une table qui gère les données du fichier externe. Selon la nature de la source, il peut exister deux types de liens :
  - Liens bidirectionnels : Les modifications apportées à l'un des deux fichiers (la base Access ou le document externe) apparaissent automatiquement dans les deux. Exemple typique : un lien vers une autre source de données Access.
  - Liens unidirectionnels : Vous pouvez éditer les données dans la source externe, mais pas dans Access. Exemple typique : une feuille de données Excel (ou autre). Il est possible d'éditer son contenu dans le tableur, mais pas dans la table liée sous Access (elle est donc en lecture seule).

Problèmes

Il peut arriver qu'Access ait des difficultés à importer ou lier vos données externes. Vous allez vous en rendre compte si Access affiche un message d'erreur, ou s'il se met à tourner en rond sans plus vous répondre. Voyons donc quelques problèmes d'importation ou de liaison classiques et leur possible solution.

Importation ou liaison trop lente

Si l'importation semble s'éterniser, il est probable qu'Access se batte avec des erreurs dans les données externes. Suivez ces étapes pour essayer de résoudre le problème :

1. **Appuyez sur Ctrl+Arrêt pour stopper le processus d'importation.**
2. **Ouvrez le fichier source dans son application native et contrôlez les données pour rechercher de possibles erreurs. Par exemple :**
   - Présence de données invalides ou corrompues.
   - Données mal organisées dans une feuille de calcul.
   - Index invalide.
3. **Sauvegardez le fichier source une fois ces erreurs réparées.**
4. **Recommencez le processus d'importation ou de liaison.**

Données incorrectes

Si la table, une fois les données importées, ressemble autant à la source que Blanche Neige aux sept nains, ouvrez le fichier d'origine et corrigez les données. Recommencez ensuite le processus d'importation ou de liaison.

Exporter des données

Tout objet Access peut être exporté. Pour autant, on utilise le plus souvent cette procédure pour transférer le contenu d'une table ou les résultats d'une requête vers un autre programme (généralement, un tableur). C'est donc sur cet aspect que nous allons nous concentrer dans cette section.

Exporter une table ou une requête implique la réorganisation des données correspondantes en vue de les enregistrer dans un format différent. Comme pour une importation, Access est capable de traduire ces données dans différents "langages" avec lesquels il sait communiquer.

Tout objet Access peut être exporté. Mais avec évidemment des limites. L'onglet Données externes du ruban vous présente tous les formats externes reconnus par Access.

Formats d'exportation

Access exporte vos objets dans les mêmes formats que ceux qu'il reconnaît à l'importation (reportez-vous au début de ce chapitre), plus quelques autres (RTF ou Word par exemple).

Un point à surveiller de près lors de l'exportation est le risque de perdre au passage des informations. Une fabuleuse table Access n'est pas toujours parfaitement traduisible en une fabuleuse table Paradox. En effet, toutes les bases de données ne partagent pas les mêmes règles concernant notamment :

- **Les types de données :** Certains types spécifiques à Access (NuméroAuto, Oui/Non, Mémo et OLE) poseront presque à coup sûr des problèmes à d'autres programmes. Vous devez donc imaginer des solutions au cas par cas afin que les données fonctionnent exactement comme vous le voulez.

- **Les noms des champs :** Chaque programme de gestion de bases de données possède ses propres règles concernant les dénominations des champs : longueur autorisée, utilisation de caractères spéciaux, etc. Pour éviter tout risque, attribuez à vos champs des noms courts et ne comportant que des lettres et des chiffres. Procéder autrement serait tenter le diable lorsque vous voulez exporter vos données.

Quatrième partie

Demandez à vos données, et elles vous donneront la réponse

"Tapez ma réponse. Une erreur de gestion a provoqué une perte considérable de données. Sauvegardez ce qui reste et vendez 90 % de mes actions."

Dans cette partie...

Cette quatrième partie concerne le retour sur investissement des efforts consentis à construire une base de données (en d'autres termes, la récupération des informations que vous recherchez à partir des données de la base). Vous apprendrez à classer les enregistrements dans un certain ordre, puis à zoomer jusqu'à celui qui mérite votre attention. Vous y étudiez également l'art et la manière de questionner vos tables. C'est un peu comme dans un jeu de cartes pour enfants. Vous dites quelque chose comme : "Dans la famille Clients, je voudrais tous ceux qui habitent à Marseille", ou bien "Dans la famille Produits, je voudrais tous les gadgets qui valent moins de 10 € et qui ne sont pas fabriqués en Chine".

Chapitre 9

Edition automatique des données

Dans ce chapitre :

- Corriger vos erreurs.
- Remplacer automatiquement des données.
- Trouver les doublons.

Rectifier une entrée invalide dans une table Access ne présente pas de difficultés. Quelques clics, un peu de frappe, et voilà. Le tour est joué. Certes. Et si vous devez corriger 26 281 enregistrements ? Faire ce travail à la main sur un tel nombre de lignes serait pire que l'enfer : je clique, je corriger, je clique, je corrige, je corrige, je clique... Plus de 26 280 corrections à faire !

Fort heureusement, Access dispose de quelques outils commodes qui permettent d'effectuer des corrections à grande échelle (du moins tant que vous n'avez pas fait une faute différente à chaque fois...). Pas besoin d'user dix claviers, douze souris et une quarantaine de doigts : Access s'occupe de votre santé !

Lisez d'abord ceci !

Toutes les personnes soigneuses font des sauvegardes de leur travail avant d'entreprendre une tâche offrant un certain risque d'erreur. Voici comment sauvegarder la table que vous voulez éditer :

1. **Ouvrez la base de données qui contient la table que vous voulez éditer.**

2. **Dans le volet de navigation, à gauche de l'espace de travail, cliquez sur le nom de cette table avec le bouton droit de la souris.**

3. **Dans le menu contextuel qui s'affiche, choisissez la commande Copier (voir la Figure 9.1).**

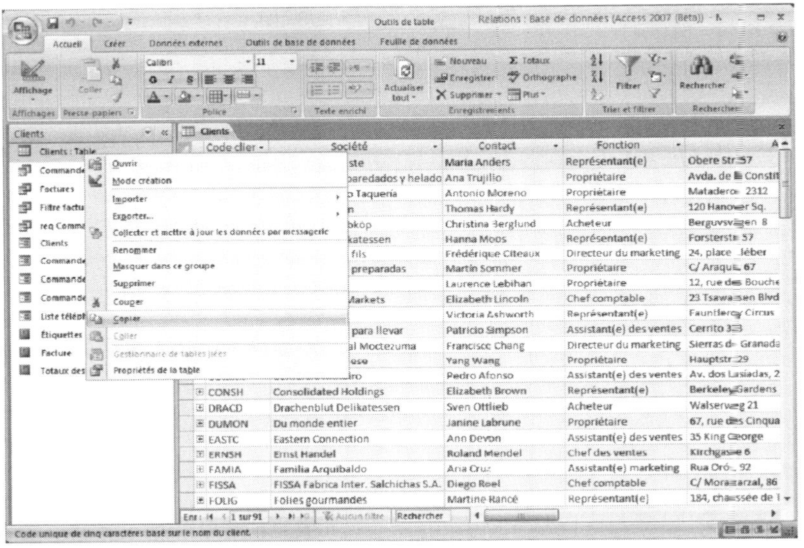

Figure 9.1 : Pour plus de sécurité, copiez vos tables avant de les éditer.

4. **Cliquez maintenant dans un espace libre du volet (sous la liste des tables, des requêtes, des états, et ainsi de suite).**

   Un menu contextuel apparaît (voir la Figure 9.2).

   Choisissez l'option Coller dans le menu contextuel.

5. **La boîte de dialogue Coller la table sous s'affiche (voir la Figure 9.3). Elle vous offre plusieurs options, mais il n'est pas utile d'y réfléchir trop longtemps : conservez la proposition par défaut (Structure et données). C'est exactement ce que vous voulez faire.**

6. **Entrez éventuellement un autre nom que celui choisi par Access. Pour autant, l'expression *Copie de* n'est pas mauvaise : elle vous rappelle exactement de quoi il s'agit.**

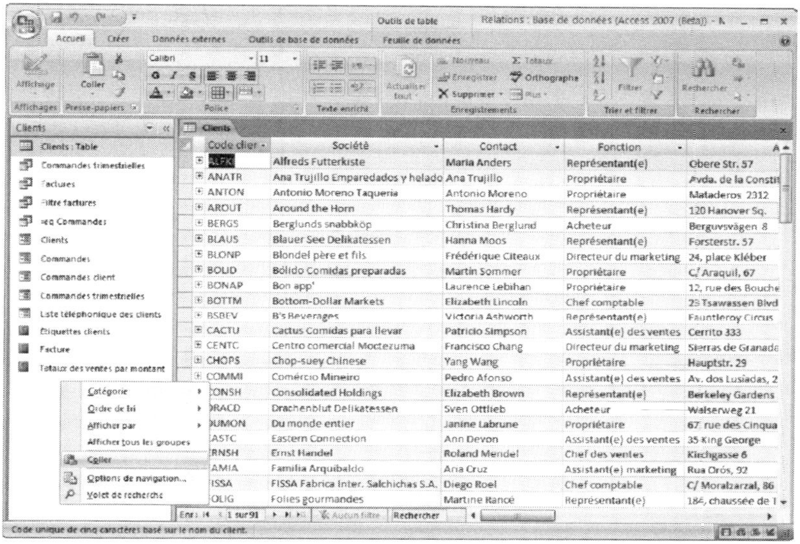

Figure 9.2 : Choisissez l'option Coller pour créer un duplicata de votre table.

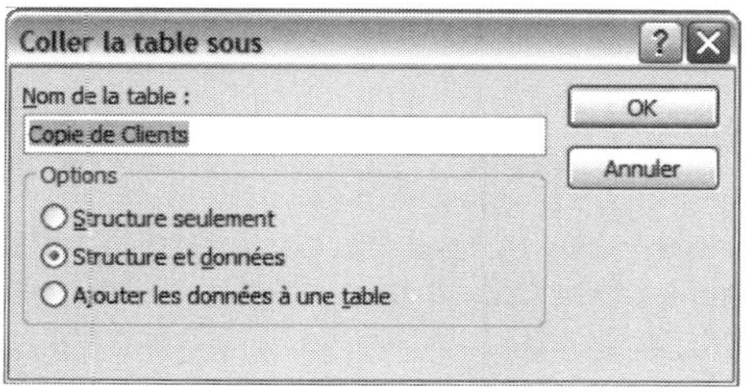

Figure 9.3 : La boîte de dialogue Coller la table sous.

7. **Validez. Vous disposez maintenant d'une copie de votre table originale.**

Corrections massives

Les méthodes d'édition automatisées sont extrêmement puissantes. Mais avant de sortir l'armement lourd, voici une technique moins "massive" pour des éditions à échelle humaine. Certes, la méthode peut paraître simpliste. Mais elle est commode, et elle marche...

Voici dont l'astuce : faites appel à la commande de remplacement comme décrit ci-dessous.

1. **Ouvrez une table en mode Feuille de données.**

2. **Sous l'onglet Accueil, cliquez à droite du ruban sur le bouton Remplacer (dans le groupe Rechercher). Vous pouvez aussi appuyer sur Ctrl+H.**

   La boîte de dialogue Rechercher et remplacer apparaît (voir la Figure 9.4).

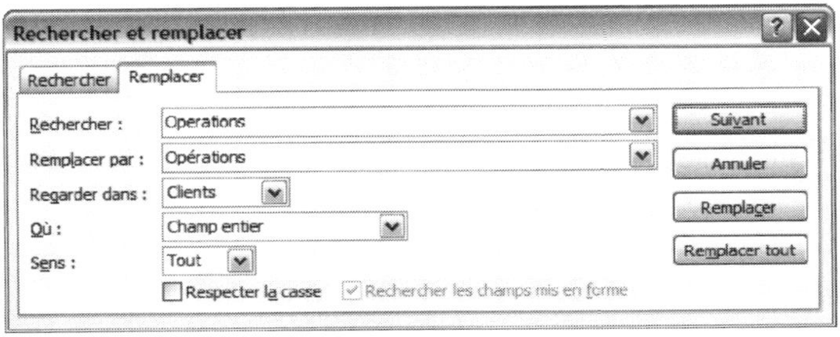

Figure 9.4 : La boîte de dialogue Rechercher et remplacer.

3. **Entrez dans le champ Rechercher la valeur que vous voulez modifier. Saisissez la nouvelle valeur dans le champ Remplacer par.**

   A partir de là, vous êtes prêt à commencer la mise à jour.

4. **(Facultatif) Cliquez sur la liste déroulante Regardez dans pour choisir une table différente comme cible de la recherche.**

   La table que propose Access par défaut est celle qui est actuellement active.

5. **Cliquez à droite de la boîte de dialogue sur le bouton voulu pour appliquer à votre table le changement que vous venez de définir (ou pour l'annuler).**

   Cliquez sur Suivant pour trouver le prochain enregistrement à remplacer. Le curseur saute jusqu'à l'enregistrement de la table qui contient le texte que vous avez saisi dans le champ Rechercher. A ce stade, rien n'est modifié. Pour passer à l'acte, cliquez sur le bouton Remplacer.

   Pour appliquer la modification indiquée à l'enregistrement courant, cliquez sur le bouton Remplacer. Access obéit *et* déplace le curseur jusqu'au prochain enregistrement de la table qui vérifie votre critère. Cliquez de nouveau sur Remplacer pour continuer le processus. Pour passer à l'enregistrement suivant sans appliquer de modification à la ligne courante, cliquez sur Suivant.

Pour modifier d'un coup *tous* les enregistrements de la table qui vérifient votre critère, cliquez sur le bouton Remplacer tout. Access ne vous demandera rien. Il suppose qu'il a votre permission pour corriger tout ce qui lui tombe sous la main. Ne choisissez cette option que si vous êtes *absolument* certain de ce que vous faites.

6. **Lorsque vous avez terminé, cliquez sur Annuler.**

   La boîte de dialogue Rechercher et remplacer se referme.

Si vous commettez une erreur dans un mot (disons que vous avez confondu *Dupond* et *Dupont*) et que vous voulez corriger toutes ses occurrences pour rectifier son orthographe, suivez ces étapes :

1. **Ouvrez la boîte de dialogue Rechercher et remplacer.**

   Vous la trouverez en cliquant sur le bouton Remplacer de l'onglet Accueil.

2. **Tapez l'orthographe incorrecte dans le champ Rechercher.**
3. **Saisissez la bonne orthographe dans le champ Remplacer par.**
4. **Cliquez sur le bouton Remplacer tout.**

   Votre ordinateur se met en branle, et il change chaque instance du mot (ou de l'expression) contenu dans le champ Rechercher par celui qui figure dans le champ Remplacer par.

Champ entier : Il s'agit de la proposition par défaut pour la liste déroulante Où. Elle demande à Access de ne rechercher que les enregistrements pour lesquels le contenu de la ligne Rechercher est *totalement* égal à ce qui se trouve dans la table. Ainsi, il suffira qu'il manque un seul caractère dans l'un ou dans l'autre pour que la recherche n'aboutisse pas.

N'importe où dans le champ : Si vous choisissez cette option dans la liste Où, la comparaison s'effectuera dès lors que le contenu du champ Rechercher sera retrouvé n'importe où dans la colonne correspondante d'un enregistrement.

Prenons un exemple. Vous recherchez une zone géographique dans un code postal. Il vous suffit d'entrer les deux premiers chiffres de ce code. Autre exemple. Vous recherchez parmi vos clients tous les *Dupond* et les *Dupont*. Ils ont donc un point en commun : *Dupon*.

Début de champ : La recherche reste partielle, mais uniquement en début de champ. Sous l'effet de substances interdites, l'opérateur chargé de la saisie a malencontreusement tapé *Tupont* à la place de *Dupont* dans un certain nombre d'enregistrements. Qu'à cela ne tienne : une recherche/remplacement basée sur *tupon* devrait aider à corriger la bévue.

Utiliser des requêtes pour automatiser le processus d'édition

Les requêtes (surtout celles qui sont créées via l'assistant ad hoc d'Access) sont exceptionnellement faciles à construire. Vous le découvrirez au Chapitre 12. Pour l'instant, nous allons nous contenter d'un exemple simple (mais classique) afin de répondre à une question courante : comment trouver des enregistrements uniquement chargés de trouver les enregistrements en double ?

Revenons à nos 26 281 enregistrements à corriger. Si la boîte de dialogue Rechercher et remplacer ne résout pas votre problème, cela signifie que vous avez besoin d'un outil plus robuste. Mais fabriquer la requête dont vous avez exactement besoin sort peut-être du cadre de ces chapitres. Dans ce cas, vous devrez sans doute vous préparer à éditer manuellement des enregistrements individuels (peut-être en combinaison avec une procédure Rechercher et remplacer pour localiser les erreurs répétitives et les remplacer par une expression facilement identifiable -nombreux sont ceux qui ont l'habitude d'utiliser un grand "X", très facile à remplacer).

Vous l'avez compris. Rechercher demande simplement de définir avec précision votre critère. Remplacer, c'est la même chose. Si vous avez lu et appliqué la première section de ce chapitre, vous avez sauvegardé votre table et vous pouvez vous exercer à loisir dans cet exercice. Pour le reste, parlons maintenant de doublons.

Rechercher des enregistrements en double

C'est quoi exactement, un doublon ? Il s'agit simplement de données qui se retrouvent à plusieurs reprises dans votre table. C'est par exemple le cas de tous les clients qui habitent dans la même ville : le contenu de leur champ Ville sera identique. De même, plusieurs produits peuvent avoir le même prix, ou bien encore la même couleur, et ainsi de suite. Mais ce n'est pas exactement ce dont il s'agit ici. Les doublons sont des *enregistrements* entiers qui reproduisent des données et valeurs identiques dans la totalité de leurs champs.

Comment est-il possible d'avoir des doublons dans une table ? En fait, très facilement :

- Plusieurs personnes sont chargées de la saisie. Elles traitent la même série de fiches, ou encore elles importent des données à partir d'une source commune. Un léger problème d'organisation, et le mal est fait.
- Vous partez d'une feuille de calcul Excel (ou d'une autre source de données informatique) et le transfert s'effectue par copier et coller. Il suffit donc de copier deux fois la même rangée de lignes pour créer une suite de doublons.

Utiliser l'assistant Requête Trouver les doublons

Pour exécuter l'assistant Trouver les doublons, suivez ces étapes :

1. **Ouvrez la table censée contenir des doublons. Cliquez ensuite sur l'Onglet Créer.**

   L'onglet Créer propose quatre sections : Tables, Formulaires, Etats, Autres.

2. **Cliquez sur le bouton Assistant Requête.**

   La boîte de dialogue Nouvelle requête apparaît (voir la Figure 9.5).

3. **Dans la liste des assistants disponibles, choisissez la troisième option, Assistant Requête trouver les doublons.**

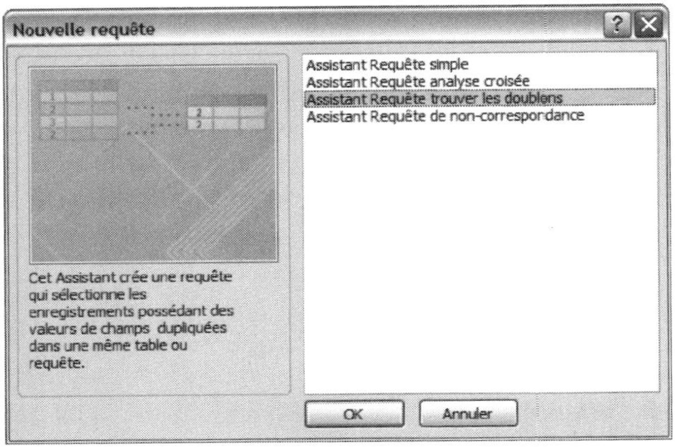

Figure 9.5 : L'assistant Requête est à votre service.

Une description de cette fonctionnalité est proposée dans la partie gauche de la fenêtre.

4. **Cliquez sur OK.**

   L'assistant Requête trouver les doublons commence son travail en vous demandant de choisir une table dans la base de données (voir la Figure 9.6).

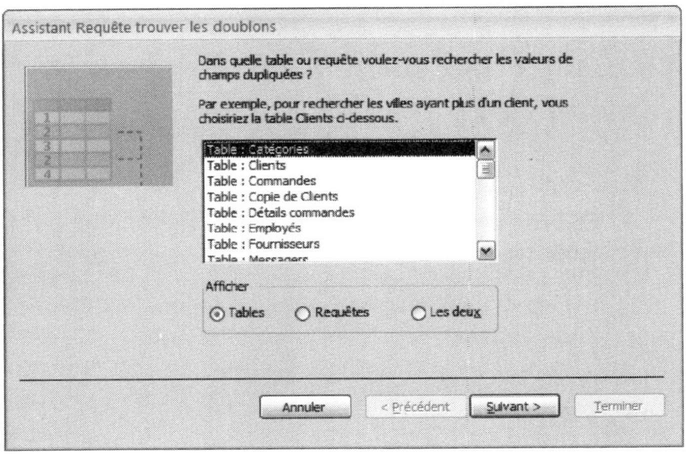

Figure 9.6 : Trouver les doublons, première étape.

5. **Choisissez la table dans laquelle vous voulez rechercher des données dupliquées.**

Vous pouvez choisir parmi les tables et/ou les requêtes existantes. Si ce n'est pas votre première requête, ou si quelqu'un en a créé une pour vous, vous pouvez peut-être utiliser une fonction de recherche de doublons déjà définie.

S'il s'agit de votre toute première requête et que vos données se trouvent uniquement dans des tables, laissez simplement la première option activée dans la boîte de dialogue.

La liste des tables contient votre copie de sauvegarde. Faites bien attention à choisir la bonne table et à ne pas opérer sur cette sauvegarde !

6. **Cliquez sur Suivant.**

   L'assistant va afficher la liste des champs de la table sélectionnée (voir la Figure 9.7). Faites un double clic dans le panneau Champs disponibles sur les colonnes susceptibles de contenir des doublons. Selon l'objectif que vous poursuivez, laissez de côté les champs qui peuvent (ou doivent) contenir des informations identiques, ou pour lesquels cela ne pose pas de problème (par exemple les villes, codes postaux, et ainsi de suite).

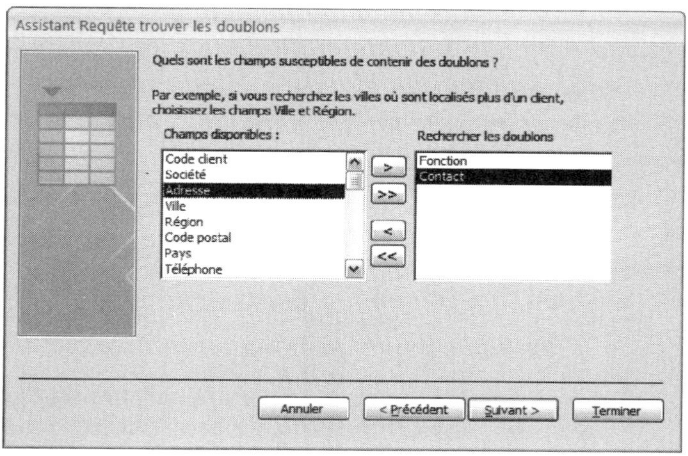

Figure 9.7 : Choisissez les champs susceptibles de contenir des doublons indésirables.

7. **Une fois remplie la liste Rechercher les doublons, cliquez sur Suivant.**

L'étape suivante de l'assistant vous demande ce que vous voulez afficher dans le résultat de la requête (voir la Figure 9.8).

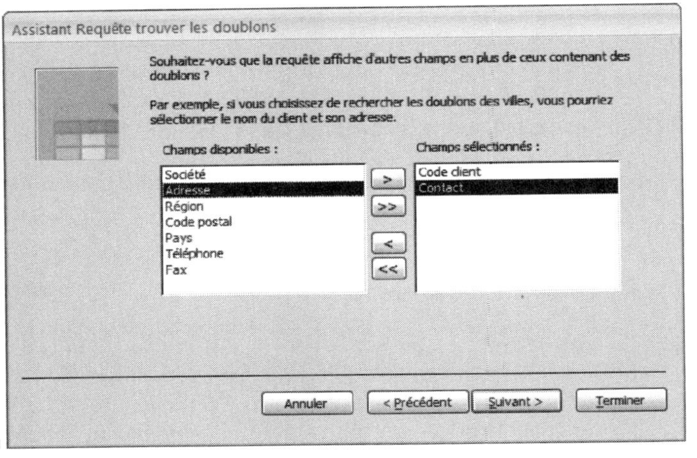

Figure 9.8 : Choisissez les champs à afficher dans le résultat.

8. **Dans la liste des champs disponibles, faites un double clic sur ceux que vous voulez inclure dans la réponse à votre requête.**

   Il s'agit en principe des champs qui vous aideront à identifier les enregistrements qui possèdent des données en double. Exemple : les prénoms si la recherche porte sur les noms, ou encore les codes des produits si vous vous intéressez à ceux qui possèdent la même description ou le même prix. Le tout est d'arriver à fournir les informations qui permettront à quelqu'un déjà familiarisé avec les données de différencier facilement les "vrais" doublons du reste des informations.

9. **Cliquez sur suivant.**

   La dernière étape de l'assistant est illustrée sur la Figure 9.9.

10. **Conservez le nom attribué par défaut à la requête ou remplacez-le par un intitulé de votre choix.**

    Le nom devrait de préférence être court et le plus explicite possible (du style "Noms dupliqués"). Access propose "Rechercher les doublons pour Clients", ce qui peut facilement être synthétisé.

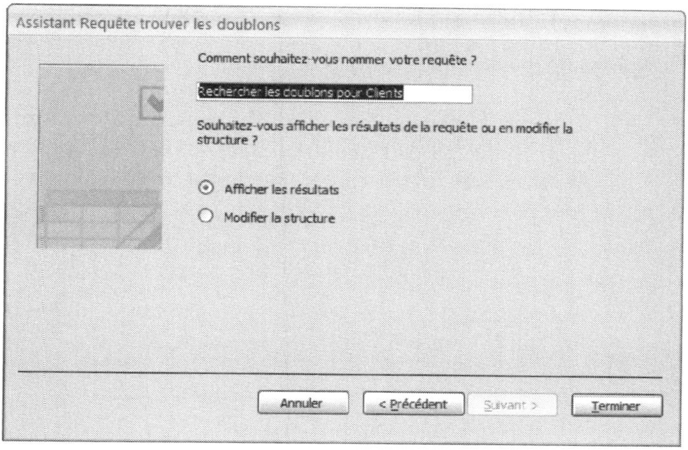

Figure 9.9 : Il ne vous reste plus qu'à nommer votre requête et à cliquer sur Suivant.

11. Cliquez sur Terminer.

Les résultats produits par votre requête vont apparaître (voir la Figure 9.10). Vous pouvez par exemple les imprimer tout de suite en choisissant l'option Impression rapide dans la barre d'outils ou sous le Bouton Office.

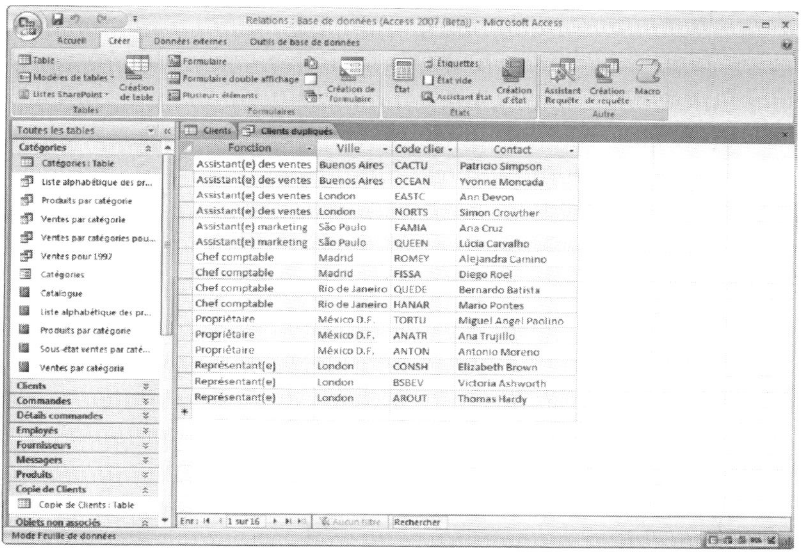

Figure 9.10 : Ces enregistrements contiennent des informations en double dans un ou plusieurs champs.

Une fois les doublons repérés, vous pouvez :

- Les éditer individuellement.
- Utiliser la commande Rechercher et remplacer afin d'effectuer des modifications plus fines, par exemple pour prendre tous les enregistrements qui contiennent un certain mot dans un champ donné, et
  - Changer ce mot en quelque chose d'autre, ou
  - Ajouter à chaque entrée un caractère ou bien un chiffre qui la rende différente des autres.
- Supprimer les enregistrements indésirables.

Chapitre 10

Trouver rapidement, filtrer et trier

Dans ce chapitre :

Localiser les données avec la commande Rechercher.

Trier vos bases de données.

Filtrer par sélection.

Trouver, filtrer, trier... Ces fonctionnalités réalisent un excellent travail pour de *petites* questions (par exemple : "Combien de personnes travaillent à Paris au service Comptabilité ?). Par contre, les questions réellement complexes et difficiles ("Combien de personnes ont assisté au match de l'équipe de Marseille en octobre dernier, et ont aussi acheté une casquette aux couleurs du club ?") nécessitent le passage par une requête Access en bonne et due forme.

Utiliser la commande Rechercher

Lorsque vous voulez accéder *tout de suite* à un enregistrement particulier, créer une requête ne fera pas votre affaire. Heureusement, Access propose une fonctionnalité très simple pour retrouver une information spécifique dans vos tables et vos formulaires : la commande Rechercher.

Cette commande (c'est une vraie surprise) se trouve dans le groupe Rechercher de l'onglet Accueil. Cherchez l'image d'une paire de jumelles, à droite du ruban. Vous pouvez également appuyer sur Ctrl+F pour ouvrir la boîte de dialogue correspondante.

Même si la commande Rechercher est d'un usage simple, connaître quelques trucs à son sujet la rendra encore plus puissante. Si vous vous servez aussi de Word et d'Excel, ces astuces vous serviront également dans ces applications. La commande Rechercher a en effet une portée très générale dans Office. Mais commençons par le plus facile avant d'aller un peu plus loin.

Trouver tout, et rapidement

Utiliser la commande Rechercher ne pose aucun problème théorique. Voici comment elle fonctionne :

1. **Ouvrez la table (ou le formulaire) dans laquelle vous voulez effectuer une recherche.**

   Rechercher s'utilise aussi bien avec des tables en mode Feuille de données qu'avec des formulaires Access (revoyez le Chapitre 7 à ce sujet).

2. **Cliquez dans le champ où vous voulez rechercher une valeur.**

   La recherche s'effectue dans le champ *courant* de la table. Il est donc essentiel de cliquer au bon endroit avant d'ouvrir la boîte de dialogue. Par contre, vous pouvez activer n'importe quel enregistrement : Access sait automatiquement dans quel champ vous vous trouvez, et il va parcourir la totalité de la table.

3. **Lancez la commande Rechercher.**

   Vous pouvez soit cliquer sur le bouton Rechercher (dans le groupe Rechercher de l'onglet Accueil), soit appuyer sur Ctrl+F.

   La boîte de dialogue Rechercher et remplacer s'affiche (voir la Figure 10.1).

4. **Entrez sur la ligne Rechercher le texte que vous voulez localiser dans la table.**

   Prenez quelques instants pour vérifier l'orthographe de votre texte avant de lancer la recherche. Access a beau faire preuve d'une certaine intelligence, il n'est tout de même pas assez évolué pour savoir que vous vouliez en fait dire *plombier*, et pas *pompier*...

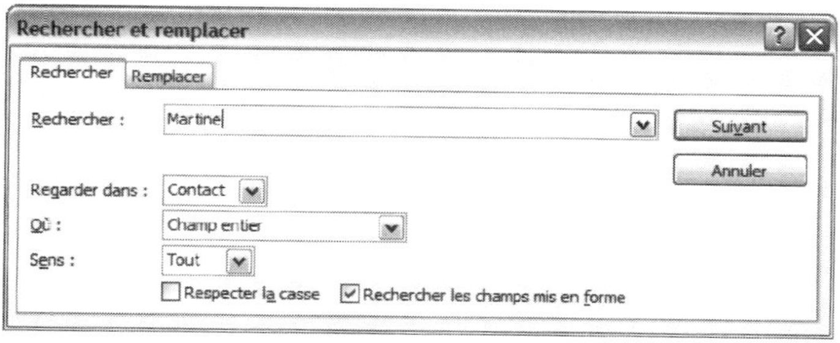

Figure 10.1 : La boîte de dialogue Rechercher et remplacer.

5. Cliquez sur le bouton Suivant pour lancer votre recherche.

Si le champ actif contient la donnée que vous voulez retrouver, la commande Rechercher va y accéder immédiatement. La cellule trouvée est mise en surbrillance.

Si la commande Rechercher ne trouve aucun enregistrement conforme à votre demande, elle avoue son impuissance en affichant un message d'erreur qui indique : "Microsoft Office Access a fini de chercher les enregistrements. L'élément de la recherche n'a pas été trouvé."

Si la recherche échoue, vous disposez de plusieurs options :

Cliquer sur Annuler pour abandonner l'opération.

Vérifier votre critère et faire une autre tentative :

a. Avez-vous activé le bon champ ? L'orthographe de votre critère est-elle bonne ?

Vous pouvez également vous servir des autres options proposées par la boîte de dialogue (voyez la section suivante).

b. Si vous changez quoi que ce soit (orthographe ou options), cliquez à nouveau sur Suivant pour relancer la procédure.

Rechercher, niveau supérieur

Il peut arriver que la méthode précédente ne produise pas les résultats que vous escomptiez :

- Il y a trop d'enregistrements, et vous devez cliquer sans arrêt sur Suivant, ce qui devient vite lassant.
- Les enregistrements trouvés ne sont pas ceux qui vous intéressent.

Dans tous les cas, la meilleure façon de réduire le nombre de lignes localisées consiste à ajouter des détails qui vont affiner votre recherche. Avec un peu de chance, vous tomberez alors directement sur *la* donnée que vous voulez retrouver.

Reprenons la procédure. Cliquez dans le bon champ, ouvrez la boîte de dialogue Rechercher à partir du ruban ou en appuyant sur Ctrl+F et servez-vous des options décrites ci-dessous.

Regarder dans

Par défaut, Access cherche les correspondances uniquement dans le champ *actif* (celui dans lequel vous avez cliqué avant d'ouvrir la boîte de dialogue). Pour lui demander de parcourir la totalité de la table, sélectionnez le nom de celle-ci dans la liste *Regarder dans* (voir la Figure 10.2).

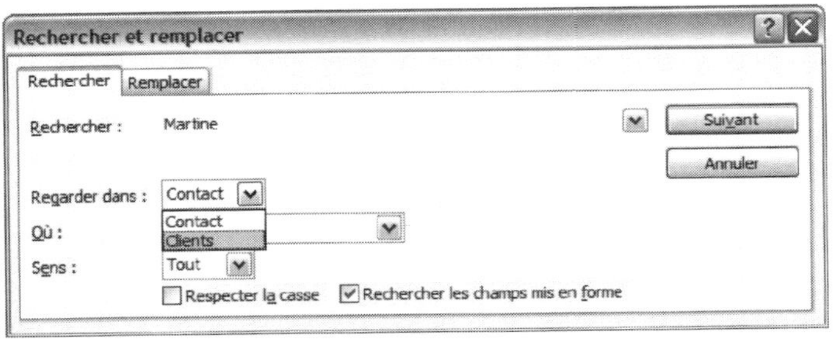

Figure 10.2 : Comment effectuer une recherche dans tous les champs de la table.

Où ?

Par défaut toujours, cette liste indique *Champ entier*. Autrement dit, Access suppose que le contenu de la ligne Rechercher doit correspondre au contact exact du champ. En d'autres termes, si vous tapez **Riche**, Access ne s'occupera pas de *Richelieu*, de *Richemont* ou encore de *Richesse*. Vous pouvez améliorer son sens de l'intuition en modifiant le paramètre de recherche du champ *Où* :

- **N'importe où dans le champ :** L'expression recherchée pourra occuper une position quelconque dans le champ. De cette manière, **Riche** donnera aussi bien *Richelieu* que *Elles sont riches et célèbres*.

- **Début de champ :** L'expression recherchée doit obligatoirement se trouver au début du champ. C'est le choix à faire si vous savez que la personne s'appelle *Dupon* quelque chose, mais est-ce *Dupont* ou *Dupond* ?

Pour redéfinir ce mode de recherche, cliquez dans la liste Où et sélectionnez l'option voulue (voir la Figure 10.3).

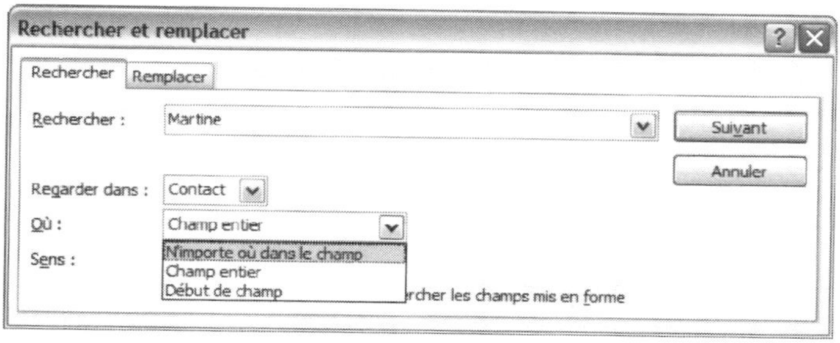

Figure 10.3 : Utiliser l'option Où.

Sens

Si vous trouvez trop d'enregistrements, vous pouvez essayer de vous limiter à une partie de la table en changeant l'option par défaut de la liste Sens :

- **Tout :** La recherche est effectuée dans l'ensemble de la table. C'est le mode par défaut.

- **Haut ou Bas :** La recherche part de l'enregistrement courant et est réalisée soit en remontant jusqu'au premier (Haut), soit en descendant jusqu'au dernier (Bas). Après quoi, elle s'arrête.

TRUC

En cliquant vers le milieu de la table, puis en demandant à n'effectuer la recherche que vers le bas, vous coupez déjà la poire en deux. C'est le principe du jeu "plus petit, plus grand".

Respecter la casse

Quand cette case est cochée, le terme que vous recherchez doit correspondre *exactement* à la valeur stockée dans la table, et donc respecter les majuscules comme les minuscules.

Cette option est surtout utile si vous cherchez un nom propre, et non un mot quelconque. Il est probable que *Richelieu* a été saisi avec un *R* majuscule. Par contre, cette lettre doit plutôt être en minuscules dans *Elles sont riches et célèbres*. En respectant la casse, vous éviterez donc des détections inutiles.

Rechercher les champs mis en forme

Cette option demande à Access de rechercher la version formatée du champ et le lieu de la simple valeur saisie dans la boîte de dialogue.

Limiter la recherche de cette manière est pratique dans le cas de dates, de valeurs monétaires, et plus largement de champs pour lesquels un format particulier a été défini en mode Création.

Cette option est incompatible avec la précédente (Respecter la casse). Dans ce cas, elle apparaîtra en grisé. Désactivez *Respecter la casse* pour rappeler à la vie *Rechercher les champs mis en forme.*

La plupart du temps, il faut bien avouer que cette option ne donne pas grand chose de plus. En fait, vous ne devriez vous y intéresser que si vous avez une recherche à effectuer dans de nombreux champs hautement formatés.

Trier de A à Z et de Z à A

Très peu de bases de données sont organisées en listes alphabétiques bien ordonnées. Vous ne saisissez pas vos enregistrements de A à Z. Vous le faites en fonction des informations qui vous arrivent. Comment faire alors si vous avez besoin d'imprimer une liste de produits classés selon leur code, ou encore d'effectuer un publipostage en classant les adresses par code postal ? Vous triez !

Trier sur un seul champ

La solution est fournie par la commande Trier, qui est par ailleurs d'une facilité d'utilisation déconcertante. Elle se trouve sous l'onglet Accueil, dans le groupe Trier et filtrer. Sur la gauche du groupe, vous voyez deux boutons fléchés : l'un indique AZ, donc un ordre alphabétique ascendant, et l'autre ZA, c'est-à-dire l'inverse.

- Le tri ascendant classe vos enregistrements de bas en haut :
  - Pour les champs de texte, le tri se fait en commençant par la lettre A, et se termine par la lettre Z.
  - Pour les champs numériques, le classement se fait en allant de la plus petite valeur à la plus grande.
  - Les dates sont triées de la plus ancienne vers la plus récente.
- Le tri descendant classe vos enregistrements de haut en bas :
  - Pour les champs de texte, le tri se fait en commençant par la lettre Z, et se termine par la lettre A.
  - Pour les champs numériques, le classement se fait en allant de la plus grande valeur à la plus petite.
  - Les dates sont triées de la plus récente vers la plus ancienne.

Voici comment procéder :

1. **Cliquez dans le champ sur lequel vous voulez réaliser le tri.**
2. **Cliquez sur le bouton voulu dans le groupe Trier et filtrer.**

   Si vous voulez revenir à l'état antérieur, cliquez sur le bouton Annuler de la barre d'outils Accès rapide.

   Si vous souhaitez conserver cette nouvelle organisation, refermez la table ou le formulaire en acceptant d'enregistrer les modifications. Pour laisser les données dans l'ordre où elles se trouvaient précédemment, refermez la table ou le formulaire sans l'enregistrer.

C'est vraiment d'une facilité déconcertante.

Trier sur plusieurs champs

Pour réaliser un publipostage efficace, par exemple, vous ne vous contenterez pas d'effectuer un tri sur les codes postaux. Pour distinguer les personnes qui habitent ou travaillent dans le même secteur, vous réaliserez un sous-classement par rue, et éventuellement par numéro. Le centre de tri vous dira merci...

Vous pouvez utiliser plusieurs champs dans un même tri de la manière suivante :

1. **Cliquez sur l'en-tête de la première colonne destinée à former le critère de tri.**

   Cette colonne est mise en surbrillance.

2. **Appuyez sur la touche Majuscule, puis cliquez sur l'en-tête de la dernière colonne à utiliser.**

   Toutes les colonnes situées entre ces deux extrémités apparaissent en surbrillance.

3. **Il ne vous reste plus qu'à choisir l'ordre de tri (ascendant ou descendant).**

   Le tri est toujours effectué à allant de gauche à droite. En d'autres termes, il n'est pas possible de trier le contenu de la quatrième colonne, puis de réaliser un tri secondaire sur la troisième colonne.

N'OUBLIEZ PAS

Le mode de tri présente certaines particularités dans le cas de champs où se mélangent nombres et texte. Prenons le cas d'une adresse postale. Access classera le "1065 rue du bois" avant le "129 rue de la gare", car il traite dans ce cas les chiffres comme s'il s'agissait de *lettres*. Si vous y regardez de plus près, vous constaterez que le second caractère de la première adresse (un *0*) est plus petit que le caractère de même rang dans la seconde adresse (un *2*). D'où le résultat. Vous ne devez pas regarder le numéro (1065 est plus grand que 129), mais la chaîne de caractères.

Filtrage express

Vous avez parfois besoin de visualiser un groupe d'enregistrements dont un champ partage une même valeur commune : une ville, une fonction, un prix identique pour un ensemble de produits, etc.

Toujours soucieux de vous aider, Access contient un outil spécialement dédié à ce type de questionnement : la commande Filtrer.

Filtrer applique le critère que vous définissez, et il affiche tous les enregistrements qui correspondent à votre choix dans ce que l'on pourrait appeler une *mini-table*. C'est comme une requête instantanée, mais *encore plus* instantanée. Bien sûr, vous ne pouvez pas en contrepartie demander à la commande Filtrer la même souplesse et la même puissance qu'aux véritables requêtes. Mais si vos besoins ne sont pas trop sophistiqués, elle répondra parfaitement à vos vœux.

L'outil Filtrer apparaît (surprise !) dans le groupe Trier et filtrer de l'onglet Accueil. Il prend en fait plusieurs aspects différents et vous propose cinq modes :

- Filtrer
- Sélection
- Filtrer par formulaire
- Filtre/tri avancé
- Basculer le filtre

Chaque type de filtre réalise le même genre d'opération, mais d'une manière légèrement différente. Les sections qui suivent couvrent les trois premières variantes. L'option Filtre/tri avancé ouvre une fenêtre qui vous propose en fait de construire une requête. C'est là un sujet plus délicat sur lequel nous reviendrons en détail dans le Chapitre 12. Quant à Basculer le filtre, il sert uniquement à activer ou désactiver l'affichage de la *mini-table* correspondant au dernier critère de filtre défini.

Les filtres s'appliquent aux tables, aux formulaires et aux requêtes. Bien qu'il soit aussi possible de filtrer un état, cette tâche peut être assez ardue, et pour tout dire relativement inutile (il vaut mieux filtrer les données avant d'afficher l'état). Dans les sections qui suivent, nous allons nous concentrer sur le filtrage des tables. Bien entendu, vous ne manquerez pas de vérifier par vous-même que ces techniques valent également pour les formulaires et les requêtes.

Filtrer sur le contenu d'un champ

La commande principale de filtrage vous permet de sélectionner des enregistrements répondant à un certain critère. Supposons par exemple que vous vouliez consulter la liste des factures qui correspondent à des livraisons réalisées à Marseille. Voici comment procéder :

1. **Ouvrez la table qui contient les données à filtrer.**

2. **Repérez la colonne à filtrer (dans cet exemple, il s'agirait de *Ville livraison*). Cliquez sur la pointe triangulaire qui se trouve sur la droite de l'en-tête du champ.**

   Access affiche un menu déroulant semblable à celui qui est illustré sur la Figure 10.4.

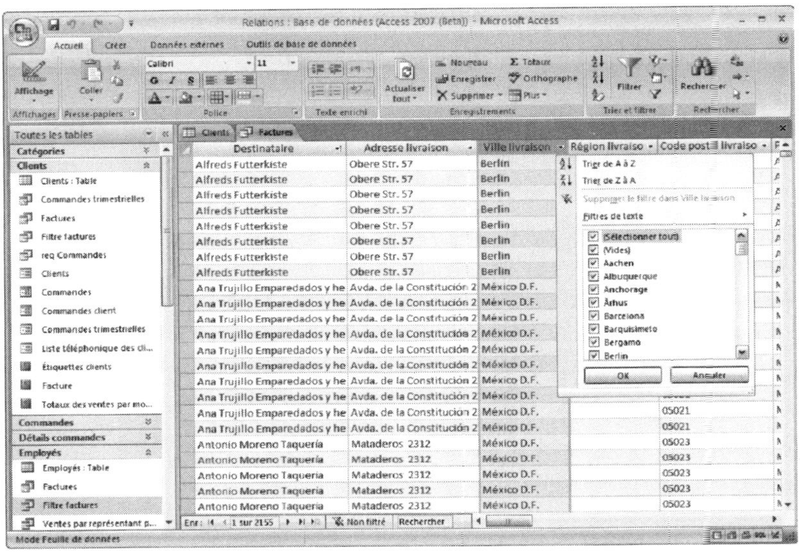

Figure 10.4 : Filtrer un champ à partir de son contenu.

Ne cliquez pas avec le bouton droit de la souris sur l'en-tête. Cela afficherait un menu contextuel vous proposant plein de choses merveilleuses que vous pouvez faire avec cette colonne. Mais ce n'est pas ce qui nous intéresse ici.

3. **Dans la liste qui occupe le bas de ce menu, cochez ou décochez les valeurs que vous voulez ou non utiliser dans le filtre. Vous pouvez :**

- Désactiver individuellement des entrées individuelles.
- Cliquer sur la première case, Sélectionner tout, afin d'effacer toutes les marques.

TRUC

Il est généralement plus simple de tout désélectionner, puis de cocher une par une les valeurs que vous voulez utiliser dans le filtre. Si vous cliquez à nouveau sur Sélectionner tout, vous reviendrez à la totalité des enregistrements.

TRUC

Pour inverser un critère, conservez toutes les valeurs sauf celles qui sont à éliminer. Par exemple, pour afficher toutes les villes de livraison, *sauf* Marseille, désactivez uniquement cette ligne.

4. **Cochez dans la liste les entrées que vous voulez retenir pour le filtre.**

   Pour cet exemple, j'ai marqué uniquement la valeur *Marseille*.

5. **Cliquez sur OK.**

   Tous les éléments (et seuls les éléments) qui correspondent à votre choix sont affichés. Selon le cas, vous pourrez vous retrouver à la tête de quelques enregistrements, d'un grand nombre d'enregistrements, ou d'une unique ligne.

TRUC

Pour revenir à la table tout entière, vous pouvez au choix :

- Cliquer sur le bouton Supprimer le filtre (dans le groupe Trier et filtrer de l'onglet Accueil).
- Cliquer sur la pointe triangulaire située à droite de l'en-tête de la colonne, puis choisir l'option Supprimer le filtre dans *nom du champ*.

Filtrer par sélection

La commande Sélection est la plus facile à utiliser de tous les modes de filtrage. Elle suppose que vous avez déjà trouvé un enregistrement qui correspond à vos besoins. C'est un peu comme si vous attrapiez un type par le revers et que vous vous mettiez à crier : "Tous ceux qui sont comme ce gars se mettent de ce côté de la ligne !"

Reprenons notre exemple de livraisons marseillaises :

1. **Cliquez dans le champ qui contient l'information voulue.**

   Dans ce cas, il faut localiser et activer un enregistrement dont le champ *Ville livraison* indique *Marseille*.

2. **Si nécessaire, faites défiler la table pour trouver la valeur à filtrer.**

3. **Une fois cette valeur activée, cliquez sur le bouton Sélection, ou bien encore cliquez dans le champ avec le bouton droit de la souris. Choisissez alors l'option *Egal à "X"*, où *X* est la valeur que vous voulez filtrer.**

   Access affiche immédiatement une table qui ne contient que les enregistrements pour lesquels le champ courant vaut *X*. C'est ce qu'illustre la Figure 10.5 (ici, *X* est égal à *Marseille*).

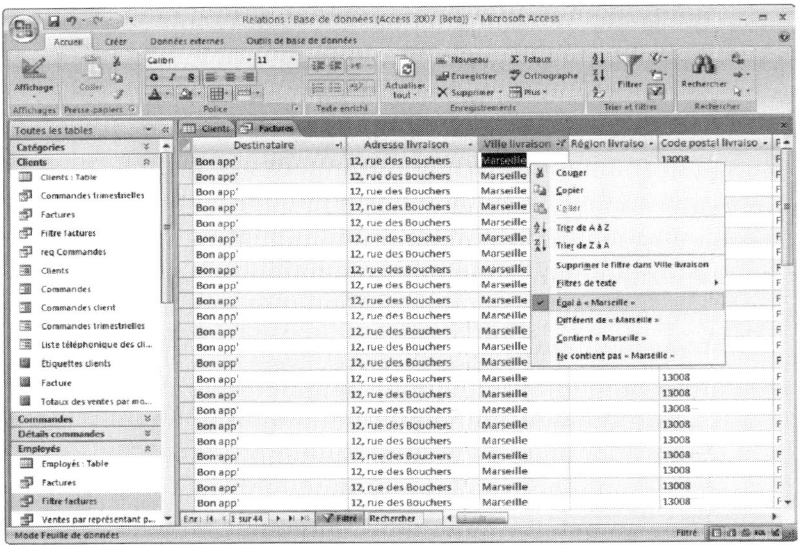

Figure 10.5 : Filtrer par sélection.

4. **Lorsque vous voulez quitter Marseille (ou plus généralement *X*), cliquez dans le ruban sur le bouton Supprimer le filtre.**

   Votre table reprend son aspect d'origine.

Chapitre 11

Je demandais juste... des réponses

Dans ce chapitre :

- Ce que sont les requêtes et ce qu'elles peuvent faire.
- Poser des questions (et obtenir des réponses) à l'aide de requêtes de filtre et de tri.
- Utiliser les requêtes pour poser des questions complexes.
- Questions magiques avec l'assistant Requête.

Ce chapitre vous présente donc l'art de poser des questions sur les informations contenues dans votre base de données. Sous Access, cet art s'appelle *requêtes*. Vous allez découvrir ici comment utiliser l'assistant Requête pour formuler des questions simples, et comment créer vous-même des requêtes en partant d'une commande dont le nom est un peu bizarre et totalement inapproprié : Filtre/tri avancé. A la fin de ce chapitre, vous devriez recevoir votre diplôme de *Maître des Requêtes*, montrant ainsi que vous êtes capable de retrouver à volonté un ou plusieurs enregistrements.

Outils (simples mais efficaces) de filtrage et de tri

Attendez une minute... Nous venons de parler de requêtes, et le titre ci-dessus concerne les filtres et le tri. Peut-on nous expliquer ce qui se passe ?

Requêtes, tris, filtres... Tout cela est lié : il s'agit à chaque fois des questions que vous posez. Il existe en fait deux manières de retrouver un certain enregistrement :

- Les *requêtes* utilisent un ensemble de *critères*, c'est-à-dire des conditions qui éliminent bon nombre d'enregistrements (si ce n'est tous sauf un). Vous transmettez ces critères à la base de données pour lui dire : "Regarde ici, et là, et encore là, et trouve CECI pour moi !"
- Les *filtres*, quant à eux, disent : "Lis tous ces enregistrements à ma place et trouve celui ou ceux qui ressemblent à CECI !"

D'abord, filtrer les choses

Commençons par parler des filtres, car la procédure est plus simple et plus directe que la création d'une requête. C'est aussi l'occasion de se tremper les pieds avant de plonger dans l'océan.

Comment les filtres fonctionnent

Les filtres parcourent rapidement une unique table pour rechercher les données qui vous intéressent. Ils examinent tous les enregistrements l'un après l'autre, puis ils cachent ceux qui ne correspondent pas à votre critère.

Les options de filtrage sont virtuellement illimitées, mais au demeurant simples :

Vous voulez tous les clients toulousains ? Filtrez le champ Ville sur la valeur **Toulouse**.

Vous recherchez tous les plombiers parisiens ? Filtrez sur les champs Ville (**Paris**) et Métier (**Plombier**), et le tour est joué. Vous voulez vous assurer que la liste ne vous proposera pas aussi les plombiers de Paris (au Texas) ? Ajoutez un critère portant sur le champ Pays (**France**).

La facilité et la simplicité ont leur prix. Les filtres ne sont ni souples ni vraiment subtils :

- Il n'est pas possible d'appliquer un filtre à plusieurs tables, sauf à créer d'abord une requête liant ces tables.
- Un filtre ne peut pas former la base des enregistrements affichés dans un état ou un formulaire.

Les filtres, leurs atouts et leurs limites, sont décrits dans le Chapitre 11.

Et les requêtes ?

Les requêtes vont beaucoup plus loin que les filtres. Evidemment, elles sont aussi nettement plus complexes. Après tout, il est plus facile de faire du vélo que de la moto, mais même une bicyclette de course ira toujours moins vite qu'une 800 cm^3. Pour les requêtes, c'est un peu la même chose. Elles vous permettent de travailler sur plusieurs tables, de procéder à des recherches dans plusieurs champs, de faire aussi des calculs, et même de sauvegarder les résultats pour les analyser à tête reposée. Mais avant d'arriver à cela, vous devez prendre des cours de conduite et réussir votre examen de passage.

Le plus avancé des filtres est en même temps une simple requête. Votre première étape dans le monde des requêtes est donc en même temps la dernière dans le monde des filtres. C'est le miracle des bases de données !

Bienvenue dans la commande Filtre/tri avancé, le super filtre d'Access, en réalité si mal nommé.

Filtre, côté bout

Avant d'utiliser la fenêtre du filtre avancé, regardons un peu sa composition et son fonctionnement.

Comme l'illustre la Figure 11.1, cette fenêtre est partagée en deux zones :

- En haut, vous trouvez la liste de tous les champs de la table ou du formulaire courant (c'est-à-dire ouvert à cet instant). Vous ne savez plus trop ce qu'est un formulaire ? Relisez le Chapitre 7 !

  A ce stade, vous n'avez pas besoin de vous soucier de cette partie de la fenêtre. La liste des champs prendra tout son sens lorsque vous commencerez à travailler avec des requêtes pures et dures. Comme la moitié supérieure ne peut montrer que la table courante (ou le formulaire courant), vous ne pouvez rien faire de particulier à cet endroit.

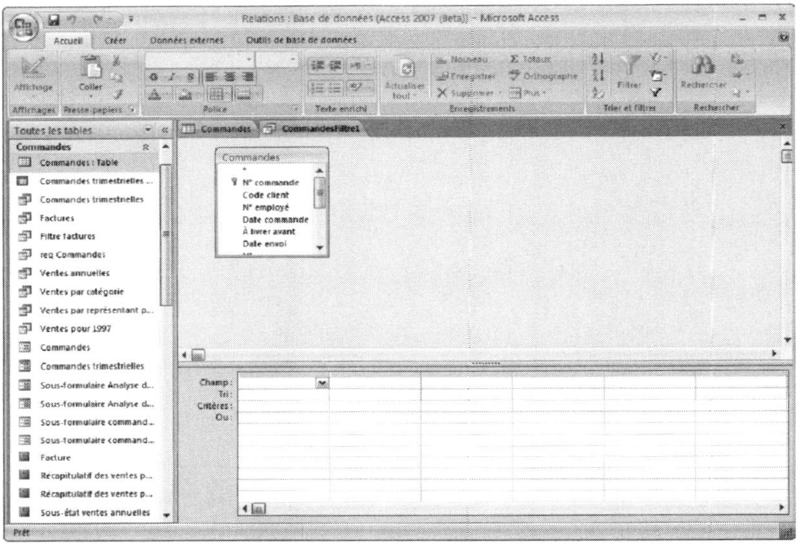

Figure 11.1 : La fenêtre Filtre/tri avancé.

- La moitié inférieure de l'espace de travail affiche une grille (pour l'instant vierge) dans laquelle vous allez décrire votre filtre.

Cette *grille de requête* sert aussi bien aux filtres avancés qu'aux requêtes proprement dites. Vous la retrouverez donc le moment venu.

Pour construire le filtre, il vous suffit de remplir correctement les espaces dans la grille. Access vous y aide en proposant des listes déroulantes et des lignes qui réalisent des tâches particulières. La procédure à appliquer est décrite dans la section qui suit. Vous allez y apprendre tout ce dont vous avez besoin de savoir sur les filtres avancés !

Et voici la partie "avancée" !

Nous savons que la commande Filtre/tri avancé concerne également les formulaires. Si vous vous sentez l'esprit aventureux (ou tout simplement si vous préférez ce mode d'affichage aux feuilles de données), ouvrez un formulaire et testez un filtre. Les étapes sont exactement les mêmes que ci-après.

Les sections qui suivent vous expliquent comment créer et utiliser des filtres.

Commencer le processus

Il est temps de franchir le pas :

1. **Décidez de la question que vous voulez poser et des champs qu'elle va mettre en mouvement.**

   Quel que soit votre problème, commencez par rédiger la question, puis déterminez les champs de la table ou du formulaire qui contiennent la réponse.

   N'OUBLIEZ PAS

   Ne vous inquiétez pas si la question concerne plusieurs champs et/ou plusieurs options. Les filtres avancés (et plus encore les requêtes) savent gérer cela.

2. **Ouvrez la table (ou le formulaire) que vous voulez interroger.**

3. **Activez l'onglet Accueil, au-dessus du ruban.**

4. **Dans le groupe Trier et Filtrer, cliquez sur le bouton Options de filtre avancé. Choisissez ensuite l'option Filtre/tri avancé (voir la Figure 11.2).**

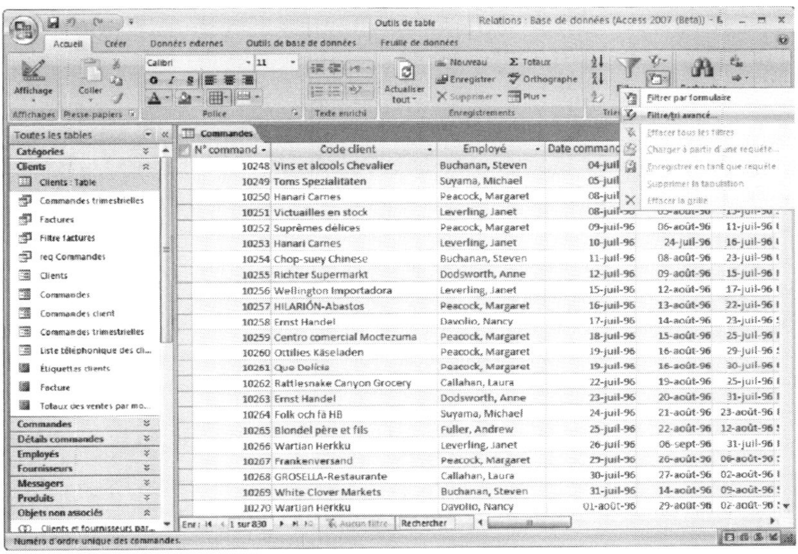

Figure 11.2 : Choisir la commande Filtre/tri avancé.

Si vous avez déjà utilisé un quelconque filtre avec cette table, Access affiche automatiquement les critères en cours. Sinon, la fenêtre est vierge.

Si vous voulez partir d'un espace vide, cliquez dans le menu Options de filtre avancé sur la commande Effacer tous les filtres.

La fenêtre du filtre n'est rien d'autre qu'une version simplifiée de la fenêtre des requêtes. Le filtre avancé ressemble à, se présente comme, et agit à peu près comme une véritable requête. Sujet sur lequel nous allons revenir en détails dans la suite de ce chapitre.

Une fois la fenêtre affichée, vous êtes prêt à sélectionner des champs et des critères pour votre filtre. Voyons comment procéder.

Sélectionner des champs et des critères

Pour sélectionner le ou les champs que vous voulez utiliser dans le filtre, et pour configurer vos critères (c'est-à-dire la manière de ne retenir que ce qui vous intéresse), vous devez suivre ces étapes avec le plus grand soin :

1. **Cliquez dans la première cellule de la ligne Champ, puis sur la flèche qu'Access place au bout de celle-ci.**

   La liste de tous les champs de votre table (ou de votre formulaire) apparaît.

2. **Cliquez sur le nom du champ qui va servir à construire votre critère.**

   Access affiche le nom du champ dans la cellule. Jusqu'ici, tout va bien.

   Si vous voulez voir les résultats que produit votre filtre dans l'ordre naturel de votre table, passez à l'étape 4.

3. **Si vous souhaitez ordonner les résultats selon ce champ particulier, procédez de la manière suivante :**

   a. Cliquez dans la case Tri associée à votre champ.

   b. Cliquez sur la flèche qui se trouve à droite de cette cellule.

c. Sélectionnez l'ordre voulu : Croisant, Décroissant (ou Non trié pour revenir à la disposition d'origine).

Vous vous rappelez qu'*ascendant* signifie du plus petit au plus grand (de A à Z, de 1 à 9, etc.), et que *descendant* en est l'opposé (de Z à A, de 9 à 1, etc.).

4. Définissez votre critère pour ce champ. Pour cela :

a. Cliquez dans la cellule Critères de la colonne.

b. Tapez votre critère sous la forme d'un opérateur de comparaison suivi d'une valeur faisant référence à un mot, une expression ou encore un nombre servant à tester le contenu des enregistrements.

Construire un critère est ce qu'il y a de plus difficile à faire. Et c'est l'instant le plus important de tout le processus. Ce critère est en fait la traduction dans le langage des requêtes de votre question. Le Tableau 11.1 vous propose une introduction rapide aux différentes manières dont vous pouvez exprimer votre critère.

c. Si votre question comprend plus d'une valeur possible pour ce champ, cliquez dans la case Ou et tapez-y votre critère suivant.

Lorsque vous vous déplacez vers une autre cellule, Access place automatiquement des guillemets autour de votre critère. Mais ne vous inquiétez pas, il sait que vous recherchez une valeur exacte, ou encore tout ce qui est plus grand ou plus petit que votre valeur.

Si votre question porte sur plusieurs champs, répétez les étapes 1 à 4 ci-dessus en passant à chaque fois à la colonne suivante.

Une fois tous vos champs et vos critères bien en place, il est temps de tester votre filtre.

Exécuter le filtre

Lorsque le processus de définition est terminé, vous êtes prêt à exécuter le filtre. Pour cela, il vous suffit de cliquer sur le bouton Appliquer le filtre (l'espèce d'entonnoir qui se trouve en bas du groupe Trier et filtrer).

Tableau 11.1 : Opérateurs de comparaison de base.

Nom	Symbole	Signification	Exemple
Egale à	=	Affiche tous les enregistrements qui sont totalement identiques à ce que vous tapez.	Pour trouver toutes les commandes du client numéro 37, entrez =37 dans la ligne Critères.
Plus petit que	<	Liste toutes les valeurs inférieures à votre critère.	Tapez <30000 dans le champ Salaire pour trouver tous les personnels qui gagnent moins de 30 000 €.
Plus grand que	>	Liste toutes les valeurs supérieures à votre critère.	Tapez >30000 dans le champ Salaire pour trouver tous les personnels qui gagnent plus de 30 000 €. Ils paient un pot à tout le monde...
Supérieur ou égal à	>=	Comme Plus grand que, en incluant aussi toutes les entrées strictement égales à votre critère.	Tapez >=30000 dans le champ Salaire pour trouver tous les personnels qui gagnent au moins 30 000 €. Ils offrent une seconde tournée.
Inférieur ou égal à	<=	Comme Plus petit que, en incluant aussi toutes les entrées strictement égales à votre critère.	Tapez <=30000 dans le champ Salaire pour trouver tous les personnels qui gagnent au plus 30 000 €. Ils trinquent à la santé des autres.

Access réfléchit un moment, puis un nouvel onglet apparaît. Il vous montre le ou les enregistrements qui vérifient votre critère (voir la Figure 11.3).

Si vous voulez revoir toutes vos données, il vous suffit de basculer entre les deux modes. Pour cela :

- Cliquez sur le bouton Supprimer le filtre (c'est exactement le même que ci-dessus, si ce n'est que son nom change lorsque le filtre est actif)
- Cliquez sur le bouton Filtré. Il se trouve en bas de l'espace de travail, à droite des boutons qui servent à se déplacer parmi les enregistrements. La table originale réapparaît, et le bouton affiche maintenant Non filtré. Cliquez à nouveau, et le filtre réapparaît. Cliquez, basculez, cliquez, basculez. Mais ne vous laissez pas bercer par ce fauteuil à bascule. Le travail n'est pas terminé !

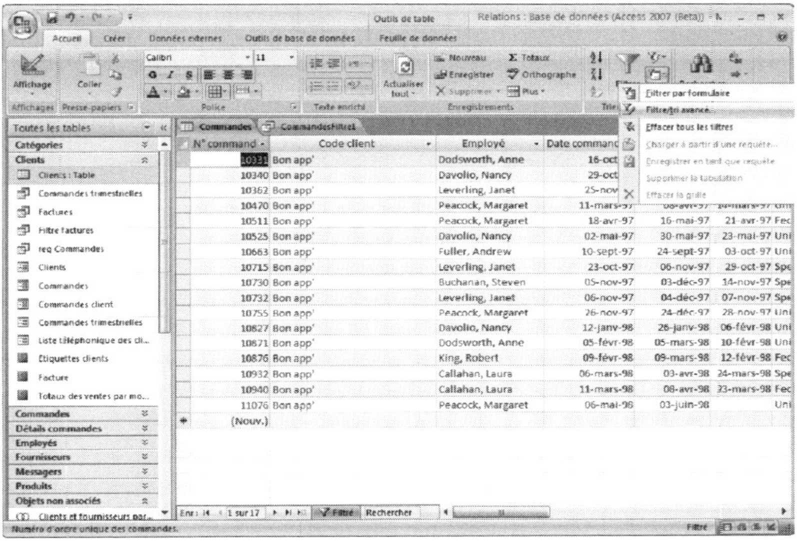

Figure 11.3 : C'est fait, vos données sont filtrées.

Sauvegarder le filtre

Si vous pensez que le filtre que vous venez de définir mérite d'être réutilisé dans le futur, n'hésitez pas à le sauvegarder. Pour cela :

1. **Cliquez avec le bouton droit de la souris sur l'onglet *Nom*Filtre1 (où *Nom* est celui de votre table ou de votre formulaire). Choisissez la commande Enregistrer (voir la Figure 11.4).**

   Access affiche une boîte de dialogue qui vous demande un nom pour la requête.

2. **Tapez un nom puis cliquez sur OK.**

   Access sauvegarde le filtre sous la forme d'une requête. Vous le retrouvez ensuite dans le volet de navigation, sous l'entrée qui correspond à votre table.

TRUC

Si vous voulez supprimer votre filtre sans l'enregistrer, procédez de la manière suivante :

1. **Cliquez avec le bouton droit de la souris sur l'onglet *Nom*Filtre1 (où *Nom* est celui de votre table ou de votre formulaire). Choisissez la commande Fermer.**

Access

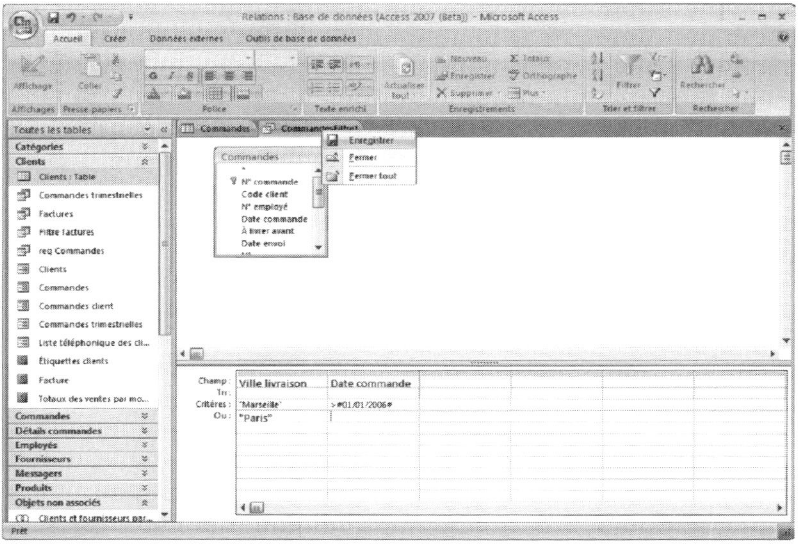

Figure 11.4 : Choisissez Enregistrer dans le menu déroulant pour sauvegarder le filtre dans votre base de données.

2. **Cliquez sur Non en réponse au message d'Access vous demandant si vous voulez enregistrer le filtre.**

Requêtes Sélection

La requête de base d'Access, celle qui a été inventée pour rendre votre existence plus facile, s'appelle *requête Sélection*. Elle est ainsi nommée parce qu'elle *sélectionne* les enregistrements voulus dans la base de données et affiche les résultats en fonction de vos instructions.

TRUC

La meilleure démarche à choisir pour créer une requête Sélection dépend des considérations suivantes :

- Si vous débutez dans l'écriture de requêtes, l'assistant Requête vous offre un outil facile à mettre en œuvre. Il vous guide dans le choix des tables et des champs, et vous permet même d'introduire des calculs dans votre requête (par exemple pour compter le nombre d'enregistrements).
- Si vous avez déjà écrit quelques requêtes et que la fenêtre de conception ne vous fait plus peur, oubliez l'assistant et lancez-vous directement dans le grand bain. Nous étudierons ce processus un peu plus tard dans ce chapitre.

Pour réussir ses requêtes, il faut de solides relations

Dans la vie, quelques solides relations peuvent aider à résoudre bien des problèmes. Sous Access, de solides relations aideront à rendre votre vie avec les requêtes bien plus agréables et efficaces.

Pour pouvoir interroger votre base de données, vous devez avoir un certain nombre de connaissances concernant la structure de la base de données :

- De quelles tables avez-vous besoin ?
- Quelles sont les relations qui existent entre ces tables ?
- Quels champs contiennent les données que vous voulez retrouver ?
- Quels champs voulez-vous afficher dans la solution ?

Access gère des relations entre les tables de votre base de données. En général, ces relations sont établies lors de la conception de la base. Lorsque vous créez les tables et que vous y définissez des champs clé, vous préparez du même coup ces tables aux requêtes qui viendront les exploiter.

Les clés relient les tables les unes aux autres. Les requêtes les utilisent pour associer les enregistrements d'une première table aux enregistrements correspondant d'une seconde. Si votre organisation est sans faille, si votre structure est bien conçue, les requêtes seront beaucoup plus faciles à écrire et à exécuter.

Si vous ne construisez pas à l'avance les relations entre vos tables, vous devrez recommencer cette procédure chaque fois que vous voudrez créer une nouvelle requête. Il est donc *toujours* préférable de prendre le temps de *bien* concevoir ses tables et de définir les *bonnes* relations. De cette manière, vos requêtes seront plus faciles et plus rapides à construire (voir la Figure 11.5).

Exécuter l'assistant Requête

Access propose en réalité plusieurs assistants Requête. Celui qui va nous intéresser ici est l'assistant Requête Simple (nous voici rassurés). Il vous suffira d'entrer les informations qui concernent les tables et les champs, et l'assistant se chargera de l'intendance.

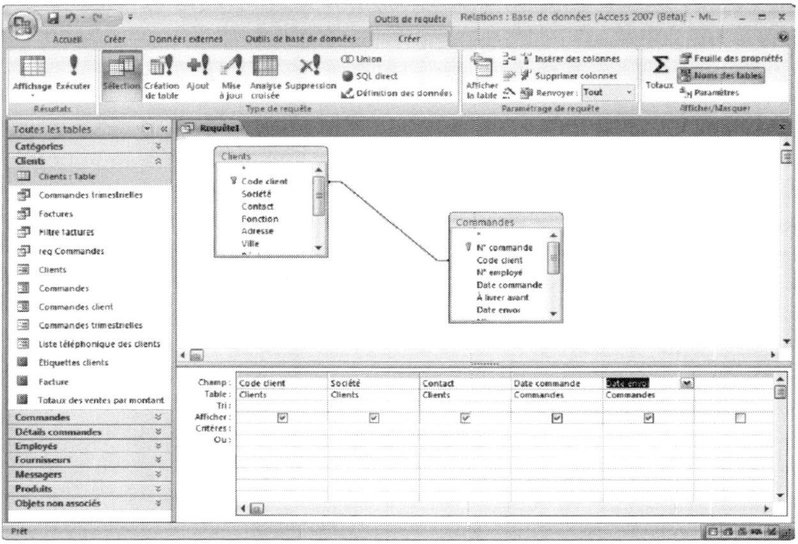

Figure 11.5 : De solides relations pour de robustes requêtes.

Access n'est pas voyant (c'est en projet pour la prochaine version). Il a donc besoin que vous lui donniez certains renseignements !

Pour créer une requête à l'aide de l'assistant, suivez ces étapes :

1. **Notez sur une feuille de papier les données que vous voulez retrouver à l'aide de la requête.**

   Dessinez votre plan en tenant compte du fait que les résultats seront affichés sous la forme d'une feuille de données. En réalité, vous n'avez besoin de noter que les en-têtes des colonnes afin de déterminer les informations à extraire de la base.

2. **Déterminez la ou les tables dans lesquelles se trouvent les différents en-têtes que vous venez d'inscrire.**

   Ecrivez sous chaque en-tête le nom de la table et le nom du champ correspondant.

3. **Activez l'onglet Créer. Dans le groupe de boutons Autre (à droite du ruban), cliquez sur le bouton Assistant Requête.**

   La boîte de dialogue Nouvelle requête apparaît. Elle vous demande quel type d'assistant vous souhaitez exécuter.

4. Choisissez la première option, Assistant Requête Simple, et cliquez sur OK.

La fenêtre Assistant Requête simple s'affiche (voir la Figure 11.6). Elle vous propose de choisir les tables que vous voulez interroger, ainsi que les champs de ces tables avec lesquels vous souhaitez travailler.

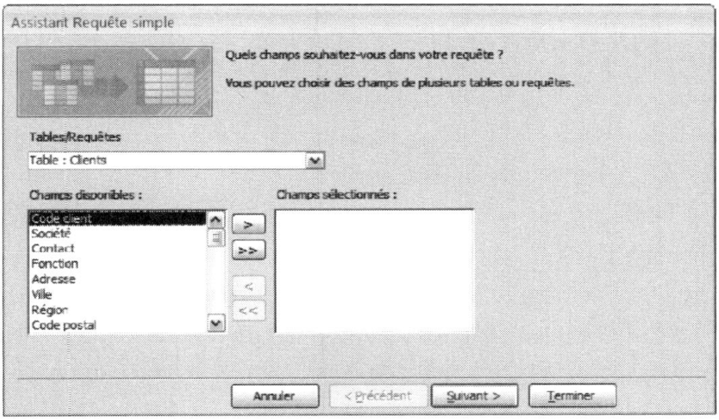

Figure 11.6 : L'assistant Requête simple commence par vous demander de choisir une table.

5. Cliquez sur la flèche qui se trouve à droite de la ligne Tables/Requêtes.

Une liste de toutes les tables et requêtes présentes dans la base de données se déroule.

6. Sélectionnez les champs de votre requête.

Pour sélectionner chaque champ, répétez les étapes suivantes :

a. Cliquez sur la flèche qui se trouve à droite de la liste déroulante Tables/Requêtes (voir la Figure 11.7).

b. Cliquez sur le nom de la table ou de la requête que vous voulez inclure.

La liste Champs disponibles reflète le contenu de la table ou de la requête courante.

c. Dans la liste Champs disponibles, faites un double clic sur le nom de chaque champ à inclure dans la requête.

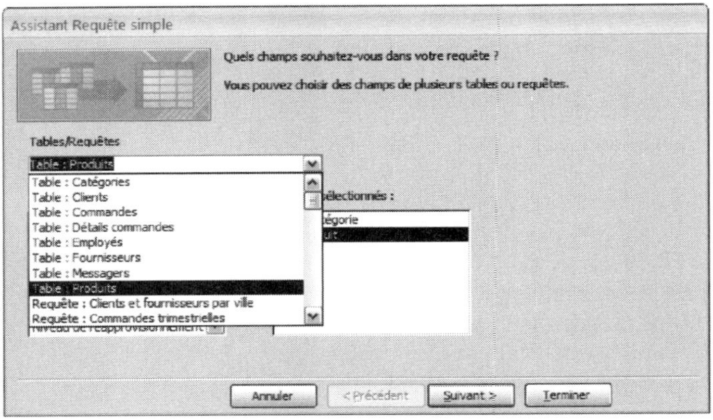

Figure 11.7 : La liste déroulante Tables/ Requêtes.

Si vous commettez une erreur, il vous suffit de faire un double clic sur le nom à retirer dans la liste Champs sélectionnés. Si vous trouvez plus efficace de repartir de zéro, cliquez sur le bouton qui affiche un double chevron tourné vers la gauche (<<). Il efface la totalité des champs sélectionnés.

7. **Une fois terminée votre sélection de champs, cliquez sur le bouton Suivant.**

   Si l'assistant détermine que les relations entre les tables sélectionnées sont solidement établies, tout va bien. La fenêtre illustrée sur la Figure 11.8 va apparaître.

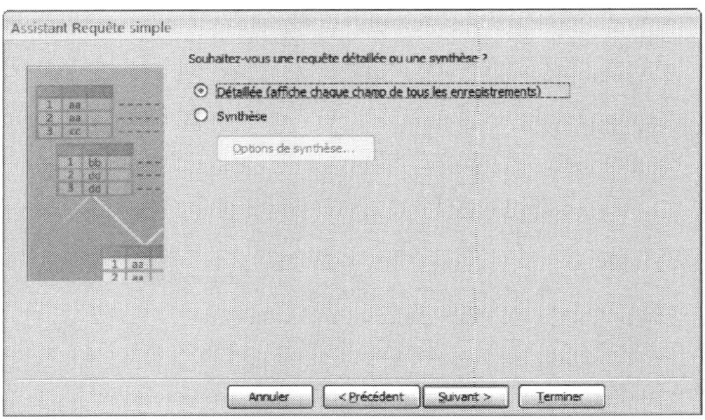

Figure 11.8 : Synthèse ou détails, c'est vous qui décidez.

ATTENTION !

Si vous incluez des champs provenant de deux tables entre lesquelles il n'existe pas de relation, un message d'avertissement apparaît (voir la Figure 11.9). Il vous rappelle que toutes les tables utilisées dans la requête doivent posséder une relation, et elle vous suggère de corriger le problème avant de continuer. En fait, vous ne pouvez même pas aller plus loin tant que vous n'aurez pas :

- Supprimé tous les champs de la requête qui concernent des tables non liées.

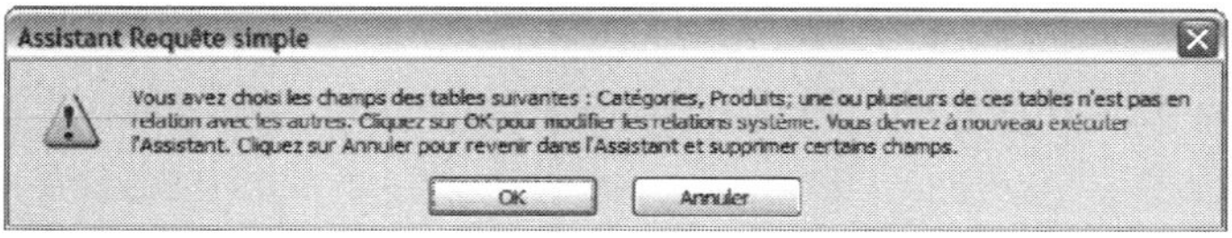

Figure 11.9 : Message d'avertissement à propos des relations.

Ou bien

- Corrigé les relations de manière à ce que les tables sélectionnées soient correctement liées.

8. **Si l'assistant vous demande de choisir une requête détaillée et une synthèse, cliquez sur le bouton radio qui correspond à votre souhait, puis sur Suivant.**

   Détaillée crée une feuille de données listant dans le détail (comme l'indique le nom de l'option) tous les enregistrements qui vérifient la requête.

   Synthèse indique à l'assistant que vous préférez voir un état synthétique des informations.

TRUC

Une synthèse permet d'effectuer des calculs sur des champs numériques (sommes, moyennes, etc.). Dans le cas de champs de texte, Access peut par exemple compter le nombre d'enregistrements.

Si vous voulez personnaliser ces opérations, cliquez sur le bouton Options de synthèse. La boîte de dialogue correspondante apparaît (voir la Figure 11.10). Cochez les calculs à effectuer dans la liste, puis cliquez sur OK.

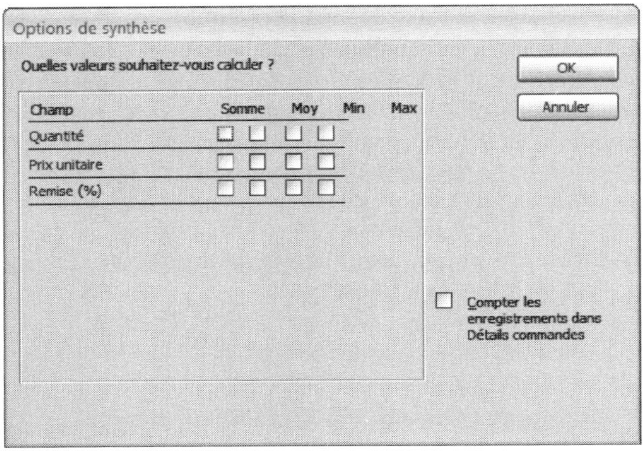

Figure 11.10 : La boîte de dialogue Options de synthèse.

Vous vous demandez comment l'assistant s'y prend pour opter entre détails et synthèse ? Voyez l'encadré "Synthétiser ou ne pas synthétiser".

9. **La dernière fenêtre de l'assistant (déjà !) vous propose un champ et deux boutons radio :**

   Si vous voulez voir comment la requête est construite (et peut-être même la personnaliser), cliquez sur Modifier la structure de la requête.

   L'assistant vous envoie immédiatement en salle d'opération pour que vous puissiez réaliser un lifting (par exemple inclure un tri et des totaux).

   Pour satisfaire votre curiosité et visualiser tout de suite les résultats fournis par l'assistant, cliquez sur Ouvrir la requête pour afficher les informations.

   Dans ce cas, les données vérifiant la requête seront présentées sous la forme d'une classique feuille de données.

10. **Entrez un nom pour votre requête dans le champ du haut. Il ne vous reste alors qu'à cliquer sur Terminer.**

    L'assistant construit votre requête, la sauvegarde sous le nom que vous venez de lui donner, puis il affiche les résultats, comme l'illustre la Figure 11.11.

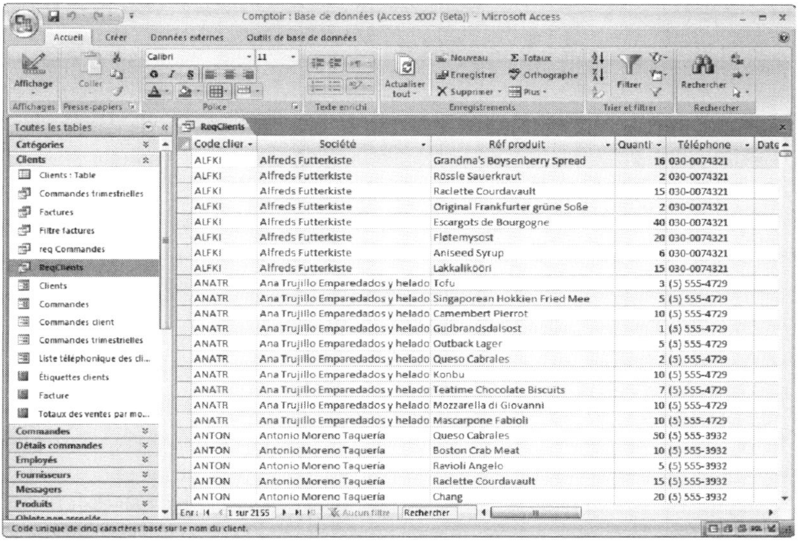

Figure 11.11 : Résultats d'une requête construite à l'aide de l'assistant.

Synthétiser ou ne pas synthétiser

Détail, synthèse ? Comment l'assistant fait-il pour trancher ? Les ordinateurs sont un peu comme les gens. Les choses semblent parfois arbitraires, mais il existe quand même quelques raisons cachées derrière elles.

L'assistant affiche les étapes détail ou synthèse si l'une au moins des deux assertions suivantes est vraie :

- Les champs de votre requête proviennent de deux tables qui sont associées dans une relation un-à-plusieurs (ces relations sont expliquées dans le Chapitre 4).
- Un champ sélectionné contient une donnée numérique.

Champagne pour tous ! Vous venez de donner naissance à une nouvelle requête.

Lorsque vous terminez les étapes décrites ci-dessus, l'assistant enregistre automatiquement la requête dans la base de données en lui attribuant le nom spécifié dans la dernière fenêtre.

A propos des autres assistants

En plus des requêtes simples, le bouton Assistant Requête vous propose trois autres choix. Décrivons-les brièvement.

- Analyse croisée : Synthétise des multiples lignes de données dans une feuille de données. Les utilisateurs d'Excel reconnaîtront ce que l'on y appelle des tables pivot (ou tableaux croisés dynamiques).
- Trouver les doublons : Fait ce qu'il dit, autrement dit localise des enregistrements en double dans une table ou une requête.

  C'est vraiment utile, cet assistant ? Absolument. Une personne reçoit deux courriers promotionnels (un, c'est déjà de trop). Le premier est adressé à Paul-Henri Dupont et le second à Paul-H Dupont. Dans la base de données de l'expéditeur, ces variantes forment deux enregistrements distincts. Si la société qui vous envoie sa publicité avait vraiment le souci de son argent et de votre temps, elle exécuterait une requête en recherche de doublons à partir du nom et de l'adresse du destinataire. Si deux personnes portent le même et ont la même adresse, il s'agit plus que vraisemblablement d'un seul individu ou de deux membres de la même famille. L'un des deux enregistrements peut alors être supprimé pour éliminer ce publipostage inutile.
- Non-correspondance : Trouve les enregistrements sans lien dans deux tables qui partagent un champ commun.

  Si une commande a été enregistrée au nom d'une personne inconnue dans la table Clients, vous avez un problème. Votre système contient une commande, et personne à qui la livrer et la facturer... Comment une telle chose peut-elle arriver ? L'intégrité référentielle évite la présence dans une table enfant d'un enregistrement sans correspondance dans sa table parent (voyez le Chapitre 4 à ce sujet). Si vous n'activez pas cette intégrité référentielle, il est parfaitement possible de saisir une commande sans client. L'assistant Requête Non-correspondance va localiser les enregistrements qui posent des problèmes référentiels, ce qui vous aidera à résoudre le dilemme.

Plongée dans la mer des requêtes

Si vous utilisez régulièrement Access, vous aurez besoin de savoir comment construire manuellement une requête. C'est là que le mode Création entre en jeu. Voilà qui peut sembler angoissant, mais apprendre à plonger au milieu des requêtes est bien plus dangereux que nager au milieu des requins... Promis !

NOTE TECHNIQUE

La Figure 11.12 illustre la manière dont se présente une requête en mode Création.

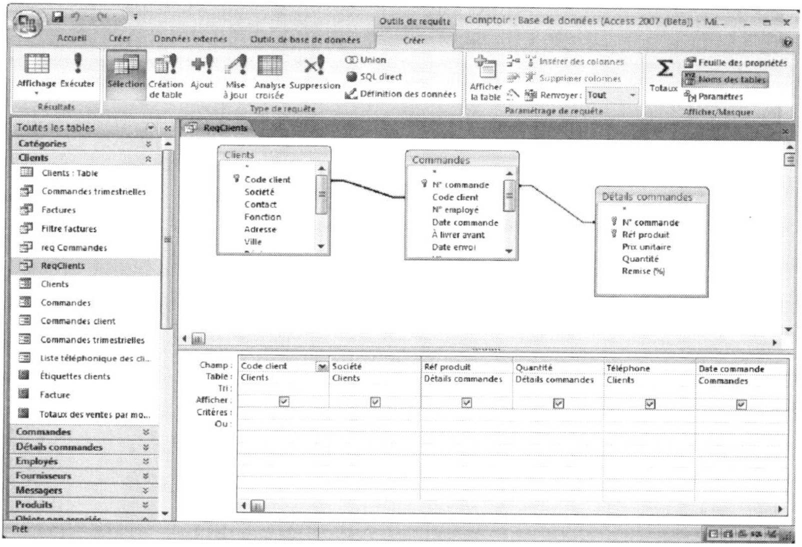

Figure 11.12 : Requête en mode Création montrant les détails des commandes.

- La partie du haut de la fenêtre sert à disposer les tables que vous voulez incorporer dans la requête.
- La partie du bas est une grille qui contient les champs, les tables, le mode de tri et d'affichage, ainsi que les critères servant à générer les résultats.

Pour construire une requête basée sur plusieurs tables en mode Création, suivez ces étapes :

1. **Activez l'onglet Créer du ruban.**
2. **Dans le groupe Autre (à droite du ruban), cliquez sur le bouton Création de requête.**

   La boîte de dialogue Afficher la table apparaît. Elle contient la liste de toutes les tables et requêtes disponibles dans la base de données.

Absolument : vous pouvez créer une requête à partir d'une autre requête.

3. **Ajoutez à votre requête les tables dont vous avez besoin :**

   a. Dans la boîte de dialogue Afficher la table, faites un double clic sur le nom de chaque table ou requête que vous voulez utiliser.

      A chaque fois, une petite fenêtre listant tous les champs de la table vient se poser sur le plan de travail.

   b. Cliquez sur le bouton Fermer de la boîte de dialogue lorsque vous avez terminé.

      La boîte de dialogue disparaît.

Dans la fenêtre de requête, les lignes qui connectent vos tables montrent les relations entre celles-ci.

4. **Dans les fenêtres des tables (et/ou requêtes), faites un double clic sur les noms des champs que vous voulez voir figurer dans les colonnes du bas (vous pouvez aussi faire glisser une ligne sur la colonne voulue).**

Voici quelques conseils pour gérer vos champs :

- Choisissez de préférence vos champs en respectant l'ordre où ils doivent apparaître dans les résultats de la requête (vous pouvez les déplacer sur la grille en cliquant en haut de la colonne, puis en faisant glisser celle-ci, mais pourquoi se donner du travail supplémentaire ?).

- Vous pouvez inclure des champs appartenant à n'importe laquelle des tables affichées dans la partie supérieure de l'espace de travail.

Si vous commettez une erreur, il est facile de la réparer :

1. **Cliquez sur le nom du champ en trop dans la grille.**

2. **Dans le groupe Paramétrage de requête du ruban, cliquez sur le bouton Supprimer colonnes.**

   Le champ disparaît de la grille.

Vous êtes maintenant prêt à apporter vos touches finales à la requête (par exemple en triant les données). La prochaine section vous montre comment procéder.

Ajouter les touches finales

Pour trier et sélectionner les résultats de votre requête, procédez de la manière suivante :

1. **Répétez ces étapes pour chaque champ que vous voulez trier :**

   a. Cliquez dans la cellule Tri sous le nom du champ.

   b. Cliquez sur la flèche qui apparaît à droite de la cellule.

   c. Choisissez le sens du tri : Ascendant ou Descendant.

   TRUC

   Pour annuler un tri, choisissez l'option (Non trié).

   TRUC

   L'encadré "Juste ça, et dans cet ordre" vous montre comment arranger les champs triés. Tout ce que vous pouvez avoir besoin de savoir sur les tris est expliqué dans le Chapitre 11.

2. **Sur la ligne Critères de chaque champ auquel vous voulez appliquer une certaine restriction, tapez le critère approprié à vos intentions.**

   Pour montrer par exemple les produits dont le stock est supérieur à 50 unités, vous pourriez saisir >50 sur la ligne Critères de la colonne Unités en stock. Le Tableau 11.1 montre quelques exemples de critères.

   NOTE TECHNIQUE

3. **Si vous voulez masquer un champ dans le résultat final, cliquez sur la case à cocher de la ligne Afficher afin de la désélectionner.**

   Il est difficile de se tromper : il y a une seule case à cocher par colonne, et elle se trouve sur la ligne Afficher.

Une fois que vous avez indiqué à la requête comment trier et sélectionner les données, il ne vous reste plus qu'à juger de son efficacité en l'exécutant.

Enregistrer la requête

Pour enregistrer la requête que vous venez de créer, suivez ces étapes :

1. **Vérifiez votre travail une dernière fois. Si vous êtes certain que tout est parfait, cliquez sur le bouton Enregistrer de la barre d'outils Accès rapide.**

   La boîte de dialogue Enregistrer sous apparaît.

2. **Saisissez un nom pour votre requête, puis cliquez sur OK.**

Exécuter la requête

Votre requête est enregistrée, il ne vous reste plus qu'à l'exécuter. C'est le moment que vous attendiez avec une légitime impatience :

1. **Vérifiez tout de même une dernière fois que tout est correct.**

   Inspectez les champs que vous avez choisis, de même que les autres paramètres et réglages définis dans la grille. L'encadré "Quelques problèmes dans les requêtes" vous aiguille vers les erreurs les plus fréquentes.

2. **Cliquez sur le bouton Exécuter (le gros point d'exclamation qui barre la gauche du ruban, dans le groupe Résultats de l'onglet Créer).**

   Est-ce que vous obtenez les résultats que vous escomptiez ? Si ce n'est pas le cas, revenez au mode Création pour affiner ou corriger votre travail. Pour cela, cliquez à gauche du ruban sur le bouton Affichage.

Cinquième partie

Access dans tous ses états

"Oui, je sais comment interroger le programme pour obtenir des informations. Mais comment faire pour les divulguer ?"

Dans cette partie...

Vous étudierez donc dans cette partie les techniques simples ou puissantes qu'Access met à votre disposition pour générer des états, mais aussi pour réaliser du publipostage de masse, imprimer des étiquettes pour vos produits, et ainsi de suite. Et voilà pour le sourire de la crémière.

Chapitre 12

Etats automatiques

Dans ce chapitre :

- Créer un état instantané à partir d'une seule table.
- Apporter des modifications mineures à un état instantané.
- Définir un état étape par étape à l'aide d'un assistant.

Le fait que vous lisiez ce chapitre me dit que soit quelqu'un vous a demandé de créer un état, soit vous êtes rempli d'inquiétude à ce sujet. J'ai bien utilisé le mot *inquiétude* (pour ne pas dire effroi), car c'est ce que ressentent de nombreux utilisateurs à l'idée de produire un rapport à partir des données d'une base. Vous vous demandez peut-être à cet instant si vous allez devoir apprendre des fonctionnalités véritablement complexes d'Access. Ou bien s'il va vous falloir maîtriser les arcanes d'un certain traitement de texte pour que votre état ait l'air d'autre chose qu'une morne liste d'enregistrements.

TRUC

Si tous les chemins mènent à Rome, il n'en existe que deux possibles selon le genre d'état que vous voulez produire (ou que l'on vous réclame). Appelons-les *bouton Etat* et *assistant Etat*. Il vous suffit de comprendre quand et comment choisir votre route. Nous allons donc commencer par les étudier de façon générale avant de voir plus précisément les procédures spécifiques au plus simple de ces outils.

Etats automatiques : vite fait, bien fait

L'assistant et le bouton Etat rendent extrêmement simple la création de rapports de synthèse à partir de vos données. Dès que vous avez ouvert la bonne table, le bouton Etat vous permet de générer instantanément un rapport (état, rapport.... nous utiliserons au gré des circonstances ces deux mots pour désigner le même objet).

Vous pouvez ensuite ajuster les marges, les polices de caractères et autres options de mise en forme pour personnaliser l'état, ou encore pour le faire tenir sur un certain nombre de pages.

Si vous utilisez l'assistant Etat, vous serez conduit par la main pour sélectionner les tables et les champs à inclure dans le rapport, choisir un style de présentation et définir la mise en page.

Chaque méthode offre un certain nombre d'avantages sur l'autre. Tout dépend de la situation :

- **Si vous avez besoin de la totalité des champs d'une unique table,** et si vous n'êtes pas traumatisé par le fait que votre état ressemble un peu à une feuille de calcul (ou de données), le bouton Etat est exactement ce qu'il vous faut. Il est rapide, efficace et ne mobilise ni la fanfare municipale ni les corps constitués.
- **Si vous voulez choisir les champs qui apparaîtront dans votre rapport,** et peut-être croiser des informations provenant de plusieurs tables, faites appel à l'assistant Etat. La méthode est un peu moins rapide, mais la possibilité de personnaliser l'apparence du rapport via une série de boîtes de dialogue offre davantage de souplesse et de puissance.

Créer un état avec une seule table

Deux clics de souris devraient suffire à votre bonheur :

1. **Ouvrez la table pour laquelle vous voulez créer un état.**
2. **Ouvrez l'onglet Créer, puis cliquez sur le bouton Etat (voir la Figure 12.1).**

   La table ouverte devient un état. Vous remarquerez qu'il est disposé comme une feuille de données : les champs sont en colonnes, et les enregistrements en ligne. L'état affiche également un en-tête ainsi qu'un logo graphique dans son coin supérieur gauche. Quelques couleurs lui sont données par l'intermédiaire d'un modèle par défaut. Le titre de l'état reprend simplement le nom de la table.

3. **Il ne vous reste plus qu'à choisir la commande Imprimer sous le Bouton Office (ou à appuyer sur Ctrl+P) pour obtenir une version papier de ce que vous voyez à l'écran.**

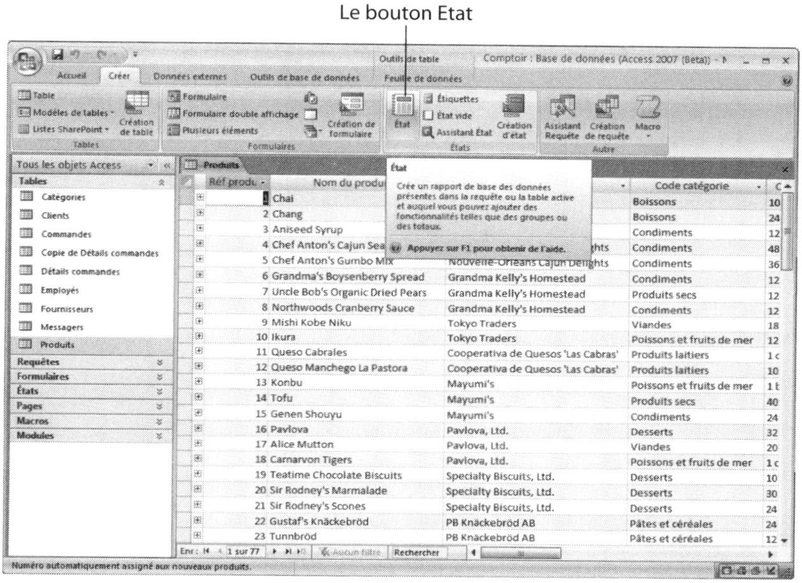

Figure 12.1 : Le bouton Etat se trouve au milieu du ruban Créer.

Il est bien entendu possible de se contenter de l'état tel qu'il est affiché par Access.

TRUC

Si vous enregistrez dès maintenant votre base de données, l'état (avec son propre onglet, tel que l'illustre la Figure 12.2) sera également sauvegardé. Vous le retrouverez la prochaine fois que vous ouvrirez la base.

Options de mise en forme

Même si l'outil Etat ne fonctionne qu'avec une seule table (ou requête) à la fois, il propose tout de même quelques options pour personnaliser l'aspect du rapport ainsi que la disposition des champs.

Sous l'onglet Mise en forme (dans les Outils de présentation de rapport), vous avez la possibilité de choisir divers réglages pour la mise en forme tabulaire de l'état. Ainsi, chaque enregistrement peut être disposé sur sa propre ligne, les données étant disposées en colonnes, ou bien être empilés verticalement pour que, par exemple, un nom et un prénom apparaissent ensemble. C'est ce qu'illustre la Figure 12.3.

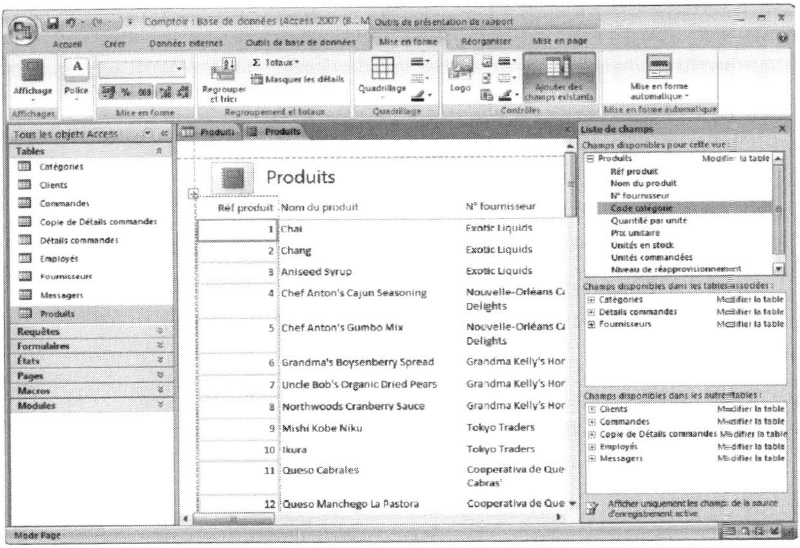

Figure 12.2 : L'état possède son propre onglet et il peut être sauvegardé à l'intérieur de la base de données.

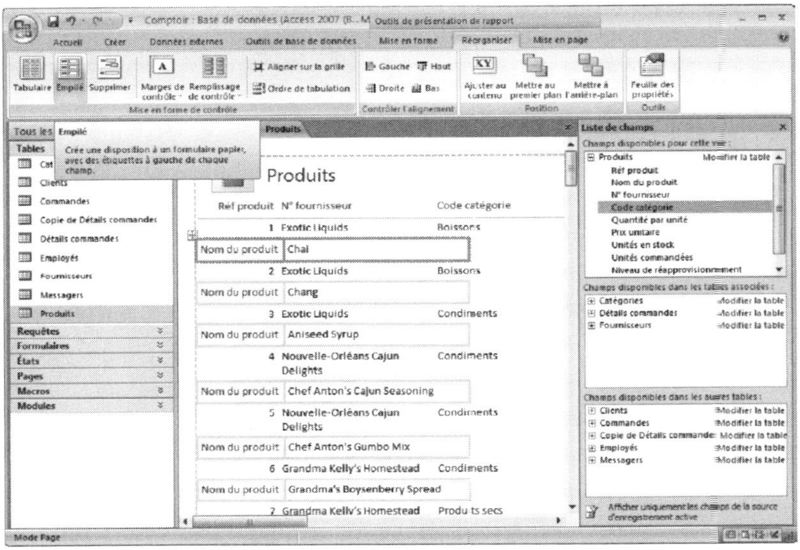

Figure 12.3 : Vous pouvez empiler vos champs pour diminuer la largeur de votre état et regrouper des données liées.

Vous ne trouvez pas les boutons qui donnent accès à ces options ? Activez l'onglet Réorganiser (dans les Outils de présentation de rapport) et regardez dans le groupe de gauche (Mise en forme de contrôle). Pour disposer des informations en colonne, cliquez sur le nom du champ que vous voulez placer *sous* l'information principale, puis sur le bouton Empilé. Vous disposez aussi du bouton Tabulaire si vous voulez afficher un contrôle par champ, et un enregistrement par page. Mon avis ? Amusez-vous à essayer différentes mises en page, et imprimez lorsque ce que vous voyez sur votre écran vous convient. Entre deux essais, servez-vous du bouton Annuler de la barre d'outils Accès rapide pour revenir à l'étape précédente.

Il est également possible de supprimer les contrôles de mise en forme, ramenant ainsi l'état à son style par défaut : de simples séries de lignes dont les champs sont disposés en colonne. Quant au bouton Supprimer, il efface la mise en forme appliquée (mais il est vrai que son impact n'est pas toujours parfaitement évident).

Modifier la disposition des colonnes

Vous pouvez non seulement empiler les colonnes, mais aussi en modifier la disposition de manière à ce que les destinataires de votre état repèrent plus facilement les informations essentielles (en supposant qu'ils lisent de gauche à droite).

Pour déplacer une colonne, cliquez simplement sur son en-tête. Faites alors glisser le pointeur de la souris vers la gauche ou vers la droite. Un trait vertical marque le futur emplacement (voir la Figure 12.4). Bien entendu, les données suivront l'en-tête !

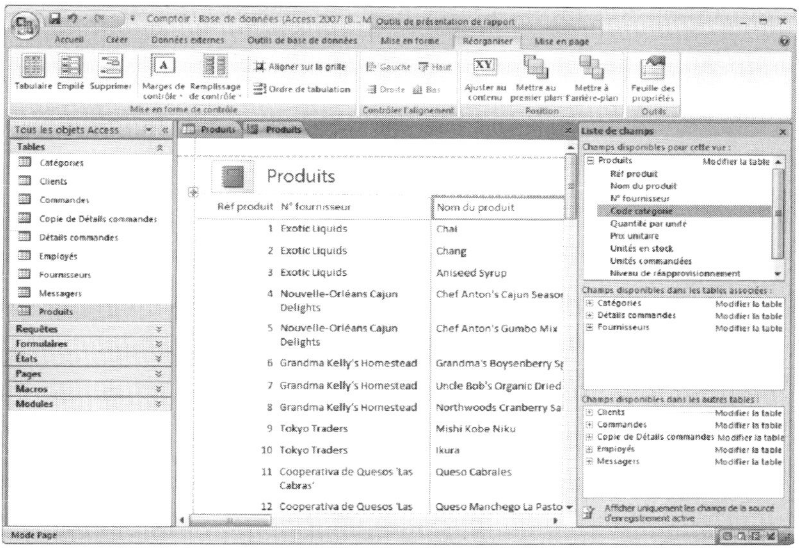

Figure 12.4 : Le fournisseur précède maintenant le produit.

Redimensionner les colonnes

Votre but est certainement de faire tenir tous vos enregistrements sur une seule page (s'ils sont peu nombreux), ou à tout le moins de grouper les champs de manière à ce qu'ils tiennent tous sur la largeur de chaque page. Il n'est pas si facile d'obtenir ce résultat lorsque l'état contient tous les champs de la table. Même en mode Paysage, faire tenir noms, prénoms, adresses et ainsi de suite en moins de 29 cm risque de rendre le rapport pratiquement illisible. Vous devrez donc réduire manuellement la largeur des colonnes pour qu'elles se contentent d'afficher l'information la plus longue contenue dans le champ correspondant.

Si l'empilage des données ne suffit pas à réduire suffisamment la largeur de votre état, essayez le bouton Ajuster au contenu. Vous le trouverez également sous l'onglet Réorganiser des Outils de présentation de rapport (dans le groupe Position). Ce bouton ajuste la largeur de la colonne active en s'efforçant de concilier dimensions et contenu (voir la Figure 12.5). En moyenne, cela permet de réduire l'espace occupé horizontalement d'environ 50 %.

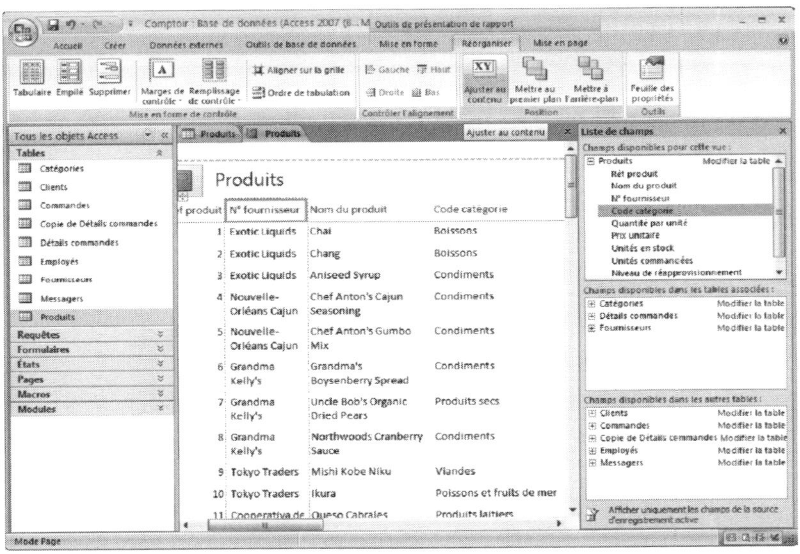

Figure 12.5 : Utiliser le bouton Ajuster au contenu pour réduire l'espace occupé par vos colonnes.

Cliquez sur l'en-tête de la colonne à redimensionner (dans l'état, pas dans la table), puis sur le bouton Ajuster au contenu. En règle générale, cette action rétrécit la largeur de la colonne. Mais elle peut également l'élargir si vous avez diminué manuellement et trop fortement la dimension horizontale du champ.

TRUC

Etats et requêtes

Access vous permet de baser un état non seulement sur une ou plusieurs tables, mais aussi sur une requête. Ce qui est fabuleux. Quand vous partez d'une table, vous obtenez un état qui affiche tous les enregistrements. Si vous voulez restreindre un rapport aux seules informations dont vous avez besoin, il vous suffit de définir la requête voulue. Servez-vous alors de cette source comme base pour créer votre état.

Les avantages de cette technique ne s'arrêtent pas là. Si votre requête met en jeu plusieurs tables, Access organise gentiment vos résultats dans une seule et même feuille de données. Ceci vous permet d'utiliser l'outil Etat sur un ensemble de tables. Access se laisse tromper avec le sourire et un petit clin d'œil. En effet, une fois vos tables combinées dans une requête, celle-ci est considérée comme étant la source unique de l'état. Si vous avez besoin de réviser la création de requêtes complexes, revoyez le Chapitre 12.

TRUC

Vous pouvez éditer manuellement la largeur de vos colonnes. Cliquez sur un en-tête afin de l'activer. Déplacez le pointeur sur le bord gauche ou droit du cadre qui délimite cet en-tête. Le pointeur va prendre l'aspect d'une double flèche. Cliquez et faites glisser pour adapter l'espace occupé par le champ à vos besoins (voir la Figure 12.6).

Exécuter l'assistant Etat

Vous avez décidé de procéder étape par étape, peut-être parce que vous voulez inclure dans votre état plusieurs tables et/ou requêtes. A moins tout simplement que ce ne soit votre méthode préférée. Ou encore parce que vous voulez voir comment se déroule ce processus.

Dans tous les cas, soyez rassuré d'entrée : l'assistant Etat est simple à manier (en fait, il ressemble beaucoup à l'assistant Formulaire). Quelques petites étapes et menues décisions suffiront à l'assistant pour produire le rapport qui assurera (peut-être) votre promotion dans l'entreprise. Voici comment procéder :

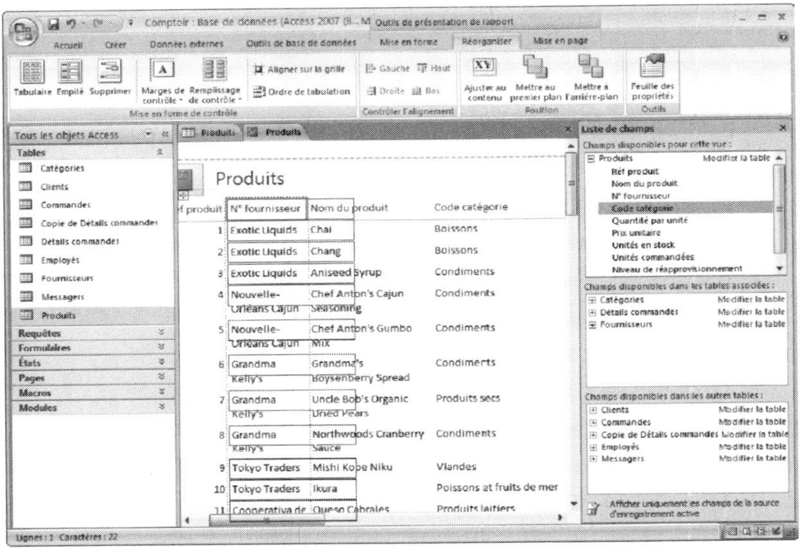

Figure 12.6 : Cliquez et faites glisser le bord d'une colonne pour l'élargir ou la rétrécir.

1. **Cliquez sur l'onglet Créer, puis sur le bouton Assistant Etat.**

   La boîte de dialogue Assistant Etat apparaît. Elle liste tous les champs de la table active (voir la Figure 12.7). Vous y trouvez :

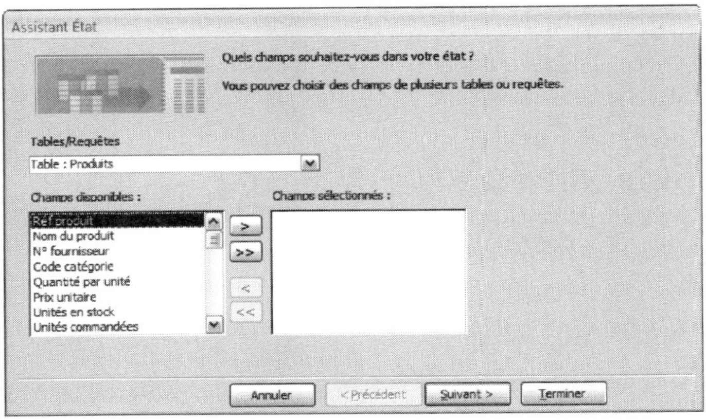

Figure 12.7 : L'assistant Etat vous permet de choisir les tables et les requêtes utilisées dans votre rapport.

- Une liste déroulante proposant toutes les tables et requêtes disponibles dans la base de données.

- Deux colonnes (Champs disponibles et Champs sélectionnés) qui vous permettent de définir le contenu de votre futur état.

2. **Utilisez la liste Tables/Requêtes pour sélectionner la table avec laquelle vous voulez débuter.**

   Les champs de cette table apparaissent dans la zone Champs disponibles.

3. **Faites un double clic sur les champs que vous voulez ajouter à l'état.**

   Leurs noms sont déplacés vers la rubrique Champs sélectionnés (voir la Figure 12.8). Vous pouvez aussi cliquer une fois sur un nom, puis sur le bouton qui affiche le symbole >.

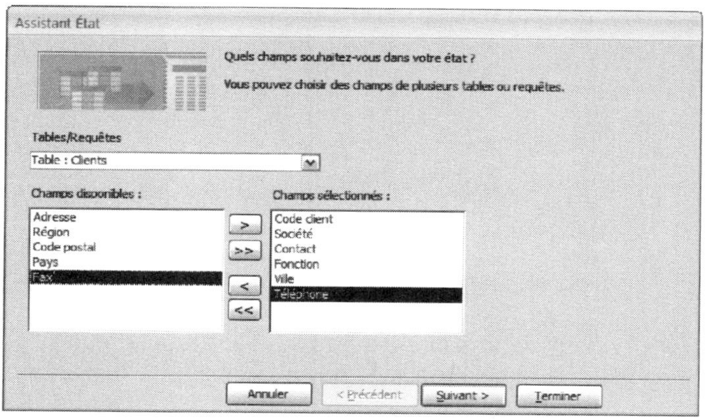

Figure 12.8 : Ajouter des champs à l'état.

4. **Répétez les étapes 2 et 3 pour chaque table et/ou requête que vous voulez inclure dans votre rapport.**

   TRUC

   Si vous voulez ajouter tous les champs d'un coup, cliquez sur le bouton qui comporte deux signes plus grand que (>>).

   TRUC

   Si vous avez ajouté trop de champs, sachez que la même méthode fonctionne dans l'autre sens : de la liste Champs sélectionnés vers Champs disponibles. Les boutons eux aussi changent de direction : ils deviennent < (champ courant) et << (tous les champs).

5. **Cliquez sur le bouton Suivant pour passer outre aux regroupements. Cela est rarement nécessaire dans un état simple.**

6. **Choisissez un ordre de** `tri` **qui corresponde de préférence à l'information principale recherchée par vos lecteurs (voir la Figure 12.9).**

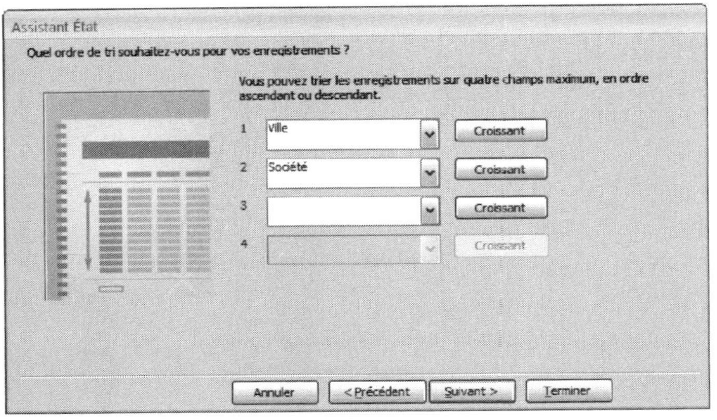

Figure 12.9 : Demandez un tri sur le champ principal de la table, et si nécessaire sur d'autres champs par ordre d'importance décroissante.

Les meilleurs tris se font sur des champs qui ont soit peu soit beaucoup d'entrées dupliquées :

- Dans une liste du type carnet d'adresses, un tri portant sur le champ Nom demandera rarement un second niveau de classement. En effet, ce champ est peu susceptible de créer des séries de groupes de personnes qui formeraient un second niveau de tri (sauf s'il s'agit de toute votre famille).

- Si vous classez la même liste par ville, région ou pays, vous pouvez par contre obtenir de nombreuses entrées identiques. Il sera alors utile de définir un second niveau de tri portant sur les noms. Vous regrouperez ainsi facilement les informations qui correspondent à tous vos clients habitant Aix, Bordeaux, et ainsi de suite jusqu'à Yvetot.

- Choisissez le sens croissant ou décroissant en cliquant sur le bouton correspondant.

7. **Cliquez sur Suivant pour passer à la prochaine étape.**

8. **Choisissez une disposition ainsi qu'une orientation à l'aide des deux boutons radio proposés. Quand c'est fait, cliquez sur Suivant.**

   - Les options de disposition sont plutôt simples : vous voulez afficher votre état soit dans le style feuille de données (Tabulaire), soit sous forme de rubriques (Verticale) dans lesquelles chaque enregistrement apparaît dans sa propre section. L'option Justifié est une variante de Tabulaire dans laquelle les champs forment une espèce d'empilage.
   - Pour choisir l'orientation (Portrait ou Paysage), essayez de visualiser l'état final dans votre tête. Si vous pensez que les champs ne tiendront pas tous sur une feuille de papier normalement constituée (c'est-à-dire en 21 cm moins les marges), cliquez sur Paysage afin d'imprimer sur toute la longueur des pages.

TRUC

N'utilisez la version Justifié que si votre état ne comporte que très peu de champs pour chaque enregistrement.

La Figure 12.10 montre le choix de disposition le plus courant.

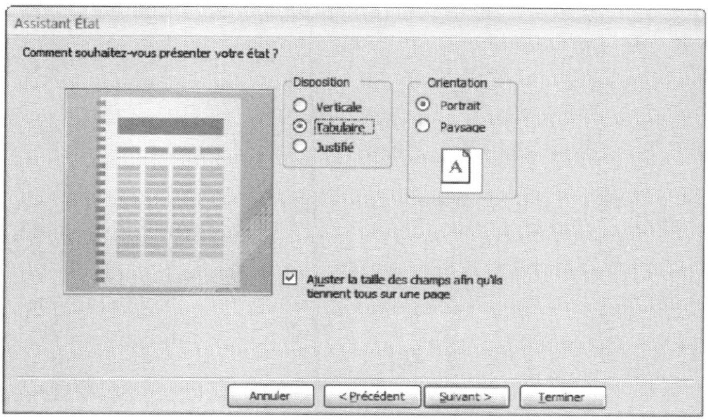

Figure 12.10 : Définissez la disposition et l'orientation de votre état.

ATTENTION !

Si l'état comporte plus de quatre ou cinq champs par enregistrement, il est préférable de désactiver l'option Ajuster la taille des champs afin qu'ils tiennent tous sur une page. Sinon, vous courez le risque de rendre le rapport illisible, et donc inutilisable.

9. Sélectionnez un style pour votre rapport, puis cliquez sur Suivant.

Vous disposez de plusieurs `modèles prédéfinis` (sans compter *Aucun*, qui n'applique aucun formatage particulier). Cliquez sur chaque nom pour afficher un petit aperçu dans la fenêtre de droite (voir la Figure 12.11).

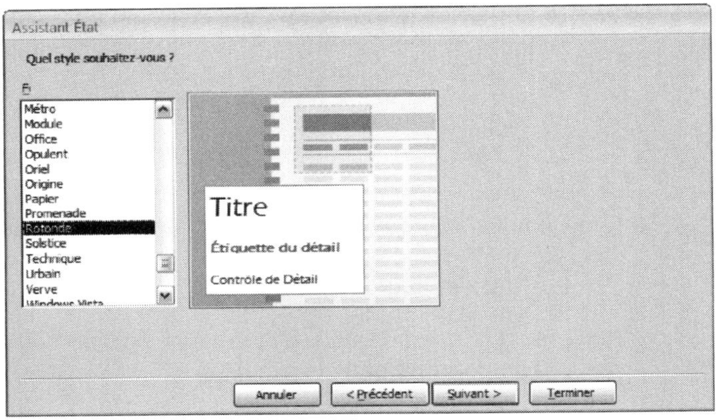

Figure 12.11 : Choisissez un style qui correspond à la tonalité de vos données.

10. Donnez maintenant un titre à votre état.

Tapez un intitulé clair et explicite dans le long champ de saisie qui se trouve en haut de la fenêtre.

11. Cliquez sur Terminer.

L'état apparaît en mode Aperçu. Vous pouvez alors l'imprimer, ou bien le fermer et le sauvegarder pour de futures utilisations.

Aperçu sur votre état

Lorsque vous êtes en mode Aperçu avant impression (vous venez de terminer la construction de votre état à l'aide de l'assistant, ou bien vous avez cliqué sur cette option dans le menu Affichage, sous l'onglet Accueil), vous ne pouvez plus faire grand-chose si ce n'est affiner la configuration de la mise en page avant d'imprimer le rapport (et éventuellement d'exporter celui-ci).

Le Tableau 12.1 décrit brièvement les outils que vous propose alors le ruban (en allant de gauche à droite).

Tableau 12.1 : Outils de l'aperçu avant impression.

Groupe	Bouton	Ce qu'il fait
Imprimer	Imprimer	Ouvre la boîte de dialogue Imprimer.
Mise en page	Taille	Vous permet de choisir un format de papier.
Mise en page	Portrait	Oriente votre état en mode Portrait.
Mise en page	Paysage	Oriente votre état en mode Paysage.
Mise en page	Marges	Vous permet de choisir entre des marges extérieures larges, étroites ou normales.
Mise en page	Afficher les marges	Affiche ou masque les lignes représentant la position des marges.
Mise en page	Données seulement	Inclus uniquement les données dans l'état (en supprimant les titres et la mise en forme).
Mise en page	Colonnes	Ouvrez l'onglet Colonnes de la boîte de dialogue Mise en page afin d'y configurer la disposition d'un rapport en colonnes.
Mise en page	Mise en page	Ouvre la boîte de dialogue Mise en page.
Zoom	Zoom	Permet de choisir l'agrandissement de la vue.
Zoom	Une page	Affiche une page du rapport à la fois.
Zoom	Deux pages	Affiche deux pages du rapport à la fois.
Zoom	Plus de pages	Affiche quatre, huit ou douze pages du rapport à la fois.
Données	Actualiser tout	Rafraîchit l'état afin d'afficher les données les plus récentes.
Données	Excel	Exporte l'état dans une feuille de calcul Excel.
Données	Liste SharePoint	Exporte l'état vers une liste SharePoint.
Données	Word, Fichier texte, Plus	Ces boutons permettent d'exporter l'état dans divers formats de fichier.
Fermer l'aperçu	Fermer l'aperçu	J'ose à peine le dire : ce bouton ferme l'aperçu.

Zoom avant, zoom arrière

Lorsque l'assistant Etat termine son travail et affiche l'état en mode Aperçu, il est peu probable que vous puissiez voir la totalité de la page. Faudrait-il imprimer sans être capable de vérifier si tout va bien ? Evidemment non. Lorsque vous promenez le pointeur au-dessus de l'aperçu, il prend l'aspect d'une loupe affichant en son centre un signe moins (ou plus selon le cas). Cliquez une fois et Access affichera la page en entier (exactement comme elle devrait apparaître sur le papier). Cliquez à nouveau, et vous revenez au grossissement précédent.

Vous pouvez aussi cliquer sur l'un des boutons Une page, Deux pages et Plus de pages pour modifier le mode d'affichage. Avec deux pages à l'écran, la première apparaît toujours à gauche (à la différence des livres...). Avec quatre, huit ou douze pages, il est peu probable que vous arriverez à lire quoi que ce soit, mais cela vous procurera une certaine idée de ce que donnerait l'impression.

Et le menu surgit

Lorsque vous cliquez sur l'aperçu avec le bouton droit de la souris, vous voyez s'afficher un menu contextuel qui vous permet notamment de personnaliser votre affichage plus précisément qu'avec les boutons du ruban : facteur de zoom allant de 10 à 1000 %, nombre de pages personnalisé, etc. Vous y retrouvez également d'autres options disponibles dans le ruban.

En plus du choix du zoom, le menu contextuel vous propose plusieurs options utiles :

- **Modes Rapport/Page/Création/Aperçu avant impression :** Ces quatre modes vous offrent plusieurs méthodes permettant d'afficher ou configurer votre état.
- **Une page/Afficher plusieurs pages :** Dans le sous-menu Plusieurs pages, indiquez à Access le nombre de feuillets qu'il doit afficher en faisant glisser le pointeur sur la grille. Celle-ci se présente au départ sous la forme d'un rectangle de trois cases sur deux, mais elle s'agrandit si vous continuez à faire glisser le pointeur. Le maximum est de cinq pages dans le sens horizontal sur quatre pages dans la direction verticale. Relâchez le bouton de la souris lorsque la grille affiche la disposition souhaitée.

- **Mise en page :** Affiche la boîte de dialogue de même nom.
- **Imprimer :** Ouvre la boîte de dialogue Imprimer (surprise !).
- **Enregistrer sous :** Choisissez cette commande si vous voulez sauvegarder votre état sous un nouveau nom. Choisissez si possible la nature de l'objet à enregistrer.
- **Exporter :** Cette commande vous permet d'enregistrer un état dans un format reconnu par d'autres programmes : document Word ou RTF, fichier de texte, document XML ou encore page HTML.
- **Envoyer vers :** Cette commande vous permet de transmettre l'état en tant que pièce jointe dans un message électronique.

Chapitre 13

Construire des rapports élaborés

Dans ce chapitre :

- Comprendre les sections des états.
- Utiliser des zones de texte et des étiquettes.
- Visualiser vos modifications.

Dans ce chapitre, nous allons découvrir les principaux outils dont vous disposez pour créer des états personnalisés. De quoi créer des rapports de qualité professionnelle qui feront pâlir d'envie vos collègues.

Comprendre l'affichage des états

Les vues en mode Création et Page servent à fabriquer et personnaliser les états. Quelle vue utiliser et quand, direz-vous ? Excellente question :

- **Mode Création :** Il permet d'ajouter de nouveaux éléments (lignes, titres, sous-titres, et ainsi de suite).

  La Figure 13.1 montre un état en mode Création.

- **Mode Page :** Il simplifie le formatage d'éléments existants (tout en affichant les données telles qu'elles apparaîtront sur la page imprimée).

  La Figure 13.2 montre le même état, cette fois en mode Page.

TRUC

Il existe de multiples manières de basculer entre différents modes de présentation. Voici les plus courantes :

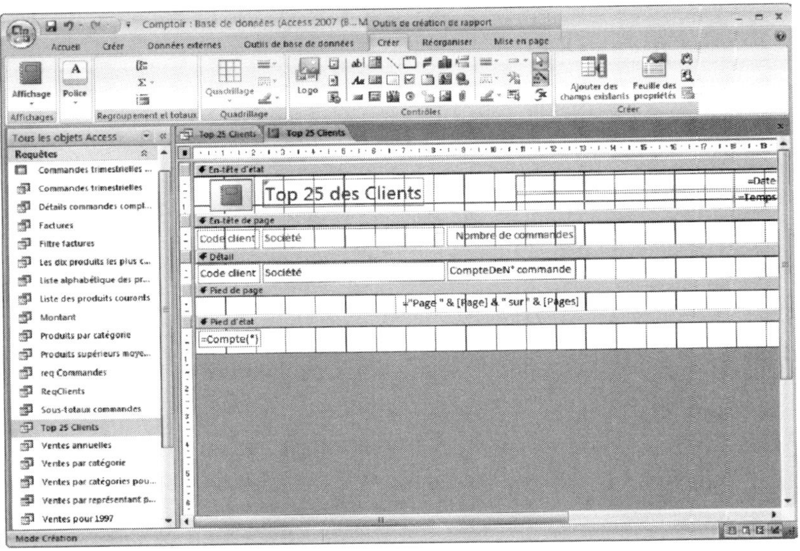

Figure 13.1 : Le mode Création est le mieux adapté pour ajouter de nouveaux éléments à un état.

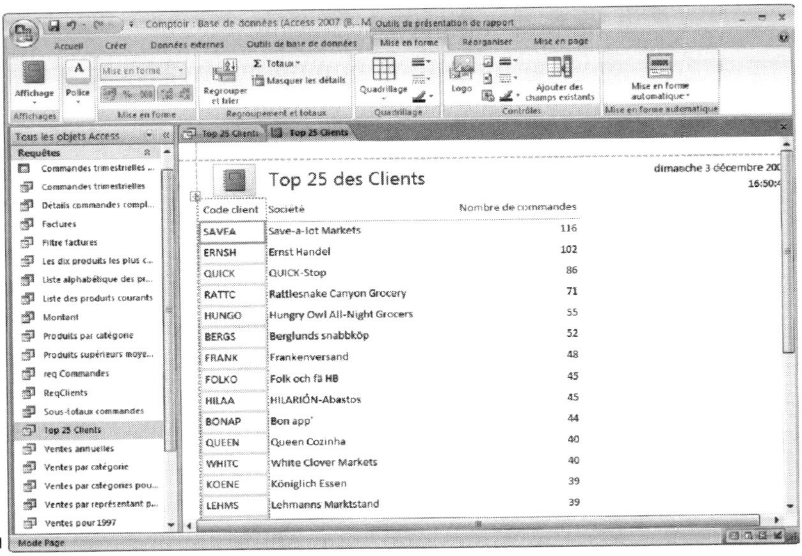

Figure 13.2 : Le mode Page est mieux adapté pour modifier des éléments existants dans l'état.

- **Avec l'assistant Etat :** Il vous demande à la fin si vous voulez prévisualiser ou modifier le rapport. Choisissez la seconde option pour accéder au mode Création.

- **Avec l'aperçu avant impression :** Servez-vous de la rangée de boutons qui se trouve en bas et à droite de la fenêtre d'Access. Ils activent respectivement le mode Rapport, l'aperçu avant impression, le mode Page et enfin le mode Création.

- **A partir du volet de navigation :** Cliquez avec le bouton droit de la souris sur le nom du rapport à ouvrir. Dans le menu contextuel qui s'affiche, choisissez l'une des options Mode Page ou Mode Création.

Organisation des états

Access fournit un certain nombre d'outils pour contrôler la disposition de vos états (afin de définir notamment l'emplacement des données ainsi que la position des sauts de page).

Contrôles et sections

Lorsque vous regardez un état en mode Création ou Page, vous pouvez observer qu'Access affiche tout un tas de "marqueurs" (qu'il appelle *contrôles*) groupés en plusieurs zones (ou *sections*). Voilà qui n'est pas sans rappeler l'organisation des armées romaines (sauf qu'il n'est pas question ici de tortues...). Ce sont les deux types d'éléments qui forment la structure de votre état, autrement dit qui définissent la position des données sur la page imprimée.

Contrôles

Les *contrôles* d'Access déterminent essentiellement deux ordres de propriétés :

- La position sur la page imprimée des éléments qui constituent l'état (textes, lignes, graphismes, etc.).

- La mise en forme de ces éléments.

Selon la nature des informations à présenter, Access utilise deux types de contrôles pour les textes :

- **Zones de texte :** Elles sont destinées à afficher le contenu d'un certain champ dans l'état.

Chaque champ inclus dans l'état doit être associé en mode Création à une zone de texte. Dit autrement, en l'absence d'une zone de texte liée à un champ particulier, celui-ci n'apparaîtra pas dans le rapport final.

- **Etiquettes :** Il s'agit simplement de légendes ou de commentaires qui améliorent la présentation ou la compréhension de l'état.

  Les étiquettes peuvent parfois être autonomes (c'est normalement le cas des titres). Souvent, elles accompagnent une zone de texte et servent à expliquer ce qu'est le champ placé en regard ("Produits" ou "Code Client", par exemple).

Sections

Les *sections* (par exemple, l'en-tête de l'état) déterminent l'emplacement des éléments sur la page imprimée, et la fréquence avec laquelle ils apparaissent.

La Figure 13.3 illustre cela. Elle montre un état en mode Création, avec ses sections les plus courantes (dans l'ordre d'apparition à l'écran).

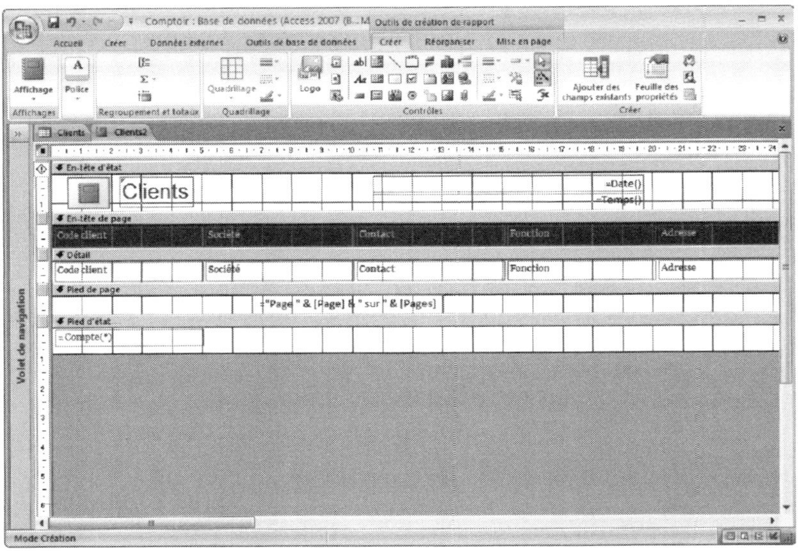

Figure 13.3 : Les principales sections d'un état.

En-têtes

Il existe deux types d'en-têtes selon que vous voulez imprimer une information au début du document ou sur chaque page :

- **En-tête d'état :** Tout ce que contient cette section est imprimé une fois et une seule fois au début du rapport. Il s'agit généralement du titre général de ce rapport.
- **En-tête de page :** Tout ce qui figure ici apparaît en haut de chaque page.

  Sur la première page du rapport, cette section suit immédiatement l'en-tête d'état.

  En priorité, cette section est destinée à contenir les noms des colonnes. Mais vous pouvez aussi y ajouter d'autres éléments (lignes, rectangles ombrés, etc.) afin de séparer cet en-tête des données elles-mêmes.

Détail

La section Détail constitue le cœur de l'état, autrement dit c'est là qu'apparaissent les enregistrements de la base de données. Elle ne figure qu'une seule fois en mode Création. Par contre, elle est répétée pour *chaque* enregistrement affiché dans l'état. C'est ce que permet de vérifier le mode Page.

L'état insère automatiquement autant de sections Détail entre l'en-tête et pied de page que peut en contenir une page.

D'ordinaire, les données de la section Détail remplissent l'essentiel des pages (ce qui est assez normal si l'on considère que c'est pour elles que le rapport est fabriqué...).

Pieds

Il existe deux types de pieds selon que vous voulez imprimer une information au début du document ou sur chaque page :

- **Pied de page :** Tout ce qui figure ici apparaît en bas de chaque page. Les éléments que l'on y trouve le plus souvent sont la date et le numéro de la page courante.

- **Pied d'état :** Tout ce que contient cette section est imprimé une fois et une seule fois à la fin du rapport. Il contient généralement des formules de calcul (par exemple le total des ventes) ou de dénombrement (comme le nombre de clients présentés dans le rapport).

Sauts de page

Par défaut, Access case sur chaque page autant d'enregistrements que possible. Après quoi, il passe à la page suivante. Cependant, vous disposez de plusieurs méthodes pour contrôler le positionnement de ces sauts de page. Vous pouvez ainsi regrouper des enregistrements semblables, afin par exemple de démarrer sur une nouvelle page chacun des mois dans un état des ventes mensuelles. Vous disposez également d'un contrôle que vous pouvez positionner où vous voulez en mode Création fin de provoquer un changement de page.

Insérer un saut de page

Voici comment ajouter un saut de page en mode Création :

1. **Cliquez sur le contrôle Insérer ou supprimer le saut de page dans la boîte à outils Contrôles du ruban.**

   Le pointeur de la souris prend la forme d'une croix accompagnée d'une feuille de papier.

2. **Placez le pointeur là où vous voulez provoquer un changement de page puis cliquez.**

Une petite ligne horizontale apparaît sur le bord gauche de l'état. Ce que vous voyez à cet instant est en fait le saut de page *sélectionné.* Cliquez ailleurs, et la ligne devient une série de points. C'est ce qu'illustre la Figure 13.4. A partir de maintenant, Access changera de page chaque fois qu'il rencontrera ce marqueur.

Supprimer un saut de page

Rien de plus simple à faire :

1. **En mode Création, cliquez sur le marqueur du saut de page.**

2. **Appuyez sur la touche Suppr.**

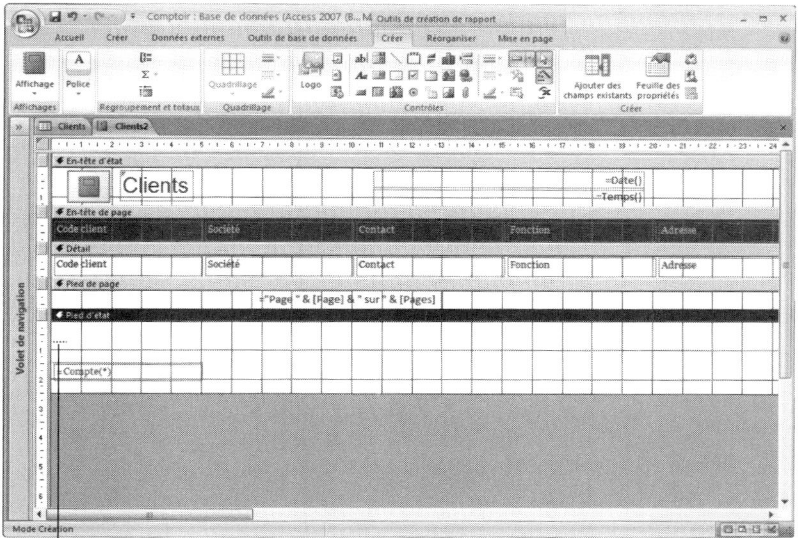

Figure 13.4 : Le contrôle Saut de page dans toute sa gloire.

Saut de page

Et c'est tout !

NOTE TECHNIQUE

Ceci ne supprime pas les sauts de page qui sont automatiquement insérés par Access, ou créés par un regroupement, mais uniquement ceux qui ont été ajoutés à l'aide du contrôle.

Formatage en série

L'onglet Mise en forme du ruban vous permet de modifier pratiquement n'importe quel élément d'un état. Cet onglet vous propose en effet des commandes et des options pour personnaliser polices de caractères, couleurs, filets ou encore alignement (voir la Figure 13.5). Vous pouvez également vous en servir pour ajouter un logo, un numéro de page ou encore une date.

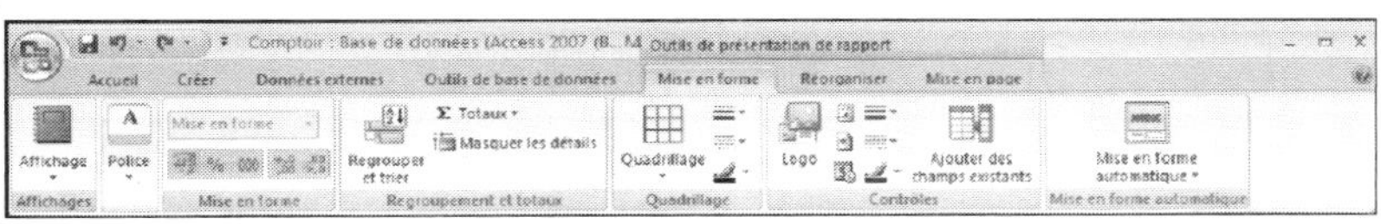

Figure 13.5 : L'onglet Mise en forme du ruban.

L'onglet Mise en forme n'est visible qu'en mode Page.

Pour personnaliser le contenu de votre état, procédez de la manière suivante :

1. **Activez le mode Page.**

   L'onglet Mise en forme apparaît sur le ruban.

2. **Cliquez sur l'élément que vous voulez formater.**

   Une bordure épaisse signale que l'objet est sélectionné (voir la Figure 13.6).

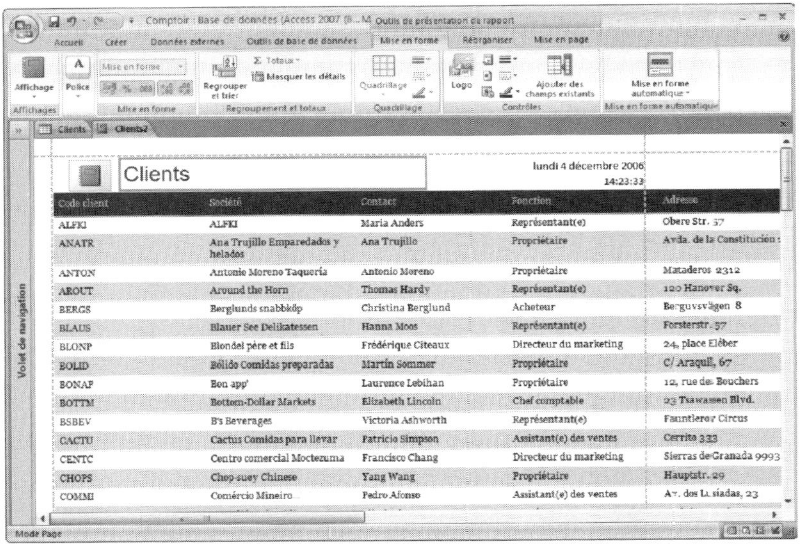

Figure 13.6 : L'étiquette du titre (Clients) est sélectionnée.

3. **Cliquez sur le bouton correspondant à l'effet de mise en forme que vous voulez appliquer.**

   Seuls les boutons applicables à l'élément sélectionné sont actifs. Notez au passage qu'il en existe de deux sortes :

   - **Les boutons à bascule (comme *Gras*) :** Ils sont soit actifs, soit inactifs.

   - **Les listes (comme *Police*) :** Ils proposent plusieurs choix parmi lesquels vous devez sélectionner l'option ou la valeur voulue.

4. **Répétez les étapes 2 et 3 pour tous les éléments que vous voulez modifier.**

   Si vous faites une erreur au cours de la mise en forme de votre état, cliquez simplement sur le bouton Annuler de la barre d'outils Accès rapide ou appuyez sur Ctrl+Z.

Les sections qui suivent détaillent certaines des tâches de mise en forme les plus courantes. Suivez simplement les instructions, et votre rapport se mettra à briller de mille feux en quelques instants. Féerique !

Prendre le contrôle de l'état

En mode Création, le ruban vous propose bien d'autres contrôles que les zones de texte et les étiquettes. Certains d'entre eux fonctionnent uniquement avec certains types de champs. Par exemple, une case à cocher peut représenter graphiquement la valeur d'un champ Oui/Non.

Certains contrôles peuvent aussi être un peu compliqués à configurer. Cependant, Access propose plusieurs assistants qui, comme à l'habitude, sont prêts à faire de leur mieux pour vous aider. Vous passez d'une étape à l'autre en répondant aux questions, et le tour est joué.

En général, ces assistants apparaissent automatiquement à l'écran une fois que vous avez placé le contrôle sur l'état. Ce n'est pas le cas ? Vérifiez que le bouton Utiliser les Assistants contrôle (à droite du groupe Contrôle, sous l'onglet Créer du ruban en mode Création, bref, le bouton qui est décoré d'une baguette magique) est activé. Autrement dit, s'il a bien un aspect enfoncé, et non pas relâché.

Ajouter de la couleur

Un peu de couleur peut aider les lecteurs de votre rapport à rester éveillés pendant la lecture des 300 pages de données qu'il contient.

Pour changer la couleur d'une zone de texte ou d'une étiquette, vous disposez de deux boutons : Couleur de police, et Couleur d'arrière-plan. Vous les trouverez sous l'option Police de l'onglet Mise en forme (mode Page) ou Créer (mode Création).

La procédure est très classique :

1. **Cliquez sur l'objet que vous voulez éditer pour le sélectionner.**

   Une bordure épaisse apparaît autour de l'élément.

2. **Cliquez dans le ruban sur le bouton Police. Ceci affiche une nouvelle série de boutons pour la mise en forme des zones de texte et des étiquettes.**

3. **Cliquez sur la flèche située à droite du bouton Couleur de police (ou Couleur d'arrière-plan).**

   Le menu des couleurs apparaît.

4. **Cliquez sur la couleur que vous voulez utiliser.**

Les couleurs sont divisées en plusieurs sections :

- **Thème Access :** Ce sont des couleurs dont les petites fées de chez Microsoft trouvent qu'elles vont bien ensemble.
- **Standard :** Toutes les couleurs qui ont été créées (rien que ?) pour vous.
- **Récentes :** Les couleurs déjà utilisées au cours de la présente session de travail.

Si vous attribuez par mégarde la même couleur au texte et au fond du contrôle, le texte deviendra invisible ! Cliquez tout de suite sur le bouton Annuler de la barre d'outils Accès rapide pour réparer l'erreur. A moins qu'il ne s'agisse d'une astuce de votre part pour cacher certaines informations...

Déplacez, déplacez, il en restera toujours quelque chose

Vous n'aimez pas que cette colonne soit à cet endroit ? La position du titre vous révulse ? Votre ligne ne veut pas s'aligner ? Sachez que vous pouvez facilement déplacer pratiquement n'importe quel élément d'un état.

- La plupart des objets peuvent être bougés en mode Page. Du fait que celui-ci vous permet de visualiser vos données, je vous conseille de commencer par là.

- Si le mode Page ne vous permet pas d'obtenir exactement ce que vous voulez, activez le mode Création. Je trouve par exemple qu'il est plus facile de travailler avec les lignes dans ce mode.

L'espacement entre deux contrôles détermine la manière dont les informations vont être disposées lors de l'impression :

- Augmentez cet espacement pour aérer la présentation de votre rapport (à condition bien sûr que le nombre de champs soit limité). Exemple : un rapport sur les ventes annuelles par produit pourrait se contenter des trois colonnes (le nom du produit, le nombre d'unités vendues et le chiffre d'affaires réalisé).
- Diminuez cet espacement pour pouvoir intégrer davantage d'informations sur la page. Exemple : un rapport sur les ventes mensuelles par produit pourrait comporter un minimum de quatorze colonnes (une pour le nom du produit, douze pour les ventes mensuelles, une pour le total annuel).

Déplacer un contrôle unique

Pour déplacer un contrôle, suivez ces étapes :

1. **Cliquez sur l'objet que vous voulez déplacer.**

   Le pointeur devrait prendre la forme d'une quadruple flèche.

2. **Continuez à appuyer sur le bouton gauche de la souris et faites glisser le contrôle vers un nouvel emplacement.**

   Remarquez les traits qui suivent votre mouvement et vous indiquent la nouvelle disposition du rapport.

3. **Relâchez le bouton de la souris lorsque vous avez terminé.**

TRUC

Si vous commettez une erreur, cliquez tout de suite sur le bouton Annuler de la barre d'outils Accès rapide ou appuyez sur Ctrl+Z.

Dans la plupart des états Access, les zones de texte sont groupées avec leurs étiquettes. Si vous déplacez l'une, l'autre suit le mouvement. Dans le cas d'un état tabulaire, cette technique permet de transférer facilement une colonne entière de données vers la gauche ou vers la droite. Avec un état disposé en colonnes, cette même technique simplifie le déplacement vers le haut ou vers le bas d'une ligne de données avec son étiquette.

Déplacer un groupe de contrôles

Access vous permet de déplacer tout un groupe de contrôles dans la colonne Détail. Pour cela :

1. **Cliquez sur l'un des contrôles de la section Détail.**

   Une bordure épaisse est tracée autour de l'élément, et une case agrémentée d'une flèche à quatre pointes apparaît dans le coin supérieur gauche du groupe de contrôles (voir la Figure 13.7).

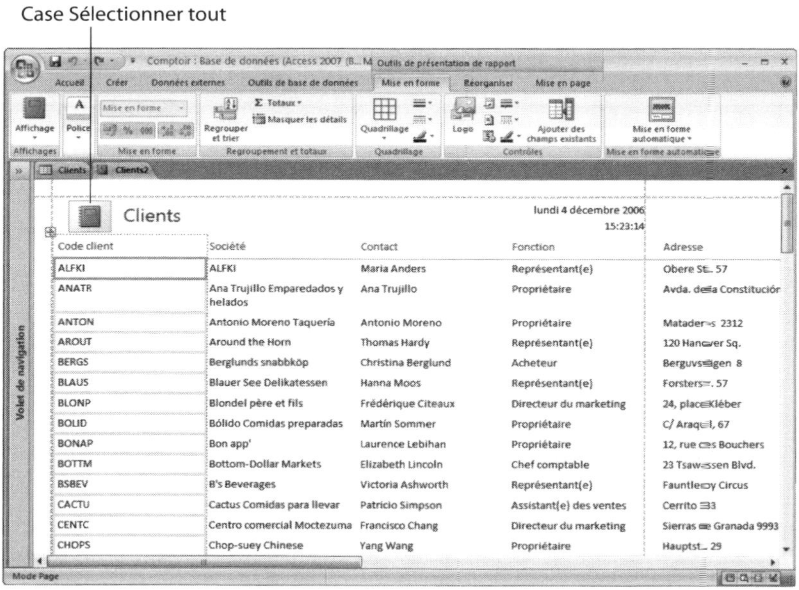

Figure 13.7 : Utilisez la case Sélectionner tout pour déplacer un groupe de contrôles.

2. **Placez le pointeur au-dessus de la case Sélectionner tout.**

   Il prend lui aussi l'aspect d'une flèche à quatre pointes.

3. **Faites glisser le groupe de contrôles vers une nouvelle position.**

Tous les contrôles du groupe sont déplacés simultanément tout en conservant leur alignement.

Redimensionner des contrôles

Même si les outils de création d'états (qu'il s'agisse du bouton ou de l'assistant) font de leur mieux pour dimensionner correctement les éléments du rapport, il est assez normal qu'ils n'atteignent pas à la perfection. Bien souvent, telle ou telle colonne est trop étroite, ou au contraire trop large, et la surface de la page n'est donc pas optimisée. Inutile alors de jeter vos bras vers le ciel en invoquant des dieux barbares. Il vous suffit de redimensionner vos contrôles.

TRUC

Il est généralement plus simple de procéder aux ajustements de taille en mode Page, car vous en voyez directement l'impact sur les données. Bien entendu, ce travail peut aussi être effectué en mode Création.

Pour redimensionner un contrôle, suivez ces étapes :

1. **Sélectionnez l'élément que vous voulez ajuster en cliquant dessus.**

   Une bordure épaisse apparaît autour de l'élément.

2. **Placez le pointeur de la souris sur l'un des bords de l'objet.**

   Le pointeur prend l'aspect d'une flèche à deux têtes (voir la Figure 13.8).

3. **Faites glisser de manière à redéfinir la taille de l'objet.**

   Access dessine un contour mince pour vous montrer les nouvelles dimensions de votre contrôle.

4. **Relâchez le bouton de la souris pour valider l'opération.**

   L'élément s'agrandit ou se rétrécit pour se conformer à vos exigences.

TRUC

Les zones de texte et les étiquettes peuvent être ajustées à la taille exacte requise pour l'affichage de leur plus grande donnée. Pour cela, suivez les étapes 1 et 2 ci-dessus. Mais au lieu de glisser le pointeur, faites un double clic. Access calcule la taille qu'il juge la mieux adaptée au contrôle et l'applique instantanément.

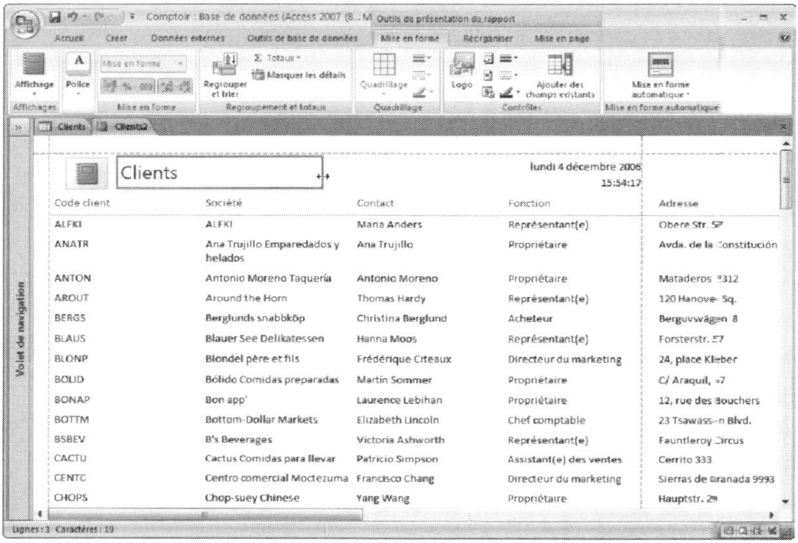

Figure 13.8 : Comment redimensionner un contrôle (ici, le titre du rapport).

Espacement des contrôles

L'espacement des colonnes est un problème courant dans les états tabulaires. L'assistant Etat tend à entasser les colonnes les unes contre les autres, ce qui rend parfois les données difficiles à lire. Vous pouvez alors utiliser l'outil Remplissage de contrôle pour espacer un peu vos colonnes.

TRUC

Ce réglage peut être effectué aussi bien en mode Création qu'en mode Page, mais ce dernier est plus pratique car il vous permet de juger instantanément de l'effet obtenu sur les données.

Pour modifier l'intervalle entre les colonnes de votre état, procédez de la manière suivante :

1. **Cliquez sur le bouton Sélectionner tout (celui qui affiche une flèche à quatre têtes).**

   Les étiquettes et les zones de texte de toutes les colonnes sont sélectionnées.

2. **Si nécessaire, activez l'onglet Réorganiser du ruban.**

La Figure 13.9 montre cet onglet. Vous pouvez y voir le bouton Remplissage de contrôle (dans le groupe Mise en forme de contrôle).

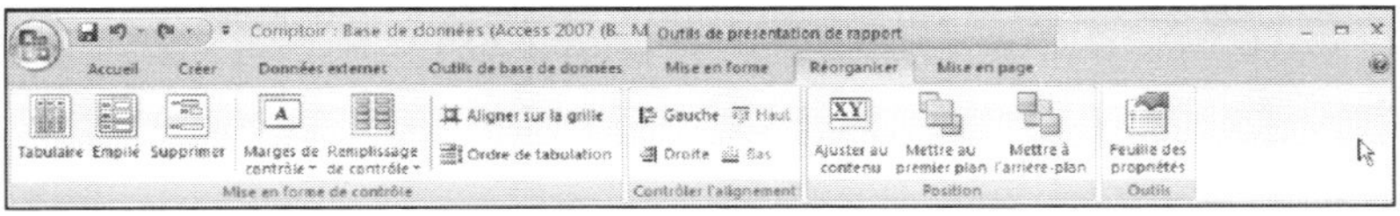

Figure 13.9 : L'onglet Réorganiser.

3. **Cliquez sur la flèche qui se trouve en bas du bouton Remplissage de contrôle.**

   Quatre options sont proposées dans une liste déroulante.

4. **Sélectionnez l'une des trois dernières options pour espacer davantage vos colonnes.**

TRUC

Je vous conseille de contrôler le résultat en mode Aperçu avant impression. Ajouter trop d'espace entre les colonnes peut avoir comme conséquence d'en repousser une en dehors de la page. Dans ce cas, modifiez votre choix dans la liste Remplissage de contrôle.

Contrôles bordés, contrôles remarqués

Sur le plan de l'organisation, l'emploi de lignes et d'encadrements est très utile pour attirer les yeux des lecteurs vers certaines parties de la page, ou mettre en valeur des sections du rapport, ainsi que pour améliorer la qualité visuelle de celui-ci.

L'onglet Mise en forme du ruban contient dans le groupe Contrôles trois boutons qui concernent les traits : Epaisseur, Type et Couleur.

Vous pouvez les utiliser aussi bien pour modifier l'apparence d'une ligne que pour ajouter un encadrement à une zone de texte ou à une étiquette (ou bien à une image).

Couleur

Ce bouton permet de modifier la couleur des lignes tracées avec l'outil Trait de même que celle des bordures des zones de texte ou encore des légendes.

TRUC

Ce bouton fonctionne exactement comme Couleur de police et Couleur d'arrière-plan.

- Il est plus facile de travailler avec les lignes en mode Création.
- Il est par contre plus simple de manipuler les zones de texte et les étiquettes en mode Page.

Pour changer la couleur d'une ligne ou d'un encadrement, suivez ces étapes :

1. **Cliquez sur l'élément que vous voulez personnaliser.**

   Une bordure épaisse apparaît autour du contrôle.

2. **Cliquez sur la flèche qui se trouve à droite du bouton Couleur du trait.**

   Une liste déroulante s'affiche. Elle est divisée en trois sections :

   - **Thème Access :** Ce sont des couleurs dont les petites fées de chez Microsoft trouvent qu'elles vont bien ensemble.
   - **Standard :** Toutes les couleurs qui ont été créées (rien que ?) pour vous.
   - **Récentes :** Les couleurs déjà utilisées au cours de la présente session de travail.

3. **Cliquez sur la couleur qui vous convient parmi la myriade de teintes disponibles.**

Epaisseur

Vous pouvez tout aussi bien contrôler l'épaisseur de vos lignes et cadres :

1. **Cliquez sur la ligne ou le contrôle à personnaliser.**
2. **Cliquez sur la flèche qui suit le bouton Epaisseur de ligne.**

   Un menu déroulant vous propose sept épaisseurs de trait.

3. **Cliquez sur l'option qui vous convient.**

Access ajuste immédiatement la taille de son crayon.

Si vous faites une erreur, cliquez tout de suite sur le bouton Annuler de la barre d'outils Accès rapide ou appuyez sur Ctrl+Z.

Type de ligne

Vous disposez enfin de sept choix pour adapter le type des lignes à votre convenance.

Pour modifier le style d'un trait ou d'une bordure, procédez de la manière suivante :

1. **Cliquez sur le contrôle que vous voulez personnaliser.**
2. **Cliquez sur la flèche qui suit le bouton Type de ligne.**
3. **Cliquez sur l'option qui vous convient.**

Personnaliser les textes

Vous devez sélectionner le texte que vous voulez personnaliser *avant* d'utiliser l'un des outils de mise en forme. Dans le cas des étiquettes, le formatage est global. En d'autres termes, vous ne pouvez pas différencier la mise en forme des différents mots (il en va d'ailleurs de même pour les zones de texte).

Police

Pour modifier la police utilisée dans un texte :

1. **Cliquez sur le texte à modifier.**
2. **Cliquez sur le bouton Police, puis sur la flèche qui suit le nom de la police ou sa taille.**
3. **Choisissez l'option voulue dans la liste qui apparaît.**

Alignement

Vous pouvez tout aussi facilement contrôler l'alignement de vos textes. Pour cela :

1. **Sélectionnez le contrôle.**

2. **Cliquez sur l'un des trois boutons servant à la justification du texte.**

TRUC

Voici quelques règles simples pour améliorer le confort de lecture de vos rapports :

- Alignez les données numériques et les dates à droite de manière à ce qu'elles soient correctement disposées les unes sous les autres.
- Alignez les textes à gauche.
- Adoptez pour vos en-têtes de colonnes le même alignement que pour les données (à gauche pour les champs de texte, à droite pour les champs numériques et les dates).

Contrôler votre mise en page

Aucun des modes Page et Création ne vous donnera une vue exacte de ce que deviendra votre rapport une fois qu'il sera imprimé. Il faut pour cela choisir un autre mode d'affichage.

Access propose à cet effet un aperçu avant impression. Pour l'activer, servez-vous des boutons qui se trouvent à droite de la barre d'état d'Accès (en bas de sa fenêtre). L'aperçu avant impression est le second bouton de la liste (il affiche une loupe).

- **Zoom :** Cliquez n'importe où sur l'espace de travail pour zoomer en avant et en arrière.
- **Déplacement entre les pages :** Plusieurs boutons de type "magnétophone" sont affichés en bas et à gauche de la fenêtre :
  - Les flèches vers la droite permettent d'accéder respectivement à la page suivante et à la dernière page du rapport.
  - Les flèches vers la gauche permettent d'accéder respectivement à la page précédente et à la première page du rapport.
  - Vous pouvez également saisir un nombre dans la case du milieu et appuyez sur Entrée. Access affichera la page portant le numéro indiqué.

- **Groupe Mise en page :** Les boutons de ce groupe (sur le ruban) permettent de changer l'orientation du papier, la taille de celui-ci, ainsi que les marges extérieures.
- **Groupe Zoom :** Les boutons de ce groupe (sur le ruban) permettent notamment de choisir le nombre de pages qui apparaissent dans l'aperçu.
- **Fermer l'aperçu :** Ce bouton (sur le ruban) referme ce mode pour revenir au précédent.

Livret IV

PowerPoint

Première partie

Les bases de PowerPoint 2007

Dans cette partie...

Il fut un temps où le terme *présentation* évoquait immanquablement le chevalet à grandes feuilles de papier et les crayons-feutres épais. Microsoft PowerPoint, qui permet de créer de spectaculaires présentations avec son ordinateur, a relégué toute cette papeterie aux oubliettes.

Les chapitres de cette partie sont une introduction à PowerPoint 2007. Vous y apprenez ce qu'est réellement ce logiciel et comment l'utiliser pour créer des présentations simples. Les fonctions avancées du logiciel sont traitées dans les dernières parties de l'ouvrage. Si vous débutez dans PowerPoint, lisez impérativement les pages qui suivent.

Chapitre 1

Bienvenue dans PowerPoint 2007 !

Dans ce chapitre :

- Démarrer PowerPoint.
- L'écran de PowerPoint 2007 et son Ruban.
- Créer une présentation.
- Voir le plan d'une présentation.

Ce chapitre est en quelque sorte la cérémonie d'ouverture de PowerPoint 2007, la version revue et largement améliorée du fort connu logiciel de présentation de Microsoft.

Qu'est-ce qu'une diapositive ?

Une *présentation* PowerPoint est composée de plusieurs diapositives. Chacune peut contenir du texte, des graphiques et de nombreux autres éléments. Les fonctions de PowerPoint permettent de créer facilement des diapositives attrayantes :

- **Mise en page des diapositives :** Chaque diapositive dispose d'une mise en page qui contrôle l'organisation de l'information. Une *mise en page de diapositive* est une collection de un ou de plusieurs espaces réservés (marques de réserve) qui reposent dans la zone d'affichage de la diapositive pour conserver l'information. En fonction du type de mise en page choisi, les espaces réservés peuvent contenir du texte, des graphiques, des cliparts, du son, des fichiers vidéo, des tableaux, des représentations graphiques, des diagrammes et d'autres sortes de contenus.

- **Arrière-plan :** Chaque diapositive dispose d'un arrière-plan sur lequel repose le contenu. L'arrière-plan peut être une couleur unie, un mélange de deux couleurs, une texture comme du marbre ou du parchemin, un motif telles des lignes diagonales, des briques ou des mosaïques, ou encore une image. Chaque diapositive peut avoir son propre arrière-plan. Cependant, pour une raison de cohérence, il est préférable d'utiliser le même arrière-plan pour toutes les diapositives d'une même présentation.

- **Thème :** Les *thèmes* sont des arrangements d'éléments graphiques comme les jeux de couleurs et les polices. Ils permettent d'élaborer des diapositives attrayantes. Vous pouvez vous écarter des thèmes proposés par Microsoft à condition d'avoir un goût sûr et du sens artistique.

- **Masque des diapositives :** Le Masque des diapositives contrôle la conception de base et les options de mise en forme des diapos dans votre présentation. Le Masque des diapositives impose la position et la taille du titre, ainsi que les espaces réservés de texte, l'arrière-plan et le jeu de couleurs utilisés pour la présentation, les types de polices, les couleurs et les tailles. Il peut aussi contenir des graphiques ainsi que des objets textuels devant apparaître sur chaque diapositive.

  Vous pouvez modifier le Masque des diapositives, afin de changer d'un seul coup l'apparence de toutes les diapositives d'une présentation et d'en assurer ainsi la cohérence visuelle.

Démarrer avec PowerPoint

Voici comment démarrer PowerPoint :

1. **Préparez-vous.**

2. **Cliquez sur le bouton Démarrer.**

   Il se trouve dans le coin inférieur droit de votre écran.

3. **Pointez sur Tous les Programmes.**

   Le menu Démarrer ouvert, immobilisez le pointeur de la souris sur Tous les programmes. Un autre menu s'ouvre, dévoilant une foule de noms d'éditeurs et de logiciels.

4. **Cliquez sur Microsoft Office puis sur Microsoft Office PowerPoint 2007.**

   Votre ordinateur mouline et PowerPoint apparaît.

Se déplacer dans l'interface de PowerPoint

Juste après le démarrage, PowerPoint affiche une telle débauche de commandes et de boutons que vous seriez tenté de regretter le chevalet et les crayons-feutres. Le centre de l'écran est – c'est encore heureux... – entièrement vide. Mais la partie supérieure est bourrée d'icônes, de boutons et de commandes. A quoi peut bien servir tout ce fourbi ?

La Figure 1.1 montre l'écran d'ouverture de PowerPoint dans toute sa splendeur. Les paragraphes suivants mettent l'accent sur ses parties les plus importantes.

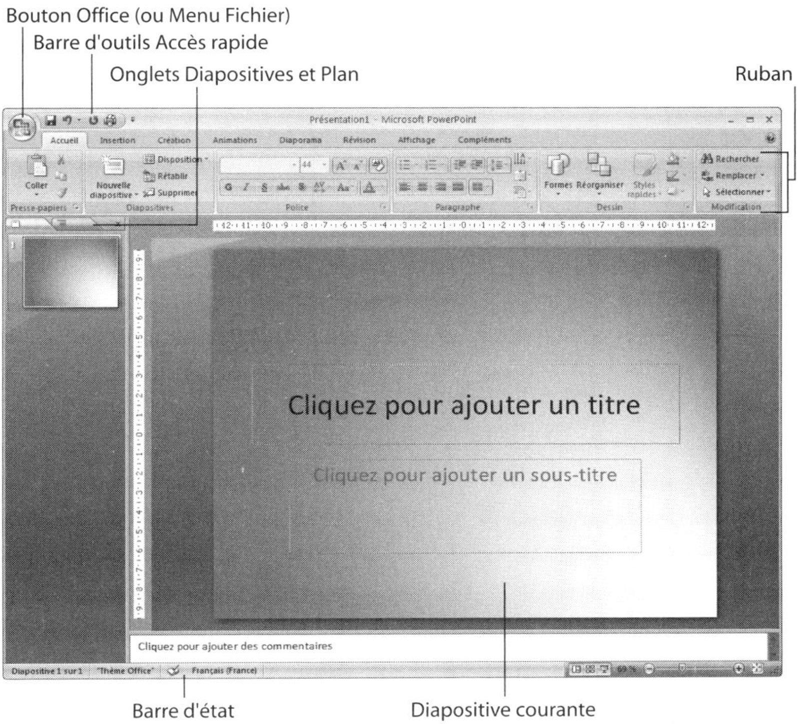

Figure 1.1 : L'écran bien rempli de PowerPoint.

- **Ruban :** En haut de PowerPoint, juste sous la barre de titre, se trouve l'interface principale appelée *Ruban*. Si vous connaissez les versions précédentes de PowerPoint, vous vous attendez sans doute à voir, à cet emplacement, une barre de menus surmontant une ou deux barres d'outils. Après mûre réflexion, les têtes pensantes de Microsoft ont estimé que menus et barres d'outils n'étaient guère conviviaux. C'est pourquoi ils ont décidé de les remplacer par le Ruban, qui combine leurs fonctions. Le Ruban exige une phase d'adaptation, mais une fois que vous en avez saisi le principe, il s'avère plus agréable et facile à utiliser que les menus et barres d'outils d'antan.

  Notez que l'apparence du Ruban varie selon la taille de l'écran. Sur les petits écrans, PowerPoint peut compresser le Ruban, notamment par l'usage de boutons plus petits et une disposition différente. Par exemple, il superposera des boutons au lieu de les juxtaposer.

  Pour en savoir plus sur l'utilisation du Ruban, reportez-vous à la section "Dérouler le Ruban", plus loin dans ce chapitre.

  TRUC

  Bien que PowerPoint 2007 se soit défait des menus, les raccourcis clavier (appelés aussi *touches d'accès rapide*) de l'ancienne version 2003 fonctionnent encore. À la différence près, toutefois, qu'au lieu d'appuyer sur Alt et la touche du raccourci, vous les enfoncez séparément. Par exemple, pour afficher la boîte de dialogue Ouvrir, appuyez sur Alt, puis sur F, puis sur O (l'ancienne commande Fichier/Ouvrir). Et pour insérer un clipart, appuyez sur Alt, I, I, C (pour l'ancienne commande Insérer/Image/Clipart).

- **Bouton Office (ou Menu Fichier) :** Le gros bouton multicolore, en haut à gauche de PowerPoint, remplace l'ancien menu Fichier. Cliquez dessus pour accéder à l'unique menu "à l'ancienne". C'est là que vous cliquerez pour ouvrir ou enregistrer des fichiers, créer de nouvelles présentations, imprimer un document, et autres tâches liées aux fichiers.

- **Barre d'outils Accès rapide :** Juste à droite du bouton Office, se trouve la barre d'outils Accès rapide. Elle sert essentiellement à héberger les commandes les plus fréquemment utilisées.

Initialement, la barre d'outils Accès rapide ne contient que quatre boutons : Enregistrer, Annuler, Répéter et Impression rapide. Il est cependant possible d'en ajouter d'autres en cliquant du bouton droit sur un bouton de la barre et en choisissant Personnaliser la barre d'outils Accès rapide. Une boîte de dialogue permet d'ajouter, mais aussi d'ôter des commandes.

- **La diapositive courante :** Au centre de l'écran, se trouve la diapositive en cours.
- **Onglets Diapositives et Plan :** A gauche de l'écran, vous pouvez basculer entre deux affichages : *Diapositives* et *Plan.* Le mode Diapositives, actif sur la Figure 1.1, montre des images miniatures de chacune des diapositives de la présentation. Il suffit de cliquer sur l'une d'elles pour afficher la diapositive au centre de l'écran. Le mode Plan montre l'organisation de votre présentation. Pour basculer d'un mode à l'autre, cliquez sur l'onglet correspondant. Pour plus d'informations sur le plan, lisez le Chapitre 3.
- **Zone de commentaires :** Sous la diapositive se trouve une petite zone appelée *zone de commentaires*. Pour plus d'informations sur sa fonction, consultez le Chapitre 5.
- **Volet Office :** A droite de la diapositive, se trouve le *volet Office*. Il permet de réaliser rapidement les tâches les plus communes. Lorsque vous démarrez PowerPoint pour la première fois, le volet affiche le panneau Accueil. Ses options permettent de créer une nouvelle présentation ou d'ouvrir une présentation existante. Lorsque vous travaillez dans PowerPoint, d'autres options apparaissent dans ce volet selon ce que vous voulez faire.
- **Barre d'état :** Tout en bas de l'écran, se trouve la *barre d'état*. Elle indique la diapositive en cours d'édition.

TRUC

La barre d'état peut être configurée en cliquant dessus du bouton droit. Vous accédez ainsi à une liste d'options que vous pouvez sélectionner ou désélectionner.

TRUC

Vous n'avancerez jamais si vous estimez que tout doit être immédiatement compris. Ne vous souciez pas de ce qui vous aurait échappé jusqu'à présent. Concentrez-vous sur ce qui est nécessaire pour accomplir telle ou telle tâche, le reste viendra par la suite.

Dérouler le Ruban

Le tout nouveau Ruban n'apparaît pas que dans PowerPoint. Il est aussi utilisé dans Word 2007, Excel 2007 et Access 2007. Il remplace les barres de menus et d'outils des versions précédentes de ces programmes.

Le Ruban est surmonté d'une série d'onglets. Cliquer sur l'eux révèle un ensemble de commandes spécifiques. Par exemple, à la Figure 1.1, c'est l'onglet Accueil qui était sélectionné. La Figure 1.2 montre le contenu de l'onglet Insertion.

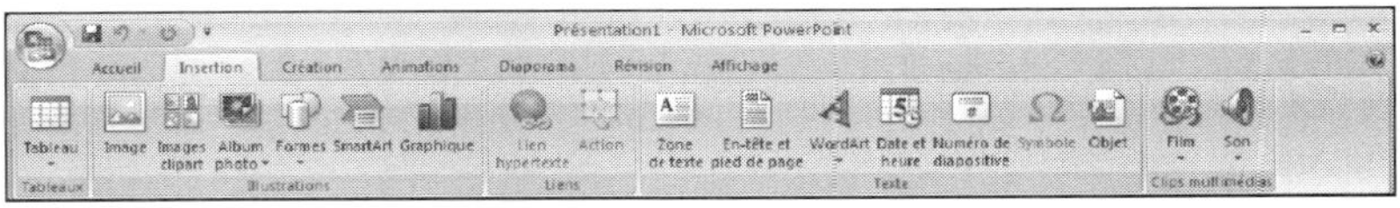

Figure 1.2 : Le Ruban et les commandes de l'onglet Insertion.

Initialement, le Ruban affiche les sept onglets suivants :

- **Accueil :** Commandes de base pour la création et la mise en forme des diapositives.
- **Insertion :** Permet de placer différents éléments et objets dans une diapositive.
- **Création :** Commande permettant d'améliorer la présentation d'une diapositive.
- **Animations :** Commandes d'ajout et de réglage d'effets animés.
- **Diaporama :** Commandes pour visionner la présentation.
- **Révision :** Commandes de vérification et d'ajout de commentaires.
- **Affichage :** Commande de changement de vue.

En plus de ces onglets de base, d'autres apparaissent de temps en temps. Par exemple, si vous sélectionnez une image, un onglet

Format s'ajoute aux autres, plein de commandes permettant de manipuler et régler l'image.

Dans le Ruban, les commandes sont organisées en groupes. Dans chacun de ces groupes, la plupart des commandes sont de simples boutons semblables à ceux des barres d'outils des précédentes versions de PowerPoint.

Comme la vue est belle !

A droite dans la barre d'état, se trouvent trois boutons qui permettent de basculer d'un mode d'affichage à un autre. Le Tableau 1.1 résume la fonction de chacun d'eux.

Tableau 1.1 : Les boutons d'affichage.

Bouton	Fonction
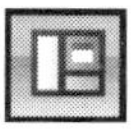	Enclenche le mode Normal. Il affiche votre diapositive, la mise en page et les commentaires. C'est l'apparence par défaut de PowerPoint.
	Enclenche le mode Trieuse de diapositives. Permet de réorganiser intuitivement les diapositives et de leur ajouter des transitions ou d'autres effets spéciaux.
	Enclenche le mode Diaporama, c'est-à-dire le visionnage des diapositives comme lors d'une présentation publique.

Créer une nouvelle présentation

Lorsque vous lancez PowerPoint, une nouvelle présentation vide est créée.

Une alternative consiste à recourir à la commande Office/Nouveau. Elle ouvre la boîte de dialogue de la Figure 1.3. Vous y trouverez plusieurs manières de créer une nouvelle présentation, au travers des options suivantes :

- **Nouvelle présentation :** Double-cliquez sur Nouvelle présentation pour en démarrer une à partir de zéro.
- **Modèles récemment utilisés :** Cette partie de la boîte de dialogue Nouvelle présentation répertorie les modèles que

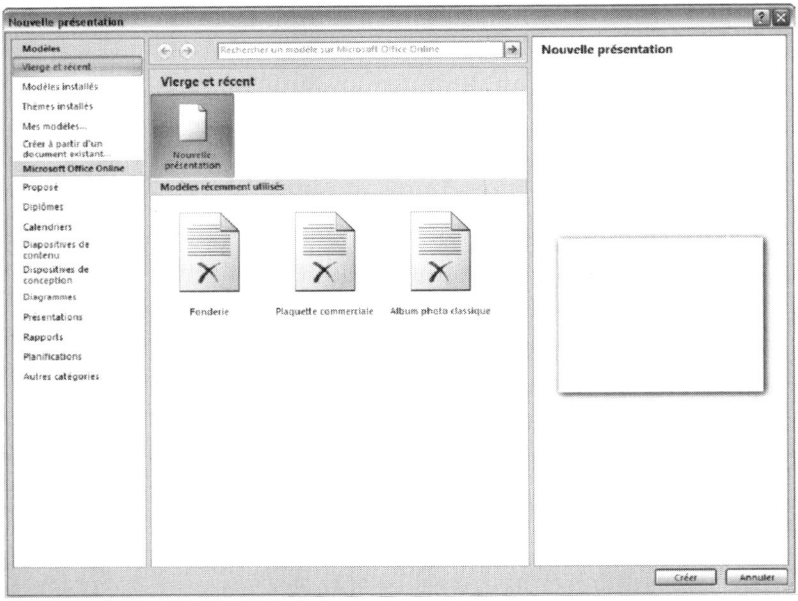

Figure 1.3 : La boîte de dialogue Nouvelle présentation.

vous avez récemment utilisés pour créer des présentations. Double-cliquez sur n'importe lequel d'entre eux pour créer une autre présentation du même genre.

- **Modèles installés :** Cliquez sur cette option pour accéder à tous les modèles installés dans l'ordinateur. Quand vous créez une présentation à partir d'un modèle, elle hérite des divers éléments globalement appelés *thèmes*, de même que du texte prédéfini figurant dans le modèle.

- **Thèmes installés :** Affiche tous les thèmes présents dans l'ordinateur. La création d'une présentation à partir d'un thème est semblable à la création à partir d'un modèle, sauf que la nouvelle présentation ne contient aucun texte prédéfini.

- **Mes modèles :** Ouvre une boîte de dialogue distincte permettant d'utiliser des modèles que vous aurez préalablement enregistrés.

- **Créer à partir d'un document existant :** Double-cliquez sur cette option pour créer une nouvelle présentation basée sur une présentation existante (par exemple, pour créer une présentation dans le même esprit qu'une autre).

- **Microsoft Office Online :** Cette option sert à choisir des modèles sur le site de Microsoft. Ils sont classés par catégories comme Calendriers, Planifications, Rapports...

Zoom avant

PowerPoint règle automatiquement le facteur du zoom pour que chaque diapositive soit entièrement visible. Le zoom permet notamment de travailler plus précisément sur certaines parties d'une diapositive.

Modifier le texte

Dans PowerPoint, les diapositives sont des zones vides que vous remplissez avec différents objets. Le type d'objet le plus utilisé est le *texte*. Il s'inscrit dans une zone rectangulaire. D'autres types d'objets comprenant des formes comme des cercles ou des triangles, des images importées depuis des fichiers clipart et des graphiques peuvent être insérés dans une diapositive.

La plupart des diapositives contiennent deux objets textuels : un pour le titre et l'autre pour le corps du texte (ou texte courant). Vous pouvez cependant ajouter des objets texte supplémentaires et supprimer du texte courant ou un titre, voire supprimer les deux pour créer une diapositive sans texte.

TRUC

Dès que vous placez le pointeur de la souris sur une zone de texte, il prend la forme d'un point d'insertion. Il suffit alors de cliquer pour saisir un nouveau texte.

Lorsque vous cliquez sur un objet textuel, une marque de sélection l'entoure, et le point d'insertion apparaît à droite de l'endroit où vous avez cliqué. PowerPoint devient alors une sorte de traitement de texte. Tout caractère saisi est inséré dans le texte au niveau du point d'insertion. Vous pouvez utiliser la touche Suppr ou Retour arrière pour supprimer du texte, et vous déplacer dans cette zone de saisie avec les touches du pavé directionnel (les flèches). Si vous appuyez sur Entrée, une nouvelle ligne de texte apparaît dans l'objet textuel.

Quand une zone de texte n'en contient pas, du texte bidon s'y affiche en permanence : cliquez pour ajouter du véritable texte. Le texte bidon disparaît comme par enchantement.

Si vous commencez à saisir du texte sans avoir cliqué quelque part, il apparaît dans le titre de l'objet textuel s'il n'en contient pas déjà un. Si le titre n'est pas vide, tout texte saisi est purement et simplement ignoré.

Quand vous aurez fini de saisir du texte, appuyez sur la touche Echap ou cliquez sur la souris, hors de la zone de texte.

Au Chapitre 2, vous découvrirez toutes les joies des objets textuels. Mais auparavant, d'autres sujets importants vous attendent.

Ajouter une nouvelle diapositive

Quand vous commencez une nouvelle présentation, elle ne comporte qu'une seule diapositive. C'est mieux que rien et à peine davantage que trois fois rien, mais fort heureusement PowerPoint propose diverses manières d'ajouter des diapositives. Nous nous en tiendrons à trois d'entre elles :

- Sous l'onglet Accueil, dans le groupe Diapositives, cliquez sur le bouton Nouvelle diapositive.
- Appuyez Ctrl+M.
- Cliquez du bouton droit sur les onglets Diapositives ou Plan, dans le volet de gauche, et choisissez Nouvelle diapositive.

Dans les trois cas, PowerPoint affiche une nouvelle diapositive avec une mise en page standard comportant un titre et une zone de contenu, comme l'illustre la Figure 1.4. Pour choisir une autre mise en page, cliquez sur le bouton Disposition, sous l'onglet Accueil, et choisissez-en une dans la palette.

Chaque mise en page de diapositive a un nom. Par exemple, celle nommée *Titre et contenu* propose un objet texte qui s'ajoute à la zone de titre. C'est sans doute celle que vous utiliserez le plus souvent, car cette mise en page est parfaite pour présenter un sujet développé en plusieurs points. La Figure 1.5, elle, montre une classique diapositive à puces, dans laquelle chaque point révèle la dépravation morale de votre gamin, qui file vraiment un mauvais coton.

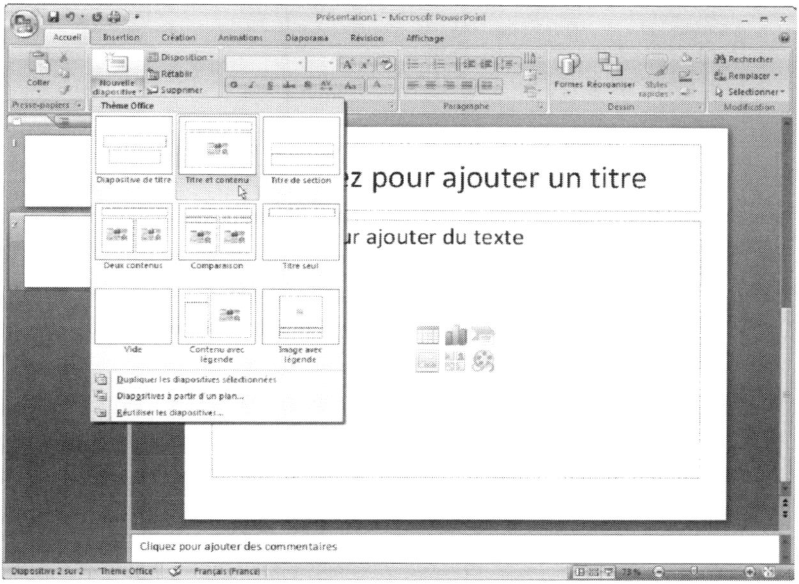

Figure 1.4 : Le choix d'une mise en page pour une diapositive.

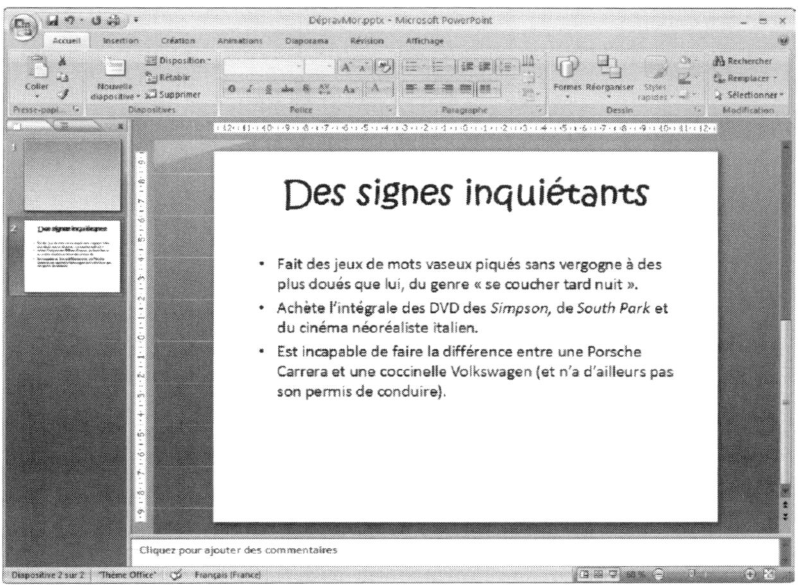

Figure 1.5 : Une diapositive de texte classique.

Une des mises en page proposées dans la section Disposition du contenu est *Vide*. Elle n'inclut aucun objet et est la seule qui permette de créer sa propre diapositive sans aucune prédéfinition.

Se déplacer de diapositive en diapositive

Plusieurs techniques permettent d'avancer ou de reculer dans la masse des diapositives constituant votre présentation :

- **Cliquez sur l'une des doubles flèches en bas de la barre de défilement vertical de la diapositive.** Vous avancez ou reculez alors d'une diapositive à la fois.
- **Utilisez les touches Page Haut et Page Bas du clavier pour vous déplacer d'une diapositive à la fois.**
- **Faites glisser le curseur de la barre de défilement vers le haut ou vers le bas.** Une infobulle indique le numéro de la diapositive atteinte. Pour afficher cette diapo, relâchez le bouton de la souris. C'est une technique très simple pour atteindre rapidement telle ou telle diapositive de votre présentation.
- **Cliquez sur la miniature de la diapositive à afficher, dans le volet gauche de la fenêtre principale de PowerPoint. Si les miniatures ne sont pas visibles, cliquez sur l'onglet Diapositives, à côté de l'onglet Plan.**

Choisir une création

Dans les deuxième et troisième parties de ce livre, vous découvrirez diverses manières de créer de belles diapositives. Il n'est cependant pas indispensable d'attendre jusque-là pour appliquer quelques styles de base à votre présentation. J'ai déjà mentionné qu'Office 2007 est livré avec plusieurs thèmes prédéfinis de qualité professionnelle, destinés à créer des présentations soignées d'un seul clic de souris. Pour ce faire, cliquez sur l'onglet Création dans le Ruban, puis, dans le groupe Thèmes, choisissez un thème qui vous plaît (voir Figure 1.6).

Faute de place, PowerPoint ne peut afficher tous les thèmes. A droite de ceux qui sont visibles, deux boutons de défilement permettent d'accéder au restant de la collection. Celui qui est sous les

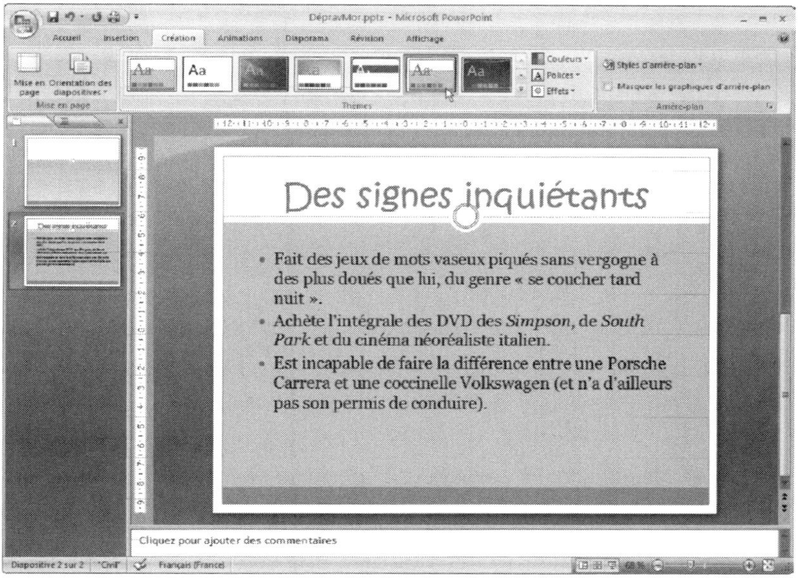

Figure 1.6 : Une diapositive après l'application d'un modèle de conception.

boutons de défilement affiche une palette contenant la totalité des thèmes livrés avec Office 2007.

Visionnez votre présentation

Votre chef-d'œuvre terminé, affichez-le en suivant ces quelques étapes :

1. **Cliquez sur l'onglet Diaporama, dans le Ruban, puis, dans le groupe Démarrer le diaporama, cliquez sur le bouton A partir du début.**

   Plusieurs raccourcis clavier exécutent cette commande. Vous pouvez appuyer sur F5 ou cliquer sur le bouton Diaporama, en bas à droite de PowerPoint.

2. **Admirez la première diapositive.**

   N'est-elle pas magnifique ?

3. **Appuyez sur la touche Entrée pour passer à la diapositive suivante.**

4. **Appuyez sur Echap pour fermer le diaporama.**

Enregistrer votre travail

PowerPoint propose pas moins de quatre manières d'enregistrer un document :

- Cliquer sur le bouton Enregistrer, dans la barre d'outils Accès rapide.
- Cliquer sur le bouton Office et choisir Enregistrer.
- Appuyer sur Ctrl+S.
- Appuyer sur Maj+F12.

TRUC

Gardez ceci à l'esprit lorsque vous enregistrez des fichiers :

- Donnez un nom significatif à votre présentation. Le nom de fichier est celui qui permet d'identifier une présentation ; il doit donc en suggérer le contenu.
- Ne travaillez pas pendant des heures sur un projet sans l'enregistrer régulièrement. Le raccourci Ctrl+S doit être un réflexe conditionné. Utilisez-le chaque fois que vous effectuez des travaux qu'il serait bête de perdre par inadvertance ou à cause d'une coupure de courant inattendue. Il est également recommandé d'enregistrer votre travail avant de l'imprimer.

Ouvrir une présentation

Il est très facile d'ouvrir une présentation que vous avez enregistrée sur votre disque dur. Là encore, PowerPoint propose quantité de moyens de le faire. Voici les trois plus courants :

- Cliquer sur le bouton Office et choisir la commande Ouvrir.
- Appuyer sur Ctrl+O.
- Appuyer sur Ctrl+F12.

TRUC

Le moyen le plus rapide d'ouvrir un fichier depuis la boîte de dialogue Ouvrir est de double-cliquer dessus.

PowerPoint conserve la trace des neufs derniers fichiers que vous avez ouverts. Il les affiche à droite du menu Fichier. Pour ouvrir l'un d'eux, cliquez sur son nom.

Fermer une présentation

Pour fermer un fichier, cliquez sur le bouton Fermer, en haut à droite de PowerPoint (c'est le moyen le plus rapide). Ou alors cliquez sur le bouton Office et choisissez Fermer. Ou encore choisissez le raccourci Ctrl+W.

TRUC

Inutile de fermer un fichier avant de quitter PowerPoint, car ce dernier s'en charge. La seule raison de fermer un fichier est l'intention de travailler sur une autre présentation PowerPoint sans que les deux fichiers soient ouverts.

Quitter PowerPoint

Vous avez eu assez d'émotions pour la journée ? Alors, quittez PowerPoint par l'une des techniques suivantes :

- Cliquez sur le bouton Office puis sur le bouton Quitter PowerPoint.
- Cliquez sur le bouton de fermeture (x), dans le coin supérieur droit de PowerPoint.
- Appuyez sur Alt+F4.

Et voilà ! PowerPoint, y a plus !

Chapitre 2

Modifier des diapositives

Dans ce chapitre :

- Se déplacer dans une présentation.
- Utiliser des objets et modifier du texte.
- Annuler une erreur et supprimer des diapositives.
- Chercher et remplacer du texte.
- Réorganiser des diapositives.

Si vous êtes comme le commun des mortels, vous ne serez jamais à l'abri d'erreurs ou d'omissions. Ce chapitre montre comment corriger ces imperfections.

Se déplacer de diapositive en diapositive

Le moyen le plus rapide pour passer d'une diapositive à l'autre consiste à appuyer sur les touches Page Haut ou Page Bas :

- **Page Haut :** Déplace vers la diapositive précédente de votre présentation.
- **Page Bas :** Déplace vers la diapositive suivante.

Vous pouvez aussi opérer pareils déplacements en cliquant sur les doubles flèches situées en bas de la barre de défilement de la diapositive :

- **Flèches doubles :** Situées aux extrémités de la barre de défilement, elles font avancer ou reculer d'une diapositive à la fois.
- **Flèches simples :** Font défiler les diapositives en continu, en avant ou en arrière. Notez que si le zoom est défini pour

n'afficher qu'une seule diapositive à la fois, cliquer sur ces flèches fait avancer ou reculer d'une diapositive.

- **Curseur de défilement :** Appelé aussi "ascenseur", cet élément fait défiler les diapositives en cliquant dessus et en le tirant vers le bas ou vers le haut. Au cours de cette opération, une infobulle mentionne la diapositive qui sera affichée si vous relâchez le bouton à ce moment.

Utiliser des objets

Chaque diapositive dispose d'un ou plusieurs *espaces réservés*. Il s'agit de zones réservées pour le texte, les cliparts, un graphique et bien d'autres types d'objets. Par exemple, si vous choisissez la mise en page Titre, PowerPoint crée une nouvelle diapositive composée de deux espaces réservés : un pour le titre et l'autre pour le sous-titre. Vous pouvez ajouter d'autres objets à la diapositive ou bien en supprimer, les déplacer ou encore les redimensionner. Reportez-vous au Chapitre 1 pour en savoir plus sur la création d'une diapo-sitive.

Vous pouvez ajouter des objets à votre diapositive, comme des cliparts, des graphiques, des formes et autres éléments, à l'aide des commandes de la barre d'outils Dessin. Pour plus d'informations sur les objets supplémentaires, lisez les Chapitres 12 à 17.

Sélectionner des objets

Voici quelques points à garder à l'esprit quand vous sélectionnez des objets :

- **Objets textuels :** Pour sélectionner un objet textuel afin de le modifier, placez le pointeur de la souris dessus et cliquez sur le bouton gauche. Une zone rectangulaire apparaît autour de l'objet, et l'arrière-plan situé derrière le texte se transforme en couleur unie pour faciliter la lecture du texte. Un point d'insertion clignote dans la zone de saisie, indiquant l'emplacement où apparaîtra le texte.

- **Objets non textuels :** Les autres types d'objets fonctionnent un peu différemment. Cliquez sur un objet pour le sélectionner. Une zone de sélection rectangulaire entoure l'objet. Vous pouvez alors le déplacer ou le redimensionner, mais certainement pas le modifier. Pour modifier un objet non textuel, double-cliquez dessus. Le sélectionner n'est pas nécessaire. Pointez dessus avec la souris et double-cliquez.

- **Cliquer-déplacer :** Une autre manière de sélectionner un objet – ou plusieurs – consiste à utiliser le pointeur pour dessiner un cadre virtuel autour de l'objet à sélectionner. Pointez en haut à gauche de l'objet ou du groupe d'objets à sélectionner. Cliquez et, sans relâcher le bouton de la souris, faites glisser le pointeur dans le coin inférieur droit opposé. Lorsque vous relâchez le bouton de la souris, tous les objets se trouvant dans le rectangle sont sélectionnés.
- **Touche Tab :** Appuyez sur Tab pour sélectionner le premier objet de la diapositive. Appuyez de nouveau sur Tab pour sélectionner l'objet suivant. Vous aurez compris qu'il faut appuyer sur la touche jusqu'à ce que l'objet à modifier soit sélectionné.
- **Touche Ctrl :** Vous pouvez sélectionner plusieurs objets en cliquant sur le premier puis, touche Ctrl enfoncée, en cliquant sur les autres objets à sélectionner.

Redimensionner ou déplacer un objet

Pour modifier la taille d'un objet, sélectionnez-le. Cliquez ensuite sur une poignée et, bouton de la souris enfoncée, faites glisser le pointeur dans le sens voulu du redimensionnement. Relâchez le bouton de la souris : c'est fait !

Les diverses poignées d'un objet permettent d'agir différemment sur son redimensionnement :

- Les poignées situées dans les angles permettent de modifier la hauteur et la largeur de l'objet.
- Les poignées situées sur les bords supérieur et inférieur modifient la hauteur.
- Les poignées situées sur les bords latéraux n'agissent que sur la largeur.

En maintenant la touche Ctrl enfoncée tout en faisant glisser l'une des poignées, l'objet reste centré à sa position en cours sur la diapositive. Essayez de maintenir enfoncée la touche Maj pendant que vous agissez sur des poignées d'angle. Vous constaterez que PowerPoint maintient les proportions de l'objet.

Le cadre de sélection peut être difficile à voir sur des arrière-plans un peu trop chargés. Si vous sélectionnez un objet et que vous distinguez mal son cadre de sélection, cliquez sur l'onglet Affichage, dans le Ruban, puis choisissez l'une des options Couleurs/Nuances de gris suivantes :

- **Couleur :** Affiche toutes les couleurs des diapositives.
- **Niveau de gris :** Affiche les couleurs en nuances de gris (l'équivalent du noir et blanc en photographie).
- **Noir et blanc intégral :** Affiche les diapositives uniquement en noir et uniquement en blanc.

Les modes Niveau de gris et Noir et blanc intégral permettent de mieux voir les poignées. Revenez ensuite à l'affichage Couleur.

Modifier un objet texte

Le texte d'une présentation PowerPoint est généralement précédé d'une puce au début de chaque paragraphe. Sa forme par défaut dépend du thème appliqué à la diapositive ; mais rien ne vous empêche d'en changer pour une autre de quasiment n'importe quelle forme. Une puce fait partie intégrante de la mise en forme d'un paragraphe. Il ne s'agit pas d'un caractère que vous devez saisir. Elle apparaît dès que vous appuyez sur la touche Entrée.

Presque tous les logiciels de traitement de texte permettent de choisir entre le *mode insertion* et le *mode refrappe*. Avec le mode insertion, chaque caractère que vous saisissez s'insère à l'endroit du point d'insertion, repoussant éventuellement vers la droite des caractères existants. En mode refrappe, chaque caractère saisi remplace les caractères existants à la position du point d'insertion. PowerPoint travaille toujours en mode insertion. Le texte que vous saisissez apparaît donc au point d'insertion. Appuyer sur la touche Insert n'aura aucun effet ici.

Vous pouvez vous déplacer dans un objet textuel à l'aide des touches fléchées du *pavé directionnel*. Vous pouvez aussi utiliser les touches Fin et Origine pour placer le curseur en fin ou en début de ligne. Les flèches peuvent s'utiliser conjointement avec la touche

Ctrl. Par exemple, Ctrl+Flèche gauche et Ctrl+Flèche droite permettent de placer respectivement le point d'insertion devant ou derrière le mot.

Pour supprimer du texte, appuyez sur la touche Suppr ou Retour arrière. Appuyez sur Ctrl+Suppr pour effacer la totalité d'un mot, en appuyant d'abord sur Ctrl+Flèche gauche ou Ctrl+Flèche droite afin de déplacer le point d'insertion au début du mot à supprimer. Appuyez ensuite sur Ctrl+Suppr.

Sélectionner du texte

Certaines opérations d'édition exigent une sélection préalable du texte. Voici les techniques à votre disposition :

- **Quand vous utilisez le clavier**, maintenez la touche Maj enfoncée et appuyez sur les touches du pavé directionnel correspondant à la direction dans laquelle se trouve le texte à sélectionner.
- **Avec la souris**, pointez au début du texte à sélectionner, puis cliquez et faites glisser le pointeur sur le texte concerné. Relâchez le bouton quand vous avez atteint le dernier mot à marquer.

Couper, Copier et Coller

Couper, Copier et Coller fonctionnent de concert en un lieu de Windows assez mystérieux : le *Presse-papiers*. Il s'agit d'un espace de stockage temporaire où Windows entrepose tout ce que vous copiez ou coupez afin de pouvoir le coller dans une présentation ou toute autre application.

Dans le Ruban, les commandes exploitant le Presse-papiers se trouvent dans le groupe du même nom, sous l'onglet Accueil. Trois des quatre boutons qui s'y trouvent servent à travailler directement avec le Presse-papiers :

Couper

Copier

Coller

Remarquez la taille plus grande du bouton Coller et la présence d'une flèche qui déroule un menu. En cliquant sur l'icône du Presse-papiers, l'objet qui a été coupé ou copié en dernier est collé. En revanche, si vous cliquez sur la flèche, des options supplémentaires sont proposées.

Les raccourcis clavier des commandes Couper, Copier et Coller sont les mêmes que pour les autres programmes sous Windows : Ctrl+X pour Couper, Ctrl+C pour Copier et Ctrl+V pour Coller. C'est pourquoi je vous recommande de les mémoriser.

PowerPoint est doté d'une commande Dupliquer permettant de créer rapidement des copies d'un objet. Pour ce faire, sélectionnez un objet et appuyez sur Ctrl+D. Positionnez ensuite la copie où bon vous semble.

Un moyen encore plus facile de dupliquer un objet consiste à maintenir la touche Ctrl enfoncée, à cliquer sur un objet et à le tirer à un autre emplacement. Dès que vous relâchez le bouton de la souris, une copie de l'objet est créée.

Pour supprimer définitivement un objet, sélectionnez-le puis enfoncez la touche Suppr ou Retour arrière. Cette opération efface l'objet de la diapositive, mais sans le conserver dans le Presse-papiers. Il disparaît une fois pour toutes. Il est certes possible de le récupérer avec la commande Annuler, mais seulement en s'y prenant rapidement. Pour en savoir plus, reportez-vous à la section "Oups ! ce n'est pas ce que je voulais faire...".

Le volet Presse-papiers

Le volet Presse-papiers permet de collecter jusqu'à 24 éléments textuels ou graphiques provenant de n'importe quel programme Office, et de les coller sélectivement dans vos présentations. Pour afficher le volet Presse-papiers, cliquez sur le lanceur de la boîte de dialogue, sous l'onglet Accueil du Ruban, en bas à droite du groupe Presse-papiers. Le volet Presse-papiers apparaît, comme le montre la Figure 2.1. Remarquez les divers objets qu'il contient.

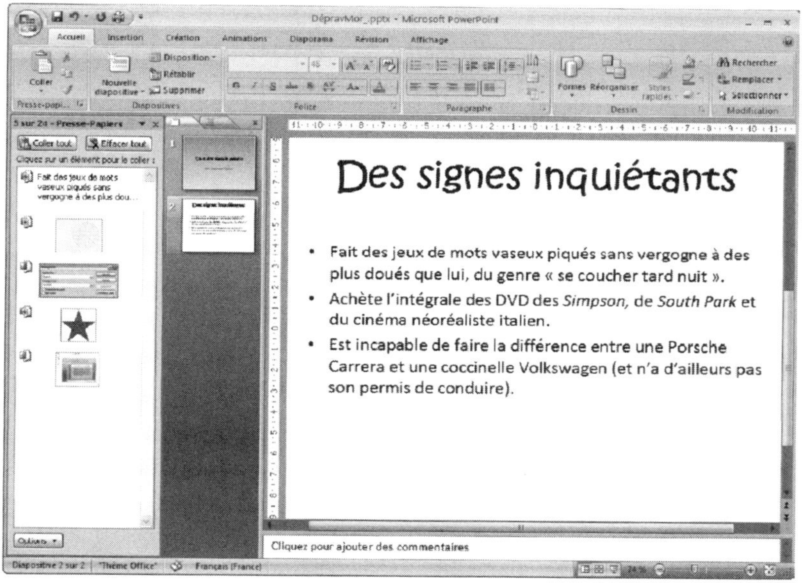

Figure 2.1 : Le volet Presse-papiers contient plusieurs objets susceptibles d'être collés.

Pour coller dans une diapositive l'un des divers objets présents dans le volet Presse-papiers, cliquez dessus.

Oups ! ce n'est pas ce que je voulais faire... (la merveilleuse commande Annuler)

Une erreur ? Pas de panique ! Utilisez la commande Annuler. C'est votre bouée de sauvetage, ne l'oubliez jamais.

Une erreur peut être annulée de deux manières :

- Choisir Edition/Annuler dans la barre Accès rapide.
- Appuyer sur Ctrl+Z.

Annuler fait revenir sur l'action que vous venez de commettre. Si vous avez déplacé un objet, la commande Annuler le remet à sa place. Vous saisissez le principe ?

Annuler est une commande si utile que je vous encourage à mémoriser ce raccourci clavier pour l'exécuter dès que vous en aurez besoin : Ctrl+Z.

PowerPoint dispose aussi d'une fonction Refaire. C'est une annulation d'une annulation. Voici deux manières de rétablir une action :

- Cliquer sur le bouton Refaire, dans la barre d'outils Accès rapide.
- Appuyer sur Ctrl+Y.

  Notez que si la dernière action effectuée n'était pas une annulation, le bouton Refaire est remplacé par un bouton Répéter. Ce dernier répète la dernière commande.

Supprimer une diapositive

Vous voulez supprimer une diapositive ? Pas de problème ! Affichez-la et appuyez sur le bouton Supprimer, dans le groupe Diapositives de l'onglet Accueil. Plus de diapo !

Une autre technique consiste à cliquer sur la miniature d'une diapositive dans le volet de gauche de PowerPoint, puis d'appuyer sur la touche Suppr ou Retour arrière.

TRUC

Vous avez supprimé une diapositive par erreur ? Pas de problème ! Appuyez immédiatement sur Ctrl+Z ou cliquez sur le bouton Annuler pour la récupérer aussitôt.

Dupliquer une diapositive

PowerPoint dispose d'une fonction Dupliquer la diapositive qui permet de faire, en une seule opération, une copie conforme d'une diapositive existante. Ainsi, après avoir passé des heures à mettre une diapositive en page, vous la dupliquerez en moins de temps qu'il n'en faut pour le dire. Elle servira de base pour une autre diapositive de la présentation.

Pour dupliquer une ou plusieurs diapositives, sélectionnez-les puis cliquez sur l'onglet Accueil, dans le Ruban. Dans le groupe Diapositives, cliquez sur la flèche sous Nouvelle diapositive, et choisissez Dupliquer les diapositives sélectionnées.

TRUC

Si vous êtes un adepte du raccourci clavier, il suffit de sélectionner la diapositive à dupliquer dans le volet Diapositives, à gauche de la fenêtre de PowerPoint, et d'appuyer sur Ctrl+D.

Trouver du texte

Comment savoir quelle est la diapositive affichant un texte particulier dans une présentation qui ne compte pas moins de soixante diapos ? C'est là qu'intervient la fonction Rechercher de PowerPoint.

Grâce à cette commande, vous trouverez n'importe quel texte dans n'importe quelle diapositive. Voici les quelques étapes à suivre :

1. **Déterminez le texte à trouver.**

2. **Cliquez sur le bouton Rechercher, dans le groupe Modification de l'onglet Accueil, ou appuyez sur Ctrl+F.**

   La Figure 2.2 montre la boîte de dialogue Rechercher qui apparaît.

Figure 2.2 : La boîte de dialogue Rechercher.

3. **Saisissez le texte à trouver.**

   Il doit figurer dans le champ Rechercher.

4. **Appuyez sur la touche Entrée.**

   Ou cliquez sur le bouton Suivant.

Pour peu que le texte recherché se trouve quelque part dans la présentation, la commande Rechercher vous amène directement à la diapositive en question. Le texte est mis en surbrillance, c'est-à-dire qu'il est sélectionné. Vous pouvez alors le modifier ou rechercher une autre occurrence du texte dans la présentation. Si vous modifiez le texte, la boîte de dialogue Rechercher reste affichée pour vous permettre de poursuivre vos... recherches.

Remplacer du texte

Supposons que vous appreniez que le nom "Dupont", dont il est abondamment question dans votre présentation, s'orthographie en réalité "du Pont". Pour éviter un regrettable crime de lèse-narcissisme doublé d'un redoutable incident diplomatique, vous utiliserez la fonction Remplacer :

1. **Cliquez sur le bouton Rechercher – il se trouve lui aussi dans le groupe Modification de l'onglet Accueil – ou appuyez sur Ctrl+H.**

   La boîte de dialogue de la Figure 2.3 apparaît.

Figure 2.3 : La boîte de dialogue Remplacer.

2. **Dans le champ Chercher, saisissez le texte à trouver.**

   Ce sera dans notre exemple le mot **Dupont**.

3. **Dans le champ Remplacer par, saisissez le texte de remplacement.**

   Ce seront les mots du Pont.

4. **Cliquez sur le bouton Suivant.**

   PowerPoint s'arrête à la première occurrence.

5. **Cliquez sur Remplacer pour substituer le texte saisi au texte en place.**

   N'oubliez jamais de vérifier la pertinence du remplacement en cours.

6. **Cliquez de nouveau sur Suivant et remplacez toutes les occurrences appropriées.**

Réorganiser vos diapositives en mode Trieuse de diapositives

Ce mode peut être activé de deux manières :

- Cliquer sur le bouton Mode Trieuse de diapositives, à droite dans la barre d'état.
- Choisir l'onglet Affichage, dans le Ruban, et cliquer sur le bouton Trieuses de diapositives, dans le groupe Affichage des présentations.

La trieuse de diapositives apparaît (Figure 2.4).

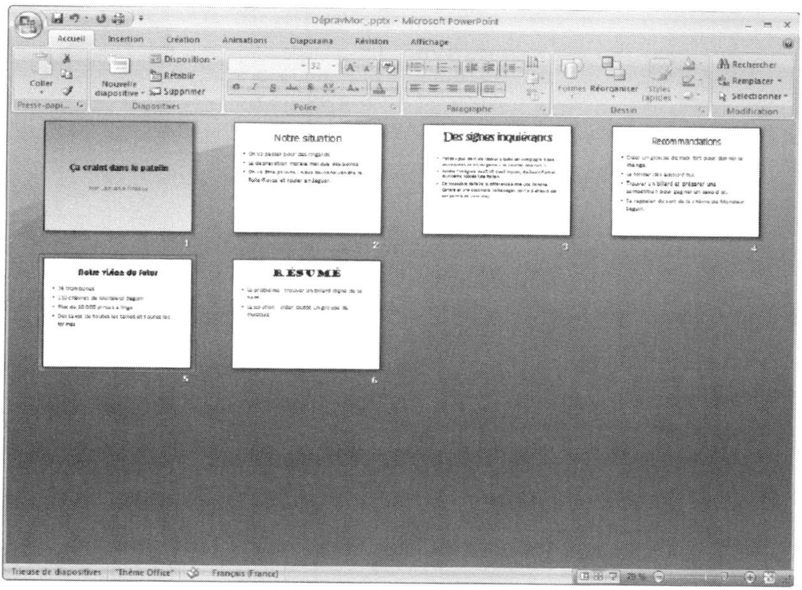

Figure 2.4 : La trieuse de diapositives montre une vue générale de la présentation.

Voici comment réorganiser, ajouter ou supprimer des diapositives dans la trieuse :

- **Pour déplacer une diapositive** : Cliquez dessus et faites-la glisser vers un nouvel emplacement. Pointez sur la diapositive, maintenez le bouton gauche de la souris enfoncé, et faites glisser la diapositive. Relâchez le bouton de la souris quand elle se trouve correctement positionnée dans la présentation.

- **Pour supprimer une diapositive** : Cliquez dessus pour la sélectionner et appuyez sur la touche Suppr. Cette action n'est possible qu'en mode Trieuse de diapositives.
- **Pour ajouter une nouvelle diapositive** : Cliquez sur celle que la nouvelle diapo doit suivre, puis cliquez sur le bouton Nouvelle diapositive : le volet Mise en page des diapositives apparaît. Pour modifier le contenu de cette diapositive (ou d'une autre), revenez à l'affichage Diapositives ou Plan en cliquant sur les boutons de vue situés à droite dans la barre d'état, ou sous l'onglet Affichage du Ruban.

Si votre présentation contient plus de diapositives que ne peut en afficher l'écran, modifiez le facteur de zoom. Réduisez le pourcentage. Vous verrez davantage de diapositives, mais plus petites.

La trieuse de diapositives ne paraît pas très attrayante ni très enthousiasmante. Mais c'est pourtant ici que vous définirez les transitions et les effets, ou que vous placerez des animations sympathiques dans vos diapositives. Tout cela est décrit au Chapitre 10.

Chapitre 3
Planifier votre présentation

Dans ce chapitre :

- Comprendre le mode Plan.
- Se focaliser sur le fond, pas sur la forme.
- Promouvoir et abaisser.
- Ajouter une diapositive dans l'onglet Plan.
- Réduire et développer le plan.

La plupart des présentations sont faites de diapositives qui répertorient des éléments à l'aide de listes à puces. Elles contiennent aussi quelques représentations graphiques, notamment des cliparts destinés à détendre l'atmosphère d'une présentation autrement fort austère. On est loin du cinéma burlesque, mais c'est sans doute le meilleur moyen de bien faire passer un message.

C'est pourquoi les présentations s'accommodent très bien du mode Plan. Elles semblent souvent limpides dans le discours préliminaire et s'avèrent pesantes dans PowerPoint. L'onglet Plan, juste à gauche de l'onglet Diapositives, permet de se concentrer sur les points principaux et secondaires. Autrement dit, vous vous focalisez sur le contenu sans vous soucier de l'apparence.

Accéder au mode Plan

Deux onglets sont visibles dans le volet de gauche de PowerPoint : Diapositives et Plan. Normalement, c'est l'onglet Diapositives qui est actif, permettant de voir des miniatures de la présentation. Pour basculer en mode Plan, cliquez sur l'onglet du même nom. Le plan de la présentation est alors affiché, avec pour chaque diapositive le titre affiché au premier niveau et le texte affiché au niveau inférieur. La Figure 3.1 montre cet agencement. Notez que si une diapositive est dépourvue de titre, elle apparaîtra néanmoins dans le plan, mais avec bien sûr un niveau supérieur vide.

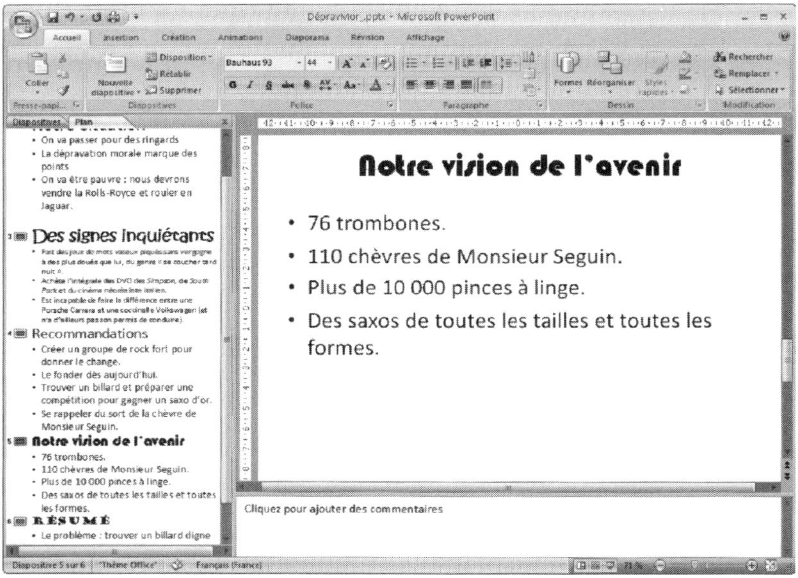

Figure 3.1 : L'affichage du plan d'une présentation.

TRUC Le volet du plan peut être élargi en tirant sa bordure vers la droite.

Les points suivants attirent votre attention sur quelques éléments importants du plan :

- **Le plan est constitué à partir des titres et du texte courant de chaque diapositive.** Tous les autres éléments de la présentation, comme des images, des graphiques et j'en passe, ne sont pas représentés. Tout objet textuel ajouté manuellement ne sera pas affiché dans le plan.
- **Chaque diapositive est représentée par son titre placé au niveau le plus élevé.** Le texte du titre se trouve à droite de la diapositive. Le numéro de la diapositive est à gauche.
- **Chaque ligne de texte courant d'une diapositive est placée en retrait du titre.** Cette présentation révèle bien la hiérarchie des niveaux.

- **Un plan peut contenir des sous-points subordonnés aux points principaux.** PowerPoint permet de créer jusqu'à cinq niveaux de titre sur chaque diapositive. Au-delà de trois niveaux, une diapositive devient assez difficile à lire. Vous en apprendrez davantage sur les niveaux dans la section "Promouvoir et abaisser des paragraphes", plus loin dans ce chapitre.

Sélectionner et modifier une diapositive

Vous pouvez supprimer, couper, copier ou dupliquer toute une diapositive :

- **Supprimer :** Pour supprimer la totalité d'une diapositive, sélectionnez-la et appuyez sur Entrée.
- **Couper ou copier :** Pour couper ou copier une diapositive entière en utilisant le Presse-papiers, sélectionnez-la et appuyez sur Ctrl+X (couper), Ctrl+C (copier) ou utilisez les boutons Couper et Copier, sous l'onglet Accueil du Ruban. Placez ensuite le curseur où bon vous semble et appuyez sur Ctrl+V, ou utilisez le bouton Coller, pour coller le contenu du Presse-papiers. Ces opérations sont aussi possibles en cliquant du bouton droit et en choisissant l'option désirée dans le menu contextuel.
- **Dupliquer :** Sélectionnez la diapositive et appuyez sur Ctrl+D. Cette action place une copie de la diapositive juste après l'original. En fait, vous n'avez pas même à sélectionner la totalité de la diapositive pour la dupliquer : cliquez simplement dans son titre ou dans le corps de son texte.

Sélectionner et modifier un paragraphe

Vous pouvez sélectionner et modifier tout un paragraphe. Cliquez sur la puce du paragraphe à sélectionner ou triple-cliquez n'importe où dans le texte. Pour supprimer tout un paragraphe ainsi que ceux qui lui sont subordonnés, sélectionnez-le et appuyez sur la touche Suppr.

Pour couper ou copier tout un paragraphe vers le Presse-papiers avec ses paragraphes subordonnés, sélectionnez-le et appuyez sur Ctrl+X (Couper) ou Ctrl+C (Copier). Vous pouvez ensuite utiliser

Ctrl+V pour coller le paragraphe dans n'importe quel endroit de la présentation.

Promouvoir et abaisser des paragraphes

Promouvoir un paragraphe consiste à le placer à un niveau hiérarchique supérieur dans le plan.

Abaisser un paragraphe est l'inverse : le paragraphe descend d'un niveau hiérarchique dans le plan.

Pour promouvoir un paragraphe, placez le curseur n'importe où dans le paragraphe concerné et appuyez sur Maj+Tab, ou cliquez sur Réduire le niveau de liste, dans le groupe Paragraphe. Notez qu'il n'est pas possible de promouvoir un titre, qui occupe d'ores et déjà le niveau le plus élevé. En revanche, si vous l'abaissez, la diapositive tout entière est subsumée.

Pour abaisser un paragraphe, placez le curseur n'importe où dans son texte. Ensuite, appuyez sur la touche Tab ou cliquez sur Augmenter le niveau de liste, dans le groupe Paragraphe.

Sachez qu'un paragraphe rabaissé risque de déprimer sérieusement et de porter plainte pour harcèlement moral. En revanche, vous pouvez compter sur la flagornerie d'un paragraphe promu.

Ajouter un nouveau paragraphe

Pour ajouter un nouveau paragraphe à une diapositive en mode Plan, placez le curseur à la fin du paragraphe après lequel vous voulez en insérer un, et appuyez sur la touche Entrée. PowerPoint crée le nouveau paragraphe au même niveau que celui qui le précède.

Si vous placez le point d'insertion au début du paragraphe et appuyez sur la touche Entrée, le nouveau paragraphe est inséré au-dessus du point d'insertion. Si vous placez le point d'insertion au centre du paragraphe et appuyez sur Entrée, le paragraphe est scindé en deux parties.

Après avoir ajouté un nouveau paragraphe, vous pouvez en modifier le niveau directement dans le plan. Pour cela, haussez ou abaissez le nouveau paragraphe. Pour créer un sous-point dans un point principal, placez le curseur à la fin du point principal et appuyez sur la touche Entrée. Ensuite, abaissez le nouveau paragraphe en appuyant sur la touche Tab.

Ajouter une nouvelle diapositive

En mode Plan, une nouvelle diapositive peut être ajoutée de plusieurs manières :

- **Hausser un texte existant** : Placez-le au niveau le plus élevé. Cette technique scinde une diapositive en deux.
- **Hausser un nouveau texte :** Ajoutez un nouveau paragraphe et haussez-le au niveau le plus élevé.
- **Appuyer sur Entrée :** Placez le pointeur dans le titre d'une diapositive et appuyez sur Entrée. Cette méthode crée une nouvelle diapositive avant la diapositive en cours. En fonction de la position du curseur dans le titre, le texte reste sur la diapositive en cours, apparaît sur la nouvelle diapositive ou est réparti sur les deux diapos.
- **Appuyer sur Ctrl+Entrée :** Placez le point d'insertion dans le texte courant de la diapositive, et appuyez sur la touche Entrée. Cette méthode crée une nouvelle diapositive après la diapo en cours. La position du curseur dans la diapositive existante importe peu ; la nouvelle diapo est toujours créée après celle en cours. Le point d'insertion doit être dans le texte courant pour que cette méthode fonctionne. Si vous placez le point d'insertion dans le titre de la diapositive et appuyez sur Ctrl+Entrée, le curseur passe au texte courant sans créer de nouvelle diapo.
- **Insérer une nouvelle diapositive :** Placez le point d'insertion n'importe où dans la diapositive et appuyez sur Ctrl+M, ou cliquez sur le bouton Nouvelle diapositive, dans le groupe Diapositives de l'onglet Accueil, dans le Ruban.
- **Dupliquer une diapositive :** Sélectionnez une diapositive en cliquant sur son icône dans le mode Plan ou en triple-cliquant sur son titre, et appuyez ensuite sur Ctrl+D.

TRUC

Puisque le plan se focalise sur le contenu plutôt que sur la mise en page, les nouvelles diapositives héritent de la mise en forme Liste à puces. Elle comporte un titre et du texte mis en forme avec des puces.

Déplacer du texte de haut en bas

Pour déplacer le texte de haut en bas, cliquez du bouton droit dans le paragraphe à déplacer puis, dans le menu contextuel, choisissez Monter ou Descendre. Le pointeur prend la forme d'une flèche à quatre têtes. Tirez-le vers le haut ou le bas. Une ligne horizontale montre la position exacte de la sélection. Lorsque cette dernière se trouve au bon endroit, relâchez le bouton droit de la souris afin de placer le texte.

Développer et réduire le plan

Si votre présentation contient de nombreuses diapositives, la structure de la présentation devient difficile à appréhender, même en mode Plan. Heureusement, PowerPoint permet de *réduire* le plan pour n'afficher que les titres. La réduction d'un plan ne supprime pas le texte courant, mais se contente de le masquer pour que vous puissiez focaliser votre attention sur l'ordre des diapositives.

Développer une présentation restaure le texte courant préalablement masqué par une réduction du plan. Vous pouvez réduire et développer une présentation complète ou simplement quelques diapositives.

Pour réduire la totalité d'une présentation, cliquez du bouton droit n'importe où dans le plan, puis choisissez Réduire/Réduire tout, ou utilisez le raccourci Alt+Maj+I. Pour développer la présentation, cliquez du bouton droit et choisissez Développer/Développer tout, ou utilisez le raccourci Alt+Maj+9.

Pour réduire une seule diapositive, cliquez du bouton droit n'importe où dans le plan, puis choisissez Réduire/Réduire tout. Vous pouvez également passer par le menu contextuel de la diapositive et choisir Réduire. Pour développer une diapositive réduite, cliquez dedans du bouton droit et choisissez Développer/Développer tout.

Chapitre 4

Vérifier vos présentations

Dans ce chapitre :

- Vérifier l'orthographe.
- Trouver des synonymes.
- Gérer les majuscules et les minuscules.
- Utiliser la fonction de correction automatique.

N'étant pas un as de l'orthographe, me voici bien content d'utiliser les fonctions de correction orthographique des divers logiciels qui jonglent avec les mots. Le français est inflexible et ses règles grammaticales draconiennes, et j'avoue qu'aujourd'hui nous sommes moins attentifs à l'orthographe qu'hier – à supposer que nous l'ayons jamais été –, puisque nous savons que les traitements de texte gardent un œil vigilant sur notre travail et signalent les erreurs.

Correction en temps réel

Le correcteur de PowerPoint n'attend pas que vous ayez terminé un document pour entrer en action. Il surveille tous vos faits et gestes orthographiques. Dès qu'il détecte une faute, il y va de son stylo pour la souligner afin d'attirer votre attention, comme l'illustre la Figure 4.1.

Sur la Figure 4.1, le mot *trombonnes* est souligné. Dès lors, trois options s'offrent à vous :

- **Corriger :** Retapez le mot directement dans la zone de texte.
- **Solliciter l'aide de PowerPoint :** Cliquez sur le mot avec le bouton droit de la souris. Dans le menu contextuel qui apparaît, sélectionnez la proposition la plus appropriée au

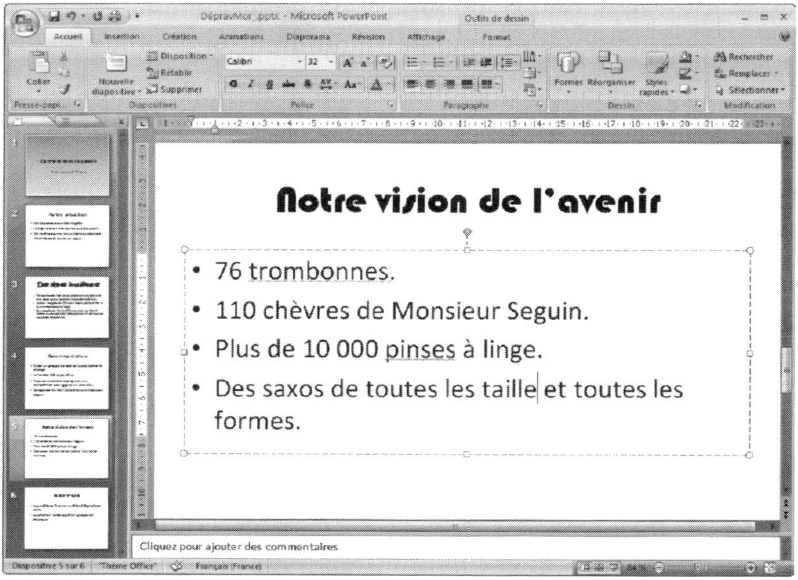

Figure 4.1 : PowerPoint repère les fautes d'orthographe, mais pas les erreurs grammaticales.

mot à corriger. Si aucune ne correspond, corrigez-le manuellement.

- **Ignorer la faute de frappe :** Parfois les erreurs sont volontaires pour diverses raisons (nom propre, jeu de mots...). Par exemple, le vocabulaire des *Aventures potagères du Concombre masqué* ("le grand patatoseur", "l'imtempestivité à bringuebaduler"...), de même que le nom de leur auteur, Mandryka, sont la hantise des correcteurs orthographiques.

TRUC

Un correcteur orthographique repère les mots qui n'existent pas dans son dictionnaire, mais ne peut pas détecter des erreurs sur leur sens. Par exemple, si à la troisième ligne le mot *linge* est remplacé par *ligne* (permutation de caractères), voire par *singe* ou *lange,* le correcteur n'y verra que du feu.

Une correction après coup

Les étapes suivantes montrent comment vérifier l'orthographe de toute une présentation :

1. **Ouvrez la présentation à vérifier, si ce n'est déjà fait.**

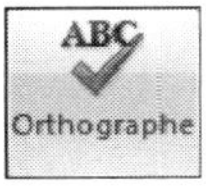

2. **Cliquez sur l'onglet Révision, dans le Ruban, puis, dans le groupe Vérification, cliquez sur le bouton Orthographe.**

3. **Tournez-vous les pouces.**

   PowerPoint cherche les erreurs. Soyez patient !

4. **Ne vous formalisez pas si PowerPoint trouve une faute d'orthographe.**

   Dès qu'une erreur est découverte, PowerPoint la signale en ouvrant la boîte de dialogue Orthographe. Le mot inconnu de PowerPoint s'affiche dans le champ Absent du dictionnaire et des suggestions sont proposées juste en dessous, comme le montre la Figure 4.2.

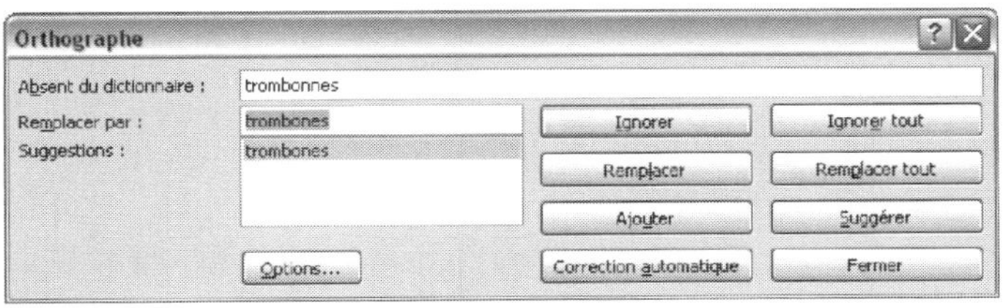

Figure 4.2 : PowerPoint a trouvé une faute d'orthographe.

5. **Choisissez de corriger l'erreur, puis cliquez sur le bouton Remplacer. Ou alors, si ce n'est pas une erreur, snobez le correcteur orthographique en cliquant sur Ignorer.**

   Si vous admettez que le mot est mal orthographié, recherchez dans la liste des propositions le mot qui convient, puis cliquez sur Remplacer.

   Si le mot est correct mais inconnu de PowerPoint et que vous ne souhaitez pas l'entrer dans son dictionnaire, cliquez sur Ignorer.

6. **Répétez les étapes 4 et 5 jusqu'à ce que PowerPoint termine la vérification.**

   Ce message indique la fin des opérations :

```
La vérification de l'orthographe est terminée.
```

PowerPoint commence toujours une vérification à partir de la première diapositive. Il analyse les titres, le texte courant, les notes et les objets textuels ajoutés aux diapositives. Il ne vérifie pas les objets incorporés, comme les représentations graphiques et les schémas.

Pour ajouter un mot au dictionnaire de PowerPoint, cliquez sur Ajouter.

Le dictionnaire personnalisé

Le vérificateur orthographique de PowerPoint s'appuie sur deux dictionnaires : un dictionnaire standard et un dictionnaire personnalisé. Le premier contient des milliers de mots généralement utilisés dans le langage courant ; le second les mots ajoutés par l'utilisateur quand il clique sur le bouton Ajouter de la boîte de dialogue Orthographe.

Le dictionnaire personnalisé est partagé avec d'autres programmes Microsoft comme Word. Ces applications partagent le même dictionnaire que PowerPoint. Par conséquent, si vous ajoutez un mot dans celui de Word, il bénéficiera à PowerPoint.

Que se passe-t-il si vous ajoutez un mot au dictionnaire par mégarde ? Vous avez le choix entre demander à l'Académie d'ajouter votre mot au dictionnaire de la langue française, ou alors supprimer le mot du fichier CUSTOM.DIC. Pour y accéder, cliquez sur le bouton Office, puis sur le bouton Options PowerPoint. Cliquez sur le bouton Vérification puis sur le bouton Dictionnaires personnels. Sélectionnez le fichier CUSTOM.DIC puis cliquez sur le bouton Modifier la liste des mots.

Le dictionnaire des synonymes

Un mot vous échappe ? Vous répétez trop souvent le même terme ? Utilisez le dictionnaire des synonymes :

1. **Cliquez sur un mot avec le bouton droit de la souris. Dans le menu contextuel, choisissez Synonymes.**

   Un menu contextuel propose des mots apparentés. Parfois, PowerPoint propose un antonyme, c'est-à-dire un mot dont le sens est le contraire de celui que vous testez.

2. **Sélectionnez le terme adéquat.**

PowerPoint effectue la substitution.

Si vous choisissez l'option Dictionnaire des synonymes, dans le menu contextuel, le volet Office l'affiche comme le montre la Figure 4.3. Le dictionnaire des synonymes permet d'aller plus loin dans une recherche. Par exemple, si vous cherchez l'équivalent d'un mot, PowerPoint affiche une liste de synonymes où vous faites tranquillement votre choix. Si un terme se rapproche de ce que vous cherchez, cliquez dessus. PowerPoint affiche ensuite des synonymes de ce mot apparenté.

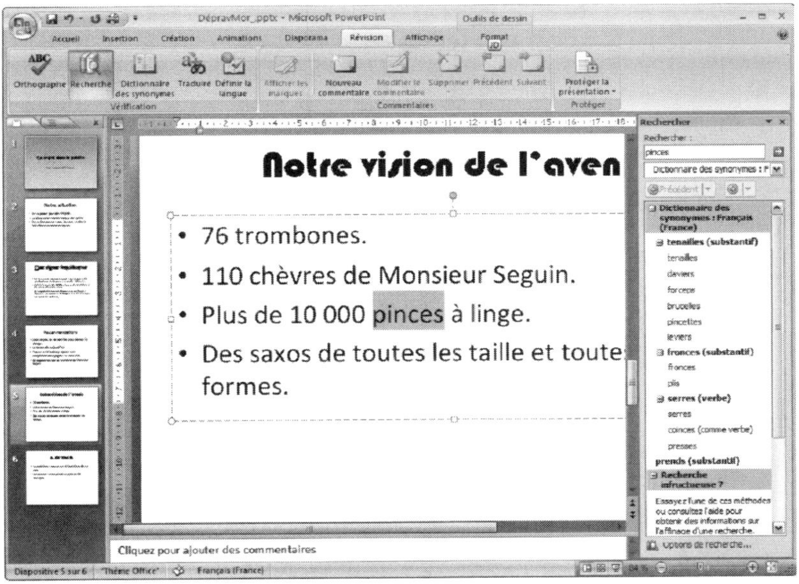

Figure 4.3 : Le dictionnaire des synonymes apparaît aussi dans le volet Rechercher.

Du bon usage de la casse

PowerPoint dispose d'une fonction qui permet de placer correctement les majuscules dans le texte des diapositives. Voici comment l'utiliser :

1. **Sélectionnez le texte à mettre en majuscules.**

2. **Sous l'onglet Accueil du Ruban, cliquez sur le bouton Modifier la casse, dans le groupe Polices.**

Une liste de choix s'affiche.

3. **Etudiez les options proposées, puis cliquez sur celle qui répond à vos besoins.**

   Les options de casse sont :

   - **Majuscule en début de phrase :** La première lettre du premier mot de chaque phrase sera en majuscule.
   - **minuscules :** Tous les mots sont écrits en minuscules.
   - **MAJUSCULES :** Tous les caractères sont transcrits en majuscules.
   - **1re lettre des mots en majuscule :** La première lettre de chaque mot est capitalisée. PowerPoint est assez intelligent pour laisser certains mots comme "à" et "le" en minuscule, mais je vous conseille de vérifier pour être certain qu'il n'a pas été fantaisiste dans son appréciation.
   - **iNVERSER lA cASSE :** Cette option transforme les majuscules en minuscules et les minuscules en majuscules.

4. **Cliquez sur OK ou appuyez sur Entrée puis vérifiez le résultat.**

TRUC

Vérifiez toujours le texte après une modification de casse pour être sûr que le résultat correspond à votre attente. Vérifiez attentivement les noms propres, dont la première lettre en majuscule ne doit pas avoir été convertie en minuscule.

Les titres auront presque toujours la première lettre de leurs mots en majuscule. Le premier niveau de puce d'une diapositive peut recevoir l'option 1re lettre des mots en majuscule ou l'option Majuscule en début de phrase.

N'OUBLIEZ PAS

Évitez autant que possible les majuscules. Un texte en capitales est pénible à lire et visuellement agressif. EST-CE CLAIR ?

La correction automatique

Pour paramétrer la correction automatique, cliquez sur le bouton Office puis sur le bouton Options PowerPoint. Dans la boîte de dialogue qui apparaît, cliquez sur Vérification, dans le volet de gauche. Ensuite, en haut à droite de la boîte de dialogue, cliquez sur le bouton Options de correction automatique. Vous accédez ainsi aux options que montre la Figure 4.4.

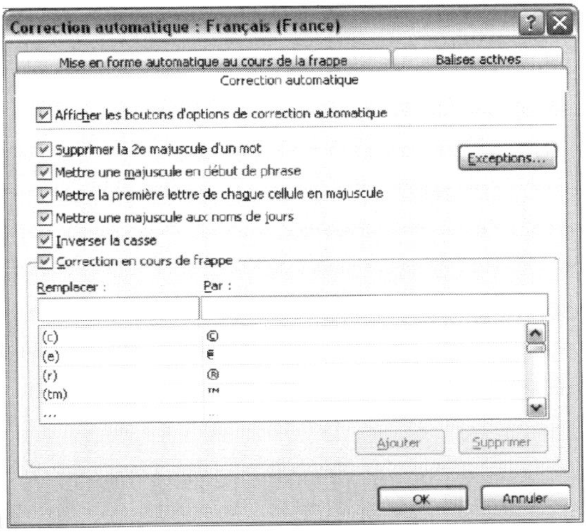

Figure 4.4 : La boîte de dialogue Correction automatique.

Comme vous le constatez, la boîte de dialogue Correction automatique contient des cases à cocher qui gèrent le fonctionnement de la correction :

- **Afficher les boutons d'options de correction automatique :** Cette option affiche le bouton de correction automatique sous les mots corrigés automatiquement. Il permet d'annuler une modification ou de demander à PowerPoint de cesser tel ou tel type de correction.
- **Supprimer la 2e majuscule d'un mot :** Recherche les mots qui ont deux majuscules initiales, et transforme la seconde en minuscule. Par exemple, si vous saisissez *ENsemble*, PowerPoint corrige automatiquement en *Ensemble*. Cependant, si vous saisissez une troisième majuscule, PowerPoint suppose que c'est un acte volontaire et n'effectue aucune correction.
- **Mettre une majuscule en début de phrase :** Met automatiquement en majuscule la première lettre d'un mot commençant une phrase.

- **Mettre la première lettre de chaque cellule en majuscule :** Met automatiquement en majuscule la première lettre du premier mot d'une cellule d'un tableau.
- **Mettre une majuscule aux noms de jours :** Lundi, Mardi, Mercredi... il y en a sept comme ça.
- **Inverser la casse :** C'est une fonction très sympathique. Si PowerPoint remarque que vous capitalisez à l'envers de la normale, il suppose que vous avez appuyé accidentellement sur la touche de verrouillage des majuscules. Il déverrouille les majuscules et rétablit le bon ordre des choses.
- **Correction en cours de frappe :** Cette option est le cœur de la correction automatique. Elle consiste en une liste de mots fréquemment mal orthographiés. Si vous faites toujours la même faute au même mot, par exemple si vous écrivez systématiquement *vraiement* au lieu de *vraiment*, il suffit de saisir *vraiement* dans le champ Remplacer et *vraiment* dans le champ Par. Cliquez sur Ajouter. A partir de cet instant, PowerPoint remplacera ce mot sans que vous vous doutiez de rien. PowerPoint possède une liste de remplacements prédéfinis que vous pouvez enrichir des vôtres, mais que vous pouvez également modifier.

Ajoutez à la liste tous les mots qui vous posent problème ! Mieux : pour accélérer votre saisie de texte, définissez des abréviations. Par exemple, je trouve que le mot "c'est-à-dire" est long à écrire. J'ai donc défini "c'est-à-dire" comme remplacement de "cad". Ainsi, dès que je tape "cad" et appuie sur la barre d'espace, PowerPoint écrit "c'est-à-dire" à ma place. J'en ai une bonne cinquantaine dans ce genre.

La fonction de correction automatique comporte plusieurs options de mise en forme qui appliquent automatiquement des changements en cours de frappe. Pour définir ces options, cliquez sur l'onglet Mise en forme automatique au cours de la frappe.

Chapitre 5

N'oubliez pas vos notes !

Dans ce chapitre :

- Placer des commentaires dans votre présentation.
- Agrandir la page des commentaires pour mieux lire son contenu.
- Ajouter une nouvelle diapositive en mode d'affichage des commentaires.
- Imprimer les commentaires.

Une magnifique diapositive avec un beau texte, un diagramme évocateur, peut-être même des images époustouflantes se trouve au début de votre présentation, mais vous ne savez plus pourquoi. Décontenancé, vous cherchez vos mots, ce qui augure mal de la suite de votre prestation.

PowerPoint est heureusement capable d'afficher des commentaires qui vous aident à bien préparer une présentation et à ne jamais être pris au dépourvu. Ils peuvent être mot pour mot ce que vous direz à l'auditoire, ou seulement quelques notes utilisées comme pense-bête.

Comprendre la notion de "commentaire"

Les *commentaires* sont des notes liées à vos diapositives. Ils n'apparaissent pas pendant la diffusion du diaporama, car PowerPoint les affiche séparément. Chaque diapositive d'une présentation comporte sa propre page de notes.

PowerPoint dispose d'un affichage spécial intitulé Pages de commentaires. Pour l'activer, cliquez sur l'onglet Affichage, dans le Ruban, puis, dans le groupe Affichages des présentations, cliquez sur le bouton Pages de commentaires. La Figure 5.1 montre une diapositive affichée dans ce mode. Chaque page montre une version réduite de la diapositive surmontant une zone de commentaires.

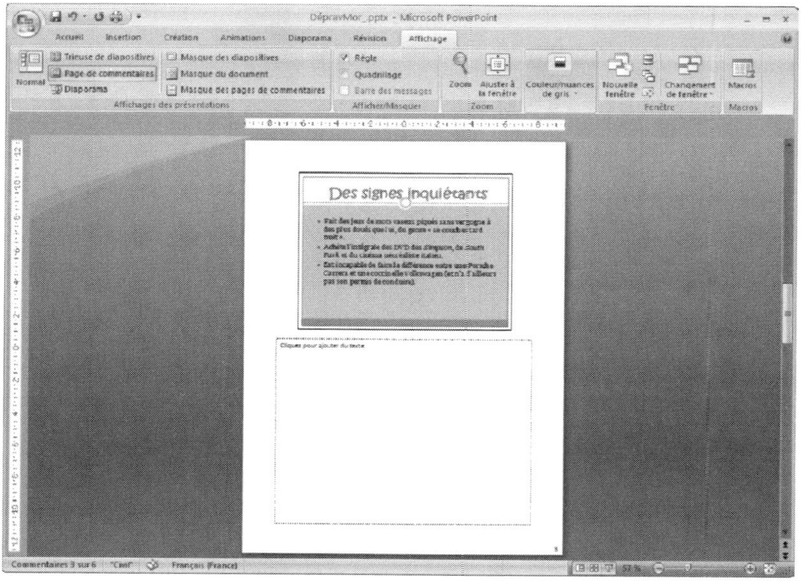

Figure 5.1 : L'affichage en mode Page de commentaires permet de voir vos notes personnelles.

Bien sûr, ces notes sont trop petites pour les exploiter en mode Page de commentaires, sauf en augmentant le facteur de zoom.

Ajouter des commentaires à une diapositive

Voici comment ajouter des commentaires à une diapositive :

1. **En mode Normal, affichez la diapositive dans laquelle vous désirez ajouter des notes.**

2. **Cliquez et faites glisser la bordure du volet Commentaires pour mieux voir les notes.**

3. **Cliquez dans la zone de saisie où se trouve présentement la phrase Cliquez pour ajouter des commentaires.**

4. **Tapez vos notes.**

Le texte que vous saisissez apparaît dans la zone de commentaires. Lorsque vous créez des notes, vous pouvez utiliser toutes les fonctions standard du traitement de texte de PowerPoint comme Couper, Copier et Coller. Appuyez sur la touche Entrée pour créer de nouveaux paragraphes.

La Figure 5.2 montre une diapositive dont la zone de saisie des commentaires est largement agrandie. Quelques commentaires s'y trouvent.

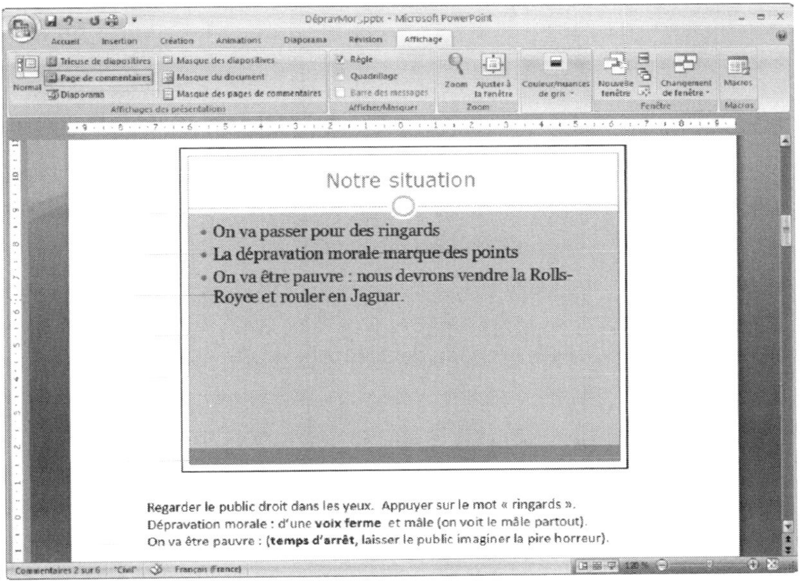

Figure 5.2 : Une diapositive ainsi que des notes.

Ajouter une page de commentaires à une diapositive

PowerPoint ne dispose pas d'une fonction d'ajout de pages de commentaires à une diapositive. L'astuce suivante montre cependant comment y parvenir autrement :

1. **Créez une copie de la diapositive juste après celle exigeant deux pages de commentaires.**

   Pour dupliquer la diapositive, affichez-la en mode Normal et appuyez sur Ctrl+D.

2. **Sous l'onglet Affichage, dans le groupe Affichages des présentations, cliquez sur le bouton Page de commentaires.**

   La page de commentaires de la duplication apparaît.

3. **Supprimez la diapositive qui se trouve au-dessus de la zone de commentaires.**

   Cliquez sur la diapositive et appuyez sur la touche Suppr.

4. **Agrandissez la zone de commentaires afin qu'elle remplisse la page.**

   Cliquez sur la zone de commentaires pour la sélectionner. Tirez vers le haut la poignée centrale de la bordure supérieure de la zone.

5. **Saisissez dans cette nouvelle page les notes destinées à la diapositive précédente.**

   Ajoutez un en-tête comme "Suite de la diapositive 23", par exemple, en haut de la page pour vous souvenir que cette partie est bien la suite des notes liées à la précédente diapositive.

6. **Repassez en mode Normal.**

   Cliquez sur le bouton Mode Normal, dans le groupe Affichages des présentations, sous l'onglet Affichage.

7. **Cliquez sur l'onglet Diaporama, dans le Ruban, et dans le groupe Configurer, choisissez Masquer la diapositive.**

   Cette commande cache la diapositive, ce qui signifie qu'elle n'est pas affichée par le diaporama, donc qu'elle ne sera pas vue par votre auditoire.

Le résultat de cette astuce est que vous disposez à présent de deux pages de commentaires pour une seule diapositive. La seconde page n'a pas d'image de diapositive et n'est pas incluse dans le diaporama.

Ajouter une nouvelle diapositive en mode Page de commentaires

Si vous travaillez en mode Page de commentaires et réalisez qu'il est nécessaire d'ajouter une nouvelle diapositive, inutile de retourner en mode Normal : cliquez simplement sur le bouton Nouvelle diapositive dans le groupe Diapositives, sous l'onglet Accueil, ou appuyez sur Ctrl+M.

Pour modifier le contenu ou l'apparence des diapositives, vous devez revenir en mode Normal. Aucune intervention n'est en effet possible en mode Page de commentaires.

Imprimer des pages de commentaires

Si votre ordinateur ne permet pas de projeter les diapositives sur un écran, vous utiliserez un autre moniteur ou imprimerez vos commentaires sur papier afin de les avoir sous les yeux pendant votre prestation. Voici comment procéder :

1. **Cliquez sur le bouton Office puis sur la commande Imprimer.**

   La boîte de dialogue Imprimer apparaît.

2. **Dans la liste Imprimer, choisissez Pages de commentaires.**

3. **Vérifiez que l'option Imprimer les diapositives masquées est cochée.**

   Cette option est en grisé si la présentation ne comporte aucune diapositive cachée.

4. **Cliquez sur OK ou appuyez sur la touche Entrée.**

Consultez le Chapitre 6 pour en savoir plus sur l'impression.

Chapitre 6

Imprimer votre présentation

Dans ce chapitre :

- Imprimer des diapositives.
- Imprimer des documents, des notes et le plan.
- Prévisualiser une impression.

Ce chapitre commence par montrer comment terminer les préparatifs en imprimant des exemplaires des diapositives, des commentaires et des documents. Il se poursuit par l'installation d'un projecteur et la présentation proprement dite de votre prestation.

Imprimer rapidement

Le moyen le plus direct pour imprimer une présentation consiste à cliquer sur le bouton Impression rapide, tout en haut à gauche de PowerPoint. L'impression démarre sans passer par la moindre boîte de dialogue. Vous obtenez en principe une copie de toutes vos diapositives. En revanche, si vous avez modifié les paramètres d'impression dans la boîte de dialogue Imprimer, cliquer sur ce bouton imprimera la présentation avec ces mêmes paramètres.

La boîte de dialogue Imprimer

Pour un contrôle précis de l'impression, vous devez passer par la boîte de dialogue Imprimer que montre la Figure 6.1. Elle contient diverses options d'impression de tout ou partie d'une présentation. Pour l'afficher, cliquez sur le bouton Office et choisissez Imprimer, ou appuyez sur Ctrl+P.

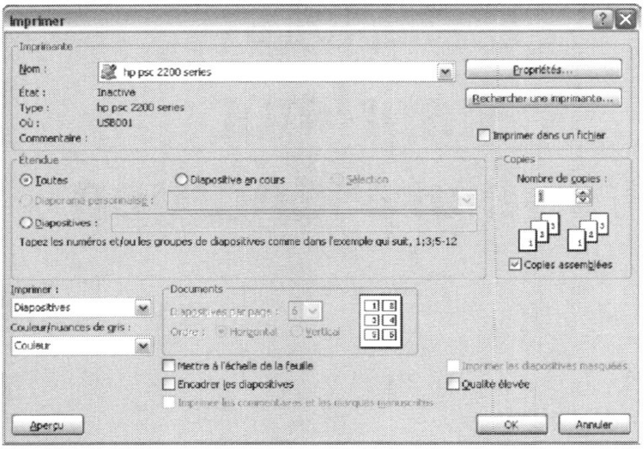

Figure 6.1 : La boîte de dialogue Imprimer.

Après avoir défini les options d'impression, cliquez sur OK ou appuyez sur la touche Entrée pour lancer l'impression. Les options permettent notamment de sélectionner un groupe de diapositives à imprimer, d'imprimer plusieurs copies des diapositives ou de la présentation, des éléments du document (c'est-à-dire la présentation sous forme d'un document remis à l'assistance), des commentaires ou un plan.

TRUC

L'impression peut prendre du temps. Pour ne pas vous laisser dans l'expectative, PowerPoint affiche une barre de progression afin de savoir où en est la préparation de l'impression et l'impression elle-même.

Changer d'imprimante

Peut-être faites-vous partie de ces nantis qui possèdent plusieurs imprimantes ? Vous devez dans ce cas en sélectionner une dans le champ Nom de la section Imprimante. Chaque imprimante doit être connectée à l'ordinateur et allumée. Si vous êtes en délicatesse avec votre imprimante et sa connexion, lisez aussi *Windows XP pour les Nuls* ou *Windows Vista pour les Nuls*.

Imprimer des parties d'une présentation

Lors d'une première utilisation de la commande Imprimer, l'option Toutes est activée. La totalité de la présentation sera donc imprimée, à raison d'une diapositive par feuille. Les quatre options de la section Étendue permettent de sélectionner des diapositives à imprimer :

- **Diapositive en cours :** Imprime la diapositive actuellement affichée dans PowerPoint. Avant d'appeler cette commande d'impression, vérifiez que la diapositive à imprimer est bien visible dans PowerPoint. Cliquez ensuite sur OK. Cette option est utile lorsque vous avez modifié une ou deux diapositives dans une présentation déjà imprimée en totalité.
- **Sélection :** Imprime la partie de la présentation sélectionnée avant d'exécuter la commande d'impression. Cette option est facile à utiliser en mode Plan ou Trieuse de diapositives. Commencez par sélectionner les diapositives à imprimer. Il suffit pour cela de maintenir le bouton de la souris enfoncé et de faire glisser le pointeur sur les diapositives concernées. Choisissez ensuite la commande Imprimer, activez l'option Sélection et cliquez sur OK. (Notez que si vous ne sélectionnez aucune diapositive avant d'ouvrir la boîte de dialogue Imprimer cette option est indisponible.)
- **Diaporama personnalisé :** Si vous avez défini un ou plusieurs diaporamas personnalisés, cette commande vous permettra de sélectionner celui que vous désirez imprimer.
- **Diapositives :** Permet de sélectionner les diapositives à imprimer. Vous pouvez imprimer une plage de diapositives en indiquant les numéros de début et de fin de la plage, séparés par un tiret. Ainsi, en tapant *5-8*, vous demandez à PowerPoint d'imprimer les diapositives 5, 6, 7 et 8. Vous pouvez aussi imprimer des diapositives éparses en séparant leurs numéros par des virgules. En tapant *4,8,11*, vous n'imprimez que ces diapositives. Cerise sur le gâteau : vous pouvez imprimer des plages de diapositives et des diapositives éparses en une seule opération. Si vous saisissez *4,9-11,13*, vous imprimez les diapositives 4, 9 à 11 et 13.

Imprimer plusieurs exemplaires

Le champ Nombre de copies de la boîte de dialogue Imprimer permet d'obtenir plusieurs copies sur papier de votre présentation. Cliquez sur l'une des flèches du champ Nombre de copies pour augmenter ou diminuer le nombre d'exemplaires à imprimer. Il est possible de le saisir directement dans ce champ.

Sous le champ Nombre de copies, figure la case à cocher Copies assemblées. Si vous la cochez, PowerPoint imprime chaque copie de la présentation l'une après l'autre. En d'autres termes, si votre présentation contient dix diapositives et que vous sélectionnez 3 copies dans le champ Nombre de copies, PowerPoint imprime les dix diapositives de la première copie, puis les dix de la deuxième, enfin les dix de la troisième. Si vous ne cochez pas la case Copies assemblées, PowerPoint imprime trois copies de la première diapositive, puis trois de la deuxième, et ainsi de suite jusqu'à la dixième diapo.

TRUC

L'option Copies assemblées évite de devoir trier manuellement les pages pour réordonner chaque document. Souvent, les présentations sont longues à imprimer à cause des graphiques insérés dans les diapositives. Toutefois, lorsque vous imprimez plusieurs copies, il est conseillé de ne pas cocher cette option. Attitude paradoxale sans doute, mais salutaire car elle fait gagner du temps. Beaucoup d'imprimantes sont plus rapides pour les exemplaires supplémentaires, car les calculs préliminaires à l'impression n'ont à être effectués qu'une seule fois. En revanche, l'option Copies assemblées ralentit le processus, car l'imprimante doit recalculer chaque fois la totalité du document, page après page, et recommencer la même opération pour les copies suivantes.

Que voulez-vous imprimer ?

La liste Imprimer de la boîte de dialogue Imprimer permet de sélectionner le type d'éléments que vous désirez coucher sur le papier. Voici son contenu :

- **Diapositives :** Imprime des diapositives (qui l'eût cru ?).
- **Pages de commentaires :** Imprime les pages contenant les commentaires (voir le Chapitre 5).
- **Documents (diapositives par page) :** Imprime les documents que vous remettrez à votre auditoire. Sélectionnez le nombre de diapositives à placer sur chaque page du document en cliquant sur la liste Diapositives par page. Vous pouvez également définir l'ordre d'apparition des diapositives, soit Horizontal, soit Vertical.
- **Plan :** Imprime le plan de la présentation.

Sélectionnez le type de sortie sur papier, puis cliquez sur OK ou appuyez sur Entrée.

TRUC

Quand vous imprimez des diapositives destinées à des transparents, effectuez un test sur du papier ordinaire. Les transparents sont chers ; il serait bête de les gâcher.

TRUC

Pour imprimer les diapositives en hauteur ou en largeur, cliquez sur le bouton Orientation des diapositives, dans le groupe Mise en page, sous l'onglet Création, puis choisissez Portrait ou Paysage.

Pour imprimer des documents à deux, trois ou six diapositives par page, PowerPoint est obligé de réduire la taille de chaque diapositive. Puisque ces documents sont remis à l'auditoire, le contenu doit cependant être lisible, malgré la taille réduite.

A quoi servent tous ces autres contrôles ?

La commande Imprimer dispose de contrôles supplémentaires situés en bas de la boîte de dialogue. En voici une liste expliquant leur fonction :

- **Couleur/Nuances de gris :** Cette liste permet d'imprimer en couleurs, en nuances de gris (le noir et blanc des photographes) ou en noir et blanc intégral (uniquement du blanc et uniquement du noir).
- **Mettre à l'échelle de la feuille :** Ajuste la taille de sortie en fonction de la dimension du papier d'impression. Évitez d'utiliser cette option, car le résultat est parfois surprenant.
- **Encadrer les diapositives :** Trace une fine bordure autour des diapositives afin de mieux les délimiter (commode quand il y a du ciel blanc dans une photo).
- **Imprimer les commentaires et les notes manuscrites :** Si vous avez ajouté des commentaires à vos diapositives, vous pouvez les imprimer sur des pages séparées. Autrement, cette option est en grisé (indisponible).
- **Imprimer les diapositives masquées :** Des diapositives peuvent être masquées avec la commande Masquer la diapositive, sous l'onglet Diaporama. Une diapositive masquée ne peut être imprimée que si cette option est active. Elle est en

grisé quand la présentation ne comporte aucune diapositive masquée.

La commande Aperçu avant impression

La commande Aperçu avant impression permet de vérifier l'apparence des diapositives avant de les imprimer sur papier ou sur des transparents. Il suffit pour cela de cliquer sur le bouton Office et de choisir Imprimer. La page apparaît, comme sur la Figure 6.2.

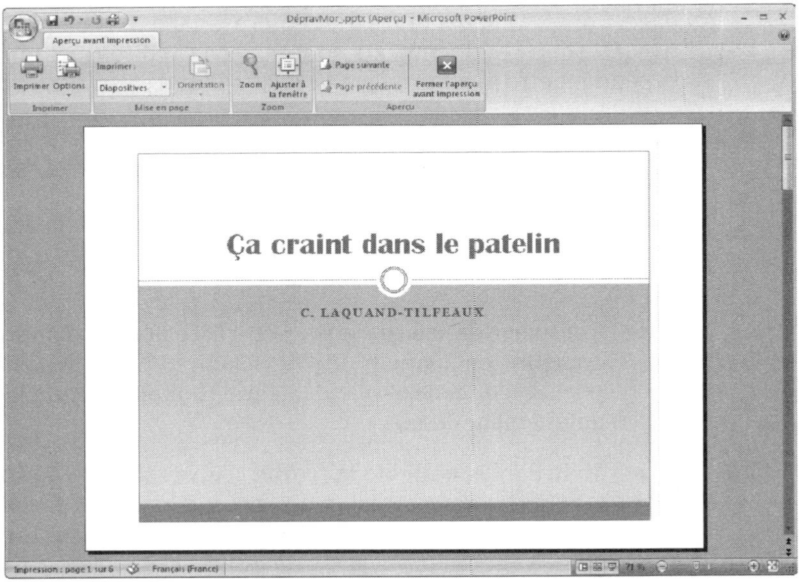

Figure 6.2 : La prévisualisation de l'impression.

Il est possible de zoomer, dans la fenêtre d'aperçu avant impression, pour examiner un détail d'une diapositive. Vous pouvez également faire défiler les pages avec la barre de défilement, en utilisant les touches Page Haut et Page Bas ou en cliquant sur les boutons Page précédente et Page suivante, dans le coin supérieur gauche de l'aperçu.

Si vous êtes satisfait du "projet" d'impression, cliquez sur le bouton Imprimer. Si vous découvrez des erreurs, cliquez sur le bouton Fermer l'aperçu avant impression, afin de revenir au mode Normal et corriger les problèmes.

Démarrer un diaporama

Les fonctions d'impression sont appréciables, mais PowerPoint a surtout été conçu pour créer des diapositives qui seront présentées sur un écran plutôt qu'imprimées sur du papier. L'écran peut être celui de votre ordinateur, un vidéoprojecteur ou un écran géant à plasma ou à cristaux liquides.

Pour montrer une présentation à une seule personne ou à un petit groupe réuni autour de l'ordinateur, le démarrage du diaporama se fait d'un seul clic sur le bouton Diaporama. Il se trouve, ainsi que d'autres boutons d'affichage, en bas à droite de PowerPoint. Si vous avez configuré l'affichage en plein écran, la présentation occupe tout l'espace disponible. Pour passer à la diapositive suivante, cliquez ou appuyez sur Entrée, ou sur la touche Flèche Bas, Page Bas ou encore F5.

Si PowerPoint a été configuré pour utiliser deux moniteurs, le diaporama apparaît sur le second. Parfois, cette configuration par défaut doit être modifiée. À cette fin, chargez la présentation puis, sur le Ruban, cliquez sur l'onglet Diaporama et, dans le groupe Configurer, choisissez Configurer le diaporama. La boîte de dialogue de la Figure 6.3 apparaît, où vous réglerez les divers paramètres de la présentation.

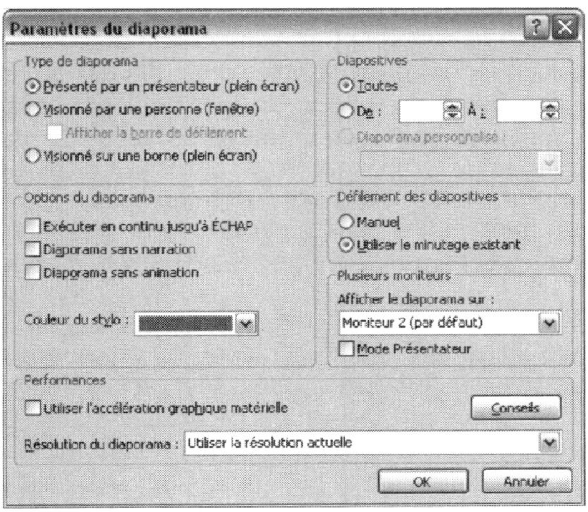

Figure 6.3 : La boîte de dialogue servant à configurer le diaporama.

Les options de la boîte de dialogue Paramètres du diaporama permettent de configurer les éléments suivants :

- **Configurer la présentation :** Vous choisirez l'option appropriée selon que le diaporama est Présenté par un présentateur (plein écran), Visionné par une personne (fenêtre) ou Visionné sur une borne (plein écran).
- **Exécuter en continu jusqu'à ÉCHAP :** Cochez cette case afin que le diaporama s'exécute en boucle. Arrivé à la dernière diapositive, il reprend à la première jusqu'à ce que quelqu'un appuie sur la touche Échap.
- **Diaporama sans narration, Diaporama sans animation :** Décochez ces cases pour simplifier le diaporama.
- **Sélectionner la couleur du stylet :** Sélectionnez ici la couleur du stylet permettant d'écrire ou dessiner à même la diapositive.
- **Choisir les diapositives à montrer :** Dans la rubrique Diapositives, choisissez Toutes pour présenter la totalité des diapositives de la présentation, ou indiquez dans les champs De et À la plage de diapositives à inclure.
- **Diaporama personnalisé :** Cochez cette case pour choisir un diaporama personnalisé que vous auriez confectionné.
- **Choisir de passer manuellement d'une diapositive à une autre :** Dans la rubrique Défilement des diapositives, sélectionnez l'option Manuel pour avancer à la diapositive suivante en appuyant sur la touche Entrée ou sur la barre d'espace, ou en cliquant. Pour que les diapositives défilent automatiquement, choisissez Utiliser le minutage existant.
- **Sélectionner un moniteur :** Si votre ordinateur est relié à deux moniteurs, allez dans la rubrique Plusieurs moniteurs et sélectionnez celui qui doit être utilisé pour le diaporama.
- **Définir les options de performance :** Vous pouvez activer ou désactiver l'option Utiliser l'accélération graphique matérielle. Cette case doit être cochée, sauf en cas de dysfonctionnement de l'affichage. C'est dans cette rubrique aussi que vous sélectionnez la résolution de la présentation.
- **Utiliser la télécommande du projecteur :** Pour ce faire, la télécommande doit pouvoir être branchée au port USB de l'ordinateur. Le câble approprié est généralement livré avec le projecteur.

- **Activer le son :** Si votre présentation est sonorisée, l'ordinateur devra être équipé de haut-parleurs ou, mieux, d'enceintes de bonne qualité. Si la présentation est montrée dans une grande salle, vous devrez connecter l'ordinateur au système de sonorisation. Le câble à utiliser peut varier d'une sono à une autre, mais généralement un câble avec un minijack stéréo de 3,5 mm à une extrémité et un jack stéréo de 6,35 mm à l'autre convient.

Le clavier et la souris au service du diaporama

Au cours du diaporama, vous pouvez contrôler la présentation à l'aide du clavier et de la souris. Les Tableaux 6.1 et 6.2 répertorient les touches et les clics à mettre en œuvre.

Tableau 6.1 : Le clavier au service du diaporama.

Fonction	Mise en œuvre
Afficher la diapositive suivante	Entrée, barre d'espace, Page Bas ou S
Afficher la diapositive précédente	Retour arrière, Page Haut ou P
Afficher la première diapositive	Origine
Afficher une diapositive spécifique	Numéro de la diapositive+Entrée (pavé numérique)
Basculer vers un écran noir	N ou . (point)
Basculer vers un écran blanc	B ou , (virgule)
Afficher ou masquer le pointeur	F ou =
Effacer le dessin à l'écran	E
Afficher la diapositive suivante même si elle est masquée	M
Afficher une diapositive masquée	Numéro de la diapositive masquée+Entrée (pavé numérique)
Transformer le pointeur en stylet	Ctrl+P
Transformer le stylet en pointeur	Ctrl+A
Arrêter le diaporama	Echap, Ctrl+Pause, - ("moins" du pavé numérique)

Si le pointeur de la souris est masqué, bougez votre périphérique de pointage (votre souris, quoi !). Dès que le pointeur redevient visible, un menu apparaît dans le coin inférieur gauche de la diapositive. Il permet d'activer diverses options d'affichage des diapositives.

Tableau 6.2 : La souris au service du diaporama.

Fonction	Mise en œuvre
Afficher la diapositive suivante	Cliquer
Parcourir les diapositives	Actionner la molette (si la souris en a une)
Afficher le menu des actions	Cliquer du bouton droit
Afficher la première diapositive	Maintenir les deux boutons de la souris enfoncés jusqu'à l'apparition de la diapositive 1
Dessiner	Appuyez sur Ctrl+P pour transformer le pointeur en stylet et dessiner

Chapitre 7

A l'aide !

Dans ce chapitre :

- Accéder à l'Aide.
- Trouver une aide utile.
- Rechercher de l'aide sur un sujet spécifique.
- Trouver de l'aide sur l'Internet.

La meilleure méthode pour utiliser PowerPoint est d'avoir un formateur à côté de vous. Vous lui posez toutes les questions qui vous tracassent. Le problème, c'est que faire appel à un professionnel coûte très cher.

PowerPoint est heureusement doté d'une fonction d'aide susceptible de répondre à vos questions.

Plusieurs moyens d'obtenir de l'aide

Comme pour quasiment tout dans Office, PowerPoint propose plusieurs manières d'accéder à l'aide. Le plus simple serait d'envoyer un SOS avec la souris (mais il faut connaître le morse). Autrement, vous disposez des options suivantes :

- Appuyez sur la touche F1 chaque fois que vous êtes dans la panade. PowerPoint vous renseignera sur la tâche que vous essayez d'accomplir. Cette fonction très astucieuse est appelée "aide sensitive contextuelle".
- Cliquez sur le bouton Aide. C'est le point d'interrogation en haut à droite du Ruban. Cette action active le système d'aide de PowerPoint que montre la Figure 7.1.

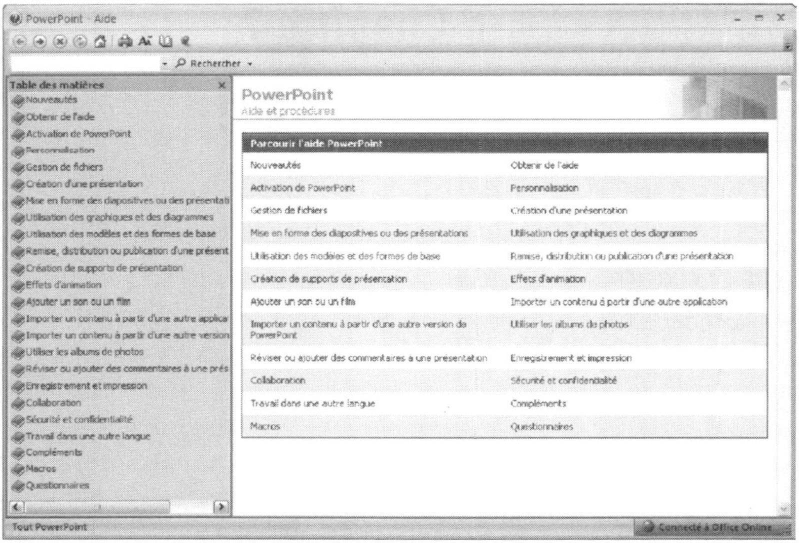

Figure 7.1 : Toute l'aide sur PowerPoint est réunie ici.

Mais qu'est-il arrivé à Trombine ?

Don Juan a son Leporello, Batman son Robin, Laurel son Hardy, Hardy son Dutronc et Dutronc plein de chats. Tout le monde a besoin d'un assistant et les utilisateurs d'Office ne font pas exception à cette règle. C'est pourquoi Microsoft leur avait adjoint, dans les versions précédentes d'Office, un petit personnage nommé Trombine, qui aidait inlassablement les utilisateurs.

Trombine était un trombone à papier animé qui prodiguait de judicieux conseils et suggestions. Vous pouviez même lui poser des questions en cas de problème, et si sa tête ne vous revenait pas, vous pouviez remplacer Trombine par le chat Tifauve, le chien Toufou, l'enchanteur Merlin et bien d'autres compagnons.

Ces compagnons n'étaient hélas ! pas aussi efficaces qu'ils auraient dû l'être. Ils étaient même souvent envahissants. Si vous tapiez *Cher* près d'un texte qui ressemblait à une adresse, Trombine surgissait, demandant si vous étiez en train de taper une lettre. Et si vous posiez une question, il répondait souvent à côté.

Microsoft tenta d'améliorer le compagnon dans les versions successives de sa suite, jusqu'à Office 2007, et décida finalement de se défaire de Trombine et de ses compagnons. Trombine a décidé d'abandonner le trombone, car il veut jouer de l'hélicon.

- Quand une boîte de dialogue est affichée, cliquez sur le bouton orné d'un point d'interrogation, en haut à droite, pour obtenir une aide spécifique à cette boîte.
- Quand vous immobilisez le pointeur de la souris sur un élément du Ruban, une infobulle explique sa fonction. Bon nombre de ces infobulles comportent une option Appuyez sur F1 pour obtenir de l'aide. Dans ce cas, l'appui sur la touche affiche une aide spécifique à cet élément.

Vous en sortir dans l'Aide

La boîte de dialogue Aide (voir Figure 7.1) propose divers moyens d'accéder à l'aide que vous recherchez :

- **Les liens de la fenêtre d'aide :** Cliquez sur n'importe lequel des liens de la fenêtre principale pour accéder à un sujet particulier. Par exemple, si vous cliquez sur le lien Nouveautés, vous découvrirez les fonctionnalités propres à PowerPoint 2007.

- **Le bouton Masquer la table des matières :** Cliquez sur ce bouton (représenté dans la marge) pour faire disparaître la table des matières. Vous bénéficierez ainsi d'une vue plus confortable des divers sujets de l'Aide. Cliquer de nouveau sur le bouton réaffiche la table des matières.
- **La fonction Rechercher :** Si vous ne trouvez pas votre bonheur, tapez un mot ou une phrase dans le champ Rechercher – en haut à gauche de la fenêtre Aide –, puis cliquez sur le bouton Rechercher. Vous obtiendrez ainsi une liste de sujets se rapportant au mot ou à la phrase que vous avez tapée.
- **L'icône en forme de punaise :** Normalement, la fenêtre de l'Aide est toujours affichée par-dessus toutes les autres. Mais bien souvent elle occulte PowerPoint, empêchant d'y travailler. Pour éviter que la fenêtre d'aide soit toujours au premier plan, cliquez sur le bouton en forme de punaise ; la fenêtre pourra ainsi être placée à l'arrière-plan.
- **Le bouton Précédent :** Il permet de remonter dans vos pérégrinations au sein de l'aide.

Trouver de l'aide sur l'Internet

En plus de l'aide intégrée à PowerPoint, vous pouvez obtenir de l'aide depuis le site Web de Microsoft consacré à Office (`www.microsoft.com/france/office/2007/`). Vous y découvrirez de nombreuses informations dignes d'intérêt, un forum aux questions, la possibilité de télécharger des thèmes, etc.

Deuxième partie

De superbes diapositives

"Apparemment, la transition Dissoudre de ma présentation est mal configurée..."

Dans cette partie...

Les chapitres qui composent cette partie visent tous à rendre vos diapositives plus attrayantes. Vous y apprendrez à affiner un texte et à le rendre plus lisible grâce à une mise en forme soignée. Puis nous passerons à d'autres embellissements comme l'utilisation des thèmes et des couleurs, l'ajout d'animations, et le recours à des masques de diapositives et à des modèles.

Chapitre 8

Polices et mise en forme du texte

Dans ce chapitre :

- Le gras, l'italique, le soulignement et autres effets typographiques.
- Modifier la taille et la couleur des textes.
- Placer des puces et numéroter.
- Tabulation et mise en retrait.
- Espacer le texte.
- Aligner le texte.

Une bonne présentation doit être comme un feu d'artifice : le public doit s'émerveiller à chaque nouvelle diapositive. Mais cet émerveillement ne doit pas se faire au détriment de la lisibilité.

Ce chapitre vous montre comment éblouir votre auditoire par une belle mise en page. Si vous basez vos présentations sur des modèles PowerPoint, le texte sera d'ores et déjà correctement mis en forme. Mais, pour passer au niveau supérieur, vous devrez recourir à quelques petits trucs.

Modifier l'apparence du texte

L'apparence des polices typographiques se règle dans le groupe Police, sous l'onglet Accueil du Ruban, comme le montre la Figure 8.1.

Si vous désirez des options supplémentaires, ouvrez la boîte de dialogue Police (Figure 8.2). Pour ce faire, cliquez sur le lanceur de la boîte de dialogue, en bas à droite du groupe Police.

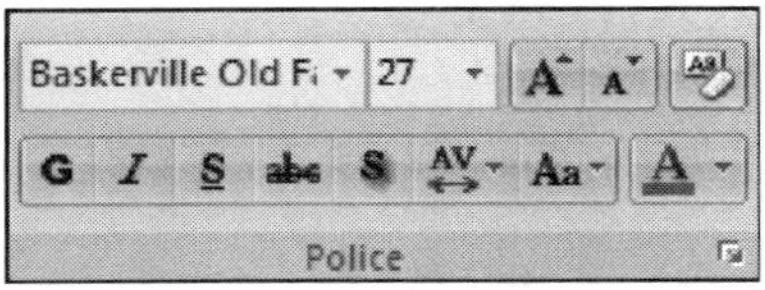

Figure 8.1 : Le groupe Police, sous l'onglet Accueil du Ruban.

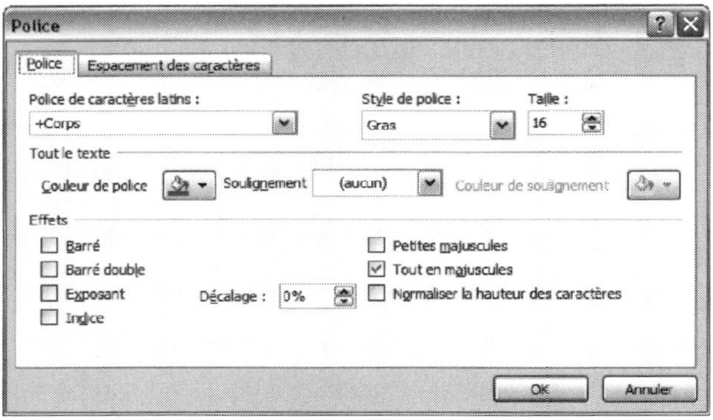

Figure 8.2 : Ces commandes s'appliquent aux caractères typographiques.

Plusieurs options de mise en forme ont des raccourcis clavier ; ils sont répertoriés dans le Tableau 8.1.

Vous n'êtes pas obligé d'apprendre tous ces raccourcis par cœur. Les plus utilisés sont Gras, Italique, Souligné et l'effacement de la mise en forme. Vous les mémoriserez facilement à l'usage, en les utilisant d'abord sporadiquement, puis de plus en plus souvent.

Deux moyens d'appliquer une mise en forme

La mise en forme d'un texte peut être appliquée de deux manières :

- **Si le texte existe déjà,** sélectionnez-le puis cliquez sur le ou les boutons appropriés, ou utilisez les raccourcis clavier. Par exemple, pour souligner du texte, sélectionnez-le et appuyez sur Ctrl+U.
- **Pour taper du texte mis en forme,** cliquez d'abord sur un bouton, ou tapez le raccourci clavier, puis tapez le texte. Ce dernier apparaît avec la mise en forme choisie. Pour revenir à une frappe normale, appuyez sur Ctrl+Espace.

Tableau 8.1 : Raccourcis de mise en forme typographique.

Bouton	Raccourci clavier	Mise en forme
	(aucun)	Police
	(aucun)	Taille
	Ctrl+Maj+K	Augmente la taille de la police
	Ctrl+Maj+J	Diminue la taille de la police
	Ctrl+Espace	Efface toutes les mises en forme
	Ctrl+G	Gras
	Ctrl+I	Italique
	Ctrl+U	Souligné
	(aucun)	Barré
	(aucun)	Texte ombré
	(aucun)	Espacement des caractères
	Maj+F3	Modification de la casse
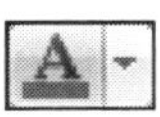	(aucun)	Couleur de la police

Modifier la taille des caractères

Pour augmenter ou diminuer rapidement la taille d'un texte, sélectionnez-le ou placez-y le point d'insertion. Appuyez sur Ctrl+Alt+Maj+K pour augmenter sa taille et sur Ctrl+Alt+J pour la diminuer.

Mettre du texte en couleur

La couleur est un excellent moyen d'attirer l'attention sur un texte. Pour ce faire, sélectionnez-le puis cliquez sur le bouton Couleur de police. Choisissez ensuite la nouvelle couleur à appliquer dans la palette qui apparaît.

Si vous n'aimez pas les couleurs que propose la palette Couleur de police, cliquez sur Autres couleurs. Une boîte de dialogue s'ouvre. Choisissez une couleur ou définissez-en une en cliquant sur l'onglet Personnalisées. Reportez-vous au Chapitre 10 pour en savoir plus sur les couleurs.

Pour modifier la couleur du texte d'une présentation entière, effectuez cette modification sur le Masque de diapositives. Vous obtiendrez plus de détails au Chapitre 11. Reportez-vous aussi au Chapitre 7 pour savoir comment modifier les couleurs au travers d'un thème.

Du texte ombré

Ajouter une ombre à des caractères permet de détacher le texte de l'arrière-plan, ce qui facilite souvent la lecture. C'est pourquoi de nombreux modèles PowerPoint y ont recours.

Une ombre peut être appliquée à n'importe quel type de texte. Sélectionnez-le texte, puis cliquez sur le bouton Ombre du texte, dans le groupe Police sous l'onglet Accueil. Si tous les textes de toutes les diapositives doivent être ombrés, vous aurez intérêt à utiliser un masque de diapositive. Cette fonctionnalité est décrite au Chapitre 11.

NdT : La fonction Relief, qui permettait de simuler une jolie impression de gaufrage ou d'estampage, a hélas disparu dans PowerPoint 2007.

La mise en forme en long, en large et en travers

Le groupe Paragraphe, sous l'onglet Accueil du Ruban (voir Figure 8.3), contient des commandes s'appliquant à des paragraphes entiers. Elles sont décrites dans les sections qui suivent.

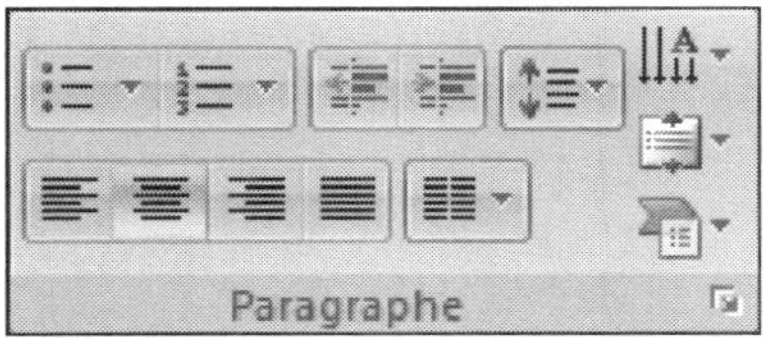

Figure 8.3 : Le groupe Paragraphe, sous l'onglet Accueil du Ruban.

Les listes à puces

Pour placer des puces en regard d'un ou de plusieurs paragraphes :

1. **Sélectionnez les paragraphes devant recevoir des puces.**

   Pour ajouter des puces à un seul paragraphe, il est inutile de le sélectionner. Placez simplement le point d'insertion dedans.

2. **Cliquez sur le bouton Puces, dans le groupe Paragraphe, sous l'onglet Accueil.**

   PowerPoint place une puce devant chaque paragraphe sélectionné.

Le bouton Puces est une commande dite *à bascule :* vous cliquez dessus pour ajouter des puces et cliquez de nouveau dessus pour les ôter.

Si vous tenez à faire preuve d'originalité, vous pouvez choisir des puces différentes de celles proposées par PowerPoint. Confectionnez-en à partir d'un caractère typographique, d'un clipart, d'une photo, voire d'une animation.

Si aucune des puces de la liste ne vous plaît, ouvrez la boîte de dialogue Puces et numéros. Pour ce faire, cliquez sur le bouton fléché à droite du bouton Puces et, tout en bas, cliquez sur Puces et numéros. La boîte de dialogue de la Figure 8.4 s'ouvre.

Voici quelques conseils concernant l'utilisation des puces :

- **Personnalisez la forme de la puce :** Plusieurs types de puces sont proposés. Si aucun ne vous convient, cliquez sur le bouton Personnalisé, en bas à droite de la boîte de dialogue. Vous ouvrez ainsi une autre boîte de dialogue montrant d'autres caractères spéciaux susceptibles d'être utilisés

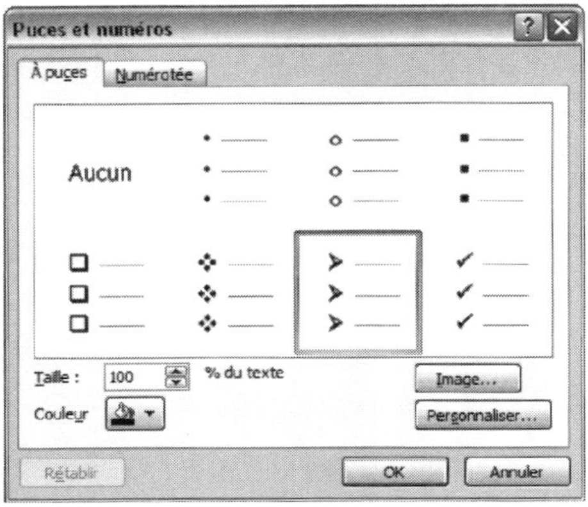

Figure 8.4 : La boîte à puces de PowerPoint, où elles font leur numéro.

comme puces. Choisissez celui qui vous plaît et cliquez sur OK. Ou alors choisissez une autre typographie dans la liste déroulante Police.

- **Modifiez la taille de la puce :** Si les puces sont trop petites – de vraies larves... –, augmentez leur taille dans le champ prévu à cet effet de la boîte de dialogue Puces et numéros. Cette taille est spécifiée en pourcentage de la taille du texte.
- **Modifiez la couleur :** Choisissez-la dans la liste Couleur. Sélectionnez une teinte prédéfinie ou personnalisez-la en cliquant sur Autres couleurs ; la boîte de dialogue qui apparaît permet de sélectionner n'importe laquelle des 16 777 216 couleurs qu'offrent la plupart des écrans d'ordinateur.
- **Utilisez une image :** Pour utiliser une image (logo, pictogramme...) comme puce, cliquez sur le bouton Image. Vous accédez à la boîte de dialogue de la Figure 8.5. Choisissez l'image à utiliser comme puce, puis cliquez sur OK. (Vous pouvez aussi cliquer sur le bouton Importer afin d'utiliser vos propres images comme puces.)

Créer des listes numérotées

Vous pouvez numéroter les listes dans vos présentations. Cliquez simplement sur le bouton Numérotation, dans le groupe Paragraphe, sous l'onglet Accueil.

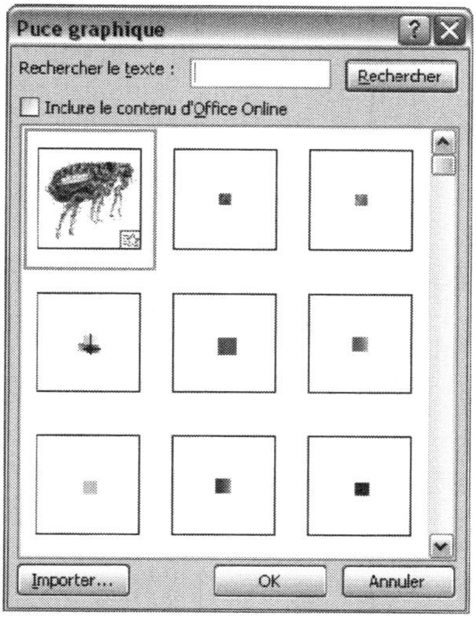

Figure 8.5 : Une puce typographique plus vraie que nature.

Pour modifier la mise en forme d'un chiffre, cliquez sur le bouton fléché à droite du bouton Numérotation, afin d'accéder à différents styles de numérotation. Choisissez ensuite celui qui vous plaît.

Si aucune des numérotations ne vous convient, choisissez Puces et numéros afin d'ouvrir la boîte de dialogue de la Figure 8.6.

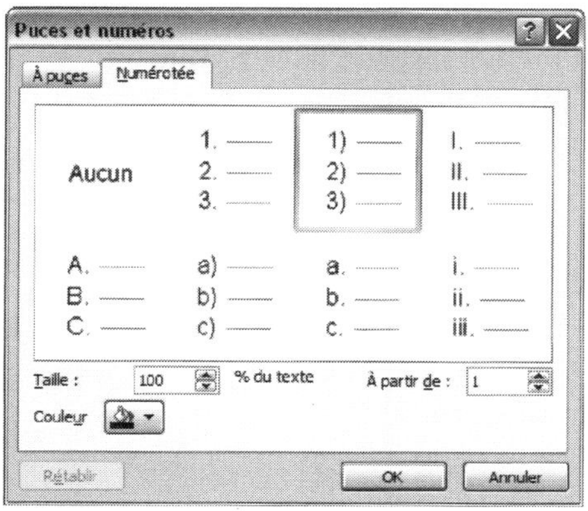

Figure 8.6 : D'autres options de numérotation.

La numérotation commence à 1 à chaque diapositive. Mais comment faire si elle doit se poursuivre sur la diapositive suivante ? Dans ce cas, vous tapez la première partie de la liste dans une diapositive, et la seconde dans l'autre. Ensuite, cliquez du bouton droit sur le premier élément de la deuxième diapositive et, dans le menu contextuel, choisissez Puces et numéros. Mettez ensuite la valeur du champ À partir de, en bas à droite de la boîte de dialogue, au numéro du premier élément de la liste. Par exemple, si la première liste comporte cinq éléments, la valeur de À partir de sera 6.

Tabulations et retraits

La manipulation et la littérature qui suivent expliquent comment exploiter les tabulations, un savoir-faire précieux pour peaufiner une présentation :

1. **Passez en mode d'affichage Normal.**

   Il est impossible de régler les tabulations en affichage Commentaires ou Trieuse de diapositives.

2. **Si la règle n'est pas visible, choisissez l'onglet Affichage, dans le Ruban, et, dans le groupe Afficher/Masquer, cliquez sur le bouton Règle.**

   Des règles apparaissent en haut et à gauche de la fenêtre de la présentation, prêtes à recevoir les taquets de tabulation.

3. **Sélectionnez l'objet textuel dont vous désirez modifier les tabulations ou les mises en retrait.**

   Chaque objet textuel dispose de ses propres paramètres de tabulation et de retrait. Dès que vous cliquez sur l'objet, les symboles appropriés apparaissent sur la règle.

4. **Cliquez sur la règle pour placer un taquet de tabulation.**

   Cliquez à l'emplacement exact dans la règle où le taquet de tabulation doit être placé. Son symbole apparaît.

5. **Déplacez éventuellement le taquet avec la souris pour modifier la mise en retrait.**

Espacer le texte

Vous manquez de place ? Les lignes sont serrées les unes contre les autres comme dans un métro à l'heure de pointe ? Donnez-leur de l'air en procédant comme suit :

1. **Sélectionnez le ou les paragraphes dont il faut espacer les lignes.**
2. **Cliquez sur le bouton Interligne et réglez l'espacement.**

   Le bouton Interligne affiche les espacements les plus couramment utilisés : 1,0 ; 1,5 ; 2,5 et 3,0 lignes. Si l'espacement désiré n'y figure pas, sélectionnez Options d'interligne afin d'accéder à la boîte de dialogue de la Figure 8.7.

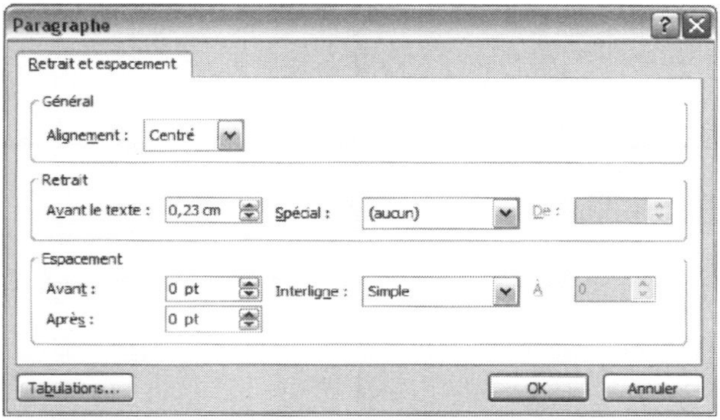

Figure 8.7 : Modifiez l'interligne à votre guise.

Aligner le texte

PowerPoint permet de contrôler l'alignement des lignes de texte dans une diapositive. Il peut être centré, aligné à gauche ou aligné à droite, ou encore justifié. Utilisez pour cela les boutons d'alignement du groupe Paragraphe, sous l'onglet Accueil, ou utilisez les raccourcis clavier du Tableau 8.2.

Créer des colonnes

Dans la plupart des diapositives, le texte est placé sur une seule colonne. Il est toutefois très facile d'en créer d'autres avec le bouton Colonnes, présent dans le groupe Paragraphe, sous l'onglet Accueil. Il suffit de cliquer dessus et de choisir, dans le menu déroulant, l'option Une colonne, Deux colonnes ou Trois colonnes. L'option Autres colonnes permet d'en ajouter d'autres.

Tableau 8.2 : Les raccourcis pour aligner du texte.

Bouton	Raccourci	Alignement
	Ctrl+Maj+G	Aligné à gauche
	Ctrl+E	Centré
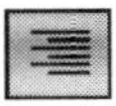	Ctrl+Maj+D	Aligné à droite
	Ctrl+J	Justifié

Chapitre 9

De toutes les couleurs

Dans ce chapitre :

- Comprendre les thèmes.
- Utiliser les couleurs du thème, les polices et les effets.

L'accès principal aux thèmes s'effectue sous l'onglet Création, dans le Ruban. Ce chapitre lui est entièrement consacré. Pour faire simple, nous étudierons ses commandes de la droite vers la gauche, bien que ce ne soit sans doute pas dans cet ordre que vous les utiliserez.

Un coup d'œil à l'onglet Création

La Figure 9.1 montre l'onglet Création. Comme vous le constatez, il contient plusieurs groupes de commandes permettant de définir les divers aspects des diapositives d'une présentation. L'onglet Création peut être activé en cliquant dessus dans le Ruban, ou par le raccourci clavier Alt+G.

Voici à quoi servent les groupes de l'onglet Création :

- **Mise en page :** Permet de changer l'orientation de la diapositive de Paysage (en largeur) à Portrait (en hauteur), et de définir d'autres options de mise en page.
- **Thèmes :** Permet d'appliquer un thème à une présentation. C'est le groupe que vous utiliserez le plus souvent lors de la conception de vos diapositives.
- **Arrière-plan :** Permet d'appliquer un effet de couleur ou une image utilisés comme arrière-plan.

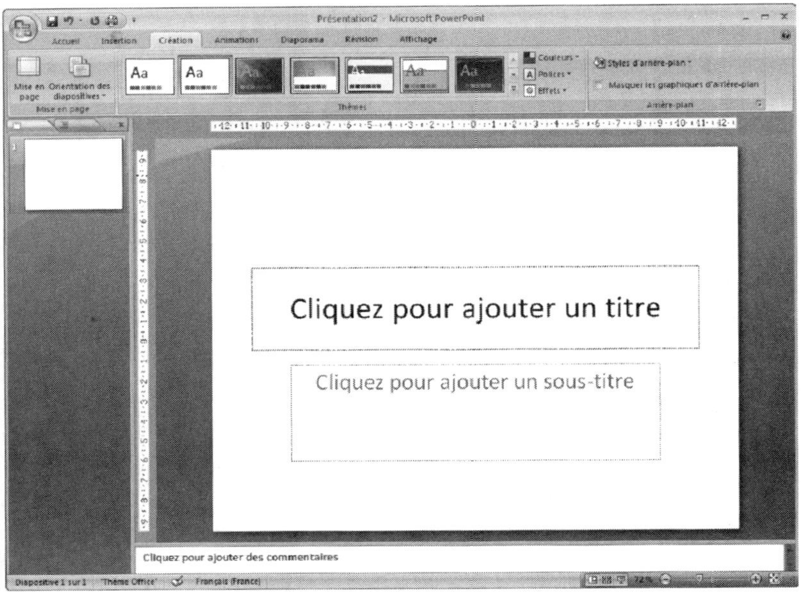

Figure 9.1 : L'onglet Création sert à définir l'aspect graphique des diapositives.

Concevoir la mise en page

Le groupe Mise en page contient une commande Orientation des diapositives qui permet de choisir entre une présentation en mode Paysage (proposée par défaut) ou Portrait. L'orientation Portrait, en hauteur, ne doit être utilisée que si vous comptez imprimer des transparents que vous projetterez avec un rétroprojecteur, ou si la présentation sera visionnée avec un ordinateur de type "tablette" dont l'écran est en hauteur.

Cliquer sur le bouton Mise en page, dans le groupe éponyme, affiche la boîte de dialogue de la Figure 9.2. Elle permet de contrôler plus étroitement encore la mise en page.

Voici les commandes que contient la boîte de dialogue Mise en page :

- **Diapositives dimensionnées pour :** Cette liste déroulante permet de définir la dimension des diapositives selon la manière dont vous les présenterez. La plus courante est l'affichage sur un écran d'ordinateur, dont le rapport est de 4:3. Cela dit, le rapport d'écran de nombreux ordinateurs

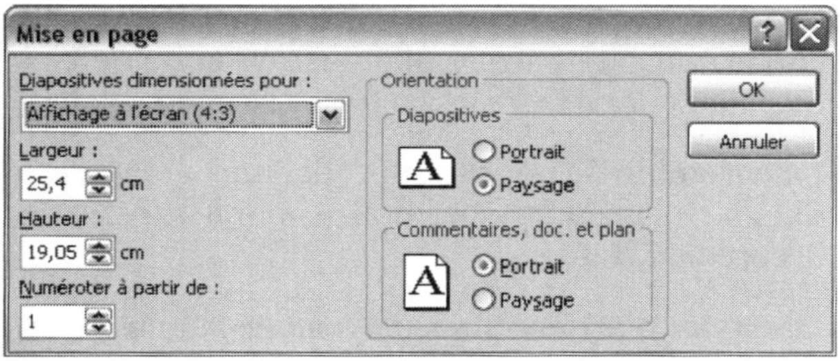

Figure 9.2 : Cette boîte de dialogue contient des options de mise en page supplémentaires.

portables récents et des écrans de bureau panoramiques est différent. Vous les trouverez sans doute dans le menu déroulant, parmi d'autres formats d'affichage comme le papier A4 ou A3, les transparents et même les diapositives 24 x 36. Une option Personnalisé permet de définir des proportions atypiques.

- **Largeur :** Sert à définir la largeur de la diapositive.
- **Hauteur :** Sert à définir la hauteur de la diapositive.
- **Numéroter à partir de :** Si vous avez choisi de numéroter les diapositives, cette option permet de fixer le numéro de la première. Par défaut, il est de 1.
- **Orientation :** Permet de définir le sens de la présentation : Paysage – appelée "à l'italienne" par les graphistes – ou Portrait, "à la française". Ce paramètre peut être défini séparément pour les diapositives et pour les documents, notes et plan. En règle générale, les diapositives sont en mode Paysage, les documents en mode Portrait.

Utiliser les thèmes

Le groupe Thèmes, sous l'onglet Création, permet de sélectionner le thème qui sera appliqué aux diapositives. PowerPoint 2007 est livré avec une kyrielle de thèmes joliment conçus qui donneront un aspect professionnel à vos présentations. Si vous avez quelque talent d'artiste, vous pourrez créer les vôtres.

Un *thème* est un ensemble d'éléments graphiques appliqué à une ou plusieurs diapositives. Chaque thème comporte plusieurs composants de base :

- Un **jeu de couleurs** qui s'accordent bien. Chaque thème compte quatre couleurs pour le texte et l'arrière-plan, et six couleurs pour mettre tel ou tel élément en valeur.
- Un **ensemble de polices** qui cohabitent esthétiquement. Chaque thème utilise une police pour le titre, une autre pour le corps du texte.
- Des **styles d'arrière-plan,** qui sont en fait un appariement de couleurs d'arrière-plan et d'effets comme des motifs ou des remplissages en dégradé.
- Des **effets typographiques** comme des styles de puces ou de traits.

Office contient 20 thèmes prédéfinis identifiables par leur nom quelque peu sibyllin, comme le révèle ce tableau :

Thème Office	Débit	Opulent	Rotonde
Apex	Fonderie	Oriel	Solstice
Aspect	Médian	Origine	Technique
Capitaux	Métro	Papier	Urbain
Civil	Module	Promenade	Verve

Appliquer des thèmes

Pour appliquer un thème à la totalité d'une présentation, cliquez sur celui qui vous intéresse, dans le groupe Thèmes de l'onglet Création. Si le thème en question n'est pas visible dans le Ruban, cliquez sur les boutons de défilement, à droite du groupe Thèmes, pour accéder aux thèmes supplémentaires.

TRUC

Cliquez sur le bouton fléché, sous les flèches de défilement du groupe Thèmes, pour afficher l'ensemble des thèmes disponibles, comme le montre la Figure 9.3. En bas de la palette, des liens permettent de rechercher des thèmes supplémentaires sur l'Internet. Celui tout en bas sert à enregistrer un thème que vous auriez modifié ou créé de toutes pièces.

TRUC

Toutes les diapositives d'une présentation ne doivent pas forcément avoir le même thème. Pour en appliquer un à une seule diapositive ou à un ensemble de diapositives, sélectionnez-les, cliquez du

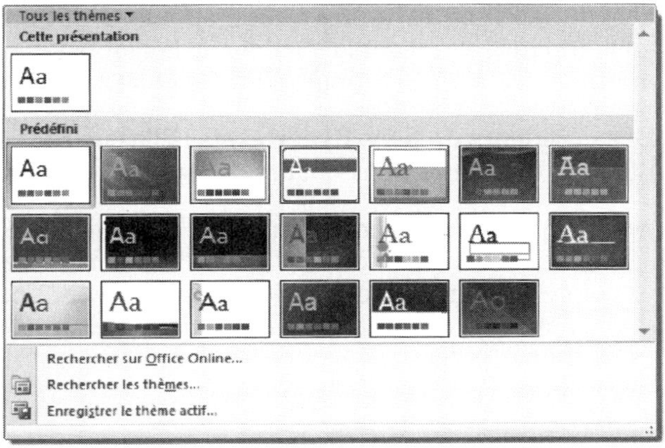

Figure 9.3 : Tous les thèmes disponibles sont affichés.

bouton droit sur le thème à leur affecter et, dans le menu contextuel, choisissez Appliquer aux diapositives sélectionnées.

Utiliser des jeux de couleurs

Les thèmes de PowerPoint sont fournis avec des jeux de couleurs conçus par des professionnels de la couleur. Microsoft les paie une fortune pour disserter sur l'intérêt d'afficher un texte mauve sur un fond couleur sarcelle. Vous vous contenterez d'utiliser ces thèmes concoctés par des infographistes, ou créerez les vôtres si vous estimez mieux faire que les spécialistes de chez Microsoft.

Les jeux de couleurs de PowerPoint sont la plus grande invention depuis l'époisses, un fromage pas fait pour les mauviettes qui se déguste à la petite cuillère quand il est bien fait. Sans les jeux de couleurs, vous n'auriez que l'embarras du choix entre les 16 777 216 couleurs (pas une de moins !) à votre disposition. Si les couleurs d'une présentation étaient mal choisies, l'auditoire pousserait les mêmes cris d'horreur qu'à la vue du papier peint à fleurs choisi par tante Berthe pour sa chambre à coucher.

Chaque jeu de couleurs est basé douze teintes qui ont chacune un usage bien précis :

- **Quatre couleurs pour les textes et l'arrière-plan :** Elles sont censées être les couleurs principales de la présentation. Dans chaque appariement de couleurs, l'une est utilisée pour le texte, l'autre pour le fond.

- **Six couleurs contrastantes :** Aussi appelées "accent", elles sont appliquées à divers éléments de la diapositive afin de les mettre en valeur par rapport au texte et à l'arrière-plan.
- **Deux couleurs de liens hypertextes :** Elles ne sont bien sûr utilisées que si des liens ont été définis dans la présentation.

Quand vous appliquez un thème, son jeu de couleurs est également appliqué, au même titre que tous ses autres éléments. PowerPoint vous permet cependant de modifier le jeu de couleurs. Vous pouvez par exemple appliquer un thème Opulent, mais utiliser le jeu de couleurs du thème Verve.

Appliquer un jeu de couleurs

Pour appliquer un jeu de couleurs sans recourir à un autre thème, cliquez sur le bouton Couleurs, en haut à droite du groupe Thèmes. La palette de la Figure 9.4 se déploie ; vous pouvez y choisir le jeu de couleurs à appliquer.

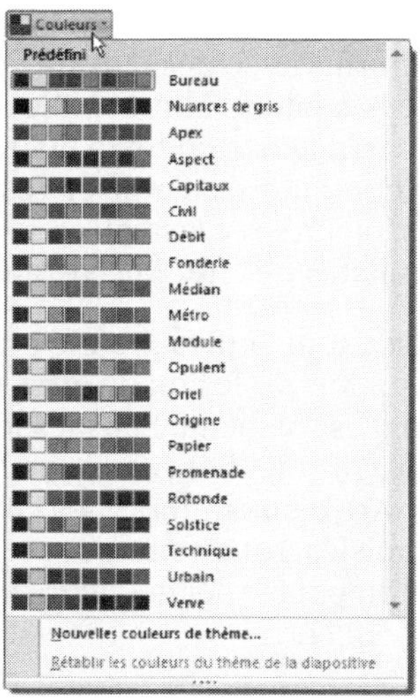

Figure 9.4 : Cette palette contient les jeux de couleurs des différents thèmes.

Créer votre propre jeu de couleurs

Si aucun jeu de couleurs prédéfini ne vous plaît, créez les vôtres en procédant comme suit :

1. **Sélectionnez un jeu de couleurs proche de celui que vous aimeriez.**

   ATTENTION !

   Il est préférable que vous ayez un sens affirmé des couleurs si vous choisissez de dévier des couleurs prédéfinies. Si vous ne savez pas faire la différence entre un bleu outremer et un bleu de Prusse, mieux vaut laisser cela aux professionnels.

2. **Cliquez sur le bouton Couleurs et, en bas de la boîte de dialogue, choisissez Nouvelles couleurs de thème.**

   La boîte de dialogue Créer de nouvelles couleurs de thème apparaît (Figure 9.5).

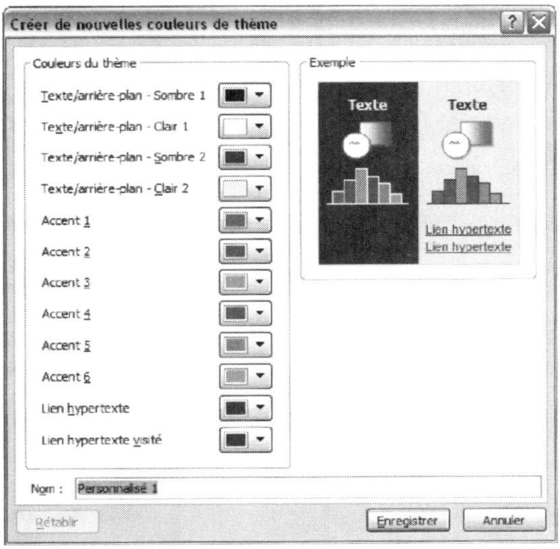

Figure 9.5 : Création d'un nouveau jeu de couleurs.

3. **Cliquez sur le bouton de la couleur à changer.**

   Par exemple, pour changer la première couleur contrastante, cliquez sur le bouton Accent 1 (notez que le nom de ce bouton peut varier légèrement). Cette action ouvre la palette de la Figure 9.6.

4. **Choisissez une couleur que vous aimez.**

   Comme vous le voyez, le choix ne manque pas.

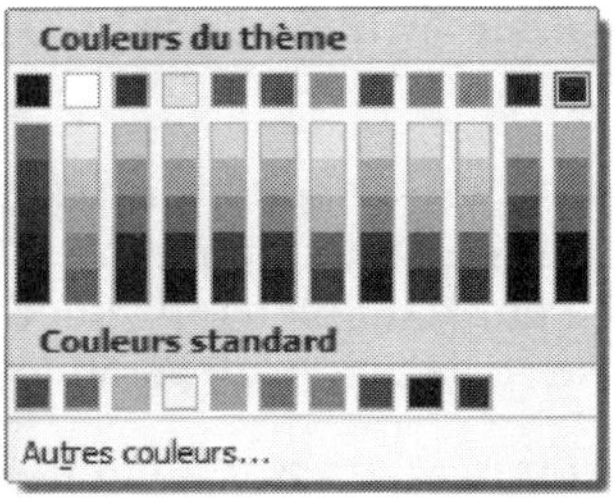

Figure 9.6 : Choisissez les couleurs du thème.

5. **Si néanmoins vous ne trouvez pas ce que vous désirez, cliquez sur le bouton Autres couleurs.**

   Cette fois, c'est le nuancier de la Figure 9.7 qui apparaît. Il montre un espace colorimétrique hexagonal comportant, en opposition, les couleurs primaires et leur couleur complémentaire. Notez que, par défaut, c'est l'onglet Standard qui est affiché. L'onglet Personnalisées permet de doser exactement la couleur.

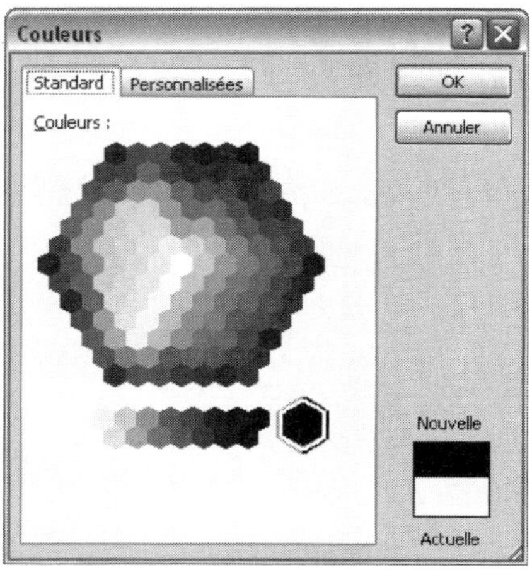

Figure 9.7 : L'onglet Standard offre un choix de couleurs plus étendu.

6. **Sélectionnez la couleur désirée puis cliquez sur OK.**

   Cela vous ramène à la boîte de dialogue Créer de nouvelles couleurs de thème.

7. **(Facultatif) Répétez les Étapes 3 à 6 pour toutes les autres couleurs à changer.**

8. **Cliquez sur Enregistrer.**

   Le nouveau jeu de couleurs est enregistré.

L'onglet Standard, dans la Figure 9.7, montre 127 couleurs auxquelles s'ajoutent le noir, le blanc et des nuances de gris. Pour obtenir une couleur ne figurant pas dans ce nuancier, vous devez cliquer sur l'onglet Personnalisées. Vous accédez ainsi à la boîte de dialogue de la Figure 9.8, où vous pourrez doser chacun des trois canaux chromatiques rouge, vert et bleu permettant d'obtenir plus de 16,7 millions de teintes. Si vous avez des notions d'infographie, l'espace chromatique et les paramètres vous sont peut-être familiers. Sinon, rien ne vous empêche de faire des essais en cliquant dans la couleur.

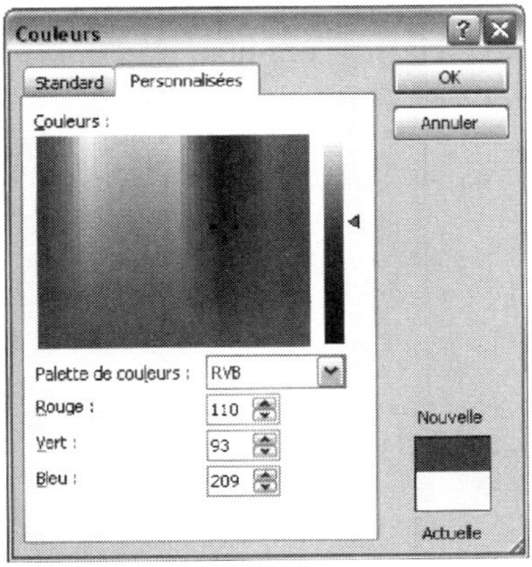

Figure 9.8 : L'onglet Personnalisées permet de définir exactement l'une des 16 777 216 couleurs disponibles.

Utiliser les polices des thèmes

Un thème comporte bien moins de polices que de couleurs. Alors que les polices sont au nombre de douze, les couleurs ne sont que deux : une pour les titres, l'autre pour le corps du texte.

Si vous ne tenez pas à utiliser les polices imposées par le thème que vous avez choisi, cliquez sur le bouton Polices, à droite du groupe Thèmes. Celle que vous choisirez dans le menu déroulant sera appliquée dans toute la présentation.

La police utilisée par un thème peut être changée en cliquant sur le bouton Polices et en choisissant Nouvelles polices de thème. La boîte de dialogue de la Figure 9.9 apparaît ; elle permet de changer la police des titres et du corps du texte.

Figure 9.9 : Le choix des nouvelles polices d'un thème.

Appliquer des effets de thème

Les *effets de thème*, qui appliquent de subtiles variations graphiques à une présentation, sont un autre élément majeur d'un thème de PowerPoint. Ils sont appliqués automatiquement chaque fois que vous utilisez un thème. Il est toutefois possible d'appliquer des effets issus d'un autre thème en cliquant sur le bouton Thèmes, à droite du groupe Thèmes de l'onglet Création. Vous accédez ainsi à la galerie d'effets que montre la Figure 9.10, où vous ferez votre choix.

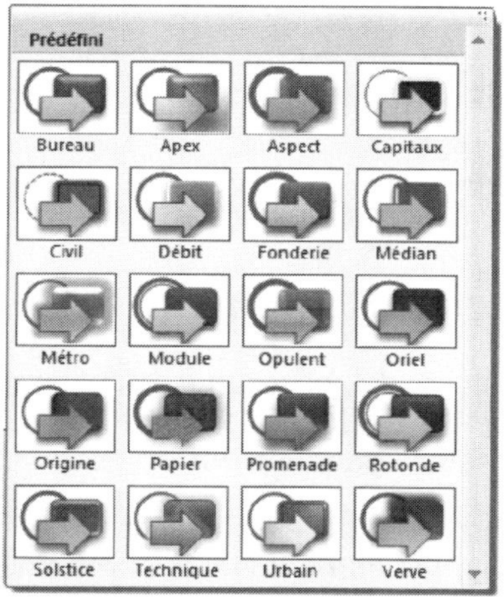

Figure 9.10 : Choisissez ici un autre effet de thème.

Chapitre 10

De l'animation dans les diapositives

Dans ce chapitre :

- Appliquer des transitions.
- Animer du texte.
- Créer des animations personnalisées.
- Paramétrer le minutage de l'animation.

Si vous envisagez de projeter l'animation sur votre ordinateur ou sur un écran, vous pouvez utiliser ou abuser des possibilités d'animation de PowerPoint 2007. On ne croira certes pas que les studios Disney ont travaillé pour vous, mais l'auditoire risque d'être agréablement surpris. Les animations ne sont qu'un exemple des capacités de PowerPoint à rendre une présentation très spectaculaire.

L'onglet Animation

Les effets d'animation de PowerPoint peuvent être classés en deux catégories : les *transitions entre des diapositives*, qui permettent de passer en douceur de l'une à l'autre, et les *animations*, qui mettent en mouvement les éléments d'une diapositive. Ces deux types d'animations sont contrôlés par les commandes de l'onglet Animations, dans le Ruban, comme le montre la Figure 10.1 :

L'onglet Animations contient les trois groupes de commandes suivants :

- **Aperçu :** Ce groupe ne contient qu'une seule commande du même nom qui visualise l'effet sélectionné pour la diapositive courante.

Figure 10.1 : Les commandes d'animation se trouvent ici.

- **Animations :** C'est avec les commandes de ce groupe que les animations sont créées. Vous pouvez sélectionner un effet prédéfini ou cliquer sur le bouton Animation personnalisée pour paramétrer un effet à votre guise. Pour en savoir plus, reportez-vous à la section "Personnaliser l'animation", plus loin dans ce chapitre.
- **Accès à cette diapositive :** Ce groupe permet de définir l'effet visuel qui se produit lorsque vous quittez une diapositive. Pour en savoir plus, reportez-vous à la prochaine section, "Créer des transitions ".

Créer des transitions

Une *transition* est un effet visuel entre deux diapositives. La plus classique consiste à afficher brusquement la nouvelle diapositive ; c'est efficace, mais ne révèle pas une grande imagination. PowerPoint propose plus de 50 effets de transition. Par exemple, la nouvelle diapositive peut recouvrir l'ancienne depuis le coin supérieur droit de l'écran ou toute autre direction. Vous pouvez aussi appliquer des fondus, utiliser des volets ou encore faire tourner la diapositive comme à la fête foraine.

Pour utiliser une transition :

1. **Affichez la diapositive à laquelle vous souhaitez appliquer une transition.**

   TRUC

   Pour appliquer des transitions différentes entre les diverses diapositives, travaillez de préférence en mode Trieuse de diapositives (cliquez sur le bouton d'affichage en bas à droite de PowerPoint), car il permet d'en voir plusieurs à la fois.

2. **Dans l'onglet Animations, sous les barres de défilement à droite du groupe Accès à cette diapositive, cliquez sur le bouton Autres.**

La galerie des transitions apparaît, comme le montre la Figure 10.2.

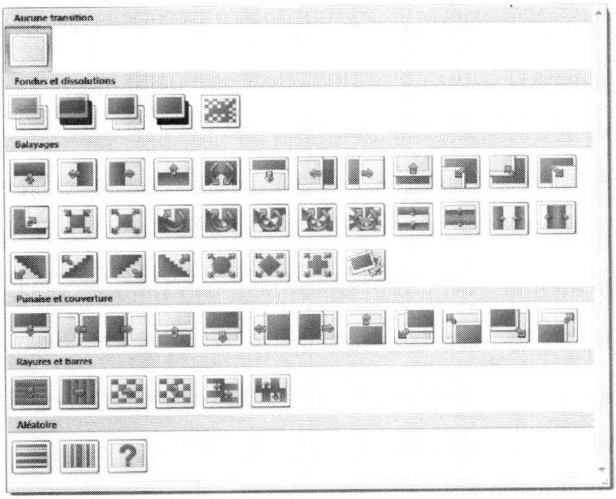

Figure 10.2 : La galerie des transitions.

3. **Cliquez sur l'effet de transition à utiliser.**

   PowerPoint prévisualise la transition en animant la diapositive en cours. Pour revoir l'effet, cliquez de nouveau sur la transition.

Animer du texte avec des effets d'ouverture et de fermeture

Après les transitions, le type d'animation le plus utilisé dans PowerPoint est l'ajout d'effets d'ouverture et de fermeture au texte qui apparaît dans la diapositive. Ils sont particulièrement utiles pour les listes à puces, car ils permettent d'afficher une phrase à puce à la fois. Chacune semble arriver de nulle part, descendre du haut de l'écran ou défiler de gauche à droite, à moins que vous préfériez faire rebondir les caractères ou leur faire faire la roue dans un sens ou dans l'autre.

Pour appliquer un de ces effets, sélectionnez d'abord le texte à animer. Choisissez ensuite un style d'animation dans la liste déroulante Animer, dans le groupe Animations de l'onglet du même nom, dans le Ruban. Trois types d'animation peuvent être appliqués :

- Estomper.
- Balayer.
- Entrée brusque.

Pour des animations plus complexes, vous devrez recourir à des animations personnalisées, comme l'explique la prochaine section.

Personnaliser l'animation

L'animation personnalisée permet d'exploiter à fond les possibilités d'animation de PowerPoint. C'est le seul moyen de créer des animations autrement plus sophistiquées que les styles prédéfinis Estomper, Balayer et Entrée brusque de l'option Animer. En plus d'animer du texte, une animation personnalisée permet d'animer d'autres objets comme des images, des formes et des graphiques.

Comprendre la personnalisation de l'animation

Avant d'entrer dans les détails, voici quelques concepts de base à bien assimiler. Rassurez-vous, ils ne sont pas très techniques, mais vous ne pouvez pas vous en dispenser.

Des animations personnalisées peuvent être appliquées à n'importe quel objet d'une diapositive, c'est-à-dire à un espace réservé, un objet dessiné (forme automatique...), une zone de texte ou encore un clipart. Pour les objets textuels, vous pouvez choisir d'appliquer l'animation à la totalité du texte ou seulement à tel ou tel paragraphe de l'objet. Vous pouvez aussi indiquer si l'effet survient automatiquement ou après un clic, ou encore après l'appui sur la touche Entrée.

Personnaliser l'animation applique quatre types d'effets d'animation aux objets :

- **Ouverture :** Manière dont un objet entre dans la diapositive. Si vous n'en spécifiez pas, l'objet s'affiche à la position où vous l'avez placé sur la diapositive. Mais pour être plus créatif, utilisez l'un des 52 effets proposés comme Apparaître, Bandes, Descendre, Étirer, Boomerang, etc.

- **Emphase :** Attirer l'attention sur un objet déjà en place. PowerPoint propose 31 effets d'emphase dont Changer la couleur de remplissage, Modifier le style de la police, Ampoule de flash, Mélange de couleurs, Scintiller, Clignoter, etc.

- **Fermeture :** Définit la manière dont un objet sort de la diapositive. La plupart des objets n'ont pas d'effet de sortie, mais s'il est applicable, sachez que PowerPoint propose 52 effets, analogues aux effets d'ouverture.

- **Trajectoire :** Animation personnalisée des plus intéressantes. Une *trajectoire* est une courbe imaginaire suivie par l'objet. PowerPoint fournit 64 trajectoires prédéfinies comme le cercle, l'étoile, la larme, la spirale, etc. Et si ce n'est pas suffisant, vous pouvez tracer librement les vôtres.

  Si la trajectoire commence hors de l'écran et se termine sur la diapositive, vous obtenez un effet d'ouverture. Si la trajectoire commence sur la diapositive mais se termine en dehors, vous obtenez un effet de fermeture. Et si la trajectoire commence et se termine sur la diapositive, vous obtenez un effet d'emphase. Rien ne vous empêche de définir une trajectoire commençant et se terminant hors de la diapositive. Dans ce cas, l'objet ne fait que passer.

  Pour définir une trajectoire, cliquez sur le bouton Ajouter un effet, dans le volet Personnaliser l'animation, puis choisissez Trajectoires, Tracer une trajectoire personnalisée. Choisissez ensuite l'un des outils de dessin dans le menu contextuel : Trait, Courbe, Forme libre ou Dessin à main levée. Tracez ensuite la trajectoire à l'aide de l'outil sélectionné.

Plusieurs animations peuvent être appliquées à un objet. Par exemple, vous pouvez lui affecter un effet d'ouverture, un effet d'emphase et un effet de fermeture. Cela permet d'afficher l'objet, d'attirer l'attention sur lui et de lui faire quitter la diapositive. Vous pouvez également dessiner plusieurs trajectoires pour un seul objet ou cumuler les effets d'ouverture et de fermeture. Mais bien souvent un seul fonctionnera.

Chaque effet possède plusieurs propriétés permettant de le personnaliser. Elles proposent toutes un paramètre de vitesse, et certains effets sont pourvus de paramètres supplémentaires permettant de contrôler l'amplitude des mouvements.

Ajouter un effet

Procédez comme suit pour animer un objet sur une diapositive :

1. **En mode Normal, affichez la diapositive qui contient l'objet à animer, et cliquez sur l'objet afin de le sélectionner.**

   Pour animer des paragraphes de texte, sélectionnez l'espace réservé qui les contient.

2. **Cliquez sur l'onglet Animations dans le Ruban, et dans le groupe Animations, choisissez Personnaliser l'animation.**

   Le volet du même nom apparaît, comme sur la Figure 10.3. Dans cet exemple, nous animerons une zone de texte.

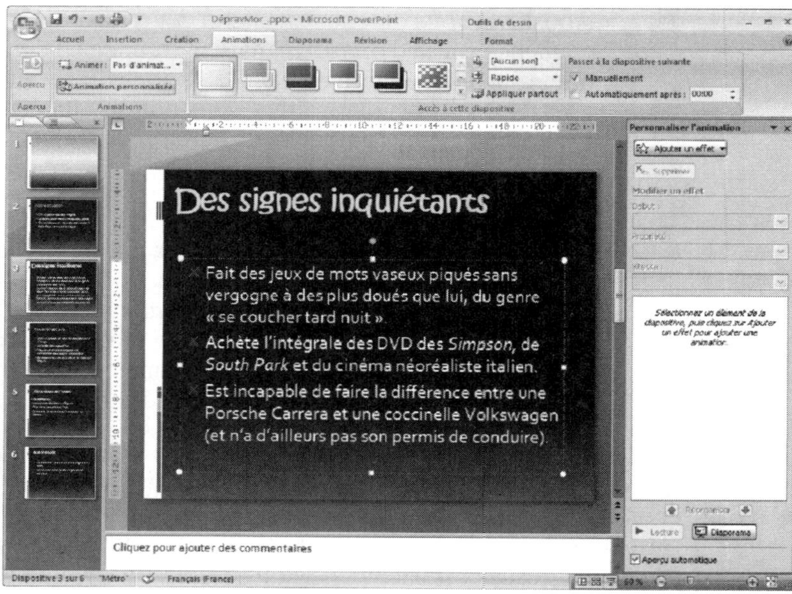

Figure 10.3 : Animation d'un objet textuel.

3. **Cliquez sur le bouton Ajouter un effet puis, dans le menu qui se déroule, sélectionnez le type d'effet à créer.**

Le menu propose les quatre types d'effets Ouverture, Emphase, Fermeture et Trajectoires. Dans cet exemple, nous choisissons Ouverture pour créer un effet d'entrée. Une liste d'effets apparaît.

4. **Choisissez l'effet à appliquer. S'il ne se trouve pas dans le menu, sélectionnez Autres effets.**

   Une boîte de dialogue apparaît. Par exemple, la Figure 10.4, montre celle intitulée Ajouter un effet de début. Elle apparaît en choisissant Ajouter un effet/Ouverture/Autres effets.

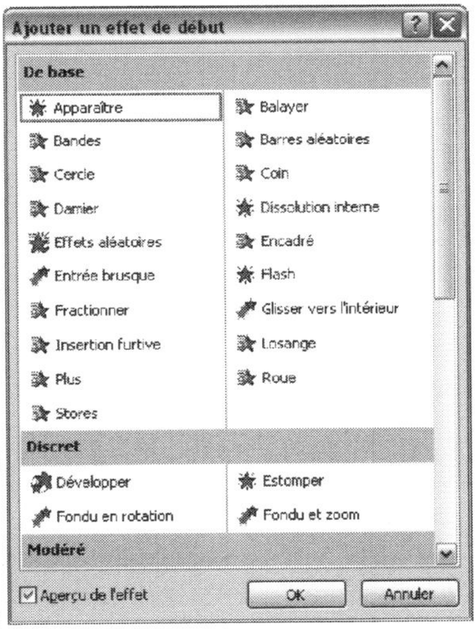

Figure 10.4 : La boîte de dialogue Ajouter un effet de début liste tous les effets d'ouverture disponibles.

Les effets les plus communément utilisés sont répertoriés à droite. Si l'effet se trouve dans le menu, sélectionnez-le. Il est alors inutile d'ouvrir la boîte de dialogue Ajouter un effet.

5. **Choisissez l'effet désiré et cliquez sur OK.**

   L'effet d'ouverture sélectionné apparaît dans le volet Personnaliser l'animation, comme le montre la Figure 10.5. Le numéro de l'effet (dans ce cas, 1) apparaît à côté de l'objet. Personne parmi le public le verra, car le numéro n'est visible qu'en mode Normal, et seulement si le volet Personnaliser l'animation est ouvert.

Figure 10.5 : Le volet Personnaliser l'animation répertorie les animations susceptibles d'être créées.

6. **(Facultatif) Réglez les paramètres des propriétés, si nécessaire.**

   Sur la Figure 10.5, l'effet a reçu deux paramètres de propriétés : Sens et Vitesse. Le paramètre Sens indique la direction dans laquelle l'élément se déplacera tandis que Vitesse définit la rapidité du mouvement.

7. **Pour prévisualiser l'animation, cliquez sur le bouton Lecture, en bas du volet Personnaliser l'animation.**

   Ou, si vous préférez, lancez la lecture du diaporama pour apprécier l'aspect de l'animation. Si rien ne se passe, essayez de cliquer sur le bouton de la souris.

Si vous appliquez plusieurs effets à une diapositive, ils seront initialisés à chaque clic de souris, dans l'ordre où vous les aurez définis. Rien ne vous empêche de déterminer l'ordre des effets en cliquant sur les flèches de l'option Réorganiser, sous la fenêtre du volet Personnaliser l'animation. Pour en savoir plus sur la réorganisation des effets et leur temporisation, reportez-vous à la section "Minuter les animations", plus loin dans ce chapitre.

TRUC

Pour changer d'effet – afin d'utiliser, par exemple, l'effet Zoom au lieu d'Entrée brusque –, sélectionnez l'effet dans le volet Personnaliser l'animation. Le bouton Ajouter un effet se transforme en bouton Modifier, sur lequel vous cliquerez pour choisir un autre effet.

Un effet peut être configuré plus finement encore en cliquant sur le bouton fléché à sa droite, dans la fenêtre où ils s'accumulent. Choisissez-y Options d'effet. Une boîte de dialogue semblable à celle de la Figure 10.6 s'ouvre. Elle permet d'ajouter un son, de modifier la couleur de l'objet une fois l'animation terminée, et de déterminer la manière dont le texte sera animé (tout d'un coup, un mot après l'autre ou une lettre après l'autre). En fonction du type d'effet, des commandes supplémentaires peuvent apparaître dans cette boîte de dialogue.

Figure 10.6 : La boîte de dialogue des paramètres de l'effet.

Un peu plus sur l'animation des textes

On anime généralement du texte pour attirer l'attention sur un paragraphe. Il suffit pour cela d'appliquer un effet d'ouverture à l'espace réservé du texte. Ajustez ensuite les paramètres de l'effet. Ainsi, au début de la présentation, la diapositive n'affiche que le titre. Cliquez une fois et le premier paragraphe apparaît. Lisez tranquillement ce paragraphe, puis cliquez sur le bouton de la souris pour afficher le deuxième paragraphe. Continuez à lire et à cliquer jusqu'à ce que tous les paragraphes soient affichés. Ensuite, quand vous cliquez, vous passez à la diapositive suivante.

Une autre approche consiste à utiliser l'effet Emphase au lieu d'Ouverture. Cela permet d'afficher tous les paragraphes sur la diapositive. Quand vous cliquez sur la souris, l'effet d'Ouverture est appliqué au premier paragraphe – il change de couleur, grossit, tourne, etc. Chaque fois que vous cliquez, l'effet est appliqué au paragraphe suivant de la séquence.

Vous devez d'abord ajouter l'effet à l'espace réservé du texte. Vous appelez ensuite la boîte de dialogue des options de l'effet, en cliquant sur la flèche à droite de l'effet, dans le volet Personnaliser l'animation. La boîte de dialogue des options de l'effet s'ouvre. Cliquez sur l'onglet Animation texte, comme le montre la Figure 10.7.

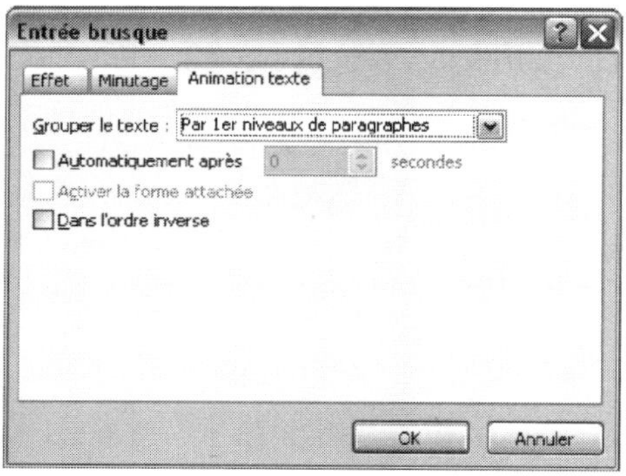

Figure 10.7 : Animer du texte.

Le paramètre Grouper le texte contrôle la manière dont les paragraphes apparaissent quand vous cliquez sur la souris pendant le diaporama, en se basant sur le niveau hiérarchique des paragraphes. Si vous n'avez qu'un niveau hiérarchique, l'option Par 1er niveau de paragraphe est idéale. Si plusieurs niveaux ont été définis dans la diapositive, conserver l'option précédente fait que chaque paragraphe est animé conjointement avec ceux qui lui sont subordonnés. Pour n'animer que les paragraphes de niveau 2, choisissez plutôt l'option Par 2e niveau de paragraphe

Les autres commandes de cet onglet permettent d'animer automatiquement chaque paragraphe après un certain laps de temps, ou d'afficher les paragraphes en ordre inverse.

Minuter les animations

La plupart des animations sont déclenchées à la souris. Mais vous pouvez activer automatiquement certaines animations en séquence ou toutes en même temps. Les fonctions de minutage de PowerPoint permettent d'y arriver.

Il faut d'abord placer les divers effets dans l'ordre correct. Dans un premier temps, ils sont ajoutés à la liste selon leur ordre de création. Il est rare de déterminer l'ordre définitif des effets au moment où on les crée dans une présentation. Pour les ordonner correctement, il suffit toutefois de les faire monter ou descendre dans la liste.

Une fois les effets dans le bon ordre, utilisez la commande Début, en haut du volet Personnaliser l'animation. Elle propose trois options :

- **Au clic :** Lance l'effet quand vous cliquez ou appuyez sur la touche Entrée.
- **Avec la précédente :** Lance l'effet quand celui situé immédiatement au-dessus dans la liste démarre. Utilisez cette option pour animer plusieurs objets simultanément.
- **Après la précédente :** Lance l'effet dès que le précédent est terminé.

Commencez par le premier effet de la liste. Cliquez ensuite sur chaque effet pour les sélectionner. Choisissez une option dans la liste Début. Si tous les effets, à l'exception du premier, sont fixés sur Avant la précédente ou Après la précédente, toutes les animations des diapositives s'exécutent automatiquement quand vous cliquez pour lancer le premier effet.

Par exemple, la Figure 10.8 affiche une diapositive où trois polygones se rassemblent pour former un rectangle.

Suivez les étapes ci-dessous pour animer une forme géométrique, comme sur la Figure 10.8 :

1. **Sur la pièce supérieure gauche, ajoutez un effet de trajectoire Entrée brusque avec les options suivantes :**

   Début : Au clic.

   Sens : À partir du coin supérieur gauche.

   Vitesse : Moyenne.

2. **Sur la pièce supérieure droite, ajoutez un effet de trajectoire Entrée brusque avec les options suivantes :**

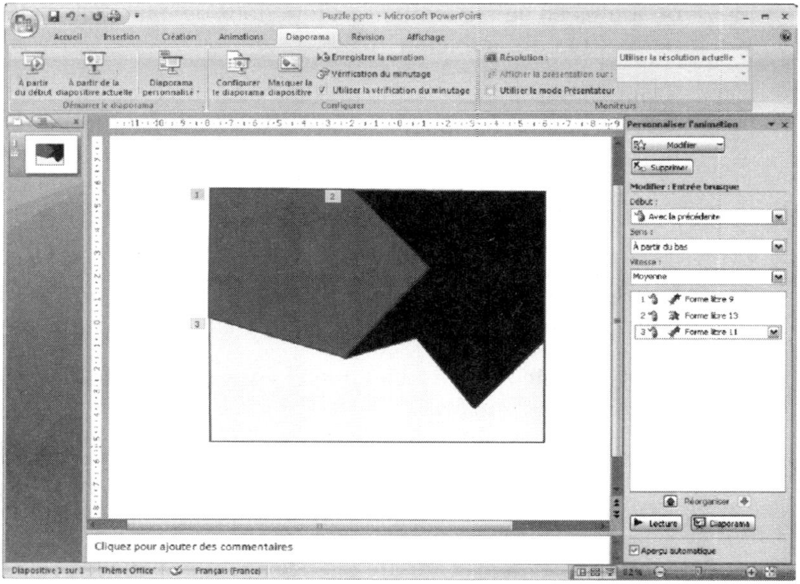

Figure 10.8 : Un puzzle animé.

Début : Avec la précédente.

Sens : À partir du coin supérieur droit.

Vitesse : Moyenne.

3. **Sur la pièce inférieure, ajoutez un effet de trajectoire Entrée brusque avec les options suivantes :**

   Début : Avec la précédente.

   Sens : À partir du bas.

   Vitesse : Moyenne.

Pour plus de contrôle sur le minutage des effets, cliquez sur la flèche située à droite de l'effet. Choisissez Minutage. Une boîte de dialogue apparaît. Voici quelques explications sur le minutage :

- **Début :** Même commande que la liste Début du volet Personnaliser l'animation.
- **Délai :** Permet de retarder le démarrage de l'animation en spécifiant des secondes.

- **Vitesse :** Même commande que la liste Vitesse du volet Personnaliser l'animation.
- **Répéter :** Répète l'effet afin que l'objet soit animé plusieurs fois de suite.
- **Revenir au début de la lecture :** Certains effets laissent l'objet dans une autre condition que celle qui était la sienne au moment du démarrage de l'effet. Par exemple, l'objet peut changer de couleur ou de taille, ou encore se déplacer à une nouvelle position sur la diapositive. Si vous cochez cette option, l'objet reprend ses propriétés d'origine quand l'animation est terminée.

Chapitre 11

Insérer des images et des cliparts

Dans ce chapitre :

- Utiliser des images gratuites.
- Trouver l'image qui vous plaît.
- Déplacer, redimensionner, recadrer et étirer des images.
- Ajouter des effets spéciaux comme un cadre, un arrière-plan ou une ombre à une image.

Regardons les choses en face : la plupart d'entre nous n'ont aucune disposition artistique. Inutile de compter sur les manipulations génétiques pour nous inoculer des cellules qui, un jour, feront de nous le Michel-Ange des diapositives.

Alors, contentons-nous des cliparts, des images glanées sur l'Internet, des photos que nous avons prises avec un appareil photo numérique ou des images numérisées avec un scanner.

Utiliser des cliparts

Que vous ayez acheté PowerPoint seul ou avec la suite Microsoft Office, vous disposez de milliers d'images, sons et clips d'animation susceptibles d'être insérés dans vos présentations.

L'accès aux cliparts – autrement dit à des images prédéfinies – s'effectue au travers du volet Images clipart, où vous pouvez les rechercher par mots clés. Le volet Images clipart facilite considérablement l'embellissement de vos présentations.

La première fois que vous accédez aux cliparts, PowerPoint lance la Bibliothèque multimédia Microsoft. Elle recherche toutes les images présentes sur vos lecteurs et crée un catalogue complet. Je vous suggère de lui laisser faire cette collecte d'images, car vous aurez accès aux fichiers clipart de PowerPoint et à vos images personnelles.

TRUC

N'abusez pas des effets spéciaux. Rien ne fait plus amateur – qui plus est, pas doué – qu'une présentation truffée de cliparts qui bougent et couinent sans arrêt. Un usage judicieux et parcimonieux des effets est autrement plus fort et convaincant.

Insérer des cliparts

Ces étapes expliquent comment insérer un clipart dans une présentation :

1. **Affichez la diapositive dans laquelle vous souhaitez insérer le clipart.**

   Pour que le même clipart apparaisse sur chaque diapositive, vous devez afficher un masque de diapositives.

2. **Dans le Ruban, choisissez Insertion/Illustrations/Images clipart.**

   Après un bref délai, le volet Images clipart apparaît, comme le montre la Figure 11.1.

3. **Tapez un mot clé dans le champ Rechercher, puis cliquez sur le bouton OK.**

   Par exemple, pour trouver des images de trombones, tapez **Trombone** dans le champ Rechercher le texte, puis cliquez sur le bouton OK.

   PowerPoint effectue une recherche dans la Bibliothèque multimédia Microsoft, puis il affiche toutes les images sur le thème du trombone.

4. **Double-cliquez sur l'image à utiliser.**

   L'image est insérée dans la diapositive en cours, comme le montre la Figure 11.2. Remarquez l'onglet Format et ses outils de correction de l'image. Il est affiché chaque fois qu'une image est sélectionnée.

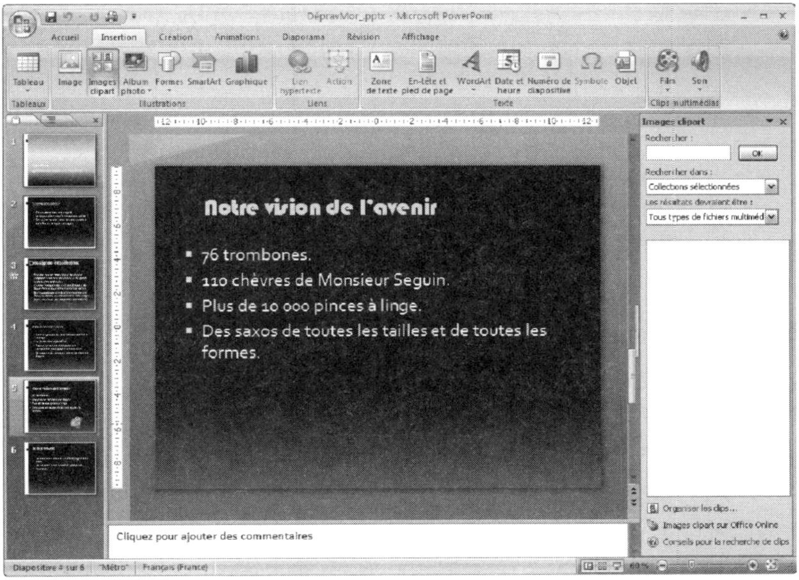

Figure 11.1 : Le volet Images clipart, à droite, vient de s'ouvrir.

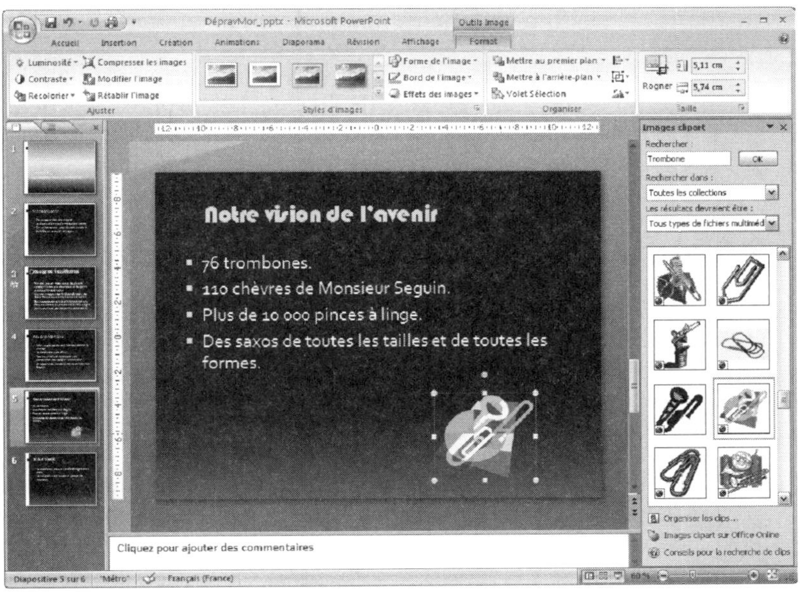

Figure 11.2 : L'image clipart d'un trombone vient d'être insérée dans la diapositive.

5. **Après avoir inséré les cliparts, cliquez sur le bouton de fermeture (le "X" en haut à droite du volet) pour fermer le volet Images clipart.**

   Le volet Office se ferme.

Vous voudrez certainement déplacer l'image et modifier sa taille. Pour cela, lisez la prochaine section, "Déplacer, redimensionner et étirer un clipart".

Déplacer, redimensionner et étirer un clipart

Puisque PowerPoint place le clipart un peu n'importe où dans la diapositive, vous devrez sans doute le repositionner, voire le redimensionner.

Suivez ces étapes pour placer le clipart où bon vous semble :

1. **Cliquez sur l'image et faites-la glisser jusqu'à l'emplacement désiré.**
2. **Remarquez les huit poignées. Tirez sur l'une d'elles pour redimensionner l'image.**

   Vous pouvez cliquer et faire glisser n'importe quelle poignée pour régler la taille de l'image. Les proportions de l'image ne changent pas. En revanche, si vous tirez une poignée latérale, vous déformez l'image (étirement ou compression).

Trouver des cliparts sur l'Internet

Si l'immense collection de cliparts livrée avec Office et PowerPoint ne vous suffit pas, recherchez-en sur l'Internet. Si vous disposez d'un accès au Web, cliquez sur le lien Image clipart sur Office en ligne, en bas du volet. Cette action démarre Internet Explorer, où vous effectuerez votre recherche, comme le montre la Figure 11.3.

Vous pouvez alors télécharger des cliparts dans une magnifique galerie aux nombreuses catégories. Une option vous permettra de stocker l'image directement dans la Bibliothèque multimédia.

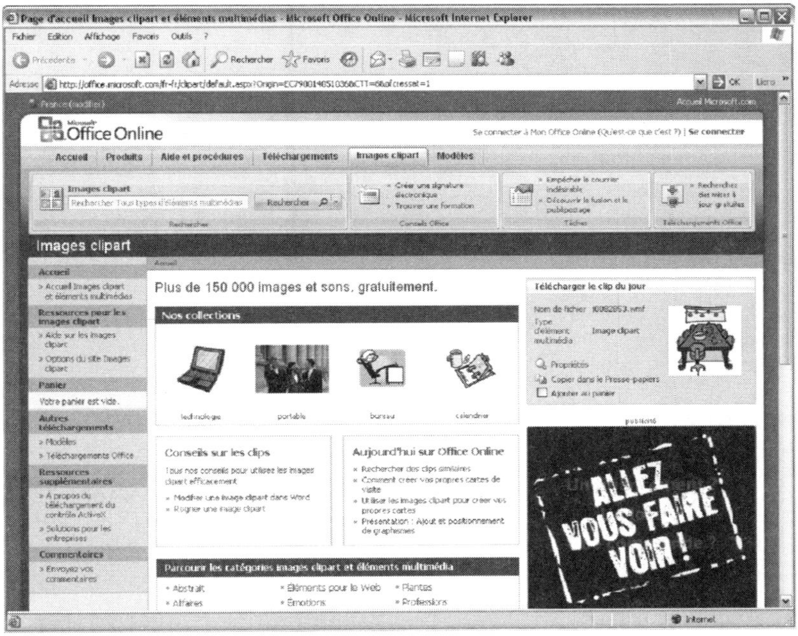

Figure 11.3 : Trouvez des cliparts sur l'Internet.

Insérer des fichiers d'image

PowerPoint permet d'insérer des images stockées ailleurs que dans la Bibliothèque multimédia. Voici comment procéder :

1. **Affichez la diapositive dans laquelle vous désirez placer une image.**

2. **Dans le groupe Illustrations, sous l'onglet Insertion, cliquez sur le bouton Image.**

   Vous accédez à la boîte de dialogue de la Figure 11.4.

3. **Fouillez dans les profondeurs du disque dur pour trouver le fichier à insérer.**

   L'image peut se trouver n'importe où. Heureusement, la boîte de dialogue Insérer une image possède toutes les commandes nécessaires pour localiser exactement l'image recherchée. Cliquez sur une des icônes situées à gauche de la boîte de dialogue ou dans la liste Regarder dans.

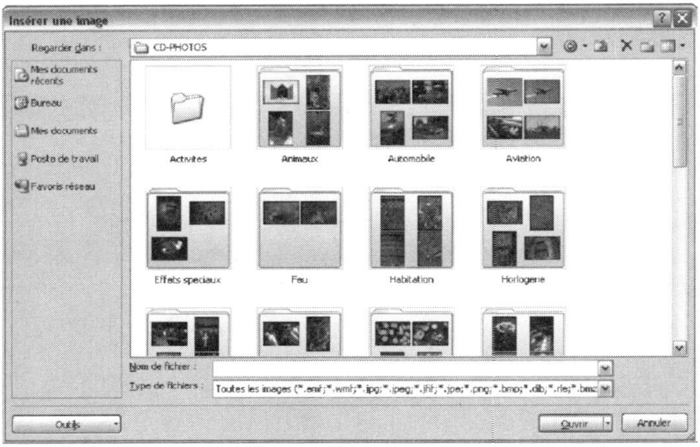

Figure 11.4 : La boîte de dialogue Insérer une image.

4. **Cliquez sur le fichier voulu, puis sur Insérer.**

   C'est fait ! La Figure 11.5 montre une image insérée dans une diapositive.

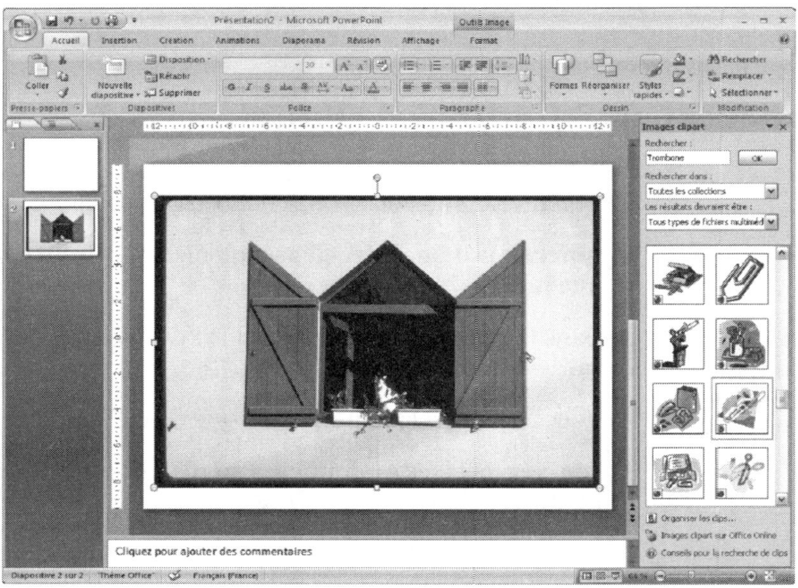

Figure 11.5 : Une diapositive 24 x 36 numérisée vient d'être insérée dans la diapositive de PowerPoint.

La taille de la photo dans la diapositive dépend de la résolution et des dimensions du fichier d'image original. En règle générale, vous devrez redimensionner les images que vous insérez, en tirant sur l'une des poignées d'angle.

Rogner une image

Pour rogner une image, sélectionnez-la, puis cliquez sur le bouton Rogner, dans le groupe Taille de l'onglet Format. Des repères noirs entourent l'image. Déplacez-les avec la souris afin de délimiter la partie de l'image à conserver. Cliquez ensuite hors de l'image. La Figure 11.6 montre l'image précédente, mais avec un cadrage qui élimine les bords noirs du film 24 x 36 et met mieux en valeur le chat à la fenêtre.

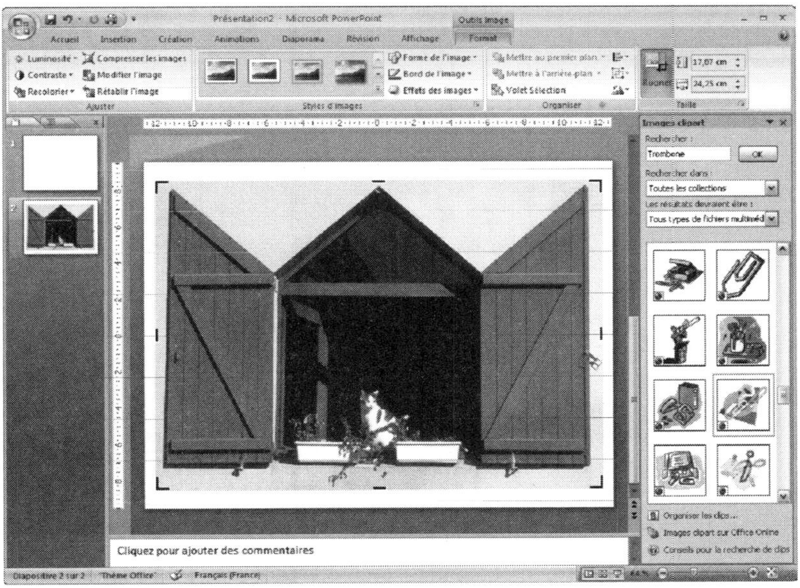

Figure 11.6 : La photo a été recadrée afin de lui donner plus de force.

TRUC

En cas d'erreur, cliquez sur l'image avec le bouton droit de la souris. Dans le menu contextuel, choisissez Format de l'image. Dans la boîte de dialogue qui apparaît, cliquez sur Réinitialiser puis sur OK.

Donner du style à une photo

PowerPoint permet d'attirer l'attention sur une image en ajoutant, par exemple, un cadre, une ombre ou un reflet. La Figure 11.7

montre une diapositive dans laquelle une image a reçu différents effets de styles.

Figure 11.7 : Une image à laquelle plusieurs styles ont été appliqués.

Pour appliquer un style à une image, sélectionnez-la puis, dans le Ruban, cliquez sur l'onglet Outils Image. Sélectionnez ensuite, dans le groupe Styles d'image, le style à appliquer.

PowerPoint est livré avec 28 styles d'image prédéfinis, visible dans la galerie de la Figure 11.8. Chacun de ces styles mêle les trois types de mise en forme susceptibles d'être appliqués à une image : Forme, Bordure et Effet. Si vous le désirez, ils peuvent être appliqués séparément, comme le décrivent les sections suivantes.

Notez que si vous recourez à l'un de ces styles prédéfinis, il sera automatiquement mis à jour si, par la suite, vous changez de thème de présentation. C'est pourquoi il est conseillé de s'en tenir à un seul style.

Appliquer une forme d'image

Une *forme d'image* est une forme servant à découper une image. Par exemple, si vous choisissez la forme Cercle, la photo est découpée en cercle. La Figure 11.9 montre six photos de la truffe d'un bébé cocker à laquelle différentes formes ont été appliquées.

Figure 11.8 : La galerie des styles d'image.

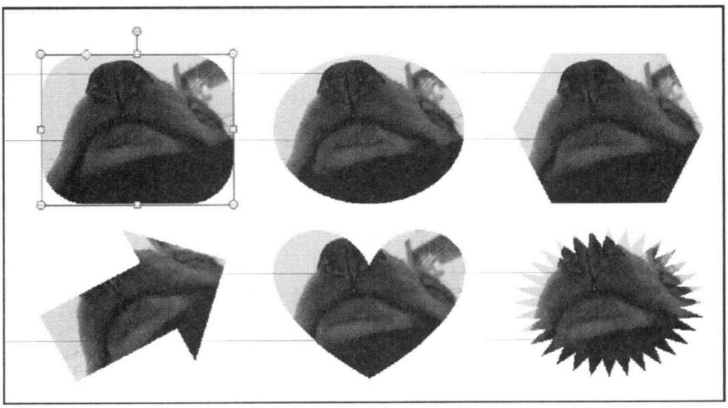

Figure 11.9 : Une photo découpée par plusieurs types de forme.

Procédez comme suit pour appliquer une forme d'image :

1. **Sélectionnez l'image à laquelle vous désirez appliquer la forme, puis, dans le Ruban, cliquez sur l'onglet Format.**

2. **Dans le groupe Styles d'images, cliquez sur Forme de l'image.**

   La palette des formes de la Figure 11.10 s'ouvre. Notez qu'elle est aussi accessible sous l'onglet Insertion, en cliquant sur Formes, dans le groupe Illustrations.

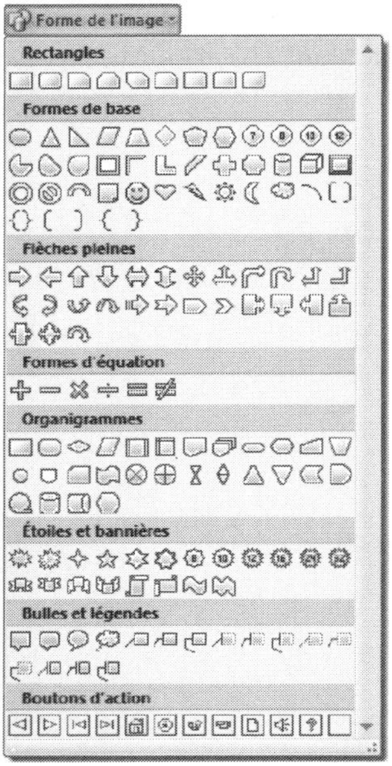

Figure 11.10 : Les formes d'image ne manquent pas.

3. **Cliquez sur la forme à appliquer à l'image.**

   L'image est découpée selon la forme choisie.

4. **Si la forme est dotée de poignées de redimensionnement, de réglage et/ou de rotation, utilisez-les pour parfaire la forme.**

   Beaucoup de formes ont des poignées qui permettent de régler les particularités du pourtour ; d'autres ont une poignée de rotation permettant d'incliner l'image. L'emplacement de ces poignées varie selon la forme.

Les dix commandements

"Je déteste quand tu emportes
Office en randonnée."

Dans cette partie...

Après avoir passé un certain temps à faire connaissance avec les fonctions d'Office 2007 et ce qu'il vous permet de faire, vous allez maintenant pouvoir découvrir dans cette dernière partie un certain nombre d'astuces et de raccourcis utiles, qui vous permettront d'utiliser Office 2007 encore plus facilement et plus efficacement.

Prenez garde simplement que les membres de votre famille, vos collègues ou votre patron ne vous surprennent pas à lire ce chapitre. Au cas où ils se seraient imaginé que vous étiez un supergourou d'Office 2007, ils se rendraient compte que vous n'êtes qu'un individu ordinaire puisant ses connaissances dans un livre (mais pourquoi pas ? C'est ce que font la plupart des meilleurs gourous.)

Ce qui vous donne encore une possibilité : vous pouvez acheter des exemplaires supplémentaires de ce livre pour les distribuer à vos amis, vos collègues et votre patron, de manière qu'ils puissent se débrouiller tout seuls avec Office 2007 et vous laisser le temps de travailler pour vous-même.

Dix raccourcis clavier pour Office 2007

L'une des caractéristiques principales d'Office 2007 est que toutes les applications qui le composent se présentent et fonctionnent de la même façon. Une fois familiarisé avec l'utilisation du ruban et de ses onglets dans Word, vous n'aurez guère de difficultés à vous en servir dans Excel et dans PowerPoint.

Mieux : ces différentes applications utilisent les mêmes raccourcis clavier pour les fonctions qu'elles partagent. Si vous mémorisez les raccourcis clavier indiqués dans ce chapitre, vous pourrez vous servir d'Office 2007 plus rapidement et plus efficacement, quelle que soit l'application que vous utilisez.

Vous protéger avec Annuler (Ctrl+Z) et Répéter (Ctrl+Y)

Comme beaucoup de gens ont terriblement peur de faire une erreur en utilisant Office 2007, ils en arrivent à ne jamais rien apprendre de nouveau qui pourrait leur faire gagner du temps et leur simplifier la vie. Lorsque vous faites quelque chose dans Office 2007, que ce soit supprimer ou modifier du texte, ou insérer une image dans une page, vous pouvez presque toujours annuler immédiatement ce que vous venez de faire (la dernière commande que vous avez appliquée) en sélectionnant la commande Annuler (Ctrl+Z).

Sous la protection de la commande Annuler, vous pouvez vous sentir libre d'expérimenter toutes sortes de commandes. Lorsque les choses ne se passent pas comme vous voulez, appuyez simplement sur Ctrl+Z pour annuler ce que vous venez de faire.

Et si vous annulez votre dernière commande pour réaliser aussitôt qu'en fait vous préfériez conserver cette dernière modification, vous pouvez la restaurer en répétant la dernière commande au moyen de la commande Répéter (Ctrl+Y).

Pour annuler plusieurs commandes consécutives, suivez ces étapes :

1. **Cliquez sur la flèche pointant vers le bas du bouton Annuler, dans la barre d'outils Accès rapide.**

   Un menu apparaît, contenant les dernières commandes utilisées, en commençant par la plus récente.

2. **Faites glisser le pointeur sur les commandes que vous voulez annuler, à partir de la plus récente, pour les mettre en surbrillance. Cliquez lorsque toutes les commandes à annuler sont en surbrillance.**

3. **Si vous changez d'avis et voulez répéter les commandes annulées, utilisez la commande Répéter, de l'une des deux manières suivantes :**

   - Cliquez sur le bouton Répéter dans la barre d'outils Accès rapide.
   - Appuyez sur Ctrl+Y.

   La commande Répéter répète la plus ancienne des commandes que vous venez d'annuler. Autrement dit, si vous venez d'annuler plusieurs commandes et voulez toutes les rétablir, utilisez la commande Répéter autant de fois que nécessaire.

ATTENTION !

Certaines commandes ne peuvent pas être annulées. Dans ce cas, une boîte de dialogue apparaît pour vous en avertir avant de l'exécuter, en vous conseillant de sauvegarder vos dernières modifications au préalable.

Couper (Ctrl+X), Copier (Ctrl+C) et Coller (Ctrl+V)

La modification d'un document signifie bien souvent déplacer ou copier des données d'un endroit à un autre. Les trois commandes que vous allez utiliser très couramment pour cela sont Couper, Copier et Coller.

Les commandes Couper et Coller sont très souvent utilisées avec la commande Copier, mais la commande Couper, si elle n'est pas utilisée avec Copier, est l'équivalent de la commande Supprimer pour supprimer du texte ou des objets.

Utiliser les commandes Couper et Coller

Les commandes Couper et Coller servent essentiellement à déplacer du texte ou d'autres éléments d'un endroit à un autre, le plus souvent dans le même fichier, mais tout aussi bien d'un fichier à un autre.

Pour couper un élément et le coller à un autre emplacement, suivez ces étapes :

1. **Sélectionnez l'élément (texte, image ou autre) que vous voulez couper.**
2. **Sélectionnez la commande Couper en cliquant sur le bouton Couper dans la barre d'outils Accès rapide (ou en appuyant sur Ctrl+X).**

   L'élément sélectionné disparaît.
3. **Placez le curseur d'insertion à l'endroit où vous voulez coller l'élément que vous venez de couper.**
4. **Sélectionnez la commande Coller en cliquant sur le bouton Coller dans la barre d'outils Accès rapide (ou en appuyant sur Ctrl+V).**

   L'élément coupé apparaît à l'endroit où vous avez placé le curseur d'insertion.

Utiliser les commandes Copier et Coller

Les commandes Copier et Coller servent essentiellement à recopier du texte ou d'autres éléments d'un endroit à un autre (sans le faire disparaître du premier emplacement). Pour copier un élément et le coller à un autre emplacement, suivez ces étapes :

1. **Sélectionnez l'élément (texte, image ou autre) que vous voulez copier.**

2. **Sélectionnez la commande Copier en cliquant sur le bouton Copier dans la barre d'outils Accès rapide (ou en appuyant sur Ctrl+C).**

   L'élément sélectionné reste à sa place dans le document.

3. **Placez le curseur d'insertion à l'endroit où vous voulez coller l'élément que vous venez de copier.**

4. **Sélectionnez la commande Coller en cliquant sur le bouton Coller dans la barre d'outils Accès rapide (ou en appuyant sur Ctrl+V).**

   L'élément copié apparaît à l'endroit où vous avez placé le curseur d'insertion.

Utiliser la commande Coller avec le Presse-papiers Office

Chaque fois que vous utilisez la commande Couper ou la commande Coller, Office enregistre l'élément concerné dans le Presse-papiers Office, qui peut contenir jusqu'à 24 éléments. Lorsque des éléments sont stockés dans le Presse-papiers Office après avoir été coupés ou copiés, vous pouvez les y récupérer pour les coller à l'emplacement que vous voulez.

Si vous quittez Office, ou si votre ordinateur s'arrête (par exemple à cause d'une panne d'électricité), le contenu du Presse-papiers Office est perdu.

Pour récupérer un élément contenu dans le Presse-papiers Office en le collant dans un document, suivez ces étapes :

1. **Cliquez sur l'onglet Accueil du ruban.**

2. **Dans le groupe Presse-papiers de cet onglet, cliquez sur le bouton Presse-papiers (juste à droite de la mention "Presse-papiers").**

   Le volet Presse-papiers apparaît dans la fenêtre, affichant tous les éléments qu'il contient.

3. **Placez le curseur d'insertion à l'endroit où vous voulez coller l'élément.**

4. **Dans le volet Presse-papiers, cliquez sur l'élément que vous voulez coller à cet endroit.**

   Office 2007 colle l'élément sélectionné à l'emplacement du curseur d'insertion.

Enregistrer un fichier (Ctrl+S)

Quelles que soient leurs qualités (ils ont tout de même quelques qualités), votre ordinateur et votre système d'exploitation peuvent très bien vous faire défaut au moment où vous avez besoin d'eux. Il est donc recommandé de sauvegarder vos fichiers aussi souvent que nécessaire pendant que vous travaillez. Une coupure d'électricité, par exemple, vous fait perdre tout le travail que vous avez fait depuis votre dernière sauvegarde.

Le mieux est de prendre l'habitude de sauvegarder le fichier sur lequel vous êtes en train de travailler chaque fois que vous venez de lui apporter des modifications significatives. Pour enregistrer votre fichier, vous pouvez :

- Appuyer sur Ctrl+S.
- Cliquer sur l'icône Enregistrer dans la barre d'outils Accès rapide.

La première fois que vous enregistrez un fichier après sa création, la boîte de dialogue Enregistrer sous apparaît, vous permettant de donner à votre fichier le nom que vous voulez et de sélectionner l'emplacement (le dossier) où vous voulez l'enregistrer sur le disque dur.

Imprimer un fichier (Ctrl+P)

En dépit de toutes les promesses sur le bureau sans papier, beaucoup de gens impriment furieusement et consomment encore plus de papier qu'auparavant. L'une des commandes que vous allez utiliser le plus souvent est la commande Imprimer.

Pour lancer la commande Imprimer, appuyez sur Ctrl+P, ou cliquez sur l'icône Imprimer (ou sur l'icône Impression rapide) dans la barre d'outils Accès rapide.

Vérifier l'orthographe (F7)

La perfection n'étant pas de ce monde, vous trouverez sûrement utile de pouvoir vérifier l'orthographe de votre document avant de le faire lire par quelqu'un d'autre. Appuyez simplement sur la touche F7, et Office 2007 vérifie avec diligence l'orthographe de votre prose. Lorsque le vérificateur d'orthographe trouve un mot susceptible de comporter une faute, il affiche une boîte de dialogue qui vous permet de choisir l'orthographe correcte ou d'ignorer la supposée erreur (de laisser le mot tel quel), ou encore d'enregistrer le mot dans le dictionnaire d'Office 2007, de manière qu'il ne soit plus identifié comme une erreur potentielle dans la suite du document.

Un vérificateur d'orthographe est bien pratique et bien utile, mais il est facile de le tromper. Celui d'Office 2007 vérifie l'orthographe et la grammaire, mais le vérificateur grammatical n'est pas infaillible et ne peut pas tout détecter. Il ne vous dispense pas de relire vous-même votre texte.

Si vous voulez faire vérifier l'orthographe d'un mot ou d'une simple portion de texte, et non tout le document, commencez simplement par sélectionner la portion de texte à vérifier, et appuyez sur la touche F7.

Ouvrir un fichier (Ctrl+O)

Vous allez sans doute passer bien plus de temps à travailler sur des fichiers existants qu'à en créer de nouveaux. Voici deux moyens rapides d'ouvrir un fichier existant :

- Utiliser le volet Documents récents du menu affiché par le Bouton Office.
- Appuyer sur Ctrl+O.

La première méthode est utile si le document que vous voulez ouvrir fait partie de ceux que vous avez utilisés assez récemment pour être affichés dans le volet Documents récents du menu Office. Office se souvient de la liste des derniers documents que vous avez ouverts et vous permet de les ouvrir facilement en sélectionnant dans cette liste celui que vous voulez.

Pour utiliser la liste Documents récents, suivez ces étapes :

1. **Lancez un programme Office 2007, par exemple Word ou Excel.**

2. **Cliquez sur le Bouton Office.**

   Le menu Office apparaît, avec la liste Documents récents dans le volet de droite.

3. **Dans cette liste, cliquez sur le nom du fichier que vous voulez ouvrir.**

   Le fichier sélectionné apparaît.

La seconde méthode indiquée ci-dessus n'est rien d'autre que le raccourci clavier de la commande Ouvrir, qui ouvre la boîte de dialogue Ouvrir dans laquelle vous pouvez sélectionner le fichier que vous voulez ouvrir.

Créer un nouveau fichier (Ctrl+N)

Chaque programme Office 2007 vous offre deux moyens de créer un nouveau fichier :

- Sélectionner la commande Nouveau dans le menu du Bouton Office.
- Appuyer sur Ctrl+N.

Lorsque vous sélectionnez la commande Nouveau dans le menu Office, une boîte de dialogue Nouveau document apparaît, vous permettant de créer un nouveau document vierge, ou un nouveau document basé sur un modèle existant.

Lorsque vous appuyez sur Ctrl+N, un nouveau document vierge est créé directement, sans passer par une boîte de dialogue.

Si vous voulez créer un nouveau document sur la base d'un modèle, sélectionnez la commande Nouveau dans le menu Office. Si vous voulez créer un nouveau document vierge, appuyez simplement sur Ctrl+N.

Rechercher du texte (Ctrl+F)

La commande Rechercher vous permet de rechercher un mot ou un groupe de mots se trouvant quelque part dans votre document. Pour l'utiliser, suivez ces étapes :

1. **Appuyez sur Ctrl+F.**

   La boîte de dialogue Rechercher et remplacer apparaît, avec l'onglet Rechercher au premier plan.

2. **Dans le champ Rechercher, tapez le mot ou le groupe de mots que vous voulez rechercher.**

3. **Si vous souhaitez spécifier d'autres paramètres de recherche, cliquez sur le bouton Plus.**

   Le volet inférieur de cette boîte de dialogue apparaît, vous permettant de spécifier des caractéristiques supplémentaires pour le texte que vous recherchez.

4. **Si vous avez cliqué sur le bouton Plus pour spécifier les paramètres supplémentaires, cochez les cases suivantes :**

   - *Respecter la casse :* Recherche le texte dont les majuscules et les minuscules sont exactement conformes à ce que vous avez tapé dans le champ Rechercher.
   - *Mots entiers :* Recherche uniquement des mots entiers. Si vous avez tapé "chat" dans le champ Rechercher, vous trouverez toutes les occurrences de "chat" dans votre document, mais pas le mot "chatouiller", ni "galuchat", ni tout autre mot contenant "chat".
   - *Caractères génériques :* Cette option (qui n'est disponible que dans Word) vous permet d'utiliser des caractères génériques dans le champ Rechercher, c'est-à-dire des caractères qui symbolisent d'autres caractères, selon un code que vous voyez apparaître dans le menu du bouton Spécial lorsque cette option est sélectionnée. Le caractère générique "*", par exemple, représente un ou plusieurs caractères, quels qu'ils soient. Si vous tapez "tou*" dans le champ Rechercher, vous allez trouver tous les mots commençant par "tou".

- *Recherche phonétique (anglais) :* Cette option (qui ne fonctionne qu'avec un texte en anglais) permet de rechercher des mots sur la base d'une orthographe phonétique. Par exemple, vous allez trouver le mot "elephant" en tapant "elefant" dans le champ Rechercher.

- *Rechercher toutes les formes du mot (anglais) :* Cette option (qui ne fonctionne qu'avec un texte en anglais) permet de rechercher toutes les formes d'un mot à partir de celle que vous avez tapée dans le champ Rechercher. Par exemple, si vous avez tapé "sing", vous allez trouver "singing", "sang", et toutes les autres formes de ce verbe.

5. **Cliquez sur le bouton Suivant, et répétez cette étape chaque fois qu'une occurrence du texte recherché est trouvée, jusqu'à ce que tout le document ait été parcouru.**

6. **Une fois que vous avez terminé, cliquez sur le bouton Annuler.**

Si vous avez sélectionné une portion de texte avant de lancer la recherche, celle-ci se fait uniquement dans le texte sélectionné.

Rechercher et remplacer du texte (Ctrl+H)

La commande Rechercher et remplacer vous permet de rechercher et de remplacer une portion de texte par une autre dans votre document (par exemple, "la baleine" par "le cachalot").

Pour utiliser la commande Rechercher et remplacer, suivez ces étapes :

1. **Appuyez sur Ctrl+H.**

   La boîte de dialogue Rechercher et remplacer apparaît, avec l'onglet Remplacer au premier plan.

2. **Dans le champ Rechercher, tapez le mot ou le groupe de mots que vous voulez rechercher et remplacer.**

3. **Dans le champ Remplacer, tapez le texte par lequel vous voulez remplacer ce que vous recherchez.**

4. **Si vous souhaitez spécifier d'autres paramètres de recherche, cliquez sur le bouton Plus, et spécifiez vos paramètres,**

conformément aux indications de l'étape 4 de la section précédente.

5. **Cliquez sur le bouton Suivant.**

   Office trouve la première occurrence du texte que vous avez tapé dans le champ Rechercher.

6. **Cliquez sur le bouton Remplacer, ou sur le bouton Remplacer tout.**

   La commande Remplacer remplace la dernière occurrence trouvée du texte recherché et passe à la suivante, ce qui vous permet de vérifier pour chaque occurrence que vous voulez effectivement la remplacer (si vous ne voulez pas, cliquez sur le bouton Suivant au lieu du bouton Remplacer pour passer directement à l'occurrence suivante). La commande Remplacer tout remplace toutes les occurrences du texte recherché dans le document, sans vous permettre de vérifier si vous voulez vraiment remplacer chacune d'elles. Elle peut vous réserver des surprises et provoquer de véritables catastrophes dans un document si vous vous apercevez trop tard pour pouvoir l'annuler que vous vous êtes trompé. Ne l'utilisez que si vous êtes sûr de savoir exactement ce que vous faites. Par exemple, si vous l'utilisez pour remplacer "baleine" par "cachalot", vous allez obtenir un certain nombre de "la cachalot" et de "une cachalot", mais il y a beaucoup de pièges plus subtils et moins faciles à éviter que celui-ci (surtout si vous oubliez de cocher la case Mots entiers).

7. **Une fois que vous avez terminé, cliquez sur le bouton Annuler.**

Fermer une fenêtre (Ctrl+W)

Pour fermer une fenêtre, vous pouvez cliquer sur son bouton de fermeture dans son coin supérieur droit, ou bien cliquer sur le Bouton Office et sélectionner Fermer dans le menu qui apparaît, ou encore utiliser le raccourci clavier Ctrl+W.

Si vous n'avez pas enregistré les dernières modifications de votre document avant de fermer la fenêtre, une boîte de dialogue apparaît pour vous en avertir et vous demander si vous voulez les enregistrer.

Index Word

D

E

R

S

T

U

V

W

Z

Index Excel

A

B

C

D

E

F

G

H

I

L

M

N

O

P

Q

R

S

T

U

V

W

X

Z

Index Access

A

B

C

D

G

H

I

J

L

M

N

O

P

Q

R

S

T

V

W

X

Z

Index PowerPoint

A

B

C

D

E

F

I

J

CPi
AUBIN IMPRIMEUR

Achevé d'imprimer en octobre 2010
Dépôt légal octobre 2010 / N° d'impression L 74075
Imprimé en France